Friedrich Lesser

Historische Nachrichten von der ehemals kaiserlichen und des heil. röm. Reichs freien Stadt Nordhausen

Friedrich Lesser

Historische Nachrichten von der ehemals kaiserlichen und des heil. röm. Reichs freien Stadt Nordhausen

ISBN/EAN: 9783743455672

Hergestellt in Europa, USA, Kanada, Australien, Japan

Cover: Foto ©ninafisch / pixelio.de

Manufactured and distributed by brebook publishing software (www.brebook.com)

Friedrich Lesser

Historische Nachrichten von der ehemals kaiserlichen und des heil. röm.

Reichs freien Stadt Nordhausen

Friedr. Chrn. Lesser's

Historische Nachrichten

von

der ehemals kaiserlichen und des heil. röm. Reichs freien Stadt

Nordhausen

gedruckt daselbst im Jahre 1740

umgearbeitet und fortgesetzt

von

Professor Dr. Ernst Günther Förstemann.

Nach dem Tode des Verfassers herausgegeben vom Magistrate zu Nordhausen.

Nordhausen, 1860.

Druck von Friedrich Eberhardt.

Vorwort des Verfassers.

Durch die „Urkundliche Geschichte von Nordhausen bis 1250" lieferte ich (1827 und 1840) nicht ohne bedeutende Opfer nur die Einleitung zu einer gründlichern und mit den wichtigsten Urkunden belegten Geschichte dieser Stadt. Da ich die Unterstützung nicht fand, deren ich bedurfte, um eine jenem Anfange entsprechende Stadtgeschichte vom 13. bis zum 19. Jahrhundert zu vollenden und erscheinen zu lassen, glaubte ich der Aufforderung nachgeben zu dürfen, das Lesser'sche Buch, welches meistens unter dem Namen einer Chronik von Nordhausen bekannt und geschätzt, aber längst vergriffen ist, auch den heutigen Anforderungen nicht entspricht, umzuarbeiten und mindestens bis 1802 fortzusetzen.*) Eine Umarbeitung war wirklich nöthig bei den großen Mängeln dieses Werkes eines sonst in mehrfacher Hinsicht höchst achtbaren Mannes, und daß diese Umarbeitung eine durchgreifende geworden ist, wird man bei einer Vergleichung der einzelnen Kapitel des Buchs von 1740 mit der gegenwärtigen Schrift leicht erkennen. Die Arbeit dürfte geradezu eine neue genannt werden, nur mit Beibehaltung des alten Titels und der Eintheilung und Folge der Bücher und Kapitel. Beibehalten wurden diese, weil man einmal daran gewöhnt war, und da auch bei solcher minder vollkommner Einrichtung manches Wichtige und Interessante ohne Schwierigkeit eingeschaltet werden konnte, was Lesser unabsichtlich oder absichtlich ganz ausgelassen oder nur kurz angedeutet hatte. Der Raum zu solchen Einschaltungen wurde gewonnen durch Zusammenziehung des Unbedeutendsten, durch Hinweglassung unnöthiger Citate und besonders durch Beseitigung nicht weniger Urkunden, von denen ich bereits die ältesten und wichtigsten in viel besserer Gestalt, als sie bei Lesser erscheinen, großen-

*) Bis auf die neueste Zeit habe ich Personalien der Geistlichkeit und Aehnliches schon jetzt beigefügt. — Nachrichten über das Gymnasium seit 1802 (namentlich seit 1808) liefern die Programme desselben, so wie die Programme der Realschule seit 1836 von dieser Anstalt sprechen. —

theils nach den Originalen, in der Urkundlichen Geschichte von N. und anderswo habe abdrucken lassen, willens die übrigen in mehr für Gelehrte bestimmten Sammelwerken zu liefern, so wie auch noch einige Abhandlungen und Aufsätze, womit ich in den „Kleinen Schriften" einen Anfang gemacht habe.

Ernst Günther Förstemann.

Obwohl es dem Verfasser des vorliegenden Werkes gelungen ist, dasselbe vor seinem Tode zu vollenden, so ist er doch dem bereits in der Vorrede zu den kleinen Schriften v. J. 1855 ausgesprochenen Vorsatze, es handschriftlich zu hinterlassen, treu geblieben und zwar hat er das Manuscript dem städtischen Archive, in dem er so viel gearbeitet, das durch ihn auf das sorgfältigste katalogisirt worden ist, als Eigenthum überwiesen. Alsbald nach des Verfassers Tode (d. 11. Juni 1859) hat der Wohllöbliche Magistrat die Sorge für die Veröffentlichung übernommen, und die Bürgerschaft ist ihm dabei durch zahlreiche Subscriptionen bereitwillig entgegengekommen. So ist das Werk, die Frucht vieljähriger Anstrengungen, zum Drucke gelangt: die Druckrevision habe ich auf den Wunsch des Magistrats gern besorgt und bin dabei von meinem Collegen Dihle auf das bereitwilligste unterstützt worden.

Möge das Werk des Verstorbenen in den Herzen seiner Mitbürger, für welche es zunächst geschrieben ist, eine bleibende dankbare Erinnerung begründen!

Nordhausen, den 4. Juni 1860.

Dr. August Haacke.

Inhalt.

Erstes Buch.

Zweites Buch.

Drittes Buch.

Erstes Buch.

Erstes Kapitel.

Ortsverhältnisse (Lage) der Stadt Nordhausen.

Die Stadt Nordhausen, auch Nordhausen am Harz genannt, liegt in Thüringen unter dem 29. Grade der Länge von Ferro (c. 28° 29′) und dem 52. Grade der nördlichen Breite (c. 51½°). Dieser Landstrich gehörte im Anfange des 6. Jahrhunderts n. Ch. zu dem Königreiche Thüringen. Durch die Siege des fränkischen Königs Dietrich (Theoderich) über den thüringischen Hermannfried wurde das thüringische Reich großentheils eine Provinz des Frankenreiches; doch benutzten die Sachsen die Gelegenheit, die nördlichen Theile des aufgelösten Reiches zu besetzen, worauf sie sich als Helfer Dietrichs in jenem Feldzuge Ansprüche erworben haben sollen. Franken von Westen her und Sachsen von Norden, doch diese in der Mehrzahl, wie es scheint, mischten sich gerade in unsrer Gegend mit den früheren Besitzern des Landes (den Cheruskern?), und später kamen von Osten noch einige slavische Kolonien herein, endlich auch als Bebauer der Niederungen an der Helme Niederländer (Holländer, Fläminger).*)

Nach der Eintheilung des Landes in Gaue rechnen wir Nordhausen zum Helmgau (Helmengau); denn in diesem lagen (802) Salza**) und (983) Sundhausen, wie (961) Breitungen und Bernhardsrode, auch (985) Wallhausen und Berga. Nach einer Angabe in Hoffmann's handschriftlicher Chronik von Walkenried lagen 927 Wofleben und Gudersleben im Zorgegau (Zurrega). Dieser Zorgegau, wenn es wirklich einen solchen gab, war vielleicht eine Unterabtheilung des Helmgaues, etwa die Herrschaft (Grafschaft) Klettenberg umfassend; doch kann Hoffmann auch geirrt haben, indem er den Namen des Zorgeflusses, der sonst Zorgenge hieß,

*) Vgl. meinen Aufsatz in den kl. Schriften II, Nr. 3.

**) Kaiser Karl d. G. bestätigt am 15. Sept. 602 die Schenkung, welche einst sein Mann (servus) Maginfred mit Gütern zu Salza im Helmgau in Thüringen an das Stift Grosfeld gemacht hat.

für den Namen eines Gaues hielt, wenn etwa in der Urkunde des Königs Heinrich stand **Wasleiba ad Zorgengam.** – An den Helmgau grenzte der Nabelgau, worin Ichstedt, Bendeleben und Wolkramshausen lagen. Benachbart waren auch die Gaue Harzgau, Lisgau, Onfeld, Eichsfeld, Altgau, Engeln, Hassegau, Friesenfeld, Schwabengau.

Nach der Eintheilung Deutschlands in sechs Kreise im Jahre 1500 gehörte Nordhausen, wie Mühlhausen und Goslar, zum sächsischen Kreise, seit der Eintheilung in zehn Kreise im Jahre 1525 zum niedersächsischen*); in katholisch-kirchlicher Beziehung gehörte es unter das Erzstift Mainz, und, so lange das Archidiaconat Jechaburg bestand, unter dieses und zwar unter den Stuhl Ober-Berga. Das Schutzrecht über Nordhausen trugen in älterer Zeit die deutschen Könige und römischen Kaiser abwechselnd verschiedenen Reichsfürsten auf: am längsten hatten dasselbe sammt dem Reichsschultheißenamte die Landgrafen von Thüringen und Herzöge auch Kurfürsten von Sachsen, welche nach dem Aussterben des Geschlechtes der Grafen von Honstein auch mit dem Reichsvogteiamte**) in Nordhausen beliehen wurden, bis der Kurfürst Friedrich August diese Rechte im Jahre 1697 an Brandenburg überließ, worauf endlich, wie wir unten sehen werden, im Jahre 1715 die Stadt auch in dieser Beziehung Unabhängigkeit erwarb. Den Einfluß eines (mit Brandenburg) kreisausschreibenden Fürsten des niedersächsischen Kreises und angenommenen Schutzherrn unsrer Stadt machte damals in jener wichtigen Verhandlung mit Brandenburg (dem Könige von Preußen) Kurbraunschweig-Lüneburg (König Georg I. von England) zu Gunsten Nordhausens geltend, so wie auch König Karl XII. von Schweden als niedersächsischer Mitstand desselben nachdrücklich sich annahm.

Die natürliche Lage von Nordhausen ist im Allgemeinen günstig. In den Alpenländern, sagt man, kann die eine Hand Blumen pflücken, während die andre das Eis des Gletschers berührt: so könnte man sagen, Nordhausen strecke die eine Hand nach den Schätzen des Gebirges und Waldes, des Harzes, während die andere die Güter einer der fruchtbarsten Ebenen Deutschlands, der goldenen Aue, empfängt. Die goldene Aue ist die von der Helme durchströmte Ebene, welche von Nordhausen und Sundhausen sich ostwärts gegen Allstedt hinabzieht. Von

---

*) Demnach gehörten auch die zu Leipzig studirenden Nordhäuser zur natio **Saxonica**, nicht zur natio Misnica, und der Rath von Nordhausen protestirte, da man zur Zeit des dreißigjährigen Krieges die Stadt als zum obersächsischen Thüringen gehörig betrachten wollte. Ein Beschluß der niedersächsischen Kreisversammlung zu Halberstadt im Jahre 1633 setzte fest: Nordhausen soll immer bei diesem Kreise gelassen werden.

**) Die von dem Grafen von Honstein versuchte Ausdehnung der Schultheißenrechte (denn auch das Reichsschultheißenamt hatten sie in der ersten Hälfte des 14. Jahrhunderts) und der vogteilichen Rechte (den Grafen von H. wahrscheinlich als Erben der Grafen von Klettenberg zuständig) und die von den Reichsbürgern versuchte Beschränkung derselben war die hauptsächlichste Veranlassung zu den wiederholten und langjährigen Streitigkeiten und Fehden, von welchen wir im dritten Buche sprechen werden.

diesem fruchtbaren Landstriche soll, nach Luthers Angabe, Graf Botho von Stolberg, als er 1494 aus Palästina zurückgekehrt war, gesagt haben: Ich nähme die güldene Aue, und wollte einem Andern das gelobte Land lassen. Nach Andern hat ein Graf von Mansfeld so gesprochen.

Das enge nordhäusische Stadtgebiet war im 14. Jahrhundert ganz umschlossen von den ausgedehnten Besitzungen der Grafen von Honstein, nachdem dieselben auch den Besitz der Grafschaften Klettenberg und Lohra erlangt hatten. In dieser Zeit, am Sonntage Lätare 1315, verkauften die Brüder Graf Heinrich und Graf Dietrich von Honstein für 100 Mark nordhäusischen Silbers ein Stück ihres Gebietes um die Stadt Nordhausen an die Rathsmeister, Rathmänner und Bürger daselbst, nach der darüber sprechenden Urkunde vom 23. Juni 1315, abgedruckt in meinen kleinen Schriften I. S. 169. — Die Hauptlinie der Grafen von Honstein im Mannsstamme starb aus mit dem Grafen Ernst am 8. Juli 1593. Schon lange vor dem Aussterben dieses Grafengeschlechts war, wie Sondershausen und Straußberg an Schwarzburg, so die eigentliche Grafschaft Honstein, das Schloß*) und Amt Honstein (Neustadt) an das gräfliche Haus Stolberg gekommen, ebenso die Aemter Heringen und Kelbra als Gemeinschaftsämter an die Häuser Stolberg und Schwarzburg. Ansehnliche Stücke der Besitzungen der honsteinischen Familie, zunächst das reiche Kloster Walkenried und den Walkenrieder Forst, zog ein nach des Grafen Ernst Tode der Herzog von Braunschweig Heinrich Julius Bischof von Halberstadt, andre Stücke fielen an Schwarzburg, an Stolberg, selbst an Kurmainz. Erst der westphälische Friede 1648 entschied bleibend über die anfangs ebenfalls von dem Herzoge von Braunschweig besetzten wichtigen Herrschaften Lohra und Klettenberg, welche mit Halberstadt als heimgefallene halberstädtische Lehen, ohne Berücksichtigung der nicht starken Begründung dieser Lehnbarkeit und der alten Erbverträge der Häuser Hohnstein, Schwarzburg und Stolberg, an Brandenburg (Preußen) kamen und nur bis 1700 als Lehen im Besitz der Grafen von Sayn-Witgenstein gelassen wurden. Diese beiden Herrschaften, ehemals selbständige Grafschaften, werden seitdem uneigentlich die (preußische) Grafschaft Hohnstein oder Hohenstein genannt und die Einwohner Hohnsteiner. — So waren zuletzt Gränznachbarn des nordhäusischen Stadtgebiets nach Westen und Nordwesten Preußen, nach Süden Schwarzburg mit Stolberg (unter kursächsischer Hoheit), nach Osten und Norden Stolberg (unter kurbraunschweigischer oder hannoverscher Hoheit).

Die Stadtflur enthielt im Anfange dieses Jahrhunderts nach einer allgemeinen Angabe über 6000 Morgen Ackerland. Durch Urbarmachung vieler, zum Theil ansehnlicher Flächen

*) Das Haus Honstein, gewöhnlich das Neustädter Schloß genannt, soll erbaut sein im 11. Jahrhundert von einem Grafen Konrad. Es wurde eingeäschert auf Befehl eines Obersten Vitzthum von Eckstädt in der Christnacht 1627. Die schönen Ruinen dieser Burg werden bei ihrer Nähe im Sommer von den Nordhäusern oft besucht.

ist eine Vermehrung eingetreten, und durch die in Aussicht stehende Separation wird man hier sichere Bestimmungen erhalten. Die Aecker sind meistens weniger an sich ausgezeichnet fruchtbar, als durch sorgfältige Kultur und besonders durch reichliche Düngung zu guter Ergiebigkeit gebracht. Auch der Gartenbau ist nicht unbedeutend; doch wird der hiesige Markt besonders für die Harzbewohner außerdem von einigen benachbarten Dörfern (Sundhausen, Utbleben, Bielen, Windehausen &c.) mit Pflanzen, Gemüse und Obst reichlich versehen. Der anmuthigen Berge und Höhen hat die Umgegend viele: die erste Stelle unter diesen Anhöhen behauptet der Geiersberg (mons vulturis in einer Handschrift des 14. Jahrhunderts), gewöhnlich Gersberg oder Görsberg, auch wohl irrig Kirschberg genannt, der bei seiner Nähe und seinen mannichfaltigen An- und Aussichten der Lieblingsspaziergang der Nordhäuser geworden ist, zumal seit man vor mehr als hundert Jahren (1738. 1743 ff.) anfing, den Berg, welcher früher fast ganz kahl war, mit mancherlei Büschen und Bäumen zu bepflanzen, und besonders, seitdem in neuerer Zeit die Anlagen mehr gartenmäßig behandelt wurden, und eine Kolonie von leichten Häusern auf der Höhe dem Lustwandelnden und Erholung Suchenden mannichfaltige Erfrischungen darbietet, zuweilen auch musikalische Unterhaltung. Indessen schon zu der Zeit, als die uralte ehrwürdige Merwigslinde noch nicht einige Hauptäste durch den Sturm verloren hatte, und als dieselbe nebst der großen Linde vor dem sogenannten Schöppmännchen fast die einzigen Bäume auf dem Geiersberge waren, wurde derselbe von den nordhäusischen Bürgern im Festjubel besucht, wie des Studiosus der Theologie J. B. Tiemeroth's „Kirschbergsfreude" aus dem Jahre 1688*) berichtet, und besonders zogen wohl die Mitglieder der Schuhmachergilde dahin.

Vom Geiersberge nach Norden liegt das sogenannte wilde Holz, richtiger Wilde's oder der Wilden Holz, eine mit Bäumen und Büschen bewachsene Berglehne, im 17. Jahrhundert im Besitz der Familie Wilde. Der größere Theil ist jetzt städtisches, der kleinere Privateigenthum, und dieser letztere in diesem Jahrhundert in eine Obstanlage verwandelt. — Das städtische, schon lange sehr schwach bestandene Kirchholz, richtiger von einem Vorbesitzer im 14. Jahrhundert, Apel Kirchhof, Kirchhofs Holz, auf dem Berge jenseit der Gumpe, nach Petersdorf und Rüdigsdorf zu, ist im Anfange des 19. Jahrhunderts völlig abgetrieben und der Boden endlich nach einer Abfindung und Theilung mit der Gemeinde Petersdorf im Jahre 1846 Ackerland geworden. — Die reichen Waldungen des Harzes liefern Nordhausen Bau- und Brennholz; die Stadt selbst besitzt wenig Wald.

An Wasser hat Nordhausen selten Mangel. Freilich sind die Teiche, welche vom Mühlgraben gespeis't die Stadt überall wo sie an die Ebene stieß, im Westen und Süden, ehedem als nasse Festungsgräben, umschlossen, nun sämmtlich trocken gelegt und meistens ausgefüllt, zu

---

*) Abgedruckt in Lesser's Fragment einer Chronik von Nordhausen. S. 36 ff.

Gärten gemacht oder bebaut, so wie der entferntere Nonnenteich, neben dem Mühlgraben, der Wilden Holze gegenüber, und die noch weiter entfernten Teiche in der Windlücke schon längst trocken gelegt und zu Wiesen gemacht sind: dagegen besteht noch fortwährend die wichtige gegen eine Meile lange Wasserleitung, oder der Kanal, welcher schon im 12. Jahrhundert bestand, doch mehr nach der Wilden Holze zu laufend, der Mühlgraben, Zorgegraben oder einfach der Graben genannt. — Unter dem steilen östlichen Abfall des Konsteins, eine Stunde nordwestlich von Nordhausen, vereinigen sich mit dem Zorgefluß die Wiede und die Bäre (Bera), und das vereinigte Wasser erhält hier den Namen Tittfurth. Aus diesem Wasser wird bei Crimderode jener Graben abgeleitet. Das ausgeschiedene wilde Wasser, das Feldwasser oder die wilde Zorge genannt, fließt an der Westseite der Stadt vorüber, und sein breites im Sommer meist ausgetrocknetes Bett liefert die Steine (Grauwacke) zum Straßenpflaster der Stadt, in der neueren Zeit auch eine Menge Steine und Kies zum Bau der Landstraßen. Das Wasser des Mühlgrabens treibt außer einigen Mühlen diesseit Crimderode (im Hannöverschen) vor der Stadt die Rotbleimenmühle*), die in neuerer Zeit irrthümlich Rothleinmühle genannt wird, in der Stadt sechs Mühlwerke und unterhalb der Stadt noch vier Mühlen, worauf der Kanal außerhalb der Gränze der nordhäusischen Feldmark bei dem Dorfe Bielen endigt. — Wichtig ist für Nordhausen auch durch seine Mühlen der kleine Fluß Salza, welcher seine ausgedehnten und ergiebigen Quellen zwischen dem Dorfe Salza und dem Konsteine hat. Diese Quellen strömen so reichlich, daß das Wasser alsbald zu Mühlwerken benutzt wird, deren das nie zufrierende Flüßchen auf seinem kurzen Laufe zehn treibt. Für Nordhausen weniger wichtig ist die in anderer Hinsicht bedeutendere, bei der Wertherbrücke auch die Salza aufnehmende Helme, (Helmana, Helmena). Sie berührt die nordhäusische Flur an der Gränze und überschwemmt zuweilen, besonders im Rinnsale der „alten Helme", die Aecker und Wiesen. Als eine auffallende Erscheinung ist bemerkt worden, daß bei dem Anschwellen und Austreten der Helme Wasser in den viel höher liegenden Kellern am Petersberge sich zeigt.

Außer den öffentlichen Brunnen auf den Plätzen und Straßen der Stadt hat Nordhausen eine große Anzahl Privatbrunnen in den Häusern der Bürger, besonders in der Unterstadt. Das Wasser, welches diese Brunnen liefern, ist sehr verschieden, und man findet in geringer Entfernung von einander Brunnen mit hartem und andere mit weichem Wasser. Den gutes Trinkwasser ergießenden, ohne Zweifel von dem nahen Hospitale Elisabeth benannten Elisabether Brunnen zählten unsre Väter zu den sieben Wahrzeichen der Stadt**), obgleich einige das Wasser des Altendörfer Brunnens (auf dem Plane), welches heraufgepumpt werden muß, vor-

*) „Die Mühle am rothen Leimen" (d. i. Lehm) ehemals genannt.

**) Von den sechs andern wird an ihrem Orte gesprochen werden. Kindervater faßte alle sieben in zwei lateinische Verse: Curia, Rolandus, Saxum, Ballista, Canalis, Fons, Ales sunt Nordhusae miracula septem, d. i. 1. Rathhaus. 2. Roland. 3. Stein (mit Stadtwappen und Inschrift). 4. Lind-

ziehen. — Mit Flußwasser aus dem Mühlgraben versehn die Oberstadt die zwei Wasserkünste, Pumpwerke, welche im vierten Kapitel besprochen werden sollen. Auch die steinernen Wasserbehälter, welche durch diese Werke und eine ausgedehnte Röhrenleitung gefüllt werden, heißen Wasserkünste oder kurzweg Künste. Die Kunst am Markte war schon 1583 aus Steinen erbaut, die am Kornmarkte wurde 1699 neu gebaut, die am Pferdemarkte 1735; doch auch diese sind seitdem mehrmals ausgebessert oder umgebaut worden, so wie anderswo, — am Königshofe, wo früher auch ein Brunnen war und im Jahre 1858 ein solcher wieder gegraben ist, in der Rautenstraße (2 im Jahre 1750), am Petersberge, vor den Barfüßern (dem Spendekirchhofe), auf dem Hagen, zwischen der Töpfer- und Töpferhagenstraße, — steinerne Künste an die Stelle der hölzernen Bottiche getreten sind. Solche Bottiche sind nur noch in der Töpferhagenstraße und (überbaut) in der Domstraße. Die älteren Bildsäulen auf einigen jener Künste, am Markte, am Pferdemarkte, auf dem Königshofe, in der Rautenstraße, sind keine bedeutenden Kunstwerke; wirklichen Kunstwerth hat die 8 Fuß hohe Bildsäule des Neptun aus Eisen, 27½ Centner schwer, womit in neuerer Zeit, durch ein Vermächtniß von 500 Thaler eines patriotischen Bürgers (Christian Bötticher, gest. 1824), die Kunst auf dem Kornmarkte im Jahre 1828 geziert worden ist. Sie ist das erste bedeutende Werk des ausgezeichneten Bildhauers Ernst Rietschel zu Dresden und in der gräfl. Einsiedelschen Eisengießerei zu Lauchhammer gegossen.

Der nordhäusische Bergbau ist nie von großer Bedeutung gewesen. Alaunwerke in der Gumpe und auf dem Heimberge werden im 16. Jahrhundert erwähnt. Ein Alaunwerk, zu welchem ein großes Haus und Hütten mit 4 Pfannen gehörten, soll eingegangen sein aus Mißverstand, Neid und Hader. Eine Gesellschaft, welche im 18. Jahrhundert (1736 ff.) zu einem solchen Bergwerksbetriebe zusammengetreten war, hatte keinen glücklichen Erfolg, und ebensowenig die wiederholten Versuche Einzelner im 19. Jahrhundert, und noch in den letzten Jahren, hier auf Braunkohlen und Steinkohlen zu bauen.

Eisenstein (wie schon im 14. Jahrhundert Thon) wurde ehemals auf dem Geiersberge gegraben, und der Rath erlaubte noch im Jahre 1522 und 1523 daselbst, wie 1523 und 1529 in der Gumpe, einigen Bürgern solchen zu suchen. Im Jahre 1544 wurde ein Bürger mit dem Bergwerke am Warteberge beliehen. — Am Eichenberge soll Nordhausen vor Zeiten ein Silberbergwerk gehabt haben. Der Rath ließ hier 1538 acht Kuxe eingehn. — Thon und Lehm liefert die Flur an mehreren Orten*), Kalk reichlich der Konstein.

---

wurm (große Feldschlange, Kanone). 5. Kanal (Wasserleitung und Kunstwerk). 6. Quelle (Elisabethbrunnen). 7. Aar oder Arn (Vogel).

*) Eine alte Lehmgrube war auf dem Geiersberge unweit der Merwigslinde. Bis in das 19. Jahrhundert war darauf eine solche im Töpferfelde im Gebrauch (nach dem Himmelgarten zu), jetzt liefert am meisten die Gumpe und der hohle Bühel oder Holungsbühel (fälschlich Hohnspiegel genannt) mit seinen „Thonlöchern".

Ein alter Schriftsteller*) spricht von einem Goldgange in einer Wiese bei Nordhausen, wahrscheinlich in der Gegend von Crimderode. — Fehlt es Nordhausen auch an edlen Erzen, hat es doch manchen andern Segen, wozu wir auch den Kindersegen rechnen, denn nur Unverständige haben vor hundert oder zweihundert Jahren unfruchtbare Frauen Nordhäuserinnen genannt.

Zweites Kapitel.

Erbauung der Stadt Nordhausen.

Auf dem Raume, den Nordhausen seit ungefähr 600 Jahren einnimmt, waren in der ältesten Zeit, vielleicht schon vor 1200 bis 1400 Jahren, mehrere Niederlassungen gegründet, von welchen zunächst vier zu unterscheiden sein möchten: 1) das „alte Dorf", jetzt die Vorstadt Altendorf, im Nordwesten, von welchem am weitesten entfernt 2) die Niederlassung unter dem Frauenberge im Osten oder Südosten lag, wo noch im 14. Jahrhundert eine Mühle den Namen Altnordhausen führte („Alden Northusen" 1308. 1355).**) 3) Zwischen diesen beiden Niederlassungen bildete sich das „neue Dorf", später die Neustadt genannt; aber schon vor der Erbauung dieses neuen Dorfes hatte 4) der Hauptanbau auf der Höhe sich erhoben. Doch ist auch die Oberstadt nicht auf einmal erbaut worden, und namentlich war wohl der Petersberg ursprünglich getrennt von den übrigen Theilen der Oberstadt, so wie auch der Königshof ein eignes Revier gebildet haben mag. — Urnen und Urnenlager, die man in verschiedenen Theilen der Stadt gefunden hat, sprechen für das hohe Alterthum der Niederlassungen. Welche dieser Niederlassungen zuerst entstand, möchte schwer zu ermitteln sein. Der Name Altnordhausen scheint der Niederlassung unter dem Frauenberge, am Ende der Wassergasse und nach der Neuen Mühle zu, wo jetzt Gärten sind, in denen noch altes Gemäuer gefunden wird, das höchste Alterthum beizulegen; vielleicht ist aber das Altendorf nicht jünger. Die Höhen scheinen später bebaut zu sein. Auf dem Frauenberge und dem Petersberge, so wie auf der weiteren Fläche des Hagens (Hains) befanden sich vielleicht Opferstätten und Begräbnißplätze.

Thüringische und sächsische Chronisten des spätern und des spätesten Mittelalters nennen den König Merwig, der um die Mitte des 5. Jahrhunderts in Thüringen geherrscht haben soll, als Erbauer der Stadt Nordhausen, so wie der Stadt Erfurt***), und ihnen stimmt der Nord-

*) Thurneyser († 1596), Alchymia magna Lib. 8, Cap. 13.

**) Den urkundlichen Beweis von 1355 habe ich gegeben in den N. Mittheilungen des thüring. sächs. Vereins f. Erforsch. des vaterländ. Alterth. VI, 153.

***) Die Quelle der meisten ist die sogenannte Historia de Landgraviis Thuringiae (ap. Pistor. ed. Struv. I. 1298). Hier wird erzählt: Als im Jahre 426, da Kaiser Theodosius regierte, die Macht

häuser Cyriacus Spangenberg bei*). — Als ein lebendiger Zeuge für die Gründung Nordhausens durch den König Merwig wird die alte Linde auf dem Geiersberge angeführt. Sie soll ihren Namen, „Mirchens Lingen" in hiesiger Volks-Mundart, von dem Namen Merwig (Meroveus) erhalten haben. Die früher versuchte Erklärung des Namens durch „Mährchens Linde", Linde der Sage, erscheint unhaltbar, und die Ableitung von einem Mannsnamen ist die natürlichste, etwa von Mirich (Emmerich?) oder wirklich von Merwig (umgebildet Merich). Ich vergleiche mit unsrer ehrwürdigen Mirchens, Merichens oder Merwigs Linde den schon im 12. Jahrhundert bekannten Malbaum der Mühlhäuser die Kilians-Linde**). — Der alte Peckenstein weiß sogar die Veranlassung der frühern städtischen Befestigung von Nordhausen durch den König Merwig und Etzel (Attila) zu erzählen***), wahrscheinlich, wie andre spätre Chronisten, die Hunnen Attila's mit den Ungern (Magyaren) im 10. Jahrhundert und den König Merwig mit dem Könige Heinrich I. verwechselnd.

---

der Römer sank, erhoben sich die Franken und verjagten die römischen Beamten, vom Rheine bis an das Westmeer, und wählten sich einen König, der in kurzer Zeit ganz Gallien, vom einen Meere bis zum andern sich unterwarf. Als das die Thüringer hörten, die auf der andern Seite des Rheins gegen Osten wohnten, wählten sie sich mit Rath des Königs der Franken dessen Verwandten Merwig zum Könige, der eine Burg auf dem Berge baute, wo jetzt S. Peters Kloster in Erfurt gebaut ist, und eine Burg bei Erfurt, wo jetzt ist S. Dionysius' Kirche, welche der gemeine Mann nennt Merwersburg. — Zuletzt wird hinzugefügt (wahrscheinlich von einem noch spätern Schreiber): Nota quod regnante Theodosio imperatore et Merwige rege Thuringorum Northusen civitas est fundata et muro circumdata, et longe post villa Erfordia, das heißt: Unter dem Kaiser Theodosius und dem Könige der Thüringer Merwig ist die Stadt Nordhausen erbaut und mit einer Mauer umgeben, und lange nachher der Ort Erfurt. — Es scheint nicht nöthig zu sein, andre Stellen hier mitzutheilen.

*) Querfurt. Chronik S. 35. — Mansfeld Chronik S. 51b.

**) „undir senti kilianis linden" in dem alten Rechtsbuche der Stadt Mühlhausen, herausgegeben von Grashof, darauf von mir (Nordhs. 1843. 8. auch in den N. Mitth. VIII.), zuletzt von F. Stephan in dessen N. Stofflieferungen I. — Die Linde war vorzugsweise der deutsche Baum, nicht die Eiche, wie Bader gezeigt hat (Das badische Land und Volk 1854).

***) Peccenstein Theatr. Sax. III. 193. — Als Attila 450 mit seinen Hunnen in Deutschland, insbesondre in Hessen, Thüringen und Schwaben eingefallen, soll der Frankenkönig Merwig die Stadt Nordhausen insonderheit in acht genommen, solche mit einer Ringmauer und andern Gegenwehren auf's stärkste befestigt, und zur Besatzung ettlich Kriegsvolk dahin verordnet haben. — Nach der Schlacht in den „katholischen" Feldern habe Attila in Deutschland viel grausamer als jemals zuvor rumoret, und insbesondre Thüringen sich unterthänig gemacht, und zu Eisenach eine Zeitlang sein Hoflager gehalten, allda sich alle thüringische Fürsten seiner Gewalt untergeben: welcher auch die Stadt Nordhausen, als die sich steif und stark zur Gegenwehr gesetzet, insonderheit respectiret, dieselbe hinwieder zu befestigen vor seinem Abzuge Anordnung gethan, „und solche mit besondern Privilegien, deren sich die Stadt noch zu gebrauchen, und davon uralte Begnadigungsbriefe vorhanden sein sollen, begnadet." — Vortrefflich!

Nicht besser beglaubigt, als die Erbauung der Stadt Nordhausen durch König Merwig im 5. Jahrhundert, ist die Erbauung von Erfurt, oder vielmehr nur der Merwigsburg auf dem ehemaligen Petersberge, durch jenen König; denn die davon redende Urkunde des Königs Dagobert vom 1. März 706 ist höchst verdächtig, und die Stelle in den Annalen Lamberts ist nicht von diesem geschrieben, sondern von einem Erfurter Mönche eingeschaltet und wahrscheinlich von einem andern Mönche desselben Klosters erweitert worden, im 12. Jahrhundert, etwa 700 Jahr nach dem besprochenen Ereigniß*).

Indessen lassen wir die alte Merwigssage immer als Sage gelten: seltsamer, ja lächerlich ist die Angabe, daß Kaiser Theodosius II. im Jahre 410 die Stadt Nordhausen erbaute, und derselben Privilegien und Wappen verlieh. Man stützt diese Angabe auf die Inschrift eines alten Denksteins. Der allerdings merkwürdige Stein, welcher jene Inschrift trägt, stand seit dem 15. Jahrhundert eingemauert neben dem Zwinger am Töpferthore, und hat vor wenigen Jahren nach dem Abbruch jenes Thores seine Stelle an der Ostseite des Rathhauses gefunden. Von diesem Machwerk einer spätern Zeit denke ich in der Urkundl. Geschichte von Nordhausen und neuerlich in den Kleinen Schriften (IX, 1) genügend gesprochen zu haben, so wie von der zweiten Inschrift mit der Angabe des Jahres 414 (IX, 2).

Der im 15. und 16. Jahrhundert weit verbreitete Irrthum, in welchem auch Melanchthon befangen erscheint, wurde doch schon im 16. Jahrhundert von G. Agricola in einem Briefe an Fabricius bestritten: im 17. Jahrhundert wagte der hiesige Syndicus Johann Titius öffentlich dagegen zu sprechen**), und im 18. Jahrhundert der hiesige Rector Weber dagegen zu schreiben;***)

---

*) Monum. Germ. hist. ed. Pertz III, 33 (cf. 21): A. 706. Initium monasterii sancti Petri in Erphesfurdt, quod construxit Tagebertus rex Francorum in monte qui antea Merwigisborgk vocabatur, sed ab ipso Tageberto mons sancti Petri nuncupatus est, [ed. Pistor. addit: et omnia, quae habuit in Thuringia, ad eum locum dedit, monitu Trutmanni solitarii]. — Cod. Gothan. sec. 12: Tagobertus rex Francorum christianissimus construxit monasterium in Erphesfurt, in monte qui antiquitus vocabatur Merwigisburc a Merwigo pagano rege Francorum, qui fuit filius Merwigi principis de Thuringia et tritavus eiusdem Tagoberti regis; deletoque paganico nomine eiusdem urbis vel montis, sancti Petri montem nuncupavit, ibidemque monachicam vitam, sicuti iam pari modo fecerat in Selsenburg, instituit, rogatu Adeodati inclusi, qui tempore eiusdem regis secus ecclesiam sancti Blasii, que sita fuit supra predictam urbem, a Rigiberto Moguntiacensi Episcopo fuerat inclusus; et omnia quae habuit in Thuringia, sancto Petro fratribusque ibidem Deo famulantibus tradidit.

**) in der Rede „die Schuluhr", gehalten im Mai 1676 bei der Einführung des Rectors Boccius. — Titius' Reden Th. 2, S. 162 ff. — Titius möchte den König Merwig für den Erbauer von Nordhausen halten.

***) im dem Herbstprogramm 1729: Disquisitio etc. oder Untersuchung des alten Denkmahls an dem Töpferthore von dem Alterthum der Stadt Nordhausen.

dessen ungeachtet wurde noch einmal im 19. Jahrhundert bei einer feierlichen Gelegenheit Kaiser Theodosius als Gründer von Nordhausen genannt.*) — Die Entstehung der Angabe ist leicht zu erklären. Die kaiserlichen freien Reichsbürger glaubten oder wollten Andre glauben machen, daß ihre Stadt von einem Kaiser erbaut sei und von demselben sogleich mit Wappen und Privilegien begnadigt: sie setzten demnach statt des Barbarenkönigs Merwig dessen Zeitgenossen den oströmischen Kaiser Theodosius II.,**) wie ja auch die oben mitgetheilte Nachricht eines thüringischen Chronisten die beiden Namen verbindet (regnante Theodosio imperatore et Merwigo rege Thuringorum). — — Jener Stein hat so wenig eine Beweiskraft als die Goldmünze (Goldgulden?), welche der hiesige Rath 1619 durch seinen Münzmeister Hans Gruber prägen ließ mit einem bärtigen Kaiser, in Mantel und mit Reichsapfel und Scepter thronend, Umschrift: THEODOSIVS D. G. RO. IM. SEM. A. 1619; auf der Rückseite mit dem nordhäusischen Stadtwappen und MON. AVR. CIVIT. IMPERI. NORTH. — Eine größere nordhäusische Goldmünze von demselben Jahre setzt doch statt Theodosius den Kaiser Matthias, eben so eine noch größere vom Jahre 1616. (Von nordhäusischen Goldmünzen kenne ich nur diese drei, Silbermünzen giebt es viele.)

Die Meisten, welche den Kaiser Theodosius und auch den König Merwig als Erbauer von Nordhausen verwerfen, nehmen an, daß der König der Deutschen Heinrich I., der Sachse, von Spätern der Vogler oder der Finkler (auceps) genannt, im Anfange des 10. Jahrhunderts unsre Stadt erbaut habe. Man beruft sich dabei zunächst auf die bekannten wichtigen Stellen in den Geschichtswerken des Mönchs Wittekind und des Bischofs Ditmar über Heinrichs Erbauung und Befestigung von Städten und dessen besondre Anordnungen während des neunjährigen mit den Ungarn geschlossenen Waffenstillstandes***). Nordhausen nennt keiner von Beiden;

*) Bei dem Empfange des Königs Friedrich Wilhelm III. und der Königin Luise am 1. Jun. 1805, vor dem Grimmel, auf des Königs Frage.

**) den sie dabei mit seinem in Spanien gebornen Großvater dem Kaiser Theodosius I. verwechselten.

***) Widukindi Annales l. 1, c. 35: Igitur Henricus Rex accepta pace ab Ungaris ad novem annos, quanta prudentia vigilaverit in munienda patria et in expugnando barbaras nationes, supra nostram est virtutem edicere, licet omnimodis oporteat non taceri: Et primum quidem ex agrariis militibus nonum quemque eligens in urbibus habitare fecit, ut ceteris confamiliaribus octo habitacula exstrueret, frugum omnino tertiam partem exciperet servaretque. Ceteri vero octo seminarent et meterent, frugesque colligerent nono, et suis eas locis reconderent. Concilia et omnes conventus atque convivia in urbibus voluit celebrari, in quibus exstruendo die noctuque operam dabant, quatenus in pace discerent, quid contra hostes in necessitate facere debuissent etc. — Thietmari Chron. l. 1, c. 10: Antiquum Romanorum opus muro rex predictus in Mersburg decoravit, lapideo, et infra eandem ecclesiam ..... de lapidibus construi ..... precepit. Ceteras quoque urbes ad salutem regni et templa Domino ob remedium anime devota mente fabricavit, — doch gewiß zunächst die Städte in seinem Sachsen und Thüringen, am

daß aber unsere Stadt zunächst diesem Könige ihr städtisches Ansehn, ihre Erweiterung und Befestigung zu verdanken hat, glaube auch ich annehmen zu dürfen. Vielleicht hat erst König Heinrich den Haupttheil der Stadt Nordhausen, die Oberstadt angelegt, dazu auch einen königlichen Hof an dem Platze erbaut, welcher noch der Königshof heißt;*) jedoch nicht bloß alte Niederlassungen, die wohl im 5. Jahrhundert bereits bestanden, fand König Heinrich hier vor, sondern auch einen königlichen Hof, eine alte zeitweilige Residenz der fränkischen Könige, der Karolinger, vielleicht auch der Merowinger, ja wohl selbst der alten thüringischen Könige. Wirklich möchte ich selbst die alte Merwigssage nicht ganz verwerfen, nur gereinigt sie wünschen von den abgeschmackten Zusätzen der spätern Zeit. Ob aber im Altendorfe (am Geiersberge), oder ob am Frauenberge (bei Altnordhausen) der älteste Königssitz zu suchen sei, wollen wir dahingestellt sein lassen: Burgen finden wir an beiden Orten**). Daß einer der ältern Karolinger, Pippin oder Karl d. G., oder einer der Söhne desselben sich einmal zu Nordhausen befand, dafür fehlt der Beweis: für die Anwesenheit des Königs Ludwig (des Kindes) im Jahre 906 spricht eine Urkunde (U. G. von N. Nachtrag S. 5). Durch eine andere Urkunde wird die Anwesenheit des Königs Heinrich I. am 25. Jun. 934 bezeugt. Dieser Letztere hielt sich aber gewiß oft in Nordhausen auf. Daselbst gebar ihm seine Gemahlin Mathilde den zweiten Sohn Heinrich und eine Tochter Gerbirg (s. Buch 2, Kap. 1). Ihr, der frommen Königin Mathilde, gab er unter andern Orten Nordhausen, welches er sein Erbe nennt, zum Witthum (927. 929, s. U. G. von N. S. 10), und hier gründete dieselbe mit ihres Sohnes, des Kaisers Otto I., und ihres Enkels des damaligen Königs Otto II. Genehmigung ein Nonnenstift (962, s. Kap. 4).

Harze. — Indessen scheint das Wort urbes in diesen Stellen nicht von Städten im allgemeinen, sondern zunächst von Festungen, Burgen, verstanden werden zu müssen.

*) Unsre Stadt wird in älterer Zeit als villa (auch curtis) regia bezeichnet, d. h. als der Königshof Nordhausen (vgl. Kl. Schriften I, Anmerk. 2).— Von unserm Königshofe führt die Ritterstraße, darauf die Pfaffengasse nach dem Dome, der alten Hauptkirche der Stadt. Zwischen dem Dome und der Pfaffengasse lag die „Finkenburg" (wohl auch eine Erinnerung an Heinrich den Finkler), nicht weit davon an der innern Stadtmauer bei der Wassertreppe der feste Thurm „der Kaiserstuhl", tiefer herab die „Kaisermühle."

**) Vielleicht stand auf dem Geiersberge, ehe die Merwigslinde gepflanzt war, eine Merwigsburg: eine Kapelle soll vor Zeiten daselbst gewesen sein. Am Fuße dieses Berges, an der Stadtmauer, wird ein einzelnes Haus die „Burg" genannt. Die „Widdigesburg" (Witigsburg, Wittichsburg) im Altendorfe ist bekannt, weniger die „Burg" am Fuße des Hüterbergs, unterhalb des ehemaligen Rautenthors. Noch vermuthe ich eine Burg auf dem Frauenberge unweit der Kirche (und Altnordhausen).

Drittes Kapitel.

Name der Stadt Nordhausen.

Nordhausen, das Haus oder die Niederlassung im Norden, zum ersten Male genannt in einer Urkunde des Königs Ludwig des Deutschen vom Jahre 874 (vgl. U. G. von N. S. 6 und Nachtr. S. 5), hat seinen Namen erhalten, wie Einige meinen in Beziehung auf die Nordgrenze von Thüringen, wie ich glaube in Beziehung auf das eine Stunde von hier nach Süden liegende Dorf Sundhausen. Sund ist die fränkische Form für Süd, z. B. in Sundgau, Sondheim. Beide Niederlassungen, Sundhausen an der Helme und Nordhausen an der Zorge, gehörten vor Zeiten, vielleicht noch unter den thüringischen Königen, zu einem Ganzen oder Gemeinwesen, als Besitzungen eines Herren oder eines Stammes, vielleicht auch als Orte eines Gaues (des Helmgaues): von ihrer Lage gegen einander empfingen beide Orte ihren Namen.

Die angebliche Namensform Orthausen beruht auf einem Irrthume. Wie auf einem ältern Geschütz von 1458 **Northusen** zu lesen war (s. Kl. Schriften IX, 37), so stand gewiß auch auf der großen Feldschlange, dem Lindwurm von 1519 (s. das. 38) nicht **Orthausen**, sondern [**n**]**orthausen**, und das kleine, wahrscheinlich in einer Verzierung enthaltene **n** ist nur übersehn worden, indessen könnte das N auch durch einen Fehler der Form ausgeblieben sein. — Auf dem Brakteaten der Aebtissin Hedwig (**Hadwic**, s. Kap. 4) steht das R vor dem O; aber solche Versetzungen der Buchstaben sind gerade häufig auf solchen Münzen des Mittelalters.

Im Mittelalter und noch im 16. Jahrhundert heißt unsre Stadt meistens Northusen (lateinisch **Northusun**, **Northusen**, **Northusa**, seltener **Nordhusa**): die mannichfachen andren Abweichungen in der Schreibung sind ohne Wichtigkeit (**Northusia**, **Northusium**, Nordhusin, Nordhußen u. dgl. m.).

Der Rector Laurentii zu Naumburg wollte behaupten, den Namen Nordhausen hätten unsrer Stadt die in Thüringen sich niederlassenden Schwaben (Sueven) von dem gleichnamigen Orte bei Dünkelsbühl beigelegt.

Es giebt, so wie mehrere Sundhausen, auch noch andre Orte in Deutschland, welche den Namen Nordhausen haben, selbst in ziemlicher Nähe unsrer Stadt, wie die Dörfer Rieth-Nordhausen bei Wallhausen, Nordhausen bei Erfurt und Nordhausen bei Kassel. Der letzte Ort wurde bekannter durch den 1609 daselbst entdeckten Gesundbrunnen, dessen Gedächtniß wieder aufgefrischt wurde von Piderit (Medicin. Beobachtungen. Cassel 1806.).

Viertes Kapitel.

Oeffentliche Gebäude der Stadt Nordhausen.

Viele von den öffentlichen Gebäuden der Stadt sind durch Feuer zerstört, oder wegen ihrer Baufälligkeit, oder weil sie nicht mehr brauchbar schienen, ganz abgetragen oder umgebaut worden. Auch ist der ältesten noch vorhandenen, so der Domkirche zum heil. Kreuz und der Marienkirche am Frauenberge, ursprüngliche Gestalt in allen ihren Theilen kaum zu erkennen wegen der im Laufe der Jahrhunderte daran vorgenommenen nöthigen oder unnöthigen Abbrüche und An- oder Umbaue, welche oft geschmacklose Verunstaltungen waren, und dem Charakter des Gebäudes nicht angemessen. — Wir betrachten zuerst diejenigen öffentlichen Gebäude, welche beim Anfange des 19. Jahrhunderts noch standen und meistens noch jetzt stehen.

Solche sind oder waren in der Oberstadt das Rathhaus, die Kirchen St. Nicolai, St. Blasii und St. Petri, die Barfüßer- oder sogenannte Spendekirche, das Gymnasium (ehem. Dominikaner-Kloster), die Mädchenschule, das Waisenhaus, der Walkenrieder und der Ilfelder Hof, die zwei Apotheken, das Broihanhaus, der Marstall.*)

Das alte 1360 erbaute Rathhaus, welches bis zum Anfange des 17. Jahrhunderts im Gebrauche war, stand am Kornmarkte, und zwar, wie es heißt, mitten auf demselben, also nicht weit von der Georgenkirche oder Kapelle und dem Zeughause. Es wird angegeben, daß dasselbe am 21. August 1612 mit abbrannte**), und daß damals nur der massive untere Theil stehen blieb. Das Gebäude wurde wieder hergestellt, aber nur als öffentlicher Tanzboden bei Hochzeiten und Festen und als städtisches Wagehaus (Rathswage) und Fruchtboden benutzt, bis es in dem großen Brande am 21. August 1712 völlig zerstört wurde. Schon vor dem Brande von 1612 scheinen Rathsversammlungen auf dem Rathskeller gehalten worden zu sein, weshalb

---

*) Unter den öffentlichen Gebäuden der Oberstadt hätte die katholische Stiftskirche S. Crucis oder der Dom mit aufgeführt werden sollen. Lesser hat diese wichtigste geistliche Stiftung von Nordhausen (aus kleinlicher confessioneller Eifersucht, wenn nicht, weil das Stift eine solche Selbständigkeit bewahrte, daß es in mancher Beziehung nicht zur Stadt gerechnet wurde) erst nach den öffentlichen Gebäuden der Vorstadt aufgeführt: ich habe ihr diese Stelle gelassen, da sie eine ausgezeichnete Stelle verdient.

**) „Das alte Rathhaus jetzo der Tanzboden, item die Wage genannt": Kindervaters Feuer- und Unglückschronik S. 108. [Anhang S. 14: 1712 „das Rathszeughaus hinter der Kirche S. Georg am Kornmarkte". — S. 109: 1612 „die Kirche S. Georg, so der Rath als Zeughaus gebrauchte."]

wohl Einige das alte Rathhaus dahin versetzen. Möglich ist es auch, daß hier (am Markte) ein solches stand vor der Erbauung des Rathhauses am Kornmarkt, also vor 1360.*)

Das gegenwärtige Rathhaus wurde am Markte in den Jahren 1608 bis 1610 erbaut. Unter Andern hatte eines wohlhabenden Bürgers Martin Schieferdeckers Wittwe am 30. Dec. 1605 dazu 1500 Gülden vermacht. Bald nach seiner Vollendung war dasselbe durch den Brand vom 21. August 1612 der größten Gefahr ausgesetzt, indem das Feuer die benachbarte Kirche St. Nicolai und deren Thürme ergriffen hatte und großentheils zerstörte. Die Feuersbrunst vom 23. August 1710 war dem Rathhause verderblicher: es verlor dadurch den ansehnlichen Thurm nebst Uhrwerk und Glocke und das ganze Dach, so daß noch in demselben Jahre ein ganz neuer Dachstuhl aufgesetzt werden mußte. Auch verschiedene Rüstungen, Urkunden und Kostbarkeiten sollen damals auf dem Rathhause durch das Feuer zerstört oder verloren gegangen sein.

Das Rathhaus ist ein bedeutendes, meist massives Gebäude, ein längliches Viereck, mit der Hauptlängenseite oder Vorderseite nach Süden, dem Weinkeller (Rathskeller) und zunächst dem dazwischen liegenden Fleischmarkte, mit der Rückseite aber der Hauptlängenseite (Vorderseite) der Kirche St. Nicolai zugewendet, von welcher letztern es durch den ehemals geschlossenen schmalen Kirchhof**), jetzt eine offene Verbindungsstraße, getrennt ist. Auf jener Vorderseite, über der Thür des Thurmes, der hier die Mitte des Gebäudes ausmacht, zeigt sich das nordhäusische Wappen, und an der Ecke dieser Seite gegen Abend steht unter einem glockenförmigen Kupferdache das kolossale hölzerne Rolandsbild, als ein in den sächsischen und den thüringischen Städten um den Harz, auch in der Mark Brandenburg sehr gewöhnliches Sinnbild und Zeichen der höhern Gerichtsbarkeit, vielleicht ursprünglich der Marktgerechtigkeit. Am 30. August 1609 war das alte Rolandsbild, ohne Zweifel von dem alten Rathhause, dahin versetzt worden. Auf dieses alte Bild bezog sich die Inschrift des Geschützes von 1458: „Rulande und dem Riche bin ich wohl bekannt" u. s. w. (Vgl. Kleine Schriften IX, 37). Doch nachdem der alte Roland in der Feuersbrunst von 1710 so sehr gelitten hatte, daß man das Angesicht desselben nicht mehr erkennen konnte, wurde 1717 der jetzt hier stehende angefertigt und aufgestellt, an dessen Gürtel steht **Anno** 1717. Bis 1710 soll auf dem kupfernen Schutzdache des Rolands als ein Wahrzeichen der Stadt ein silberner Pelikan, seine Jungen mit seinem Blute fütternd, gestanden haben. Dieser silberne Pelikan wurde nun mit einem messingenen oder kupfernen und vergoldeten,

---

*) Dieses Jahr der Erbauung giebt der Denkstein an, der aus der Mauer des alten Rathhauses an der Nordseite des jetzigen eingemauert ist, wie der vielbesprochene Stein vom Töpferthore an der Ostseite. Vgl. Kl. Schriften IX.

**) Dieser Kirchhof war vordem ohne Zweifel größer und wurde erst 1608 durch den Bau des Rathhauses auf einem Theile desselben so eingeengt. Die Gemeinde St. Nicolai erhielt dafür die Mitbenutzung des Spendekirchhofes.

der auf dem aus gleichem Metalle bereiteten, starken Knopfe des Daches steht, vertauscht. Unser Roland trägt auf dem Haupte eine Krone, in der rechten Hand das emporgehobene Schwert, indem die linke den angelehnten Schild hält. Unsere Väter hielten den Roland für ein Palladium, woran die Freiheit und Unmittelbarkeit der Stadt geknüpft sei. — Vergl. meine kl. Schriften S. 157.

Eine ausführliche Schilderung des ganzen Gebäudes und seiner Theile soll hier nicht gegeben werden, noch weniger eine Aufzählung der vielfachen Veränderungen seines Innern, welche im 19. Jahrhundert vorgenommen werden mußten: nur der alten sechs „Cavaten" oder „Kammern" gedenken wir, deren Gewölbe, zur Bergung werthvoller Gegenstände in Feuersgefahr bestimmt, darauf von den „Gewandschnittern" als „Gewandkammern" benutzt wurden. Zu ihnen führt, außer den beiden Freitreppen an der West- und Ostseite, auch eine schmale Treppe an der Südseite, welche meistens nur benutzt wurde, die Gefangenen aus der dicht daneben befindlichen Thür des Gefängnisses („hinter dem Rolande") auf das Rathhaus zu führen. — Wohl dürfte eine kurze Beschreibung der Räume, in welchen der reichsstädtische Rath vor 150 Jahren seine Sitzungen hielt und die Mitglieder der einzelnen Aemter ihre Geschäfte führten, hier an ihrem Orte sein. Dazu benutze ich, was ein ehemaliger Rathsherr berichtet, der Quatuorvir E. Ch. Bohne in dem Fragment seiner Chronik von Nordhausen (1701), dessen Worte Lesser wiederholt.

Betrat man, nachdem man von den Kammern aus die Wendeltreppe in dem Thurme, den einzigen Zugang zu den obern Räumen, bis dahin erstiegen hatte, den ersten Saal, so fand man links die Audienz- oder Regimentsstube, auch die Sessionsstube oder kurzweg das Regiment genannt, und dabei eine kleinere, die Kämmerei, beide von außen geschützt vor dem Behorchen oder dem störenden Andringen der Parteien und ihrer Beistände durch ein starkes roth angestrichenes Eisengitter. Die Audienzstube war ein geräumiges Viereck, die Wände ausgelegt mit kunstreich geschnitztem Tafelwerk. Der Thür gegenüber, unter einem vergoldeten Crucifix mit Nebenbildern auf einem Simse, stand mit einer grünen, bis auf den Boden hängenden Decke belegt, der kleine Tisch, an welchem die „regierenden" Rathsmeister (Bürgermeister) zu sitzen pflegten. Nahe an diesem, zur Seite des „worthaltenden" Bürgermeisters, saß der Stadtconsulent und Syndicus, auf jener Seite, nächst den Bürgermeistern, die Viermänner (die „Viere von der Gemeine wegen", später Quatuorviri oder Vierherren genannt), darauf die andern Rathmänner (später Senatoren geheißen) und Rathsverwandte. An dem gegenüberstehenden Kanzleitische hatten die beiden Stadtschreiber (Secretäre) ihren Sitz. Bei dem dabei befindlichen Kammerkasten (später über die Thür der sog. Mahlstube, wo das Mahl- und Schrotgeld eingenommen wurde, gesetzt) war zu sehn „das Bild der Marien als Mutter Gottes mit dem Jesuskinde, selbiges auf den Armen tragend, so naturell, schön und lebhaft gemalet, als dergleichen wohl wenig wird anzutreffen sein, welches aus der Thalischen Erbschaft hiebevor, weil sich die Erben um dies Contrefait nicht vertragen können, zu christlichem Andenken dahin geschenkt worden". — Ferner waren in dieser Stube in Schränken die Kriegs-, Friedens-, Kreis-, Conferenz- und andere Acten, und außer den Schränken die Kataster, Erb-, Geschoß-, Kunstgeld- und andre Bücher.

Aus der Regimentsstube führte eine Thür nahe bei den durch die Zwischenwand geschiedenen Oefen in die „Kämmerei", in welcher die Kämmerer die Geschäfte der städtischen Einnahmen und Ausgaben verwalteten; doch wurden die Rathsarbeiter monatlich zweimal, meistens einen um den andern Freitag Nachmittag nach 2 Uhr, nach schriftlicher Anweisung der Bauherren in der Regimentsstube abgelohnt. Der Syndicus, die zwei Secretäre, die Geistlichen und Kirchendiener, die Schullehrer und die Rathsdiener empfingen ihre Besoldung richtig alle Vierteljahre („welches sowohl Einheimische als Fremde an dieser Stadt sonderbar ruhmwürdig halten", fügen Bohne und Lesser hinzu). Außerdem wurde die Kämmereistube auch benutzt zu den Versammlungen der Aeltesten*), der Commissionen, des Vormundschafts-, Bau- und Feueramts u. s. w. Deshalb befanden sich auch hier in verschlossenen Behältnissen die Acten dieser Aemter, das Vormundschafts- und Waisen- (Pupillen-) Archiv und andere Protokolle und Registraturen. Ein Repositorium war angefüllt mit Actis publicis nach dem Alphabet. Auch durften die Advocaten außer den Sitzungen hier expediren. — Auf dem Simse über der Thür war ein hölzernes Täflein angebracht, worauf mit goldenen Buchstaben in Mönchsschrift stand: „Alles rede mit einer halben Rede, Höre auch Wederrede." Ferner las man auf einem eben solchen Täflein rechts an der Thür: **Parcere prostratis scit nobilis ira leonis, Tu quoque fac simile quisquis regnabis in urbe.** Dieses Distichon (dessen Sinn ist: Niedergestreckte verschont der Grimm des edlen Löwen, So auch handele du, der in der Stadt du regierst) wiederholte ein Täflein am Wandschranke**).

Auf der andern Seite des Saales, jenen beiden Stuben gegenüber, trat man in die „grüne Stube", welche diesen Namen erhielt, weil die Wände, wie die Tische, mit grünem Tuche belegt

*) „Unsre Herren die Aeltesten", das Collegium Seniorum d. i. sämmtliche Bürgermeister der 3 Rathsregimente, das wichtigste Collegium der Stadt.

**) Die beiden Stuben auf dieser Seite, das Regiment und die Kämmerei, bestanden so nur bis zum Jahre 1733, in welchem hier auf Befehl des regierenden Bürgermeisters J. G. Riemann bedeutende Aenderungen vorgenommen wurden. Dadurch, daß man die Zwischenwand hinwegnahm, wurde aus jenen beiden Stuben ein großes Zimmer gebildet, „das Regiment", mit Fenstern nach Süden, Westen und Norden. Durch J. Ch. Mäter (Maistre, von französischen Vorfahren) wurden die Tapeten der Wände kunstreich gemalt. Ueber der Eingangsthür stand von zwei nackenden Kindern gehalten, unter der goldenen kaiserlichen Krone, in einem runden blauen Felde der goldene Helm vom Wappen der Stadt mit seinen Vogelleim- (oder Kleeblätter-) Stangen. Ueber der andern (sonst Kämmerei-) Thür sah man in goldenem Felde den nordhäusischen einfachen schwarzen Adler, auch gehalten von zwei nackenden Kindern. Die andern Schildereien und biblischen oder allegorischen Darstellungen glaube ich übergehen zu dürfen. — Die Kämmerei wurde nun gegenüber auf die andre Seite des Saals, von der Westseite auf die Ostseite, verlegt.

waren, sogar die Decke grün angestrichen. Dieselbe wurde auch die Contributionsstube genannt, denn darin wurden durch gewisse Rathspersonen an zwei Tischen, an dem einen nach der Ecke des Rathhauses zu, die Contributionen und Anlagen, Römermonate, Mahlgeld und andere ordentliche und außerordentliche Auflagen, an dem andern vorn bei der Thür die Wacht- und Monatsgelder eingenommen. Von den letztern erhielt der Stadthauptmann jedesmal am letzten, die Stadtsoldaten am ersten, zehnten und dreißigsten Tage des Monats ihre Besoldung. Auch die Zinsen und eingehenden Kapitalien der Spende wurden hier eingenommen, und der Director der Spendecommission hatte, nach der Erneuerung derselben im Jahre 1699, die dazu gehörige Registratur wohl geordnet. — In der ersten Zeit scheint die grüne Stube zur Regiments- oder Gerichtsstube gedient zu haben. Dahin deuten die Inschriften: 1) oben am Schwibbogen des ersten Fensters rechts: Schaffet Recht den Armen und den Waisen, Ps. 82. — 2) daselbst: Sehet zu was ihr thut, denn ihr habt das Gericht nicht den Menschen, sondern dem Herrn, und Er ist im Gerichte, 2 Paralip. 19. — 3) links: Haltet Recht und Gerechtigkeit und thut niemanden Gewalt, und vergießet nicht unschuldig Blut an dieser Stelle, Jer. 22. — 4) mitten zwischen den Fenstern dieser Seite nach dem Fleischmarkte zu über dem Stadtwappen: Memorare novissima et non peccabis. — 5) im zweiten Fenster oben: Invidiam virtute supera. — 6) rechts Saluti publicae semper consulendum. — 7) links: Nihil praeclarius quam bene de republica mereri. — 8) Daneben: Benigne responde, juste judica. — 9) im dritten Fenster, nach der Schuhgasse, oben: Vir sapiens civitatis splendor. — 10) rechts: Ubi justitia, ibi concordia. — 11) links: Conservatio civitatis unio. — 12) nicht weit davon: Excute manus ab omni munere. Partes patienter audi. Dabei stand die Gerechtigkeit gemalt mit Schwert und Wage. — An die grüne Stube stieß die Kanzleistube, in welcher die alten nicht mehr gangbaren Kanzleiacten verwahrt wurden, und an diese wurde im 18. Jahrhundert eine neue Actenstube gebaut.

Auf dem Saale zwischen jenen Stuben hingen an Stangen die ledernen Feuereimer — zum Theil Meisterstücke der Schuhmacher, zum Theil von den neun rathsfähigen Gilden, auch von andern Innungen angeschafft und mit deren Wappen versehen —, an den Wänden einige große Landkarten. — Aus diesem Saale des ersten Stockes führt die Wendeltreppe in das zweite Stockwerk, zunächst nach dem (in neuerer Zeit sehr eingeengten und bebauten) „Kaisersaale". Hier befand sich rechts nach der Schuhgasse zu die „Pfeilkammer". Auf dem geräumigen Saale stand unter andern der mit schwarzem Sammt überzogene Huldigungsstuhl (gebraucht im August 1661). Die Wände schmückten illuminirte Landkarten, Erd- und Himmelskugeln und mancherlei hier aufgehängte Rüstungen, besonders einige Küraße und Harnische, die mit allem Zubehör hinter der Thür der „Kaiserstube" hingen. Diese große Kaiserstube befand sich über der Regimentsstube. In derselben sah man folgende Kaiserbilder ins Lebensgröße: beim Eingange Maximilian I. stehend und mit bloßem Schwerte, daneben auf dem Throne sitzend Karl IV., ferner Joseph I. und Leopold I. An der Wand hing eine Tafel mit einer gemalten Darstellung der Stadt Nordhausen im Jahre 1674 und mit den Namen sämmtlicher damaligen Mitglieder aller drei Räthe, der Geistlichen, der Schullehrer u. s. w. — In diesem Zimmer fanden jährlich vier Versammlungen und feierliche Handlungen statt: 1) die Ablegung und Anerkennung der halbjährigen Kämmereirechnung, vor dem Tage der heiligen drei Könige, 2) nach geschehener Rathswahl die Censur und Bestätigung des neuerwählten Rathes nebst der Austheilung der Aemter an die Rathsglieder, 3) Freitags nach Oculi (Mitfasten) die Ablegung der Hospital-, Kloster-, Schul- und Mühlenrechnungen, 4) die Ablegung der halbjährigen Kämmereirechnung und der Rechnung andrer Aemter, auch fernere Bestätigung der Aemter, am h. Abende vor Johanni. Diese Verhandlungen fanden statt in Gegenwart aller drei Räthe oder Rathsregimente, so wie sämmtlicher Sprech- und Handwerksmeister der neun rathsfähigen Gilden. Außerordentliche Versammlungen wurden in diesem Zimmer gehalten in Fällen der peinlichen Gerichtsbarkeit — wenn nach geführter Untersuchung und Vertheidigung und nach eingeholtem Urtheil ein Missethäter vor das Halsgericht gestellt und das Halsgericht selbst gebildet, endlich die zuerkannte Strafe nach dem Prozeß an dem armen Sünder vollstreckt werden sollte — und in andern Fällen, wozu die Mitglieder besonders eingeladen wurden.

In dem Erdgeschoß des Rathhauses, unter den Kammern, zwischen der Seitentreppe und dem Rolande war die Wohnung des Gefangenwärters, eines der zwei Unterdiener oder Häscher, und dabei die unterirdischen Gefängnisse, das „große" und das schreckliche „kleine" Loch, und weiterhin, nach der Schuhgasse zu, die „schwarze Kammer". Bei der Wohnung des Gefangenwärters war auch ein enger Verschlag zur Einsperrung etwa betrunkener städtischer Diener „zwischen den Thüren" genannt. — Außer dem Hauptgefängnisse „hinter dem Rolande" benutzte man auch noch als Gefängnisse die Räume und Wohnungen auf den Thoren und die Hauptwache, die bei der Marktkunst stand, in früherer Zeit auch die Festungsthürme an der Stadtmauer und die unterirdischen Räume unter denselben, so den Marterthurm bei dem Dominikanerkloster, in welchem noch vor wenigen Jahrzehnten der „Stock" zu sehen war, d. h. ein starker Balken mit runden Oeffnungen zum Hineinlegen und Befestigen der Beine der Verbrecher. — Vornehme Gefangene erhielten Hausarrest oder wurden in einer Stube auf dem Weinkeller (Rathskeller) verwahrt.

An der Vorderwand der Freitreppe des Rathhauses nach Westen befand sich an einer Kette das „Halseisen" zur Ausstellung von Verbrechern, und nicht weit davon, hinter der steinernen Wasserkunst, nach dem Riesenhause zu und neben der Hauptwache war im Jahre 1699 zur Bestrafung der Feld- und Gartendiebe, auch der Taubendiebe, ein Trillhäuschen („Trillerhäuschen") erbaut worden, ein runder, halb offener, an den Seiten aus einzelnen Latten zusammengefügter Behälter, einem Vogelbauer ähnlich und um eine Spindel drehbar (abgebrochen 1805). — Auf einer zwischen dem Rathhause und dem Weinkeller stehenden Bank wurde, so oft es nöthig war, unter freiem Himmel das (hochnoth-) peinliche Gericht (Halsgericht) gehalten. Hier vor dem Rathhause stand früher einige Zeit auch das hölzerne Gerüst „der Esel" mit scharfkantigem Rücken, auf welches strafbare Soldaten gesetzt wurden. Daselbst mußten zuweilen und noch am Ende des 18. Jahrhunderts liederliche Frauenspersonen auf- und abgehend die „Schandsteine“ tragen, zwei schwere Steine an einem Stricke über Nacken und Schultern gehängt, und pflichtvergessene Nachtwächter ihre nächtlichen Waffen, „Morgensterne“. — Selbst Hinrichtungen geschahen wohl in älterer Zeit vor dem Rathhause. — An einem Pfeiler hing hier auch die nordhäusische Normalelle (= 1 Fuß 7 Zoll 6 Linien 6 Scrupel rheinländisch). [Der Inhalt des nordhäusischen Scheffels war nach Rosenthal = 1 Fuß 468 Z. 747 L. 964 S.] — Die kleine Glocke auf dem Rathhausthurme wurde durch einen Unterdiener des Rathes geläutet 1) an allen Sitzungs- oder Gerichtstagen des Morgens um 8 Uhr, 2) gegen den Andreastag, so lange die Einnahme des Geschosses oder Schoßgeldes dauerte, des Mittags,*) 3) um 3 Uhr in der h. Dreikönigsnacht zur Rathswahl.

Die Hauptkirche S. Nicolai, auch Marktkirche genannt. — Die Pfarrei S. Nicolai am Markte (parochia b. Nicolai in foro) wird nebst der Pfarrei am Petersberge und der Marienkirche Neuwerk am Frauenberge, so wie die Pfarrei zu Wechsungen durch eine Urkunde vom 27. Juli 1220 von dem Kaiser Friedrich II. dem neuen Mannsstifte, der Reichspropstei zum heil. Kreuze in Nordhausen zum Unterhalte der Stiftsgeistlichen überlassen (incorporirt).**) Der Kaiser fügte 1223 noch eine Kirche und eine Kapelle in Wallhausen hinzu und dessen Sohn König Heinrich (VII.) 1234 die Pfarrei S. Blasii in Nordhausen (s. Urkundl. Geschichte von Nordhs. Urk. 1—4). Damals (1220) stand also schon eine Nicolaikirche am Markte, doch die gegenwärtige Nicolaikirche ist wohl nicht vor 1363,***) vielleicht erst im 15. Jahrhundert erbaut, und einige Theile derselben wurden erst gegen das Ende des 15. Jahrhunderts vollendet; denn die Erbauung der Kapelle, welche jetzt als Sacristei gebraucht wird, fällt erst in das Jahr 1490, wie wir unten sehen werden. Ausbesserungen und neuer Anbau kamen auch später noch vor. — Mit Unrecht geben Lesser und Andre das Jahr 1360 als das Erbauungsjahr der Nicolaikirche an, indem sie die Inschrift des der Kirche gegenüber am Rathhause eingefügten Steines irrig auf den Bau dieser Kirche beziehen, anstatt auf den Bau des ehemaligen Rathhauses am Kornmarkte.

Dreimal ist diese Kirche durch Feuer verwüstet worden. Die große Feuersbrunst vom 21. Aug. 1612 zerstörte dieselbe bis auf die Seitenmauern und das Gewölbe: sie verlor damals nicht blos das Dach, sondern auch fast die ganze innere Ausstattung, die Orgel, die Kanzel, den Altar, auch die Glocken, denn die beiden mit Blei gedeckten Thürme brannten ebenfalls ab.

*) „Zieh das Hemd aus, trag's auf's Rathhaus“, sagte man klinge das Glöcklein; und man sagte dieses ungeachtet der äußerst mäßigen Abgaben.

**) Am 4. Februar 1253 bekundet der Abt von Walkenried, auf Befehl des Königs Wilhelm die Privilegien des Stiftes S. Crucis eingesehen und darin gefunden zu haben, daß die Pfarrei S. Nic. am Markte zur Unterhaltung der Präbenden jenes Stifts gehöre. Gött. gel. Anz. 1854. St. 110. 111.

***) In diesem Jahre ertheilte der Rath „literam petitoriam ad ecclesiam S. Nicolai“, einen Bittbrief, d. h. die Erlaubniß zu einer Collecte ohne Zweifel zur Erbauung der Kirche.

Der Dachstuhl war bereits im folgenden Jahre wiederhergestellt (aus eichenem Holze), die schönen Thürme im Jahre 1614. Diese wurden mit Kupfer gedeckt und erhielten im Jahre 1615 neue Knöpfe, in deren einen eine lateinisch geschriebene Nachweisung des damaligen Predigers dieser Kirche gelegt wurde.*) Auf jenen Thürmen hingen fünf Glocken, drei zum Läuten und zwei Seigerglocken. Die große Glocke wog 50 Centner, und war einen Ton tiefer als die große Glocke zu S. Blasii. Die Vesperglocke (23 Centner 45½ Pfd. schwer und eine Tertie tiefer als die zu S. Blasii), die große Seigerglocke (11 C. 24 Pf.) und die kleine Seigerglocke (5 C.) hatte Joh. König der Glockengießer von Erfurt 1612 gegossen. Das Stimmglöckchen wurde am 27. Nov. 1612 aus S. Martini genommen. Es waren feine Glocken (nach Joach. Emdenii zwo sonderbaren Predigten vom Ursprung der Tempel und Einweihung der Glocken 1630. 4). Alle fünf Glocken schmolzen in der folgenden großen Feuersbrunst am 23. Aug. 1710, so daß man aus dem Schutte kaum 60 Centner Metall heraussiebte. Die Kirche sammt den schönen Thürmen wurde in diesem Brande zum zweiten Male zerstört, und als sie nach zwei Jahren kaum einigermaßen wiederhergestellt war, traf sie in der Feuersbrunst vom 21. Aug. 1712 dasselbe Schicksal zum dritten Male. Die Thürme wurden seit dem Brande von 1710 nicht völlig wieder aufgebaut.**) Der Glockenstuhl, welchen man nach 1710 auf den untern Theil der Thürme, welcher stehen geblieben war, gesetzt hatte, brannte 1712 mit ab, wobei auch die darin hängende Glocke herabfiel und zersprang. Nun wurden die beiden (die größere von J. A. Geyer in Nordhausen 1712, die kleinere 1714) neu gegossenen Glocken in Glockenstühlen auf dem Kirchhofe zwischen dem Rathhause und der Kirche aufgehängt und hier hingen dieselben, bis sie 1829 in einem Neubau auf den noch stehenden alten Grundmauern der abgebrannten Kirchthürme ihre Stelle erhielten, bei welcher Gelegenheit auch aus dem abgeschlossenen Kirchhofe eine offene Straße wurde.

Bis 1710 wohnte auf einem der beiden Thürme der Marktkirche der „Hausmann", welcher alle Viertelstunden nach allen Seiten die Stadt überblickte, um ein etwa aufgehendes Feuer

---

*) Nach dem Eingange und nach der Bemerkung, daß damals unter der Regierung der Kaiser Rudolph II. und Matthias und unter dem Schutze des Hauses Sachsen die reine evangelische (lutherische) Lehre nach den symbolischen Büchern hier in allen Kirchen gelehrt wurde, mit Ausnahme der römisch-katholischen Kirche zum h. Kreuz, wurden sämmtliche 12 Bürgermeister genannt, darunter 3 Scholarchen, 2 Administratoren des Hospitals S. Martini, ferner der Stadtschultheiß, der Syndicus, Secretär, Actuarius, 3 weltliche Assessoren des Consistoriums, 6 Pastores (darunter 4 Mitglieder des Consistoriums und 2 zugleich Schulinspectoren), 3 Diaconi, der Hospitalprediger, 3 Aerzte, 3 Bauherren, die 2 Kirchenvorsteher. Endlich wird erzählt, wie das Feuer die Marktkirche 1612 verwüstet habe, und wie dieselbe sammt den Thürmen 1615 wiederhergestellt worden sei. Mit frommen Wünschen wird geschlossen.

**) Die Zerstörung dieser schönen Thürme, welche sonst die Mitte der Stadt zierten, ergriff einen nordhäusischen Bürger so sehr, daß er darüber den Verstand verlor, und bis an seinen Tod nur noch den einen Gedanken festhielt, die Stadt müsse vom Kaiser Hülfe suchen zum Wiederaufbau der Thürme.

sogleich zu melden, am Tage durch eine nach der betroffenen Seite ausgesteckte Feuerfahne, des Nachts durch eine Laterne, außerdem durch Feuerruf, durch das Horn und endlich durch Anschlagen der Glocke (Stürmen). — Auf demselben Thurme befand sich auch eine kunstreiche Uhr. Eine kupferne Kugel unter dem Zeiger im Zifferblatte zeigte das Ab- und Zunehmen des Mondes. Unter jener Kugel war ein Kopf, über welchem ein goldner Apfel hing: so vielmal schnappte der Kopf nach dem Apfel und so vielmal fuhr der Apfel zurück, als die Uhr schlug (poma fugacia captat — Tantalus). Zur Rechten der Kugel stand ein Engel mit einer Sanduhr, die er nach jeder Stunde umwandte, zur Linken ein Engel, der mit einem Scepter so vielmal auf das Zifferblatt schlug, als die Uhr Stunden anzeigte.

Im Innern der Kirche bemerken wir zunächst den Altar, die Kanzel, den Taufstein und die Orgel. — Den gegenwärtigen hohen Altar verfertigte Johann Duckius, und derselbe wurde am 21. Sonntage nach Trinitatis 1646 eingeweiht. Die bei dieser Gelegenheit von Embenius gehaltene Predigt ist gedruckt. — Ein Altar des heil. Nicolaus, der vor dem Chore stand, wurde 1726 abgebrochen. Man fand in demselben ein Töpfchen mit Reliquien, Knochenstücke in seidne Läppchen gewickelt. Andre Altäre in dieser Kirche vor der Reformation sollen gewesen sein 2) der Altar des h. Andreas und der h. Katharina, 3) der Altar des h. Philipp und des h. Jacob, 4) der Altar Aller Heiligen, gestiftet 1358, 5) der Altar des h. Theobald und der h. drei Könige links im Chore, 6) der Altar des h. Michael.*) — Die Kanzel hat der Kirchenvorsteher Joh. Günther Wiegand 1589 bauen und mit Sprüchen und Schildereien zieren lassen. Sie ruhete auf einer Statue des Simson, welcher dem Löwen den Rachen aufreißt, und stand an einem Pfeiler im Schoße der Kirche. — Der auf Kosten des Vierherrn (später Bürgermeisters) Andreas Michael 1585 angefertigte Taufstein stand mit einem eisernen Gitter umschlossen zwischen den Kirchenstühlen unter der Orgel, nach der alten symbolischen Weise, die Taufsteine beim Eingange in die Kirche anzubringen. — Die alte Orgel von 24 Registern hatte 1619 Ezechiel Greutscher aus Eisleben gebaut. Nachdem dieselbe über hundert Jahr gedient hatte, wurde sie erneuert und erweitert. Der Bürgermeister Kegel hatte den Um- und Neubau derselben an den Orgelbauer Joh. Georg Papenius aus Nordhausen zu Stolberg verdingt, als er aber bald darauf (1729) starb, so ließen der Bürgermeister Joh. Gfr. Riemann und der Secretär Grotjan als Kirchenvorsteher den Bau ausführen, so daß die Orgel nun 52 Register und 42 klingende Stimmen erhielt. Nach beinahe 90 Jahren hatte auch diese Orgel ausgedient, und nun wurde (1818) die gegenwärtige durch den Orgelbauer Deppé hergestellt.

Im Jahre 1727 wurde die Kirche S. Nicolai auf Anordnung der Kirchenvorsteher und unter der Leitung des ersten derselben, des Bürgermeisters Kegel, einer bedeutenden Reparatur

*) Man vergleiche aber die Bezeichnung noch andrer Altäre unten bei der Angabe der Vicare dieser Kirche. — Der Altar des h. Michael stand vor dem Thurme (ante turrim). Konrad genannt von der rothen Thür beschenkte ihn 1352 mit 60 Mark nordhäus. Silbers.

unterworfen (s. davon Hellers Samml. von Thüring. Merkwürdigkeiten VIII, 526; IX, 593). Der Altar wurde durch weiße und schwarze Alabastertafeln und durch mannichfaltige Bildwerke und Figuren in Alabaster, durch Säulen und Blumenwerk, Vergoldung und Inschriften geziert. Der alte Taufständer (von Holz) erhielt seine Stelle in der Mitte des Chors und die Kanzel wurde an das Chor und so an die Wand gesetzt, daß man aus der neuen Sacristei, der ehemaligen Kapelle, hinaufsteigen kann. Bei dem Fortrücken der Kanzel fand man eine Schrift vom 28. Mai 1589, enthaltend 34 lateinische Hexameter, deren Inhalt durch 68 deutsche Verse wiederholt wurde, angefertigt von dem damaligen Oberprediger dieser Kirche Lucas Martini. Derselbe erzählt darin die Erbauung der Kanzel mit Angabe der damaligen Zeitumstände (als Rudolph II. Kaiser, Sixtus V. Papst,*) Hans Bechmann und Günther Wiegand regierende Bürgermeister waren, Georg Straube und Schiebeler Bürgermeister nach dem Johannistage, Lucas Martini Pfarrer seit 9 Jahren, Eifardus Diaconus, Joh. Glück gegen 30 Jahr Aedituus), indem er sagt, daß dieser Predigtstuhl 180 Gülden gekostet, daß Fronhausen ihn geschnitzt, Henning ihn gemalt habe, und schließt mit frommen Wünschen und Verwünschungen.**) — Nebst dieser ältern Schrift wurde darauf in die Kanzel eine andre vom 22. Juli 1727 gelegt, angefertigt von dem damaligen ersten Prediger J. B. Reinhardt. Darin wird erzählt: Im Jahre 1727 wurde die 1726 angefangene Reparatur der Kirche S. Nicolai, welche durch die zwei Brände 1710 und 1712 nothwendig geworden war, mit Aufwendung einiger Tausend Thaler unter Leitung des Bürgermeisters Kegel als Kirchenvorstehers fortgesetzt. Das schadhafte Kirchengewölbe wurde durchgehends wieder befestigt und überweißt, neue Fenster, ein neuer Rathsstand, neue Beichtstühle und ansehnliche Privatstände, auch ein Stück der Emporkirche, gebaut, Altar, Orgel und Kirche gemalt und hie und da vergoldet, insonderheit auch die 1589 erbaute

---

*) — Und Sixtus Quintus confirmirt Zum Papst bei sich ganz ernstlich dacht, Wie er die Wunden heilen macht In seinem antichristlichen Reich Durch Sanctam Ligam und dergleich, Die durch des Doctors Luthers Mord Ihm hat geschlagen Gottes Wort." — Scripturae gladium vibrante Luthero lautet die letzte Stelle im Lateinischen.

**) „Ach wollt Gott, daß ohn alle Gift,
Ein jeder, der hierauf wird treten,
Sein Predigt-, Lehr- und ganzes Amt
All' die nach uns werd'n kommen her,
Zu rechten Glauben wohl bericht
Dagegen sei von Gott verflucht,
Vorsätzlich nur das Aergste lehren,
Mit Wissen und Willen hintangesetzt
Die Heerde, die durch Gottes Blut
Des wollst du Christ ins Himmels Thron
Und ja kein Menschen diesen Stand

Alleine nach der heilgen Schrift,
Und die zu predigen sein erbeten,
Anstellen möcht, damit zusammt
Zuhörer und auch Prediger,
Des ewgen Lebens fehlen nicht.
Wer sich auf diesem Holz versucht,
Unschuldige Herzen zu verkehren,
All ernstlich Warnung, und verletzt
Theur ist erkauft zum ewgen Gut.
Als höchster Richter hören an,
Zum Fehl gereichen lan zuhand. Amen."

Kanzel so gesetzt, daß alle Zuhörer den Prediger im Gesicht haben. Darauf werden die Namen der damaligen angesehensten städtischen Beamten (der Bürgermeister, der Mitglieder des Consistoriums, der Geistlichen u. s. w.) genannt, und mit einem frommen Wunsche wird geschlossen.

Der Rathsstuhl, der Kanzel gegenüber, hat vorn 8 Fenster und auf jeder Seite eins. In der Mitte über demselben war das kaiserliche Wappen, ein doppelköpfiger schwarzer Adler in goldenem Felde zu sehn, darüber das Bild der Gerechtigkeit, rechts der Friede, links die Klugheit, diese beide als nackende Knaben, der eine mit dem Palmenzweige, der andre mit zwei Schlangen. — Hinter dem Rathsstuhle über der alten Sacristei*) ist die heizbare Herrenstube mit ihrem Vorzimmer. — Die Beschreibung der andern Fensterstühle, von welchen die beiden im Chore sonst Beichtstühle waren (rechts der Beichtstuhl des Pastors, links der des Diaconus) übergehe ich; nur einige von den daran befindlichen Familienwappen glaube ich anführen zu dürfen. An dem Stuhle, welcher sonst dem Bürgermeister A. S. Wilde gehörte, sah man drei Wappen: unten zwei aneinandergelehnte, das zur Rechten mit einem quer getheilten deutschen Schilde, im obern weißen Felde zwei rothe Rosen, im untern rothen einen schwarzen Kranich eine Kugel haltend, oben einen offenen goldenen Helm mit einer rothen Rose zwischen zwei weiß- und rothgestreiften Büffelhörnern; die Helmdecke war roth. Dieses ist das spätere Familienwappen der Familie Wilde; das ältere Wappen derselben, hier das zur Linken, hatte in einem deutschen Schilde mit rothem Felde das gewöhnliche Kaufmannszeichen in Gold (obgleich dasselbe 1490 in Heinrich Wilde's Kapelle schwarz in goldnem Felde war). Das dritte Wappen hatte in einem runden Schilde und in rothem Felde einen goldnen Sparren und darüber in beiden Ecken zwei schwarze sechseckige Sterne, unten eine weiße Lilie. Der offene Helm war von Silber und über demselben sah man zwischen zwei rothen Flügeln eine weiße Lilie: Helmdecke weiß und roth. Dieses dritte Wappen war vermuthlich das des Syndicus Röpnack. — Des königlich preußischen Kriegraths G. F. Marquarts deutsches Wappenschild hatte in goldnem Felde einen silbernen Brustharnisch: der offene goldene Helm mit einer goldnen Krone trug zwei Büffelhörner: Helmdecke golden und blau. — Das Wappen des Juristen Amtsrathes Bötticher war das dem Honsteinschen Kanzler Petrus Bötticher 1563 von dem Kaiser Maximilian II. für sich und seine Nachkommen verliehene, nach dem Diplom: ein Schild in der Mitte überzwerch in drei Theile abgetheilt; das Unter- und Obertheil blau und lasurfarben, im Untertheil kreuzweise zwei silberne Pfeile mit Strahlen und Gefieder; in dem weißen Theile des Schildes ein schwarzes Windspiel zum Lauf geschickt; auf dem Schilde ein freier offener Turnierhelm mit blauer und weißer Helmdecke, darüber eines schwarzen Windspiels Gestalt bis auf die Brust, ohne Fuß, sonst mit rothem Halsbande wie im Schilde. — Des Secretärs J. A. Filter deutsches Wappenschild hatte im blauen Felde einen schmalen silbernen Quer-

*) Die Inschrift des Denktäfleins an der Außenwand der alten Sacristei steht in den kleinen Schriften IX. 42, S. 158. Vgl. unten Buch 3, Kap. 12.

balken, über demselben drei und darunter drei silberne Sterne, in deren Mitte eine rothe Rose zu sehen war; auf dem silbernen Helme fünf rothe Rosen; Helmdecke blau und weiß. — — Die Familie Förstemann führte einen Rosenzweig mit drei Rosen im Schilde und auf dem Helme. — —

Von der Decke der Kirche herab hängen drei messingene Leuchter, der mittlere zu 36, die beiden andern zu je 12 Lichten. — Das Gewölbe des Chores schließt in drei Bogen: im Schlusse des ersten sah man den heiligen Nicolaus in rothem Felde, im Schlusse des zweiten den einfachen schwarzen Adler des nordhäusischen Wappens in goldnem Felde, im Schlusse des dritten den (goldnen) Helm dieses Wappens mit seinen Büffelhörnern in rothem Felde. Das Gewölbe über dem Schiffe der Kirche hat auch drei Bogen: den ersten schloß oben eine goldne Rose, den zweiten ein goldnes Gotteslamm in rothem Felde, den dritten ein goldner einfacher Adler ebenfalls in rothem Felde. Auch über den Emporkirchen sind drei Bogen, und in deren Schlusse war rechts 1) ein goldner Kranz in blauem Felde mit einem goldnen Sterne, 2) eine goldne Rose, 3) eine goldne Lilie, beide in rothem Felde; links 1) wie rechts, 2) ein goldner Pelikan mit seinen Jungen in rothem Felde, 3) ein goldner einfacher Adler in rothem Felde. — — Als die alten Malereien jener Schlußsteine, so wie der Kirchenstühle, der Emporkirchen, die sehr fein gemalten Bilder der Kanzel u. s. w. durch die Länge der Zeit unscheinbar geworden waren, wurde im Anfange des 19. Jahrhunderts die Kirche durchaus neu gemalt, oder vielmehr fast ganz weiß angestrichen, wodurch sie heller wurde und — nüchterner.

Von den angesehenen Personen, welche nach alter Sitte in dieser Kirche begraben wurden, auch Epitaphien darin erhielten, bemerke ich zunächst den verdienten Bürgermeister Dr. Konrad Fromann † 1706, dessen Epitaphium sich an der Wand im Rathsstuhl befindet, und den Bürgermeister Joh. Erich Lerche † 1774. Ein altes unvollständiges Verzeichniß aus dem 17. Jahrhundert führt auf: Bürgermeister August Kegel † 1653, Bürgermeister Mich. Eilhardt 1657, Magdalena geb. Michael — Wittwe von 1) Bürgerm. Apollo Wiegand, 2) Amtsschösser zu Sangerhausen Heinr. Cuvelier —, die Pfarrer Joach. Embenius 1650 (dessen Epitaphium an der Wand hinter dem Altar sich befindet), Mich. Chrn. Tieroff 1682, Konr. Pädopater 1620, Bened. Lesche 1663, Jonas Heuler 1626, die Bürgermeister Apollo Wiegand 1625, Martin Wilke 1660, Hans Hoffmann 1577, und Joh. Ernst 1640, Secret. Georg Pfeifer 1652, Bürgermeister Joh. Günther Wiegand 1623 und dessen zweite Frau Anna geb. Blankenburg 1612, die Bürgermeister Joh. Wilde 1664 und August Sigism. Wilde 1692, Syndicus Georg Wilde 1600, Cyriacus Ernst 1575. 20. Oct. und dessen Frau Elisabeth geb. Andersleben 1586. 26. Mai, die Bürgermeister Andr. Wende 1565, Joh. Leuterodt 1609, Joh. Phil. Brückner 1659, Joh. Hoyer 1608, ein Adrian Ruprecht 1629, Vierherr Bened. Stange 1651, und dessen Wittwe Kath. geb. Melle 1660, des Bürgerm. Joh. Wilde Tochter Kath. Sophie 1632, Elisab. geb. Ernst, Wittwe von Johann Pfeifer 1618, Jgfr. Marie Magd. Wilde 1621, Bürgerm. Andr. Ernst d. J. 1637, dessen Frau Anna 1645, Heinr. Schmidt d. J. 1579, vier Schmidt: Konrad

1416, Heinrich 1448, Heinrich 1494, Konrad 1542*), Physicus Joh. Oßwald 1617, Joh. Pauland, Margaretha geb. Ernst, Ehefrau des Honstein. Kanzlers Pet. Böttcher 1595. 19. Novbr., Chph. Arnoldi 1642, Rector Joh. Günth. Hoffmann 1663, Andr. Fleuter 1620. 8. Jan., Elisab., Wittwe des Bürgerm. Mich. Eulhardt 1673, Magdal., Wittwe des Bürgerm. Aug. Kegel 1646, Christina, Frau des Bürgerm. Ruprecht 1616, Ursula Wilke geb. Lüder 1674, Bürgerm. Adam Grefe 1595, Elisab., Frau des Dr. jur. Joh. Straner 1596. 1. Jul., Ernst Pfeifer 1624, Chrn. Kirchhof 1586, Ursula Brauns 1592. — Das Epitaphium des 1628 verstorbenen Stadtschultheißen Joh. Heinr. Stender, welcher durch ein Testament vom 1. Jun. 1680, publicirt am 27. März 1682, ein noch bestehendes Stipendium für Studirende gegründet hatte, verdingten die Curatoren dieses Stipendiums der Bürgermeister Dr. Fromann und der Pastor primarius Rohrmann dem Bildhauer Konr. Warlich 1705 für 102 Thaler, und dem Maler Jac. Hammer zahlten sie für Malerei und Vergoldung 40 Thaler. — — Aus der neueren Zeit sind die an der Wand im Chore hangenden Erinnerungstafeln der zwei in dem Befreiungskriege gegen Napoleon I. gefallenen in der Nicolaigemeinde gebornen Nordhäuser, des Referendarius bei dem O.-L.-Gericht in Breslau und Lieutenants im 2. Reserve-Infanterieregimente Joh. Karl Chrn. Neuenhahn, geb. 1782, tödtlich verwundet in der Schlacht bei Dennewitz am 6. Sept. und gestorben am 8. Sept. 1813 zu Treuenbrietzen, und des Füsiliers vom 19. Linien-Infanterieregimente Chph. Friedrich Löfler, geb. 1792, geblieben in der Schlacht bei Ligny am 16. Juni 1815. Zu diesen Tafeln ist die Denktafel des am 15. Febr. 1850 verstorbenen Gerichtsrathes Wilh. Müller gekommen, welcher der Kirche S. Nicolai 600 Thaler (außerdem andern Anstalten 12,200 Thaler) vermacht hat. — In der Sacristei hängt die Tafel mit den Namen von 18 Freiwilligen, welche aus dieser Gemeinde an dem Feldzuge 1813—14 Theil genommen hatten, dabei die Denkmünzen. — — An der Kirche befinden sich einander gegenüber am Chore zwei Sacristeien. Diejenige an der Nordseite, ehedem ebenfalls ohne Eingang von Außen, indem die Thür sich da befand, wo gegenwärtig die Treppe zur Kanzel ist, war ursprünglich eine Kapelle. Dieser Kapelle bei dem Altare des heiligen Nicolaus (capella ad altare S. Nicolai sita in ecclesia parochiali S. Nicolai opidi Northusen) ertheilten am 23. Jun. 1491 achtzehn Kardinale (der erste derselben ist nach der im Pfarrarchive befindlichen Originalurkunde Rodericus Portuensis, nicht, wie bei Lesser steht, Theodericus Nortuensis), da sie erfahren, daß der nordhäusische Bürger

---

*) Siste gradum, templi qui transis septa viator
Perlege quae saxo carmina sculpta vides,
Filius hic, pater hic, avus hic, proavus jacet istic:
Ultima cujusque hic fata notata vide.

Conradus	Schmid	1416	Nach dieser Inschrift scheint die jetzige Nicolaikirche schon 1416 gestanden zu haben.
Hinricus		1448	
Hinricus		1494	
Conradus		1542	

Heinrich Wilde dieselbe so heilig und werth hält (ad quam singularem gerit devotionis affectum), und damit die Kapelle in baulichem Wesen erhalten, auch mit Büchern, Kelchen, Lichten und Kirchenschmuck ausgerüstet werde, durch Unterstützung frommer Christen, einen Ablaß von hundert Tagen für alle wahrhaft Reuigen, welche an den Tagen des heil. Nicolaus, der Heiligen Simon und Judas, der heiligen Dreifaltigkeit, der Auferstehung Christi und an dem Tage der Einweihung des genannten Altars am Sonntage nach Martini die Kapelle von der ersten bis zur zweiten Vesper besuchen und sich derselben hülfreich beweisen. — Der wohlhabende Kaufmann Heinrich Wilde war der Stifter der Kapelle, und seinen Namen trägt der mittlere Schlußstein der Deckengewölbe (Heinrich Wilde von Lüneburg dem Gott gnade), während der erste das Kaufmannszeichen (schwarz in goldnem Felde) und der dritte die Zahl des Erbauungsjahres 1490 zeigt. — In dieser Sacristei stehn die Reste der Kirchenbibliothek, welche der Prediger Ant. Otto um das Jahr 1550 zu bilden angefangen hatte, die aber nicht fortgesetzt worden ist. An der Wand hangen die Brustbilder von vier Predigern der Kirche, der Pastoren J. N. Rohrmann † 1716 und J. B. Reinhardt † 1741 und der Diaconen Ph. J. Lesser † 1724 und J. G. Schwan † 1732.

An Kleinodien hatte die Kirche S. Nicolai im Jahre 1542 noch 3 silberne Bilder von S. Nicolaus, S. Ursula und S. Anna, eine große silberne Monstranz, ein großes silbernes Kreuz, 15 silberne und vergoldete Kelche, 2 große silberne Ampeln, 2 kleine silberne Kreuze, ein Pacificat, ein vergoldetes Kreuz, einen mit Silber beschlagenen Gürtel, ein silbernes Rauchfaß, eine silberne Krone, einen Perlenkranz. Diese Sachen scheint damals der Rath an sich genommen zu haben: ein alter Prediger der Kirche sagt (irrig), daß dafür jährlich zu Michael 25 Gulden und zu Kreuzerfindung 25 Gulden aus der Kämmerei an die Kirche gezahlt wurden. — Von den alten Einkünften der Kirche sind manche verloren gegangen (z. B. die Erfurter Zinsen sammt Kapital), andre bestehn noch fort. — Im Jahre 1327 wurde als Seelgeräthe für Werner Walpurgis und seine Frau Gertrud von denselben und ihren Erben eine Vicarie S. Nicolai mit jährlich 3 Marktscheffel Weizen, $4^1/_2$ M. Roggen, $4^1/_2$ M. Gerste, einem Scheffel Erbsen und einem Scheffel Rübsamen gestiftet. 1352 stiftete Konrad von der rothen Thür (dictus von der Roten tor) mit 60 Mark eine Vicarie am Altare des heiligen Michael vor dem Thurme. — 1390 vermachte Chrne. Fischer der Kirche $^1/_2$ Mark Zins von 6 nordhs. Mk. Kapital. — Gerühmt werden als Wohlthäter der Kirche S. Nicolai die Patricierfamilie von Werther (namentlich Katharina von Werther durch ihr Testament 1395), die Familien Weißensee, Sangerhausen, Segemund, Kirchhof, Gothe, Wilde, Geigeroth, Schwellengrebel (Swellingrebil), Kahle, Wiegand, Ernst, Schmidt, Eilhard u. a. — Friedrich von Bendeleben vermachte 1398 der Kirche $3^1/_2$ Mark Zinsen von 50 Mark Silber Kapital, welche Zinsen der Rath jährlich zu Walpurgis zu zahlen hatte. — Zur Erhaltung der brennenden Lampe zahlte seit 1405 der Rath von 23 Mark Kapital jährlich $1^1/_2$ Mark zu Walpurgis. — Die Vicarie am Altare S. Jacobi erhielt 1419 von 45 nordhäusischen Mark Silbers 14 Gulden jährlichen Zinses. —

Am Valentinstage 1454 verkauften Hans Jungemann und seine Frau an ihrem Hause im Altendorfe für 12 Schock Groschen Landsberger Münze 1 Schock Groschen jährlichen Zinses der Vicarie des Altars des heil. Theobald und der heil. 3 Könige. — 1466 verkaufte das Hospital S. Martini der Kirche S. Nicolai für 70 rhein. Gulden 3½ G. Zins zu Bestellung eines Seelgeräthes für die Brüder Hans und Kurt Reyger. — Am 24. April 1492 hat der mainzische Weihbischof und Generalvicar Br. Georg die Brüderschaften des Leibes Christi und der Jungfrau Maria in der Kirche S. Nicolai geweiht und ihnen Ablaß ertheilt. — Am 14. Mai 1507 bezeugten die 2 Vormunde der Brüderschaft der h. Anna in der Kirche S. Nicolai, daß der Priester Joh. Edmon zu Bestellung seines Seelgeräthes (eines Jahrbegängnisses und sonntäglicher Seelmessen für sich und seine Familie) eine Hauptverschreibung der Grafen von Stolberg (Heinr. d. Aelt. und seiner Söhne Heinr. und Botho und seiner Frau Brigitte von Querfurt) vom Jahre 1505 über 60 rhein. Gulden und 3½ G. Zinsen von den Einkünften des Dorfes Nieder-Sachswerfen gegeben hat. — Im Jahre 1510 verkaufte Graf Botho von Stolberg den 2 Vormunden der „edlen Brüderschaft der heil. Jungfrau Anna in der Pfarrkirche S. Nicolai“ 5 rheinische Gulden Zins an seinem Dorfe Sachswerfen, an Schoß und Bethe im Amte Honstein. — 1515 verkaufte ein Lehnsmann des Abts von Ilfeld zu Hesserode an eine Vicarie der Kirche S. Nic. für 8 Gulden 6 Scheffel Rocken jährlichen Zins von einer Hufe. — 1520 haben die Kirchenvorsteher die Zinsen von 300 Gulden Schuldkapital der Stadt Erfurt theils erlassen, theils ermäßigt. —

Die Kirche S. Nicolai hatte seit der Reformation zwei Vorsteher, gewöhnlich angesehene Mitglieder des Rathes, oft Bürgermeister. Ging einer derselben ab, so ernannte der andre nun als erster Vorsteher den zweiten. Waren sie beide gestorben, so schlug der Rath drei Personen aus der Gemeinde vor, und von diesen drei wählten die berechtigten Parochianen einen Vorsteher, der sich darauf selbst einen Amtsgenossen nahm. — Bei Predigerwahlen war es Gebrauch, daß, auf ihr Ansuchen von dem Rathe dazu ermächtigt, jeder Vorsteher einen, und beide Vorsteher zusammen einen dritten Kandidaten in die Wahl gaben, worauf sie die Stimmberechtigten zur Wahl in die Kirche auf den Rathsstuhl beriefen, wo dann die Mehrheit der Stimmen entschied. Stimmberechtigt waren die in der Gemeinde eigene Häuser besitzenden Raths- und Kanzleimitglieder, Gelehrte, Graduirte, Gildemeister und der Rechnungsführer der Kirche. Die Wahl wurde von den Vorstehern dem Rathe angezeigt mit der Bitte um Bestätigung derselben und Berufung des Erwählten. Diese Berufung erließ dann der Rath und verfügte das Nähere über Examen, Ordination und Einführung an den Pastor primarius oder, wenn dessen Stelle die erledigte war, an den Pastor S. Blasii. So berichtet über diese Verhandlungen auch Leopold in der Kirchen-, Pfarr- und Schulchronik S. 184. — Die Verzeichnisse der Getauften, Copulirten und Begrabenen (die Kirchenbücher) fangen bei dieser Kirche erst mit dem Jahre 1610 an, und dieselben enthalten anfangs nur kurze und sehr mangelhafte Angaben.)

Als Pfarrer (Plebani) der Kirche S. Nicolai erscheinen vor der Reformation: Arnoldus 1242. — Mag. Meinhardus (1326 Pfarrer zu Jecha). — Mag. Heinricus de Eschenewege 1352. 1368. — Heinricus de Sunthusen 1391. — Mag. Heinrich Hildebrand 1464. — Lic. Johann Siegfried. — Heinr. Siemerod (oder Simerot) 1520—24(?), von welchem gesagt wird, daß er zuerst in dieser Kirche eine evangelische Predigt gehalten habe. — Kaplane (Capellani) waren: Fridericus de Hallis und Borchardus 1338, der Erstere nicht mehr 1339. — Mag. Reynhardus 1352. — Christianus de Wosseleiben al. Roben 1391. — Henr. Blangkenberg al. Tatchinrode 1451. — Joh. Fischmann, Viceplebanus 1418. — — Vicarii: Reynhardus 1352 am Altare S. Michaelis (s. oben Kaplane). — Hartmannus Junge 1375. — Henricus Lantfoyt (sine cura) 1417. — Simon Urbich 1419 am Altar S. Jacobi. — Joh. Schibung, darauf 1425 Joh. Henning, am Altare des Leibes Christi. Dietrich Spieß 1454 und 1477, am Altare des heil. Theobald und der heil. 3 Könige. — Heinrich Wende † 1478, darauf Joh. Zincke 1479 am Altare der Heiligen Andreas, Martinus, Jobocus, Barbara und Lucia. — Hermann Tiede 1511 am Altar U. L. F., Mar. Magd. und S. Martini. — Jordan Wallrodt 1514 am Altar der heil. 3 Könige. — Johann Siegfried (Siffart) von Kappel 1515, † 1519, darauf Hermann von Werther. — Joh. Günth. Schmidt 1523 am Altare der Ehre Gottes und der zehntausend Ritter.

Pfarrer oder erste Prediger (Pastores primarii) der Kirche S. Nicolai nach der Reformation waren, wenn man Siemerodt (1520—24, s. oben) noch nicht mitzählt:

1. Dr. Jacob Oethe aus Nordhausen, ein Sohn des Bürgermeisters Andreas Oethe, bereits hier Pfarrer, als er im October 1523 die theologische Doctorwürde zu Wittenberg erlangte. Er wurde später (1543?) Pfarrer in Frankenhausen. S. über ihn die 13. Anmerk. in meinen kleinen Schriften S. 39.

2. M. Antonius Otto (aus Herzberg in Sachsen?) 1543—1568. Ueber diesen interessanten Mann berichtete ich ausführlicher in der 11. Anmerk. S. 27 ff. meiner kleinen Schriften.

3. M. Martin Burggraf (Burggravius), vorher Pfarrer zu Mannstedt, als Pastor S. Nicolai und Superintendent des hiesigen Ministerii vom Rathe hieher berufen, am 12. Oct. 1569, aber 1570 schon wieder entsetzt, indem auch die Superintendentur aufgehoben wurde, da die Hoffnung, dadurch die Eintracht unter der hiesigen Geistlichkeit zu erhalten, nicht erfüllt war. Burggraf hatte hier die Annahme und Unterschreibung der augsburgischen Confession als Glaubensnorm gehindert.

4. M. Georg Köcher aus Orlamünde, vorher Pastor zu Neuhof bei Neustadt an der Orla, berufen 1570, starb 1576.

5. M. Matthias Georgi, hieher berufen, nachdem er in Halberstadt als Prediger entlassen war, zu Michael 1576, starb 1580 am Sonnt. Estomihi.

6. M. Lucas Martini aus Hammelburg in Franken, 1581—90. Derselbe war vorher neun Jahr Pfarrer in Zeitz, wurde hieher berufen 1580 und am grünen Donnerstage 1581

eingeführt. Im Jahre 1590 ging er als Coadjutor nach Braunschweig, wurde zuletzt Superintendent daselbst und starb 1599. — In Nordhausen wurde ihm und dem Pastor S. Blasii Joh. Kindfrau die Schulinspection vom Rathe übertragen, und im Jahre 1583 entwarf er auf Befehl des Rathes die ältesten Schulgesetze unseres Gymnasiums, welche ich im Programm 1826 bekannt gemacht habe.

7. Dr. th. Johann Pandocheus 1590—1600. Von Wiehe, wo er 17 Jahr Pfarrer gewesen war, kam derselbe hieher am 20. Mai 1590. Wegen theologischer Streitigkeiten und des Calvinismus verdächtig wurde er mit vier andern hiesigen Predigern am 27. Aug. 1600 entsetzt und darauf Superintendent zu Sangerhausen. Schon im Jahre 1596 sendete ihm jemand folgende Verse: Der Wetzstein wetzt und schneidet nicht, Der Kuckuk legt Eier und brütet nicht: Pandocheus ist ein Calvinist und weiß es nicht. — Zu seiner Zeit (1592) wurden Leges ministerii Nordhusani entworfen.

8. M. Konrad Pädopater (Kindervater) aus Goslar, 1605 (5. Mai) — 1620. Vorher war er vier Jahr Rector in Amfurth, dann Pfarrer in Eggenstedt. Nachdem er in Nordhausen die Feuersbrunst 1612 und die Wiederherstellung der Kirche S. Nicolai 1615 erlebt hatte, starb er am 18. Jun. 1620. Zu seiner Zeit (1618) mußte sich die hiesige Geistlichkeit über eine Lehrform vergleichen und nahm das Corpus Julium an. Pädopater nebst dem Pastor S. Blasii Sandhagen und ihre Nachfolger bis 1808 führten eine Inspection über das Gymnasium, in dessen beiden obersten Klassen auch jeder von ihnen wöchentlich eine Stunde unterrichtete, der Pastor S. Nicolai in der natürlichen Theologie, der Pastor S. Blasii in der Moral.

9. M. Johannes Heuler aus Eisenheim in Franken, 1620—26, vorher 1606—8 Rector am hiesigen Gymnasium, 1608—20 Diaconus S. Nicolai. Er starb an der Pest 1626.

10. Joachim Emdenius aus Magdeburg, 1626—50. Er war in seinem 20. Jahre der unterste Schullehrer zu Frankenhausen, nach $1\frac{1}{2}$ Jahren am 19. Dec. 1616 Diaconus zu Kelbra, am 6. Dec. 1620 Diaconus zu S. Nicolai hier, 1623 Pastor S. Blasii, 1626 Pastor primarius S. Nicolai, gleich ausgezeichnet durch Rechtschaffenheit, Gelehrsamkeit und Predigergabe bei einer ansehnlichen und schönen Leibesgestalt und einer kräftigen und wohllautenden Stimme. Alle bedeutendern geistlichen Aemter, die ihm angetragen wurden (in Halberstadt, Weißenfels, Lüneburg und Weimar) lehnte er ab. Er starb 56 Jahr alt am 17. Oct. 1650, nachdem er am 10. Oct. krank aus der Freitagspredigt gekommen war. Sein Epitaphium befindet sich in der Kirche. Predigten von ihm sind gedruckt.

11. Benedictus Lesche aus Nordhausen, 1650—63. Sein Aeltervater, von altem bairischen Adel, war Ingenieur und Stückhauptmann in Ulm gewesen, und sein Großvater Johann L. kam, als die Familie um des Glaubens willen aus Baiern vertrieben war, als Kind nach Nordhausen. Sein Vater der hiesige Rathmann Johann L. („Hans Lesse" 1601 aus der Kramergilde) starb früh. Benedict L. hatte einen Sohn Andreas L., welcher 1683 als Pastor S. Jacobi zu Göttingen starb. — Unser Benedict hatte die hiesige Schule, darauf das Marti-

neum zu Braunschweig besucht und zu Helmstädt studirt. Als die Pest im Jahre 1626 die Hälfte der hiesigen Geistlichkeit hinweggerafft hatte, wurde er Diaconus S. Blasii, 1635 Pastor im Altendorfe, 1646 Diaconus S. Nicolai, 1650 am 2. Adventssonntage führte er sich selbst als Pastor primarius ein. Er starb am 24. Aug. 1663. — Als 1650 die Leges ministeriales revidirt wurden, versah er dieselben mit Zusätzen. Zu seiner Zeit (1660) wurden die lateinischen Kirchengesänge durch eine Verordnung des Rathes abgeschafft, bis auf die Responsoria in den Christmetten und das Credo in unum deum in der Fastenzeit.

12. Johann Samuel Noricus aus Nordhausen, 1663—69, Sohn und Enkel der beiden Johann N. Pastoren zu S. Jacobi, geboren am 6. Febr. 1596. Er wurde, nachdem er die Schulen zu Erfurt und Walkenried und die Universität Helmstädt besucht hatte, 1617 Quartus am Gymnasium und in demselben Jahre Tertius, 1619 Pastor S. Jacobi (14. Sonnt. n. Trin.), 1634 Pastor S. Petri, 1663 (19. Sonnt. n. Trin.) Pastor primarius S. Nicolai, und starb am 27. Aug. 1669. — Zu seiner Zeit (28. Aug. 1665) stellte das Ministerium, aufgefordert vom Rathe, ein Gutachten aus über Gleichförmigkeit des Gottesdienstes, und der Rath bestätigte die Eingabe am 29. Nov. und ließ sie von allen Kanzeln verlesen am 27. Sonnt. n. Trin. — Noricus hatte viel zu leiden von seinem ehrgeizigen und streitsüchtigen Diaconus Dielfeld, welcher selbst hatte Pastor primarius werden wollen. Ein Pasquill, das an die Thür seiner Wohnung gehängt worden war, ließ der Rath durch den Nachrichter auf dem Markte verbrennen. Ein Studiosus der Theologie bekannte sich auf seinem Sterbebette gegen Noricus reuevoll als Verfasser der Schmähschrift.

13. M. Michael Christian Tieroff aus Nordhausen, 1669—82, geboren 1631, zuerst (1654?) erster Lehrer an der vom Herzoge Ernst dem Frommen von Gotha auf dem Friedensteine daselbst eröffneten Fürstenschule (Classis aulica, gleichsam eine Selecta des gothaischen Gymnasiums), darauf 1659 (1656?) von dem Grafen Gustav von Sayn-Wittgenstein berufen, Superintendent der Grafschaft Hohnstein und Oberprediger zu Bleicherode, 1664 Pastor S. Blasii in seiner Vaterstadt, 1669 (10. Oct.) Pastor primarius S. Nicolai, eingeführt vom Pastor am Petersberge Lothe. Von Tieroff ist eine Sammlung Gebete: Erneuerte geistliche Wasserquelle, Nordhs. 1673. 12. — und ohne Zweifel auch das in demselben Jahre gedruckte Christliche und vollst. Gesangbuch. Seine Milde und Friedfertigkeit wird gerühmt. Er starb an der Pest am 17. Sept. 1682. — Zu seiner Zeit (am 10. Dec. 1672, vom Rathe bestätigt am 24. Dec.) wurde eine Wittwen- und Waisenkasse der Prediger und Schullehrer in Nordhausen errichtet, welche aber keinen Fortgang hatte, und an deren Stelle später die Predigerwittwenkasse trat, welche noch besteht. — Im Jahre 1678 wurden Quatemberbußtage angeordnet, und am 20. Sept. wurde der erste gefeiert.

14. M. Johann Kaspar Hesse aus Nordhausen, 1683—98. Er war geboren am 14. Nov. 1627, besuchte die hiesige Schule und das Gymnasium zu Hildesheim, darauf die Universität Rostock, wurde 1653 Rector in Stolberg, 1655 (21. Juli) Pastor prim. in Kelbra, auch Gemein-

schaftsinspector und Consistorialassessor daselbst, 1683 Pastor prim. S. Nicolai hier. Er führte sich selbst ein am Sonntage Cantate. Sein Todestag war der 9. Juni 1698. Zur Erbauung eines Waisenhauses vermachte er 50 Thlr. und eben soviel der Kirche im Altendorfe, wo sein Sohn einige Zeit Prediger gewesen war.

15. Johann Nicolaus Rohrmann aus Nordhausen, 1698—1716. Er war geboren am 19. Febr. 1659. Als der wackere Rector Hildebrand nach Merseburg berufen war (1674), zog Rohrmann mit mehreren seiner Mitschüler demselben dahin nach, studirte darauf zu Leipzig, und wurde, da im Jahre 1682 sechs hiesige Prediger der Pest erlegen waren, 1683 Pastor am Frauenberge (ordinirt am 11. Mai), 1686 Pastor S. Jacobi, auch Beisitzer im Consistorium und Pastor S. Martini, 1698 (7. Aug.) Pastor prim. S. Nicolai. Er starb am 8. Sept. 1716.

16. Johann Balthasar Reinhardt aus Nordhausen, 1716—41, geboren am 29. Sept. 1673, Pastor am Frauenberge 1701 (9. März), Pastor prim. S. Nicolai 1716, gestorben am 30. April 1741. Zu seiner Zeit (1726. 27.) wurde die Kirche S. Nicolai, die in den großen Bränden 1710 und 1712 sehr gelitten hatte, wiederhergestellt. An dem heftigen Gesangbuchstreite 1734 ff. nahm Reinhardt weniger Theil als andre seiner Amtsbrüder, dagegen bekunden seinen Eifer für die Geschichte seiner Vaterstadt eine Anzahl Quartanten in meinem Besitze, meistens Abschriften aus den Fromannschen Sammlungen enthaltend.

17. Heinrich Volkmar Stange aus Hesserode, 1741—55, geboren am 21. Oct. 1692, wurde Quintus im Gymnasium 1723 (2. Aug.), Tertius 1731 (5. Jan.), Diaconus S. Nicolai 1732 (31. Aug.), Pastor prim. S. Nicolai 1741 (7. Juli), und starb am 9. Februar 1755. Stange nahm mit Heftigkeit Theil an dem Gesangbuchstreite und ließ auch andre auf kirchliche Erscheinungen seiner Zeit sich beziehende Schriften drucken (1741 vom Separatismus, 1752 von der Gewissensfreiheit und vom Gewissenszwange).

18. Ernst Christian Ostermann, 1755—88, geboren zu Schlagsdorf bei Ratzeburg am 31. Mai 1722, wurde Pastor zu Echte im Grubenhagenschen 1749, zweiter Prediger an der Marktkirche zu Osterode 1754, Pastor prim. S. Nicolai hier 1755 (4. Juli), und starb am 29. Aug. 1788, in welchem Jahre die völlige Abschaffung der Ohrenbeichte und Einführung der allgemeinen Beichte hier zuerst zur Sprache kam und von dem Ministerium auf Veranlassung des Rathes begutachtet wurde; doch erst nach Ostermann's Tode wurde die allgemeine Beichte eingeführt.

19. Benjamin Oswald Hacke (Hake) aus Nordhausen, 1789—93, geboren am 9. März 1731, Pastor S. Cyriaci und Elisabeth und Aedituus S. Nicolai 1765 (19. Jan.), Diaconus S. Nicolai 1767 (8. Aug.), Pastor prim. 1789 (12. Jan.), starb am 30. Aug. 1793.

20. Andreas Christoph Dietrich aus Quedlinburg, 1793—1811, geboren am 25. Sept. 1759, Diaconus S. Nicolai 1789 (9. Febr.), Pastor prim. S. Nicolai 1793 (2. Dec.), königl. preuß. Superintendent 1806 (4 Aug.), starb am 26. Sept. 1811. — Durch Rathsbeschluß vom 23. Juni 1800 wurde das Gnadenhalbjahr für Wittwen und Kinder verstorbener Prediger bestimmt.

21. Karl Wilhelm Förstemann aus Nordhausen, 1813—45, geboren am 22. Dec. 1777, Pastor S. Jacobi 1800 (erwählt am 28. Apr., eingeführt am 3. Aug.), Pastor prim. S. Nicolai 1813 (24. Juni) und Superintendent 1813 (am 8. März, eingeführt am 1. Aug.), gestorben am 14. Apr. 1845, nachdem er im Herbst 1843 die Superintendentur niedergelegt hatte. Mit wohlverdientem Lobe spricht von ihm das Vorwort des Waisenbuches (Wohlthatenverzeichniß ꝛc.) vom J. 1845.

22. Ludwig Schmidt aus Wernigerode, seit 1847, geboren am 15. Mai 1805, vorher zweiter Prediger in Ellrich 1834, Oberprediger daselbst 1841, Superintendenturverweser seit 1843, Superintendent 1850.

Zweite Prediger oder Diaconi der Kirche S. Nicolai waren (bis 1810):

1. M. Matthias Kahle (1543?).

2. Johann Holzapfel 1543. — Auf Holzapfel folgt in einigen Verzeichnissen Lampertus Faust, der im Jahre 1555 hierhergekommen, aber in demselben Jahre abgesetzt und 1556 Pastor zu Hainrode unter der Webelsburg geworden sein soll, wo er 1603 starb. — Hier müssen Irrthümer in den Zahlen obwalten. S. Nr. 6.

3. Christian Topf, 1557—60. Topf war vorher Pastor zu Schönfeld, und nachdem er 1560 in Nordhausen abgesetzt war, wurde er Pastor in Liebenrode. Auch hier wurde er wieder abgesetzt. Endlich nahm der hiesige Rath den armen, kranken und von Melancholie („vom Teufel", wie es hieß) sehr geplagten Mann in das Hospital S. Martini auf, wo er als Selbstmörder endete.

4. M. Andreas Fabricius aus Chemnitz. Ihm dem Rector des Gymnasiums wurde am 11. April 1560 die Verwaltung des Diaconates S. Nic. neben seinem Schulamte übertragen, und er scheint dieses Amt verwaltet zu haben, auch als er in gleicher Stellung 1562 als Diaconus S. Petri eingetreten war. Erst als er 1564 Pastor S. Petri wurde, legte er das Schulamt nieder.

5. Johann Reuschild (1561?).

6. Johannes Lapeus (Lappe) 1568? — Er war 1569—70 Pastor S. Petri, und als er am 13. April 1570 mit drei andern hiesigen Predigern, seinem Nachfolger im Diaconat S. Nicolai Lampertus Faust und den Pastoren am Frauenberge und im Altendorfe, Oswald Eckstein und Henning von Rhoda, als Flacianer (Gesetzstürmer) abgesetzt worden war, soll er Prediger zu Saalfeld geworden sein. Doch am 9. Mai 1573 ward er wieder entlassen, aber im Jahre 1574 Prediger in Langenberg.

7. Lampertus Faust, abgesetzt mit seinem Vorgänger Lapeus 1570, darauf Pastor zu Hainrode. S. oben nach Nr. 2.

8. M. Volkmar Monner (Munderus) aus Mühlhausen. Er wurde 1582 Pastor S. Petri und starb 1605.

9. Johann Noricus II. aus Nordhausen 1582. Er wurde Pastor S. Jacobi 1583.

10. Melchior Leporinus (Hasenbein oder Hase) aus Gittelde 1584—86, vorher Prediger zu Gorsleben und (1582) Diaconus zu Kindelbrück. Er trat das hiesige Diaconat an am Sonntage Reminiscere 1584, wurde 1586 Pastor am Frauenberge und 1589 Pastor zu Braunschweig, daselbst entlassen 1598 am 27. Octbr., und eine kurze Zeit Pfarrer zu Drübeck bei Wernigerode.

11. Johann Sifardus (Sifart oder Seiffart) aus Schwansee (oder Zwickau? — Cygnaeus) 1585—97, vorher Conrector seit 1582. Am 10. Juni 1597 wurde er als Diaconus S. Nic. abgesetzt wegen theologischer Streitigkeiten mit seinem Amtsgenossen Pandocheus und dem Rector Sandhagen. Durch günstige Zeugnisse der Bürgermeister Ernst und Bötticher empfohlen (wofür jeder derselben 50 Thaler Strafe zahlen mußte) wurde er 1600 Pastor zu Urbach. Er starb am 9. Nov. 1619.

12. M. Johann Jonas (oder Jonä) aus Nordhausen 1597—98. Er war vielleicht ein Verwandter des berühmten Justus Jonas (dessen früherer Familienname freilich Koch war) und 1558 geboren. Nachdem er die Schulen zu Nordhausen, Aschersleben und Lüneburg (wo unter Laur. Rhodemann er die Predigten in der Kirche griechisch nachschrieb) und die Universitäten zu Helmstedt und Leipzig besucht hatte, wurde er 1586 Pastor zu Schackenstädt im Anhaltischen, daselbst aber 1597 als Gegner des Kryptocalvinismus entlassen. Nun erhielt er das Diaconat S. Nicolai in seiner Vaterstadt und wurde 1598 Pastor am Frauenberge und zu S. Martini. Er starb 1634. — In einem Schreiben an den Rath vom 3. Juni 1607 klagt er sehr über Lästerungen seiner rohen Pfarrkinder. S. Kindervaters Nordh. ill. 139.

13. M. Dominicus Eber aus Dresden 1598—1600, vorher Pastor in Dromsdorf (?) bei Buttstädt. Im Jahre 1600 wurde er mit vier andern hiesigen Predigern abgesetzt. Eber war Schüler in Pforte gewesen, und nach dem Catalogus Alumnorum war er zuletzt Pastor in Priesnitz bei Dresden (Diaconus Nordhusii, Pastor Buchae in Thuringia, jam Pastor in Prissitz prope Dresdam).

14. M. Christoph Burchardi aus Hornburg 1601—8, vorher Rector zu Marienthal, wurde 1608 Pastor im Altendorfe († 1626).

15. M. Jonas Heuler aus Eisenheim 1608—20, darauf Pastor primarius. S. o. Past. 9.

16. Joachim Embenius aus Magdeburg 1620—23, endlich Past. prim. S. o. 10.

17. Christoph Kirchberger aus Andreasberg 1624—46, vorher Pastor in Bellstedt im Schwarzburg-Sondershäusischen, kam hieher am 7. März 1624 und wurde 1646 Pastor S. Blasii († 1663).

18. Benedict Lesche aus Nordhausen 1646—50, darauf Past. prim. S. o. 11.

19. Jacob Nicolaus Röser 1651—56. R. kam hieher von Sondershausen, wo er Diaconus war, im Anfange des Jahres 1651. Im December 1656 berief ihn die Aebtissin von Quedlinburg zu ihrem Hofprediger, und 1662 wurde er Pastor zu S. Benedict und 1666 Superintendent daselbst. Er starb am Schlage am 29. März 1684, 68 Jahre alt. — Als Diaconus

in Sondershausen sprach er in einer Predigt, die darauf auch gedruckt erschien, von den abergläubischen Gebräuchen, welche von dem Götzen Püstrich herrühren.

20. Konrad Georg Dielfeld aus Nordhausen 1657—84. Dieser streitsüchtige Mann machte sich einen Namen, indem er zuerst als Gegner des frommen Spener auftrat. Auch mit seinen Amtsgenossen lebte er in Unfrieden, besonders mit seinem Pastor Noricus, und den verdienten Rector Hildebrand verketzerte und kränkte er so, daß derselbe seine hiesige Stelle aufgab und als Rector nach Merseburg ging. Als die befragten Wittenberger und Leipziger Theologen seine Meinungen und sein Betragen mißbilligten, wurde ihm vom Rathe Stillschweigen geboten. Selbst mit dem Rathe haderte er in dem Pestjahre 1682. Er starb am 24. April 1684.

21. Philipp Jacob Lesser aus Nordhausen 1684—1724, ordinirt am 24. und eingeführt am 26. Oct. 1684. Er starb am 2. April 1724. Sein Sohn, der verdiente Friedr. Chrn. L. sein Enkel und sein Urenkel waren hier Prediger (vier Lesser 1684—1830, wie drei Noricus 1547—1667 und als Aeditui derselben Kirche (am Frauenberge) drei Heyse 1699—1831).

22. M. Johann Gottfried Schwan aus Nordhausen 1724—32, erwählt am 16. Jul. 1724, starb am 1. Mai 1732 in seinem 32. Jahre.

23. Heinrich Volkmar Stange aus Hesserode 1732—41, darauf Past. prim. S. o. 17.

24. Siegmund Wilhelm Andreä aus Nordhausen 1741—64, geboren am 9. Apr. 1704, erwählt am 15. Sept. 1741, starb am 24. Jul. 1764.

25. Johann Richard Eulhardt (Eilhard?) aus Nordhausen 1764—67, geboren am 19. Jan. 1720, Aedituus S. Nicolai (und Pastor S. Cyriaci u. s. w.) am 29. Apr. (22. Jun.) 1749, Diaconus am 27. Nov. 1764, gestorben am 12. März 1767.

26. Benjamin Oswald Hake (Hacke) aus Nordhausen 1767—89, darauf Pastor primarius S. o. 19.

27. Andreas Christoph Dietrich aus Quedlinburg 1789—93, darauf Pastor prim. S. o. 20.

28. Johann Volkmar Ernst Riemann aus Nordhausen 1794—1810, geboren am 9. Apr. 1767, Diaconus am 21. Jan. 1794, gestorben am 15. Mai 1810. — Die Stelle wurde nach seinem Tode eingezogen, so wie die Diaconate S. Blasii und S. Petri eingezogen wurden.

Kirchner (Aeditui) S. Nicolai, seit 1587 bis 1815 zugleich ordinirte Past. S. Cyriaci und S. Elisab.*)

1. Johann Jakob Custos 1556 (vielleicht Eine Person mit dem folgenden Joh. Glück). Er erhielt 20 Gulden Gehalt aus der Kirchenkasse.

2. Johann Glück, auch Fortunatus genannt, wurde um 1560 Küster. Als Pastor der Hospitäler wurde er ordinirt am 1. Dec. 1587. Er war zugleich Sextus an der Knabenschule (dem Gymnasium) und starb 1594.

*) Die Kirchenvorsteher pflegten den Kirchner zu wählen und dem Rathe zu präsentiren, der ihn bestätigte und ihn zugleich zum Pastor dieser Hospitäler berief. So auch Leopold 192.

3. Nicolaus Elle 1594, starb in demselben Jahre.

4. Joachim Doliarius, vorher (1593) Küster am Frauenberge, ordinirt am 20. August 1594, starb 1632.

5. Jacob Trostbach aus Nordhausen. Er wurde 1638 Pastor (bis 1642 substitutus) zu Limlingerode und starb 1671.

6. Kaspar Helmsdorf aus Nordhausen 1638—46, vorher 1603 hier Sextus, 1606 Tertius, 1607 in Stolberg Conrector, 1611 Pastor zu Hermannsacker, 1635 Pastor in Nieder-Sachswerfen. Er starb 1646.

7. Andreas Schulrabe aus Nordhausen 1647—63, vorher 1636 Cantor in Stolberg, 1638 Pastor in Schwende. Er starb 1663.

8. Andreas Koch (Cocus) aus Nordhausen 1664—69, vorher 1639 Quartus, 1642 Tertius, starb 1669 am 20. Oct.

9. David Heinrich Schnelle a. Nordhausen 1670—82, starb an der Pest am 3. Aug. 1682.

9b. Kaspar Justus Koch aus Nordhausen, vorher Tertius, starb vor seiner Einführung am 13. Oct. 1682 an der Pest.

10. Heinrich Christoph Linke 1683—87, vorher Schullehrer zu Berka bei Sondershausen, wurde ordinirt am 14. Jul. 1683 zugleich mit dem Diaconus S. Petri Theuerkauf. Zu Himmelfahrt 1687 wurde er Pastor am Frauenberge und starb 1692.

11. Georg Scherz a. Neuhaus bei Perleberg 1687—1715, ordinirt am 25. Nov. 1687, starb 1715.

12. Johann Andreas Zimmermann aus Hesserode 1715—39, geboren am 22. Mai 1672, Tertius 1706, eingeführt als Küster S. Nicolai und Pastor der Hospitäler am 20. Nov. 1715, wurde auch Pastor des Hospitals S. Martini 1716 am 17. Nov. und starb am 19. Aug. 1739.

13. Johann Michael Siedel aus Nordhausen 1739—41, eingeführt am 11. Dec. 1739, wurde am 29. Oct. 1741 Pastor am Frauenberge und starb am 19. Mai 1748.

14. Christian Friedrich Wiederhold aus Nordhausen 1741—49, geboren am 3. Novbr. 1711, kam hieher am 23. Oct. 1741, wurde Diac. S. Petri am 29. Jan. 1749, Pastor am Frauenberge am 3. Aug. 1761 und starb am 23. Oct. 1776.

15. Johann Richard Eulhardt aus Nordhausen 1749—64, eingeführt am 29. April (22. Jun.?) 1749, wird Diaconus S. Nicolai. S. o. 25.

16. Benjamin Oswald Hake (Hacke) aus Nordhausen 1765—67, darauf Diaconus und zuletzt Pastor prim. S. Nicolai. S. o. 26.

17. August Heinrich Schulze aus Windehausen, 1767 (30. Oct.) — 77 (15. April), darauf Pastor am Frauenberge bis 1817. S. unten.

18. Heinrich Christian Siedel aus Nordhausen 1777 (30. Mai) —89 (23. Mai), wo er in Ruhestand versetzt wurde. Er war geboren am 12. Dec. 1708 und starb 1790 am 12. Febr.

19. Johann Laurentius Varges aus Nordhausen 1789 (23. Mai) — 1815 (23. Oct.), vorher 1769 (16. Nov.) Quintus, 1770 (29. Mai) Tertius. Seit 1808 war er auch Pastor

S. Martini. Er war geboren am 23. Nov. 1741 und starb 1815 am 23. Oct. Die Stelle wurde darauf 1815—18 interimistisch verwaltet von dem Sohne des Verstorbenen, dem Waisenlehrer Ch. A. Barges, der darauf Aedituus im Altendorfe (zuletzt Aedituus S. Blasii) wurde.

20. Johann Gottlieb Friedrich Schulze aus Nordhausen (ein Sohn von Nr. 17) 1818 (27. Sept.) — 27. Derselbe war vorher (1811) Waisenlehrer, Knaben-Schullehrer in der Unterstadt (1812) und wurde 1827 Pastor S. Petri.

21. Johann Friedrich Wilhelm Wagner aus Ufstrungen 1827 — 38, vorher Aedituus S. Petri, zugleich Collaborator am Gymnasium, nachher Pastor S. Blasii (zugleich Hülfslehrer am Gymnasium bis 1841), endlich Oberprediger in Aschersleben am 21. Apr. 1841.

22. Johann Andreas Burghart aus Breitenbach in der Grafschaft Stolberg-Roßla 1843 —55 (anfangs interimistisch, zugleich Mädchenschullehrer), gestorben am 6. Mai 1855.

23. Johann G. Chph. Friedrich Bänder aus Nordhausen 1855 (vorher und zugleich Elementarlehrer).

Organisten S. Nicolai waren seit dem 17. Jahrhundert, so viel deren bekannt sind:

1. Andreas Oehme 1613.

2. Daniel Michel 1648—50, zugleich Septimus, dann Sextus am Gymnasium.

3. Valentin Müller 1651.

4. Johann Bernhard Meyer 1654.

5. Johann Heinrich Reuscher 1662—93, zugleich Kornschreiber, gestorben am 6. Sept. 1693. Am 22. Mai 1665 hatte er Elisabeth, die Tochter des Priors zu Walkenried M. Mich. Prätorius, geheirathet.

6. Johann Kaspar Koch.

7. Johann Christoph Bruchmann aus Nordhausen, starb 53 Jahr alt am 23. Aug. 1727.

8. Adam Nicolaus Cuno kam von Heringen hieher und starb 46 Jahr alt am 2. Jul. 1732.

9. Christian Gottlieb Schröter aus Hohnstein in Sachsen 1732—80 (82), der berühmte Erfinder des Pianoforte (1717, noch als Schüler der Kreuzschule in Dresden und darauf Jahrelang — bis 1721?. — daran fortarbeitend, weshalb, da seine Erfindung anfangs nicht beachtet wurde, ihm 1719 der Italiener Bartolo Christofolio aus Padua zuvorkam). Schröter war geboren am 10. Aug. 1699. Seine Bildung erhielt er zu Hohnstein, Bischofwerda, besonders zu Dresden und Leipzig, wo er Theologie und Musik studirte, worauf er als Secretär eines schlesischen Edelmanns Holland und England besuchte und die dortigen Universitäten kennen lernte. Als er 1724 nach Dresden zurückgekommen war, hielt er daselbst theoretisch-praktische Vorlesungen über die Musik. Im Jahre 1726 wurde er von Jena nach Minden in Westphalen berufen als Componist und Organist an der Hauptkirche S. Martini, endlich 1732 wurde er in Nordhausen Organist S. Nicolai. Nachdem er dieses Amt 48 Jahr verwaltet hatte, erhielt er an seinem Nachfolger einen Substituten und starb zwei Jahr darauf am 20. Mai 1782 in seinem 83. Jahre. Auch als Schriftsteller in seinem Fache zeichnete er sich aus: als Schriften

von ihm führt der Bergcommissarius Rosenthal (in Meusels Misc. artist. Inhalts J. 1781, Heft 9, S. 161—165, vgl. Hohnstein. Erzähler J. 1800, 13. Dec., S. 187 f.) an: Kritik über Schreibens krit. Musikus — Von der Temperatur — Deutl. Anweisung z. Generalbaß (Halberst. 1772. 8) — Letzte Beschäft. mit musikal. Dingen (Nordhs. 1782) — Mehrere Aufsätze in Mizlers musikal. Bibliothek. Vgl. Körte, Leben und Studien F. A. Wolfs in der 2. Beilage (II, 195 ff.).

10. Johann Ludwig Willing aus Kuhndorf 1780— 1805. Ihm gab das Collegium Seniorum 1799 den Titel Concertmeister. Als Componist (unter andern der hier üblichen schönen Melodie des Kirchenliedes: Wie groß ist des Allmacht'gen Güte), als Lehrer und Dirigent brachte er die Musik hier in gute Aufnahme. Unter seiner Leitung wurde am 2. Jul. 1801 Haydn's Schöpfung zum ersten Male in der Kirche S. Jacobi, wo er seit 1799 auch Organist war, sich aber gewöhnlich durch einen Stellvertreter (Becker) vertreten ließ, vollständig aufgeführt. Er starb am 24. Sept. 1805, 50 Jahr alt, und das Amt wurde von Verschiedenen interimistisch verwaltet bis 1808 im December.

11. Heinrich Lebrecht August Mühling aus Raguhn im Dessauischen 1809 (Januar) — 23, zugleich Cantor am Gymnasium mit dem Titel Musikdirector, besonders als Liedercomponist beliebt, ging von hier nach Magdeburg.

12. Friedrich Wilhelm Sorgel aus Rudolstadt seit 1826 in gleicher Stellung wie sein Vorgänger.

Die zweite Kirche der Oberstadt ist die Kirche S. Blasii. Gute Nachrichten über diese Kirche giebt der Pastor J. H. Kindervater in einigen seiner Schriften, besonders in 1) Gloria templi Blasiani, Nordh. 1724. 8. und 2) Arcana Bibliothecae Blasianae, N. 1717. 8. — Daß schon im Jahre 1234 hier eine Kirche stand, ersieht man aus der Urkunde des Königs Heinrich (VII.) von diesem Jahre, durch welche er dem von seinem Vater dem Kaiser Friedrich II. gegründeten Stifte zum heil. Kreuz auch das Patronat über die Pfarrei S. Blasii schenkt (Urk. Gesch. von N. Urk. 4). Die gegenwärtige Kirche S. Blasii ist aber, wenn auch der Bau bereits im 14. Jahrhundert begonnen war, doch erst gegen das Ende des 15. Jahrhunderts vollendet worden. Auf einer hölzernen Tafel in der Sacristei steht: Anno 1487 structura huius sacelli, totius vero aedificii Anno 1490 ad finem est perducta Consulibus Dno Henrico a Werther et Dno Nicolao Rebbenik. — Um das Bild des heil. Blasius am Gewölbe im Chore über dem hohen Altare stand die Jahrzahl 1489 (das Jahr der Vollendung), auf der andern Seite 1591 (das Jahr einer Reparatur). — Schon 1476 am Sonntage Reminiscere weihte der Generalvicar des Erzbischofs von Mainz Bischof Berthold das Bild der Jungfrau Maria in der Kirchhofsmauer der S. Blasiikirche und ertheilte den Frommen, welche vor demselben beteten, jedesmal einen vierzigtägigen Ablaß. Bei Kindervater (Gloria t. Bl. 12) steht in der betreffenden Urkunde irrig templi statt cemiterii.

Die jetzige Kirche S. Blasii hat an der Nordseite zwei durch einen bedeckten Gang (die höchste Brücke der Stadt!) mit einander verbundene Thürme, welche ehemals von gleicher Höhe gewesen sein sollen. Die Spitze des einen soll durch einen Blitzstrahl vor mehreren hundert Jahren zerstört sein, worauf ein stumpfes und niedriges Dach auf denselben gesetzt wurde. Der andre, hohe Thurm wurde am 24. April 1634 des Mittags, in derselben Stunde, als auch der Kirchthurm S. Petri vom Blitze getroffen wurde, durch einen Blitzstrahl in Brand gesetzt; das Feuer wurde aber bald gelöscht. Nachdem die Thürme der Marktkirche am 23. Aug. 1710 ausgebrannt waren, wurde auf dem hohen Blasiithurme eine Wohnung für einen Thürmer oder Hausmann eingerichtet, und da auf dem hohen Thurme der Petrikirche ebenfalls ein solcher Hausmann wohnt, so bewachen nun zwei Hausleute die Stadt und machen nöthigenfalls Feuerlärm. — Als Hausleute am Markte sind bekannt: Fabian † 1610, — Mich. Schröter 1612, — Marcus, — Apollo (als ein wunderlicher Kopf abgesetzt), Hans Seber 1653, — Sebastian Kittel † 22. Aug. 1703. — Zu S. Blasii waren solche Thürmer: Joh. Andr. Weise 1710—31 († 1. Aug.), — Friedr. Jac. Messerschmidt aus Sachswerfen, der auf den Petrithurm versetzt wurde und am 11. Dec. 1735 starb, — Joh. Gottfr. Heinroth (oder Heinerod) u. s. w. — Vor dem Brande von 1710 wohnte der Hausmann beständig auf dem Marktthurme, und mußte von da mit seinen Gesellen des Morgens, Mittags und Abends ein geistliches Lied mit Posaunen, Trompeten und Zinken abblasen. — Jetzt findet das Blasen des Stadtmusikus und seiner Leute auf dem Petrithurme statt, in neuern Zeiten aber seltener, doch stets bei feierlichen Gelegenheiten, an Festen.

Von den vier Glocken, welche auf diesen Thürmen hangen, hat die größte, 1488 gegossene die Inschrift: **Maria. Blasius. Martinus. bittet für uns. Anno MCCCCLXXXVIII.** Die Vesperglocke hat die hübschen Verse: **Sabbata pango † Funera plango † Noxia frango † Excito lentos † Paco cruentos † Dissipo ventos †.** Die Stimmglocke ist ohne Inschrift. Die Seigerglocke ist 1422 (1426?) gegossen und hat die Umschrift: **anno dni m.cccc.xxvi. hilf got. maria berath. sanctus blasius.** — Die Kanzel wurde gesetzt im October 1592 und zuerst dem Verfertiger derselben eine Hochzeitpredigt darauf gehalten. Im Jahre 1681 wurde sie von einem Pfeiler gegen Mitternacht in der Mitte der Kirche an ihre jetzige Stelle an der Wand der Sacristei versetzt, so daß man aus der letztern bequem hinaufsteigen kann. Die Marmortafeln der fünf Fache der Kanzel sind geziert mit bildlichen Darstellungen nebst Bibelsprüchen und lateinischen Distichen*). Sie ruht auf einem Bilde Abrahams, der seinen Sohn schlachten will. — Den Taufstein ließ Frau Ottilie Ernst 1591 anfertigen nach der In-

*) bei Adams Fall: Primus homo vetita dum carpit ab arbore pomum, — Peccato nobis attulit omne malum. 2) Christi Taufe: Quod fit terrigenis baptismus janua coeli, — En! Christi monstrant flumina voxque patris. 3) Kreuzigung: Agnus ut humano quondam pro crimine caesus, — Sic proprio purgat sanguine nostra Deus. 4) Auferstehung: Justitiam ecce Deus devicta morte reduxit, — Dum tumulo surgens Daemona calcat ovans. 5) Himmelfahrt: Ascendens Christus, coelestis janitor aulae, — In coelo patriam fecit habere pios.

schrift: **Anno 1591. — O. E. W. — Quae nupsit quondam Cyriaco Ottilia conjux — Ernesto hoc sacris usibus esse dedit. — C. E.**

Außer dem Hauptaltare waren ehemals noch viele Altäre in dieser Kirche (vielleicht an jedem Pfeiler einer), von denen 1724 noch zwei standen, nachdem kurz vorher ein Altar der heil. Anna, an einem Pfeiler mitten in der Kirche gegen Mittag, abgerissen worden war. Dieser Altar der heil. Anna hieß auch der Töpferaltar, wahrscheinlich weil die Töpfer ihn gestiftet hatten und deren Brüderschaft sich zu demselben hielt. — An dem Hochaltare war auf einer Tafel die Krönung der Himmelskönigin zu sehen, Gott der Vater zur Rechten und der Sohn zur Linken die Jungfrau Maria krönend, und der heilige Geist als Taube darüber schwebend. Im Felde daneben stand zur Rechten der heil. Blasius, zur Linken der heil. Andreas. Die Tafel hatte zwei Flügeltafeln, welche in der Fastenzeit geschlossen wurden: auf der zur Rechten stand der heilige Petrus und die heil. Katharina, auf der zur Linken auch ein Heiliger und eine Heilige (Barbara?). Auf den Säumen der Mäntel und Röcke aller dieser Heiligen standen einzelne Buchstaben. Erst später wurde unter dieses Altargemälde das neuere Gemälde, die Einsetzung des heiligen Abendmahles, gesetzt. — Ein kleiner Altar stand in der Sacristei, welche ehemals eine (1487 erbaute) Kapelle war. Ein andrer kleiner Altar im Schiff der Kirche, vor dem Chore an der Seite neben der Kanzel, war der Jungfrau Maria gewidmet, und hier wurden noch im 18. Jahrhundert die Täuflinge eingesegnet, Kinderlehren und Leichenabdankungen gehalten, auch die **Diaconalia** in der Christmette. Zu diesem Altare stifteten 1347 Henning von Artern und Peter von Cassel eine Vicarie. — Der ehemalige Altar der Wagner und Böttcher bei dem kleinen Pfeiler an der Mauer nach Süden verdient besonders erwähnt zu werden wegen der drei Stiftungsurkunden dieser frommen Brüderschaft aus den Jahren 1428 und 1475, welche von Lesser 1740 (S. 52—59) vollständig, doch nicht fehlerfrei, von mir in den kleinen (Schriften S. 158—62) im Auszuge geliefert worden sind.*)

Die alte Orgel wurde 1618 abgenommen und 1627 durch den damaligen Kirchenvorsteher eine neue beschafft, nach der Inschrift: „Anno Christi 1627 habe ich Nicol. Helbig, von Ilfeld, weiland Bürger zu Königsberg im Kneiphof im Lande zu Preußen, itzo Bürger und Kirchenvorsteher allhier, benebst meiner Frauen Margarethen, bey unser beyder Leben, aus freyen guten Willen, Gott zu ehren und dieser Kirche zu einem Zierrath in Darreichung 200 Gülden diese Orgel malen und verfertigen lassen." — Im Jahre 1735 wurde dieselbe reparirt. In diesem Jahre wurden überhaupt von den Kirchenvorstehern Benjamin Lauer und Bürgermeister Jacob Brettschneider bedeutende Aenderungen in der Kirche vorgenommen. Der alte Altar wurde abgebrochen und dafür ein neuer erbaut von dem Bildhauer Joh. Kasp. Unger. Die Malerei ist von Joh. Chrn. Mäter, der auch die Beichtstühle, die andern Stühle, den Taufstein, die Kanzel u. s. w. malte und vergoldete, glücklicherweise ohne sich an den beiden Cranach'schen

*) Am 25. Jun. 1479 verkaufte ein Bürger für 7 rheinische Gulden 1/2 Gulden Zins an diese Brüderschaft.

Gemälden zu vergreifen. Der Taufstein wurde damals von seiner frühern Stelle im Schiff der Kirche in das Chor versetzt. — Bei einer Reparatur und Ausweißung im 19. Jahrhundert verschwanden wieder manche ältere Malereien. Bis dahin sah man im ersten Schlusse des Chorgewölbes in einem runden blauen Felde den heil. Bischof Blasius in einem rothen Talar und goldnem Meßgewand, auf dem Haupte die Bischofsmütze, in der Rechten ein Buch, daneben 1489, in der Linken einen Bischofsstab, daneben 1591. Im zweiten Schlusse erschien der heil. Martinus zu Pferde, in rothem Rock und goldnem Mantel, daneben 1732 (in welchem Jahre das Chor geweißt wurde). Auch die Kuppeln der Gewölbe im Schiff der Kirche waren mit Schildereien geschmückt, und man sah hier 1) Gott den Vater in Wolken, 2) einen goldnen Löwen mit noch drei Löwenköpfen, 3) goldne Sterne im schwarzen Felde: eben so über den Emporkirchen, rechts 1) im blauen Felde ein weißes Lamm mit einer Fahne und daneben einen goldnen Kelch, 2) im blauen Felde einen goldnen Pelikan seine Jungen mit seinem Blute tränkend, 3) einen Adler, braun im blauen Felde, — links in der ersten Kuppel einen Kopf, dahinter ein goldenes Kreuz. — Von den Fensterstühlen und deren Inschriften und ehemaligen Besitzern bemerken wir nur den Stuhl mit einer heizbaren Stube des ehemaligen Kirchenvorstehers (und Kandidaten) Joh. Benj. Lauer, dessen redendes Wappen, ein goldner Lorbeerbaum, auch diesen Stuhl bezeichnete. (Von diesem Kandidaten Lauer hat auch das Gasthaus der Lorbeerbaum vor dem Altenthore, welches Haus er 1735 erbaut hat, seinen Namen.)

Die Epitaphien in der Kirche S. Blasii beschreibt Kindervater Gloria templi Blas. S. 121—170. Die hier bezeichneten Personen sind, wenige ausgenommen, in der Kirche selbst begraben. 1) Frau Gertrud, Tochter Wilke's von Bodenhausen und Walburgis von Meschede, Wittwe von a) Thomas von Oldershausen, b) Philipp Wulfes von Euleberg, † 2. April 1618. 2) a. Die Gattin des Bürgermeisters Libor. Pfeifer, Anna geb. Speiser † 25. Aug. und deren Kinder Regina † 2. Sept., Euphemia † 21. Sept. und Otto Wilhelm † 4. Oct., alle vier an der Pest gestorben 1626. b. Bürgermeister Libor. Pfeifer † 20. Juni 1641. 3) Bürgermeister Mich. Meienburg † 13. Nov. 1555 (S. unten). 4) Eine Tafel des Andr. Odde erneuert 1591 von Mart. Schieferdecker und dessen Frau, und diesem M. Schieferdecker auch Hans Topf und Margar. John zu Ehren erneuert von Hans Topf 1630. 5) Hüttenmeister Joh. Reineck aus Mansfeld, bestattet von seinem Schwiegersohne Mich. Meienburg 1539 (S. kleine Schriften S. 56 f.). 6) Katharina geb. Becker, Wittwe von den Bürgermeistern a) Augustin Kegel, b) Joh. Chph. Ernst, † 30. Aug. 1682, und ihre Tochter Anna Elisab. † 4. Sept. 1682 (in der Pest). 7) Syndicus Mathias Luder (Luther) † 12. Febr. 1572, neben Vater und Mutter. — Diese 6 Tafeln waren im Chore an den Wänden und Pfeilern, die folgenden Leichensteine lagen im Chore: 1) Noch zu dem Denkmale der Frau Gertrud Wulfes geb. von Bodenhausen (s. oben) gehörige 10 lateinische Distichen. 2) Epitaphium des Bürgermeisters Liborius Pfeifer (s. oben). 3) Bürgermeister Heinrich Sommer † 19. Mai 1648. 4) Bürgermeist. Joh. Wilh. Sommer † 24. Sept. 1669 (von seiner Gattin Dor. Sus. geb. Offney). 5) Bürgermeister Joh.

Chph. Ernst † 10. Apr. 1678 (mit Angabe seiner Gattin — s. oben — und Kinder). 6) Bürgermst. Joh. Kasp. Arens † 19. Febr. 1704. 7) Bürgermst. Andr. Weber † 26. Jan. 1711. 8) Bürgermst. Joh. Günther Hoffmann † 19. Mai 1719. 9) Bürgermst. Joh. Chph. Cramer † 23. Febr. 1723. 10) Professor Erhard Chrn. Löber, Syndicus, † 23. Dec. 1719. 11) Konrad Ernst. 12) Joh. Sim. und Joh. Chrn. Kindervater, Kinder des Past. K. † 1709 und 1715. 13) Soph. Elisab., Kind des Diac. Kiesewetter † 1719. 14) u. 15) Pastor Joh. Sandhagen † 11. Jan. 1664. — Im Schiff der Kirche hatten an den Wänden und Pfeilern Denktafeln und Inschriften: 1) Bürgermst. Cyriacus Ernst † 17. Juli 1585. 2) Gertrud Hamme geb. Thomas † 1. Dec. 1539. 3) Chph. Kirchberger aus Andreasberg † 1663. 4) Jgfr. Anna Platner † 27. Febr. 1617. 5) Lorenz Eilhard † 15. Juni 1588. 6) Dr. Konrad Ernst, Physikus † 6. Oct. 1580. 7) Mart. Buchbach † zu Halle 5. Juni 1575; seine Ehefrau Anna † 10. Jan. 1568. 8) Heinrich Thomas, in Lebensgröße ausgehauen an einem Pfeiler mit Wappen und zwei Distichen. 9) W. L. von Eberstein (kunstreich ausgeschnitztes und gemaltes Epitaphium mit des Verstorbenen Bilde und vielen Wappen) s. unten. 10) Ursula Hamme geb. Luder † 22. Mai 1587. 11) „A. 1598 hat der gestrenge und ehrenveste Christoph Wolf von Germar aus christlicher Liebe zum Kirchenbau und Gott zu Ehren derselben 100 Gülden geschenkt und verehret". 12) Diaconus Matthäus Michel. 13) Die Frau des Past. Kirchberger † 14. Juni 1644. 14) Jgfr. Doroth. Marg. Titius † 31. Oct. 1673. 15) Georg Melle † 21. Aug. und seine Frau Barbara † 30. Aug. 1626 (in der Pest). 16) Konrad Schöne, 96 Jahr alt. — Auf dem Fußboden: 1) Udine Mich. Ammens Hausfrau † 1 Dec. 1593. 2) Bürgermst. Paul Preiß und dessen jüngster Sohn Joh. Wilhelm. 3) Bürgermst. Chph. Ibe † 31. Juli 1709. 4) Bürgermst. Joh. Wilh. Eberwein † 15. März 1683. 5) Die Bürgermst. Heinrich († 1626), Heinrich (1670) u. Lic. Joh. Chph. Eilhard († 22. Apr. 1703), Vater, Sohn u. Enkel. 6) Bürgermst. Joh. Wettensee † 23. März 1673. 7) Bürgermeister Joh. Ludwig † 29. Nov. 1643. 8) Dessen Sohn Joh. Ludwig, Handwerksmeister der Gewandschnitter, † 1. Mai 1692. 9) Katharina geb. Förstemann, des Bürgermst. Heinrich Eilhard des Vaters (am 4. Sept. 1626) und Barbara geb. Melle, des Bürgermst. Heinr. Eilhard des Sohnes (am 11. Mai 1676) gestorbene Hausfrauen. 10) Anna Kath. geb. Helbing, des Bürgermst. Joh. Wettensee Gattin † 14. März 1664 und Mar. Kath. geb. Wettensee, des Quatuorvirs dann Assessors bei dem königl. preuß. Reichsvogtei- und Schultheißenamte zu Nordhausen Mart. Kegels Wittwe † 14. Juni 1719. 11) Valentin Cajus honsteinischer Amtsschösser (? Quaestor) † 14. Febr. 1643 von seiner Wittwe Barbara. 12) M. Georg Mich. Eilhard † 20. Dec. 1706. 13) Ad. Friedr. Hoffmann † 25. Dec. 1716. 14) Chph. Wiedolt † 16. April 1680. 15) Anna Wiedold geb. Rosenthal † 19. Juli 1677. 16) Quatuorvir Johann Joach. Hoffmeister † 9. Juni 1706. 17) Marg. Magd. Hoffmeister geb. Ludwig † 24. April 1719. 18) Syndicus Joh. Titius † 28. Oct. 1678. 19) Katharine Maria Titius geb. Offney † 1. Februar 1669. 20) Wilhelm Offney † 1638 und dessen zweite Frau Kath. geb. Ernst † 1639. 21) Wilh. Ludwig von Eberstein auf

Neuhaus und Baßbruch, geb. 25. März 1682, gest. 19. Jan. 1700 (s. oben). 22) Schultheiß (od. Amtmann? Praetor) und Notar Andr. Cramer (aus Seesen) † 7. Jan. 1643. 23) Magd. geb. Gothe aus Stolberg, Ehefrau des Diaconus Sandhagen, † 19. Mai 1648. 24) Dessen Frau Anna Lucia (Mestermiana) aus Osterode † 28. Febr. 1673. 25) Bürgermst. Kasp. Bechmann. 26) Pastor Joh. Rindfras † 2. Febr. (1598). 27) Ein Kind des Past. Sybold † 1564. 28) Barbara ... † 1564. 29) Des Past. Sandhagen Tochter Katharina † 1611 und des Diac. Joh. Sandhagen Töchter Anna Magd. und Elisab. Chrne. † 30. Apr. 1680. 30) Dorothea, Gattin des Past. Joh. Martini † 19. Septbr. 1629. 31) Gertrud, Gattin von Mich. Ringleb † 19. Apr. 1597. 32) Elisab. Sophie, Wittwe des braunschweig. Klosterinspectors Riebecker, † 6. Juli 1700. 33) Thomas .... 1554. 34) Anna Kath. Kellner geb. Rößler † 15. Sept. 1709. 35) Nicol. Helwig † 25. Aug. 1630. 36) Dessen Wittwe † 2. Nov. 1632. 37) Heinr. Sichelboge, Schösser (? Quaestor) † 22. Juni 1573. — — Des verdienten am 2. Oct. 1728 gestorbenen und auf der rechten Seite des Altars begrabenen Pastors Kindervater, welcher dieses Verzeichniß der seit dem 16. Jahrhundert in dieser seiner Kirche Bestatteten angefertigt hat, eigenes Denkmal besteht aus einer schwarzen steinernen Tafel mit einer längern lateinischen Inschrift, welche die wichtigsten Lebens- und Familienereignisse des würdigen Mannes bezeichnet. Diese Tafel ist an einem Pfeiler seitwärts unter dem von Eberstein'schen Epitaphium befestigt. Noch neuer ist die hölzerne Gedächtnißtafel des in diesem Kirchspiele am 6. Dec. 1782 gebornen und bei Erstürmung einer Schanze in der Nähe von Bommel an der holländischen Grenze am 18. Nov. 1813 gebliebenen Feldwebels von der königl. preußischen Infanterie Joh. Ernst Wilh. Münter.

Die Hauptzierde der Kirche S. Blasii sind die beiden Gemälde von Lucas Kranach, zum Andenken des Bürgermeisters Michael Meienburg († 13. Nov. 1555) und seiner Gattin Ursula † 12. Sept. 1539) hieher gestiftet, wo beide auch begraben sind. Diese Gemälde habe ich in meinen kleinen Schriften S. 55 f. bereits besprochen, worauf ich hier verweise. — Sonst hingen im Chor noch vier andre Gemälde, welche sich jetzt in der Sacristei befinden. Sie sind mit Wasserfarben (Lesser sagt „mit trockenen Farben", als Pastellmalerei) auf Leinwand gemalt, und zwar auf beiden Seiten: 1) „Die Bildniß des auserwehlten Apostels Jesu Christi Petri". — Auf der Rückseite Christus am Oelberge. 2) „Die Bildniß des auserwählten Vas und Apostels Jesu Christi Pauli". — R.-S. Christus das Kreuz tragend. — 3) „Effigies D. Martini Lutheri, qui instaurata doctrina evangelii Jesu Christi cum v. annos LXIII. o. anno Christi 1546". — R.-S. Christus am Kreuze. — 4) Effigies Philippi Melanchthonis facta. aet. ipsius LIX. anno Christi MDCV." Dabei ein Bienenstock mit Raubbienen, Hummeln, Schmetterlingen u. dgl. daneben; dabei: Cedite nunc Fuci, qui quicquid corpore habetis Mellis ab hac una surripuistis api. Joh. Strigelius. — R.-S. Christi Auferstehung.

Ein werthvoller Besitz der Blasiuskirche ist die in der Sacristei aufgestellte, gegen 200 Incunabeln (im 15. Jahrhundert gedruckte Bücher) enthaltende Bibliothek, von deren erster Bildung durch die Bibliothek des aufgehobenen Klosters Himmelgarten ich ebenfalls schon in meinen kleinen Schriften S. 21 gesprochen habe, so wie von dem am 18. November 1725 in der Sacristei gefundenen Alraun, Galgen- oder Heckemännlein in den N. Mittheilungen des thüring. sächs. Vereins VI., 4, 167. — Als etwas Eigenthümliches verdient bemerkt zu werden, daß in dieser und nur in dieser einen von den evangelischen Kirchen der Stadt sich noch fast 300 Jahre einige altkatholische Trachten und Gebräuche erhielten, z. B. Chorhemden und Meßgewande der Geistlichen, welche erst am 28. Mai 1805 vollends abgeschafft wurden. Als am 21. Nov. 1665 der Rath das Gutachten des hiesigen geistlichen Ministeriums vom 28. Aug. desselben Jahres bestätigte, hielt er Gleichförmigkeit in der Kleidung der Geistlichen beim Gottesdienst zwar für wünschenswerth, so auch Gleichförmigkeit im Gebrauch oder Nichtgebrauch beim Abendmahle, — bei welchem damals noch und bis zum 19. Jahrhundert in allen hiesigen evangelischen Kirchen von zwei Chorknaben ein Tüchlein ausgebreitet vor den Communicirenden gehalten wurde —, doch trug er Bedenken, die Chorröcke und Lichte, welche in der Kirche S. Blasii noch im Gebrauch waren, abzuschaffen. Leopold (Kirchen- u. Schulchronik S. 195) sieht vielleicht mit Recht in diesem Umstande, dem Beibehalten einiger katholischer Gebräuche, den Grund davon, daß Convertiten (auch Juden), welche in Nordhausen zum Protestantismus übergingen, dazu meistens die Kirche S. Blasii wählten. Vielleicht hatte dabei auch die Nähe des katholischen Stifts S. Crucis, welchem vor der Reformation auch das Patronat der Kirche S. Blasii zustand, einigen Einfluß.

Die Wahl der Vorsteher dieser Kirche war wie bei der Kirche S. Nicolai, indem der Ueberlebende seinen Amtsgenossen ernannte. Als einst beide Kirchenvorsteher gestorben waren, schlug der Rath mehrere Personen vor und ließ auch die Wahl, welche durch die stimmberechtigten Gemeindeglieder in der Sacristei geschah, durch Deputirte leiten. Es wurden damals zwei Vorsteher gewählt, welche der Rath (am 1. Aug. 1742) bestätigte. — Bei Erledigung des Pfarramts oder Diaconats ersuchten die Vorsteher der Kirche den Rath, eine neue Wahl vornehmen zu dürfen, und wurden von demselben dazu ermächtigt. Nun ließen die Kirchenvorsteher durch den Aedituus die Stimmberechtigten zur Wahl in die Sacristei zusammenberufen und stellten drei Personen zur Wahl auf. Stimmberechtigt waren die Raths- und Kanzleipersonen, Handwerksmeister, Gelehrten und Graduirten, welche in der Gemeinde eigene Häuser hatten, desgleichen alle Mannspersonen, welche daselbst Brauhäuser (d. i. brauberechtigte Häuser) besaßen. Wer die meisten Stimmen erhielt, wurde dem Rathe als Erwählter bekannt gemacht. Der Erwählte wurde nun bestätigt, und von dem Rathe wurde Vocation, Examen, Ordination und Introduction verfügt (s. Leopold, Kirchen- und Schulchronik S. 195 f.). — Der Pastor S. Blasii war zugleich zweiter geistlicher Assessor des Consistoriums und zweiter Inspector des Gymnasiums. — Das Kirchenbuch S. Blasii fängt an 1624.

Als Pfarrer (Plebani, auch Rectores genannt) S. Blasii vor der Reformation kommen vor: Mag. Thidericus (1296 „Prepositus Sanctimonialum Novi Operis, quondam rector ecclesie S. Blasii"). — M. Fridericus (de Bila) 1296. 1302. 1304. 1309. Er starb als

Dechant des Stifts zum heil. Kreuz 1237, s. unten. — **Henricus de Udirde** (von Uder) 1328. 1334. — **Henricus Salemer** 1337. 1339. Vielleicht war er derselbe Priester (**Presbyter**) **H. S.**, welcher mit dem Priester Heinrich Mackenrod 1375 einen Altar in der Altendörfer Kirche stiftete; doch mit dem Vicarius gleiches Namens, welcher am 19. Nov. 1396 starb und in der Kirche S. Martini begraben wurde, ist er nicht zu verwechseln. — **Johann Dolentor?** (1386 „**perpetuus Vicarius eccl. S. Basii**"). — Nicolaus Wochmann 1412. — Johann Stern 1479. — Georg Neckerkolb (oder Gregorius Neckerkolbe) 1524. Er kommt noch vor als Canonicus zum heil. Kreuz 1533 und 1542. Auch die andern Pfarrer S. Blasii vor der Reformation mögen Geistliche dieses Stifts gewesen sein, welches bis dahin das Patronat der Kirche besaß. Einen Joh. Neckerkolbe aus Nordhausen finden wir 1508 als Studirenden zu Erfurt eingeschrieben. Als Pfarrer zu S. Blasii erhielt G. Neckerkolb 1524 einen strengen Befehl nach folgender Aufzeichnung: „Montag nach Quasimodogeniti haben vnser hern die Elteisten Eyntrechtiglich dem pffarnner zu sanct Blasio Ern Jurgen Neckerkolb Ernstlich gesagt vnd wollenn, daß er hinfurtter nichts den das lawter Rein Euvangelion vnd die schriefft der heiligen appostelnn vnd von Christlichem Kirchenn angenohmen hinfurtter Predigen, lernen vnd handelnn sollenn. Wo er darkegenn befundenn, soll Jme sein geleit vnd schutz von einem Erbarn Rad vffkundigt sein, vnd ob Jme dar vber etzwas tedliches begegnet, konten ader woltenn sie dazu nit zu antwortenn schultig sein. **actum 2a post quasimodogeuiti anno domini 1524.**" Diese am 4. April 1524, also zur Zeit da die ersten Bewegungen des im folgenden Jahre allgemein ausbrechenden sogenannten Bauernkrieges schon anfingen, ausgesprochene Drohung des Rathes war einer der ersten entscheidenden Schritte desselben in dem Reformationswerke. — — Als Kaplan (**Capellanus S Blasii**) erscheint 1338 **Nicolaus**, welcher 1339 Pfarrer zu Grumbach (**Plebanus in Grinbech**) war. Kirchner war damals **Johannes** (**Ecclesiasticus S. Blas. 1338. 39**). — Vicarius am Altare der Jungfrau Maria war Hermann Schumann, ferner Johann Fischmann (1443. 1456), Heinrich Kernbach (1457, zugleich Vicarius im Dome), Johann Hammer (1511, vielleicht derselbe, der 1510 Joh. Ramener genannt wird) und Melchior von Aachen (von „Aach", **Aquensis**, 1514. 15), — am Altare der Wagner 1475 Johann Kruse (Kruße, Gruße), 1509 Johann Apel, 1510 Johann Kohl (Koel), — am Altare der h. Katharina um 1490 Joh. Spieß, — am Altare der 14 Nothhelfer 1510 Johann Führer (Fehrer), als Vicarius im Dome genannt 1504. 1534?

Evangelische Prediger (Oberprediger, **Pastores**) S. Blasii waren:

1. **M.** Joh. Spangenberg aus Hardegsen 1524—46. Dieser ächte Schüler Luthers — denn dieser sagte, er habe nur drei ächte Schüler, Wedler, Veit Dietrich und Johann Spangenberg — und um unser Kirchen- und Schulwesen hochverdiente Mann hielt, als er von Stolberg, wo er zuerst Rector, darauf Archidiaconus gewesen war, hieher kam, vielleicht schon am Sonntage Misericord. Domini (damals 10. Apr.) 1524 seine Antrittspredigt: wenigstens wurde an diesem Tage 1724 das evangelische Jubelfest der Kirche S. Blasii gefeiert, „weil an diesem Sonntage vor 200 Jahren dieses werthe Gotteshaus dem Papstthume entrissen wurde". Vielleicht

hat man aber auch dieses Jubiläum auf jenen Sonntag gesetzt, als auf den ersten Sonntag nach dem strengen reformatorischen Befehle des Raths an den katholischen Pfarrer der Kirche G. Reckerkolbe, welcher seitdem den Altar und die Kanzel zu S. Blasii nicht wieder betreten haben mag. Nachdem unser Spangenberg 22 Jahr in Nordhausen gewirkt hatte, ging er (am 22. Jun. 1546?) von hier nach Eisleben, um als Generalsuperintendent der Grafschaft Mansfeld die daselbst besonders schwierigen Verhältnisse zwischen der Geistlichkeit, dem Landesherrn und der Bürgerschaft ordnen zu helfen, zu welchem Werke der sterbende Luther ihn empfohlen hatte. In Eisleben beschloß der durch Wort und Schrift angestrengt thätige Spangenberg nach vier Jahren, 67 Jahr alt, am 13. Jun. 1550 sein segensreiches Leben. In ihm verehren die Nordhäuser wie die Stolberger (diese zunächst mit Tilem. Platner) den eigentlichen unmittelbaren Reformator ihrer Kirchen und Schulen, der auch in seiner hiesigen Stelle die Reformation der reichen Klöster Walkenried und Ilfeld förderte. Ueber Joh. Spangenberg habe ich in den Mittheilungen zu e. Gesch. d. Schulen in Nordhausen 1824, S. 22—27 Manches erzählt, und dieses theilweise berichtigt, auch Einiges hinzugefügt, in den kleinen Schriften S. 24 ff.

2. M. Andreas Poach (oder Poch, Pock) aus Eilenburg 1546—50? P. war geboren um 1516, studirte in Wittenberg seit 1530, war nach einander Diaconus in Halle, Archidiaconus in Jena, Pastor S. Blasii in Nordhausen, 1550 in Erfurt Pastor an der Augustinerkirche, dann an der Michaeliskirche und Professor, 1572 entlassen, zuletzt Diaconus zu Utenbach bei Jena, wo er am 2. April 1585 starb. — Mit ihm hat man mehrmals verwechselt Andreas Gewaltig aus Nordhausen, 1555 hier Pastor am Frauenberge.

3. M. Jacob Sybold aus Frankenhausen 1550—75, in welchem Jahre er starb. Er und der Pastor zu S. Jacobi Joh. Noricus waren (nebst ihren Gegnern den Pastoren Otto und Fabricius) am 10. Jul. 1568 abgesetzt, aber bald wieder eingesetzt worden. Vergl. kleine Schriften S. 29.

4. Johann Rindfraß (vorher Diaconus) 1575—94. Er dankte ab 1594 und starb am 2. Febr. 1596. Zu seinem Nachfolger war 1594 Bartholomäus Petersilge, Pastor zu Tanstädt bei Blankenburg, berufen worden; derselbe reis'te aber von hier wieder ab, ohne sein Amt angetreten zu haben.

5. M. Zacharias Muthesius aus Buttstädt 1594—97. Er war vorher Adjunct der Philosophie und Diaconus in Jena, 1587 Superintendent zu Brandenburg, wurde 1594 hier Pastor S. Blasii, 1597 dieses Amtes wegen Kryptocalvinismus entsetzt ging er nach Jena und starb noch in demselben Jahre.

6. M. Johann Terellius aus Laubach 1597—1600. Ordinirt wurde er hier am 16. Sept. 1597. Mit vier andern hiesigen Predigern im Jahre 1600 als Kryptocalvinist abgesetzt wurde er Pastor zu S. Stephan zu Halberstadt.

7. M. Johann Sandhagen aus Borcholthausen bei Osnabrück 1601—23. Er war zuerst Lehrer in Helmstädt, dann Rector hier 1598. 5. Jul., Pastor S. Blasii 1600 (ordinirt am 13

Dec., eingeführt am 2. Jan. 1601) und starb am 23. Sept. 1623. Von seinen Nachkommen waren sein Sohn Johann S. und sein Enkel Johann S. ebenfalls Prediger an der Kirche S. Blasii (s. Diac. 16. und 18, Past. 12). Ein Joh. Andr. Sandhagen aus Nordhausen wurde am 4. Mai 1693 Kaplan oder zweiter Prediger zu Klausthal.

8. Joachim Embenius aus Magdeburg 1623—26, vorher Diaconus S. Nicolai und nachher (1626) Pastor primarius S. Nicolai. S. oben.

9. M. Johann Martini aus dem Vogtlande 1626—33, nachdem er als evangelischer Prediger aus Böhmen vertrieben war. Er starb 1633.

10. Johann Pfeifer aus Andreasberg 1633—46. Er war vorher Conrector in Ilfeld, dann 1620 Pastor daselbst, Pastor S. Petri hier 1626, wurde Pastor S. Blasii am 3. Adventsonntage 1633 und starb 1646.

11. Christoph Kirchberger aus Andreasberg 1646—60. K. war nach einander Rector in Ebrich, Pastor in Belstädt, Diaconus S. Nicolai hier 1624 am 7. März, Pastor S. Blasii 1646, und starb, nachdem er 54 Jahr Prediger gewesen war, am 22. März 1660, fast 80 Jahr alt.

12. Johann Sandhagen II. aus Nordhausen 1663—64. Er war ein Sohn des Past. Joh. Sandhagen, geboren 1608, Conrector in Ilfeld 1635, Diac. S. Blasii hier 1637, Pastor 1663 (Sonnt. Mis. Dom.) und starb 1664 am 11. Jan.

13. M. Michael Tieroff aus Nordhausen 1664—69, darauf Past. prim. S. Nicol. 13.

14. M. Andreas Offney aus Nordhausen 1669—84. Er war geboren 1631, studirte Medicin, dann Theologie, wurde 1654 Adjunctus in der Philosophie zu Wittenberg, 1663 Diaconus S. Blasii hier, 1669 (1. Adv.) Pastor und starb am 7. Sept. 1684. Ihm folgte im Amte sein Schwiegersohn:

15. Johann Georg Titius aus Nordhausen 1684—1706. Er war ein Sohn des verdienten Syndicus Joh. Titius und hier geboren 1658, wurde Diaconus S. Blasii 1683 (ordinirt am 11. Mai zugleich mit dem Pastor Rohrmann am Frauenberge), Pastor 1684 (23. Trin.), kam 1706 als Pastor an der Kirche S. Ulrich und Levin zu Magdeburg, wurde Domprediger daselbst 1707 (Sonnt. Sexag.) und starb am 28. Aug. 1709.

16. M. Johann Heinrich Kindervater aus Kelbra 1706—26. Derselbe war geboren am 5. Apr. 1675, studirte seit 1696 zu Jena und erlangte die Magisterwürde 1700, wurde Diaconus zu Erfurt 1703, Pastor an der Reglerkirche daselbst 1706, aber noch in demselben Jahre am 31. Oct. Pastor S. Blasii hier und starb am 2. Oct. 1726. Sein Leben bespricht der Pastor J. Ch. Ludwig im Waisenbuche für 1780 (Vortr. 106). Kindervater war ein würdiger Seelsorger, der sich auch des neu gegründeten Waisenhauses besonders thätig annahm. Seine Muße verwendete er auf die Ausarbeitung von Schriften, von denen einige noch jetzt brauchbar sind, besonders für die Kenntniß nordhäusischer Sachen und Personen. Motschmann (Erfordia literaria S. 939 ff.) führt 16 Schriften Kindervaters an, von welchen ich hier nenne: Feuer-

und Unglücks-Chronica der Stadt Nordhausen, 1712, — Nordhusa illustris, 1715, — 22 sogen. nordhäus. Waisenbücher, 1717—26, — Bericht von der neuen Engelsbrüderschaft, 1718. Seine beiden Schriften über die Kirche S. Blasii (Gloria etc. und Arcana etc.) wurden oben bereits genannt.

17. Franz Ernst Strecker aus Gudersleben 1727—39. Als Strecker Schüler zu Zellerfeld war, begegnete ihm an einem Winterabende ein Wolf, welcher ihn angriff; doch der Knabe faßte das Thier herzhaft bei den Ohren und hielt dasselbe so lange, bis auf seinen Hülferuf Menschen herbeieilten, die den Wolf erschlugen. Tiefe Narben bezeugten noch auf des Mannes Brust den ehrenvollen Kampf, den er als Knabe bestanden hatte. Strecker war 1695 geboren und wurde seines Vaters, des Pastors St. in Gudersleben, Substitut (1713) und Nachfolger, 1725 am 29. Sept. Pastor S. Petri hier in Nordhausen, 1727 am 2. Febr. Pastor S. Blasii und starb am 12. Nov. 1739.

18. Andreas Mauritius Gohr aus Falkenberg bei Stargard 1740—43. Sein Vater war Pastor in Frankenberg. Der Sohn war geboren am 2. Aug. 1700. Wegen seiner ansehnlichen Größe entging er mit Mühe den Nachstellungen der Werber, indem er als Erzieher bei dem Herrn v. Scheele zu Wickerode eine Zuflucht fand, worauf er Instructor der jungen Grafen von Stolberg zu Roßla wurde und am 3. Mai 1724 Hofdiaconus daselbst, am 27. Octbr. 1726 Pastor zu Hayn, am 21. Sept. 1727 zu Uftrungen, 1730 zu S. Jacobi in Nordhausen (eingeführt am 19. Nov.), 1740 zu S. Blasii (erwählt am 1. März). Er starb am 8. Apr. 1743.

19. Joachim Dietrich Birnschein aus Hackenthien in der Priegnitz 1743—1754. Er war vorher Diaconus an dieser Kirche (eingeführt am 19. Jan. 1729, wurde als Pastor eingeführt am 8. Sept. 1743 und starb am 30. März 1754, alt 55 Jahr.

20. Johann Philipp Friedrich Lesser aus Nordhausen 1754—82, ein Sohn des verdienten Past. Friedr. Chrn. L. (am Frauenberge, dann zu S. Jacobi), erwählt zum Diaconus S. Blasii am 30. Jul. 1743, zum Pastor am 19. Jul. 1764. Er starb am 13. Aug. 1782 in seinem 64. Jahre.

21. Johann Andreas Gottlieb Stein aus Nordhausen 1783—85. Vorher Diaconus S. Blasii seit 1778 wurde er Pastor am 6. Febr. 1783 und starb am 30. Dec. 1785.

22. Johann Philipp Grabe aus Nordhausen 1786—1803. Geboren am 9. Jul. 1733 wurde er Diaconus S. Petri am 21. Oct. 1761, Pastor S. Blasii am 22. Febr. 1786 und starb am 10. Nov. 1803. Bei der Anfertigung des neuen Gesangbuches, welches 1802 zum ersten Male erschien und eingeführt wurde, war er besonders thätig.

23. Ernst Christian Wilhelm Lesser aus Nordhausen 1807—30, ein Sohn des Pastors Joh. Phil. Friedr. L. (Nr. 20), geboren am 29. Apr. 1759, Diaconus S. Blasii am 2. Mai 1783 (auch Pastor S. Martini 1794), Pastor S. Blasii 1807, emeritirt am 18. Jan. 1830, starb am 18. März 1836.

24. Johann Friedrich Wilhelm Wagner aus Uftrungen 1830 — 41, zuerst Aedituus

S. Petri und Collaborator am Gymnasium (1821), darauf Aedituus S. Nicolai, Hospitalprediger und Collab. a. G. (1827, ordinirt am 9. Sept.), als Pastor S. Blasii eingeführt am 4. Jul. 1830 (bis 1836 seinem Vorgänger substituirt), Oberprediger zu Aschersleben am 21. Apr. 1841.

25. Daniel August Sillkrodt aus Bleicherode seit 1841; nachdem er seit 1825 Collaborator am Gymnasium und seit 1827 (22. Apr.) Pastor im Altendorfe gewesen war, wurde er als Pastor S. Blasii eingeführt am 8. Aug. 1841.

Diaconi oder zweite Prediger S. Blasii waren bis 1807:

(Lesser nennt einen N., Leopold einen Georg Neckerkolb, 1533 Canonicus zu S. Crucis, als ersten Diaconus S. Blasii. Hier findet wahrscheinlich eine Verwechselung statt mit dem katholischen Pfarrer S. Blasii Georg (Jürgen) Neckerkolb 1524, welcher als Canonicus S. Crucis noch erscheint 1533, vielleicht eine Person mit den Canon. und Cantor S. Crucis Gregorius Neckerkolbe 1542. Vgl. oben S. 44.)

1. M. Andreas Ernst aus Nordhausen 1524. 1541. Er war ein Sohn des Bürgermeisters Cyriacus Ernst und Student zu Erfurt 1513, Magister daselbst 1518. An der Kirche S. Blasii in Nordhausen finden wir ihn schon 1524, denn am 9. Jan. 1525 bittet der Bürger Bastian Puchpach den Rath, seinen Sohn Franciscus in „dem Lehn" an der Kirche S. Blasii zu schützen, welches ihm „die Vormunde und Altarleute" verliehen, nachdem M. Andr. Ernst „dadurch, daß er ein Weib genommen, sich selbst entsetzt hat, aber Puchpachs Sohne die Einkünfte vorenthält und ihn selbst bei dem Pfarrvolke verunglimpft. — Ernst scheint sich damals gegen Puchpach und dessen (katholische) Partei behauptet zu haben; doch ging er darauf (1539?) nach Quedlinburg als erster evangelischer Prediger an der Benedictuskirche, kehrte aber von dem Stiftshauptmann Grafen Ulrich von Reinstein angefeindet nach Nordhausen zurück (1548?). Die hier angegebenen Jahrszahlen scheinen nicht richtig zu sein, denn schon 1541 finden wir ihn in Nordhausen (wol wieder als Gehülfen oder Diaconus des Past. Joh. Spangenberg, durch welchen er am 20. April 1541 Justus Jonas grüßen läßt, s. N. Mitth. des thüring. sächs. Vereins II, 536). — Ernst ging zum zweiten Male nach Quedlinburg und starb daselbst an der Pest 1565 als Prediger in der Neustadt. Vergl. meine kl. Schriften S. 31 ff.

2. Ambrosius Lucanus aus Schlesien (Schweidnitz?), des Past. Joh. Spangenberg Gehülfe an der neugestifteten hiesigen Stadtschule (dem Gymnasium), als Rector derselben 1545. S. unten.

3. Laurentius Tunger 1555.

4. Johann Fuß 1555, wurde 1556 Pastor S. Petri und starb an der Pest 1565.

5. M. Liborius Stolberg aus Nordhausen 1556—57. In den Streit der hiesigen Flacianer und Antiflacianer (Ant. Otto gegen Sybold und Noricus) verwickelt nahm er 1557 seine Entlassung und ging nach Wittenberg, wo er 1558 promovirt wurde. Im Jahre 1560 wurde er Pastor zu Beichlingen, 1567 zu Cölleda, wo er 1577 starb.

6. Johann Rindfraß 1558—75. S. oben Past. Nr. 4.

7. Joachim Wischt aus Nordhausen 1581—83, vorher Pastor in Rottleberode, 1583 Pastor im Altendorfe, starb 1584.

8. Valentin Thelemann aus Steinbrücken 1583—84, vorher Quartus an der Schule zu Frankenhausen, 1568 Pastor in Ichstedt, darauf Pastor zu Immenrode, 1583 Diaconus S. Blasii, 1584 Pastor im Altendorfe, starb 1598.

9. M. Johann Rieger aus Nordhausen 1584—89, Diac. S. Petri 1583, Diac. S. Blasii 1584, Pastor am Frauenberge 1589, entsetzt 1597, darauf Pastor in Schernberg.

10. Heinrich Goldhorn 1589—1600, vorher Pastor in Westgreußen, eingeführt als Diac. S. Blasii 1589 (25. n. Trin.), entsetzt nebst seinem Pastor Terellius und drei andern Predigern am 27. Aug. 1600.

11. Johann Kühne aus Georgenthal 1600—3, darauf Pastor in Auleben.

12. Matthäus Michel (Michaelis) aus Hesserode 1603—8, Pastor zu Sülzhain 1586, in Neustadt 1597, Diac. S. Blasii 1603, starb am 11. Mai 1608.

13. M. Christoph Glaser aus Waltershausen 1608 — 11, wurde von Helmstädt hieher berufen und starb an der Pest 1611.

14. Andreas Rosa aus Nordhausen 1611—26, Quartus am hiesigen Gymnasium 1606, Diac. S. Blasii am 29. Nov. 1611, starb an der Pest 1626.

15. Benedict Lesche aus Nordhausen 1626—36. S. Past. prim. S. Nicol. Nr. 11.

16. Johann Sandhagen II. aus Nordhausen 1637—63. S. Past. S. Blas. Nr. 12.

17. M. Andreas Offney aus Nordhausen 1663—69. S. Past. S. Blas. Nr. 14.

18. Johann Sandhagen III. aus Nordhausen 1670 (11. Februar.) — 82, ein Sohn des Diac., dann Past. Johann Sandhagen II., starb an der Pest am 11. Nov. 1682.

19. Johann Georg Titius aus Nordhausen 1683—84. S. Past. S. Blas. Nr. 15.

20. Johann Andreas Teuerkauf aus Nordhausen 1685—96, vorher Conrector zu Klausthal, 1676 (1. Nov.) Conrector in Nordhausen, 1683 Diac. S. Petri, 1685 Diac. S. Blasii, legte 1696 dieses Amt nieder und ging nach Hamburg.

21. Johann Martin Riedel aus Kindelbrück 1696—1712, vorher Pastor in Alt-Beichlingen, Diac. S. Blasii 1692 (12. n. Trin.), starb in seiner Vaterstadt am 15. Aug. 1712, alt 42 Jahr.

22. Johann Jacob Kiesewetter aus Nordhausen 1712—26, starb am 22. Sept. 1726.

23. Johann Christoph Tebel aus Ebeleben 1727, Pastor subst. in Bielen 1715, Diac. S. Blasii am 2. Februar 1727, aber schon am 22. März desselben Jahres Pastor S. Petri, starb am 18. Oct. 1743.

24. Laurentius Hagemann 1727—28, vorher Pastor zu Bodenburg, am 22. Jun. 1727 Diaconus S. Blasii, ging 1728 (Sonnt. Estomihi) nach Hannover als Pastor an der Hauptkirche.

25. Joachim Dietrich Birnschein aus Rackenthien 1729—43. S. Past. S. Blas. Nr. 19.

26. Johann Philipp Lesser aus Nordhausen 1743—54. S. Past. S. Blas. Nr. 20.

27. Samuel Jacob Zober aus Nordhausen 1754 (9. Oct.) — 1777. Er war geboren am 9. Jul. 1722 und starb am 5. Dec. 1777. Leopold nennt ihn einen feinen Kanzelmann. Sein Sohn Karl wurde Prediger zu Königsberg in der Neumark und dessen Sohn Dr. Ernst Z. Lehrer am Gymnasium zu Stralsund und besonders für die Specialgeschichte dieser Stadt verdienter Schriftsteller.

28. Johann Andreas Gottlieb Stein aus Nordhausen 1778—83. S. Past. Nr. 21.

29. Ernst Christian Wilhelm Lesser aus Nordhausen 1783—1807. S. Past. S. Blas. Nr. 23. Nachdem Lesser 1807 Pastor geworden war, wurde die zweite Predigerstelle an dieser Kirche aufgehoben.

Die Kirchner (Aeditui) zu S. Blasii, zugleich Lehrer der Gemeindeschule (Elementarschule) waren, wie die andern hiesigen Kirchner, sonst und bis in das 19. Jahrhundert in der Regel Kandidaten der Theologie, welche Universitätsstudien gemacht hatten. Sie wurden durch die Kirchenvorsteher gewählt: der Rath bestätigte die Wahl, und der Pastor stellte den neuen Kirchner dann der Gemeinde vor. S. Leopold K. u. Sch. Chr. S. 203. Kirchner S. Blasii waren:

1. Konrad Schöne, starb 1598 an der Pest.

2. Joachim Kannengießer, starb am 6. Dec. 1611 an der Pest.

3. Valentin Koch aus Bleicherode 1612—42, Kirchner zu S. Jacobi 1605, im Altendorfe (1608?), zu S. Blasii 1612 und zugleich Sextus am Gymnasium (1618?), starb am 17. Dec. 1642.

4. Valentin Koch II. aus Nordhausen 1643—51, folgte 1643 sogleich aus der Stadtschule (dem Gymnasium) seinem Vater als Aedituus und Sextus, wurde 1651 Pastor zu Salza und starb daselbst 1690.

5. Johann Schade aus Bucha bei Koburg 1651—78, vorher Cantor in Brücken, starb 16. Jan. 1678.

6. Andreas Nicolaus Hetschel aus Sangerhausen 1678—1723, trat dieses Amt an am 25. März 1678. In dem Pestjahre 1682 predigte er ein halbes Jahr am Frauenberge, wo der Pastor Melle im August gestorben war. Er starb am 23. März 1723.

7. Georg Julius Schröter aus Nordhausen 1723—57, von der Universität Halle hieher berufen und eingeführt am 13. März 1723. Ihm wurde sein Sohn substituirt:

8. Joachim Friedrich Schröter aus Nordhausen 1757—74, welcher am 8. Jul. 1774 sein Amt freiwillig niederlegte.

9. Friedrich Ehrich Kleinenberg aus Nordhausen 1774—1818, starb am 6. Dec. 1818 in seinem 70. Jahre.

10. Christian Aug. Barges aus Nordhausen 1820—1857, vorher 1812 Waisenlehrer, 1815 interimist. Aedituus S. Nicolai und Prediger S. Martini, 1818 Aedituus im Altendorfe. Als

Lehrer an der Bürgerschule (Elementarschule) wurde er schon 1848 emeritirt und starb am 3. Aug. 1857.

Christian Lincke aus Nordhausen, geb. am 23. Oktober 1799.

Organisten zu S. Blasii waren: 1. Anton Spieß. 2. Andreas Oehme 1610.

3. Nicolaus Alexeus, starb am 8. Sept. 1626, wahrscheinlich an der Pest.

4. Andreas Papst 1640.

5. Johann Kühlemann 1665. 1678.

6. Johann Georg Küchenthal aus Berga, zugleich Notarius (vorher Organist am Frauenberge?).

7. Christian Hirschbach aus Ballenstedt in Thüringen 1705 — 17, vorher Organist in Bleicherode, dann am Frauenberge, 1706 zu S. Blasii, entlassen 1717.

8. Konrad Richard Temelius aus Nordhausen, trat an 1717, 25. März, Notar und Brauherr.

9. Johann Andreas Schilling, starb 1800 am 20. Nov. in seinem 72. Jahre.

10. Joh. Aug. Andreas Buchmann, starb 1813 am 15. Dec. im 45. Lebensjahre.

11. Joh. Nicol. Seebach aus Tiefenthal bei Erfurt (geb. 1779) 1814 — 25, ging zu Ostern 1825 nach Magdeburg als Organist an der S. Johanniskirche.

12. Friedr. Aug. Buchmann aus Nordhausen 1825—42, starb am 8. Febr. 1842.

13. Karl Wilhelm Knauf aus Nordhausen seit dem 9. Aug. 1843 (zugleich Elementarlehrer) starb 1858.

Die Kirche S. Petri ist die dritte evangelische Kirche der Oberstadt. Schon im Jahre 1220 stand hier auf dem Petersberge eine Kirche S. Petri, welche nebst den Kirchen am Markte und am Frauenberge Kaiser Friedrich II. damals dem neuen Stifte zum heil. Kreuz überwies (incorporirte), — d. h. deren Patronat, Verwaltung und Einkünfte. Das gegenwärtige Kirchengebäude sammt dem Thurme ist im 14. Jahrhundert erbaut, jenes begonnen vor 1334, — denn ein unter Papst Johann XXII. (1316—34) von vielen Bischöfen unsrer Kirche S. Petri ertheilter Ablaßbrief deutet auf diese Zeit —, dieser, der Thurm, 1362 (beendigt 1377); die Sacristei ist erst im Jahre 1447 fertig geworden. Die drei Steininschriften mit diesen Zeitangaben (1362, 1377 und 1447) lieferte ich bereits in meinen kleinen Schriften S. 146.

Der Versuch des Rathes und der Bürgerschaft, neben der privilegirten lateinischen Schule des Stifts zum heil. Kreuz (der Domschule) in der Oberstadt und zwar bei dieser Kirche S. Petri eine zweite gelehrte Schule anzulegen, veranlaßte in den Jahren 1319 bis 1326, also zur Zeit des (zweiten) Neubaues der Kirche, einen Kampf der geistlichen und weltlichen Macht in Nordhausen, welcher der Stadt beinahe den Untergang brachte. Die hieher gehörigen Documente sind die Bullen des Papstes Johann XXII. vom 27. Jun. 1319, vom 22. Nov. und vom 15. Dec. 1325, ein Schreiben der Aebte von Walkenried und Volkerode an den Abt von Seligenstadt vom 21. Febr. 1326, die Entscheidung der erzbischöflichen Commissarien und des Rathes von Erfurt vom 24. Jun. 1326, die Bestätigung derselben durch den Erzbischof von Mainz vom 16. Jul. und dessen Quittung vom 1. Dec. 1326.*)

Auf dem Thurme der Peterskirche, dem höchsten der Stadt, wurde in Folge der Zerstörung der Marktthürme im Brande 1712, im Jahre 1731 eine Wohnung für den Hausmann oder Thürmer eingerichtet, wie zu S. Blasii, und am 14. Sept. von Friedr. Jac. Messerschmidt bezogen. Zum Beweise der beständigen Feuerwache sollte der Thürmer alle Stunden, des Nachts alle Viertelstunden, von drei Ecken des Thurms das Horn blasen. Der Stadtmusikus und seine Leute mußten gegen Mittag um 11 Uhr mit gewöhnlichen Blasinstrumenten, Abends im Sommer um 8, im Winter um 7 Uhr mit Zinken und Posaunen, an den drei Hauptfesten früh um 3 Uhr mit Pauken und Trompeten auf dem Altan des Thurmes musiciren. Diese Musik fand in neuerer Zeit seltener statt. Auf dem Thurme hängen vier Glocken, von denen die größte, 72 Centner schwer, am 24. Sept. 1652 von Wolfgang Geyer aus Erfurt auf dem Zimmergraben am Töpferthore gegossen wurde, und zwar aus dem Erze der alten Glocke, die sehr schadhaft geworden war. Sie hat ungeachtet eines großen Risses, weshalb 1691 der Klöppel anders gewendet werden mußte, einen schönen Klang und soll zuweilen zwei Meilen weit gehört werden. Die zweite ist die Vesperglocke, die dritte die Stimmglocke, die vierte die Seigerglocke. Die Vesperglocke wird seit langer Zeit jeden Abend um 8 Uhr geläutet, und sie mag wohl die abendliche „Bierglocke" sein, nach deren Läuten niemand ohne Licht (Laterne) auf der Straße gehn durfte, wie die ältern Statuten B (von 1308) C 209 und die darauf folgenden §. II. 48 und D (aus dem 15. Jahrh.) II. 37 bestimmen. Das Läuten der Betglocke zu Mittage wurde im Reichsabschiede zu Speyer 1544 befohlen, aber das Läuten der kleineren Glocke des Mittags geschieht seit dem 6. Sept. 1612 zu S. Petri. — Ein neuer kupferner Knopf 65 Pfund schwer und auf demselben eine Windfahne (ein Engel mit Posaune) von 90 Pfund wurde am 18. Jun. 1772 auf den Petersthurm gesetzt.

Die Peterskirche hatte sonst mehrere Altäre. Der vorige Hauptaltar aus der Zeit vor der Reformation enthielt als Reliquie ein Töpfchen mit einer verhärteten weißen Masse (Milch

*) Diese Urkunden habe ich benutzt in den Mittheilungen zu einer Gesch. der Schulen in Nordhausen (N. 1824. 4) und darauf in den Nachrichten von den Schulen in Nordhausen vor der Reformation (N. 1829. 4. auch zum Osterprogramm des Gymnas. 1829), worauf ich hier verweise, indem ich nur noch bemerke, daß der Rath 1322 dem Heinrich Volland (Henrico Vollandi) einen Schadlosbrief ertheilte für alles, was ihn wegen der Versetzung der neuen Schule betreffen könnte (ab omni impetitione, que sibi aliqualiter posset contingere pro transpositione nove scole). — Der Rath gab auch 1324 einen Brief domino Gisilberto plebano in monte petri et famule sue, und 1326 dem Hermann von Sangerhausen (Rathsmeister in diesem Jahre) und dem Rojo in den Töpfern (R. in figulis, Rathsmeister 1327) und den übrigen Bürgern, welche sich in Erfurt befanden in placitis erga clerum, in demselben Jahre einen Brief über 600 Mark, welche der Erzb. von Mainz empfangen sollte de compositione facta cum canonicis Northusen, endlich auch eine Anzahl Briefe für die Procuratoren der Stadt am päpstlichen Hofe.

der Mutter Maria). Er war mit Heiligenbildern und biblischen Scenen in verschiedenen Abtheilungen geziert, in der Mitte mit einem Marienbilde. Diese Tafeln sind noch in der Kirche befindlich und jetzt an der Wand auf der Westseite befestigt. Eine Vicarie zu einem neuerbauten Altar an einem Pfeiler vor dem Chore auf der Nordseite stifteten am Freitage nach Johanni (28. Juni) 1465 Nicolaus Stockfisch und seine Frau mit 16 Schock alten Groschen jährlicher Zinsen für 192 Schock (Kapital) gekauft von dem Gewerke der Stahlarbeiter zu Stolberg. Dieser Altar war geweiht der Ehre Gottes, der Jungfrau Maria, des Leibes Christi, der Evangelisten Marcus und Johannes und Aller Heiligen, und der Propst zu Jechaburg, erzbischöflicher Provisor und Commissarius Graf Heinrich von Schwarzburg bestätigte die Vicarie am 3. Dec. 1465. In den Jahren 1467 und 1477 überwiesen derselben die Stifter noch 7½ und 2 rhein. Gulden Zins von 150 und 50 G. Kapital. Statt des verstorbenen Canonicus und Cantor Joh. Zinke wurde am 22. Oct. (1510?) Melchior von Aachen als Vicarius investirt. Ein andrer Altar vor dem Chore zur Linken wurde am 27. Febr. 1504 von dem mainzischen Generalvicar Johann zur Ehre Gottes und Aller Heiligen, insonderheit zur Ehre der Mutter Maria's, der heiligen Anna und ihrer Nachkommen, Johannes des Täufers und der heiligen Katharina eingeweiht und so wie die Kirche mit Ablaß ausgestattet, nach einer Urkunde in den Unschuld. Nachr. rc. J. 1727, S. 875. — Auch in der Sacristei, die als Kapelle gedient hat, stand ehemals ein Altar, in welchem der Zahn eines Heiligen eingeschlossen lag. Es scheint dieses der Altar der Kapelle zur Ehre Gottes und der Jungfrau Maria gewesen zu sein, zu dessen Vicarius am 7. Mai 1408 statt des resignirenden Nic. Monher der Joh. Schidung von Jac. Swellengrebil als Patrone präsentirt wurde. — Den merkwürdigen metallenen Taufständer vom Jahre 1429 habe ich besprochen in den kleinen Schriften S. 156. — — Die Kanzel haben im Jahre 1612 der Bürgermeister Chph. Ernst und seine Gattin Ursula machen lassen, und dieselbe wurde am 4. Oct. von M. Konrad Bädopater eingeweiht. Sie wird von einem Bilde des großen Christoph getragen, und auf einer Tafel hinter diesem wurde die Christophsage in Versen des frommen Muthesius so gedeutet: „Von Sanct Christoph ist kein Geschicht, Sondern ein fein christlich Gedicht. Das Bild bedeut ein Christenmann, Der sich auf Gott verlassen kann: Durchs Mer sollt du die Trübsal verstahn, Dadurch muß man in Himmel gahn. Der Baum in seiner Hand das ist Das liebe Wort von Jesu Christ, Daran der Christen Glaub sich hält, Und überwind damit die Welt. Das helf uns Gott durch seinen Sohn: Das ist die Summa kurz davon." — — Die alte Orgel war 1597 gebaut, und die Pfeifen ohne das Holzwerk kosteten 160 Thlr. Dieselbe wurde 1659 reparirt und verstärkt, aber 1674 mußte sie ganz abgenommen werden, da sie durch den Blitz beschädigt war. Nun wurde 1676 (—79?) eine neue Orgel gebaut, welche seitdem mehrmals reparirt worden ist. — — Einige andre Bauten mögen hier erwähnt werden. Die Kirchhofmauer wurde 1658 neu ausgeführt, wozu die Eingepfarrten Beiträge gaben: ausgebessert wurde dieselbe 1665, 1701. 6. 8 u. a. J. — Der Rathsherr und Kirchenvorsteher Michael Neander und seine Gattin ließen

1658 die Emporkirche der Kanzel gegenüber auf ihre Kosten erbauen, ebenso der Rathsherr und Kirchenvorsteher Konrad Dobberkow 1680 ein Stück Emporkirche. Im Jahre 1676 wurden Schüler- und Musikantenchöre gebaut. Zur Reparatur des Kirchendaches 1650 gab die Gemeinde einen Beitrag; eine andere Reparatur des Daches 1689 kostete über 1000 Gulden: auch wurde damals ein Spalt in der Kirchenmauer hinter der Orgel ausgefüllt und starke Züge und eiserne Riegel hier angebracht. Im Jahre 1701 wurde unter andern das „Todtenhaus" neu erbaut und mit Schiefern gedeckt. Andre Reparaturen 1674. 96. 1701. 2. 16, besonders 1749—55 und in spätern Jahren übergehen wir und bemerken nur, daß 1755 u. a. ein messingener Kronleuchter für 69 Thlr. angeschafft wurde, und daß zu einem zweiten der Wasserbrenner J. A. Fischer 100 Thaler vermachte.

Durch diese ältern, aber selbst noch durch Bauten des 19. Jahrhunderts hat die Kirche S. Petri viel Alterthümliches verloren; auch die ältesten Leichensteine und Gedächtnißtafeln, welche sich sonst in der Kirche befanden, fehlen jetzt oder sind vermauert. Auf der messingenen Gedächtnißtafel des Pfarrers (S. Petri?) Meinhardt von Bleicherode vom Jahre 1412 war derselbe neben dem Kreuze Christi dargestellt mit einem Zettel in der Hand, worauf die Worte standen: **Miserere mei Deus.** Die Umschrift lautete: **Anno dni M°CCCC°XII feria quinta post inventionem sancte crucis o(biit) Meinhardus de Blicherade cuius anima requiescat in pace.** Zu bedauern ist es besonders, daß der Leichenstein und eine Gedächtnißtafel des gefeierten ersten evangelischen Predigers dieser Kirche und unsrer Stadt nicht erhalten worden sind; doch hat man wenigstens die Inschriften derselben aufgezeichnet (s. unten). — Von folgenden Personen sind die Leichensteine oder Gedächtnißtafeln noch erhalten: 1) Stadtsecretär („**Archigrammateus**") Johann Pfeifer, geboren 1552, gestorben 1612. — Selbst die Muster der Kleiderstoffe sind in der Darstellung des Mannes in ganzer Figur auf dem Steine ausgedruckt. — 2) Bürgermeister Christoph Ernst, gestorben am 16. Nov. 1617, und dessen Wittwe Ursula geb. Bruns. Gemälde. — 3) Bürgermeister Joh. Chph. Brückner, geb. 1631, gestorben am 3. Juli 1691. — 4) Dessen Wittwe Mar. Elisab. geb. Michael, geb. 1633, gest. 22. Sept. 1710. — 5) Bürgermeister G. Chph. Huxhagen, gest. am 19. Sept. 1723. — 6) Wittwe Ursula Sontag, gest. am 30. Dec. 1636, 73 Jahr alt (Metalltafel). — 7) Wittwe Sabina Ludwig (Krüger) gest. 1662, 75 Jahr alt (Tafel mit Gemälde).

Aeltere Zinsverschreibungen an die Kirche S. Petri sind: 1533 2. Oct. verkauften derselben Graf Both von Stolberg und das Dorf Berga für 200 rhein. Gulden 10 G. Zins und 1550 6. Jan. der Flecken Schernberg für 100 G. 5 G. Zins.

Die Wahl der zwei Kirchenvorsteher, die Predigerwahl und die Besetzung des Aedituats zu S. Petri geschahen auf dieselbe Weise wie bei den andern Kirchen der Oberstadt (S. Nicolai und S. Blasii); doch war in dieser Gemeinde eine jede Mannsperson, die ein eigenes Haus besaß, stimmberechtigt. Der Pastor S. Petri war dritter geistlicher Assessor des reichsstädtischen Consistoriums und Inspector der Mädchenschulen, welche er alle Mittwochen besuchen sollte. Zu diesen Aemtern wurde er besonders vocirt. — Das Kirchenbuch S. Petri fängt an 1626/28, außerdem besitzt das Pfarrarchiv noch ein im Jahre 1700 angelegtes Gedenkbuch. — — Im Jahre 1314 war der Canonicus Gottfried Vogt (G. Advocati) Pfarrer (plebanus) S. Petri, 1324 Giselbert (Giselbertus), 1377 Lange (? nach der Inschrift am Portale, s. kl. Schriften S. 146), 1412 † Meinhard von Bleicherode (s. oben), 1412 Friedrich Fleime, 1447 Busse. — Vicarii waren 1408 nach Nic. Montzer Joh. Schidung, 1457 Nic. Wedekind, c. 1510 nach Joh. Zinke Melchior von Aachen.

Evangelische Prediger (Pastores) der Kirche S. Petri waren:

1. Lorenz Süße (Laurentius Susse) aus Pirna 1522 (?) — 1548/49. Als Mönch des Augustinerklosters in Alt-Dresden kam L. S. 1515 nach Wittenberg und wurde daselbst am 26. Juli Student. Er soll Luthers Zellengenoß gewesen sein; jedenfalls hatte er freundlichen Umgang mit diesem seinem Ordensbruder und Lehrer. Von Luther empfohlen wurde er 1520 Prior des hiesigen Augustinerklosters (s. unten). Aus diesem Kloster beriefen ihn die beiden Kirchenvorsteher der Petrigemeinde der Bürgermeister Branderodt und Thomas Sack, wie es heißt, mit Vorwissen des Rathes und im Beisein der ganzen Gemeinde zu ihrem Pfarrer. Am Sonntage Septuagesimä (16. Febr.) 1522, also um die Zeit als Karlstadts Bilderstürmen Luther aus seinem Asyl auf der Wartburg wieder nach Wittenberg rief, soll Süße, auch ein Gegner der Bilderstürmer und namentlich Thomas Münzers, in Nordhausen die erste evangelische Predigt in dieser Kirche gehalten haben, und zwar „vom Weinberge des Herrn." Er starb als Pfarrer S. Petri ungefähr 80 Jahr alt gegen den Anfang (sub initium) des Jahres 1549 und wurde in der Kirche neben dem Altare begraben. Die Inschrift seines Grabdenkmales (Leichensteins) lautete: Epitaphium — Reverendi pietate, eruditione et virtute senis Domini Laurentii Sussii, natione Misnensis, patria Pirnensis, professione primum monachi ordinis Augustiniani, deinceps vero Theologi et quidem purioris doctrinae Evangelii in urbe hac Imperiali Nordhusa, doctoris omnium primi, Ecclesieque ibidem Petrinae Pastoris, annos fere 27 integros, placide in Domino obdormiscentis sub initium anni MDXLIX, aetatis circiter 80. Außerdem hatte ihm später sein Schwiegersohn eine Denktafel mit folgender Inschrift in goldenen Buchstaben gesetzt:

Hac Evangelium quondam spargebat in aede
Sussius a Lauro nomen et omen habens:
Exosus monachis, quod eorum claustra relinquens
Ad coelum rectam coeperat ire viam:
Exosus Papae, quod in urbe hac unus eandem
Monstrare hanc publice civibus ausus erat:
Exosus Thomae, qui rura et bella movebat,
Et placido huic ingens saepe minatus erat:
Exosus Satanae, cuius convellere regnum
Doctrina et vita sedulus incubuit;
At gratus charusque piis, queis unica cura
Tunc erat exorta luce repente frui:
Gratus Luthero, quicum pro parte virili
Pontificum studuit notificare dolos:
Gratus Spangnbergo collegae, namque süetus
Et verbum et pacem quaerere uterque fuit.
Christo ipsi gratus, namque huius gloria crevit
Cum multorum hominum iuncta salute simul.

At cunctis tandem defungens morte periclis
In coelum requiem mox habiturus abit.
Christe tibi placuisse, tibi servire beatum est,
At mundo praesens omnibus exitium.
Mundo igitur placuisse velit, servire laboret,
Servitium aeternos qui volet ire dies.
Christe, tibi placuisse velit, servire laboret,
Qui tecum aeternos Rex volet esse dies.

M. Phil. Seidler Superint. Sangerhus. Socero e Magdalena filia posuit fecitque.

Statt dieser kurzen Unterschrift der 13 Distichen giebt Lesser (Leben L. Süßens S. 12) eine längere: Reverendo:...... (vgl. das Epitaphium oben) huiusque ecclesiae Petrinae Pastori, socero e Magdalena F. itemque conterraneo suo, fecit posuitque Magister Philippus Seidlerus Glashutensis, Pastor et Superintendens Sangerhusanus a. Christi MDXC. die VII. mensis Maji. Docuit annos integros 27 fere, exorsus anno Christi MDXXII. dominica Septuagesimae, obiit sub initium anni MDXLIX, aetatis circa 80. — Vgl. über Süße das in meinen kleinen Schriften Gegebene S. 19 (wo Z. 19 v. u. stehen muß Tochter st. Schwester), ferner S. 47 u. 87.

2. M. Georg Eckart aus Dünkelsbühl 1549—1552/53. Er wurde von Melanchthon an den Bürgermeister Meienburg empfohlen und hieher gesendet am 29. Mai (1549)*). Wegen Streitigkeiten mit dem Pastor S. Nicolai Ant. Otto verließ er sein hiesiges Amt und wurde Senior (Superintendent) zu Augsburg.

3. Johannes Wirth aus Franken (Francus) 1553—55. Er war ebenfalls in theologische Streitigkeiten verwickelt, doch als Anhänger von Ant. Otto, und starb 1555.

4. Johann Fuß 1556—64(?), vorher Diaconus S. Blasii, starb an der Pest (1564?).

5. M. Andreas Fabricius aus Chemnitz 1564—68, vorher seit 1554 Rector am hiesigen Gymnasium, seit 1560 zugleich Diaconus S. Nicolai und seit 1562 Diaconus S. Petri, wurde Pastor S. Petri 1564, und da er 1568 mit dem Past. Ant. Otto abgesetzt war, ging er als Pastor nach Eisleben, wo er 1577 an der Pest starb. S. über ihn meine Mittheilungen zu e. Gesch. d. Schulen in Nordhs. S. 32—36, auch mein Osterprogamm 1839: Epistolarum ad M. Andr. Fabricium scriptarum Particula, besonders aber meine kl. Schriften S. 29—38.

6. Johannes Lapeus 1569, abgesetzt am 13. April 1570. S. oben Diac. S. Nicol. 5.

7. M. Kaspar Thelemann (Thelamon) 1570—82, vorher Pastor in Bielen und 1565 Diaconus hier. Er starb an der Pest am 5. Oct. 1582.

8. M. Volkmar Monner aus Mühlhausen 1582—1615, vorher Diac. S. Nicolai. Als im Jahre 1600 die Pastoren S. Nicolai und S. Blasii abgesetzt waren, mußte er als Oberprediger die Ordinationen und Einführungen besorgen. Er starb am 4. April 1615 und wurde in der Kirche begraben. In den Jahren 1600 bis 1606 hatte er seinen Sohn als Diaconus zu seinem Amtsgenossen.

*) Epp. Mel. T. V, p. 544.

9. M. Cyriacus Bringelius aus Nieder-Sachswerfen 1616—26, vorher seit 1611 Diaconus. Er wurde eingeführt am Sonntage Septuagesimä 1616 und starb an der Pest 1626; dennoch wurde er in der Kirche begraben, in der Gruft des P. Laur. Süße vor der Sacristei.

10. Johann Pfeifer aus Andreasberg 1626—33. Er war vorher Conrector und Pastor in Ilfeld und wurde 1633 Pastor S. Blasii (Nr. 10).

11. Johann Samuel Noricus aus Nordhausen 1634—63. S. oben Past. S. Nic. 12.

12. Georg Lothus aus Plauen im Vogtlande 1663—72, vorher seit 1626 Quartus am Gymnasium und seit 1631 Past. substit. am Frauenberge, als Pastor S. Petri eingeführt am 22. Sonnt. n. Trin., starb am 29. Oct. 1672, 75 J. alt.

13. Johann Georg Herbstleb aus Nordhausen 1672—80. Er war geboren 1633, wurde Diaconus S. Petri 1663 (ordinirt am 4. Sept.), Pastor 1672 und starb am 29. Jan. 1680.

14. Kaspar Heinrich Hille aus Nordhausen 1680—82, vorher seit 1673 Diaconus, als Pastor eingeführt am Sonnt. Lätare 1680, starb an der Pest am 22. Aug. 1682.

15. Andreas Seume aus Nordhausen 1683—1714. Er war geboren am 10. Juni 1633, wurde Pastor zu Klein-Furra und Rüxleben 1664, Pastor S. Petri hier 1683 (eingeführt am Sonnt. Judica) und starb am 20. Aug. 1715 in seinem 82. Jahre.

16. M. Joh. Andreas Heddewig aus Nordhausen 1714—21, vorher Diaconus (erwählt am 2. Juli 1685), Pastor 1714 (eingeführt am 13. Nov.), starb am 18. Juni 1721.

17. Johann Konrad Gothe aus Nordhausen 1721—22, vorher seit 1715 Diaconus. Er starb am 14. Mai 1722, erst 37 Jahr alt, und wurde (wie 1626 Bringelius) in L. Süße's Grab in der Kirche begraben.

18. Johann Joachim Meier aus Hildesheim 1722—25. Er war vorher seit 1708 2. Aug. Rector am hiesigen Gymnasium, wurde am 2. Aug. 1722 ganz gegen seinen Willen zum Pastor S. Petri erwählt und ging 1725 nach Magdeburg als Prediger zu S. Ulrich und Levin. Er starb am 8. Febr. 1736.

19. Franz Ernst Strecker aus Gudersleben 1725—27. S. oben Past. S. Blasii 17.

20. Johann Christoph Tebel aus Ebeleben 1727—43, vorher seit 1715 Pastor zu Bielen, 1727 (2. Febr.) Diaconus S. Blasii, kurz darauf Pastor S. Petri, 1740 durch einen Schlaganfall amtsunfähig, starb am 18. Oct. 1743.

21. Johann Andreas Heddewig aus Nordhausen 1744—48, ein Sohn des Past. J. A. H. Nr. 16, geboren am 30. Dec. 1691, Diaconus S. Petri 1721 (ordinirt am 4. Sonntage nach Trin.), mit 64 gegen 2 Stimmen zum Pastor erwählt am 2. Januar 1744, starb am 17. Decbr. 1748.

22. Dr. August Richard Eulhardt aus Altenburg 1749—97. Er war geboren am 23. Febr. 1722, wurde hier erwählt zum Diaconus am 25. Febr. 1744, einstimmig zum Pastor am Frauenberge am 11. Sept. 1748, doch schon am 21. Jan. 1749 wieder einstimmig zum Pastor S. Petri. Im Jahre 1754 erlangte er die höchste theologische Würde von der Universität Rinteln auf

eine eingesandte Dissertation de separalismo gangraenae instar rempublicam evangelicam depascente. Am 6. April 1794 feierte er sein Amtsjubiläum und starb 18. Febr. 1797.

23. Friedrich August Samuel Eulhardt 1797—1827, des Vorigen Sohn, geboren am 24. Sept. 1755, Septimus am Gymnasium 1784 (4. Mai), am 28. Mai 1786 Diaconus S. Petri und als solcher 11 Jahr seines Vaters Amtsgenoß, am 26. Juli 1797 Pastor, emeritirt 1827, gestorben am 17. Jan. 1828.

24. Johann Gottlieb Friedrich Schulze aus Nordhausen 1827—52, ein Sohn des Past. am Frauenberge A. H. Sch., vorher seit 1811 Waisenlehrer, 1812 Knabenlehrer in der Unterstadt, 1818 Aedituus S. Nic. ꝛc., dem Pastor Eulhardt anfangs substituirt 1827 und darauf zum Pastor erwählt, 1852 erblindet und emeritirt.

25. Karl Heinrich Lücke aus Dardesheim seit 1852, vorher Rector in Jessen.

Diaconi zu S. Petri sind bis 1814 gewesen:

1. Martin Hartkese 1555, galt für einen Antinomer.

2. M. Andreas Fabricius aus Chemnitz 1562—64. S. oben Past. 5.

3. M. Kaspar Thelemann 1565—69. S. oben Past. 7.

4. Paul Fleischhauer (Lanio) 1569—82, in welchem Jahre er starb.

5. M. Andreas Müller (Mylius) aus Nordhausen 1582—83, ein Schüler von Michael Neander in Ilfeld und vorher Conrector am hiesigen Gymnasium, starb an der Pest, nachdem er nur drei Monate Diaconus gewesen war.

6. M. Johann Rieger aus Nordhausen 1583—84. S. Diac. S. Blasii 9.

7. M. Konrad Neander aus Berga 1584—94, vorher Pastor in Dondorf (?). Am 2. Juli 1594 wurde ihm auf Befehl des Collegiums der Aeltesten (der Bürgermeister) wegen theologischer Streitigkeiten von den Vorstehern der Kirche der Abschied ertheilt.

8. Stephan Falkner (oder Felkener) aus Erfurt 1594 oder 1595. 12. Febr., starb noch in diesem Jahre. Vorher war er Conrector am Gymnasium gewesen.

9. Erasmus Rothmaler aus Ilfeld 1595—97, war vorher (1592) Cantor in Greußen und kurz darauf Pastor in Schinnstädt gewesen, und nachdem er als Diac. S. Petri in Nordhausen wegen Streites mit dem Past. S. Nicol. Pandocheus am 15. April 1597 entlassen war, wurde er Archidiaconus in Greußen, wo er 1610 starb. Sein Sohn Erasmus wurde Pastor in Danzig, ein andrer Sohn zuletzt Generalsuperintendent in Rudolstadt.

10. Johann Heuser aus Tennstädt 1597—1600, darauf Pastor im Altendorfe, gest. 1608.

11. Zacharias Monner aus Nordhausen 1600—6, vorher Conrector am Gymnasium, wurde ordinirt am 24. Oct. 1600 und starb schon im Februar 1606, indem ihn sein Vater der Pastor Volkmar Monner (Nr. 8) überlebte.

12. Andreas Heuseler aus Nordhausen 1606—11, in welchem Jahre er starb.

13. M. Cyriacus Bringelius aus Sachswerfen 1611—16. S. Past. Nr. 9.

14. Ernestus Ernst aus Nordhausen 1616—26. Er wurde ordinirt am 22. März 1616 und starb an der Pest 1626.

15. Johann Melle 1626, starb nach 1 Monate, wahrscheinlich an der Pest.

16. Heinrich Eisengarten aus Eisenach 1626—68, vorher Quartus am Gymnasium, starb nachdem er 37 Jahr das Diaconat verwaltet hatte, am 3. Juli 1663.

17. Johann Georg Herbstleb aus Nordhausen 1663—72. S. Past. Nr. 13.

18. Kaspar Heinrich Hille aus Nordhausen 1672—80. S. Past. Nr. 14.

19. Johann Paul Reineccius aus Heringen 1680—82, starb an der Pest.

20. Johann Andreas Teurkauf aus Nordhausen 1683—85. S. Diac. S. Blasii 20.

21. M. Johann Andreas Heddewig aus Nordhausen 1685—1714. S. Past. Nr. 16

22. Johann Konrad Gothe aus Nordhausen 1715—21. S. Past. 17.

23. Johann Andreas Heddewig II. aus Nordhausen 1721—44. S. Past. 21.

24. M. August Richard Eulhardt 1744—49. S. Past. 22.

25. Christian Friedrich Wiederhold aus Nordhausen 1749—61, vorher Aedituus S. Nicol., wurde 1761 Pastor am Frauenberge. S. unten.

26. Johann Philipp Grabe aus Nordhausen 1761—86. S. Past. S. Blasii 22.

27. Friedrich August Samuel Eulhardt aus Nordhausen 1786—97. S. Past. 23.

28. Johann Gottfried Engel 1797—1814, geboren am 31. Dec. 1750, Lehrer an der Mädchenschule 1780, Septimus am Gymnasium 1783, Sextus 1784, Diaconus S. Petri 1797 (erwählt am 31. Juli). Er wurde Pastor im Altendorfe am 24. März 1814 und starb am 27. April 1825. Nach seinem Abgange 1814 wurde das Diaconat S. Petri aufgehoben, wie die Diaconate S. Nicolai und S. Blasii schon eingezogen waren.

Aeditui S. Petri (und zugleich Schullehrer), soviel deren bekannt sind.

1. Petrus Strigelius aus Wernigerode 1580.

2. Johann Liesegang 1595. Er starb 1598.

3. Andreas Bueler (copulirt 1631).

4. Johann Herrmann (vielleicht eine Person mit dem Folgenden).

5. Hermann Theodorici aus Magdeburg, copulirt 1646, gestorben 80 Jahr alt 1657

6. Johann Konigerodt aus Nordhausen 1657—82, vorher Cantor in Appenrode und 1645 Aedituus am Frauenberge, starb 73 Jahr alt an der Pest 1682.

7. Johann Christoph Bindheim aus Bleicherode 1686—1701, in welchem Jahre er starb.

8. Johann Kaspar Holle aus Klein-Furra 1705—51 (65). Er starb 89 Jahr alt im Jahre 1765, nachdem ihm seit 1751 sein Sohn cum spe succedendi adjungirt war.

9. Johann Konrad Holle aus Nordhausen 1751 (65)—77. Er starb am 14. Jan. 1777.

10. Friedrich Christian Wiederhold aus Nordhausen 1777—1811. Er war der einzige Sohn des Past. Wiederhold am Frauenberge und wurde als Kandidat der Theologie von dem Kirchenvorsteher Secret. Riemann am 9. April 1777 zum Aedituus gewählt und vom Rathe

8*

bestätigt, darauf von dem Pastor Eulhardt in der Schule eingeführt am 25. April, nachdem er am Sonntage vorher das Kirchenamt angetreten hatte. Er starb am 14. Oct. 1811, 68 Jahr alt, nachdem er zu Ostern dieses Jahres bei Aufhebung der Gemeindeschule S. Petri als Lehrer der Mädchenschule in der Oberstadt zugewiesen war. — Nach seinem Tode wurde das Aedituat zugleich mit dem Organistenamte von dem gewesenen Zolleinnehmer Eulhardt interimistisch verwaltet, bis dasselbe erhielt:

11. Johann Friedrich Wilhelm Wagner aus Uftrungen 1821—27. S. Past. S. Blas. 24.

12. Martin Friedrich Theodor Nalle aus Nordhausen, geboren am 15. Apr. 1792, Lehrer an der Mädchenschule seit 1817 (6. Aug.), Aedituus S. Petri 1827 (15. Sept.), auch Lehrer an der höhern Töchterschule seit 1837.

Als Organisten S. Petri sind bekannt: Georg Schlatzhauer 1633—56(?). — Andreas Papst 1635(?) — Zeidler, ein Schüler. — Heinrich Schlatzhauer 1665. — Johann Kaspar Koch 1676. — Joh. David Brehme 1699. — Joh. Heinrich Panse (copulirt 1702) 1710, wurde darauf Organist am Frauenberge. — Christoph Eisentraut, vorher Organist am Frauenberge. — Joh. Paul Müller aus Herbsleben 1732—37, darauf Organist in Ilfeld. — Chph. Eisentraut zum zweiten Male, starb 1758. — Chph. Gottlieb Heinroth aus Nordhausen 1757—1818, ein Sohn des Stadtmusikus und Hausmanns zu St. Blasii Joh. Gfr. H. Nachdem er 1807 sein Amtsjubiläum und 1810 sein Ehejubiläum gefeiert hatte, starb er am 5. Nov. 1818 fast 82 Jahr alt nach 61jähriger Amtsführung. — Interimistisch wurde das Amt nun verwaltet nebst dem Aedituat von Eulhardt, dann von J. F. W. Wagner (s. oben). — Joh. Georg Heinr. Dihle aus Nordhausen 1827—31. — Christian Lincke aus Nordhausen seit 1831, Oberlehrer im Waisenhause.

Das Gymnasium, sonst schlechthin die Schule, die Knabenschule, auch die lateinische oder die große Schule genannt, liegt sehr günstig für eine solche Anstalt, von allem Geräusche des städtischen Lebens entfernt, in der Oberstadt am Ende des Schulhofes (sonst Sack genannt), zu welchem die Schulgasse vom Königshofe und von der Predigerstraße („hinter den Predigern") führt. Die Grund- und Hauptmauern des Gebäudes sind die Mauern des ehemaligen Prediger- oder Dominicaner-Klosters. Ueber die Entstehung dieses Klosters hat sich eine Originalurkunde erhalten, nach welcher am 5. März 1287 der Rath den Predigermönchen einige Hofstätten und Räume überläßt zur Erbauung ihrer Kirche und Wirthschaftsgebäude (s. unten). Eine Wohnung (wo das Gymnasium liegt) mochten sie schon 1286 haben*); die darauf erbaute Kirche lag wahrscheinlich vom Kirchhofe umgeben auf dem Raume, den jetzt die zu den Dienstwohnungen des Directors und Conrectors geschlagenen Gärten einnehmen. — Ein Termineihaus besaß das hiesige

*) Nach der Bezeichnung an dem Chorstuhle in der Dominikanerkirche zu Göttingen für den nordhäusischen Prior, wenn dieser daselbst zu einem Provinzialkapitel erschien, ist das Kloster zu Nordhausen 1286 gestiftet. S. (Heumann) Zeit- und Geschichtsbeschr. der Stadt Göttingen III, 136 f.

Kloster zu Stolberg (nach einer Urkunde von 1431)*), desgleichen zu Sondershausen (Urk. vom J. 1491), und wie es scheint auch zu Frankenhausen (Urk. von 1431). Zu dem Predigerkloster hielt sich im 15. Jahrhundert die S. Sebastians-Brüderschaft der Pfeilschützen, die Schützenbrüder (s. m. kl. Schriften S. 110) und die Jacobs- und Jobits-Brüderschaft („S. Jacoffes und S. Joitis, Jacobi et Jodoci fraternitas), welcher letztern 1468 drei Vorsteher („Formunde") einen „Hauptbrief über 30 Schock Landwehre verkauften" (d. h. ein Kapital von 30 Schock Groschen cedirten), weil sie dieses Geld zu einer neuen „Tafel" (Altartafel, Gemälde) zur Ehre der beiden Heiligen gebrauchten. — Von zwei unser Kloster betreffenden Urkunden aus den Jahren 1331 und 1344 wird unten besonders gesprochen werden (Buch 3, Kap. 4, zum J. 1329); zu Mittheilungen aus 30 bis 40 andern solcher Urkunden fehlt der Raum, und nur die oben erwähnte vom 5. März 1287, welche zu den interessanteren gehört, auch noch ungedruckt ist und wenig Raum einnimmt, theile ich hier vollständig mit. Omnibus ad quos presens scriptum peruenerit Consules Ciuitatis Northusensis subscriptorum memoriam cum salute. Cum in hiis que ad cultum diuinum dinoscuntur pertinere pia debeat quorumlibet fidelium affectio delectari, Nouerint vniuersi presentis temporis et futuri, quod nos ad ampliandum eundem diuini nominis cultum viris religiosis Fratribus predicatorum ordinis, ut eo familiarius eoque deuocius in Civitate nostra deo ualeant famulari, quo se senciant a nobis prosequi beniuole et pro nostre possibilitatis modulo promoueri, areas sitas inter curiam Conciuis nostri Gotscalci junioris et curiam Conradi de Berge, assignavimus libera uoluntate, necnon et posteriores partes curiarum domini Henningi Militis et predicti Gotscalci junioris protendendo per directum ab horreo predicti Henningi Militis exclusive, ante horreum sepedicti Gotscalci funiculum inclusive. Predicti vero fratres tam pro Ecclesia quam pro officinis aliis construendis hiis finibus sive limitibus contenti et grati se vlterius contra voluntatem Consulum qui pro tempore nostre prefuerint Ciuitati non dilatare voluntarie promiserunt. Ad hec si vel ex donacione fidelium, vel aliis iustis modis, curiam aliquam in nostra Ciuitate adepti fuerint, ipsam uendent, salvis tam Murorum custodiis, quam aliis iusticiis, que de ipsa nostre Ciuitati solebant antea prouenire. Ut autem hec firma permaneant, nos sigillo Ciuitatis nostre, predicti vero Fratres sigillo sui prouincialis per Theuthoniam procurauerunt presentem paginam roborari. Acta sunt hec anno domini M°CC°lxxxvii° Tercio nonas Marcii mediantibus discretis viris, dominis Friderico, Conrado, Heinrico dictis de wizense, Herwico de Elrich, Sifrido albo, Hermanno Mechtfridi, nostre ciuibus Ciuitatis. Beide Siegel hangen noch an dem Originale. — Am 18. Oct. 1426 bewilligten die Grafen Heinrich, Ernst und Günther von Honstein, daß ihr Getreuer der gestrenge Herm. Windolf, jetzt Hauptmann zu Nordhausen, dem Predigerkloster für 130 rhein. Gulden wiederkäuflich verkauft ein Vorwerk zu We-

*) Für dessen Befreiung von Abgaben versprachen die hiesigen Predigermönche 1432 dem Grafen Botho und der Stadt Stolberg vier ewige Jahrbegängnisse zu halten.

nigen-Wechsungen, dessen Bearbeiter jetzt jährlich giebt 18 Scheffel Weizen, 18 Scheffel Rocken und 12 Hafer Fruchtzins (Erbpacht), ferner 1 ewige Mark an der Springmühle zu Salza, honsteinische Lehn. Dafür sollen auch 4 Jahrbegängnisse im Kloster gehalten werden für die Windold und die Grafen. — Am 15. April 1576 stiftete der Graf Hans von Beichlingen mit 1 rhein. Gulden jährlichen Zinses vom Dorfe Hauwerterode ein Seelgeräth und Begängniß im Kloster für sich und seine Gemahlin Marg. von Mansfeld.

Als Priores des hiesigen Predigerklosters kommen vor: Th(eodericus) 1311. — Sibato (Sybote) 1331. 32. 33. — dictus Vultur 1338? 28?). — Christanus 1341 — Heinricus de Sangerhasen 1342. — Thendericus de Elrich, 1344 Vicarius generalis provinciae. — Rudolfus dictus de Stalberg 1345. — Hermannus de Somerde 1349. — Conradus de Polde 1359. — Conradus de Padungen 1360. — Bertoldus 1368. — Dietrich von Kutzleben 1383, dem der Rathsmeister Nickel Torbaum einmal drohte, er wollte ihm „auf die Platte greifen, daß ihm das Blut sollte über die Nase rinnen" (s. den 12. Anhang zu den nordhäusischen Statuten C in meinem Abdruck, N. Mitth. des thür. sächs. Vereins III, 4, 95). — Johannes von Heldrungen 1397. — Johannes Stolberg 1420. — Hermann Tuschenrod 1424. — Hermann Bornquell 1431. — Albrecht Kindelin 1432. — Siegfried Hoig (Hoyg) 1445.*) — Johannes Haupt (Houbt) 1446. — Johann Tuschenrod 1452 (war in das Kloster getreten 1424). — Johann Schützenmeister (Schutzemeister) 1459. — Nicolaus Köhler (Koler) 1468. 1481. — Nic. Keßler (?) 1486. — Johann Rackeborn 1505. — Ludwig Crato 1511. — Johann Ludolf (Ludolph) 1524. 25. Dieser Joh. L. wurde, nachdem er das Kloster nach dessen Ausplünderung im Mai 1525 verlassen hatte, evangelischer Prediger zu Windehausen (1527?) und darauf zu Gr. Furra (1540?). — — Subpriores (Unterprior) waren: Conradus 1331. — Johannes 1344. — Heinrich von Kratzungen 1420. — Albert Kindelin 1431. — Hermann Tuschenrod 1432. — Johann Swelngrebel 1445. — Lectores (Lesemeister) waren: Guntherus 1331. — Bertoldus 1363. — (Hartung von Winnigerode 1420?) — Johannes Leimbach 1420. — Hermann Tuschenrod 1431 — Johannes Lüneburg 1432? — Johann Tuschenrod 1445. — Cu-

*) In einer Urkunde des Grafen Bothe von Stolberg gegeben am Montage in der Osterwoche 1445, laut welcher derselbe auf Betreiben seines Beichtvaters des Terminariers für das Predigerkloster in Nordhausen zu Stolberg, weil der General des Ordens und Prof. der heil. Schrift Bartholomäus ihn (den Grafen), seine Gemahlin Anna und alle ihre Erben aufgenommen hat „in das gemeine Gut und Gebet, das von den Brüdern und Schwestern dieses Ordens ewig geschieht", dem hiesigen Predigerkloster ein Holzfleck „im Aytenberge" im Honsteinischen Gerichte und Forste schenkt, werden aufgezählt als Mönche des Klosters „Er Friedrich Müller, Er Hermann Bornquell Lehrer der heiligen Schrift, Siefried Hoig Prior, Hermann Artern, Joh. Hoibt, Joh. Tuscherod Lesemeister, Joh. Swelngrebel Unterprior, Joh. Stalberg, Joh. Silbernhusen, Joh. Medder." — Der hier zuerst genannte Dr. Friedrich Müller leitete 1446 das Inquisitionsverfahren gegen die ketzerischen Geißler zu Nordhausen, s. unten Buch 3, Kap. 13.

siae ecclesiae war 1525 Paulus Buchmar, darauf (1540) Pfarrer zu Rottleberode. (Vgl. den 4. Aufsatz in meinen kl. Schriften.)

Als die Dominicaner während des Bauernkrieges 1525 aus dem geplünderten Kloster entwichen, nahm der Rath dasselbe in Besitz und bestimmte es bald darauf zu einer (lateinischen) Knabenschule. Diesen Gebrauch des Klosters zu einer Schule verstattete auch einstweilen der Provinzial des Predigerordens in Sachsen zu Leipzig Hermann Rab durch zwei Schreiben 1) vom 31. Jul. (noch ungedruckt) und 2) vom 6. Nov. 1531 (am vollständigsten abgedruckt in meinen Mittheilungen zu e. Gesch. d. Schulen in Nordhs. S. 19 f.).

Im Jahre 1534 scheint diese Schule erst völlig eingerichtet zu sein (nach Gerhardi Lorichi Hecastichon in laudem novae scholae, quam prudentissimus Senatus Nordhusanus inibi feliciter erexit. Witebergae 1534. 8), obgleich der würdige Pfarrer S. Blasii Johann Spangenberg schon 1524 den Grund zu dieser Anstalt gelegt hatte. Ausführlicher ist über diesen hochverdienten Mann und seinen Antheil an der Gründung unseres Gymnasiums berichtet worden in meinen bei der doppelten Jubelfeier dieser Lehranstalt 1824 erschienenen und bereits erwähnten Mittheilungen zu einer Gesch. d. Schulen in Nordhs. S. 22 ff., auch in dem 1853 (ebenfalls zu zwei Jubilaen) gelieferten Verzeichniß der Rectoren (und Directoren) des Gymnasiums, endlich 1855 in meinen kleinen Schriften S. 24 ff. — Die neue Schule trat zunächst an die Stelle der Jacobsschule (der lateinischen Schule bei der Kirche S. Jacobi in der Neustadt), welche nun einging (vielleicht im Sturme des Bauernkrieges 1525) oder vielmehr in eine niedre Bürgerschule, eine Parochialschule für beide Geschlechter, verwandelt wurde. Auch die lateinische Schule des katholisch bleibenden Stiftes zum heiligen Kreuz (die Domschule), welche bis dahin wahrscheinlich die meisten Studirenden für die Universität vorbereitet hatte, sank nun zu einer Trivialschule mit einem einzigen Lehrer herab.

Ueber des Gymnasiums Einrichtungen und wechselnde Schicksale, über Gesetze, Lehrpläne und andere die Anstalt betreffende Dinge kann ich mich hier nicht weiter verbreiten. Patron ist der Magistrat. Die Anstellung der Lehrer ging sonst von dem Collegium der Aeltesten (der Bürgermeister) aus. Die ältesten Gesetze von 1583 lieferte ich zum Osterprogramm des Gymnasiums 1826 in ziemlich vollständigem Auszuge. Diese Gesetze wurden im Jahre 1640 revidirt, bald darauf im Jahre 1658 völlig umgeändert, und so galten dieselben bis zu Anfange des 19. Jahrhunderts; doch war vieles davon außer Gebrauch gekommen und durch Erlasse des Rathes, zunächst des Collegiums der Aeltesten, abgeändert worden. Die Oberaufsicht und die Verwaltung des Vermögens des Gymnasiums führten zunächst die Scholarchen (die drei ältesten Bürgermeister), von welchen einer die Kasse und die Documente in Verwahrung hatte. Die Schul-Kapitale (82 im Jahre 1806) ruheten meistens auf Häusern in Nordhausen. Von den Einkünften wurden bestritten die Baukosten, die Ausgaben für Holz, Maiengeld, Programme u. s. w. Es gab außerdem zahlreiche Vermächtnisse und Stipendien für Lehrer, Schüler und Studirende oder an die Schulkasse; doch sind die meisten derselben eingegangen. Von etwa 20 solcher Vermächtnisse habe ich Nachweisungen gefunden. Unter ihnen ist merkwürdig das Thomas-Stange'sche Familienstipendium, gegründet im Jahre 1563 durch Ueberweisung einer Mordbuße von 228 Gulden und 12 Groschen (s. davon Buch 3, Kap. 13). Noch werden ertheilt das Ernstsche Familienstipendium, das Stendersche und das ansehnliche Beckersche Stipendium für Studirende, auch theilweise das Fromannsche Legat. Von den Hecklaurschen Legat, gestiftet durch ein Geschenk von 1000 Thalern wegen eines glücklich vollendeten Wasserbaues von dem herzogl. Holsteinischen Generalbaudirector und Inspector des Amtes Gottorf Johann Hecklaur aus Nordhausen (gestorben am 13. Aug. 1652), empfing bis 1808 jährlich aus der Kämmerei der Rector 10 Thaler, der Conrector 8, der Cantor 6, Tertius 5, Quartus 4, Quintus 3, Sextus 3, und dem Septimus gab jeder dieser Lehrer von je 1 Thaler ab 1 Groschen (= 1 Thaler 15 g. Groschen). Von dem Fromannschen Legat, gestiftet mit 1000 Thalern 21. Jun. in dem Pestjahre 1682 von dem Bürgermeister Dr. Konrad Fromann von hier († 1706) und seiner Gattin Marie Magdalene geb. v. Mülnheim aus Straßburg durch ein Testament, wurden jährlich am Konradstage 25 und am Margarethentage 25 Thaler vertheilt, wovon u. A. am Konradstage bis 1808 die acht Lehrer des Gymnasiums und zwölf arme Schüler jeder ½ Thaler empfingen, der Calefactor ⅓ Thaler, die Lehrer aus der Kämmerei, die Schüler vom Pastor primarius S. Nicolai. Die 6 Thaler an die Schüler werden noch vertheilt. — Das Stendersche Stipendium gründete mit 1000 Gulden zu 21 Fürstengroschen der Stadtschultheiß Joh. Heinr. Stender durch ein Testament vom Jahre 1680, publicirt am 27. März 1682, und es wurde zum ersten Male 1688 ausgezahlt. — Das ansehnlichste Stipendium für Studirende ist das Beckersche. Der Schultheiß Joh. Jac. Becker zu Bleicherode, welcher am 9. April 1731 acht Tage nach dem Tode seiner Gattin starb, vermachte dazu ein Haus in Nordhausen, das sogenannte Stipendiathaus am Markte dem Rathhause gegenüber, und 90¼ Acker Land und Wiesen. — Aus dem 19. Jahrhundert ist das Legat des im Jahre 1810 verstorbenen Senators Erich Christian Obbarius zu erwähnen, welcher 100 Thaler in Golde vermachte, wovon die Zinsen seit 1812 jährlich ein Primaner empfängt. — Ueber das Vermächtniß des am 11. Februar 1850 verstorbenen Gerichtsraths Wilh. Müller (für das Gymnasium 1000 Thlr., 1500 Thlr. u. 100 Thlr.) berichtet das Programm des Gymnasiums vom Jahre 1850 S. 49, und über das Vermächtniß des 1855 verstorbenen Dr. Joh. Chr. G. Richter (1000 Thlr. für das Gymnasium) das Programm von 1856.

Das nordhäusische Gymnasium, nun im vierten Jahrhundert seines Bestehens, hat Tausende von Schülern gebildet, darunter viele ausgezeichnete. Aus der langen Reihe hebe ich nur Einen aus jedem Jahrhundert hervor, aus dem 16. den Polyhistor Prof. Johann Caselius, aus dem 17. den Juristen Kanzler Peter Müller, aus dem 18. den Philologen Fried. August Wolf und aus dem 19. den Orientalisten Wilhelm Gesenius. — Manches Wissenswerthe über einzelne Lehrer dieser Anstalt steht in den angeführten Mittheilungen von 1824 (S. 22—71) und in dem Verzeichnisse der Rectoren, welches 1853 zu dem Jubiläum des Direct. Kraft in

Hamburg und des Direct. Schirlitz in Nordhausen erschien, S. 6 ff., endlich in den Anmerkungen zu dem Vortrage am 18. Febr. 1846 in meinen kleinen Schriften. Hier gebe ich nur ein abgekürztes Verzeichniß aller Lehrer.

Rectoren (seit 1802 Directoren genannt):

1. M. Johann Spangenberg 1534—38? — (Pastor S. Blasii 1524—46.)

2. M. Johann Neander aus Zwickau 1538—41? vorher Rector in Zwickau und in Chemnitz, nachher Rector in Walkenried und in Goslar.

3. M. Ambrosius Lucanus aus Schlesien, auch Diaconus S. Blasii, 1544. 45.

4. M. Basilius Faber aus Sorau c. 1550—53 (s. kl. Schriften S. 27).

5. M. Johann Andreas Fabricius aus Chemnitz 1554—64 (das. S. 29 ff.).

6. M. Zacharias Winningstädt aus Quedlinburg 1564—67?

7. M. Heinrich Majus aus Sangerhausen 1568—70?

8. M. Johann Clajus (Klai) aus Herzberg in Sachsen 1570—73 (dann Past. in Bendeleben).

9. M. Johann Ratzeberg aus Pösnitz 1574?—85, entsetzt wegen Calvinismus.

10. M. Johann Prätorius (Schulze) aus Wartenberg 1585—97, dann Past. am Frauenberge.

11. M. Johann Faber aus Rodach in Franken 1797. 98, zuletzt Superint. in Eisfeld.

12. M. Johann Sandhagen aus Borcholthausen bei Osnabrück 1598 (5. Jul.) — 1600, dann Past. S. Blasii.

13. Dr. med. Johann Oswald aus Nordhausen 1601. 2, darauf Physicus.

14. M. Matthias Fürer aus Nordhausen 1603—6, vorher und nachher Rathsherr hier.

15. M. Jonas Heuler aus Eisenheim in Franken 1606—8, dann Past. S. Nicolai.

16. M. Johann Ermichius aus Olbersleben in Thüringen 1608—26, dann Rector in Frankenhausen.

17. M. Andreas Rivinus (Bachmann) aus Halle 1627—30, dann Professor in Leipzig.

18. M. Michael Prosselius (Prössel) aus Andreasberg 1631. 32, vorher Conrector in Ilfeld, starb am 21. Jul. 1632, alt 50 Jahr.

19. M. Johann Girbertus aus Jena 1633—43, suspendirt, darauf entsetzt, zu Ostern 1644 Rector in Mühlhausen.

20. Johann Günther Hoffmann aus Nordhausen 1644—63, starb am 3. Mai 1663.

21. M. Friedrich Hildebrand aus Walkenried, aber geboren zu Nordhausen, 1663—74, vorher Conrector, ging 1674 als Rector nach Merseburg. Unter seiner Leitung blühte unser Gymnasium sehr, und die beiden ersten Klassen enthielten einmal gegen 160 Schüler.

22. M. Paul Konrad Schröter aus Badra 1675. 8. März — 14. Jun., wo er starb; vorher Conrector.

23. M. Samuel Boccius (Bock) aus Erfurt 1676—82, starb an der Pest, an welcher damals von den 366 Gymnasiasten 188 starben (54 in Sexta von 76).

24. M. Konrad Dunkelberg aus Gerterode 1684 (Nov.) — 1708, vorher Rector in Son-

dershausen. Dunkelberg war einer der verdientesten und fleißigsten Rectoren des hiesigen Gymnasiums, der während seiner 24jährigen Amtsführung nur 4 Schulstunden versäumte und 226 Schüler zur Universität entließ. — Im Jahre 1703 waren in Prima 84, in Secunda 48 Schüler, und unter diesen 132 waren nur 45 Nordhäuser. — D. starb am 6. Jun. 1708 in seinem 68. Jahre.

25. Johann Joachim Meier aus Hildesheim 1708. 2. Aug. — 1722. Nov., worauf er wider seinen Willen Pastor S. Petri (18) wurde. — Da das Gymnasium in der großen Feuersbrunst 1710 (23—24. Aug.) mit abgebrannt war, so wurde Prima und Secunda einstweilen in ein Haus vor dem Hagen verlegt, Tertia in ein Haus auf dem Kirchhofe S. Blasii, und die untern Klassen Quarta bis Septima wurden in der Spendekirche unterrichtet, bis das Schulgebäude wiederhergestellt war (bis 1711, 11. Oct.).

26. Johann Christian Weber aus Nordhausen (ein Sohn des Septimus Joh. W.) 1722 (22. Sept.) — 1744, vorher Conrector, starb am 18—19. Jun. 1744 in seinem 73. Jahre.

27. Johann Eustachius Goldhagen aus Nordhausen 1744 (7. Dec.) — 1753, vorher Conrector, ging im Mai 1753 nach Magdeburg als Rector der Domschule und starb in den Ruhestand versetzt am 2. Oct. 1772, alt 71 Jahr.

28. M. Johann Andreas Fabricius aus Dodendorf bei Magdeburg 1753 (20. Oct.) — 1769, vorher Professor in Jena, nachdem er bereits Rector zu Braunschweig gewesen war. Er starb am 28. Febr. 1769, bald 73 Jahr alt, und hat mehr als Schriftsteller gewirkt, denn als Lehrer und Rector.

29. Johann Konrad Hake aus Nordhausen 1769 (29. März) — 1771, vorher seit 1762 Conrector, ein sehr verdienter und geliebter, auch von seinem berühmtesten Schüler Friedrich Aug. Wolf gepriesener Lehrer, welcher erst 38 Jahr alt am 8. Febr. 1771 starb. (S. über ihn besonders das Verzeichniß rc. 1853, S. 11. ff.)

30. M. Johann Friedrich Albert aus Könnern 1771 (25. April.) — 1784, vorher 1744—62 Conrector hier und 1762—71 in Eisleben, wurde 1784 Pastor zu Barbis bei Scharzfeld.

31. Johann Christian Friedrich Poppe aus Nordhausen 1784 (Jun.) — 1801, ein Sohn des Past. P. im Altendorfe, vorher 1769—84 Conrector, starb am 24. Nov. 1801 in seinem 69. Jahre. — Die Folgenden erhielten den Directortitel:

32. Christian Ludwig Lenz aus Gera 1802 (22. Jul) — 1806 (31. Mai), darauf Director des Gymnasiums in Weimar, starb in den Ruhestand versetzt zu Schnepfenthal, wo er auch vorher als Salzmanns Schwiegersohn gelehrt hatte, am 17. Mai 1833 in seinem 73. Jahre.

33. Johann Gottfried August Sparr aus Gotha 1808 (Jan.) — 11, vorher Lehrer am Gymnasium in Gotha, starb viel beklagt, nachdem er nur drei Jahr sein hiesiges Amt mit Segen verwaltet hatte, am 30. Jan. 1811, erst 34 Jahr alt. Ueber ihn berichtet das Osterprogramm 1811.

34. Dr. Friedrich Straß aus Grünberg 1812 (19. Oct.) — 1820 (20. März), vorher

Director zu Kloster Berge bei Magdeburg, wurde zu Ostern 1820 Director des Gymnasiums zu Erfurt, emeritirt 1842 und starb zu Berlin am 17. März 1845, alt 79 Jahr, — Verfasser geschätzter historischer Werke, besonders des Stroms der Zeiten.

35. Dr. Friedrich Karl Kraft aus Nieder-Trebra 1820 (23. Oct., provisorisch bis 30. Apr. 1821) — 1827, vorher 6 Jahr Lehrer am Gymnasium in Schleusingen und 4 Jahr am Gymnasium in Naumburg, ging zu Michael 1827 nach Hamburg als Director des Johanneums. — Das Gymnasium, welches sich unter ihm bedeutend gehoben hatte, feierte mit großer Theilnahme 1824 am 3. Oct. die 50jährige Amtsthätigkeit eines würdigen Lehrers und am 4. Oct. die Gründung der Anstalt vor 300 Jahren durch Joh. Spangenberg.

36. Dr. Karl August Schirlitz aus Bendorf bei Borna seit 1827 (27. Novbr.), vorher Lehrer an der lateinischen Hauptschule des Waisenhauses zu Halle.

Conrectoren (Ordinarien in Secunda — bis 1852 — und Lehrer der 2 obersten Klassen):

1. M. Michael Neander aus Sorau, der berühmte Humanist und erste Rector und eigentliche Gründer der Klosterschule zu Ilfeld, scheint den Conrectortitel hier in Nordhausen nicht gehabt zu haben, aber gewiß ist es, daß er im Jahre 1547 von Melanchthon empfohlen von Wittenberg hieher kam als Hauslehrer zu dem Bürgermeister Erasmus Schmidt und zugleich als Lehrer (Unterlehrer oder Adjunct?) am Gymnasium. Am 30. Jul. 1550 ging er von hier als Rector nach Ilfeld, doch blieb er mit Nordhausen beständig in enger Verbindung bis an seinen Tod 1595. S. darüber meine kl. Schriften, S. 48 ff. — Schon vor Mich. Neander scheinen Basilius Faber und Andreas Ernst an dem neuen Gymnasium zu Nordhausen unter Johann Spangenbergs Leitung unterrichtet zu haben. Vgl. kl. Schriften rc. S. 27. 31.

2. Henning Schottelius aus Eimbeck 1566. Er wurde 1570 Diaconus in Markoldendorf.

3. Wilhelm Eberlein aus Nordhausen.

4. M. Andreas Müller, ein Schüler von Mich. Neander in Ilfeld, wurde 1582 Diaconus S. Petri.

5. Joh. Seiffart (Sifardus) aus Schwansee (oder Zwickau? Cygnaeus) 1582—85, darauf Diac. S. Nicolai.

6. M. Matthias Fürer aus Nordhausen 1590? S. oben Rector 14.

7. M. Dominicus Eber aus Dresden 1591. S. oben Diac. S. Nicolai 13.

8. M. Stephan Falkner aus Erfurt 1592—94? S. Diac. S. Petri 8.

9. Melchior Vetter aus Nordhausen 1595 (21. Febr.) — 1598 († 21. Sept.).

10. M. Andreas Müller (Mylius) aus Nordhausen 1599—1617 († 23. Apr.)

11. Andreas Schröter aus Halberstadt 1617—19.

12. Philipp Grüling aus Stolberg 1619 (23. Sept.) — 1627 (20. Jan.), darauf Rector in Stolberg, 1629 gräflicher Leibarzt und Bürgermeister daselbst, starb 1666.

13. Christian Stange aus Nordhausen 1627—39, darauf Rathsherr hier, † 1648.

14. Joh. Günther Hoffmann aus Nordhausen, 1639—44, darauf Rector (20).

15. M. Kaspar Detschel aus Sangerhausen 1644—50 († 20. Oct.).

16. M. Friedrich Hildebrand aus Walkenried (Nordhausen) 1651—63, darauf Rector (21).

17. M. Christian Calenius aus Stiege 1633—70, entlassen, später braunschweigischer Feldprediger.

18. M. Paul Konrad Schröter aus Badra 1671—75, dann Rector (22).

19. M. Christoph Zellmann aus Nordhausen 1675—76 († 28. Jun.).

20. Joh. Andreas Teurkauf aus Nordhausen 1676 (1. Nov.) — 1683, vorher Conrector in Klausthal, nachher Diac. S. Petri 20.

21. Johann Christian Buhle aus Nordhausen 1683 (3. Sept.) — 1706 († 8. Jun.).

22. Johann Christian Weber aus Nordhausen 1707—22, dann Rector 26.

23. Johann Andreas Rinneberg aus Nordhausen 1722—33 († 18. Mai, 45 Jahr alt).

24. Johann Eustachius Goldhagen aus Nordhausen 1733 (11. Aug.) — 1744, dann Rector 27.

25. M. Joh. Friedr. Albert aus Könnern 1744—62, später (1771) Rector 30.

26. Joh. Konrad Hake aus Nordhausen 1762—69, dann Rector 29.

27. Joh. Friedr. Poppe aus Nordhausen 1769—84, dann Rector 31.

28. August Christian Köhne aus Nordhausen 1784—1815 († 12. Dec., 66 Jahr alt).

Im 19. Jahrhundert folgten nun:

29. David Ernst Meyer aus Nordhausen 1816—20, vorher (seit 1809) Collaborator am Gymnasium und Lehrer an der höhern Töchterschule, dann (1820) Rector am Gymnasium und der höheren Töchterschule, seit 1836 allein an der Töchterschule (mit dem Titel Director), starb 67 Jahr alt (emeritirt 1850) am 12. Februar 1853.

30. Dr. Ernst Günther Förstemann aus Nordhausen 1820—52 (vorher, nachdem er schon seit 1812 aushelfend am Gymnasium unterrichtet hatte, Collaborator am Gymnasium und Lehrer an der höh. Töchterschule 1816—20). Der König ertheilte ihm 1842 das Prädicat Professor, und 1852 zu Ostern wurde er auf seinen eigenen Antrag mit Beibehaltung seines baaren Gehaltes und seiner Dienstwohnung vom Schulamte entbunden.

31. Dr. Karl Theiß aus Nordhausen, seit Ostern 1852, vorher Oberlehrer am Gymnasium, (S. unten), wurde Director des Gymnasiums zu Zeitz 1856.

32. Dr. Aug. Botho Rothmaler aus Ulftrungen (s. unten) 1856.

Cantoren (Stadtcantoren, Dirigenten der Singchöre):

Vom Ende des 17. Jahrhunderts an wurden die Cantoren auch Musikdirectoren genannt und gehörten zu den ordentlichen Schulcollegen. Sie unterrichteten außer im Singen im Lateinischen, namentlich in der Prosodie und Metrik, im Griechischen, auch wohl im Französischen, und hatten ihre Stellung im Lehrercollegium zwischen dem Conrector und dem Tertius. — Mit dem Gymnasium verbundene Singchöre gab es sonst zwei, ein „Chor" und eine „Currende", jede Abtheilung unter einem Präfecten und einem Adjuncten. Die Currende sang Choräle und überließ dem Chore die Figuralmusik. Die Singeschüler waren so zahlreich, daß jene beiden Abtheilungen oft wieder getheilt wurden (halbirt). Sie sangen in den Kirchen, bei Begräbnissen und Hochzeiten und wöchentlich vor den Thüren der Bürger, die dafür zahlten, zu Neujahr durch die ganze Stadt, in blauen Mänteln. Die Kasse führte und die Vertheilung der eingesammelten Gelder (auch Brote rc., z. B. vom Ilfelder Hofe) besorgte bei dem Chore der Rector, bei der Currende der Conrector. — Die Currende wurde aufgehoben 1809, der Singchor erlosch 1850. — Bekannt als Cantoren sind:

1. Arnold Zeitfuchs aus Eimbeck 1568—70, starb als Archidiaconus in Stolberg 1616.

2. Markus Kühnemund (Könemund) aus Uthleben 1570, auch noch 1590.

3. Valentin Wallenberger aus Erfurt, ging 1618 als Diaconus nach Erfurt und starb daselbst als Pfarrer 1639.

4. Johann Friedrich Weißensee, wurde Cantor in Magdeburg.

5. M. Johann Wittelius (Witthol) 1595?—1600, ging davon.

6. Valentin Polemann (Bolemann) 1609, starb am 5. Oct. 1611.

7. Andreas Weise (Weiß, Albinus), starb 1643?

8. Jacob Harleb (Harley), Substitut?

9. Joh. Joachim Trost aus Klein-Wallhausen 1627—67, wahrscheinlich anfangs Substitut (bis 1643?), 1667 emeritirt, starb am 19. Aug. 1668, alt 68 Jahr.

10. Johann Schmiedichen aus Stolberg 1667—70 (69?), das erste Jahr substituirt.

11. Christian Demelius aus Schlettau bei Annaberg 1669? (24. Nov.) — 1711 († am 1. Nov. 69 Jahr alt). Ein guter Componist, der auch das ältere nordhäusische Gesangbuch besorgte (oft gedruckt 1686—1731).

12. Andreas Demelius aus Nordhausen 1711 (29. Dec.) — 1757 († am 28. Febr., 72 Jahr alt), des Vorigen Sohn.

13. Georg Friedrich Einicke aus Hohlstädt 1757—70 († am 20. Jan., 60 Jahr alt).

14. Joh. Jordan Frankenstein aus Nordhausen 1770 (27. Jun.) — 1785 († am 26. Mai, alt 53 Jahr). F. war vorher Aedituus im Altendorfe (1756), Quintus am Gymnasium (1764), Tertius (1769), und ein vielseitiger geistreicher Lehrer, Autodidakt in neueren Sprachen. Der große Humanist Friedr. Aug. Wolf verdankte ihm einen Theil seiner Bildung und rühmte noch kurz vor seinem Tode gegen einen ehemaligen Schul- und Universitätsgenossen „den Frankenstein als einen wahren Edelstein, obgleich einen ungeschliffenen."

15. Heinrich Ernst John aus Nordhausen 1785 (14. Jul.) — 1805 († am 21. Jun., 62 Jahr alt). John war der letzte „Cantor", der zu den ordentlichen Lehrern des Gymnasiums gehörte, und unterrichtete im Griechischen in Tertia, in lateinischer (auch deutscher) Prosodie und Metrik in Secunda und im Französischen in Prima. Es folgten nun für den Gesangun-

terricht die „Musikdirectoren", welche aber nicht zu den ordentlichen wissenschaftlichen Lehrern des Gymnasiums gehörten:

1. Heinrich Lebrecht August Mühling aus Rakuhn im Dessauischen 1800—1823, auch Organist S. Nicolai. Gestorben als Organist ꝛc. in Magdeburg.

2. Friedrich Wilhelm Sörgel aus Rudolstadt seit 1826, auch Organist S. Nicolai 11.

Collegae Tertii (sonst auch **Adjuncti** genannt) bis 1808.

Drei Klassen scheint die Schule gleich anfangs enthalten zu haben, bald darauf vier oder fünf, wozu noch im 16. Jahrhundert eine sechste kam und 1612 eine siebente. Diese 7 Klassen hießen Prima u. s. f. bis Septima, und die Ordinarien der Klassen, die nach dem herrschenden Klassensystem von Tertia, mindestens von Quarta abwärts ausschließlich ein jeder in seiner Klasse unterrichteten, wurden von ihrer Klasse benannt, Tertius bis Septimus. — Die unter den Conrectoren aufgeführten Mich. Neander und Johann Seiffart gehören vielleicht hieher (als Adjuncti). Spätere Tertii waren:

1. Christian Stange aus Nordhausen um 1575, wurde Pastor in Lauterberg.

2. Zacharias Monner aus Nordhausen, wurde 1600 Diac. S. Petri 11.

3. Kaspar Kraft (Crato) 1600—1605, wurde Quintus?

4. Nicolaus Jacobi aus Orlamünde 1605 (5. Febr.) — 1607?

6. Heinrich Kraft (Crato) aus Nordhausen 1608—17, Kirchner zu Ilfeld 1617, Pastor zu Steigerthal 1627—57.

7. Joh. Samuel Noricus aus Nordhausen 1617—19, s. Pastor S. Nicolai 12.

8. Michael Wehr 1619—1638 († 26. März).

9. Johann Krug aus Nordhausen 1638—42, darauf Pastor in Tettenborn 1642, in Gr. Wechsungen 1651, starb 1653.

10. Andreas Koch (Cocus) aus Nordhausen 1642—64, vorher (1639) Quartus, nachher Aedituus S. Nicolai 8.

11. Joh. Joachim Trost aus Nordhausen 1664 (22. März) — 1676, vorher (1658) Quintus, starb am 18. März 1676.

12. Kaspar Justus Koch (Cocus) aus Nordhausen 1676 (18. Mai) — 1682, vorher Sextus (1656), Quartus (1662). Zum Aedituus S. Nicolai ꝛc. erwählt starb er noch vor der Einführung an der Pest am 13. Oct. 1682.

13. Johann Henrici aus Wolkramshausen 1683. Oct. — 1706 (†) Apr.

14. Joh. Andreas Zimmermann aus Hesserode 1706—15 (6. Oct.), s. Aedit. S. Nicolai 12.

15. Joh. Christoph Sieckel aus Nordhausen 1715 (5. Nov.) — 1731, vorher Sextus, wurde emeritirt 1731 und starb am 16. Jul. 1732.

16. Heinrich Vollmar Stange aus Hesserode 1731 (5. Jan.) — 1732 (31. Aug.), zuletzt Pastor S. Nicolai 17.

17. Joh. Andreas Tebel aus Nordhausen 1732 (8. Sept.) — 60, emeritirt im Januar 1760, starb am 5. Mai 1767.

18. Joh. Christian Friedrich Poppe aus Nordhausen 1760—69, s. Rector 31.

19. Joh. Jordan Frankenstein aus Nordhausen 1769—70, s. Cantor 14.

20. Joh. Laurentius Barges aus Nordhausen 1770—89, s. Aedit. S. Nicol. 19.

21. Ernst Christoph Bohne aus Nordhausen 1789 (19. Jun.) — 1794 (Oct.), darauf Pastor im Altendorfe und endlich S. Jacobi.

22. Johann Christoph Ehring aus Nordhausen 1794 (Nov.) — 1830 (Ostern), wo er emeritirt wurde. Er starb in seinem 91. Lebensjahre am 7. Jan. 1848. Schon seit 1808 führte er den Titel eines Tertius nicht mehr: darüber und von seinen Nachfolgern als Ordinarien seiner Klasse s. unten.

Collegae Quarti:

1. Georg Ratzenberg bis 1605, wo er am 7. Febr. mit dem Sextus Helmsdorf die Stelle tauschte.

2. Kaspar Helmsdorf 1605—7, s. Tertius 5.

3. Andreas Rose (Rosa) aus Nordhausen 1607—11, s. Diac. S. Blasii 14.

4. Michael Rötscher 1612, wurde Septimus.

5. Joh. Samuel Noricus aus Nordhausen 1617, s. Tertius 7, Past. S. Nicolai 12.

6. M. Peter Strigel (wohl derselbe P. Strigelius aus Wernigerode, welcher 1580 Diaconus S. Petri war), wurde entlassen.

7. Heinrich Eisengart aus Eisenach 1619, wurde 1626 Diac. S. Petri 16.

8. Georg Lothus aus Plauen im Vogtlande 1626—31, darauf Past. am Frauenberge, zuletzt Past. S. Petri 12.

9. Johann Arelbi aus Hesserode, wurde Cantor in Klausthal 1653?

10. Johann Küchenthal aus Nordhausen 1633 (4. Oct.) — 1636 (8. Febr.), wurde 1636 Diaconus zu Ellrich, 1646 Pastor hier im Altendorfe.

11. Hieronymus Obermeyer aus Kelbra, wurde am 9. Aug. 1638 Pastor in Kl. Leinungen, darauf Pastor zu Trebra im Schwarzburgischen.

12. Andreas Koch aus Nordhausen 1639—42, s. Tertius 10.

13. Peter Müller aus Nordhausen 1642 (9. Mai) — 43. Am 25. Nov. 1643 wurde er zugleich mit seiner Braut begraben; die Angabe, daß er am 25. Mai gestorben sei, ist also irrig.

14. Jacob Krug aus Nordhausen 1644—45 († 26. Jan.), vorher seit 1642 Quintus.

15. Bernhard Vopel (Vopelius) aus Gräfen-Tonna 1645—49, dann Past. zu Hainrode im Schwarzburgischen.

16. Ernst Hetschel aus Andreasberg, starb 1664.

17. Kaspar Justus Koch aus Nordhausen 1664—76, dann Tertius 12.

18. Kaspar Detschel aus Nordhausen 1676—1715, gest. 1726 (emeritirt?).

19. Joh. Christoph Ludwig aus Nordhausen 1715 (5. Nov.) — 51 († 8. Aug., 66 Jahr alt.)

20. Joh. Christoph Riedel aus Nordhausen 1751 (Oct.) —73, vorher seit 1731 Quintus, emeritirt am 7. Oct. 1773, starb nach 11jähriger Krankheit in seinem 91. Lebensjahre am 20. Sept. 1779. Von ihm, wie von seinem Vorgänger, giebt es mehrere Schriften.

21. Georg Jacob Leopold aus Nieder-Sachswerfen 1773 Oct. — Dec. Er bekleidete darauf in Stolberg eine Reihe Kirchenämter, bis er am 11. März 1835 als Consistorialrath im 84. Jahre seines Alters und im 62. Amtsjahre starb. — Nach Leopolds Abgange blieb die Stelle über 10 Jahr unbesetzt, und die Klasse Quarta stand leer. Dieses konnte damals leichter geschehn, da jede untere Klasse von Quarta ab mit ihrem eigenen Lehrer fast als eine Schule für sich betrachtet wurde, nur als eine Stufe in dem System, die auch einmal ausfallen konnte.

22. Christian Friedrich Wolfram aus Nordhausen 1784 (29. Apr.) — 1826 (1. Oct.), vorher seit 1774 (2. Oct.) Waisenlehrer, weshalb am 3. Oct. 1824 des würdigen Lehrers Amtsjubelfeier sehr festlich begangen wurde. Am 1. Oct. 1826 wurde er emeritirt und starb am 24. Jan. 1834 in seinem 84. Lebensjahre. Schon seit 1808 führte er den Titel eines Quartus nicht mehr: davon und von seinen Nachfolgern s. unten.

Collegae Quinti:

1. Georg Zimmermann, 1576 zugleich Aedituus am Frauenberge, vorher katholischer Aedituus der Domkirche. Er wurde entsetzt und starb am 22. Oct. 1577.

2. Valentin Ruperti aus Gorsleben, zugleich Aedituus S. Jacobi, entsetzt am 7. Febr. 1605.

3. Kaspar Kraft (Crato) 1605 (7. Febr.), vorher seit 1600 Tertius (3, s. oben), wenn diese Bezeichnung für ihn paßt und er nicht etwa als „Adjunctus tertius" eine geringere Stelle einnahm.

4. Valentin Petri aus Andreasberg.

5. Sebastian Tennstädt („Denstadt"), starb am 17. Mai 1626.

6. Christoph Elle aus Leipzig, vorher Aedituus S. Jacobi, starb als Emeritus am 18. Febr. 1647.

7. Johann Fuhrmann 1639 (1638 Aedit. S. Jacobi), starb am 29. März 1642.

8. Jacob Krug aus Nordhausen 1642—44, darauf Quartus 14.

9. Nicolaus Nagel aus Kölleda 1645—58 († Sonnt. Cantate), vorher Schullehrer in Sangerhausen.

10. Joh. Joachim Trost aus Nordhausen 1658—64, darauf Tertius 11.

11. Joh. Georg Müller aus Nordhausen 1664 (22. März) — 1682, starb an der Pest am 25. Oct. 1682, nachdem er kurze Zeit das Amt eines Predigers S. Petri interimistisch verwaltet hatte.

12. Dietrich Gerhard Großheim aus Buhla 1683 (Oct.) — 1690 (10. Jun.), darauf Pastor zu Appenrode und endlich zu Rohra und Wollersleben, gestorben 1708.

13. Joh. Nicolaus Laxner aus Nordhausen 1690—1723 († 19. Jun. 65 Jahr alt), s. Sextus 11.

14. Heinrich Vollmar Stange aus Hesserode 1723 (2. Aug.) — 1731 (5. Januar), s. Tertius 16.

15. Joh. Christoph Riedel aus Nordhausen 1731 (15. Jan.) — 1751, s. Quartus 20.

16. Joh. Christoph Ludwig aus Nordhausen 1751 (10. Nov.) — 1757, vorher seit 1745 Lehrer im Waisenhause, welches Amt er niederlegte 1748, um seinen alten Vater, den Quartus (19) zu unterstützen; Pastor im Altendorfe am 3. Aug. 1757, starb als Emeritus 1795, alt 75 J.

17. Johann Friedrich Ladensack aus Sundhausen 1757 (4 .Sept.) — 1760 († 1. Jul.).

18. Johann Christoph Nicolai aus Nordhausen 1760 (30. Oct.) — 1764 († 29. Mai).

19. Joh. Jordan Frankenstein aus Nordhausen 1764—69, darauf Tertius, endlich Kantor 14.

20. Johann Laurentius Barges aus Nordhausen 1769—70, darauf Tertius 20.

21. Bartholomäus Bernhard Hartung aus Sulza 1770 (28. Jun.) — 1802, wo er zu Ostern dieses Amt niederlegte, gestorben zu Westgreußen 1822.

22. Karl Friedrich Maximilian Dilthey aus Nordhausen 1802 (2. Apr.) — 1825 im Januar, wo er emeritirt wurde und eine Pension von 200 Thalern (aus königlicher Kasse, wie der letzte Tertius Ehring und der letzte Quartus Wolfram als 1802 übernommene Beamte der Reichsstadt Nordhausen) erhielt, nebst Benutzung der Dienstwohnung. Er starb am 2. Apr. 1830, 66 Jahr alt. Seit 1808 führte er nicht mehr den Titel Quintus.

Collegae Sexti (bis 1612 Ultimi oder Infimi):

1. Johann Glück (Fortunatus) um 1560, wahrscheinlich auch Aedit. S. Nicolai und 1587 auch Hospitalprediger, starb 1594.

2. Kaspar Helmsdorf aus Nordhausen 1603—5, darauf Quartus 2, endlich Tertius 5.

3. Georg Ratzenberg 1605 (7. Febr.), vorher Quartus.

4. Michael Arelbi, starb an der Pest 1626?

5. Valentin Koch (Cocus) d. Ält. aus Bleicherode, vorher Aedit. S. Jac. (1606?), im Altendorfe (1608?), S. Blasii (1618) und zugleich Sextus (1618? 1626?), starb am 17. Dec. 1642. — Sein Sohn

6. Valentin Koch (Cocus) d. J. aus Nordhausen 1643 (6. März) — 1651, übernahm die beiden letzten Aemter des Vaters und wurde zu Ostern 1651 Pastor zu Salza.

7. Daniel Michael aus Nordhausen 1651—1656 (†), vorher Septimus.

8. Kaspar Justus Koch (Cocus) aus Nordhausen 1656 (18. Dec.) — 1664, darauf Quartus 17 und Tertius 12.

9. Joh. Georg Scharff aus Nordhausen 1664 (22. März) — 65, vor Ostern entsetzt, darauf Cantor in Ichstädt.

10. Joh. Laurentius Duderstadt aus Nordhausen 1665 — 82, starb an der Pest am 5. Nov. 1682.

11. Joh. Nicolaus Laxner aus Nordhausen 1683 (Oct.) — 1690, darauf Quintus 13. (Nach ihm scheint ein Sextus zu fehlen oder Sexta war 1690—1708 geschlossen.)

12. Joh. Christoph Sieckel aus Nordhausen 1708—15, darauf Tertius 15.

13. Friedrich Wilhelm Hofmann 1715 (15. Nov.) — 1742, vorher Lehrer an der Mädchenschule, emeritirt 1742.

14. Christoph Eobanus Lieveit aus Nordhausen 1742 (6. Jun.) — 1774 (6. Jul.), vorher Lehrer im Waisenhause, legte sein Amt nieder 1774 und starb 1776.

15. Joh. Valentin Tienemann aus Nordhausen 1774 (7. Jul.) — 1783 († 1. Apr.).

16. Jobst Philipp Clages aus Duderstadt 1783 (13. Mai) — 84 (1. Mai), vorher Septimus, emeritirt 1784, starb am 30. Jan. 1786, alt 82 Jahr.

17. Joh. Gottfried Engel aus Nordhausen 1784 (29. Apr.) — 1797 (31. Jul.), vorher Septimus, 1797 Diac. S. Petri, 1814 Pastor im Altendorfe, starb 1825, 75 Jahr alt.

18. M. Joh. Gottfried Meister aus Nordhausen 1797 (11. Sept.) — 1800 († 17. März, 48 Jahr alt), vorher Septimus.

19. Joh. Georg Heinrich Diestel aus Bielen 1800 (23. Apr.) — 1820 († 13. Mai, an seinem Geburtstage, 66 Jahr alt), vorher Septimus. — Seit 1808 führte er den Titel Sextus nicht mehr.

Collegae Septimi (Ultimi oder Infimi):

1. Michael Rötscher, vorher (1612) Quartus.

2. Daniel Michael aus Nordhausen 1648—51 („Adjunctus Collegae V. et. VI.") dann Sextus 7.

3. Andreas Christoph Weber aus Nordhausen 1651—1672 (†).

4. Johann Weber aus Nordhausen 1672, des vorigen Bruder, vorher Soldat.

5. Andreas Martin Gewölß, starb am 3. Febr. 1710.

6. Joh. Joachim Hillenhagen aus Nordhausen, starb am 12. Dec. 1720.

7. Joh. Benjamin König 1721—51, emeritirt im Sept. 1751, starb im Oct. 1763.

8. Joh. Philipp Clages aus Duderstadt 1754 (23. Febr.) — 1783, dann Sextus 16.

9. Joh. Gottfried Engel aus Nordhausen 1783 (16. Mai) — 1784, dann Sextus 17.

10. Friedrich August Samuel Eulhardt aus Nordhausen 1784 (29. Apr.) — 86 (28. Mai), darauf Diac. S. Petri, zuletzt Pastor daselbst.

11. M. Joh. Gottfried Meister aus Nordhausen 1786 (27. Mai) — 97, darauf Sextus 18.

12. Joh. Georg Heinrich Diestel aus Bielen 1797 (29. Aug.) — 1800, vorher seit 1784 (6. Jun.) Lehrer im Waisenhause, nachher (23. Apr. 1800) Sextus 19.

13. Joh. Adam Ude aus Nordhausen 1800 (23. Apr.) — 1808 († 1. Jun., 48 Jahr alt).

Ude war der Letzte, welcher Septimus genannt wurde. Im Jahre 1808, unter der königl. westphälischen Regierung erfuhr das Gymnasium und das gesammte Schulwesen der Stadt, zunächst durch den thätigen Bürgermeister Grünhagen, eine bedeutende Umänderung. Nach der beliebten Centralisation verlor auch das Gymnasium seine selbständige Verwaltung; sogar die Antheile der Lehrer (und des Calefactors) an dem Fromannschen und dem Hecklaurschen Legate wurden der allgemeinen Schulkasse überwiesen; die unmittelbaren Einnahmen der Lehrer der einzelnen Klassen von den Schülern hörten auf, das Schulgeld wurde erhöht und die Gehalte der Lehrer wurden fixirt; das bis dahin regelmäßige jährliche Repariren, Weißen, Umsetzen der Oefen und Herde, Reinigen der Schornsteine in den Dienstwohnungen u. s. w. auf öffentliche Kosten geschah nicht mehr. — Da seit 1802 dem Vorsteher der Anstalt statt des Rectortitels der Directortitel ertheilt war, so wurde zwischen dem Director und Conrector ein Lehrer mit dem Titel Rector eingeschoben, der aber nur wenige Stunden am Gymnasium hatte und zugleich Vorsteher der neuen höhern Töchterschule war; doch wurde diese Verbindung 1837 wieder aufgehoben, und der Rector der Töchterschule hörte auf Lehrer am Gymnasium zu sein.

Auch einige Prediger waren seit 1808 eine Reihe Jahre hindurch Hülfslehrer am Gymnasium, namentlich der Superintendent Förstemann (auch königlicher Prüfungscommissarius) und der Pastor Bohne, später der Pastor Wagner. Statt des Cantors, der einer der ordentlichen Schulcollegen gewesen war, wurde ein Musikdirector als Gesanglehrer (und Dirigent des Chors) angestellt, ebenso ein besondrer Zeichnen- und Schreiblehrer. Die Lehrer vom Tertius ab erhielten alle den Titel Collaborator, doch bekamen die obern seit 1840 den Titel Oberlehrer am Gymnasium, und die andern werden jetzt gewöhnlich Gymnasiallehrer genannt, aber der Mathematikus wird von seiner speciellen Wissenschaft bezeichnet. — Die Directoren und Conrectoren seit 1808 sind oben mit aufgeführt, so auch die Musikdirectoren unter den Cantoren. — Rectoren (seit 1808) waren nur zwei:

1. Johann Christian August Heyse aus Nordhausen 1808—19, darauf Director der h. Töchterschule in Magdeburg.

2. David Ernst Meyer aus Nordhausen 1820—37 zu Ostern, wo die Combination dieser Lehrerstelle (wie der noch eines der Collaboratoren am Gymnasium, welcher ebenfalls zugleich Lehrer an der h. Töchterschule war) aufgehoben wurde, indem der Genannte bloß Rector (mit dem Directortitel) der h. Töchterschule blieb.

Sogenannte Collaboratoren seit 1808, später Oberlehrer, Gymnasiallehrer, resp. Mathematici genannt sind außer den schon oben aufgeführten Lehrern Ehring, Wolfram, Dilthey, Diestel folgende.

1. Der als Rector (1820—37) zuletzt aufgeführte David Ernst Meyer aus Nordhausen 1809—16, darauf Conrector (1816—20), s. oben Conr. 29.

2. Ernst Günther Förstemann aus Nordhausen 1816—20, darauf Conrector (1820—52), s. oben Conrect. 30.

3. August Döring aus Deutzen 1820—22, darauf Lehrer am Gymnasium zu Merseburg.

4. Joh. Friedr. Wilh. Wagner aus Ufftrungen 1820—37 (und bis 1841 Hülfslehrer), s. Pastor S. Blasii 24.

5. Martin August Sunderhof aus Nordhausen 1820—23, darauf Pastor zu Crimderode &c.

6. Gottwalt Wilhelm Tenner aus Chemnitz, Mathematikus 1821—26, dann am Gymnasium zu Merseburg.

7. Christian Friedrich Blau aus Schmiedefeld 1822—33 (1830 auch Hospitalprediger), darauf Pastor zu Wolframshausen, dann Superint. zu Langensalza, zuletzt zu Gr. Bodungen.

8. Friedrich Wilhelm Böttcher aus Püzlingen 1823—28, darauf Past. zu Haserungen.

9. Aug. Daniel Silkrodt aus Bleicherode 1825—27, darauf Past. im Altendorfe, dann zu S. Blasii.

10. Dr. Karl Friedrich Schulz aus Hermsdorf bei Grüneberg, Mathematikus 1826—27, darauf am Gymnasium zu Cottbus.

11. Aug. Deckert aus Schleusingen 1826—27, dann wieder Lehrer am Gymnas. zu Schleusingen.

12. Dr. Aug. Botho Rothmaler aus Ufstrungen seit 1827, Oberlehrer 1840, Ordinarius in Ober-Secunda 1853, Conrector 1856.

13. Dr. August Götting aus Nordhausen (provisorisch) 1827—30, später Bürgermeister.

14. Karl Rudolf Fleischer aus Braunsdorf, Mathematikus 1828, ging nach Grimma als Professor an der Landesschule.

15. Dr. Karl Christian Friedrich Fischer aus Klettstädt bei Langensalza, Mathematikus 1828—37, darauf Director der neuen hiesigen Realschule.

16. Dr. Johann Müller aus Lieske in der Provinz Brandenburg, provisorisch 1828—30, darauf Lehrer am Gymnasium zu Schleusingen.

17. Heinrich Friedrich Ludwig Niemeyer aus Debeleben 1829—42, darauf Pastor am Frauenberge.

18. Dr. Friedrich Ferdinand Röder aus Nordhausen 1830—44, darauf Director des Gymnasiums zu Neustettin.

19. Moritz Ludwig Seyffert aus Wittenberg 1830—31, darauf Lehrer am Pädagog. zu Halle &c.

20. Ludwig Albertus aus Schleusingen 1832—43, darauf Pastor in Kühndorf.

21. Dr. Karl Theiß aus Nordhausen 1832—56, Oberlehrer 1840, Conrector 1852, Prof. 1856 und Director des Stiftsgymnasiums zu Zeitz.

22. August Kühne aus Hörningen 1838, später Pastor in Epschenrode.

23. Dr. Jacob Friedrich Georg Ludwig Hincke aus Quedlinburg, Mathematikus 1838—42, darauf am Gymnas. zu Halberstadt.

24. Dr. August Ephraim Kramer, Mathematikus 1842—48, ging ab zur Einrichtung elektrischer Telegraphen.

25. Dr. Karl August Günther Weißenborn aus Nordhausen 1842—54, darauf Pastor in Groß-Camsdorf im Kreise Ziegenrück.

26. Ludwig Nitzsche aus Nordhausen, seit 1844.

27. Dr. Hermann August Haacke aus Nordhausen, seit 1845, Oberlehrer.

28. Dr. Karl Rudolph Kosack aus Erfurt, Mathematikus, 1848 interimistisch für Dr. Kramer, 1849 definitiv.

29. Konrad Wilhelm August Dihle aus Nordhausen, seit 1852.

30. Friedrich Adolf Reidemeister aus Henningsleben bei Langensalza, seit 1855.

31. Wilhelm Tell aus Naumburg, seit 1857.

[Unter den jungen Lehrern (Schulamtskandidaten), welche ihr Probejahr an dem Gymnasium zu Nordhausen machten, war Dr. Karl Friedr. Ferdinand Peter aus Nordhausen (1834—35), welcher darauf Oberlehrer am Gymnasium zu Zeitz, kurze Zeit Prorector am Gymnasium in Greifenberg und 1854 Director des Gymnasiums in Saarbrück wurde.]

Im Jahre 1808 erhielt das Gymnasium gemeinschaftlich mit der höhern Töchterschule einen Schreib- und Zeichnenlehrer. Solche waren:

1. Andreas Seibels aus Elberfeld 1808—10, ging wieder nach Elberfeld.
2. Alexander Christian Wilhelm Eberwein aus Homburg v. d. Höhe, 1810—41 († 13 Apr.).
3. Karl Friedrich Wilhelm Deicke aus Nordhausen, seit 1842.

Andreas Heinrich Dippe aus Emersleben bei Halberstadt trat 1847 ein als Lehrer einer neuen Vorbereitungsklasse, nachdem die 1832 eingerichtete nach wenigen Jahren wieder aufgehoben worden war, so wie überhaupt seit 1808 in der Zahl, Benennung und Einrichtung der Klassen wiederholt bedeutende Veränderungen eingetreten sind, die man aus den erschienenen Schulprogrammen erkennen kann.

Die Mädchen- oder Jungfrauenschule, aus zwei Klassen bestehend, lag sonst in der Pfaffengasse, wurde nach der Feuersbrunst vom Jahre 1712 einstweilen in das Broihanhaus, darauf 1735 in ein dazu erkauftes Haus in der Sackgasse verlegt, wo sie auch die Schulreform 1808 als „Mädchenschule der Oberstadt" überdauerte. Gegründet wurde die Anstalt aus den Fonds des Cistercienser Nonnenklosters Neuwerk am Frauenberge, welches seit dem Anfange des 13. Jahrhunderts bestanden hatte, und in welchem bereits lange vor der Reformation ein Theil der weiblichen Jugend der Stadt von den Nonnen Unterricht erhielt. Im Jahre 1557 überließen die noch übrigen Nonnen das Kloster und dessen noch immer ansehnliches Einkommen dem Rathe zu jenem Zwecke. Die Urkunde vom Montage nach Exaudi 1557 steht unvollständig und fehlerhaft abgedruckt bei Lesser S. 84—87. Bedeutendere Fehler sind daselbst: Anna statt des richtigen Margarethe Beßin; ferner S. 85, Z. 6 v. u. muß es heißen: „etlich Christliche ziemlich betagte Mann vnd Matronen". S. 86 nach der Mitte ist die ganze Stelle ausgelassen, welche die Verleihung von 12 Marktscheffeln Getreide an den Pfarrer auf dem Frauenberge betrifft. S. 87 am Schlusse ist (statt: Schulen in Gegenwertigkeit) zu lesen: „Schulen, Auch in des wolgelerten Notarien Andreß Stammenß Gegenwertigkeit." — Vollständiger, doch auch nicht ohne Fehler, steht die Urkunde in Weiße's Museum für die sächsische Geschichte S. 176—183, hier auch mit der Bestätigungsurkunde des Kurfürsten August von Sachsen vom 24. Sept. 1558. In jener Stiftungsurkunde erklären die Priorin „Margaretha Bezzin" (Besa) und drei andre Nonnen sammt der ganzen Sammlung, da ihr Kloster im Bauernkriege sehr gelitten habe, indem viele Güter desselben von weltlichen Ständen ihnen entzogen worden, auch das Klosterleben in diesen Landen „abgegangen" sei, und die meisten Ordenspersonen schon gestorben, wollen sie, um die noch übrigen Klostergüter dem geistlichen Zwecke zu erhalten, das Kloster zu einer Mägdlein- oder Jungfrauenschule machen, so daß das ganze Einkommen des Klosters dazu verwendet werde. Der Rath soll „neben den Pfarrherren" einige christliche ziemlich betagte Männer und Matronen annehmen, die Mägdlein täglich Vor- und Nachmittags einige Stunden beten, lesen, schreiben und singen zu lehren. Die Pfarrer der Stadt sollen den Religionsunterricht beaufsichtigen, auch jeden Mittwoch um 9 Uhr eine halbe Stunde den Katechismus auslegen und predigen u. s. w. — — Anfangs und lange Zeit hindurch scheinen nur zwei Lehrerinnen an dieser Schule angestellt gewesen zu sein, später zwei Lehrer, 1734 ein dritter wegen Ueberfüllung der zwei Klassen. Solche Mädchenlehrer waren u. A.:

Joh. Christoph König aus Nordhausen, starb am 6. Nov. 1728.

Friedrich Wilhelm Hofmann, wurde 1715 Sextus am Gymnasium.

Joh. Christoph Giessewein aus Nordhausen, starb 70 Jahr alt am 7. Sept. 1738.

Ephraim Matthäus Nebe aus Wiegersdorf 1728—37, vorher Waisenlehrer, zuletzt Pastor in Crimderode, starb 1766.

Joh. Zacharias Ernst aus Allendorf in Thüringen, als dritter Lehrer eingeführt am 29. Dec. 1734, starb am 4. Jun. 1737.

Joh. Heidemann aus Busum, vorher Waisenvater, 1736 zweiter Mädchenlehrer, abgesetzt 1749.

Christoph Eobanus Liveit aus Nordhausen 1737—42, vorher Waisenlehrer, nachher Sextus am Gymnasium.

Bernhard Friedemann Röder, starb am 7. Febr. 1760.

Heinrich Konrad Gier, starb am 24. März 1754.

Michael Konrad Beustershausen 1754—56 († 16. Jun.), zweiter Lehrer.

Christian Andreas Kleinschmidt 1756—80 († 1. Apr.), erster Lehrer, vorher Waisenlehrer.

Joh. Andr. Martin Spröhe aus Nordhausen 1760—65 († 5. März), zweiter Lehrer.

Joh. Christoph Kämpfer aus Nordhausen, zweiter Lehrer 1765—80?

Joh. Gotthold Wolf aus Groß-Furra 1767 (2. März) — 1808, vorher Cantor zu Hainrode unter der Webelsburg. Er war zugleich Organist zu S. Jacobi, dann im Altendorfe, wurde zuletzt emeritirt und starb bald darauf am 20. Aug. 1808. Ueber seinen berühmten Sohn (Christian Wilhelm) Friedrich August Wolf s. u. a. das Verzeichniß der Rectoren ꝛc. von 1853.

Johann Gottfried Engel aus Nordhausen 1780—83, darauf Septimus am Gymnasium ꝛc.

M. Joh. Gottfried Meister aus Nordhausen 1783—86, darauf Septimus am Gymnas. ꝛc.

Joh. Gottlieb Weber aus Nordhausen 1786—1814.

Martin Friedr. Theodor Ralle aus Nordhausen seit 1817, auch Aedit. S. Petri ꝛc.

Als in den letzten Jahrzehnten die stark anwachsende Bevölkerung der Stadt und die Menge der schulpflichtigen Kinder, das Verlangen nach besserer Schulbildung und die Befehle der dafür sorgenden Regierung in dem städtischen Schulwesen wiederholte Abänderungen und neue Einrichtungen nöthig machten, wurde 1855 auch das beschränkte Haus in der Sackgasse verlassen, und dafür in dem geräumigen Gebäude des ehemaligen Weinkellers am Markte neue Klassenzimmer von der Mädchenschule der Oberstadt bezogen, nachdem bereits in andern städtischen Gebäuden (vor dem Hagen rc.) neue Knabenschulen eingerichtet waren, denn auch die der neuen Realschule vor dem Töpferthore gegenüber erbaute stattliche Bürgerschule faßte nicht alle schulpflichtigen Kinder dieser Kategorie. Alle diese in neuerer Zeit entstandenen Schulanstalten können indessen in unsrer Umarbeitung des Lesser'schen Buches von 1740, um dessen innere Einrichtung so viel als möglich zu erhalten, nur in einem Anhange Raum finden.

Das Waisenhaus liegt in der kalten Straße, deren breiterer Theil nach dem neuen Wege zu in neuerer Zeit auch Waisenhausstraße genannt wird, zwischen dem Walkenrieder Hofe und einem ehemaligen Bäckerhause, dem sogenannten Steinbackhause. Den Gedanken, in Nordhausen ein Waisenhaus zu gründen, hatte schon der im Jahre 1689 gestorbene fromme Pastor primarius S. Nicolai M. Joh. Kaspar Hesse gefaßt und dazu ein Kapital von 50 Thalern vermacht.*) In der großen Feuersbrunst vom 23. August 1710 brannte ein Haus mit ab, welches an der Stelle stand, wo jetzt das Waisenhaus steht, und welches dem wohlhabenden Prediger im Altendorfe Joh. Richard Otto gehörte. In der Erkerstube hatte Otto eine Bibel zu seinem Gebrauche auf einem Tische stehn. Diese Bibel wurde am Tage nach dem Brande in der Asche und dem Schutte unversehrt gefunden bis auf eine geringe Beschädigung am Schlosse. Der fromme Mann sah darin ein Zeichen, welches ihn aufforderte, die Stätte Gott zu weihen. Das geschah in einer auch von den andern evangelischen Geistlichen der Stadt unterschriebenen Eingabe an den Rath am 8. März 1715. Es sollte hier eine Schul- und Erziehungsanstalt für vater- und mutterlose Waisen der Stadt gegründet werden. Der Bau begann im October 1715 mit dem Hintergebäude: am 20. Sept. 1717 wurde das Hauptgebäude vorn an der Straße vollendet. Zum Andenken an diesen Bau lieferte der Medailleur Chr. Wermuth zu Gotha Stempel zu dreierlei Denkmünzen**): 1) Avers: Die Stadt Nordhausen in Flammen; oben das Distichon von M. Kindervater: Sic Nordhusa perit, sed vincunt Biblia flammas: Haec illaesa tibi dant, bone Christe, locum. Am Ende der Stadt ein Tisch, auf diesem die Bibel mit der Bezeichnung Biblia $\alpha\pi\upsilon\rho\alpha$. Unten Incendium Northusanum MDCCX. Revers: das Waisenhaus; darüber Orphanotrophium Northusanum, unter dieser Ueberschrift ein Zettel mit den drei Worten: Zur Aufnahme Christi (so sollte nämlich das Waisenhaus heißen nach Ev. Matth.

*) In früheren, namentlich in Pest-Zeiten mag das zu dem Hospital S. Martini gehörige „Kinderhaus" statt eines Waisenhauses gedient haben.

**) von denen aber nur der erste neu war.

18, 5). Unterschrift: Post innumera munificentiae et amoris documenta cura atque ope ampliss. Magistratus erectum anno jubil. Lutheranorum II. MDCCXVII. Unten rechts M. J. H. K., links C. W. F. G. (d. i. M. Joh. Heinr. Kindervater, Christian Wermuth fecit Gothae). 2) Avers: eine weibliche Gestalt (die Mildthätigkeit) greift mit der Rechten nach einem Füllhorn, welches eine Hand aus den Wolken über ihr hält, und woraus Blumen und Früchte auf unten stehende Kinder fallen; mit der Linken vertheilt sie Kleider und Geld an Arme. Umschrift: Date et dabitur vobis. Unten Ampliss. Curatoribus d. d. d. C. Wermuth MDCC. — Der Stempel war schon 1700 zu einer Münze für das Frankfurter Waisenhaus gebraucht, doch mit andern Revers. — Revers derselbe wie zu der ersten Münze, so auch zu der dritten. 3) Avers: rechts, das Manna vom Himmel fallend wird von den Israeliten gesammelt; links, Moses schlägt mit dem Stabe den Fels und das Volk schöpft das hervorquellende Wasser (2. Mos. 16, 15; 4. Mos. 20, 11. 12). Umschrift Jesus Christus gestern und heute eben derselbe; unten Ebr. 13, 8. Es. 53, 1. — Auch dieser Stempel scheint von Wermuth schon bei einer andern Gelegenheit benutzt und 1717 nach Nordhausen geschenkt zu sein.

Der Kirchensaal des Waisenhauses befindet sich im mittlern Stock. Hier wird von Ostern bis Michael jeden Sonntag von einem der hiesigen Prediger um 4 Uhr Nachmittags gepredigt, und diese „Waisenbetstunden" sind auch noch in der neuesten Zeit sehr besucht. In dem kleinen achteckigen Thurme mitten auf dem Hauptgebäude hangen seit dem 16. Oct. 1717 zwei Glocken von 239½ und von 84 Pfund, die größere mit der Inschrift (außer den Namen der damaligen Inspectoren und Administratoren): Natales nobis Proceres fecere Senatus, die kleinere mit: Det Deus ad finem sit sine fine sonus. Die Inspectoren hatten den größten Theil des Metalls dazu hergegeben. Der Anstalt standen vor als Inspectoren die drei ältesten Bürgermeister, als Administratoren drei Prediger. Am 17. Sept. 1716 war der erste Waisenvater, der zugleich Lehrer war, mit 9 Kindern eingezogen. Die Zahl der Waisenkinder stieg später zuweilen bis auf 40. Von 1716 bis 1850 sind etwa 500 Waisenknaben und 350 Mädchen in der Anstalt erzogen und confirmirt entlassen worden, und davon viele dem Verderben entrissen und wohl gerathen. Noch in der letzten reichsstädtischen Zeit wurde ein gewesener Waisenknabe zuletzt Senator, und von den 40 Knaben, welche 1717—28 im Waisenhause aufgenommen waren, studirte einer. Die ältere Uniform der Waisenkinder, hellblau mit einem gelben Kreuz am Arme*), wurde im 19. Jahrhundert abgeschafft. —

Unter allen Stiftungen der neueren Zeit in Nordhausen hat das Waisenhaus, auch noch in unserm Jahrhundert, der meisten Schenkungen und Vermächtnisse sich zu erfreuen gehabt. Im

*) Eine solche Uniform, einen hellblauen weiten Mantel mit gelben Tuchstreifen besetzt, trug auch der Ausrufer. Hellblau war auch die Amtskleidung der andern Rathsdiener, der beiden Oberdiener (Herrendiener) und der 2 Unterdiener (Häscher), des Marställers (Rathskutschers) und seines Knechts und der beiden Armenvögte.

Jahre 1807 bestanden dieselben, außer dem Bauplatze zu dem Waisenhause selbst, in einem brauberechtigten Hause in der Jüdenstraße (dem Kirchhofschen), 44 Acker Land (darunter eine Hufe von Konr. Phil. Arens) und über 4000 Thalern in Golde Kapital. Die äußerst zahlreichen kleinen Geschenke und Einnahmen aus den Kirchencollecten, aus den Waisenstöcken und Büchsen betragen seit der Stiftung eine sehr ansehnliche Summe. Die jährlich, anfangs zweimal im Jahre, erschienenen Waisenbücher (Vorträge 2c.), welche auch sonst für die städtischen Verhältnisse nicht ohne Interesse sind (im 18. Jahrhundert fast eine fortlaufende Chronik), geben darüber Auskunft. Dennoch haben die Administratoren oft schwere Sorge gehabt, die Anstalt zu erhalten, besonders in Zeiten der Noth und Theurung. Außer dem Pastor Otto, ja mehr als dieser, hat sich der Pastor S. Blasii Kindervater um die Gründung und erste Einrichtung des Waisenhauses verdient gemacht. Er (auch sein späterer Gehülfe als Administrator der Pastor F. Ch. Lesser) verstand es, wie freilich mit glänzenderm Erfolge Hermann Franke in Halle, der neuen Anstalt Wohlthäter zu erwecken, auch in der Ferne (zu London, Amsterdam, Bremen 2c.).

Die Waisenlehrer oder Waiseninformatoren wurden von den Administratoren gewählt und von den Inspectoren bestätigt. Diese Waisenlehrer waren:

1. Christoph Günther Stolberg seit 1716, zugleich Waisenvater. — Die Aemter eines Waiseninformators und eines Waisenvaters wurden bald getrennt, und zum Waisenvater nahm man meistens einen geeigneten Bürger und Handwerker, dessen Gattin die Waisenmutter war. Sie sorgten für das Hauswesen, für Reinigung und Speisung der Kinder u. s. w. Für den Unterricht und die Erziehung sorgte der Informator, ein Kandidat des Predigtamtes, so

2. Johannes Senme aus Klein-Furra, ein Sohn des Pastors S. Petri hier, 1718 (20. Juni)—1721 (30. Sept.), wo er dieses Amt niederlegte. Er starb 62 Jahr alt am 11. Sept. 1732. — Am 27. Sept. 1717 erhielt das Waisenhaus von einem Unbekannten ein Legat von 200 Thalern, wofür auch ganz arme Bürgerkinder unentgeltlich mit den Waisenkindern unterrichtet werden sollten.

3. Johann Bernhardi aus Petersdorf 1721 (24. Nov.)—1722 (31. Jan.). — Damals unterrichtete auch der Waisenvater noch.

4. ..... Schmidt aus Kirchengel, ein Sohn des Predigers daselbst, 1722 (30. Oct.)—1723 (14. Febr.), wurde entlassen.

5. Christian Friedrich Poppe aus Zittau 1723 3. März — 26. Decbr., nahm seine Entlassung und wurde 1731 Pastor im Altendorfe.

6. Andreas Koch aus Nordhausen 1724 20. März — 31. Oct.

7. Joh. Georg Klöckner aus Straßberg im Brandenburgischen 1724 (1. Nov.) — 1727 (7. Juni), wurde Diaconus in seiner Vaterstadt. Ihn hatte Prof. A. H. Franke von Halle hieher gesendet.

8. Ephraim Matthäus Rebe aus Wiegersdorf 1727 (7. Apr.)—1728, darauf Lehrer an der Mädchenschule, zuletzt Prediger.

9. Joh. Georg Thon, bald wieder entlassen.

10. Chph. Eobanus Lieveit aus Nordhausen bis 1736, Lehrer an der Mädchenschule 1737, dann Quartus a. G.

11. Friedrich Nicolaus Köhler aus Nordhausen 1736 (14. Aug.)—1740 († 10. Decbr.)

12. Christoph Lehmann aus Glogau 1741 3. Sept. — 26. Nov. Er war Rector einer Gnadenschule in Schlesien gewesen, kam, vom Bischofe von Breslau von dort vertrieben, mit guten Zeugnissen von Hannover und Braunschweig hierher, und obgleich sein Unterricht gut war, übte er doch eine übertriebene Strenge gegen die Kinder, war auch unruhig und unverträglich und ging bald ohne Abschied davon.

13. Joh. Laurentius Ostermann aus Nieder-Gebra 1742 (14. März)—45, dankte ab.

14. Joh. Christoph Ludwig aus Nordhausen 1745 (8. Apr.) —1748, legte das Amt nieder, um seinen Vater den Quartus zu unterstützen; zuletzt Pastor im Altendorfe.

15. Christian Andreas Kleinschmidt aus Nordhausen 1748 (20. Mai) — 1756, dann Mädchenschullehrer.

16. Joh. Konrad Hake aus Nordhausen 1756 (13. Oct.)—1762, dann Conrector, endlich Rector a. G.

17. Gottlob Bernhard Krumbholz aus Sondershausen 1762 (22. Juni)—1765?

18. Christian Josua Zimmermann aus Nordhausen 1765 (15. April)--1769 († 20. Sept.).

19. Joh. Friedr. Erhard Treuding aus Halberstadt 1769 (15. December)—1774, ging dahin zurück.

20. Friedrich Christian Wolfram aus Nordhausen 1774 (2. Oct.)—1784 (20. April), wurde Quartus am Gymnasium und feierte am 3. Octbr. 1824 das Jubiläum seines funfzigjährigen Lehramts. Als Waisenlehrer genoß er so allgemeines und verdientes Zutrauen, daß die angesehensten Bürger ihre Kinder, besonders die Töchter, in die Waisenhausschule schickten.

21. Joh. Georg Heinrich Diestel aus Bielen 1784 (6. Juni)—1797, dann Septimus a. G.

22. Christian Wilhelm Thomas aus Nordhausen 1797 (6. Sept.)—1800, dann Aedituus im Altendorfe.

23. Joh. Christoph Jelcke aus Nordhausen 1800 (7. Apr.)—1805 († 3. Aug.)

24. Joh. Friedr. Aug. Knorr aus Nordhausen 1805 (Ostern)—1811, darauf Aedituus S. Jacobi und Lehrer der Töchterschule in der Unterstadt (Neustadt), zuletzt auch Hospitalprediger.

25. Joh. Gottlieb Friedr. Schulze aus Nordhausen 1811 (Ostern)—1812 (Mai), darauf zweiter Lehrer der Knabenschule der Unterstadt, zuletzt Pastor S. Petri.

26. Christian August Varges aus Nordhausen 1812 (19. Juni)—1818, darauf Aedituus im Altendorfe, zuletzt Aedituus S. Blasii.

27. Joh. Andreas Burghart aus Breitenbach 1818 ff., seit 1843 Aedituus S. Nicolai, starb 1855.

28. Christian Lincke aus Nordhausen, Oberlehrer.

Die ansehnliche und geräumige Spendekirche oder Barfüßerkirche stand auf dem jetzt sogenannten Spendekirchhofe, welcher bis 1855 als Kirchhof benutzt wurde, ein wenig rechts vom Eingange. Den Namen Spendekirche erhielt dieselbe, weil hier ehemals die jährliche große Spende Freitags vor Palmarum gefeiert wurde, zur Erinnerung an den Sieg und die Rettung der Stadt am 29. April 1329 (s. Buch 3, Kap. 4). Auch die jährliche Huldigung der Bürger gegen den neuen Rath in der heil. Dreikönigsnacht fand in dieser Kirche statt, ehe sie in die Marktkirche (S. Nicolai) verlegt wurde. In den letzten Jahrhunderten diente dieselbe zunächst dazu, daß die Leichenpredigten für die auf dem Spendekirchhofe Beerdigten *) darin gehalten wurden, bis sie im siebenjährigen Kriege zu weltlichen Zwecken benutzt (als Magazin), dabei sehr beschädigt und endlich im Jahre 1805 ganz abgetragen wurde, und zwar auf eine tumultuarische, um nicht zu sagen vandalische Weise; nur ein Nebengebäude steht noch.

Die Spendekirche war ehemals die Kirche der Minoriten (fratres minores), auch Franziskaner oder Barfüßermönche genannt, deren Kloster an diesem dazu sehr geeigneten Platze lag. Die Bettelmönche dieses Ordens hatten sich in der ersten Hälfte des 13. Jahrhunderts hier in Nordhausen angesiedelt, also noch vor den Dominicanern, wie es scheint, und ebenfalls früher als die Augustiner. Schon im Jahre 1234 soll ihre Kirche abgebrannt sein und 1251, in einer Urkunde des Grafen Friedrich von Beichlingen, wird ein nordhäusischer Minorit genannt, „Frater Bertoldus ordinis minorum fratrum de Northusen, Otto Prepositus eiusdem loci“ (Leuckfeld, Hist. Beschr. von in der güld. Aue gelegenen Oertern S. 13). Der nach dem Barfüßermönche Bertold hier genannte Propst Otto war wohl Propst des Nonnenklosters Neuwerk am Frauenberge. Lesser führt S. 92, wahrscheinlich irrig, einen (ersten) Guardian der nordhäusischen Franziskaner Namens Otto an mit der beigefügten Jahrzahl 1255. Auch Rudolph, den er als zweiten Guardian mit dem Jahre 1300 nennt, gehört wohl nicht in dieses Jahr und scheint derselbe Rudolph zu sein, welcher 1312 und 1313 vorkommt. — Am 17. Febr. 1253 gab der päpstliche Legat Kardinal Hugo zu Magdeburg den Minoriten zu Nordhausen einen Ablaßbrief, und am 27. April 1288 zu Viterbo verstattete denselben der Papst Alexander VI. die Annahme von Ersatzgeldern, die Leute zur Sühne für ungerecht erworbenes Gut oder als Gelübde zahlen wollen, bis zur Höhe von 200 Mark Silber. — Anfangs mögen die Franziskaner hier nur ein Terminei- (Terminarien-) Haus und eine ziemlich beschränkte Anstalt besessen haben. Das eigentliche Kloster und die zweite Kirche derselben (nachdem die erste 1234 abgebrannt war) scheinen 1276 und in den zunächst folgenden Jahren erbaut zu sein: denn in jenem Jahre 1276 ertheilten kurz nach einander drei Bischöfe dem Kloster Ablaß für die Theilnehmer an der Kirchweihe, nämlich am 13. Mai zu Dresden der Bischof W. (Witego) von Meißen, am 29.

*) Der Spendekirchhof wurde den Gemeinden S. Nicolai und S. Blasii eingeräumt, als deren Kirchhöfe, namentlich der Nicolaikirchhof nach der Erbauung des Rathhauses auf demselben, für ihre Todten nicht ausreichte, besonders zur Zeit der Pest.

Mai der Erzb. Werner von Mainz und am 8. Juni der Erzb. Konrad von Magdeburg, welcher Letztere bezeichnet monasterium noviter dedicandum. Darauf am 31. Mai 1278 ertheilte der Bischof Berthold von Würzburg Ablaß (annum venialium et quadraginta dies criminalium) für die Tage der Einweihung der nordhäusischen Minoritenkirche der heil. Jungfrau Maria, des heil. Franziscus, des heil. Antonius, der heil. Klara, und für unmittelbar darauf folgende acht Tage. — Einen eben solchen Ablaßbrief gab der Bischof Witego von Meißen (vorher Propst des Stifts zum heil. Kreuz in Nordhausen und Protonotar des Markgrafen Heinrich des Erlauchten) am 2. Juli 1279 zu Nordhausen, welcher fehlerhaft abgedruckt ist bei Lesser S. 93 (wo Wnego steht statt des richtigen Witego, persequi statt prosequi, huiusmodi statt his, fervontius zwischen opera und auctore fehlt u. a. m.). Ferner ertheilten solche Ablaßbriefe der Bischof Petrus von Wiborg am 15. Nov. 1280 (zu Erfurt), der Bischof H. von Brandenburg (ohne Jahr und Tag) und der Bischof Hermann von Camin (zu Neubrandenburg) am 23. Jul. 1285. — Mehrere später ertheilte Ablaßbriefe &c. übergehe ich und erwähne nur noch vier derselben. Zu Göttingen am Sonnabend Intret in eccl. dei 1406 bezeugt der mainzische Weihbischof Heinrich, daß er am 4. Dec. 1404 geweiht hat den Kreuzgang, Garten (viridarium) und Kirchhof, darauf am 7. Dec. den Altar in der Sacristei der Minoriten zu Nordhausen, und ertheilt Ablaß. Zu Nordhausen am 31. Mai 1429 bezeugt der Weihbischof Heinrich, als Vicarius des Erzbischofs Konrad von Mainz, eine Altartafel in der Kirche der Minoriten eingeweiht zu haben, worauf dargestellt ist das geschnitzte Bild des heiligen Urban nebst den gemalten Bildern der Heiligen Erasmus, Moriz, Gangolf, Juliana und Ottilia, indem er zugleich den Wohlthätern des Klosters einen vierzigtägigen Ablaß ertheilt. — Der Weihbischof Johannes, Vicarius des Erzbischofs Diether von Mainz, bekennt am 10. Mai 1481, daß er am Sonntage Quasimodogeniti (29. Apr. 1481) auf der Hofstätte (area) der Minoriten zu Nordhausen (dem jetzigen Spendekirchhofe) geweiht habe die Kirche mit einem Altare, an den folgenden Tagen neun Altäre dieser Kirche und die Kapelle (vielleicht das jetzt noch stehende Gebäude) mit einem Altare. Darauf nennt er die vielen Heiligen, denen Kirche, Kapelle und Altäre geweiht wurden, mit Angabe der Lage der einzelnen Altäre, und ertheilt vierzig Tage Ablaß. An demselben Tage (10. Mai 1481) bekundet derselbe Weihbischof, daß er an den Tagen nach dem Sonnt. Quasimodogeniti im Kloster der Minoriten zu Nordhausen folgende Bilder geweiht und Ablaß dazu ertheilt hat: 1) ein Bild der heil. Jungfrau über dem Leuchter im Chore, 2) eine Tafel, auf welcher das Leben der heil. Katharina gemalt ist, — das Bild der h. Katharina über der Sacristeithür —, 3) die Tafel des hohen Altars, 4) die Tafel des Altars der 3 Könige, 5) — des Alt. des h. Kreuzes, 6) — des Alt. des h. Franziscus, 7) ein Bild der heil. Anna, 8) des h. Jacobus, 9) der Jungfrau Maria, eingeschlossen in der Mauer, 10) ein Bild des h. Franziscus, im Kreuzgange, — jedes mit 5 Tagen Ablaß —, 11) ein Bild der Jungfrau Maria im Kreuzgange bei der Kapellenthür, mit 12 Tagen Ablaß, 12) ein vergoldetes Kreuz von Silber vorzuzeigen zu Pfingsten, mit 40 Tagen Ablaß, — ferner 40 Tage Ablaß den vor dem Marienbilde in der Mauer Betenden u. s. w. Aus dieser letzten Urkunde scheint hervorzugehn, daß die Minoriten, nachdem ihr Kloster durch Schenkungen, Vermächtnisse (Seelgeräthe) und Almosen wohlhabend geworden war, im 15. Jahrhundert ihre Kirche nebst einer Kapelle vergrößert und ganz neu erbaut hatten. Ihre älteste Kirche war in der großen Feuersbrunst am 8. Jun. 1234 mit abgebrannt. Die darauf erbaute Kirche von 1276 wurde wohl ganz oder zum Theil abgetragen, als der Neubau entstand, welcher 1481 eingeweiht wurde, und diese letzte Kirche stand bis 1805.

Ueber Rechte, Besitz, Schenkungen, Käufe u. s. w. der hiesigen Franziskaner, sowie über ihr Verhältniß zum Orden, zum hiesigen Domstifte und zur Stadt sind noch zahlreiche Originalurkunden (auch päpstliche Bullen) vorhanden (so über ihre Terminarienhäuser zu Kelbra, Sangerhausen und zu Frankenhausen, ein Holz bei Steinsee, ein Holz und eine Hufe bei Hunoldsdorf, ein Holz bei Wiegersdorf, ein Holz bei Crimderode, über das Recht überall zu predigen und Beichte zu hören, über den Sprengel ihres Terminirens u. dgl. m.), deren Mittheilung aber hier selbst in Auszügen zuviel Raum einnehmen würde*). Eine kürzere Urkunde, nach welcher Graf Friedrich von Stolberg am 14. Mai 1272 dem Gebete der hiesigen Minoriten die Seele seiner bei ihnen (in ihrer Kirche) beerdigten Gemahlin Adelheid (Aleyde, vgl. Buch 3, Kap. 2) empfiehlt und ihnen ein bei ihrem Kloster liegendes Haus überläßt, ist abgedruckt in meinen Addit. ad monum. rer. Ilfeld. 1852, pag. 11.

Als Guardiane der Minoriten in Nordhausen kommen vor (wenn ich die unsichern bei Lesser weglasse: Otto 1255. Rudolphus 1300? 1312—13. Hermannus de Walsleyben 1333. Petrus 1343. Hermannus 1438 — vielleicht der Hermann Wisse [Weiße], welcher 1431 und 1432 hier Lesemeister [Lector] der Franziskaner war, 1438 Guardian zu Erfurt, 1442 Custos Custodiae Thuringiae —): Theodericus 1304. 5. — Rudolphus 1312. 13. — Hermannus de Rinkeleyben 1327. — Lodewicus 1328. — Hermannus de Walsleben 1333 (1343?). — Conradus Rotinbach (noch im Kloster 1386 als quondam gardianus.) — Conradus Caesaris 1386. — Conradus 1405. — Albertus Kerchof 1412. — Gotschalcus Stockhusen 1421. 24. — Kerstanus 1431. 32. — Christianus Borxleiben 1442 (1445? vielleicht derselbe mit dem vorigen Kerstanus). — Nicolaus (Nic. Kersten?) 1463. — Heinricus Orlant 1465. 66. — Albertus Wydenast 1483. — Kaspar Schmidt 1511. — Während des Bauernkrieges verließen die Barfüßermönche das geplünderte Kloster und dasselbe wurde darauf säcularisirt.

Der Walkenrieder Hof, diese ehemalige Besitzung des reichen Cistercienserklosters Walkenried, liegt an der Ecke der Ritterstraße und stößt an das Waisenhaus. Das Kloster hatte diesen Hof (curia, Gehöft, Haus und Hof) von den Söhnen eines von Gasthaus (a pueris de Gasthus) erworben, und der Abt Hermann und sein Convent trafen am 12. Nov. 1293 mit

*) Nach Urkunden von 1493 u. 1507 war im Barfüßerkloster eine Brüderschaft (Brüder und Schwestern) U. L. F. „der Diener“ d. h. des Stadthauptmanns und seiner Leute.

dem Rathe und der Gemeine der Bürger von Nordhausen eine denselben betreffende Uebereinkunft. Sie überließen der Stadt einen ferto jährliches Zinses an dem Hause Siegfrieds von Erich d. J. vor dem Hagen, wogegen jener Hof von Wachdiensten frei sein sollte. Wenn das Kloster andre Grundstücke in Nordhausen erwerben würde, so sollte es solche binnen einem Jahre an jemand verkaufen, der davon der Stadt seine bürgerliche Pflicht leiste. Ohne des Rathes besondre Erlaubniß soll das Kloster den Hof nicht erweitern, auch überhaupt kein städtisches Grundstück erwerben. Das Gesinde des Klosters ist für Vergehungen außer dem Hofe den Statuten der Stadt unterworfen. Verbieten die Bürger die Getreideausfuhr, so ist den Mönchen eine solche Ausfuhr nur mit eigenem Geschirr erlaubt. Will eine weltliche Person bei den Mönchen auf dem Hofe wohnen, so ist dieselbe zu den bürgerlichen Lasten in und außerhalb der Stadt verpflichtet, doch nicht eine solche Person, welche aus einer andern Stadt dahin gezogen ist und nicht Kauf und Verkauf treibt. Der Hof steht im Schutze der Bürger. Die Urkunde des Abts und Convents (**D. anno dni M°CC°LXXXXIII in crastino beati Martini Episcopi et Confessoris**) ist bei Lesser S. 95 f. sehr ungenau abgedruckt. Eine Urkunde desselben Inhalts (einen Revers) stellte an demselben Tage der Rath (**Nos Hertwicus de Elrich, Bruno Bikerarii omnesque consules . . . . . ac universitas civium**) dem Kloster (Abt und Convent) aus (abgedruckt in dem Walkenrieder Urkundenbuche Nr. 549 mit dem Fehler **Pickarii** statt **Picerarii** oder **Bikerarii**). — — Der Walkenrieder Hof war indessen bereits vor dem Jahre 1293 im Besitze des Klosters, denn (nachdem schon durch die Urkunden des Kaisers Otto IV. vom Jahre 1209 und des Königs Friedrich II. von 1219 [im Walkenr. Urkundenbuche Nr. 70 und 103] das Kloster Walkenried Freiheit von Zoll und allen Abgaben und Leistungen in Nordhausen, auch freie Benutzung eines Hofes oder einer Hofstätte [**curia vel area**] erhalten hatte) am 17. Febr. 1292 erlaubte der Erzbischof Gerhard von Mainz dem Abte von Walkenried, daß er durch seine Mönche in der Kapelle des Klosterhofes (**in capella curtis monasterii sui**) zu Nordhausen an einem tragbaren (steinernen) Altar (**in lapide portatili**) Gottesdienst feiern lassen dürfe nach Bedürfniß der Mönche und des Gesindes jenes Hofes (Walkenr. Urk. Nr. 540). — Der Hof wurde besonders benutzt, die bedeutenden Zinsfrüchte des Klosters und der Umgegend und das auf den Klostergütern gebaute Getreide hier, wo der Hauptmarktplatz war, aufzuschütten. Der Walkenrieder Abt Konrad (III, von Züne) baute denselben neu auf (nach 1345). — Im Jahre 1429 erhielt der Abt Konrad (V, von Göttingen) kurz vor seinem Tode von dem Archidiaconus, dem Propste Johannes von Jechaburg die Erlaubniß, bei Erbauung einer neuen Kapelle den tragbaren hölzernen Altar in einen steinernen feststehenden zu verwandeln. Im Jahre 1442 unter dem Abte Nicolaus (II, von Frankenhausen) wurde die nun vollendete neue Kapelle eingeweiht, laut Urkunde des Erzbischofs Dietrich von Mainz, gegeben zu Aschaffenburg am 1. Aug. 1443. — In dem Streite, welchen das Stift S. Crucis wegen dieser Kapelle erhob, weil der Walkenrieder Hof zu der Gemeinde S. Nicolai gehörte, die Nicolaikirche aber dem Stifte incorporirt war, gab der Abt Nicolaus 1445 nach und befriedigte das Stift. Im Jahre 1446 erlangte der Abt Johannes (VI, von Brakel) Ablaß für diese Kapelle von dem mainzischen Weihbischof Hermann.

Auch mit der Stadt (dem Rathe) waren Streitigkeiten wegen des Walkenrieder Hofes vorgefallen, welche durch einen Vergleich, den der Abt Heinrich (VI) und sein Convent am 22. Mai 1496 ausstellte, beigelegt wurden. Die wichtigste Stelle in dieser Urkunde lautet: „So sollen die von nortthausen den hoff fur allen andern haben und behalten, und soll an niemand kom„men dann ahn die stadt, wie sie auch unsern vorfarn darauff ergunstigett haben, denselben hoff „auf ihre des Radts hußstede die der gasthauß gewest seyn, zu bawen, mitt dem bescheyden, wan „es mitt unser oder unsern closter geandert wurdt oder das imandts anders dan unser korn „meyster des ordens darin wonen soltt, Das derselb hoff der stadt widerumb frey und ewig sol heymfallen". Schon aus der Vergleichung der hier mitgetheilten Stelle mit derselben in dem Abdrucke bei Lesser S. 97 wird man erkennen, daß dieser Abdruck sehr ungenau und fehlerhaft ist; so setzt derselbe z. B. Rathhauses Stelle statt des Rathes Hausstätte. —

Das für die schöne Abtei Walkenried verhängnißvolle Jahr des Bauernkrieges 1525, dessen dunkle Vorahnung man in der eben mitgetheilten Stelle von 1496 erkennen möchte, hatte auch auf den hiesigen Hof Einfluß. Etwa am 13. April (kurz vor Ostern, welches 1525 auf den 16. April fiel), waren die Mönche vor den anrückenden Haufen der „Scharzfelder" rc. (Harz- und honsteinischen) Bauern entwichen und wohl zum größern Theil hieher geflohen: nach vier Wochen, am Sonntage Cantate (14. Mai) zogen die Bauern von dem verwüsteten Kloster wieder ab zur Verstärkung von Münzers Heere, welches sie aber vor dessen Katastrophe nicht erreichten (s. meine kl. Schriften S. 82). In jener vierwöchentlichen Zeit der Noth und Gefahr, am Sonntage Miseric. Dom. (30. April) 1525 errichteten der Abt Paulus und sein Convent mit dem Rathe und der Gemeine der Stadt Nordhausen hier einen Receß, nach welchem sie den hiesigen Hof mit Zubehör der Stadt überließen. Der Anfang dieser Urkunde lautet: „Wir Paulus Abt zu Walckenreden, Henricus Berge Prior, Joans Berck von Molbusen Kelner, Caspar Findewurffel Subprior, Hermannus Marburg Bursarius, Johann Kruse Kemerer, Johan Bosman Kornmeister, Johnas Schadeberg, Ditterich Beck, Nicolaus Wolff, Bruder Hans Pflugmeister, Darzu wir Nicolaus Limprecht, Erasmus Fuchs, Anthonius Fuß, Johan Holtzegel, Vitus Haberding, Arnoldus Sander, Johan Spangenberg, Paulus Helmolt, Michel Egra, Hermannus Northeym, Andres Womcker, Erasmus Giseler, Henrich Nuemann vnd Hans Houbtmann" u. s. w. — Nachdem der Bauernlärm vorüber war, erlangte der Abt Paulus auch den hiesigen Hof wieder; doch stellte er am 1. Oct. 1525 mit dem Prior, dem Unterprior, dem Bursarius, dem Kornmeister zu Nordhausen und zu Berbisleben und mit dem Convent einen neuen Revers aus, nach welchem der Abt und sein etwaiger Nachfolger den Hof mit allem Zubehör frei inne haben und mit ihrer Dienerschaft bewohnen, auch drei andre geistliche Personen zu sich nehmen dürfen: nachdem aber diese Vier alle gestorben, soll der Hof freies Eigenthum der Stadt werden. — Am 4. Nov. 1530 gab der Abt Paulus nebst dem

Convente dem Rathe abermals einen Revers, in welchem der Hauptpunkt ist, daß wenn das Kloster Walkenried vom Kaiser oder sonst „vergeben" (säcularisirt und einem weltlichen Herrn überwiesen) werden sollte, der Hof in Nordhausen Eigenthum der Stadt sein soll. — Der 1536 auf Paulus folgende (1546 evangelische) Abt Johannes (Holtegel) stellt am 28. Oct. 1540 mit dem Convente eine Urkunde aus, daß der Rath der Stadt, nachdem in dem schrecklichen Nordbrande dieses Jahres ihr Haus und Hof in Nordhausen sehr gelitten, den Wiederaufbau nur unter der Bedingung verstattet habe, 1) daß die früher geschlossenen Verträge über den Anfall des Walkenrieder Hofes an die Stadt im Falle einer Aenderung des Klosters gültig bleiben, 2) daß die alten Rückstände an Schoß und Steuern, welche der Rath beansprucht, zum Besten des Baues erlassen werden. — Als nun im Frühjahr 1546 der Herzog (dann Kurfürst) Moriz von Sachsen sich des Klosters Walkenried zu bemächtigen und dasselbe zu reformiren suchte, jedoch die in Erbverbrüderung stehenden Grafen von Honstein, Schwarzburg und Stolberg mit Beistimmung des Abtes zuvorkamen und durch eine Commission, zu welcher auch der Pfarrer S. Blasii Johann Spangenberg berufen wurde, in der Woche nach dem Sonntage Oculi 1546 evangelischen Gottesdienst in dem Kloster einführten, wollte auch der Rath der Stadt Nordhausen jene Reverse geltend machen. Er nahm den Hof in Besitz und benutzte das Hauptgebäude bis in das vierte Jahr als Rathhaus, da das alte Rathhaus auf dem Kornmarkte sehr baufällig war. Dieses geschah, als der Kurfürst August von Sachsen mit den Grafen von Honstein im Streite um die Schirmherrschaft über das Stift Walkenried sich auf einen kaiserlichen Auftrag berufend das Stift gewaltsam in Besitz genommen hatte und sich auch anfangs der Einnahme des hiesigen Hofes durch den Rath widersetzte, bis ihm das Recht der Stadt daran dargethan sei. Es gelang indessen dem Kurfürsten nicht, die Schutzherrschaft über Walkenried ganz an sich zu ziehn und zur Landesherrschaft zu erweitern; das kaiserliche Gericht schützte die Grafen und den Abt im Besitz.*) Durch einen Vergleich wurde 1568 der Streit zwischen Sachsen und Honstein so beigelegt, daß die Grafen Schutzherren des Stiftes blieben und ein jährliches Schutzgeld von 600 Gulden von demselben erhielten, der Kurfürst aber als Oberschutzherr 300 Gulden. Auch der Hof in Nordhausen wurde dem Kloster wieder überlassen. — Am 29. Sept. 1569, sieben Tage vor seinem Tode in Nordhausen, erkannte der Abt Adam (Goldhorn) mit dem Convente den Revers vom 28. Oct. 1540 an, so wie darauf der letzte Abt von Walkenried Georg (Kreite), doch dieser nur durch eine einfache Unterschrift der Urkunde des Abts Adam. Als nach des Abts Georg Tode 1578 die Administration des Klosters an den Grafen Ernst von Honstein kam, blieb der hiesige Hof auch noch dem Kloster; aber nachdem Graf Ernst 1593 gestorben war, und der Herzog Heinrich Julius von Braunschweig sich in den

*) Während dieser Händel, am 20. Sept. 1565, bestätigte Kaiser Maximilian II. die schon vom Kaiser Karl V. am 3. Mai 1541 ausgesprochene Verpflichtung des Hofes zu städtischen Abgaben und Lasten im Falle der Säcularisation.

Besitz von Walkenried gesetzt hatte, nahm der Rath den Hof wieder ein und behauptete sich neun Jahr im Besitz desselben. Doch zuletzt mußte der Rath dem Andringen des herzoglichen Administrators und des Convents nachgeben: am 25. Febr. 1605 stellten die walkenriedischen Conventualen einen (bei Lesser S. 98 sehr fehlerhaft abgedruckten) Revers aus, nach welchem ihnen der Hof einstweilen und bis zur Entscheidung durch Schiedsrichter über die gegenseitigen Ansprüche übergeben werden sollte, und diese Uebergabe geschah am 18. Jun. 1605, wie der Prior Sebast. Bolemann, der Subprior (auch Rector und Pastor) M. Heinr. Eckstorm, der Bursarius Vitus Bolle und die Conventualen Friedr. Suesserus und Joh. Siedelmann in einer besondern Erklärung mit theilweiser Berichtigung des Recesses vom 25. Febr. bezeugen. So blieb es bis, nachdem der Kaiser 1628 die Grafschaft Honstein an den Grafen von Thun verpfändet hatte, im Jahre 1629 unter Wallensteins und seines Subdelegirten militärischem Schutz das Kloster Walkenried sammt dem hiesigen Hofe von kaiserlichen Commissarien eingenommen und mit Cisterciensermönchen besetzt wurde. Doch das Glück der schwedischen Waffen vertrieb diese Mönche zu Ende des Jahres 1631, und die von dem Administrator Herzog Friedrich Ulrich von Braunschweig abhängigen evangelischen Klosterleute zogen wieder ein. Einen Schiedsrichter zur Entscheidung über den Besitz unsres Hofes wies der Herzog zurück und schlug eine Conferenz auf den 7. Dec. 1633 zu Hannover vor, aber die Kriegsunruhen hinderten diese Zusammenkunft, und der Rath ergriff wieder Besitz von dem Hofe. Indessen that auch ein andrer Postendent auf die honsteinische Erbschaft, der Erzherzog von Oestreich Leopold Wilhelm als Bischof von Halberstadt und Lehnsherr der ausgestorbenen Grafen von Honstein Schritte, sich des Hofes zu bemächtigen. Bereits hatten halberstädtische Commissarien das Wappen an demselben angeschlagen; der Rath ließ es abnehmen (1642) und räumte den Hof dem Convente wieder ein. Endlich 1648 entschied der westphälische Friede auch diesen Streit: der Hauptbesitz der Grafen von Honstein (Lohra und Klettenberg) kam an Brandenburg, das Stift Walkenried an den Herzog Christian Ludwig von Braunschweig, der auch den Besitz des Hofes zu Nordhausen behauptete. Von der wolfenbüttelschen Linie der braunschweigischen Herzoge, welchen Walkenried zu Theil geworden war, wurde dasselbe darauf sammt dem Hof in Nordhausen an den Herzog von Gotha verpfändet (1674—1692), bald aber, indem Walkenried braunschweigisch blieb, wurde unser Hof Brandenburg (dem Könige von Preußen) überlassen, zu einem Collecturhofe für die durch den westphälischen Frieden erworbenen ehemals honsteinischen Besitzungen. Der Walkenrieder Hof blieb nun ein königlich preußischer Collecturhof, wie der Ilfelder Hof ein hannoverscher, bis 1802 in einer kaiserlichen freien Reichsstadt. In der neuern Zeit wurden die Gebäude des Walkenrieder Hofes von den königlichen Behörden auch zu andern Zwecken benutzt, für das Rentamt, zur Hauptwache u. s. w., endlich wurde das königliche Hauptsteueramt dahin verlegt.

Der Ilfelder Hof liegt vor dem Hagen und gehörte dem Stifte (ehemaligen Prämonstratenserkloster) Ilfeld. Dieser Collecturhof entstand vielleicht auf der Stelle des Hofes (der curia), welchen im 13. Jahrhundert der Graf Friedrich von Klettenberg mit Zustimmung seines Sohnes Christian, nachdem denselben bis dahin ein nordhäusischer Bürger zu Lehn inne gehabt hatte, mit vollem Eigenthumsrechte dem Kloster zu Ilfeld für Erlaß seiner Sünden schenkte (s. meine Monumenta rer. Ilfeld. § 24). Dieser Hof wurde vergrößert durch eine daranstoßende wüste Hofstätte, welche der Rath gegen Abtretung von Erbzinsen an Häusern in der Stadt am 5. Jun. 1389 von Wachen, Schoß und Abgaben befreite. Die ausführliche Urkunde darüber steht in den Monum. rer. Ilfeld. § 45, fehlerhafter und mit der falschen Jahrzahl 1398 bei Lesser S. 100 f. Am 20. Sept. 1565 befahl der Kaiser Maximilian II, indem er eine Urkunde des Kaisers Karl V. vom 3. Mai 1541 bestätigte, daß der Walkenrieder und der Ilfelder Hof sowohl als andrer Geistlichen und Stiftspersonen Häuser zu Nordhausen in des Rathes bürgerliche Pflicht, Geschoß, Wache, Folge und Mitleiden gezogen werden sollten, wenn sie in weltliche Hände übergehn oder verändert (säcularisirt) werden (Mon. rer. Ilf. § 58, vgl. Lesser S. 255 und unten Buch 3, Kap. 5). Auch nach der völligen Reformation des Klosters Ilfeld wurde der Hof in Nordhausen als Collecturhof für die Stiftszinsen benutzt und von einem hannoverschen Stiftscollector bewohnt, auch einige Zeit vor der Vereinigung der Stadt Nordhausen mit Preußen für eine besondre hannoversche (außer der Turn- und Taxis'schen) Post benutzt. Im Jahre 1853 verkaufte das Stiftsamt Ilfeld den Hof an einen nordhäusischen Bürger.

Der städtische Weinkeller lag am Markte dem Rathhause gegenüber. Derselbe wurde erweitert, als im 15. Jahrhundert ein Bürger sein Haus noch dazu hergab: es erklärte nämlich am 24. Jan. 1442 Heinrich Swellingrebil vor gehegter Dingbank des hiesigen Reichsschultheißen, wegen der Gunst und Freundschaft, welche der Rath und die Gemeine ihm erwiesen, besonders aber weil sie ihn auf Lebenszeit von allen öffentlichen Lasten und Abgaben befreit hätten, habe er denselben seinen Sedelhof mit den „Gelthusen" und allem Zubehör, gelegen zwischen dem „Wynbure" und dem Kannengießer H. Lichtlein, gegeben, denselben nach seinem Tode zu einem „Wynbure und Wynkeller" zum gemeinen Nutzen ewig zu gebrauchen. (Außerdem übergab derselbe einen Hauptbrief, d. h. eine Schuldverschreibung der Städte Sondershausen, Frankenhausen und Greußen über 300 Gulden und 25 Gulden Zins nebst 3 Gulden an Golde und 33 neue Groschen, damit sein Testament zu bestellen, und zwar so, daß das Kapital gekündigt werden und davon 100 Gulden zu der ewigen Spende (am Freitage vor Palmarum), 100 Gulden zu einer Tonne Hering jährlich für die armen kranken siechen Leute vor der Stadt (das Hospital S. Cyriaci), 100 Gulden und die 3 Gulden und 33 Groschen zur Vertheilung an die Räthe, Schreiber und Stadtknechte zu Nordhausen verwendet werden sollten.

Der Weinkeller stand unter Aufsicht der Weinherren, welche Mitglieder des Rathes auch die Anschaffung der Weine besorgten*) und jährlich Rechnung ablegten. — Nach dem Brande

*) In den frühern Jahrhunderten bauten die Nordhäuser selbst Wein, und es gab hier viele Weinberge, namentlich an der Berglehne vor dem Bielenthore.

von 1710 ließ der Rath den Weinkeller ansehnlicher wieder aufbauen. — Das Gebaude wurde zuweilen benutzt, um vornehmere Gefangene daselbst zu verwahren, und als das Rathhaus bei der ersten preußischen Besetzung der Stadt im Anfange des 18. Jahrhunderts einige Zeit geschlossen war, hielt der Rath daselbst Sitzungen. — In der neuesten Zeit wurde aus dem Weinkeller ein verpachteter Bierkeller, und im Jahre 1855 sind die Mädchenschulklassen der Oberstadt dahin verlegt worden.

Von den Weinschenken, welche der Rath annahm, nenne ich bloß Heinrich Sommer 1630, der darauf 1635 Rathsherr und 1641 Bürgermeister wurde, und Christoph Schreiber 1693, ebenfalls Rathsherr und Besitzer des Hammers auf dem Bielenrasen, welcher jenen Namen erhielt, als Schreiber daselbst einen Eisenhammer anlegte.

Die alte (Raths-) Apotheke, auch Adlerapotheke genannt, liegt am Holzmarkte. Auch diese Apotheke ließ der Rath nach dem Brande von 1710 größer wieder aufbauen. Aus dem Rathe gewählte Apothekenherren führten die Aufsicht über dieselbe.*) Von den Raths-Apothekern, welche ihr vorstanden und sie pachtweise inne hatten, sind folgende bekannt:

Blasius Michael 1525 (s. über ihn kl. Schriften S. 45 ff.). — Michael Neander (s. daselbst S. 52). — Joh. Magdeburg, am 11. Mai 1566 auf 1 Jahr angenommen. — Kaspar Dornhardt, der als solcher schwor am 24. Mai 1571. — Joh. Thilo aus Sondershausen, auf 3 Jahr angenommen, schwor am 24. Mai 1579. — Balzer Dirre schwor am 29. April 1592. — Andr. Weber, der 1603 des Bürgermeisters Agnese Tochter heirathete. — Georg Binding aus Halle am 29. Jun. 1619. — Georg Braun 1628, starb 1635. — Christoph Gerberus aus preußisch Holland 1633. Er war 19 Jahr herzogl. braunschweigischer, 17 Jahr gräflich stolbergischer Leibmedicus und starb 71 Jahr alt 1681. — Christoph Getzler 1638. — Abraham Pfalz 1651. — Joh. Chph. Weise oder Weiße 1653. 62. — Joh. Heinrich Behrens aus Goslar, starb 1682 nebst drei Kindern an der Pest. — Andr. Heinrich Sieckel aus Eimbeck, lernte 1668 hier bei Behrens, der ihn 1681 aus der Fremde wieder zu sich rief, und dessen Wittwe er 1683 heirathete, nachdem ihn 1682 der Rath zum Provisor der Apotheke angenommen hatte, welche er ihm endlich in Pacht gab. Von Sieckels Söhnen aus der zweiten Ehe mit des Rathsherrn Konrad Daberkow Tochter Katharine Marie wurde der älteste Ch. Konr. Arzt; er selbst starb 59 Jahr alt 1709. — Aug. Encke aus Teiplitz, angenommen 1710, starb 49 Jahr alt 1729. — Joh. Jac. Döring aus Eisleben, starb 37 Jahr alt 1733. — Johann Werner Dencker kam von Quedlinburg hieher und starb 1746; seine Wittwe Florine Sidonie blieb im Pachte bis 1765. — Phil. Ernst Dilthey aus dem Anhaltischen 1765—70. — Sam. Gottfr. Lindner aus Eisleben 1770. — Joh. Chrn. Flor aus Oberg bei Hildesheim, starb 1795. — ..... Sander ..... Dr. John. .....

Die alte (Adler-) Apotheke wurde verkauft an W. J. F. Meyer aus Klausthal 1818.

---

*) Eine Apothekenordnung und Taxa ließ der Rath 1657 bei J. E. Hynitzsch drucken ($15^1/_2$ Bogen in 4).

Die neue Apotheke auf dem Pferdemarkte wurde vom Rathe 1732 erbaut. Rathsapotheker in derselben waren seit 1735: Joh. Georg Gretser. — Joh. Rudolph Gretser. — Wilhelmi. — Prätorius. — Dilthey (bekam 1765 die alte Apotheke). — H. W. Dencker (1765—95). — Joh. Phil. Lesser seit 1795. — ... Röver. — ... Gumprecht. Auch diese neue Apotheke wurde vom Magistrate verkauft, an C. F. L. Bergemann 1826.

Die alte Wage lag mitten auf dem Kornmarkte. Es war ein tüchtiger Bau, der untere Theil des ehemaligen, nach dem Brande von 1612 als Wage und öffentlicher Tanzboden wiederhergestellten Rathhauses (s. oben). Als nach hundert Jahren dieses Gebäude durch die Feuersbrunst von 1712 wieder bis auf die Außenmauern und den untersten Theil zerstört war, wurde es 1732 abgebrochen, und auf des Bürgermeisters Bretschneider Anordnung wurde nun auf einer Brandstelle (der Platnerschen) an der Kranichstraße und dem Pferdemarkte ein ansehnliches öffentliches Gebäude (mit Erweiterung des Pferdemarktes) errichtet, oder eigentlich drei Gebäude: 1) die bereits erwähnte neue Apotheke an der Ecke der Engelsburg gegenüber, 2) die Wage, in der Mitte, 3) das Zollgebäude an der Ecke der Sackgasse, worin der städtische Zolleinnehmer wohnte. — Die städtische Wage besteht noch, doch in die obern Räume ist in neuerer Zeit die höhere Töchterschule verlegt worden, als das Beckersche Stipendiathaus am Markte neben dem Keller, in welchem Hause die Töchterschule bei ihrer Errichtung 1808 untergebracht war, verkauft wurde. — Im Jahre 1858 wurde eine Brückenwage vor dem Wagehause eingerichtet. Der Name des ersten der Wagemeister, welche Lesser nennt, ist Hans Ernst 1600, der Vater des Bürgermeisters Joh. Ernst. Der letzte reichsstädtische Wagemeister hieß Quehl.

Das Breihanhaus (Broihanhaus) lag oben in der Rautenstraße, wo diese auf den Kornmarkt führt (die Hintergebäude nach der Hundgasse zu)[*]), und war im Jahre 1708 eingerichtet worden zu einem städtischen Brauhause für Broihan, in welchem die Brauberechtigten dieses Weißbier eine Reihe Jahre hindurch brauten und ausschenkten, was vorher in den Privathäusern geschah. Als das Schulhaus der Mädchenschule in der Pfaffengasse 1712 mit abgebrannt war, wurde dieselbe einstweilen in die obern Räume dieses Gebäudes verlegt. Im 19. Jahrhundert ist dasselbe verkauft, und es sind Privathäuser an dieser Stelle erbaut worden. Das dafür auf der Stelle einer angekauften Stiftscurie in der Domstraße erbaute neue Breihanhaus ging bald in Privatbesitz über. — Ein besondres Gosehaus (Gosebrauhaus), bei dem Marstalle auf dem Hagen eingerichtet, bestand auch nur etwa 100 Jahr. Die erste Gose, ein süßes Weißbier zum Theil aus Weizen, wurde im Jahre 1721 hier gebraut. — Für die ziemlich schwunghaft betriebene Bier- (Braunbier-) Brauerei gab es kein besondres städtisches Brauhaus, und die brauenden Bürger mußten von den zahlreichen nicht brauenden Besitzern brauberechtigter Häuser die Braulose theuer erkaufen. Nach dem Tode des Bürgermeisters Grünhagen († Dec. 1822)

[*]) In älterer Zeit lag hier vielleicht die Apotheke; wenigstens lag ein „Apothekergarten" dahinter

wurde die „Braugerechtigkeit" der „Brauhäuser" ohne Entschädigung aufgehoben, nachdem Grünhagen eine Reihe von Jahren für die Erhaltung derselben glücklich gekämpft hatte.

Der Marstall (des Rathes, für die städtischen Kutsch- und Wagenpferde, früher auch Reitpferde) lag auf dem Hagen, wo 1824 (meistens auf Aktien gewesener Braubereichtigter) ein neues Brauhaus erbaut (nach wenigen Jahren Besitz eines Einzelnen), auch auf einige Zeit eine Hauptwache eingerichtet wurde, dann ein Schullocal u. s. w.

In den Vorstädten liegen und lagen schon 1740 folgende öffentliche Gebäude: die Kirche S. Jacobi, die Kirche am Frauenberge, die Kirche im Altendorfe, das Hospital S. Martini, das Kloster am Frauenberge, das Hospital S. Elisabeth und vor der Stadt das Hospital S. Cyriaci (der Siechhof, jetzt ein allgemeines Armen-, Kranken- und Arbeitshaus).

Die Kirche S. Jacobi liegt in der Neustadt. Von der alten Pfarrkirche S. Jacobi, welche schon im 14. Jahrhundert stand, aber im Jahre 1744 ganz abgetragen und an deren Stelle die gegenwärtige Kirche erbaut wurde, berichtet der verdiente Pastor F. Ch. Lesser in einer besondern Schrift, die er 1744 hier herausgab, als die neue Kirche gebaut werden sollte: Historische Nachrichten von der alten Kirche S. Jacobi der Kayserl. freyen Reichs-Stadt Nordhausen . . . . . mit beygefügter Auszugs-Predigt . . . . den 1. Sonnt. Trin. (31. Mai); 10½ Bogen in Octav.

Der Thurm, welcher 1744 stehn blieb, soll 1310 erbaut sein. Der Knopf auf demselben wurde 1834 erneuert und eine Windfahne darauf angebracht. — Auf der größten der vier Glocken las Lesser: Post [M trecentos? F.] completa tredecim annos Nonas Augusti sum fusa manu magistri. Missarum horas proclamo festivales [?festi ad aras? F.]. Ad templum vite vos voco [cito? F.] venite. Ad planctum funerum mea voce concito Clerum. Fugo nocivas auras . . . . . Diese schadhaft gewordene Glocke ist wahrscheinlich in der zweiten Hälfte des 18. Jahrhunderts verkauft worden. Die zweite goß aus dem Metall der 1619 gesprungenen 1620 Jacob König, fürstlich Sachsen-Coburg. Stück- und Glockengießer zu Erfurt. Dieselbe sprang, nachdem sie schon längere Zeit schadhaft gewesen war, bei dem Königsläuten am 17. Sept. 1855. Darauf wurde sie umgegossen zu Halberstadt, wobei noch Metall zugesetzt wurde, so daß sie nun 50 Centner schwer ist (statt der frühern 45). Die dritte ist die Stimmglocke, die vierte die Seigerglocke.

Jene alte Kirche war 104 Schuh lang, wovon 62 auf das Schiff kamen, 42 auf das Chor, das auf jeder Seite der Kirche einen Fuß eingerückt war; die Breite betrug mit der Sacristei 57 Schuh, die Höhe der Mauern mit dem Gesimse über der Erde 23 Schuh. Das Chor soll später angebaut gewesen sein. — Der nicht mehr vorhandene alte Taufkessel, welcher mitten in der Kirche stand, und zu dem man drei Stufen hinauf stieg, war von gemischtem Metall (Glockenspeise), 3 Centner 24 Pfund schwer, und ruhete auf vier metallnen Bärenfüßen. — Außer dem hohen Altar, den mit seiner gemalten Altartafel und der gestickten Altardecke Lesser ausführlich beschreibt, gab es mehrere Nebenaltäre, z. B. einen zur Ehre des heiligen Kreuzes (und des h. Stephanus) geweihten, zu welchem am 21. Jan. 1407 der Scholaster des hiesigen Domstifts Werner Kale und der Vicarius desselben Johann von Bendeleben eine Vicarie stifteten, — jener mit $3^1/_2$ Mark Zinsen in Uthleben (für 40 Mark) und $^1/_2$ Mark Zinsen von der Stadt Weißensee (für 5 Mark gekauft), dieser mit $1^1/_2$ Mark und 5 Scheffel Mangkorn Zinsen in Feldengel („Veltengilde") — welche Stiftung einer Vicarie und des Altars zu Ehren des heil. Kreuzes und des heil. Stephanus durch den Scholaster Werner Kale, „den Plebanus der Pfarrkirche zu Veltengilde Joh. von Bendeleben und den Laien Heiso von Heigenrode" der Propst zu Jechaburg, Provisor zu Erfurt und Commissarius des Erzbischofs Johann von Mainz, Johannes Adolf von Nassau 1414 bestätigte. — Die Kanzel ward 1598 erneuert, die Orgel seit dem 16. Jahrhundert mehrmals geändert und reparirt. [In der neuen Kirche wurde schon wieder 1798 eine neue Orgel erbaut, für 1100 Thaler, wozu die Frau Senat. Rode 600 Thaler vermacht hatte.]

Am 9. Apr. 1421 erkannte ein päpstlicher Auditor zu Rom, daß die Pfarrkirche S. Jacobi zu Nordhausen dem Stifte S. Crucis zustehe, und Heinr. Locker keine Ansprüche daran habe. Von alten Schenkungen und Vermächtnissen an die Kirche S. Jacobi sind einige noch bekannt: so schenkten zu einer jährlichen dreifachen Kerze der „hövesche" Mann Werner von Werther Bürger in Nordhausen und seine Frau Adelheid Wiesen und Land zu Groß-Werther, und der Ritter Dietrich von Werther Burgmann zu Straußberg wohnhaft zu Groß-Furra bezeugte diese Schenkung und erkannte sie an 1379 am Sonnabende nach Lichtmessen*). — Im Jahre 1517 vermachten Klaus Kersten und seine Frau 4 Acker Land und 8 Gulden Zins, 1557 Thilo Werther 25 Schock Groschen Zins von 50 Mark löthigen Silbers. — Im Jahre 1463 verkaufte ein Bürger für 15 Schock Groschen 1 Schock Zinsen, und 1469 ein andrer für 6 Schock Groschen 8 neue Groschen Zinsen an die Kirche. Wie die alte Kirche S. Jacobi im Bauernkriege gelitten haben soll, ist erwähnt in meinen kl. Schriften S. 101. — — Das Kirchenbuch fängt 1624 an.

Schon 1648 war die alte Kirche so baufällig, daß der Rath eine Collecte zur Reparatur derselben anordnete. Endlich schien der Zustand des alten Gebäudes so drohend zu sein, daß der Pastor Lesser, bald nachdem er (1741) vom Frauenberge in dieses Pfarramt gekommen war, und die Vorsteher der Kirche unter Zustimmung vieler, wenn auch nicht aller Gemeindeglieder und mit Genehmigung des Rathes 1743 beschlossen, dasselbe ganz abzutragen und eine neue

---

*) Aus der betreffenden Urkunde will Lesser nachweisen, daß die hiesige Patricierfamilie von Werther gleiches Stammes sei mit der Familie der Freiherrn von Werther zu Klein-Werther. Dagegen spricht die Verschiedenheit der Wappen, s. kleine Schriften S. 150, Anmerk. 2. — Der Ritter Dietrich von W. gehörte wohl entweder nicht zu der freiherrlichen Familie in Kl. Werther, sondern zu einer Gr. Wertherschen mit den hiesigen Patriciern von W. verwandten, oder er bestätigte die Schenkung als Lehnsherr, nicht als Agnat, und Lehnsherr und Lehnsmann hatten zufällig gleichen Familiennamen.

Kirche zu bauen. Am 31. Mai 1744 hielt Lesser die letzte Predigt (die Auszugspredigt) in der alten Kirche; nach 5 Jahren war die neue vollendet und wurde eingeweiht am 19. Sonnt. nach Trin. (31. Oct.) 1749; s. darüber die Historische Nachricht von der feyerlichen Einweihung der von Grund aus neu erbauten Kirche S. Jacobi ..... von F. Ch. Lessern ... (mit den Anhängen 5$^3/_4$ Bogen in Octav). Der Bau war vorzugsweise Lesser's Verdienst, indem er namentlich die Mittel zum Bauen, woran es anfangs sehr fehlte, zu beschaffen wußte. Der geringste Anschlag des Baues betrug 9000 Thaler, es waren aber dazu zunächst nur vorhanden ein Vermächtniß der Frau A. M. Lange von 50 und ihres Sohnes Joh. Konr. Lange von 500 Thalern. Einen ansehnlichen Beitrag gewährte der Herzog von Braunschweig durch Verwilligung von mehr als 5000 Kubikfuß schöner behauener Quadersteine von der verwüsteten Klosterkirche zu Walkenried. Unermüdlich sorgte Lesser, besonders durch Bittschriften, andre Beiträge an Geld, Holz, Steinen, Kalk und freien Diensten und Fuhren aus der Nähe und Ferne zu beschaffen, und er erlebte die Freude, das Gotteshaus vollendet zu sehen. Einzelheiten über den Bau, dessen Vollendung Viele bezweifelt hatten, erzählt er in der genannten Schrift. Das Mauerwerk ordnete Meister J. A. Voigts aus Blankenburg an, und Meister J. Ch. Eichler führte dasselbe mit seinen Gesellen aus. Die Grundmauern sind 12 Fuß tief, unten 9 Fuß 8 Zoll, oben 5 Fuß 8 Zoll breit, die Mauern zu Tage unten 5 Fuß, oben 4 Fuß stark. Die Länge der Kirche beträgt 111$^1/_2$ Fuß, die Breite 70 Fuß, die Höhe bis an das Hauptgesims 38 Fuß. — Dieses Mauerwerk war fertig am 24. Aug. 1747. Das Hangewerk des Daches (der untere Dachstuhl 22, der obere 11 Fuß hoch), nach einem von dem Professor J. F. Penthers in Göttingen revidirten Risse, war am 28. Sept. vollendet. Die Decke (der sogenannte Himmel), darauf die innere Ausrüstung der Kirche durch Tischler, Glaser, Maler u. s. w. kam bis zum October 1749 zu Stande. — Die Orgel stand nur bis 1798, wo sie durch eine neue ersetzt wurde, indem der Senator Rode 500, die Gemeinde 741 Thaler dazu hergab. — Am 14. Oct. 1849 wurde die erste Jubelfeier dieser Kirche begangen, nachdem dieselbe, soviel die Mittel erlaubten, restaurirt worden war. S. darüber: Die erste Jubelfeier der St. Jakobi oder Neustädter Kirche zu Nordhausen von dem Past. Abel. N. 1849. 8. 37 Seiten.

Als Pfarrer (Plebani) der Kirche S. Jacobi vor der Reformation kommen vor: Bertoldus 1278. 1295. — Heidenricus 1319. — Thilo 1338. 39. (Capellanus 1338 Henr. de Bliche-rode.) — Hildebrand 1365. — Heinrich Königerodt 1412. — Jacob König 1495. — Heinrich Poldrian 1504. — Nicolaus Fröhlich 1511. 1514. — — Als Vicarii am Altar des heil. Kreuzes erscheinen in Präsentationsbriefen der erblichen Privatpatrone und in Bestätigungsbriefen der Officiale zu Jechaburg: Heinrich von „Heienrode" † 1463, — Burchard Zenge 1463, resignirt 1478, — Joh. Louffer 1478, — Andreas Haferung † 1513, — Gregor Utensberg 1513, — Kasp. Utensberg, heirathet 1525, — Jonas Utensberg 1525.

Ueber die Prediger (Pastores) dieser Kirche nach der Reformation spricht ziemlich ausführlich (bis 1741) Lesser in den genannten Histor. Nachrichten von der alten Kirche S. Jacobi

S. 34—93; doch nicht alle interessanten Einzelheiten konnten aus diesem Verzeichnisse hier aufgenommen werden. Es sind:

1. Johannes Noricus (Nürnberger) 1547—83. Er war geboren am 24. Jun. 1516 zu Nürnberg, von wo darauf sein Vater Michael Städer nach Nordhausen zog. Von seiner Vaterstadt wurde dieser hier Nürnberg oder Nürnberger genannt. Daß derselbe in Ansehn stand, dafür spricht, daß er 1523 Kirchenvorsteher zu S. Jacobi war. Der junge Nürnberg erhielt eine gute Schulbildung, wurde aber zum Weißgerberhandwerk bestimmt und trieb dieses Handwerk hier als Meister, bis er im Jahre 1544 mit einem günstigen Zeugnisse des Rathes sich hinwegbegab, um anderswo bessere Nahrung zu suchen. Er ging nach Mühlhausen, da aber in dem Dorfe Oppershausen die Predigerstelle offen war, so hielt er daselbst mit Beifall eine Probepredigt und wurde dem Superintendenten Rutilius zu Langensalza präsentirt, welcher ihn zur Prüfung und Ordination an den Superintendenten Pfeffinger nach Leipzig sendete. Er wurde tüchtig befunden und kam so als Prediger nach Oppershausen und von da, berufen von dem Fürsten Georg von Anhalt, Coadjutor von Merseburg, nach Niederdorla. Am 9. Jun. 1547 beriefen ihn die zwei Kirchenvorsteher sammt den Aeltesten zu S. Jacobi in Nordhausen zum Predigtamte an ihrer Kirche und versprachen ihm bei seiner persönlichen Anwesenheit, da er 50 Gulden gefordert hatte, einen jährlichen Gehalt von 40 Gulden und 10 Scheffel Korn, doch wolle der Rath der Pfarre 12 Acker Land zueignen. Sie sendeten ihm dabei einen „Lickauf" (der in einem „Schreckenberger" bestand). Nürnberger oder Noricus, wie er sich nun gewöhnlich nannte, nahm die Stelle an. Im Jahre 1560 gerieth er nebst einigen andren Predigern in einen heftigen und langwierigen theologischen Streit mit dem Pastor S. Nicolai Ant. Otto und dessen Anhängern. Da man den Streit nicht anders beendigen zu können schien, wurde auch Noricus am 10. Jul. 1568 abgesetzt, doch auf Verwenden des Kurfürsten von Sachsen bald wieder eingesetzt. Er starb 1583 und hinterließ zwei Söhne, von welchen der ältere Prediger in Ilewitz wurde, der zweite Johann ihm hier im Amte folgte.

2. Johannes Noricus II. aus Nordhausen 1583—1619. Er war geboren 1548, erhielt seine gelehrte Bildung hier, zu Walkenried und zu Wittenberg, wurde 1572 Pastor zu Otterstedt bei Elingen, 1576 hier im Altendorfe (einstimmig gewählt und von den Altarleuten berufen). Im Jahre 1583 wurde er Diaconus S. Nicolai, aber noch in demselben Jahre Nachfolger seines Vaters zu S. Jacobi*). Im Jahre 1618 ließ er sich seinen Sohn den Tertius am Gymnasium adjungiren und starb am 18. Jun. 1619.

3. Johann Samuel Noricus III. aus Nordhausen 1618 (19)—1634. Er war geboren 1596, besuchte die Schulen hier, zu Erfurt und (die damals noch blühende evangelische Klosterschule) zu Walkenried und die Universität Helmstädt. Er wurde Tertius am Gymnasium 1617,

*) Die Wahl der Prediger S. Jacobi geschah bis 1800 so, daß die 2 Kirchenvorsteher einen, die 2 Gemeindevorsteher einen und der Rath einen Geistlichen oder Kandidaten in die Wahl gab, aus welchen die Hausväter der Gemeinde nach Stimmenmehrheit wählten. Der Rath bestätigte den Gewählten.

seinem Vater adjungirt 1618, folgte demselben im Amte 1619. Im Jahre 1634 wurde er Pastor S. Petri, 1663 Pastor primarius S. Nicolai und starb 1667. Ein Sohn von ihm Joh. Ernst Noricus, geboren am 16. Jan. 1634, wurde ein berühmter Jurist, Professor zu Leipzig, 1665 Rector der Universität, zuletzt als Hof- und Justizrath und Director des Consistoriums zu Merseburg vertrat er die Stelle eines Kanzlers. Er starb schon am 7. März 1678.

4. Ernst Göttling aus Andreasberg 1634—65, geboren 1594, Pastor zu Urbach 1619, zu Ilfeld 1627, von da verdrängt und verfolgt durch den katholischen Abt Nihusius und die kaiserliche Commission 1633 Diaconus zu Ellrich, bald darauf 1634 Pastor S. Jacobi hier, starb am 30. Nov. 1665.

5. M. Johann Nicolaus Beda aus Nordhausen 1665—82, geboren 1639, Pastor hier 1665, starb an der Pest am 28. Aug. 1682 und wurde nicht in der Kirche begraben, wie besonders bemerkt wird.

6. M. Johann Heinrich Hempel aus Stolberg 1683—86, geboren 1642, Pastor zu Rosla 1666, Archidiaconus zu Heringen 1673, Pastor S. Jacobi zu Nordhausen am 29. Jan. 1683 und zugleich, ausnahmsweise statt des Pastors S. Blasii, Assessor des Consistoriums und Schulinspector. Nachdem die Feuersbrunst vom 6. Mai 1686 auch ihn mit betroffen hatte, wurde er auch in demselben Jahr Superintendent zu Frankenhausen. Er starb 1699.

7. Joh. Nicolaus Rohrmann aus Nordhausen 1686—98 (7. Aug.), vorher Pastor am Frauenberge (1683), nachher Past. prim. S. Nicolai Nr. 15, starb 1716. S. oben.

8. Dr. Albert Ephraim Hempel aus Nordhausen (aber geboren zu Rosla) 1701 (3. Febr.) —1722, ein Sohn des Past. Hempel Nr. 6, geboren 1670, Past. am Frauenberge 1692, S. Jacobi 1701, Licentiat 1697 und Dr. der Theologie 1711 (zu Wittenberg, s. Lib. Decan. Vit. p. 118. 125), 1712 auch statt des alten Past. S. Petri Seume Assessor Consistorii, starb am 25. Mai 1722.

9. Gottlieb Vitalis Rohrmann aus Nordhausen 1722 (5. Jul.) — 1730, geboren 1692, ein Sohn des Past. Rohrmann Nr. 7, starb am 22. Jun. 1730.

10. Andreas Mauritius Gohr aus Falkenberg bei Stargard 1730—40, vorher Diaconus zu Rosla 1724, Pastor zu Hain 1726, zu Uftrungen 1727, nachher Past. S. Blasii Nr. 18, starb 1748.

11. Friedrich Christian Lesser aus Nordhausen 1741—54. Ueber diesen hochverdienten, vielseitig gebildeten und in der gelehrten Welt seiner Zeit sehr bekannten Mann s. besonders die Schrift seines Sohnes des Past. S. Blasii Joh. Phil. Friedr. Lesser: Nachricht von dem Leben und Schriften Herrn Friedrich Christian Lesser &c. Nordhs. 1755. 8 Bogen in Quart. Er war ein Sohn des Diaconus S. Nicolai Phil. Jacob Lesser und dessen Gattin Aemilia Sophie geb. Rothmaler und am 12. Mai 1692 hier geboren. Nachdem er Schüler des hiesigen Gymnasiums und Student zu Halle und Leipzig gewesen war, hielt er sich einige Zeit bei einem Oheim zu Berlin auf, überall neben der Theologie auch andern Studien, besonders den historischen und den Naturwissenschaften eifrig ergeben und des Umgangs mit Gelehrten sich erfreuend.

Doch der Vater rief ihn bald wieder zu sich, um eine Unterstützung im Amte an ihm zu haben. Schon 1716 wurde er Pastor am Frauenberge. Im Jahre 1735 nahm die kaiserliche Akademie der Naturforscher (Naturae Curiosorum) ihn zum Mitgliede auf. Nachdem er 1739 auch Prediger des Hospitals S. Martini geworden war, wurde er am 4. Aug. 1741 zum Pastor S. Jacobi berufen. Die beiden letzten Pfarrämter bekleidete er bis an seinen Tod, die Administration des Waisenhauses nur 1724—1743 Im Jahre 1743 wurde er Mitglied der königl. preuß. Gesellschaft der Wissenschaften, 1748 Ehrenmitglied der königl. deutschen Gesellschaft zu Göttingen u. s. w. Von seiner ersten Gattin Joh. Maria, Tochter des Kaufmanns Adam Wolfram, hatte er einen Sohn, den nachmaligen Pastor S. Blasii Joh. Phil. Friedr. Lesser; die zweite Gattin war eine Schwester der beiden Bürgermeister Riemann. Von Lesser's Verdiensten um den Kirchenbau 1744—49 wurde oben gesprochen. Als Gelehrter war er ungemein fleißig: er führte einen sehr ausgebreiteten Briefwechsel und legte bedeutende Sammlungen an, besonders für die Geschichte, zunächst seiner Vaterstadt (obgleich ihm dafür noch manche Quelle verschlossen blieb) und für Naturgeschichte (Mineralien, Petrefacten, Conchilien): überall spürte er alten Kupferstichen, Holzschnitten, Münzen, Handschriften und Büchern nach und rettete manches Schätzbare vom Untergange. Diese Sammlungen sollen großentheils erst nach dem Tode seines Sohnes (1782) zerstreut worden sein, während dessen Sohn, der nachmalige dritte Pastor Lesser, abwesend war. Vielleicht hat auch des Sammlers einziger Schwiegersohn der Pastor Schmabling davon bekommen. — Die Zahl der Schriften Lessers ist groß: sein Sohn zählt 66 derselben auf, von denen einige ohne seinen Namen erschienen (wie z. B. die histor. Nachrichten von Nordhausen), außerdem 24 Werke, zu denen er ansehnliche Beiträge lieferte. Seine Insectologie ist in das Italienische (in Venedig 1751) und Französische (im Haag 1752 mit Zusätzen von Lyonnet erschienen) übersetzt. — Lesser starb am 17. Sept. 1754 und wurde in seiner Kirche rechts neben dem Altare, wo auch sein Brustbild hängt, begraben.

12. M. Johann Heinrich Hüpeden aus Rottleberode 1755—1799, geboren am 23. Jul. 1726, promovirt zu Göttingen 1751, Pastor S. Jacobi 1755 (erwählt am 6. Febr., eingeführt am 9. März), starb am 28. Nov. 1799, verdient auch als Oekonom (als wohlhabender Grundbesitzer, durch Einführung des Kleebaues, Versuche mit Seidenwürmerzucht, Tabaksbau u. dgl.).

13. Karl Wilhelm Förstemann aus Nordhausen 1800—1813, darauf Past. prim. S. Nicolai Nr. 21 und Superintendent.

14. Ernst Christoph Bohne aus Nordhausen 1813—35, geboren am 14. Dec. 1760, Tertius am Gymnasium 1789, Pastor im Altendorfe 1794, S. Jacobi 1813 (eingeführt 16. Sonnt. n. Trin.), emeritirt 1835 zu Michael, gestorben am 17. Jan. 1853, 92 Jahr alt.

15. Friedrich Theodor Karl Abel aus Wödern bei Magdeburg 1835 (20. Dec.) — 1852, Pastor zu Stöckey bis 1835, zu S. Jacobi hier am 20. Dec. 1835, 1852 Prediger zu Amfurt und bald darauf zu Magdeburg an der Ulrichskirche.

16. **Karl Friedrich Wilhelm Wagner aus Bucha bei Wiehe seit 1852 (3. Adv.)**, vorher Adjunct an der Klosterschule zu Donndorf.

Kirchner (Aeditui), meistens auch Lehrer der Neustädter Gemeindeschule, einer Elementarschule*) für Knaben und Mädchen, waren zu S. Jacobi:

1. Christoph Elle (Ellius) aus Leipzig 1592. Er wurde Cantor in Thüringen, darauf Quintus am hiesigen Gymnasium und starb emeritirt 1641.

2. Valentin Ruperti aus Gorsleben 1595, zugleich Quintus, entsetzt am 7. Febr. 1605.

3. Valentin Koch d. Ae. aus Bleicherode 1605 (?), darauf Aedituus im Altendorfe 1608 (?), Aedit. S. Blasii 1612, zugleich Sextus am Gymnasium seit 1618 (?), starb 1642.

4. Johann Fuhrmann, wurde Quintus a. G. 1618, starb 1642.

5. . . . .

6. Johann Müller aus Andreasberg 1646 (Ostern) — 1666, vorher Schullehrer in Niedergebra, starb am 16. März 1666.

7. Johann Kaspar Engelhardt aus Mühlhausen 1666 (Ostern) — 1681 († 5. Jun.), vorher Kirchner im Altendorfe seit 1657.

8. Johann Christoph Ecke aus Nordhausen, eingeführt am 2. Apr. 1687.

9. Joh. Christoph Wüstehof (nur kurze Zeit), starb am 28. Apr. 1701.

10. Joh. Christoph Brandt 1701—30 († 3. Apr.), vorher im Kriegsdienste.

11. Christoph Benedict Petri aus Nordhausen 1730—58 († 25. Nov., alt 95 Jahr ?).

12. Joh. Christoph Kernbach aus Nordhausen 1759 (4. März) — 1765 († 4. Mz. 34 J. alt).

13. Joh. Christoph Heft aus der Aumühle bei Görsbach 1765 (22. März) — 1810 († 10. Oct. 71½ J. alt).

14. Joh. Friedrich August Knorr aus Nordhausen 1811 (29. Apr.) — 1841 († 2. Nov.), anfangs zugleich Organist, zuletzt auch Hospitalprediger (Pastor S. Cypriaci); — vorher 5½ Jahr Waisenlehrer.

15. Heinrich August Schultze aus Kindelbrück, seit 1. Jan. 1842.

Als Organisten S. Jacobi sind bekannt: Daniel Michel, zugleich Septimus 1648, Sextus 1651, starb 1656. — Lampert. — Lau. — Joh. Heinr. Schilling aus Nordhausen 1725—64 — Joh. Andr. Schilling, des Vorigen Sohn, 1765—71. — Chrn. Ernst Schilling, des Vorigen Bruder, 1772. — Joh. Gotthold Wolf aus Gr. Furra, zugleich Lehrer an der Mädchenschule 1773—98 (s. oben). — Joh. Ludwig Willing aus Kuhndorf, Concertmeister, auch Organist S. Nicolai (s. oben) 1799—1805. — Joh. Karl Willing, des Vorigen Sohn, (als Schüler) 1806—9, studirte darauf, nahm als Freiwilliger Theil an den Feldzügen gegen Napoleon 1814. 15

---

*) Von der ehemals, vor Errichtung des Gymnasiums, hier bestehenden lateinischen Stadtschule, der Jacobsschule, war oben die Rede. — Im Jahre 1365 erhielt der Schulmeister (Rector) in dem Neuen Dorfe, welches in demselben Jahre zur Neustadt wurde, einige Bücher vom Rathe. S. Statuten C, Anhang 1, 6.

wurde Richter und zuletzt Dirigent einer Abtheilung des hiesigen Kreis-Gerichts, starb 1855. — J. F. A. Knorr, auch Aedituus. — H. A. Schultze, auch Aedituus.

Die Frauenbergskirche (die Kirche Unsrer Lieben Frauen auf dem Berge, ecclesia b. Mariae virginis in monte) hieß ehemals Neuwerk (Novum opus) oder die Kirche zum Neuen Werke. Unter diesem Namen kommt dieselbe zum ersten Male vor in der Stiftungsurkunde des Domstifts zum heil. Kreuz vom 27. Jul. 1220, durch welche König Friedrich II. auch diese Kirche (ecclesiam beate virginis extra muros que dicitur novum opus) nebst den Pfarreien S. Nicolai am Markte und S. Petri auf dem Berge und die Pfarrei zu Wechsungen dem Stifte incorporirt (s. meine Urk. Gesch. von Nordhs., Urk. 1), welchen 1234 vom Könige Heinrich (VII) die Pfarrei S. Blasii hinzugefügt wurde. — Am 27. Jun. 1233 bestätigte der Erzbischof Siegfried III von Mainz des Pfarrers Volrad von Nohra Ueberlassung unsrer Kirche an das neue Nonnenkloster dahier. Der Pfarrer verzichtet freiwillig auf die Marienkirche zum Neuen Werke außerhalb der Mauern der Stadt, damit daselbst ein Cistercienser Nonnenkloster gegründet werde (plantetur), unter der Bedingung, daß er die Einkünfte dieser Kirche in Windehausen, Risla, Bielen, Bolderode, Sachswerfen, Woffleben, Mauderode, Limlingerode, Kehmstedt, Mörbach, Uthefeld, Salza und Nordhausen lebenslänglich genieße, und daß dieselben nach seinem Tode zu gleichen Theilen (pari proportione) an die Kirche selbst*) und an den Convent zum heil. Kreuz kommen (s. meine Urk. Gesch. von Nordhs., Urk. 39, wo das Document vollständig und richtiger steht als bei Lesser S. 130). — Eine Pfarrkirche war damals die Kirche Neuwerk noch nicht, sondern wahrscheinlich eine bloße Kapelle, denn sie heißt in der Urkunde von 1220 ecclesia, nicht parochia wie die Kirchen und Pfarreien S. Nicolai und S. Petri (und 1234 S. Blasii). Welches Recht hatte aber 1233 der Pfarrer Volrad in Nohra zu jener Uebertragung? War die Kirche Neuwerk im Besitz seiner Familie und er der Patron derselben? oder war die Kirche zu Nohra die Mutterkirche von unsrer Kirche auf dem Frauenberge, oder diese jener incorporirt? oder war Volrad vorher Pfarrer der Kirche Neuwerk gewesen und diese jetzt in Verfall gekommen, er aber noch im Genuß der Pfründe? Für das Letzte möchte ich mich entscheiden und auch die hübsche Sage von dem Reichsvogt (Ruprecht?), der das Nonnenkloster Neuwerk hier auf seiner Burg gegründet, damit in Verbindung bringen, mit der Bemerkung, daß „Altnordhausen" nahe dabei lag. Doch von dieser Gründung des Klosters werden wir noch besonders sprechen.

Am 4. Nov. 1337 stellten die drei Pfarrer Dietrich von Sollstädt zu Tobo, Nicolaus zu Seehausen und Otto zu Klein-Furra als Vollstrecker des Testaments des verstorbenen Priesters Heinrich von Borzleben eine Urkunde aus, nach welcher sie für dessen und ihr eignes See-

*) Bei der völligen Auflösung des Nonnenklosters Neuwerk im 16. Jahrhundert fiel ein Theil des ansehnlichen Vermögens desselben an die Kirche und Pfarrei. — Das Wohlthätige einer Ausstattung mit Feldgrundstücken und Getreidezinsen stellt sich bei der Frauenbergskirche im Vergleiche mit den andern dürftiger ausgestatteten Kirchen der Stadt deutlich heraus.

lenheil in der Kirche Neuwerk bei dem Altare Johannes des Täufers eine Vicarie stifteten, sich dieselbe lebenslänglich vorbehielten und sie alsdann dem Propste des Klosters überließen. [In dem Abdrucke bei Lesser S. 109 f. muß es heißen Theod. de Salstete in Taba (nicht de Halstede in Toba), ferner Sehusen — Borxisleyben — Northu. — fructuum (nicht fructum) — benivole — relatione (nicht ratione) — Henricus (nicht Fridericus) Decanus u. a. m.] Aus diesem Seelgeräthe ist die falsche Nachricht bei Lesser und Andern entstanden, daß 1337 die Kirche zum Neuen Werke nach dem Testamente eines reichen Mannes Heinrich von Borxleben von jenen drei „Erben" neu gebaut sei. Auch der angebliche Neubau von 1481 beschränkt sich ohne Zweifel auf eine bedeutende Reparatur, zu welcher der Rath Steine von alten Mauern (etwa von Altnordhausen oder von der alten Burg am Frauenberge?) zu gebrauchen erlaubte. — Die Kirche war schon ursprünglich eine Kreuzkirche und hat bis in das 19. Jahrhundert gar manche Reparaturen und Veränderungen, nicht eben Verschönerungen, erfahren: die Grundlagen und die Hauptmauern sind alt und gehören in den Anfang des 13. Jahrhunderts, in die Zeit der Gründung des Nonnenklosters, oder in eine noch ältere Zeit. Das höhere Alterthum spricht sich besonders in dem westlichen Portale aus, welches wohl noch ein Rest der Marienkirche ist, die schon 1233 eine alte Kirche war. Das wahrscheinlich schon im Anfange des 13. Jahrhunderts zusammentretende Häuflein Nonnen, der erste Nonnenconvent des Klosters Neuwerk, mag sich, bis 1233 Volrad der Pfarrer in Robra ihnen diese Kirche überließ, ohne eine größere Kirche beholfen haben. Jedenfalls ist die Frauenbergskirche, wie die Domkirche, theilweise ein schöner Ueberrest der ältesten Bauwerke unsrer Stadt, vielleicht sogar das älteste noch vorhandene dieser Bauwerke.

Von den drei Glocken in dem auf der Kirche stehenden Thurme hat die Seigerglocke eine (schlecht-) lateinische Inschrift, nach welcher sie 1440 von dem Glockengießer Solling gegossen wurde, demselben welcher auch 1470 eine Glocke für das Hospital S. Cyriaci und 1455 eine merkwürdige Haubitze goß, s. Kl. Schriften S. 156. Die große Glocke wurde 1784 durch den Glockengießer Brauhof umgegossen. Sie wiegt 17½ Centner, und es stehn an ihr die Namen der damaligen Burgermeister (auch der meines Großvaters Joh. Heinr. F.) u. s. w. — Außer dem erwähnten Nebenaltare S. Johannes des Täufers (1337) oder Joh. d. T. u. Joh. d. Ev. (1508) befanden sich sonst in der Kirche noch ein Altar Cosmä und Damiani, ein Altar Nicolai*) und Katharinä, ein Altar Simonis und Judä und Marie Magd. (in der Kapelle des heiligen Grabes), ein Altar Mariä, Andreä und Bartholomäi, ein Altar Sebastiani und ein Altar dem Leiden Christi gewidmet. Der letzte, 1459 errichtet, stand noch im 18. Jahrhundert im Chore**). Einige Altartafeln beschreibt Lesser. — Am Ostermontage 1364

*) Am 5. Febr. 1337 verkaufte Ghrn. von Sondershausen an den Canonicus Goltsch von Weißensee 2 Hufen zu Ober-Spier zur Stiftung und Ausstattung einer Vicarie am Altare S. Nicolai. — 1400 wurde eine Vicarie S. Nic., Martini u. Kath. gestiftet und ausgestatt t.

**) — Am 24. April 1379 bewilligten Probst, Aebtissin und Convent dem „hobischen Manne"

bezeugte der Propst des Klosters Neuwerk nebst mehreren Stiftsherren ein Seelgeräthe Hermanns von Werther und seiner Frau Eva, nämlich daß der erste Vicarius des Altars Cosmä und Damiani Sander und seine Nachfolger von dieser Vicarie 2 Mark nordhäusischer Pfennige, 1 zu Walpurgis und 1 zu Michael, Zinsen an jenen Lehnherrn Herm. v. W. und dessen Frau zahlen sollen. Wenn eine von diesen Personen gestorben sei, so solle dessen 1 Mark an die Klosterjungfrauen fallen, zum Begängniß der Jahrzeit des oder der Verstorbenen (s. Urk. b. Lesser S. 108 f.). — Ein älterer Taufstein war von 1414, der neue ist von 1768. Ein Bild Luthers an der alten Kanzel war von 1591; der Tischler Otto verfertigte 1769 die neue Kanzel. — In neuerer Zeit wurde das alte Schnitzwerk am Altar abgenommen und sonst noch Manches modernisirt. — Die Orgel hat in dieser Kirche verschiedene Stellen gehabt: 1658 wurde sie an den Schwibbogen gegen Süden über der Thür gesetzt, 1697 über die unterste Thür dem Chore gegenüber, 1711 über das Chor, zuletzt wurde 1820 eine neue Orgel gebaut für 1300 Thaler. — Obgleich der Kirchhof bei der Kirche durch Bewilligungen des Rathes vergrößert war, genügte er doch in der neuesten Zeit nicht mehr; es wurde ein Ackerstück vor dem Bielenthore angekauft und der Gottesacker dahin verlegt.

Bei einer Predigerwahl schlug 1598 das Ministerium der Gemeinde einige Personen vor, aus welchen diese wählte. In neuerer Zeit schlug der Rath drei Personen vor und leitete die Wahl durch Commissarien. Stimmberechtigt waren die Gemeindeglieder, welche eigene Häuser in der Gemeinde besaßen, doch auch die (Mühlen- u. s. w.) Pächter des Rathes. — Die Kirchenvorsteher legten dem Rathe jährlich Rechnung ab, nicht ohne häufigen Verdacht, Widerspruch und Streit, so daß es zum Sprichwort wurde: es geht zu, wie bei der Frauenberger Kirchenrechnung. — Das älteste Kirchenbuch fängt an 1641.

Als Pfarrer der Kirche vor der Reformation scheinen stets die Pröpste des Klosters gegolten zu haben*). Als Vicarii kommen vor: Bertold Lorbeyn 1348, † 1360? — Sander 1355. 1364. — Klaus Große 1386? — Heinr. Steinse 1389 (am Altar Sim. u. Jud.) — Joh. Egen, Klaus von Greußen, Albr. Keyser, Dietr. Werde 1406. — Heinrich Gutmann 1416. — Konrad Unterberg 1416. — Johann Pompey 1434 (auch Vic. S. Crucis). — Hermann Urbach 1448? — Simon Urbach (Urbeche) 1464 (auch Vic. zu S. Nicolai und zu S. Martini). — Heinrich Wende 1465. 69. — G. Offener, resignirt 1477. — Joh. Montag 1477. — Andr. Hafferung 1478. — Ludolph von Immeden 1480. 1500. — Joh. Hufener 1482. — Andreas Haferung 1487. — Joh. Stein 1489. — Heinr. „Smed" 1498 — Joh. Milgiß 1507. — M. Rupr. Schneider (Sartoris) 1508. — Joh. Sperling 1533. — Georg Dume 1535.

Berld von Schernberg, Bürger zu Nordhausen, und seiner Frau Else in ihrer Kirche einen Altar zu errichten und eine Vicarie zu stiften und auszustatten, so wie das Lehn derselben erblich zu besitzen. — Auch die Brüder J. und. E. Segemund waren um 1400 Lehnherren (Patrone) einer Vicarie.

*) Von Seiten des Klosters (des Propsts, der Aebtissin und des Convents) wird die Kirche bezeichnet „unsre Pfarrkirche".

Nach der Reformation waren hier Pfarrer (Pastores):

1. Andreas Gewaltig (Gewaldius) aus Nordhausen. Er studirte zu Erfurt 1511. Als Pastor am Frauenberge unterschrieb er 155⁶/₇ die Confessio fidei ecclesiae Nordhusanae. Olearius und Andre verwechseln ihn mit dem Pastor S. Blasii Andreas Poach.

2. Oswald Eckstein 1567—68, wurde als Gesetzstürmer abgesetzt.

3. M. Johann Pflug aus Nordhausen 1569—87, vorher Diaconus zu Heringen, starb 1587.

4. Melchior Leporinus (Hase oder Hasenbein) aus Gittelde 1586—89, vorher Prediger zu Gorsleben und (1582) Diaconus zu Kindelbrück, seit 1584 Diaconus S. Nicolai hier, wurde 1589 Pastor zu Braunschweig und, 1598 daselbst entlassen, kurze Zeit Prediger zu Drübeck. Er war der Chemie (Alchymie?) sehr ergeben, und soll auch sein hiesiges Pfarramt deshalb verlassen haben. Als Schüler war er auf der Klosterschule zu Walkenried unterrichtet, nach Eckstorms Verzeichnisse zwischen 1557—71.

5. M. Johann Rieger aus Nordhausen 1589—97, vorher 1583 Diaconus S. Petri und 1584 Diac. S. Blasii, Pastor hier am 23. Sonnt. n. Trin. 1589. Nachdem er sich schon 1592 in theologische Streitigkeiten gemischt hatte, griff er 1596 besonders den Pastor S. Nicolai Pandochäus an, und als ihm deshalb am 27. Febr. 1597 vom Rathe einstweilen die Kanzel verboten worden war, predigte er dennoch am 20. März und wurde nun am 20. April abgesetzt. Er wurde darauf Pastor zu Schernberg.

6. M. Johann Prätorius (Schulze) aus Wartenberg 1597—98, vorher (1585) Rector am Gymnasium, Pastor am 13. Mai 1597, starb an der Pest am 5. Sept. 1598.

7. Johann Jonas (oder Jonä) aus Nordhausen 1598—1634, vorher Diaconus S. Nicolai. Er wurde am 21. Dec. 1598 Pastor am Frauenberge und zugleich zu S. Martini und starb am 22. Mai 1634 in seinem 76. Lebensjahre.

8. Georg Lothus aus Plauen 1631 (24. Aug.) — 1663 (anfangs substituirt), vorher Quartus am Gymnasium, 1663 Pastor S. Petri (12).

9. M. Johann Arnold Melle aus Nordhausen 1663—82, geboren am 10. März 1632, Pastor in Klein-Leinungen am 17. Jul. 1656, in Rosla 1659, hier am Frauenberge am 23. Sonnt. n. Trin. 1663, starb im August 1682 an der Pest.

10. Joh. Nicolaus Rohrmann aus Nordhausen 1683—87, darauf Pastor S. Jacobi, zuletzt 1698 Pastor prim. S. Nicolai.

11. Heinrich Christoph Lincke aus Nordhausen 1687—92, vorher Schullehrer zu Berka bei Sondershausen, 1683 Aedituus S. Nicolai und Pastor S. Cyriaci und Elisabeth (ordinirt am 14. Jul.), Pastor am Frauenberge 1687 (eingeführt am Himmelfahrtstage), starb am 25. Juli 1692.

12. M. Albrecht Ephraim Hempel aus Rosla 1692 (9. Oct.) — 1701 (3. Febr.), darauf Pastor S. Jacobi.

13. Joh. Balthasar Reinhardt aus Nordhausen 1701—16, darauf Past. prim. S. Nicolai.

14. Friedrich Christian Lesser aus Nordhausen 1716—41, darauf Pastor S. Jacobi (11).

15. Johann Michael Siedel aus Nordhausen 1741—48, geboren am 22. Jun. 1702, Aedituus S. Nicolai und Past. S. Cyr. und Elis. 1739 (11. Dec.), Pastor am Frauenberge am 12. Oct. 1741, starb am 19. Mai 1748.

16. August Richard Eulhardt aus Altenburg 1748 (11. Sept. erwählt) — 49, vorher Diaconus S. Petri, 1749 Pastor S. Petri (Nr. 22).

17. M. Johann Paul Kirchner aus Sittendorf 1749—61, geboren am 14. Nov. 1710, kursächsischer Feldprediger am 11. Oct. 1744, Pastor hier am 17. Febr. 1749, starb am 25. Febr. 1761 und wurde in der Kirche vor dem Altare begraben.

18. Christian Friedrich Wiederhold aus Nordhausen 1761—76, geboren am 2. Novbr. 1711, Diaconus S. Petri am 29. Jan. 1749, Pastor hier am 3. August 1761, starb am 23. October 1776.

19. August Heinrich Schulze aus Windehausen 1777—1817, ein Sohn des Past. Sch. in Windehausen, geboren am 20. Sept. 1742, Aedituus S. Nicolai und Past. S. Cyr. u. Elisabeth am 30. Oct. 1767, Pastor am Frauenberge am 15. Apr. 1777, starb am 30. Mai 1817 in seinem 50. Amtsjahre.

20. Johann Konrad Sander aus Nieder-Sachswerfen 1818—42, geboren am 17. März 1786, Aedituus im Altendorfe 1811 (Ostern), Pastor hier am 4. October 1818, starb am 21. April 1842.

21. Heinrich Friedrich Ludwig Niemeyer aus Dedeleben, der Sohn des als Schriftsteller bekannten Predigers Dr. Christian Niemeyer daselbst, geboren am 18. Mai 1806, Collaborator am Gymnasium 1829 (August), Oberlehrer 1840, Pastor hier 1842—50, darauf Prediger in Gehofen.

22. Julius Ferdinand Grüger aus Magdeburg seit 1850 (18. Aug.) — vorher Conrector in Calbe a. d. S.

Aeditui dieser Kirche und zugleich Schullehrer der Frauenbergsschule, meistens auch Kirchner und Vorleser im Hospitale S. Martini, waren:

1. Georg Zimmermann 1576, zugleich Quintus am Gymnasium, vorher katholischer Aedituus im Dome, trat (zu S. Blasii) zur evangelischen Kirche über, wurde aber bald abgesetzt und starb am 22. Sept. 1577.

2. Heinrich Spangenberg 1578.

3. Jodocus (Jobst) Nicolai 1581, starb 1582.

4. Volkmar Luder 1582.

5. Sebastian Kleinkauf 1583.

6. Joachim Doliarius 1593, wurde 1594 Aedit. S. Nicol. u. Past. S. Cyr. rc.

7. Georg Gräfe 1614. (Nach ihm bei Lesser und Leopold Georg Zimmermann noch einmal).

8. Andreas Pauli 1640, vorher Cantor in Auleben.

9. Joh. Königerodt (Liesegang?) aus Nordhausen 1645—57, vorher Cantor in Appenrode, Aedit. S. Petri.

10. Joh. Kaul 1657—66, abgesetzt.

11. Andreas Georg Schulrabe 1666—1692 †.

12. Sebastian Petri 1693—1699 †.

13. Joh. Adam Heyse aus Lipprechterode 1699 (Jul.) — 1733, starb am 7. Sept. 1751.

14. Johann Georg Heyse aus Nordhausen 1733—82, des Vorigen Sohn, wurde seinem Vater substituirt am 26. Jun. 1733 und starb 79 Jahr alt am 14. Apr. 1784.

15. Johann Konrad Heyse aus Nordhausen 1782—1831, des Vorigen Sohn, geboren am 22. Februar 1761, substituirt am 8. October 1782, starb am 7. März 1831 und wurde zugleich mit seiner Gattin begraben. — Vater, Sohn und Enkel waren also 131 Jahr in diesem Amte. —

16. Johann Georg Heinrich Dihle aus Nordhausen seit 1831, des Vorigen Schwiegersohn.

Organisten an dieser Kirche waren:

1. Johann Georg Küchenthal aus Berga 1662, dann Organist zu S. Blasii.

2. Heinrich Simon Kästner, starb 1698.

3. Johann Andreas Weber, wohl eine Person mit dem gleichnamigen Orgelbauer.

4. Christian Hirschbach aus Ballenstädt in Thüringen 1705 (?), vorher Organist zu Bleicherode, nachher bis 1717 zu S. Blasii.

5. Christoph Eisentraut aus Nordhausen, darauf Organist zu S. Petri.

6. Johann Heinrich Panse, vorher Organist zu S. Petri, lebte noch 1730.

7. Apollo Christoph Jaritz aus Nordhausen, kam 1736 nach Mansfeld.

8. Johann Georg Heyse aus Nordhausen, zugleich Aedituus 1736(?)—82.

9. Johann Konrad Heyse aus Nordhausen, zugleich Aedituus 1782—1831.

10. Johann Georg Heinrich Dihle aus Nordhausen, zugleich Aedituus, seit 1831.

Die Kirche U. L. F. im Altendorfe oder die Marienkirche im Thale (eccl. b. Mariae virg. in valle) wurde sonst zuweilen auch die St. Annenkirche genannt, durch Verwechselung mit einer Kapelle der heil. Anna, welche bei dieser Kirche stand; so sagt wenigstens Lesser. Eine Pfarrkirche der heil. Jungfrau Maria, deren Patron der Propst des Stifts zum heil. Kreuz war, stand hier schon 1294, und zu ihr wurden damals die Cistercienser Nonnen von Bischoferode übergesiedelt, wie wir unten sehen werden. Die Kirche hat im Laufe der Zeit manche bedeutende Umänderungen und Reparaturen erfahren; doch die Hauptmauern des gegenwärtigen Bauwerks mögen noch von einem Kirchenbau der Nonnen im Anfange des 14. Jahrhunderts herrühren. Die Jahre einiger spätern Reparaturen sind bekannt. Im Jahre 1577 war die Kirche so baufällig, daß der Gottesdienst eine Zeitlang in der Kirche S. Elisabeth gehalten werden mußte. Sie wurde einigermaßen hergestellt, aber 1625 fiel das Kirchengewölbe ein. Eine Collecte zu einem bedeutenden Bau wurde 1692 gesammelt, und als der Bau vollendet war, wurde die Kirche am 24. Oct. 1697 neu eingeweiht. — Im Jahre 1799 geschah viel zur Neugestaltung des Innern der Kirche. — Der kleine Thurm auf der Kirche trug die 3 Glocken nicht: diese hängen noch jetzt in einem Glockenstuhle auf dem Kirchhofe. Die alte große Glocke hatte die Umschrift: Ave Maria gracia plena, die andere: O. et. Alpha. omnes. me. audientes. Ama. et. salva semper. Amen. Da jene schadhaft war, wurde sie 1735 von Brauhof umgegossen. Sie trägt die Namen der damaligen Bürgermeister u. s. w. An die Stelle einer gesprungenen Glocke kam 1826 eine kleine Glocke der abgetragenen Kirche S. Martini. Im Jahre 1830 wurde die mittlere Glocke von Stürzer in Benneckenstein neu gegossen, wozu der Kaufmann Ch. Götting das Meiste beitrug.

Ehemalige Altäre der Kirche waren: 1) rechts vor dem Chore ein Altar aller Apostel, zu welchem 1329 der Priester Berthold von Halle, die ehemaligen Begine Adelheid von Welkrode, der nordhäusische Bürger Bruning von Duderstadt und dessen Sohn der Geistliche Johann eine Vicarie stifteten und mit 11½ Marktscheffeln Getreidezins von drei Hufen und einem Hofe in Niederspier ausstatteten, wie hervorgeht aus der ausführlichen Urkunde des Propstes Konrad, der Aebtissin Adelheid, der Priorin Elisabeth und des Convents, die nicht ganz richtig abgedruckt ist bei Lesser S. 115 ff., — 2) ein Altar der heil. Anna 1355 gestiftet, — 3) ein Altar der heil. Makkabäer und des h. Erasmus, dessen Vicarie 1372 die Ritter Joh. und Friedr. von Bennungen stifteten, — 4) ein Altar der Heiligen Maria, Andreas, Dorothea, Cosmas und Damianus, 1375 gestiftet und ausgestattet von den Priestern Heinrich Salemmer und Jacob Mackenrod, nach der Urkunde des Erzbischofs von Mainz, bei Lesser S. 117 ff. (ungenau), — 5) ein Altar des heil. Andreas und Aller Heiligen (?), — 6) ein Altar des heil. Bartholomäus und der heil. Katharina, — 7) ein Altar Johannes des Täufers und Mar. Magd. (im „Gerwehus") 1374 nach dem Seelgeräthe † Herm. von Werther gestiftet*), — 8) ein Altar des Täufers und der heil. Barbara (?), — 9) ein Altar des heil. Kreuzes (?), — 10) ein Altar des heil. Liborius (?), — 11) ein Altar des heil. Philippus und des heil. Jacobus (?), — 12) ein Altar der Heiligen Simon und Judas. — 13) Im Jahre 1465 wurde gestiftet in capella atrii iuxta porticum ein neuer Altar zur Ehre Gottes, der Jungfrau Maria, der Apostel Simon und Judas, auch der Heiligen Valentinus, Christoph, Alexius, Katharina und Barbara, — 14) ein Altar zur Ehre Gottes, der Jungfrau Maria, der Heiligen Johannes, Bartholomäus, Sebastian, der 11,000 Jungfrauen und der heil. Barbara. In der Stiftungsurkunde dieses letzten Altars von 1378 (bei Lesser S. 118 ff.) bezeugen der Propst Heinrich, die Aebtissin Osterhild und die Priorin Hedwig, daß einst der achtbare Friedrich von Bila [wahrscheinlich der Geistliche Friedr. v. B., welcher 1327 als Dechant des Stifts S. Crucis starb] mit ihrer Bewilligung eine Kapelle mit einer Vicarie im Bereich des Klosters zu errichten be-

*) Im Jahre 1441 wird die Stiftung einer neuen Vicarie am Altare Joh. d. T. link's am Chore, dicht am „Gerwehuse" (armarium, Sacristei) bestätigt.

gann, ehe aber der Bau vollendet wurde, die Stifter (des verstorbenen F. von B. Erben) ihren Willen änderten und von den Mitteln des Verstorbenen (60 Mark nordhäusische Pfennige) zu dem neuen Altare an der Nordseite in ihrem, der Nonnen, Münster (monasterio) eine Vicarie stifteten für das Seelenheil des Friedrich von Bila und seiner Vorfahren: auch sollen nach dem Tode des jetzigen Vicarius jenes Altars Albert von Heiligenstadt die Erben des F. von Bila noch dreimal einen Vicarius bestellen, nachher aber die Aebtissin, Priorin und der Convent die Besetzung der Stelle haben u. s. w. — Den 1740 bestehenden Altar beschreibt Lesser. — Statt des Taufsteins war sonst in dieser Kirche ein Taufengel gebräuchlich, mit einer Schale in der Hand, vom Jahre 1698. — Die Kanzel hatte David Reinecke 1697 auf seine Kosten bauen und 1700 Agnes Reinecke malen lassen. — Im Jahre 1597 wurde die Orgel aus der Kirche S. Elisabeth hiehergesetzt und ausgebessert. Eine neue Orgel wurde 1827 gebaut, wozu ein Bürger (Chr. Bötticher) 500 Thaler vermacht hatte. — Das Kirchenbuch fängt an 1612. — Die Pfarrwahlen bei dieser Kirche geschahen auf dieselbe Weise, wie bei der Kirche am Frauenberge. — Als Pfarrer vor der Reformation scheinen auch hier die Pröpste des Nonnenklosters gedient zu haben und die Klosterkirche war Pfarrkirche. Als Vicare werden genannt: Joh. Kale 1331. 48 (am Altar Joh. d. T. und Mar. Magd.), — Nydungus de Berge 1359, — Albertus de Heiligenstadt 1378, — Heinr. Königerod (am Altar Joh. des Täuf. und Mar. Magd.) 1394, — Konrad vom Hoffe (an demf. Altare) 1432, — Joh. Helmbold 1435 (am Altar Joh. d. T. und der heil. Barbara), — Thomas Hering 1441 (am Altar S. Barthol. und Kath.), — Conrad Sweb 1478 (desgl.), — Joh. Zinglel 1490 (Kaplan am Altare zur Ehre Gottes, der heil. Jungfr., der Heil. Simon und Judas), — Alb. Kefferhusen 1494 (am Altare aller Apostel), — Andreas Haferung 1504 (desgl.), — Jacob Kinneling 1526, — Melchior Rulmann 1526. Die beiden Letzten werden schon als evangelische Prediger bezeichnet.

Pfarrer (Pastores) im Altendorfe nach der Reformation waren:

1. Anton Balcius 1542.

2. Konrad Reuschild um 1550.

3. M. Johann Andreas Weber, welcher 1555 die Vorstellung des Ministeriums an den Rath wegen der Elevation mit unterschrieb und auch als Gesetzstürmer bezeichnet wird Er starb 1562.

4. Henning von Rhode (de Rhoda) 1567, wurde abgesetzt 1568 als Gesetzstürmer.

5. Thomas Cramer 1569—1576, wo er starb.

6. Johann Noricus d. J. aus Nordhausen 1576 (Sonnt. Rogate) — 1583, vorher Pastr. zu Otterstädt, nachher Diac. S. Nicolai, zuletzt Pastor S. Jacobi (Nr. 2).

7. Joachim Mischt aus Nordhausen 1583 (Mar. Rein.) — † 1584, vorher 1576 Pasto zu Rottleberode und 1581 Diaconus S. Blasii.

8. Valentin Thelemann (Thelamon) aus Steinbrucken 1584 (Joh.)—1598, vorher 156.

Quartus in Frankenhausen, 1568 Pastor in Ichstädt, darauf Pastor in Immenrode, 1583 Diac. S. Blasii. Er starb am 27. Nov. 1598.

9. M. Christian Avianus (Vogler) 1598—1600, vorher Cantor und Tertius zu Frankenhausen 1586, darauf Diaconus zu Wiehe, daselbst abgesetzt, 1597 Diaconus zu Kelbra. Hieher, nach Nordhausen, empfahl ihn der Past. S. Nic. Pandochäus, der in Wiehe sein Amtsgenoß gewesen war; er wurde aber auch hier 1600 sammt Pandochäus abgesetzt, darauf 1603 Pastor in Büchel bei Weißenfels, 1607 Pastor in Bachra und 1625 Pastor in Mücheln bei Freiburg, wo er am 29. Juni 1626 starb. Er schrieb u. a. eine Praxis ecclesiastica casuum conscientiae 3 Theile in Quart, Leipz. 1620, wieder aufgelegt 1622 und 1624.

10. Johann Heuser aus Tennstädt 1600—8, vorher 1598 Diac. S. Petri, starb 1608 am Sonnt. Jubilate.

11. M. Christoph Burchardi aus Horburg 1608—26, vorher Rector zu Marienthal und 1600 Diaconus S. Nicolai. Den kränklichen Past. Heuser hatte er drei Jahre lang unterstützt. Er starb an der Pest 1626.

12. Johann Cajus aus Ilfeld 1626—35, vorher Pastor zu Crimderode, ein Sohn des Rectors und Administrators Cajus zu Ilfeld, starb 1635.

13. Benedict Lesche aus Nordhausen 1635—46, vorher 1626 Diaconus S. Blasii, nachher Diac. S. Nicolai und endlich 1650 Past. prim. S. Nic. (11).

14. Johannes Küchenthal aus Nordhausen 1646—85, ein älteres Glied einer würdigen Familie, aus welcher viele Pfarrer kamen, auch noch in neuerer Zeit (im Hannöverschen). Sein Aeltervater, Johann Keuchenthal, Sohn eines Amtsschössers zu Uthleben, welcher aus dem Köcherthale in Schwaben abstammte, war zur Zeit der Reformation katholischer Pfarrer zu Nieder-Sachswerfen, darauf zu Ellrich, wo er die Reformation beförderte und erster evangelischer Prediger wurde: sein Großvater gleiches Namens war erster evangelischer Prediger zu Andreasberg und gab 1573 zu Wittenberg „lateinische und deutsche Kirchengesänge“ heraus: sein Vater Hans Küchenthal war Gildemeister der Bäcker und Kirchenvorsteher zu Nordhausen, wo ihm 1608 am 14. Mai dieser Sohn geboren wurde. Derselbe besuchte die Schulen hier, zu Eisleben, zu Ilfeld, die Universität Jena und bildete sich noch weiter aus in dem Hause des gelehrten Superintendenten Sal. Glassius zu Sondershausen, wurde darauf Quartus am hiesigen Gymnasium am 4. Oct. 1633, Diaconus zu Ellrich am 6. März 1636, Pastor hier im Altendorfe am 2. Adventsonntage 1646, starb bald nach seiner Emeritirung am 2. Juli 1685 und wurde in der Kirche begraben. Ein von ihm selbst geschriebener Lebenslauf enthält interessante Einzelheiten. Ein Sohn von ihm wurde Pastor in Rosla und dessen Sohn Pastor in Dietersdorf; eine Tochter Kath. Elisab. († 1682) heirathete den Bäckermeister Joh. Gr. Rosenthal und ist die Großmutter des Großvaters meiner Mutter, so daß ich mütterlicher Seite im zehnten Gliede von dem Oberprediger Küchenthal in Ellrich abstamme, welcher 1550 starb, im elften Gliede von dem Amtsschösser.

15. M. Heinrich Wilhem Hesse aus Kelbra 1685—89, wurde am 9. Jan. 1685 als Substitut seines Vorgängers von seinem Vater dem damaligen Pastor prim. S. Nicolai ordinirt, starb aber schon am 6. Oct. 1689 und wurde in der Kirche begraben.

16. Johann Richard Otto aus Nordhausen 1689—1722. Sein Vater war Justus Heinrich Otto, sein Großvater M. Martin Otto Prediger zu Göttingen. Er war geboren am 4. März 1661, wurde als Pastor im Altendorfe ordinirt am 13. Dec. 1689 und starb am 13. Juni 1722. Als Gründer des Waisenhauses durch Schenkung der Baustelle wurde er oben erwähnt. Sein Leben bespricht im Waisenbuche vom Jahre 1777 (Vortrag 103) der Pastor Joh. Ch. Ludwig.

17. Johann Wilhelm Obbarius aus Nordhausen 1722—29, vorher Rector in Bodenwerder, Pastor hier im October 1722, starb am 12. März 1729, erst 40 Jahr alt, und wurde in der Kirche begraben.

18. Christian Friedrich Poppe aus Zeitz 1731—57, vorher (1723) einige Zeit Waisenlehrer, wurde zum Pastor erwählt am 29. März 1731, eingeführt am 15. April, starb am 19. März 1757. Sein Sohn wurde Rector des Gymnasiums.

19. Johann Christoph Ludwig aus Nordhausen 1757—94, vorher (1745) Waisenlehrer und, nachdem er seinen alten Vater den Quartus einige Zeit unterstützt hatte, Quintus am Gymnasium 1751, zum Pastor im Altendorfe erwählt am 3. August 1757, auch Pastor zu S. Martini 1777—94, emeritirt 1794. Er war geboren am 14. November 1720 und starb am 23. Juli 1795. Von ihm ist eine „Historische Nachricht von der Kirche im Altendorfe" 1759 erschienen.

20. Ernst Christoph Bohne aus Nordhausen 1794—1813, vorher (1789) Tertius am Gymnasium, zum Pastor erwählt (als Substitut) am 20. Oct. 1794, ordinirt am 1. November, eingeführt am 1. Advent, wurde 1813 Pastor S. Jacobi (14).

21. Johann Gottfried Engel aus Nordhausen 1814—25, vorher (1780) Lehrer der Mädchenschule, 1783 Septimus, 1784 Sextus am Gymnasium, 1797 Diaconus S. Petri, am 24. März 1814 Pastor im Altendorfe, geboren am 31. Dec. 1750, gestorben am 27. Apr. 1825.

22. Daniel August Silkrodt aus Bleicherode 1827—41, vorher Collaborator am Gymnasium, nachher Pastor S. Blasii (25).

23. Franz Ferdinand Lange aus Nordhausen 1842 (Febr.) — 1856 (Mai).

24. Georg Ferdinand Otto Schulze aus Halle, seit 1844 in verschiedenen Stellungen als Lehrer, Seminarlehrer und Rector, seit 1854 Past. adj. zu Sangerhausen, seit 1856 Past. im Altendorfe.

Kirchner (Aeditui) dieser Kirche, zugleich Kirchner der Hospitalkirche S. Elisabeth (bis diese einging), gewöhnlich auch Organisten waren:

1. Johann Schulze 1582.

2. Valentin Koch aus Bleicherode (1608?), vorher Aedit. S. Jacobi (1606?), nachher Aedit. S. Blasii 1612 und zugleich Sextus (1618?).

3. Matthias John. 4. Nicolaus Haselbach 1620. 5. Valentin Gräfe.

6. Johann Werner seit dem 7. Juli 1624.

7. Nicolaus Dreßler 1626, starb am 21. Aug. 1649.

8. Nicolaus Tölcke 1649 (26. Oct.) — 1650 († 21. Aug.).

9. Johann Kaspar Engelhardt aus Mühlhausen 1657 (Michaeli) — 66 (Ostern), dann Aedit. S. Jacobi.

10. Michael Reichenbach aus Naumburg 1666 (13. Mai)—82, vorher Cantor zu Stemveda, starb an der Pest 1682.

11. Johann Daniel Sandhagen 1682, dankte ab 1683.

12. Johann Christoph Schlieder 1683—1707, kam als Schüler in diese Stelle und starb am 25. Aug. 1707.

13. Johann Lucas Eck aus Nordhausen 1707 (Mich.)—1719 († 1. Januar).

14. Philipp Wilhelm Hetschel aus Nordhausen 1719 (Februar) — 1733 († April).

15. Johann Erhard Stange aus Nordhausen 1733 (Mai) — 1756 †.

16. Johann Jordan Frankenstein aus Nordhausen 1756 (19. Mai)—1764, darauf Quintus a. G., 1769 Tertius, 1770 Cantor, starb 1785.

17. Johann Gottfried Bertram aus Nordhausen 1764 (28. August) — 1800 († 1. März).

18. Christian Wilhelm Thomas aus Nordhausen 1800—1810 († 12. September), vorher Waisenlehrer.

19. Joh. Konrad Sander aus Nieder-Sachswerfen 1811 (Ostern) — 1818, darauf Pastor am Frauenberge.

20. Christian August Barges aus Nordhausen 1818—20, vorher Waisenlehrer, nachher Aedit. S. Blasii (10).

21. August Bertram aus Nordhausen 1820—48, vorher Cantor in Holbach.

22. Ferdinand Grimm aus Benshausen, substituirt 1847.

Das Hospital S. Martini*) lag am Sundhäuser Thore. Diese wichtige Anstalt, deren nun sämmtlich in Privatbesitz übergegangene Gebäude (Kirche, Herrenhaus, Spinnhaus, Vorwerk, Wohnhäuser ꝛc.) und Baustellen auf beiden Seiten der Straße den ausgedehnten Raum einnahmen auf der linken Seite fast von der Schafgasse an, auf der rechten die Häuser gegenüber bis zu dem nun auch abgetragenen äußersten Sundhäuser Thore (an der Chaussee), und deren reiche Mittel noch jetzt den bedeutendsten Theil des hiesigen Armengutes ausmachen, diese Anstalt wurde im Jahre 1389 von zwei Brüdern Johann und Simon Segemund gegründet. Die (patricische?) Familie Segemund (Sigismund) war schon im Anfange des 14. Jahrhunderts hier angesehen und wohlhabend. Der Vater jener beiden Brüder, Hans Segemund**), starb vor 1379, die

*) Vgl. die kl. Schriften, Nr. IX., 21—31, besonders S. 154 f.

**) wahrscheinlich derselbe Joh. Segemund, welcher 1352 als Rathmann und 1355 nach Johanni als Bürgermeister erscheint. Auch ein Heinrich Segemund kommt um diese Zeit als wohlhabender Bürger vor, und nach dessen Tode seine Wittwe Lale und sein Sohn Heinrich mit dem Vormunde Hermann v. Werther d. Ae.

Mutter, Mechtild, nach 1382. Der ältere Sohn, Johann, hatte eine Frau Namens Lale (Eulalia), die vor 1405 (vielleicht 1389) gestorben ist — der zweite, Simon, war zwei Mal verheirathet: denn nachdem seine erste Frau, Jutte (Judith), vor 1397 gestorben war, hatte er in diesem Jahre die Wittwe Else (Elisabeth) von Trebra geheirathet, welche sich aber 1405 von ihm trennte. Erwachsene Kinder hatten beide Brüder nicht: sie wohnten, wenigstens in ihrem Alter, beisammen. Johann starb 1412, Simon 1422. — Bereits der Vater Hans Segemund stand in einem Verhältniß zum Eistercienser Nonnenkloster Neuwerk am Frauenberge: diesem überließ er am 22. Sept. 1356 tauschweise einen Hof mit Erbzinsen zwischen dem Augustinerkloster und dem (innern) Sundhäuser Thore (welches im Rumbache lag, da wo diese Straße die sich der Brücke und dem nun ebenfalls abgetragenen mittleren und dem äußersten Thore zuwendende Beugung macht) gegen Zinsen an fünf andern Häusern, Höfen und Hofstätten am Frauenberge (in der Lichtengasse, in der Hütergasse — bei dem alten Judenhause auf der Seite nach der Stadt zu —, am Losberge [am loeszberge] d. i. am Löseberge oder Erlösungsberge, wohl einem alten heidnischen Opferplatze). — Am 2. Febr. 1379 stifteten die Wittwe Mechtild Segemund und ihre beiden Söhne mit einem Kapitale von 100 Mark für ihr, ihrer Vorfahren und Erben Seelenheil eine Vicarie am Altare des heiligen „Segemund" (Sigismund) und der 10000 Ritter und 11000 Jungfrauen in der Frauenberger Kirche [des Klosters Neuwerk], und im Jahre 1382 (in welchem die Söhne auch eine Mühle an der Salza kauften), überließ dieser Wittwe und ihren Söhnen Hermann von Werther 1 Mark Erbzins. — Am 19. Juni 1385 nahm der Rath die Brüder Johann und Simon Segemund für 20 Pfund Pfennige, die jeder von ihnen geben soll, nebst 6 Schillingen Wachgeld von ihrem Hofe, auf 4 Jahr in Schutz, daß sie wie Bürger kaufen und verkaufen, malzen und brauen dürfen. Bekäme die Stadt in diesen vier Jahren Krieg, so sollen sie zusammen ein Pferd dazu halten und dasselbe ersetzt bekommen, wenn es verloren ginge, auch Sold, wenn der Rath den Bürgern etwa Sold gäbe. In diesen 4 Jahren sollen ihre Besitzungen frei sein von Schoß und Abgaben. — Die Brüder Segemund scheinen also damals nicht Bürger hier gewesen zu sein: sie hatten ihren Hof außerhalb der Stadt, ja außerhalb der Neustadt oder des „neuen Dorfes" (welches erst seit 1365 unter Einem Rathe mit der Oberstadt vereinigt war), ohne Zweifel vor dem Rumbache und dem (innern) Sundhäuser Thore.

In das Jahr 1389 fällt die Stiftung des Hospitals S. Martini. Am 5. Nov. dieses Jahres bekennen der Propst, die Aebtissin, Priorin und der ganze Convent des Klosters Neuwerk, daß sie mit Rath, Wissen und Willen ihrer Beschirmer und Vertheidiger, der Grafen von Honstein (Ulrichs Herrn zu Honstein und Kelbra, Heinrichs zu „Lara" d. i. Lohra und Dietrichs zu Heringen) und mit Rath und Wissen ihrer Freunde Bertolds von Schernberg, Friedrichs von Bendeleben, Dietrichs von Daulesdorf und Dietrichs von „Badungen" (Bodungen) den Brüdern Hans und Simon Segemund Bürgern zu Nordhausen überlassen haben ein Fleck von ihrem Klosterhofe, welches bereits ummauert und getrennt ist, gelegen zwischen ihrem Baumgarten und der „Zorgenge" (Zorge), dem Sundhäuser Thore gegenüber, wo man in die Neustadt geht, wofür die beiden Brüder ihnen 40 Mark nordhäusischer Pfennige bezahlt haben, und wovon ihnen jährlich eine Mark Erbzins gegeben werden soll, halb zu Michael und halb zu Walpurgis. Auf diesem Fleck sollen die Brüder Segemund und ihre Erben für ihr und ihrer Eltern Seelenheil durch ein Testament oder Seelgeräth ein „Spetel" (Hospital) stiften für arme kranke Leute und eine Kapelle mit einem Priester, welcher den Armen des Hospitals Messe lesen soll. Doch soll dieser Priester einträchtig sein mit dem Propste des Klosters, wie andre Priester, welche Altäre und Vicarien in der Kirche des Klosters haben, soll auch nicht verbunden sein, anderswo Messe zu lesen als in der Kapelle für die armen Leute. An den vier Hauptfesten, den Marientagen und der Kirchweih soll er wie andere Vicare der Kirche U. L. F. auf dem Berge, des Klosters Pfarrkirche, zur Vesper, Mette, Messe und Procession kommen und daran Theil nehmen, was aber bei der Messe geopfert wird, dem Propste überliefern. Er soll keine besondre Pfründe haben, sondern unter das Pfarrrecht der genannten Kirche gehören, so wie das ganze Hospital mit allen seinen Leuten in die Pfarre des Klosters U. L. F. gehören soll. Er soll auch, wenn Propst oder Aebtissin ihren Kapellan wollen Messe halten oder singen lassen, dabei behülflich sein, wenn es jenen beliebt. Das Lehn der Kapelle (das Patronat, die Vergebung jener Priesterstelle) sollen die Brüder Segemund und ihre Erben haben, oder wem sie es geben wollen, so auch das Lehn der armen Leute in dem Hospitale (die Vergebung der Stellen, die Aufnahme in das Hospital). Niemand soll gegen Schenkungen an das Hospital Einspruch thun. Die Mauer um das Fleck soll dem Hospitale gehören.

Das Fleck soll mit Gemachen für die armen Leute innerhalb und auf der Mauer bebaut werden, doch so daß keine „Heimlichkeiten" (Abtritte) nach des Klosters Hofe zu gehn. Nach dem Baumgarten des Klosters zu soll eine Bleiche gemacht werden, wozu dieses das Holz, die Brüder Segemund den Arbeitslohn geben werden. Sie sollen auch Stöcke setzen dürfen, und was darin einkommt, soll den armen Leuten gehören. Propst, Aebtissin und Convent entsagen jedem Rechte an das Fleck mit Ausnahme des Erbzinses von 1 Mark, des Meßopfers und des Pfarrrechts. — Bereits am 31. Dec. 1389 bestätigte der Propst und Provisor zu Erfurt Rüdiger vom Hayn als erzbischöflicher Commissarius die neue Anpflanzung und Kapelle bei dem Garten des Klosters Neuwerk und den Altar darin, welcher zur Ehre Gottes, des heil. Geistes und Aller Heiligen geweiht werden soll, und dessen Verleihung durch die Brüder Segemund, doch dem Kloster Neuwerk in seinem Rechte unschädlich.

Am 21. Oct. 1390 bezeugen der Propst, die Aebtissin, Priorin und der Convent des Klosters Neuwerk, daß mit ihrer Bewilligung der Priester Nicolaus Bliedung und die Laien Johann und Simon Segemund und Jacob Kremer für ihr und der Ihrigen Seelenheil eine Vicarie an dem Hauptaltare in der Kapelle des neuen Hospitals, welches an ihrem Kloster und Klosterhofe und an dem Wasser der Zorgenge zwischen den Sundhäuser Thoren erbaut ist, zur Ehre des heil. Geistes, des heil. Martinus und Aller Heiligen gegründet und mit 77 Mark nordhäusische Pfennige ausgestattet haben, so daß die Verleihung (das Patronat) der Vicarie und des Altars den beiden Brüdern Segemund und ihren Erben zusteht, oder dem, welchem sie dieselbe überlassen wollen. Propst und Aebtissin sollen die Zinsbriefe der incorporirten Vicarie bewahren und die nöthigen Veränderungen damit vornehmen mit Wissen und Zustimmung des Vicarius. Dieser soll Theil nehmen an der Feier der Hauptfeste in der Kirche des Klosters, wie die andern Vicare. Derselbe ist verpflichtet wöchentlich drei Messen zu lesen und sein Gehülfe auch drei Messen; am siebenten Tage werden die Brüder Segemund eine Messe anordnen, so lang der „Herr" (d. i. Priester) Heinrich von Dachröden lebt, und nach dessen Tode seine Mitvicare u. s. w. — An demselben Tage bezeugen dieselben *), daß Heinrich von Dachröden, Propst des Cistercienser Nonnenklosters in Frankenhausen, bei demselben Hauptaltare der Kapelle des neuen von den Brüdern Segemund gestifteten Hospitals für sein und seiner Vorfahren Seelenheil eine Vicarie gestiftet und mit 96 Schock meißnischer Groschen zu Ankauf eines Zinses ausgestattet hat. Das Patronat dieser Vicarie soll nach des Propstes Heinr. von Dachröden Tode an die Stifter, die Brüder Segemund, fallen, oder wem dieselben es überlassen werden u. s. w. — Am 30. Oct. desselben Jahres 1390 ertheilte der Weihbischof Hermann als Vicarius des Erzbischofs Konrad von Mainz, nachdem er die Kapelle des Hospitals und zwei Altäre darin, den Hochaltar zur Ehre des heil. Geistes, der Heiligen Martinus, Johannes des Täufers, Andreas, Laurentius und Aller Heiligen, und den andern Altar zur Ehre der Jungfrau Maria, der Heiligen Anna, Elisabeth, Vincentius, Bonifacius und seiner Genossen eingeweiht hatte, vierzigtägigen Ablaß allen frommen Wohlthätern des Hospitals und der Kirche u. s. w. — Am 5. März 1392 bestätigte als erzbischöflicher Commissarius Ludwig von Tyensfurt, Dechant zu Bodenberg und Provisor zu Erfurt, die Vicarie an dem Hauptaltare der Kapelle des Hospitals, welche der Priester Nicolaus Bliedung und die Einwohner von Nordhausen Johann und Simon Segemund und Jacob Kramer gestiftet haben. — Zu Rom gab Papst Bonifacius IX am 3. Jun. 1392 zu den zwei Altären des Hospitals reichen Ablaß, der aber nur auf zehn Jahr gelten soll. Die päpstliche Bulle steht nicht ganz richtig abgedruckt bei Lesser S. 122 f.

Am 3. October 1394 starb Heinrich von Urbach (nicht 1313, wie Lesser sagt, welcher S. 122 aus dessen Begräbniß in der Kirche Martini den falschen Schluß zieht, daß diese Kirche 1313 bereits stand) und wurde in der Kapelle (Kirche) S. Martini begraben; ebenso am 23. Apr. 1395 der Kaplan Jacob (von Immenhausen), am 21. Jun. 1395 Hermann von Werther, am

*) Der Abdruck der ausführlichen Urkunde in Müldener's Histor. Beschreib. vom Nonnenkloster S. Georgi zu Frankenhausen. S. 103 ff. ist sehr fehlerhaft. Gleich anfangs muß es heißen Czina (d. i. Christina) statt Cuna, Lala st. Jala, erecti st. orti, Zurgenga st. Curgenga, honorabilium virorum st. honorabilis viri, Henr. de Dachreden st. Henr. Dachreden, prohabita st. posthabita u. a. m. Müldener nennt auch mit Unrecht die Brüder Joh. und Simon (Segemund) Herrn von Dachröden und Brüder des Propstes Heinrich.

19. Nov. 1396 Heinrich Salemer (Vicarius zu S. Martini)*), am 13. April 1397 Katharina von Werther, in demselben Jahre auch Heinrich von Urbach der Aeltere und am 29(?) August Heinrich von Werther, „der erste große Wohlthäter dieses Hospitals", ferner um diese Zeit noch ein Hermann von Werther. Von diesen Verstorbenen und deren merkwürdigen messingenen Denktafeln s. Kl. Schriften Nr. IX, 21 — 27, S. 151 ff. Vgl. unten Buch 3, Kap. 2. — — Ungefähr anderthalb Jahr vor ihrem Tode, nämlich am 15. Sept. 1395, machte die erwähnte Katharina von Werther, Hermanns von Werther des Jüngern in Nordhausen Wittwe, ihr Testament und Seelgeräthe, worin sie zunächst dem Hospitale S. Martini ein Kapital von 108 Mark löthigen Silbers vermachte, welches an dem Rathe zu Mühlhausen stand, für die armen Leute, ferner 50 Mark an dem Rathe zu Nordhausen zum Gottesdienste, außerdem 10 Mark dem Nonnenkloster im Altendorfe, 10 Mark dem am Frauenberge, 5 Mark den Predigermönchen, den Augustinern und den Barfüßern, 10 Mark „zu dem gebewde zu S. Clausse" (also in die „Fabrik" d. h. Baukasse der Kirche S. Nicolai, die damals noch im Bau begriffen war), 10 Mark den Siechen vor der Stadt (dem Hospitale S. Cyriaci), halb zum Gebäude und halb zu einem Kapitale für die armen Kranken, denselben auch ihren grünen Mantel mit Spangen zu einer „Casel"; den rothen Mantel nebst Geheft und Bundwerk soll aber das Hospital S. Martini zu solchem Zweck haben, und den braunen mit Spangen und Allem die Kirche S. Nicolai.

Im Jahre 1396 ertheilten drei und zwanzig Kardinäle zu Rom der Kapelle S. Martini zu Nordhausen einen vierzigtägigen Ablaß, und am 23. Jan. desselben Jahres stellte auf Verlangen der Brüder Johann und Simon Segemund in deren Hause und Stube (aestuario) der Notarius Joh. Nail (Nagel) ein Transsumt aus von der Urkunde vom 29. Oct. 1389. — Am 23. Febr. 1397 wurde eine Ehestiftung gemacht zwischen Simon Segemund und Else (Elisabeth), der Wittwe Friedrichs von Trebra. Er giebt ihr als Mitgabe 20 Mark jährlichen Zinses, sie ihm ihr ganzes Vermögen. Ueberlebt sie ihn, so soll sie lebenslang jene 20 Mark Zinsen haben, ferner ihr eingebrachtes Hausgeräth wieder nehmen und 200 Mark von ihren Kapitalien, doch nicht die besten. Nach ihrem Tode sollen jene Zinsen, ihre fahrende Habe und ihre Briefe (Kapitalien), mit Ausnahme der 200 Mark, an das Hospital S. Martini fallen. Stirbt sie vor ihrem Manne, so soll dieser lebenslang ihr eingebrachtes Vermögen genießen, nach seinem Tode aber das Ganze an das Hospital fallen, mit Ausnahme der 200 Mark, welche Frau Else geben kann, wem sie will.

Am 15. Jul. 1397 ertheilte wieder ein Weihbischof dem Hospitale S. Martini Ablaß, am 22. Apr. 1398 der Erzbischof Johann von Mainz und am 14. Aug. 1399 ein Bischof Georg; aber am 3. Jan. 1398 zu Rom nahm Papst Bonifacius IX auf Bitten der geistlichen und weltlichen Vorsteher (rectores et procuratores) des Hospitals S. Martini außerhalb der Mauern

*) Für ihn stifteten am 13. März 1400 der Canonicus Andr. Stolberg und die Brüder Segemund das Seelgeräth mit Zinsen in Urbach &c.

der Stadt Nordhausen dasselbe mit allen seinen gegenwärtigen und künftigen Gütern und Besitzungen in den Schutz des heil. Petrus, und bestätigte alle Freiheiten und Privilegien desselben, ihm ertheilt von Päpsten, Königen, Fürsten und andern Personen. Ein ungenauer Abdruck dieser päpstlichen Bulle steht bei Lesser S. 123. — Zu den Kapitalien, welche das Hospital von den Brüdern Segemund erhielt, gehört ein solches von 12 Mark mit 1 Mark Zins vom 30. Jun. 1399. — Am 13. März 1400 überwiesen der Canonicus Andreas Stolberg und die Brüder Segemund als Testamentsvollstrecker des verstorbenen Priesters Heinrich Salemer (Sollemme) 4 Fastenhühner Zins von Lehn- und Grundstücken in Urbach, welche dieser besessen hatte, dem Hospitale S. Martini.

Am 8. Sept. 1399 protestirte Johann Segemund, Patron und Stifter des Hospitals S. Martini, auf dem Kirchhofe desselben in seinem und seiner Erben, auch der Beneficiaten (Pfründner) des Hospitals Namen gegen alle Ansprüche und Einreden des Propstes, der Aebtissin und des Convents des Klosters Neuwerk wegen der Pfarr- und Begräbnißrechte der Kapelle und des Hospitals S. Martini, indem seit „vielen" [?!] Jahren und auch in diesem Jahr Begräbnisse der Pfründner des Hospitals bloß durch die Vicare und Rectoren (rectores, Kaplane) der Kapelle und des Hospitals begangen worden sind, ohne daß irgend jemand wegen dieser Besorgung und der Gaben und Geschenke, Legate und Seelmessen Einspruch gethan habe. — Das Verhältniß der Segemunde zu dem Kloster war also nun ein unfreundliches geworden, indem dieselben darnach strebten, die rechtlich und durch die Urkunden von 1389 und 1390 begründete Abhängigkeit ihrer Anstalt aufzuheben und diese selbständiger zu machen, was ihnen denn auch durch die nicht uneigennützige Hülfe des Stadtraths (der anfangs das Kloster gegen die Segemunde vertheidigt hatte) nicht zu ihrem Vortheile, wie es scheint, noch gelang. — Das entschieden feindliche Auftreten der Segemunde gegen das Kloster, eine wirkliche Fehde mit Waffengewalt, welche in diese Zeit (1399—1403) fallen muß, scheint aus zwei merkwürdigen Zeugenverhören in einer Streitsache der Stadt Nordhausen gegen die Grafen Heinrich von Schwarzburg und Heinrich von Stolberg über die Grenze, Rechte und Freiheiten der nordhäusischen Flur u. s. w. hervorzugehn. Von dem Canonicus Heinrich Dunde als Commissarius und seinen Beisitzern sagt am 20. Sept. 1464 der zwei und zwanzigste Zeuge Werner Hergot, über 70 Jahr alt: er sei vor Jahren ein Schuhknecht gewesen und gedenke des wohl und habe gesehn, daß Hans Segemund auf die Zeit, da er „kreig" mit dem Kloster, da vertheidigte der Rath von Nordhausen allein das Kloster, so daß Hans Segemund floh aus Nordhausen, und „die Herren" (die Grafen von Stolberg) nahmen ihn auf „zu dem Ebirsberge" (auf der Ebersburg) wider das Kloster. — In einem sieben Wochen früher, am 30. Jul. 1464, vor dem Schultheißen zu Nordhausen Heinrich von Wenden veranstalteten Zeugenverhöre sagt unter anderm der erste Zeuge Hans Seber, 79 Jahr alt: er gedenke auch, als die Segemunde Bürger zu Nordhausen mit demselben Kloster (Neuwerk) „kregin" (Krieg führten), da „handhabete" (vertheidigte) der (Graf) von Stolberg die Segemunde, und die Stadt das Gotteshaus; da „that" (räumte) der von Stolberg den Segemunden den „Qwestenbergk" (die Burg Questenberg) ein wider das Gotteshaus; hätte er (der Graf von Stolberg) irgend „Gebot oder Gerechtigkeit" (Gewalt oder Rechte) an dem Kloster gehabt, die Segemunde hätten die Nonnen wohl unbedrängt lassen müssen. Der sechste Zeuge Hans Selling, über 85 Jahr alt, sagt: als die Segemunde mit demselben Kloster „kregen", da handhabete der Rath die Jungfrauen und des (Grafen) von Stolberg (Heinrich) Vater (Botho 1400 ff.) die Segemunde; da mußten die Segemunde zu „Qwestinberge" ziehen u. s. w. Endlich sagt der achte Zeuge, Dietrich Gutmann, 74 Jahr alt: als die Jungfrauen des Klosters auf dem Berge „kregen" mit dem Segemunde, da handhabete und vertheidigte der Rath das Gotteshaus; da mußten die Segemunde zum „Qwestenberge" ziehen, als sie „der alte (Graf Botho) von Stolberg" vertheidigte; hätte der von Stolberg Gebot über die Jungfrauen gehabt, sie müßten es um seiner „Schrift" (Zuschrift, schriftlichen Befehls) willen wohl abgestellt haben.

Am 19. März 1403 wurde der Streit zwischen dem Hospitale und dem Nonnenkloster, ein Streit der Tochter mit der Mutter, durch Vermittelung des als Vormund sich aufdrängenden Rathes zu dessen und der Stadt großem Vortheil, doch zum Nachtheil beider streitenden Parteien beigelegt, oder wenn noch nicht völlig beigelegt, doch diese Beilegung gut angebahnt. An jenem Tage nahm der Rath das Hospital S. Martini in seinen und der Stadt Schutz unter folgenden Bedingungen und tief eingreifenden Bestimmungen: Die Mitbürger und Stifter des Hospitals Hans und Simon Segemund sollen lebenslang die Verwaltung des Hospitals haben, wie bisher, unter der Stadt Schutz, aber nach ihrem Tode soll die Verwaltung an die Stadt (den Rath) übergehn. Man soll von den Zinsen arme kranke Leute unterhalten und aufnehmen, die vor den Kirchen liegen und anderswo: die darin gesund werden, sollen ausziehn und Andre dafür aufgenommen werden. Niemand soll für Geld aufgenommen werden und die Pfründe bezahlen. Die zwei Lehn der Vicarien, welche jetzt Heinrich von Dachröden und Johann Uthleben inne haben, fallen nach der Brüder Segemund Tode an die Stadt, und der jedesmal sitzende Rath soll sie bei Erledigungsfällen umsonst verleihen. Man soll den armen Leuten für ihr Vieh &c. einen Hof kaufen, unschädlich der Stadt an Geschoß und Rechten. Werden die Einkünfte des Hospitals so bedeutend, daß man mehr arme Leute aufnehmen kann, so soll man dieselben in das dazu gekaufte Haus legen. In geistlichen und weltlichen „Kriegen", die das Hospital vielleicht bekommen möchte, soll die Stadt dasselbe vertheidigen. Man soll zwei Priester halten im Hospitale, welche nicht belehnt sind (d. h. die keine andre geistliche Stelle und Pfründe haben), welche unter sich abwechselnd täglich Messe halten sollen, doch am Sonntage beide, der eine am Hochaltare. Kein Priester soll im Hospitale wohnen, noch einen Schlüssel haben zu dem Hospitale, der Kirche, dem Chore, der Sacristei (dem „Gerwehus"), den Meßgewanden oder Büchern, sondern jeder Priester soll in dem Meßgewande Messe halten, welches diejenigen, die man darüber setzt, ihm vorlegen. Man soll jährlich Messe und Vesper singen an den Festen zur Ehre der Heiligen, denen der Altar geweiht ist (Johannes d. T., Elisabeth, Andreas, Vincentius,

Laurentius, Anna, Bonifacius), und an den andern großen Festen, auch zu Neujahr, an den Marientagen, Christi Himmelfahrt, Frouleichnam, heil. Dreifaltigkeit, Peter-Paulstag. Dem Priester soll man für jede Vesper und für jede Messe drei Pfennige geben, dem Kirchner zwei, doch zu Ostern, Pfingsten, U. L. F. Wurzweihe, Aller Heiligen, Weihnachten, S. Martin und an der Kirchweihe sollen zwei Geistliche an einem Altare ministriren, einer der das Evangelium und einer der die Epistel lese und einer der sprenge zu dem Kreuze, und jeder Priester soll dafür einen Schilling Pfennige*) bekommen und der Kirchner 6 Pfennige. Die Priester sollen zu Gaste gebeten werden jährlich zu S. Martini und an der Kirchweihe des Morgens nebst den vier in dem Jahre regierenden Bürgermeistern, und man soll ihnen gütlich thun, und auch den armen Leuten im Hospitale. Auch soll man einen Mönch dazu nehmen, einen Augustiner, welcher redlich predige an der Kirchweihe und zu S. Martini, des Abends und des Morgens, und man soll denselben auch zu Gast bitten und zu jedem Tage und Abende ihm einen Schilling Pfennige geben: derselbe soll der Seelen gedenken und Ablaß verkündigen, wie gewöhnlich ist. Man soll auch die Jahrzeiten (Todestage, Todtenfeier) jährlich halten, die man im Hospitale begeht, des Abends mit Vigilie und des Morgens mit Seelenmesse, nämlich die Jahrzeiten von Hermann von Werther d. J., Katharina dessen Frau, Hermann von Werther d. Ae., Lale dessen Frau, Friedrich von Trebra, Jacob von Immenhausen (Kapl. des Hosp.), Priester Heinrich Salemer, Henze (Heinrich) von Stolberg, Lucarde (Luitgard) dessen Frau und ihren Kindern, Henze Urbach und dessen Vetter Hermann Urbach, Jacob Kramer und dessen Frau Alheid (Adelheid), Fritsche von Furr (Friedrich von Furra), Reinhard Krambach dem Pfründer des Hospitals und dessen Tochter Bertrade, die im Hospitale diente: dabei soll man geben für die Vigilie 4 Pfennige und für die Seelmesse 4 Pfennige. Besonders soll man Heinrichs von Werther Jahrzeit feiern und zwar so, daß des Abends in das Hospital kommen zwei Augustiner, zwei Dominicaner und zwei Franziscaner, welche helfen Vigilie singen und Lection lesen, wofür jeder Mönch 6 Pfennige für die Vigilie und 6 Pfennige für die Seelmesse bekommen soll: außerdem soll man in jedes der drei Mönchsklöster 1 Schilling geben, damit sie auch Vigilie halten und Seelmesse singen zu der Jahrzeit, aber auch alle Sonntage, wenn sie predigen, seiner Seele gedenken; doch den Priestern im Hospitale soll man geben 4 Pfennige für die Vigilie und 4 Pfennige für die Seelmesse. Auch wenn die Domherrn Werner Kale und Andreas von Stolberg, ferner Else die Ehefrau von Simon Segemund gestorben sind, soll man in dem Hospitale und in dem Kloster ebenso ihre Jahrzeiten feiern, desgleichen die Jahrzeiten von Hans und Simon Segemund, wenn diese gestorben sind, wobei man gedenken soll der Seelen von Hans Segemund und Metze (Mechtild, Mathilde), der Eltern von Hans und Simon, und aller ihrer Kinder, auch der Ehefrau von Hans Segemund Lale und der ersten Frau von Simon Segemund Jutte, und der Seelen aller Wohlthäter des Hospitals . . . . Die Mönche sollen ihrer auch in den Klöstern jeden Sonntag

*) d. i. 12 Pfennige, Silberpfennige, Brakteaten, jeder etwa 1 Groschen jetzigen Geldes werth.

nach der Predigt auf ihren „Ambonen" (Kanzeln) gedenken .... Bei diesen Jahrbegängnissen, wo die Mönche zugezogen werden, sollen auch die armen Leute im Hospitale etwas bekommen, nämlich jeder Pfründner außer seiner täglichen Pfründe noch $^1/_4$ Maß gutes Bier, ein „Herrenbrot" (Semmelbrot) und ein Gericht Fische oder Fleisch. — Wer noch besondere Jahrzeiten und Präsentien stiften will, soll es mit der armen Leute darin und ihrer Vorsteher (Vormunde") Willen thun. — Ein Pfründner, der unbescheiden und unleidlich ist und sich an der Pfründe des Hospitals nicht genügen läßt, soll aus dem Hospitale ausgestoßen werden. — Von dieser Urkunde des Rathes steht ein schlechter, zum Theil modernisirter Abdruck bei Lesser S. 125—128. — — In einer drei Tage vorher am 16. März 1403 ausgestellten Urkunde bekundet der Rath, daß er an die Brüder Segemund für 150 Mark löthigen Silbers nordhäusischen Zeichens verkauft hat 10 Mark jährlicher Zinsen, halbjährig 5, mit vierteljähriger Kündigung von dem Rath und der Stadt zur Besserung der Pfründe der Armen in dem Hospital S. Martini und zum Seelgeräthe für die jährlichen Begängnisse und Feste und zum Lohne der zwei Priester, die man in dem Hospitale unbelehnet halten und belohnen soll.

Zu Rom am 5. Juli 1404 ertheilte der Papst Bonifacius IX. auf Simon Segemunds Bitte demselben die Erlaubniß, wenn er irgend an Orten sich befinde, wo Excommunication oder Interdict ausgesprochen sei, daß er daselbst doch in seiner Familie und seines Gesindes Gegenwart eine stille Messe (submissa voce) halten lasse durch einen eigenen oder einen andern Priester, mit Ausschluß der dem Interdict verfallenen Personen, bei geschlossenen Thüren und ohne Glockengeläut. — Demselben erlaubte später, am 10. April 1410 zu Bologna, Papst Alexander V. einen tragbaren Altar zu haben und daran an passenden Orten durch einen eigenen oder andern Priester ohne Kränkung eines fremden Rechts in seiner und seiner Freunde und Hausgenossen Gegenwart Messe lesen zu lassen. — Auch Simons Bruder Johann Segemund scheint sich gleichlautende päpstliche Bullen ausgewirkt zu haben, wenigstens liegt mir von der zweiten eine übrigens gleichlautende Abschrift mit Johannes Namen vor. — Die Frömmigkeit Simons scheint seiner zweiten Frau Elisabeth und deren Freunden unbequem gewesen zu sein. Am 9. April 1405 erschien das Ehepaar vor dem Rathe und erklärte, daß sie um ehelicher Sache und „Ernisse" (Irrungen) willen nicht wohl bei einander wohnen mögen und wollen, weshalb sie sich wegen ihrer Erbgüter und fahrender Habe so geeinigt haben, 1) daß der Frau Else bleiben ihr Haus und Hof, ihre Erbzinsen und ihr ganzes Erbe in und außerhalb der Stadt und alles „gereite" Geld nebst fahrender Habe, welche sie in ihrem „Gewern" (Gewähr) hat. 2) Die 200 Mark, welche sie ihrem Manne Simon Segemund zugebracht hatte, und worüber sie bei ihrem Tode verfügen sollte, soll sie schon jetzt erhalten, nämlich 100 Mark an den Gemeinden Kindelbrücken und Kannawurf, 60 an dem Dorfe Bendeleben und 40 von einem „Briefe" über 60 Mark, wovon 20 dem Simon Segemund bleiben. 3) Für ihr Hausgeräthe und die fahrende Habe, die er inne hat, soll er ihr geben 18 Mark an dem Dorfe Grumbach und 8 zu Kindelbrücken. 4) Sie soll haben „zu ihrem Leibe" 5 Mark an Artern und 5 an dem Hofe zu

„Pfeffelde" (Pfiffel). — Das alles soll sie und ihre Erben behalten; was aber von ihren Gütern und Kleinodien in Besitz der Brüder Segemund wäre, soll an das Hospital S. Martini fallen. — Man sieht, daß Frau Else sich und ihre Erben gegen die fromme Freigebigkeit ihres Mannes und Schwagers sichern wollte. Von dieser frommen Freigebigkeit der Stifter des Hospitals zeugt noch eine Anzahl Urkunden, die ich hier übergehen muß.

Die Reibungen mit dem Kloster Neuwerk dauerten noch fort, obgleich die herangewachsene Tochter an dem Rathe einen Freier und Bräutigam gefunden hatte, der sie gegen die eifersüchtige Mutter schützte. — Am 3. Jan. 1407 beliehen Abt und Convent des Klosters Ilfeld das Hospital S. Martini mit 5 Hufen Land und Zubehör zu Nordhausen und Steinbrücken für einen jährlichen Erbzins von 8 Marktscheffeln Getreide (Weizen, Rocken und Gerste). — Am 15. Oct. 1407 zu Siena erlaubte der Papst Gregor XII. auf die Bitte der Brüder Segemund, da der Rector (der geistliche Vorsteher, Pfarrer) der Pfarrkirche, innerhalb deren Grenzen das Hospital S. Martini nebst dessen Kapelle und dem daranstoßenden Kirchhofe liegt, zuweilen z. B. des Nachts gehindert wird, den kranken und sterbenden Hospitaliten beizustehn, ihre Beichte zu hören und die Sacramente zu administriren, daß der Rector (Kaplan) der Kapelle, des Hospitals und andre geeignete darin mit Pfründen versehene Priester (die Vicare) die Beichte der Armen und Kranken im Hospitale hören und ihnen die Sacramente administriren, auch das Begräbniß der im Hospitale Gestorbenen oder solcher Personen, welche diese Kapelle oder deren Kirchhof zu ihrer Beerdigung wählten, besorgen dürfen, desgleichen die Opfer (oblationes) für diese Verstorbenen empfangen, ohne daß der Rector jener Kirche etwas davon empfange, da der Rector der Kapelle und die Priester derselben, wie die Brüder Segemund behaupten, jetzt im ruhigen Besitz davon sind. — Am 1. März 1408 ordnete der Executor dieses päpstlichen Befehls Wilhelm von Gock, Propst der Marienkirche zu Erfurt, unter anderm an, daß der Rector der Kirche des Klosters Neuwerk zum Ersatz für den ihn so treffenden Verlust statt des canonischen Viertheils die Hälfte der Einkünfte von jenen Leichen, und zwar mit ½ Mark nordhäusischer Währung jährlich, von dem Rector (Kaplan) und den Vicaren der Kapelle empfangen sollte. — Am 9. Juni 1408 gründeten nun die Brüder Segemund förmlich die Rectorei oder Kaplanei der Kirche des Hospitals, in welcher Kapelle (Kirche) nun drei Altäre waren, und statteten dieselbe aus mit jährlich 8½ Mark nordhäusischer Währung von 80 Mark Kapital. — — Noch 1411 suchten die Grafen von Honstein, Heinrich zu Kelbra und Dietrich zu Heringen einen Vergleich zu stiften zwischen dem Propste des Klosters Neuwerk Ludwig und den Patronen und Vormunden des Hospitals S. Martini, den Segemunden, wegen des Priesters des Hospitals, der Fenster im Thurme, des (verbotenen) Läutens der Glocken u. s. w. — In den Jahren 1411, 12 führten die Stiftsgeistlichen zum heil. Kreuz und die Pfarrer S. Jacobi, S. Petri und S. Blasii am päpstl. Hofe einen Prozeß gegen die Brüder Segemund als Stifter und Patrone des Hospitals S. Martini und deren Kaplan und Vicarius. — Im Jahre 1411 verkauften Graf Dietrich von Honstein und der Rath der Stadt Heringen dem Hospitale für 60 löth. Mark Silber 5 Mark

Zinsen, und 1412 Berlt und Hans von Wechsungen mit Bewilligung der Grafen vom Honstein für 9 Mark l. S. Fruchtzinsen zu Pustleben.

Am 5. Februar 1412 starb Johann Segemund; erst nach 10 Jahren, am 12. März 1422 folgte ihm sein Bruder Simon im Tode nach. Beide wurden in der Kapelle ihrer Stiftung, in der Kirche S. Martini begraben. Noch bei seinem Leben ließ der Letztere für sich und seinen Bruder ein Epitaphium, eine große und schöne Gedächtnißtafel von Messing anfertigen, welche noch wohl erhalten ist, so wie auch die beiden messingenen Original-Siegelstempel der beiden Brüder noch vorhanden sind. Ein vergänglicheres Denkmal von Holz befand sich ehemals auf dem Saale über dem Herrenhause des Hospitals an den Wänden. — Ueber diese Denkmale der frommen Brüder habe ich in den Kl. Schriften IX., 29—32, S. 153 ff. berichtet. — — Im ersten Jahre nach dem Tode seines Bruders Johann verband Simon Segemund, nun allein Vorsteher des Hospitals, das ältere Hospitalgebäude (da wo darauf das Kinderhaus stand, in späterer Zeit die Almosenkasse und das Spinnhaus), auch die daneben stehende Kapelle (Kirche) mit dem neu hinzugekommenen, weiter herab und auf der entgegengesetzten Seite der Straße liegenden Hause, dem Herrenhause (wahrscheinlich so genannt, weil die geistlichen Herren, Kapellan und Vicare, vielleicht auch weltliche Aufseher der Anstalt darin wohnten) durch einen Gang, welcher über das an das Herrenhaus stoßende mittlere Sundhäuser Thor, so wie über das Thor, das auf den Klosterhof führte, gebaut wurde, zu welchem Gange er auch ein Stück von einem Privathause zwischen jenen beiden Thoren erkaufte. In einer Urkunde vom 9. Juni 1413 (auswendig bezeichnet: über den Gang vom Herrenhause nach dem Kinderhause) bezeugt der Rath, daß Simon Segemund über den Gang, welchen er aus dem Hospitale nach dem neuen Hause machen will, sich mit dem Bürger Klaus Schernberg so verglichen hat, daß jener diesem 12 rheinische Gulden zahlt, wofür er auf Schernbergs Ecke und Hof eine steinerne Mauer von hinlänglicher Höhe und Breite zu dem Gange aufführen darf. Er soll auch eine Pforte in der Mauer machen zu Schernbergs „Dornzen“ (Stube), und diesem soll es frei stehn, an und über die Mauer hinaus zu bauen.

Erst in dem Jahre vor seinem Tode wurde Simon Segemund zur wirklichen Uebergabe des Hospitals an den Rath vermocht. Am 26. Juni 1421 erklärte derselbe vor dem hiesigen Reichsschultheißen, daß sein seliger Bruder Hans und er alle ihre Güter, bewegliche und unbewegliche, zu der Zeit als sie des mächtig waren, zusammen gegeben haben den armen Leuten im Hospitale S. Martini und deren Nachkommen: wenn er also seit jener Schenkung diese Güter bisher gebraucht habe, so sei dies geschehn aus Gunst und gutem Willen der armen Leute, ihrer Vormunde und besonders des Rathes zu Nordhausen, und ohne die armen Leute dadurch an ihrem Rechte zu beschädigen: damit aber nun nicht ein Nachtheil dadurch entstehe, so entäußert er sich jetzt vor Gericht des Gebrauchs der Güter, und der Rath soll zur Verwaltung des Hospitals und seiner Güter den wieder bestellen, zu dem „sie Zutraun haben“. — Diese einfache Entsagung scheint dem Rathe noch nicht genügt zu haben, denn nach einer zweiten

Urkunde erklärte Simon Segemund an demselben Tage und vor demselben Gerichte, daß mit seiner Genehmigung sein Bruder Hans zu der Zeit, als er darüber Macht hatte, alles Erbe und alle Güter, die er hatte, und die vorher ihnen beiden gehört hatten, alles ohne Ausnahme den armen Leuten im Hospitale S. Martini und deren Nachfolgern zu einem ewigen Testamente und Seelgeräthe gegeben, für ihre, ihrer Eltern und aller Gläubigen Seelen; daß aber seitdem sein Bruder und er dieses Gut gebraucht, sei geschehn mit Gunst und gutem Willen der armen Leute, ihrer Vormunde und besonders des Rathes der Stadt, dem Rechte der armen Leute unschädlich; damit aber keine Beschwerde und kein Schade daraus geschehe, so hat er sich gegenwärtig vor Gericht dieses Gebrauchs entäußert und die Schlüssel zum Hause und Hofe, zu den Schränken, Kasten und aller Habe, zu dem Weingarten und dem Teichhofe genannt „die Wiese" ausgeantwortet; und der Rath soll den wieder bestellen und dem Hospitale und dessen Gütern vorzustehn befehlen, zu wem sie Zutraun haben, ohne Gefahr für Simon Segemund oder sonst jemand. — Am folgenden Tage, am 27. Juni 1421, stellte nun auch der Rath der Stadt Nordhausen eine Urkunde aus, in welcher er bekannte, daß vor Zeiten der Stifter des Hospitals S. Martini Johann Segemund mit Einwilligung seines Bruders Simon diesem Hospitale sein ganzes Vermögen zu einem Seelgeräthe gegeben habe, worauf nun Simon dieser Güter sich vor Gericht entäußert, sie den armen Leuten überantwortet und auch die Schlüssel zum Hause, zu den Kasten und dem Hausgeräthe übergeben habe: da nun der Rath die Treue und den großen Fleiß des Simon Segemund für das Hospital und die armen Leute darin erkannt habe, so habe er ihn vorgeladen und ihn gebeten, um Gotteswillen die Vormundschaft des Hospitals wieder anzunehmen und ferner getreulich zu verwalten, welches er auch gelobt habe, worauf ihm auch die Schlüssel wieder zugestellt worden seien.

Von einem der bedeutendern Ereignisse in der ersten Zeit der Verwaltung des Hospitals S. Martini durch vom Rathe bestellte Vorsteher und unter dessen Oberaufsicht spricht eine Urkunde vom 3. Juli 1428. In dieser erlaubt der Propst von Jechaburg Johann von Rengelderode als erzbischöflicher Commissarius auf den Antrag des Rathes, da zwei Hospitäler zu Nordhausen bestehen [das Hospital S. Elisabeth wurde erst 1436 als Familienstift gegründet und das Hospital S. Cyriaci, der Siechhof vor dem Thore, wurde hier nicht mitgezählt], das Georgenhospital in der Stadt und das Martinihospital außerhalb der Mauern der Stadt, deren Verbindung in Hinsicht der Vorsteher und Verwalter der Einkünfte u. s. w. zweckmäßig erscheine, daß die Vereinigung beider Anstalten zu einer einzigen geschehe, und zwar so, daß die Einkünfte des Georgenspitals mit zu dem Martinispitale gezogen werden, indem die Bürgermeister und Räthe der Stadt, wie sie es vor Gott und ihrem Gewissen verantworten können, auch die Besitzungen, Häuser und Höfe des erstern Hospitals zu diesem Zweck verkaufen oder vertauschen mögen zu besserem Nutzen für das Hospital S. Martini: dabei soll die Zahl der Armen im Hospitale S. Martini um so viele vermehrt werden, als deren gewöhnlich im Georgenspitale gewesen: auch soll der Gottesdienst in der Georgenkapelle fortbestehen, wie bisher. (Ueber das Georgenspital und die S. Georgenkapelle s. unten).

Durch Angabe des Inhalts der wichtigsten hieher gehörigen Urkunden vom Ende des 14. und aus dem Anfange des 15. Jahrhunderts sollte die nicht uninteressante Geschichte der Entstehung und Bildung der Anstalt begründet und aufgeklärt werden. Die fortlaufende Geschichte des Hospitals bis in das fünfte Jahrhundert ihres Bestehens zu liefern, fehlt hier der Raum, zum Theil auch das Material. Durch zahlreiche Schenkungen und Vermächtnisse, namentlich Heinrichs von Werther († 1397), überhaupt der Familie von Werther und von Urbach, durch den Anfall des ganzen Vermögens der beiden Stifter, der Brüder Segemund (1410), vielleicht auch durch die Einverleibung der Georgenhospitals (obgleich diese Vereinigung 1428 noch nicht oder wenigstens nur theilweise statt fand) erlangte das Hospital S. Martini bald einen sehr bedeutenden Besitz an Häusern und Höfen, Mühlen, Aeckern, Wiesen, Gärten, Waldungen und Kapitalien, von welchem Besitz das noch stehende Vorwerk mit seiner Schäferei, dem Viehstande und den dazu gehörigen Grundstücken den Kern ausmachte. Dieses Vorwerk, später verpachtet, wurde anfangs unmittelbar von den Vorstehern des Hospitals verwaltet. Die gewöhnliche Zahl der Menschen, welche täglich daraus und in dem Hospitale gespeis't wurden, betrug nach Rechnungen 66 im Jahre 1523, 89 im J. 1589, 107 im J. 1594, 97 im J. 1637.

Das ursprüngliche Hospital lag da, wo jetzt die Häuser Nr. 1195 d. e. liegen, bei der Kapelle (Kirche), die auf dem Platze des Hauses Nr. 1139 stand. Nachdem es fast hundert Jahr gestanden hatte, wurde im Jahre 1486 ein neues Gebäude daselbst aufgeführt, nach der Inschrift des an demselben eingemauerten Steines, welche ich mitgetheilt habe in den kl. Schriften IX, 6, S. 145. Dieses Gebäude wurde, da für die Hospitaliten in und bei dem gegenüberliegenden „Herrenhause" hinreichender Raum war, als „Kinderhaus" so lange benutzt, bis ein solches nach Errichtung eines neuen Waisenhauses nicht mehr nöthig zu sein schien. Nun, im Jahre 1728, wurde aus dem Kinderhause ein „Spinnhaus" hinten mit einer großen Spinnstube für arme alte Weiber und mit einigen Kammern, vorn mit der „Almosenkasse" d. i. einer Stube für die zwei Rathsherrn, welche die Almosenkasse verwalteten, wo die wöchentliche Vertheilung von Brot und Geld statt fand. — Das „Herrenhaus", Jahrhunderte hindurch das Hauptgebäude für die Pfründner (Hospitaliten), welche sich auch gegen die statutarische Bestimmung von 1403 lebenslänglich in die Anstalt einkauften (wohl mit zweihundert bis dreihundert Thalern) *)

*) Nicht völlig genügend war die Verantwortung des Raths gegen des Herrn J. L. von Heß (nach dessen Anwesenheit in Nordhausen 1789) Klage und Vorwürfe, s. J. L. von H. Durchflüge durch Deutschland, die Niederlande und Frankreich. Hamb. 1793. Thl. 1., S. 170, vgl. Thl. 2., S. 2 ff. Ein Einkauf von Pfründnern, auch fremden, fand damals wirklich statt; die Einkaufssummen wurden von den Obervorstehern, den „Bursarien", nicht für sich, sondern für die Anstalt erhoben, aber daneben gereichte Geschenke kamen vor.

und für den Hospitalvater, lag dem Kinderhause und spätern Spinnhause schräge gegenüber an dem mittlern Sundhäuser Thore, auf dem Raume des jetzigen Hauses Nr. 1138b. Ob hier die ehemalige Wohnung der Brüder Segemund lag, wozu diese 1405 noch ein anstoßendes Stück von Thile von Uthleben kauften, und welche nach Simon Segemunds Tode 1421 auch an das Hospital fiel, oder ob die Wohnung der Segemunde mit Zubehör das nachmalige Vorwerk S. Martini bildete, lasse ich unentschieden. Das Herrenhaus kann auch das Haus gewesen sein, welches in der Urkunde des Rathes vom 19. März 1403 als das hinzugekaufte Haus erwähnt wurde, in welches man ebenfalls arme Leute aufnehmen sollte, wenn die Einkünfte sich mehrten. In derselben Urkunde wurde auch schon der Ankauf eines Hofes mit Oekonomiebetrieb in Aussicht gestellt, wie solches denn auch durch Bewirthschaftung des Vorwerks ausgeführt wurde.

Die sich erweiternde Anstalt hatte in unserer Stadt eine ziemliche Anzahl Häuser mit Zubehör gewonnen, namentlich an und auf dem Klosterhofe, doch zunächst alle Häuser des untern Rumbachs, auch jenseit des Zorgekanals und zwischen den beiden äußern Sundhäuser Thoren: durch den Oberbau und Gang über das Klosterhofsthor und das mittlere Sundhäuserthor war (wohl schon 1413, s. oben) das Herrenhaus mit der ältern Hauptbesitzung verbunden. Der ganze zusammenhangende Grundbesitz an Gebäuden wurde im 19. Jahrhundert, als das Martinihospital seine Selbständigkeit verloren hatte, getrennt und einzeln verkauft zum Besten der nach der beliebten Centralisationsmethode gegründeten allgemeinen Kasse der milden Stiftungen. Schon im Jahre 1808 wurde der schief stehende Kirchthurm abgetragen, 1833 die Kirche, nachdem dieselbe im siebenjährigen Kriege und 1805 bis 1815 als Magazin benutzt, im Innern verwüstet und zum Gottesdienste unbrauchbar geworden war, 1836 das Spinnhaus, auch das Klosterhofsthor, 1851 und 1852 das Herrenhaus und das mittlere Sundhäuser Thor (so wie das äußere) und die Reihe kleiner Häuser dem Vorwerke gegenüber, in ältern Zeiten wahrscheinlich Wohnungen der Arbeiter auf dem Vorwerke, namentlich der Hirten und ihrer Familien. Dieses S. Martinivorwerk war schon 1818 verkauft. Die zusammenhangenden Häuserreihen des Martinihospitals nahmen den Raum ein der jetzigen Privathäuser Nr. 1139, 1195 d. c, 1151, auf der andern Seite 1135—1138 a. b, 1147—1150. Uebrig geblieben ist die Schäferei 1151 b, (wo sonst auch c, die Anatomie).

Als Kaplane und Vicare der Kirche (Kapelle) S. Martini kommen vor:

Jacob von Immenhausen † 1395. — Heinrich Salemer † 1396. — Heinrich von Dachröden 1403. — Johann Uthleben 1403. — Nicolaus Kupferschläger 1410, Kaplan 1412 u. Chrn. Ostede Vic. 1412. — Nicolaus Rothpreiß 1433. — Nicolaus Schmidt 1434. — Joh. Martini 1439 (am hohen Altare). — Simon Urbach (Urbeche) 1464. — Heinrich Elsebeth 1468. — Johann Kuhorn resignirt 1503. — Johann Kohl (Koel) 1503. 1513. — Konr. Tueß † 1505. — Melch. von Aachen 1506. — — Die Prediger der Martini-Hospitalgemeinde nach der Reformation sollen von den Vorstehern des Hospitals (den „Bursarien"), welches gewöhnlich die ältesten Bürgermeister waren, ern nt worden sein. Diese Predigerstelle war ein Nebenamt eines Predigers der Unterstadt oder eines Diaconus in der Oberstadt; indessen war dieselbe bis 1686 stets mit dem Pastorat am Frauenberge verbunden. Noch im 18. Jahrhunderte wurde ein Wochengottesdienst in der Martinikirche gehalten. Die letzten Pastoren S. Martini waren: Joh. Nic. Rohrmann, Pastor am Frauenberge, dann zu S. Jacobi, 1683—98, darauf Pastor prim. S. Nicolai. — Andreas Zimmermann, Aedituus S. Nicolai und Pastor S. Cyriaci und S. Elisabeth, 1716—39. — Friedrich Christian Lesser, Pastor am Frauenberge, dann zu S. Jacobi 1740—48. — Christian Friedrich Wiederhold, Diaconus S. Petri, dann Pastor am Frauenberge, 1749—1776. — Johann Christoph Ludwig, Pastor im Altendorfe, 1777—94. — Ernst Christian Wilhelm Lesser, Diaconus S. Blasii, 1794 — 1807. — Johann Laurentius Barges, Aedituus S. Nicolai und Pastor S. Cyriaci und S. Elisabeth, 1808—18. — Im Jahre 1818 wurde die Martinigemeinde mit der Frauenberger-Gemeinde (Parochie) vereinigt. — — Seit 1830 wurde ein Hospitalprediger ernannt, der seine Kirche nun im ehemaligen Siechhofe (Hospitale S. Cyriaci) hat. — — Aeditui der Kirche S. Martini waren die Aeditui der Kirche am Frauenberge. Sie mußten den Hospitaliten täglich Bet- und Lesestunden halten.

Schließlich die Bemerkung, daß in den letzten Zeiten der reichsstädtischen Verfassung die Pfründnerstellen im Hospitale S. Martini, wie in dem Hospitale S. Cyriaci, verarmten Leuten beider Geschlechter von anständigem Herkommen eine lebenslängliche Versorgung darboten, und daß sogar ein Verwandter der Kaiserin Katharina II. von Rußland, der Rittmeister von H., hier seine Tage beschloß. Das Hospital S. Elisabeth diente mehr zur Aufnahme der eigentlichen Proletarier, im Kloster und Spinnhause fand eine bestimmte Anzahl armer Weiber ein Unterkommen.

Das Gebäude welches jetzt das Frauenbergskloster oder schlechthin das Kloster heißt, und in welchem noch eine kleine Anzahl betagter Frauenspersonen Obdach und Unterstützung findet, war ein Gebäude der Cisterciensernonnen des Klosters U. L. F. Neuwerk (novum opus), und liegt zwischen der sonst dazu gehörigen Frauenbergskirche und dem Klosterhofe, dessen Anbau dem Namen nach auch vom Kloster Neuwerk ausging. Dieses Nonnenkloster ist wahrscheinlich eine Tochter des Klosters Woltingerode bei Goslar, aus welchem die erste Aebtissin Jutta um (nach) 1200 hiehergekommen sein soll, s. Urkundl. Gesch. von Nordh. S. 42. Die neue Anpflanzung war anfangs wohl nur klein und dürftig, erlangte aber bald, als sie nach Aufhebung des alten mathildinischen Nonnenstifts (1220), und ehe das andere Cistercienser Nonnenkloster von Bischoferode hieher in das Altendorf verlegt wurde (1294), das einzige Nonnenstift zu Nordhausen war, einen bedeutenden Aufschwung. Eine hübsche Sage, die sich im Kloster erhalten hatte, schreibt dem damaligen Reichsvogte in Nordhausen (Ruprecht? vgl. unten die Urk. vom 21. Jun. 1237) die Gründung unsres Klosters zu. Derselbe wohnte hier auf dem Berge in einer Burg („Feitenunge") des Reichs. Da hatte er einst ein Traumgesicht: graue Tauben flogen aus den Fenstern seiner Burg, hoch auf und nieder, aus und ein, zuletzt so hoch, daß er sie nicht mehr sah. Diesen Traum deuteten sein Beichtvater und weise, schrifterfahrne Männer so, daß er auf dieser Burg ein Jungfrauenkloster grauen Ordens gründen sollte, und er that also. Die in der Urkundl. Gesch. von Nordhs. Nachtr. S. 30 mitgetheilte Stelle, welche diese Sage enthält, gebe ich hier berichtigt nach dem Originale des Zeugenverhörs von 1464 in dem Streite mit den Grafen von Schwarzburg und von Stolberg, welche Hoheitsrechte in der nordhäusischen Feldflur und die Schutzherrschaft (die Advocatia, das Patronat) über das Kloster Neuwerk in Anspruch nahmen. Hier giebt am 20. Sept. (nicht 6. Aug.) 1464 der sechste Zeuge Heinrich Bruckmann, Vicarius zum heil. Kreuz, 60 Jahr alt, unter andern folgende Aussage: er habe von der Klosterjungfrau „Kethe Kesemann" (nicht Kestner) gehört, „man finde beschrebin, daz ehir daz Closter uff unser lieben frouwen berge worde, do was eyn festenunge, „do phlag eyn fogt des riches uffe czu wonen; Alßo geschah eß, do her eyns lag in syme slosse„westen, do sach her eyn sulch gesichte, daz grawe tuben flogen uß synen fenstern hoch in der „hoe, und wedder nedder, uß und yn, und uff daz leczte flogen su ßo hoch, daz her su nicht „meher gesyhe kunde, und solch gesichte der obgenannte vogt an synen bichtvater brachte, und „uffinbarthe daz meher andern wießen hern und schrifft erfarn; Also wart der fogt underwieset, „und ome wart ingegeistet, daz her uß sulcher festenunge, do her uffe wonte von des Riches wegen, „machte und stiffte eyn jungfrouwen Closter Grauwes ordens." — Durch die Verzichtleistung des Pfarrers Volrad zu Rohra im Jahre 1233 erlangte das junge Kloster die Marien-Pfarrkirche zum Neuen Werke (s. oben), und der Propst des Klosters war nun bis zur Reformation Pfarrer dieser Kirche. — Im nächsten Jahre, am 30. Jun. 1234, befahl der König Heinrich (VII.) dem Reichs-Schultheißen zu Nordhausen, dafür zu sorgen, daß die dem Stifte zum heil. Kreuz und dem Kloster Neuwerk von Gewissen (doch wohl von den Grafen von Honstein) entzogenen Güter wieder zurückgegeben würden, und am 21. Jun. 1237 nahm Kaiser Friedrich II. das Kloster in seinen und des Reichs besondern Schutz, bestätigte demselben auch die von seinem (des Kaisers) Vogte Ruprecht überwiesenen Besitzungen, fügte die Schenkung von drei Hofstätten hinzu und verstattete überhaupt die Erwerbung von Reichsgütern, s. Urkundl. Gesch. von Nordhs. Urk. 5 u. 6. — Am 24. Apr. 1250 ertheilte der Erzbischof von Köln als päpstlicher Legat dem Kloster die Erlaubniß 1) stille Messe zu halten selbst während eines Interdicts, 2) edle und geistliche Frauen in ihr Kloster aufzunehmen, 3) weltliche Mädchen in Nonnentracht im Kloster zu unterrichten, s. daselbst Urk. 51. Diese Urkunde ist bei Lesser S. 134 schlecht abgedruckt und mit der falschen Jahrzahl 1520. Unvollständig steht bei Lesser S. 131 auch die Urkunde, wodurch der Official der Propstei Jechaburg 1496 dem Kloster eine Kirchencollecte erlaubt zum nöthigen Bau und zu besserer Ausstattung, desgleichen sehr ungenau S. 133 die Urkunde des Landgrafen von Thüringen vom 1. Apr. 1277, im Ganzen besser S. 132 f. die Bulle des Papstes Innocenz IV.

Groß ist die Anzahl der das Kloster Neuwerk betreffenden Urkunden vom Jahre 1240 an bis in das 16. Jahrhundert, welche im Originale oder in guten Abschriften (besonders in einem Kopialbuche des 15. Jahrhunderts) noch vorhanden sind (mehr als 300). Aus ihnen geht zunächst hervor, wie ansehnlich der Besitz dieser geistlichen Anstalt war. Das Kloster Neuwerk war in älterer Zeit, nächst dem von der Stadt gewissermaßen eximirten Stifte zum heil. Kreuz, die reichste Stiftung unsrer Stadt, mit der später das anfangs zum Theil davon abhängige Hospital S. Martini rivalisirte. Dasselbe hatte Güter und Grundstücke, Aecker, Wiesen, Holzungen und Erbzinsen außer Nordhausen (wo erst im 15. Jahrhundert das Kloster mehr Besitzungen gewann, als nicht mehr so streng auf das städtische Statut gehalten wurde, durch welches der Anfall von Grundbesitz an die todte Hand sehr erschwert, ja fast unmöglich wurde, s. Stat. A, 99 und 199) in Uthleben, Bielen, Rüxleben, Thum- und Hor- (Groß- und Klein-) Werther, Belstedt, Rode, Sundhausen, Petersdorf, Wachsbech, (Ober-) Salza, Berga, Ebeleben, Rockstädt und Kutzleben, Thüringenhausen, Thalebra, Wiedermuth, Erich, Görsbach, Heringen, Hamme, Windehausen, Risla, Crimilderode, Hesserode, Trebra, Thalheim, Ebersborn, Gundesleben, Bennungen*), Vorzleben, Grune und Schernberg, Ober-Spier, Wülferode, — Waldungen: Eichenberg, Mordthal, Kammerforst, Wachsbach, bei Appenrode, Wofleben, Salza u. s. w. Ungern versage ich es mir aus dem reichen Urkundenschatze Einiges mitzutheilen, was auch für die Geschichte der Gegend, z. B. für die Geschichte der Grafen von Honstein, nicht unwichtig ist, indem ich dasselbe für eine besondre Abhandlung zurücklege. — Viele jener Besitzungen gingen zur Zeit der Reformation verloren, der immer noch ansehnliche Rest kam an die Stadt; die letzten Nonnen hatten denselben, wie wir oben sahen, zu einer Jungfrauenschule bestimmt."

Als Pröpste des Klosters Neuwerk kommen vor: **Uromoldus (Vromoldus Fromhold) 1240. 1242.** Er soll 1234 gewählt sein. — [**Henricus** 1264? — Lesser nennt auch einen **Henricus** 1280, wohl mit Unrecht, so wie der **Hermannus** nach **Johannes** aus einer Verwechselung mit dem Abte **Herm.** von Walkenried 1290 entstanden sein mag.] — **Johannes** 1263 (Walkenr. Urk. 355). 1273. 78. 79. 82. 86. 88. 90. — **Theodericus** 1296. 97. 98. 99. Er war vorher Pfarrer (**Rector ecclesiae**) zu S. Blasii und wurde von den Nonnen gewählt. Der von dem Propste zum heil. Kreuz Elger Grafen von Honstein gewählte **Bruno**, Canonicus (Prämonstratensermönch) zu Pölde, trat 1296 nach dem Urtheil der sechs Schiedsrichter über diese streitige Wahl zurück und verzichtete auf die Propstei. — **Johannes** † 1302. — **Theodericus** (Thilo) 1304. 7. 8. 11. 12. 15. 16. — **Johannes** 1318. 20. 21. — **Gotschalcus (de Wizense)** 1322. 23. 27. 28. 29. 32. (1334 noch am Leben und in einer Urkunde aufgeführt vor dem folgenden Propste — **nunc praepos.** — als **quondam praepositus**). Er starb nach dem **Necrologium eccl. S. Cruc.** am 11. Oct. — **Theodericus** 1334. — **Henricus (de Wolkramshusen)** 1337. 38. Er starb nach demselben Necrologium am 2. Nov. — **Christianus (Kristanus, Kerstanus)** 1339. 40. 42. — **Otto** 1344. — **Heinricus** 1347. 50. 53. 55. 59. — **Eberhardus (Lindenhagen)**

---

*) Auch die Kirche zu Bennungen war dem Kloster überlassen und incorporirt worden (1256, 1291); und dasselbe hatte das Patronat über diese Kirche noch im 15. Jahrhundert.

1360. — Heinricus (de Bergriden) 1364. 67. 69. — Theodericus (de Kulstete) 1364? 78. 79. Von seinem und seiner Schwester Grabsteine s. Kl. Schriften IX, 16, S. 149. — Bertoldus (de Morungen) 1379. — Johann Egen 1389. 90. — (Albrecht Keyser 1397, war vielleicht Propst im Altendorfe) — Ludwig Waldeck 1389. 1401. 2. 4. 8. 9. 10. (1412 „olim prepositus"). — Konrad Homberg 1412. 13. — Johann Uthleben („Utelebin") 1415. — Hermann Rul 1422. — Wilkin Willer (als „Chimiae et Necromantiae deditus et ideo Abbatissae coterisque sororibus infestus" bezeichnet in einem spätern Verzeichnisse der Pröpste) 1444. 26. 28. 30. 31. † 1433. — Busso Werther („Werter") 1433. 34. 35. — Johannes Helmboldi 1439. 46; Johannes unter dem Baume „Vorstender des Gotteshauses U. L. F. zu dem Neuen Werke" 1442. — Bertold (von Ellrich) 1443; Bertoldus Pumele 1444. — (Kurt Kelner 1448?) — Andreas Hesserod 1450. 53. — Bertold („Berlt") Kleine 1454. 56. 61. 64. — Cyriacus (Kranichborn) 1470. 74. — Laurentius Silkerot 1477 (1475 Administrator. Konrad Bötcher, Administrator 1478.) — Nicolaus Steinbeck 1480 („Electus 1480, vir ingeniosus, eruditus, humanus et architecturae peritus, operose exstruxit aedem b. Virg. Mariae in monte". Der Bau war doch wohl nur eine Reparatur.) — Martin Kelner 1494. — Johann Vogt 1495. — (Michael Offin 1505?) — Konrad Jenis (auch Genis) 1514. 15 bis 1521. Er verließ das Kloster, wurde evangelischer Pastor zu Bennungen und heirathete die letzte Aebtissin des Klosters Anna von Rüxleben.

Aebtissinnen des Klosters Neuwerk waren: Jutta (1200?) — E(lisabeth) c. 1240. — Gertrudis 1276? — Jutta 1280? Lucia 1282. 86. 88. — Mechtildis 1294? 96. 98, eine Tochter des Grafen Heinrich II. von Honstein, vgl. Kl. Schriften S. 130, wo sie aber nur als Nonne zu Nordhausen 1246 bezeichnet ist, in welchem Jahre sie mit ihrer Schwester Hedwig hier in das Kloster kam. Zur Ausstattung schenkte damals ihr Vater dem Kloster ein Gut in Uthleben nebst einem Walde „Geroldesnakke". — Iseutrudis 1315. — Christina 1318. 20. — Hildebergis 1323. 27. 28. 29. — Jutta 1334. — (Mechtildis de Tirungen 1338?) — Gertrudis 1347. — Tela 1353. — Gertrudis 1353. 55. — Adelheidis 1359. — Kunegundis 1360. — Elisabeth Marschalks 1362. — Gertrud 1364. 78. 79. — Christina 1389. † 1390. — „Lale" (Eulalia) Hamicke (Hamke) 1389. 1401. 4. 8. — Adelheid („Alheid") von Hoyn 1402. 9. 10. 12. 13. 15. — Peppe Wilde 1422. 23. 28. 29. 30. 31. 39. 41. 42. 43. 44. 46. (48?) — „Lucke" (Lugke, Luckardis, Luitgard?) Silbernhusen [Heinrichs und Jutte's von Silbernh. Tochter, Nonne 1419] 1433. 34. 35. 48. 49. — Thela Rothin 1450. 53. 56. 64. — Kunigundis 1470. — Elisabeth Springers 1471. — „Kuner" (Kunigunde) Haldung 1475. 77. 78. — (Lale Albrechts 1480? — Dieselbe gehört wohl nicht hieher, denn 1483 war sie Aebtissin des Cistercienserklosters S. Nicolai im Altendorfe.) — Elisabeth Lehn 1482. — Anna Heysen („Heysan") 1492? 94. 96. — Anna von Rüxleben 1508? 11. 13. 14. 16. 23. 25. Sie verließ das Kloster (1525?) und wurde Gattin des letzten Propstes, der darauf Pastor zu Bennungen war.

Priorinnen (Priorissae) waren: Peppa de Erfordia 1364. 78. 79. — Lale 1389. 90. — Else (Elisabeth) Rabe 1398. 1404. 7. 8. 9. 10. — Lale Hameke 1402. — Lale Matthys 1412. 13. — Alborg Jungemann 1415. 22. 23. 26. 28. 29. 30. 31. — Lale Sangerhusen 1433. 34. 35. 39. 41. 42. — Metze (Mechtild, Mathilde) Schernberg 1443. 44. 48. 49. 50. — Adelheid Aderhold („Adla Aderalds") 1453. 56. — Margar. Hammelsberg 1464. — Elisabeth Wulferod (Wulfferadis) 1470. 75. 78. — Hennicke Sickel 1496. — Gertrud Rusteberg 1509? 11. 13. — Barbara Evermanns 1514. 16. 20. 23. 25. — Margaretha Bese („Beßin" Besa?) 1552. 56. 57. 58. (Stifterin der Jungfrauenschule, s. oben). — Anna Kirchner 1558. — Anna Neckerkalb 1559. 66. — — Subpriorissa 1378. Jutta Lugels. — — (Cellerария 1378 Elisab. Rabin.) Küsterinnen waren: Jutta Tudirstadt 1378. — Else von Zwinge (Twinge) 1434. — Metze von Rode 1439. — Elisab. von Wulferode 1456. — Elisabeth Springer 1464. — Elisabeth 1470. — Mechtild Wulferod 1475. — Elisabeth Simons 1494. 96. — Ottilie Wiegand 1511. 23. — Katharine Silkerot 1514. 25. — Sängerinnen waren: Cathrne. Hopplingerode 1378. — Elisab. Kupferschläger 1456. 64. — Anna 1470. — Margar. Bötcher 1511. 23. — Katharine von Sundhausen 1516.

Das Hospital S. Elisabeth, zwischen dem Grimmel und dem Altendorfe gelegen, ist gegründet im Jahre 1436 bei einer Kapelle S. Elisabeth, welche schon 1422 daselbst in vico qui dicitur in der „Nybecke" sich befand: denn in diesem Jahre 1422 am 14. Mai ertheilte nach der bei Lesser S. 136 f. abgedruckten Urkunde der mainzische Weihbischof Heinrich dieser Kapelle einen vierzigtägigen Ablaß. — Am 5. Jan. 1436 erschienen zwei angesehene Bürger Hermann von Werther und Hans „Swelngrebil" vor dem versammelten Rathe und erklärten, daß sie Gott und den Heiligen zu Ehren und zum Trost der Seelen der Verstorbenen aus den hiesigen Bürgerfamilien von Gotha und von Werther, besonders aber Jacobs Swelngrebel, des Vaters von Hans S., der Frau und Kinder desselben, auch ihrer Vorfahren und des ganzen Geschlechts, ferner ihrer eigenen Seelen und der Seelen aller Gläubigen, zur Hülfe aller armen und „enelenden" (fremden) Pilgrimme, Brüder und Schwestern*), die es bedürfen und begehren, „eine gemeine Herberge und Hausung" und was dazu „ehrlich und nützlich" ist, gesonnen sind zu bauen auf der Hofstätte bei der Kapelle S. Elisabeth außerhalb der [Stadt-]Mauern, in der „Nybegke", so daß man darin arme Pilger, Brüder und Schwestern, beherbergen soll, und jedem Menschen geben Brot, das einen Pfennig werth sei, und dazu einen gewöhnlichen „Covent" (Nachbier, Dünnbier), so gut man ihn kaufen kann, und soviel für einen genug ist zu trinken. — Der Rath giebt seine Einwilligung zu dieser Stiftung. Wenn nun die beiden Stifter mit Gottes Hülfe und frommer Leute Unterstützung so viel „Korngeldes" und Zinsen zu derselben

*) Auch später, unter Verwaltung der aus der Mitte des Rathes bestellten Vorsteher, diente das Hospital S. Elisabeth zur Herberge, auch wohl zur bleibenden Wohnung für Arme der untersten Klasse, namentlich fremde.

Herberge und Hausung des „Spitals S. Elisabeth" zueignen und anweisen können, daß dasselbe jährlich erhalten werden kann, und sie oder ihre Erben es von dem Rathe begehren, so soll der Rath ihnen zwei Rathleute zur Hülfe geben, welche des genannten Spitals S. Elisabeth und der Hausung und Herberge daselbst mit ihnen oder ihren Erben Vormunde und Vorsteher sein sollen. Diese Vorsteher sollen dann jährlich vor dem sitzenden Rathe Rechnung ablegen von aller Einnahme und Ausgabe des Spitals, auch über die Kleinode in der Kirche und Hausung, und diese Rechnung schriftlich übergeben. Das soll ewig so gehalten werden, und der Rath will die Stiftung schützen und „vorvormunden" (Obervormund sein). — Schon im folgenden Jahre 1437 am 16. Mai verstattete der Erzbischof Dietrich von Mainz zu Eltvil auf den Antrag und die Bitten des Herm. von Werther und des Joh. Swelngrebel zu Nordhausen die Uebertragung der Altäre in der verödeten Kapelle der heil. Barbara zu Ober-Rode*) und den der ebenfalls verlassenen Kapelle des heil. Egidius über dem Altenthore zu Nordhausen in die Kapelle der heil. Elisabeth auf Kosten der Bittsteller. — Ueber die Anstellung von Vicarien in der Kapelle S. Elisabeth sind Urkunden vorhanden. Das Patronat der Vicarie am Altare des h. Egidius besaß die Familie Utensberg zu Sondershausen, das der Vicarie am Altare Gottes und der Jungfrau Maria die Familie von Werther zu Nordhausen noch im 16. Jahrhundert. Am 10. Jun. 1448 verglich sich der Rath mit den Vormunden des Hospitals Hans Swellengrebel und Herm. von Werther, indem er dem Hospitale den Weg und einen Raum vor demselben, dagegen das Hospital der Stadt 3 Theile von 3 Gärten bei der Schafgasse und eine Hofstätte an der Wasserpforte überläßt. — Zwischen den Nachkommen der Stifter, als Patronen und Vormunden der Anstalt, unter sich und mit dem Rathe gab es mehrfache Reibungen, besonders als die Familie Swellengrebel nicht mehr in Nordhausen wohnte. Am 27. Jan. 1524 kam vor dem Rathe ein Vergleich zu Stande, nach welchem Hans Swellengrebel Bürger zu Quedlinburg seine Vormundschaft über das Hospital dem Rathe abtrat, und für eine Summe von 200 Gülden (zu 21 Schneeberger) aus den Mitteln des Hospitals auf alle Ansprüche daran verzichtete. Ein ungenauer Abdruck der Urkunde steht bei Lesser S. 138. — Am 29. Mai 1549 übergab auch der andere Erbvormund Hermann Werther Bürger zu Nordhausen dem Rathe seine Hälfte der Vormundschaft, wogegen der Rath demselben 164 Gülden Kapital nebst Zinsen, auf 15 Ackern Land und einem Garten stehend, erließ, desgleichen 226 Lauenschock, welche er dem Hospitale schuldete, nach der Urkunde bei Lesser S. 138 ff.

Vicare am Altare des heil. Egidius waren: Eduard Görlitz, welcher diese Vicarie 1446 dem H. Romershausen gegen dessen Vicarie zu Erfurt tauschend überließ. — Dr. Dietrich Mentesdorf † 1464. — Burchard Jenge 1464. — M. Joh. Sömmering überließ d. Vic. tauschweise 1494 an Joh. Gognitz, † 1495. — Joh. Bener 1495, † 1497. — Konrad Kruter 1497,

*) Am 15. Jan. 1348 verkauften die Herren Albrecht und Friedrich von Heldrungen an Hermann von Werther zu Nordhausen 2 Hufen zu Ober-Rode, welche Reichslehen waren.

resignirt 1521. — M. Joh. Prange 1522. — — 1521 wurde statt des verstorbenen Reinhard Himmelsberg Vicarius am Altare Gottes und der heil. Jungfrau Maria Heinr. Warmund.

Die kleine Kirche (Kapelle) S. Elisabeth, welche dem noch stehenden Hospitalgebäude gegenüberlag, bei dem Elisabether Brunnen, wurde 1828 abgebrochen, wobei auch der Leichenstein des Stifters Hermann von Werther, gestorben am 1. Oct. 1463, für 3 Thaler zu Schleifsteinen verkauft wurde. Die Inschrift desselben habe ich 1855 mitgetheilt in den kl. Schriften IX, 20, S. 150 f. — Das Pastorat S. Elisabeth, welches mit dem Aedituat S. Nicolai seit der Reformation verbunden war, ist aufgehoben und die kleine Gemeinde ist mit der Altendörfer vereinigt worden.*) — Das nicht unbedeutende Vermögen der Anstalt wurde zur allgemeinen Kasse der milden Stiftungen gezogen. Zahlreiche Schuld- und Pfandverschreibungen für das Hospital vom 15. bis zum 18. Jahrhundert sind noch vorhanden.

Der Siechhof oder das Hospital S. Cyriaci vor dem Siechenthore jenseit des Wassers (der wilden Zorge) war ursprünglich ein Haus (Spital) für Aussätzige (domus leprosorum) und bestand als solches schon im 13. Jahrhundert. — Die Erlaubniß zur Erbauung eines Bethauses (oratorium), woraus dann eine Kapelle oder Kirche wurde, und zur Anlegung eines Kirchhofes bei diesem Krankenhause ertheilte am 23. Januar 1281 der Erzbischof Werner von Mainz, und gab den Frommen, welche das Werk unterstützen würden, 40 Tage Ablaß, doch nur bis zur Vollendung des Baues. Fehlerhaft ist die Urkunde abgedruckt bei Lesser S. 140. Der Schluß derselben lautet: Datum apud Vinarium (nicht vivarium) Anno dni Mill. cc. lxxxi. x (nicht in) Kl. Febr. — Am 20. Nov. (XII. Kal. Dec.) 1284 zu Perugia gaben sechs Kardinäle der zur Ehre des heil. Johannes d. T. und des Märtyrers Cyriacus neu erbauten Kapelle der Aussätzigen (capella leprosorum) einen Ablaßbrief (fehlerhaft bei Lesser S. 141), so auch am 7. März 1287 kurz vor seinem Tode der Bischof Gebhard von Brandenburg (sehr fehlerhaft daselbst S. 141 f. — Der Anfang ist: Gebehardus dei gra. ece. brandebgn. — nicht Moguntinensis — eccl. episcopus, der Schluß: Datum Northu. anno domini M°cc°lxxxvii. Non. Marc. Gegen das Ende ist zu lesen presens scriptum, nicht septem Episcoporum), ferner 1289 zu Rom zehn Kardinäle (auch fehlerhaft daselbst S. 142 f.). — Diese Kapelle scheint dieselbe zu sein, welche der ansehnliche hiesige Bürger Hartwich von Ellrich (Hertwicus dictus de Elrich) bei dem Siechhof (in curia leprosorum) aus eigenen Mitteln gegründet hatte, worauf ihm der Erzbischof Gerhard von Mainz am 18. Nov. 1289 das erbliche Patronat über dieselbe bestätigte. In der erzbischöflichen Urkunde (bei Lesser S. 171, wo aber Z. 6. v. u. der Fehler steht conservari statt consecrari u. a. m.) heißt es freilich, daß diese neue Kapelle zur Ehre des heil. Georg geweiht sei, doch auch in einem Ablaßbriefe des mainzischen Weihbischofs Ditmar vom 23. April 1328 heißt der Kirchhof bei dieser Kapelle cimiterium beati Cyriaci martiris et sancti Georgii. Der Weihbischof Ditmar ertheilt durch diesen Brief einen vierzigtä-

*) Hildebrand Becmann war Rector der Kapelle S. Elisabeth 1494.

gigen Ablaß den Frommen, welche für die verstorbenen Gläubigen betend diesen Kirchhof umgehn, oder den Kranken hülfreiche Hand leisten und ihnen Unterstützung gewähren*).

Der für Aussätzige, unheilbare oder ansteckende Kranke, namentlich Pestkranke, auch wohl für Wahnsinnige, überhaupt für solche, die man von der menschlichen Gesellschaft entfernen wollte, was bei den Aussätzigen auf eine grausame Weise geschah, bestimmte Siechhof war vielleicht noch vor dem Georgenhospitale auf dem Kornmarkte gegründet, dessen Bestimmung mehr allgemein die Aufnahme und Pflege Armer und Kranker war, eine Bestimmung, der sich 1390 das Hospital S. Martini anschloß. Zunächst als Herberge für Pilgrime und arme Reisende kam im 15. Jahrhundert das Hospital Elisabeth hinzu. Auch die Wahl der Schutzheiligen der vier Hospitäler ist bezeichnend. Bei dem Georgenhospital lag das Zeughaus und das alte Rathhaus, wo sich die patricischen und ritterbürtigen Rathsherren versammelten, die dieses Hospital gegründet hatten. S. Georg der Ritter deutete auf die fromme Ritterpflicht, wie solche während der Kreuzzüge ausgebildet war, und die nicht nur in Bekämpfung der Ungläubigen bestand, sondern auch im Schutz der Schwachen und sich aufopfernder Pflege der Kranken. Der heilige Cyriacus wurde als Sieger über die Dämonen verehrt; aber dem Teufel schrieb man so schweres Unheil zu, wie es die Bewohner des Siechhofes betroffen hatte. Der heilige Martinus, später Bischof, damals noch Ritter, theilte, als er an einem Armen vorüberritt, um dessen Blöße zu decken, seinen Mantel mit dem Schwerte: so schenkten ihre Habe dem Hospital, zu dessen Schutzheiligen sie Martinus wählten, die Ritterbürtigen Segemund, von Werther, von Urbach und Andere. Welche Schutzheilige hätte sich aber mehr geeignet für eine Herberge der armen Obdachlosen, die hier auch Speise und Trank fanden, als die thüringische Heilige Elisabeth, welche in ihrem Korbe den Elenden Speise und Trank brachte und dieselben mit fast übermenschlicher Aufopferung und Härte gegen sich selbst pflegte! — Der Unterschied der anfangs verschiedenen Anstalten wurde allmählich verwischt und zuletzt fast ganz aufgehoben, namentlich wurde der Siechhof wenigstens im 18. und zu Anfange des 19. Jahrhunderts auf dieselbe Weise verwaltet, wie das Hospital S. Martini, als eine Versorgungsanstalt für Pfründner, doch mit einem besondern Krankenhause.

Ehemals scheinen von der Kapelle S. Cyriaci aus jährliche Processionen in das Feld, wahrscheinlich nach dem am Wertherschen Wege noch stehenden Stationssteine, dem sogenannten „hohen Kreuze", gehalten worden zu sein, woraus dann nach der Reformation bis in das 19. Jahrhundert die unter freiem Himmel, früher unter großen Linden vor dem Hospitale, seit

*) Eine bedeutende Schenkung war die des Ritters Friedrich von Werther, Kastellans auf dem Straußberge, welcher als Seelgeräth dem Hospitale 2 Hufen auf dem Eulenberge kaufte und gab im Jahre 1333, mit der Bestimmung, daß davon jährlich der Procurator des Hospitals 10 Schillinge, der Priester 5 und er selbst und seine Nachkommen (seine Söhne Friedrich und Bertold rc.) 1 Schilling bekommen sollen. — Im Jahre 1456 stifteten die Priester Joh. Traibote und der Stadtschreiber Heinrich Traibote ein Seelgeräth für sich und ihre Familie mit 60 Schock Groschen.

1735 im Hofe desselben stattfindenden jährlichen drei „Flurpredigten“ wurden, gehalten in einem Jahre von den drei Pastoren der Oberstadt, im folgenden von den drei Pastoren der Unterstadt, im dritten von den drei Diaconen der Oberstadt, wozu auch die Stadtsoldaten ausrückten und der Rath erschien. — — Im Jahre 1731 wurde der Raum bei dem Siechhofe durch eine Bleichwand umschlossen, 1735 ein neues Gebäude für die Vormunde und Verwalter der Anstalt aufgeführt. — — Die alte Kapelle oder Kirche S. Cyriaci*) wurde 1823 abgetragen. — An die steinernen Kreuze und das Bild eines Priesters mit dem Kelche war die vielleicht erst spät entstandene Sage geknüpft von dem mit seinen Communicanten durch das Wasser hinweggeschwemmten Priester und von den darauf in ziemlicher Entfernung in dem Theile der Feldflur, welcher noch die Saugrube heißt, wieder aufgewühlten Glocken, s. davon Behrens, **Hercynia curiosa** S. 119, vgl. N. Schriften S. 174. Eine Zerstörung der ersten Kapelle S. Cyriaci durch die angeschwollene Zorge — wohl nicht durch einen Wolkenbruch, wie Behrens und Lesser sagen — konnte leicht stattfinden, und wenn das Unglück nach 1284 geschah, so läge darin die Veranlassung zur Erbauung einer neuen Kapelle durch Hartwich von Ellrich 1289. — Sagen von ausgewühlten Glocken sind häufig. — Ueber eine Glocke des Hospitals s. N. Schriften S. 156. Zu Anfange des dritten Jahrzehends unsres Jahrhunderts (namentlich 1822) erhielt die Anstalt eine sehr ansehnliche Erweiterung, aber auch eine völlige Umwandlung, indem durch ein neues Seitengebäude der Hof ganz umschlossen und das Hospital S. Cyriaci, das einzige Aussatz- und Pesthaus, in ein allgemeines Armen-, Kranken- und (Zwangs-) Arbeitshaus verwandelt wurde, wozu man auch die reichen Mittel des Hospitals S. Martini und des Hospitals S. Elisabeth, so wie der längst aufgehobenen großen Spende benutzte. Eingeweiht wurde die neue Anstalt am 3. Aug. 1825, und zwar durch einen feierlichen Gottesdienst und eine Predigt nach Art der ehemaligen Flurpredigten unter freiem Himmel im Hofe der Anstalt, welche Predigt der Superintendent Förstemann am Geburtstage des Königs und dem Tage hielt, an welchem er selbst vor 25 Jahren das Pfarramt zu S. Jacobi angetreten hatte. — Eine neue Kirche, die „Hospitalkirche“, wurde auf der Stelle der abgetragenen erst 1845 erbaut.

Hospitalprediger waren seit 1830: 1. Christian Friedrich Blau aus Schmiedefeld 1830 (3. Oct.) — 1833, seit 1822 auch Lehrer am Gymnasium und an der höhern Töchterschule, wurde 1833 Prediger zu Wolkramshausen, darauf Superintendent zu Langensalza und endlich zu Groß-Bodungen. — 2. Joh. Friedr. Aug. Knorr aus Nordhausen 1833—41, zugleich Medi-

*) Am 13. Jul. 1492 stiftete der Priester Joh. Kyme in der Kirche S. Cyriaci einen neuen Altar zur Ehre des Leichnams Christi, der Jungfrau Maria und der 14 Nothhelfer mit 20 Goldgulden jährlicher Zinsen. — 1499 war Heinr. Lawe Vicarius an diesem Altare. — Am 3. Oct. 1541 kauft Zinsen die Vicarie des Altars „zur Ehre Gottes, U. L. F. und der 14 Nothhelfer in der äußeren Kapelle des Hosp. S. Cyriaci (Vicarius Joh. Hever).

tuus S. Jacobi. — 3. Karl Eduard Burchardi aus Nordhausen 1842—48, darauf Prediger in Büchel. — 4. Friedrich Wilhelm Sonderhoff aus Groß-Werther 1849—52, zugleich Lehrer im Waisenhause, wurde darauf Prediger in Tettenborn. — 5. Andreas Gottfried Zimmermann aus Quedlinburg seit 1852, zugleich Lehrer an der Realschule, später an der höhern Töchterschule.

Die beiden Wasserkünste oder die Druckwerke, durch welche das Wasser aus dem Zorgegraben (Mühlgraben) in die Höhe getrieben und in Röhren, welche in der Erde liegen, durch die Oberstadt vertheilt wird, sind für Nordhausen von großer Wichtigkeit. — Die Oberkunst im Altendorfe wurde 1546 von Hans Lazner aus Sachswerfen angelegt, und dadurch das Wasser anfangs nur 85 Ellen hoch getrieben. Peter Günther aus Halle verbesserte das Werk 1598 und trieb das Wasser durch 84 messingene Röhren, zusammen 42 Centner schwer, 264 Ellen hoch in das Wasserhäuschen, das sogenannte Schöpfmännchen auf dem Geiersberge, von wo dasselbe in 160 hölzernen Röhren bis auf den Marstall und von da in 1100 solchen mit eisernen Büchsen verbundnen Röhren durch einen Theil der Oberstadt sich ergoß. In den Kunstlöchern waren 28 messingene Hähne zu den Reisen (Ständern). — Später ist das Werk noch erweitert worden: es sind zum Theil vom Schöpfmännchen abwärts eiserne Röhren statt der hölzernen gelegt und die Zahl derselben ist vermehrt worden, indem das Wasser auch noch in andre Straßen geleitet wird. — — Die Unterkunst legte ebenfalls Peter Günther 1598 unter der Johannistreppe an. Das Wasser wurde durch sie 222½ Ellen hoch in 75 messingenen Röhren, zusammen 35½ Centner schwer, — sonst in einen Trog innerhalb des Neuwegsthores — hinaufgetrieben und von da in 543 hölzernen Röhren (mit eisernen Büchsen und 30 messingenen Hähnen) und 178 Querröhren vertheilt. Zur Erhaltung des nützlichen Werkes zahlten die Einwohner ein jährliches Kunstgeld.

Die Stadt Nordhausen, besonders die durch Gräben und durch eine fortlaufende Ringmauer mit vielen Thürmen umschlossene Oberstadt, hatte ehemals keinen offenen Zugang. Nur durch vier feste Thore und zwei wohlverwahrte Pforten konnte man bis 1740 aus der Vorstadt in die Oberstadt gelangen, da die Nachtigallpforte vor dem Hagen damals schon geschlossen und die Neue Straße am Neustädter Kirchhofe noch nicht durch den Abbruch eines Theils der Stadtmauer entstanden war. Gegenwärtig hat nur noch die obere Kuttelpforte das Ansehn einer Pforte. Sie war ehemals eine Doppelpforte, geschützt durch einen starken Festungsthurm, welcher neben der Kutteltreppe vor der Ringmauer der (Ober-) Stadt stand (abgetragen 1804), so wie die (Doppel-) Pforte oben und unten an der Wassertreppe (größtentheils schon im 18. Jahrhundert abgebrochen) durch den „Kaiserthurm" geschützt war. — Von den vier Thoren der Oberstadt sind noch zwei vorhanden, von welchen aber nur das eine, zu den Außenthoren gehörige, mit (durchbrochenen, eisernen) Thorflügeln und Thüren versehen ist. Dieses, das neue Töpferthor, gegen Morgen, am äußern Ende der Töpferstraße, befindet sich neben der Stelle, wo sonst das innere Töpferthor stand, dessen Raum jetzt mit einem Privathause bebaut ist. Das äußere Töpferthor war besonders stark befestigt durch den seitwärts davorliegenden und damit verbundenen, mit dem tiefen Stadtgraben von außen umgebenen „Zwinger“, einem runden sehr starken Festungsthurme von ansehnlichem Umfange mit bedeutenden unterirdischen Gewölben. Das alte doppelte Töpferthor nebst diesem Zwinger und dem Zimmerhofe auf der andern Seite, auch die schützenden hohen Seitenmauern wurden 1837 abgetragen, und der ganze ansehnliche Raum wurde nach Ausfüllung der tiefen Festungsgräben geebnet; darauf wurden, einander gegenüber, die neuen Gebäude der Realschule und der Bürgerschule hier errichtet. Am äußern Ende der Straße vor dem Töpferthore war sonst noch ein Außenthor, das „Schlammthor“, welches aber schon im 18. Jahrhundert nicht mehr geschlossen und zu Anfang des 19. weggenommen wurde. — Der Theodosiusstein, sonst am äußern Töpferthore neben dem Zwinger, ist jetzt am Rathhause eingemauert, und das plumpe hölzerne Christusbild mit dem Kreuze (die Hinführung) nebst Simon von Cyrene im Mönchskleide, sonst nicht weit davon am Zwinger, befindet sich im Siechhofe, doch des Rectors Hildebrand Verse darunter fehlen. — — Das gegen Mittag liegende 1808 abgetragene Rautenthor war ebenfalls ein wohlbefestigtes Doppelthor mit Thurm, welches an die Ringmauer der Oberstadt anschließend die Rautenstraße unterhalb der Schlunztreppe sperrte. An demselben auf der äußern Seite nach dem Vogel zu war zur Rechten eine Hand mit zwei aufgereckten Fingern, wie zum Schwur, in Stein ausgehauen, zur linken ein leerer Schild, aber auf der innern Seite ein Kopf mit offenem Munde und sichtbarer Zunge. Davon giebt es verschiedene spätere Sagen und Vermuthungen, die wenig Wahrscheinlichkeit haben. Ohne Zweifel sollte die Hinrichtung eines eidbrüchigen Bürgers zum abschreckenden Beispiele hier angedeutet werden. Neben dem Kopfe stand die Jahrzahl 1526, und am 21. Juli 1526 wurde Hans Kehner, welcher 1525 das Heer Thomas Münzers von Mühlhausen (oder Ebeleben) nach Nordhausen eingeladen hatte, hier enthauptet. Darüber habe ich berichtet in den kl. Schriften unter IV., besonders Seite 95, so wie ich daselbst S. 147 über die Erbauung des Rauten-Thorthurms durch den Steinmetzen-Meister Werner im Jahre 1453 berichtet, auch die Inschrift über den damaligen Thurm- und Mauerbau mitgetheilt habe. — Das Neuwegsthor nach Abend, nebst seinem Oberbau abgebrochen 1835, schloß den Neuen Weg von der Oberstadt ab, wie das 1427 erbaute Barfüßerthor mit seinem Thurme gegen Mitternacht das Altendorf abschließt. Sonst war das Barfüßerthor ein Doppelthor: das innere (neben der ehemaligen Aegidienkapelle) wurde im Jahre 1800 abgetragen, viel früher aber ein andres tiefer im Altendorfe liegendes Thor. Die Inschrift des Barfüßer Thorthurms lieferte ich in den kl. Schriften S. 147.

Die Vorstädte hatten, nachdem das äußerste Töpferthor oder Schlammthor und noch früher das äußere Bielenthor (an der vom Taschenberge herabführenden Straße, da wo die nun auch ausgefüllten Wallgräben vom Ende des Schützengrabens nach dem Zorgekanal herabliefen) verschwunden war, noch vier Thore und 2 Pforten (Stiegeln, die Frauenbergs- und die Geiersbergsstiegel). Das Bielenthor liegt gegen Morgen. Das Sundhäuserthor ist eigentlich nicht mehr vorhanden, und es ist hier ein offener Eingang (eine breite Straße), so wie unweit desselben ein zweiter bei der Martinsmühle vorbeiführender geöffnet ist. Das alte innere Sundhäuserthor im Rumbache war längst hinweggeschafft, und das Küchenthor oder mittlere Sundhäuserthor bei dem Hospitale S. Martini, im Jahre 1691 auf Kosten dieses Hospitals neu gebaut, ist 1851 abgetragen, so wie das dicht dabei nach dem Klosterhofe führende Thor schon vorher abgebrochen war. Noch länger ist auch ein andres äußeres Thor am Klosterhofe, das Glinterthor, nicht mehr vorhanden. Das äußerste Sundhäuserthor scheint in der ältern Zeit noch nicht gestanden zu haben; es wurde ebenfalls abgetragen 1851. — Das Siechenthor, vom Siechhofe so genannt, gegen Abend, war im Anfange dieses Jahrhunderts an die Stelle eines ältern neu gebaut; dasselbe wurde in neuerer Zeit wieder beseitigt, im Jahre 1858 auch die Steinpfeiler zu beiden Seiten. Ein inneres Siechenthor scheint ehemals weiter herein gestanden zu haben. — Das Grimmelthor, auch gegen Abend, heißt so von dem Vorstadttheile (der Straße) „der Grimmel". — Das Altenthor gegen Mitternacht schloß das Altendorf, wurde aber abgebrochen im Jahre 1858. Ehemals gab es noch ein inneres Altenthor oben im Altendorfe. — Das neuentstandene sogenannte „Hagenthor" gewährt seit wenigen Jahren einen bequemeren Ein- und Ausweg (besonders nach dem Geiersberge), da ehedem die Stadtmauer vom Barfüßerthore bis zum Töpferthore keinen öffentlichen Weg darbot.

Ueber die Zorge (die wilde Zorge, das „Feldwasser") führen vor der Stadt zwei fahrbare Brücken und zwei lange Stege, die Sundhäuser- und die Siechenbrücke, der Grimmel- und der Alten- (Altendörfer) Steg. Dieselben sind vom angeschwollenen Wasser häufig stark beschädigt und mehrmals hinweggerissen und darauf wieder neu gebaut worden, die Siechenbrücke zuletzt 1808 massiv, die Sundhäuser vor einigen Jahren, beide jetzt Chausseebrücken.

Kleinliche confessionelle Rücksichten mögen Lesser bewogen haben, dem Dome, der katholischen Stifts- (Collegiat-) jetzt Pfarr-Kirche zum heil. Kreuz (S. Crucis), die letzte Stelle unter den zu seiner Zeit bestehenden öffentlichen Gebäuden von Nordhausen anzuweisen: sie verdiente historisch und als die Kirche eines alten nicht unbedeutenden Reichsstifts wohl den ersten Platz. König Heinrichs I. Wittwe, Otto's I. Mutter, hatte im Jahre 962 zu Nordhausen, welches ihr bereits 929 von ihrem Gemahl zum Witthum angewiesen war, ein Nonnenstift gegründet und mit Gütern, auch von ihrem Erbe in Westphalen begabt. In dem Necrologium (Calendarium necrologicum) des Stifts S. Crucis aus dem Anfange des 14. Jahrhunderts wird eine Schenkung westphälischer Güter (bona occidentalia) dem Kaiser Otto II. zugeschrieben; dieses sind ohne Zweifel dieselben Güter seiner Großmutter Mathilde, deren Schenkung er bestätigte. Die fromme Stifterin empfahl die hiesige Stiftung angelegentlich ihrem Sohne dem Kaiser Otto I. bei ihrer letzten Zusammenkunft mit demselben in Nordhausen 965. Ausführlicher habe ich darüber berichtet in der Urkundl. Geschichte von Nordhausen, worauf ich hier auch wegen der folgenden Angaben verweise, auch auf die kl. Schriften S. 10 f. Zur ersten Aebtissin in Nordhausen bestellte Königin Mathilde ihre treue Dienerin Richburg. Von deren Nachfolgerinnen sind, zum Theil nur durch Münzen, bekannt: Bia 1016 (urkundlich), Cäcilie 1158 (urkundlich), gestorben nach dem oben bezeichneten Necrologium am 18. Febr. (ohne Angabe des Jahres), Hedwig (nach einem Brakteaten im Münzcabinet zu Gotha), Bertha (nach einem solchen im Münzcab. zu Berlin mit der Umschrift SC—S. EVSTACHIVS. BERTA. ABBATISSA.), vielleicht eine zweite Beatrix und eine zweite Cäcilie. — Schon 962 soll Mathilde's Enkel Otto II. als seines Vaters Stellvertreter dem neuen Stifte Markt, Münze und Zoll in Nordhausen geschenkt haben, 974 verlieb er ihm die bedeutende Besitzung Vogelsburg. Auch die Kaiserin Theophano steht in dem Necrologium unter den Wohlthätern des Nonnenklosters und des daraus entstandenen Mannsstifts S. Crucis. Die hieher gehörigen Stellen lauten: **V. Non. Jul. ob. Henr. imperator qui vogelere vocabatur, maritus Mechtildis fundatricis huius ecclesie.— II. Id. Mart. ob. Mechtildis imperatrix istius ecclesie fundatrix. — XVIII. Kal. Jul. ob. Theuphani imperatrix uxor Ottonis Magni qui dedit ecclesie bona occidentalia.** — Es sollte in der ersten Stelle heißen **rex**, in der zweiten **regina**, in der dritten **Ottonis II.** — Kaiser Heinrich II. gab 1017 dem Nonnenstifte Gamen in Westphalen, Kaiser Friedrich I. 1158 die königliche Burg in Nordhausen mit dem Herrnhofe, Gebäuden, Hofstätten und Ländereien (als Tausch gegen Einkünfte in Windehausen und Bielen). Das Stift war nun sehr bedeutend geworden und im Besitz von Nordhausen; doch die Gewalt der Aebtissin war beschränkt durch einen Vogt (Ruprecht 1178) und noch mehr durch einen Obervogt, Herzog Heinrich den Löwen. Des Letztern Aechtung und Sturz bewirkte auch den Untergang des Nonnenstifts. Herzog Heinrich eroberte und zerstörte Nordhausen 1181. Die Stadt erhob sich wieder, doch das Nonnenkloster wurde 1220 (19. 23.) von Kaiser Friedrich und seinem Sohne König Heinrich aufgehoben, und diese nordhäusische Hauptkirche in ein weltliches Mannsstift verwandelt,*) indem die Stadt dem Reiche verblieb.

Das neue Mannsstift zum heiligen Kreuze war ein unmittelbares Reichsstift. Dasselbe hatte auch die auswärtigen Besitzungen des aufgehobenen Nonnenstifts behalten, so Vogelsburg im Weimarischen und die noch weiter entlegenen Güter in Westphalen. Die letztern verkauften der Propst und die Stiftsherren (1263 an den Bischof Gerhard von Münster den Hof Gamen, den Königshof bei Bocholt und alle Besitzungen im Bisthum Münster, doch nicht die Güter des Ritters von Rinkenrode — nämlich den Hof Bochorst mit Zubehör — und die Güter im Nordlande, welche außerhalb des Bisthums Münster liegen; s. Kindlinger's Münster. Beitr. II, 271 f. 163, vgl. III, 5 f.). Dafür erwarben sie ansehnliche Güter in der Nähe der Stadt. Auch in Nordhausen selbst waren die Besitzungen und Einkünfte des Stifts bedeutend und die Kirchen der Stadt (der Oberstadt) S. Nicolai (1220), S. Petri (1220) und S. Blasii (1234),

---

*) Auch der Erzb. Siegfried II. von Mainz bestätigt in einer Urkunde vom 1. August 1221 zu Erfurt (abgedruckt — mit einigen Versehen, besonders in den Namen der Zeugen — in den N. Mitth. des thür. sächs. Vereins VI, 1, 155) diese Reformation, die auch der Papst schon anerkannt hatte, und bestimmte Rechte und Pflichten des Propstes und der Stiftsgeistlichen.

anfangs (1220) auch die Kirche Neuwerk am Frauenberge und außerdem einige auswärtige Kirchen waren ihm incorporirt. Den Reichthum der Anstalt erkennt man aus einem Zinsregister des Stifts aus dem 14. Jahrhundert. — Bei der Aufhebung des Stifts (1810/11) besaß dasselbe außer Vicariatsgütern in Berga rc. noch das Gut zu Vogelsburg, zwei Güter zu Klein-Werther, zwei zu Groß-Werther, ein Gut zu Haferungen und ein Gut zu Hamme und Länderei an neunzehn verschiedenen Orten (im Ganzen 1500 Acker, davon 108 Acker Land und 12 A. Wiesen zu Nordhausen), ferner außer den Kapitalzinsen, Gelderbzinsen, Lehn- und Laudemialgeldern u. s. w. jährlich gegen 2000 Scheffel Getreide an Fruchterbzinsen aus 26 Orten. In Nordhausen gehörte ihm das Kapitelgebäude, die Propstei, 9 Curien (Domherrnwohnungen), die Wohnungen des Stiftssyndicus und des Schullehrers, das Haus in der Barfüßerstraße „der Bärenkopf" und einige andere Häuser. — Die Grundstücke wurden von der königlich westphälischen Regierung fast alle sehr billig verkauft. — — Von dem mancherlei Interessanten, was von unserm Domstift gesagt werden könnte, führt Lesser nur sehr wenig an;*) doch gedenkt er der Visitation des Stifts, welche der Erzbischof Berthold von Mainz 1488 veranlaßte, und theilt die Urkunde mit, welche die Beschlüsse der Visitatoren enthält (S. 153 ff.). — Nach einem **Registrum subsidii** für den Erzbischof von Mainz vom Jahre 1506 (Stephan, Neue Stofflieferungen II, 102) waren damals in der hiesigen Collegiatkirche S. Crucis 37 Vicarien, worunter eine in der Krypta unter dem Chore [ferner 12 zu S. Blasii, 14 zu S. Nicolai, 1 auf dem Rathhause, 5 zu S. Petri, 4 zu S. Jacobi, 2 im Siechhofe — **in hospitali leprosorum** —, 17 im Nonnenkloster Neuwerk, 4 im Hospitale S. Martini, 4 im im S. Georgenhospitale auf dem Kornmarkte, 14 im Nonnenkloster im Altendorfe, 3 im Hospitale S. Elisabeth — **in hospitali peregrinorum** —, also allein 117 Vicariate zu Nordhausen!].

Pröpste des Stifts S. Crucis waren: **Theodericus** 1223. — **Christianus** 1251. 53. **Witego** (Wittich) 1253. 56. 65. 67. (69?). Er war zugleich Protonotarius des Markgrafen Heinrich des Erlauchten von Meißen und wurde 1266 Bischof von Meißen († 1293). — **Gerhardus** 1267. — **Elgerus** (Eilgerus, ein Sohn des Grafen Heinrich von Honstein) 1275. 76. 82. 85.

---

*) Beiläufig erwähne ich hier, daß am 14. Mai 1315 Dechant und Kapitel bezeugen, daß zur Erweiterung ihres Kirchhofes (und nur dazu) der Rath ihnen verstattet hat, das Gehöft (curiam) des Werner Lempherd zu erwerben, so wie sie sich auch dahin geeinigt haben, daß von Gütern, die ihrer Kirche zahlen, wenn sie von Bürgern verkauft werden, die Käufer nicht mehr als den halbjährigen Zins an ihren Kellner entrichten sollen. — — Einen bedeutenden Ablaßbrief ertheilten der Kirche der Erzb. Egger von Lund, Primas von Schweden und 12 andre hohe Geistliche (Kardinäle) am 20. Februar 1320 zu Avignon. — Noch im 18. Jahrhundert ertheilte ein Papst, Clemens XI. am 20. Nov. 1715, derselben ebenfalls bedeutenden Ablaß. — Am 17. März 1651 nahm Kaiser Ferdinand III. den Propst, Dechanten, Scholaster, Küster, Teutor und sämmtliche Kapitulare und Vicare der heil. Kreuzes-Stiftskirche zu Nordhausen mit allen ihren Gütern und Besitzungen in seine und des Reiches Gnade, Verspruch, Schirm und Schutz, wie das seine Vorfahren Kaiser Karl V., Rudolf II. und Matthias auch gethan hatten.

86. 94. 95. 96. — **Theodericus** 1302. — **Albertus** („ein Sohn des Herzogs von Sachsen" — Albert des II., nachmaliger Bischof von Passau? —) 1305. —*) **Dietrich** (vielleicht ein Graf von Honstein) 1337. [Im Calendarium necrologicum eccl. S. Crucis steht bei dem 27. Octbr.: VI. Kal. Nov. ob. Th. prepos. de Honsten.**)] — **Heinrich** (Graf von Honstein) 1349. 1358. [Nach diesem nennt Lesser noch einen Eiliger, Gr. von Honstein, Canonicus zu Magdeburg 1346, durch eine Verwechselung mit dem obigen Eiliger — Elgerus 1294 —.] — **Ludwig**, Graf von Honstein, 1359. 63. 65. 71. 75. — **Otto**, Graf von Honstein, vorher Mönch im Kloster Walkenried 1402***) (am 6. Jan. 1402 Bischof zu Merseburg). — **Günther**, Graf von Honstein****) † c. 1430. — **Petrus Kalde** 1434. 36. 41. 53. 58. Er war auch Canonicus zu Aachen und Protonotarius des kaiserlichen (und königlichen) Hofes und der Kanzlei unter K. Sigismund, Albrecht und Friedrich III.†) — **Otto von Harras** 1470. — **Wilhelm**, Graf von Honstein, u. a. 1514. Er war 1488 Rector der Universität Erfurt, Canonicus zu Mainz, Köln, Straßburg, wurde 1509 Bischof von Straßburg (1514 „Wilhelmus D. G. Episcopus Argentinensis Alsaciaeque Landgravius et Praepositus ecclesiae sanctae Crucis in Northusen etc.") und starb

*) D. Heinricus de Rodenstein c. a. 1336, judicii secularis Camerarius h. bei Gudenus, Cod. dipl. I, 881: Praepositus Northusae ad S. Crucem, aber III, 151: Praepositus Northunensis, also Propst zu Nörthen.

**) Unter die Pröpste S. Crucis im 13. und 14. Jahrhundert gehören wahrscheinlich auch Walradamus † 11. Sept. und Guntherus † 18. Oct. (nach dem Necrol.), ferner Volradus, dessen Eltern am 1. Oct. ihr Gedächtniß hatten, und ein Th. vicarius praepositi. † 29. Jan.

***) Derselbe verkauft als Dompropst am 15. Juni 1402 für 21 Mark 2 Mark Zins von einer Hufe, welche der Propstei zinspflichtig ist, an nordhäusische Bürger.

****) Am 13. April 1431 bekunden die Grafen Heinrich, Ernst und Eiliger, Gebrüder von Honstein, daß sie dem Dechanten und Kapitel zum h. Kreuz 100 rhein. Gold-Gulden schuldig geworden sind wegen des Seelgeräthes ihres Vaters des Dompropstes **Günther** Grafen von Honstein, der ihnen vor seinem Ende eine silberne Fassung von 21 löth. Mark gegeben hatte, wofür jährlich seine Jahrzeit in der Kirche mit Vigilie und Seelmesse begangen werden sollte zu seinem und der Eltern Gedächtniß. Für jene 100 rhein. Gulden verkauften sie den Stiftsherren 7 Mark nordhäus. Pfennige von der Herbstbete in ihrem Dorfe Gudersleben wiederkäuflich 2c.

†) Auf Bitten dieses Propstes, seines getreuen Protonotarius, befahl zu Regensburg am 25. Septbr. 1434 der Kaiser Sigismund insonderheit dem Erzb. von Mainz und dessen Provisor zu Erfurt, den Herzögen von Braunschweig, dem Landgrafen von Thüringen, den Grafen von Schwarzburg, Stolberg und Honstein, den Städten Mainz, Frankfurt, Erfurt, Nordhausen, Mühlhausen und Göttingen das Stift zum heil. Kreuz in Nordhausen und dessen Personen gegen Unbill zu schützen, und dessen Privilegien und Freiheiten nach den Erlassen und Bestimmungen des Kaisers Friedrich II. und des Kaisers Karl IV., insonderheit nach dem Erlasse des Papstes Martin V., zu beachten und zu erhalten, bei Strafe von 100 Pfund Geld.

1541. — **Ausonius von Gelama (a Gelama) 1548.***) — **Heinrich von Weißensee**, auch Canonicus zu Halberstadt und Erbsaß zu Schwanbeck, 1603. — Sigismund von Brunn (de Puteo), zugleich Dechant am S. Cunibertsstifte zu Köln, 1628. — Otto Ludwig Graf zu Thaun 1636. — M. Johann Lampertus Winter aus Erfurt (1658 Rector der Universität daselbst) 1661, zugleich kurmainzischer Vice-Siegler, Propst der Marienkirche zu Erfurt, Scholaster und Senior, Prokanzler der Universität, Director S. Nicolai. — Heinrich Christoph von Wolframsdorf 1679, darauf Fürstabt zu Elwangen. — Rudolf von Ow (ab Ow) 1688. — Heinrich Hartmann Freiherr von Rotenhan, Domherr zu Bamberg und Würzburg, 1739. — Lothar Franz Ignaz Freiherr von Specht zu Bubenheim, zugleich Cantor am Dome zu Mainz, Kapitular bei dem Albanistift daselbst, kurmainzischer Geheimerath und Kammerpräsident, starb 1766 alt 71 Jahr. — Karl Wilhelm Joseph Adam Freiherr von Breitenbach zu Büresheim, Statthalter zu Erfurt, erwählt 1766, starb 1770. — Johann Jacob, Graf von Elz-Kempenich, Domherr zu Mainz, ernannt 1771. Er erlebte die völlige Auflösung des Stifts 1810/11. — — Die frühern Pröpste waren meistens Grafen von Honstein, die letzten stets mainzische Domherren**), welche aber nicht in Nordhausen wohnten. Im 17. und 18. Jahrhundert war der Einfluß des Diöcesanbischofs, des Erzbischofs und Kurfürsten von Mainz auf die Verwaltung unseres Reichsstifts gestiegen und wurde oft geübt nicht ohne lebhaften Widerspruch der Stiftsherren.

Decane (Decani, Dechante) des Stifts waren: **Henricus 1251.** — **Hugoldus 1263.** — **Ditmarus 1256 (1271?)** — **C. (Conradus oder Christianus?) 1287.** — **Wernerus 1296. 98.** (Necrol.: „II. 14. Nov. ob. Wernherus longus decanus.") — **M. Ernestus 1316.** — **Fridericus (de Bila) 1318. 20. 22. 24. † 1327.** Er war vorher als hiesiger Domherr auch Pfarrer (rector) der Kirche S. Blasii, starb nach dem Necrologium am 26. Juni 1327 und liegt in der Krypta begraben (s. kl. Schriften S. 149). [Nach dem Necrologium scheinen um diese Zeit auch Decane gewesen zu sein: Marsilius † 24. Dec. und **Hugoldus** † 13. März.] — **M. Henricus (de Kochinwege) 1337. 38. 39. 41.** — **Henricus (de Sunneborn) 1342. 43. 44. 50. 51. 52.** — **Hermannus (de Gotha) 1357. 59. 61. 63. 65. 67. 69. 78.*****) — Heinrich Hofmann 1400.

---

*) Bei Lesser heißt derselbe A. a. Galama; aber in dem Originalschreiben des Kaisers Karl V. geg. zu Augsburg am 13. Sept. 1547 steht dem Ehrsamen, unsern lieben Andächtigen Ausonius von Gelama. In diesem Schreiben an den hiesigen Rath (welcher äußerlich dessen Empfang am Christabende bemerkt hat, und daß er demselben Förderung zugesagt) sagt der Kaiser: er habe vor längerer Zeit den A. von G. auf die Propstei des Stifts zum heil. Kreuz, die ihm zu verleihen als römischem Kaiser zustehe, durch Urkunde präsentirt; doch Ausonius sei wegen allerlei Verhinderung noch nicht in den Besitz der Propstei gekommen, wolle aber dieselbe jetzt bei erster Gelegenheit einnehmen, und dazu solle der Rath ihm auf alle Weise helfen.

**) Einen Propst Leopold von Westernhagen nennt Wolf (Eichsfeldia docta I. pag. XXI) ohne Angabe der Zeit.

***) Aus einer Verhandlung dieses Dechanten Herm. v. G. und seines Bruders des Vicarius Dietr. v. G. vor dem Propste und Kapitel am 23. Aug. 1359 scheint hervorzugehn, daß die Stiftsherren ihre Curien (Häuser) auf Lebenszeit kauften und unter einander verkauften.

1412. — Konrad von Heldrungen 1421. 27. 31. 39. 40. † 1441. — Bertold Förster (Bertoldus **Forster de Geilnhusen**) 1444. 45, starb 1450 (?) zu Siena*). — Heinrich Krebs (Krebiß) 1452. 63. 68. — Erich von Heringen 1475. — Johannes von Heringen, Licentiat, 1481. — Johann Anebeutel 1520. — Melchior von Aachen (Aach, Ocha, Achte, **de Aquis**) 1512. 51, starb am 23. Nov. 1555. — Lorenz Robein 1564. — Georg Wend, starb 1601. — Joachim Wagner † 1607. — Henning Cramer (1605?) † 1619. — Zacharias Ude (**Udenius**) aus Gittelde (Güttel) † am 23. Jan. 1626 (als **Restaurator ecclesiae** im Kirchenbuch bezeichnet). — M. Heinrich Siemerod (Symmerodt) aus Heiligenstadt † am 5. Jan. 1651. (Vor ihm steht in einem Verzeichnisse der gestorbenen Stiftsherren noch ein andrer Dechant Symerodt gestorb. am 4. Sept. 1644). — M. Johann Heun aus Erfurt 1662. 67. † 23/24. Mai 1670. — Jacob Konrad Kohl (**Kolius**) † 2/4. Oct. 1675. — Johann Meyer 1682, † 7. März 1692. — Peter Juvet, vorher Professor in Erfurt, der erste vom Erzbischofe von Mainz gesetzte Dechant (1676?), auch Pfarrer, † 17. März 1705. — Peter Philipp Heckemüller aus Bleidenstadt 1700, † 13. Aug. 1721. — Johann Philipp Sonntag 1721—62, † 17. Jan. — Karl Anselm Jordan aus Gleichenstein im Eichsfelde, vorher Canonicus, erwählt vom Propste im Februar 1762, † 29. Juni 1795. — Georg Ebel (aus Hessen) 1798—1810. Ebel wurde durch Compromiß der Canonici von den Vicarien am 2. Sept. 1795 erwählt und am 4. Nov. eingeführt, trat zwar 1796 wegen Streites der Canonici über seine Wahl zurück, bald aber wieder ein, und bekleidete das Amt bis zur Aufhebung des Stiftes (1810 im Decbr). Vorher war er Director des Seminars zu Mainz, wurde Canonicus am hiesigen Stifte 1786 und Pfarrer 1787. Dieses Pfarramt an der Kirche S. Crucis verwaltete er auch wieder nach des Pfarrers Kraushaar Tode (1806) bis zum 1. October 1812. Endlich begab er sich in seine Heimath und starb daselbst zu Momberg bei Amöneburg am 4. Febr. 1818, alt 70 Jahr.

Stiftsherren (Domherren, **Canonici capitulares**) waren: (**Arnoldus cellerarius**) 1229. — **M. Friedeboldus** (**Vrideb., Werdeb.**), **scholasticus** 1231. 35. († 20. Jun. nach dem Necrol.) — **Conradus de Schlotheym, archipresbyter** 1246. — **Theodericus, cellerarius** 1253. — **Ludovicus** 1257. — **Theodericus, scholast.** 1263. 66. — **Thetmarus** (**Ditmarus**), **cantor** 1263. 66. 78. († 7. Jun. nach d. Necrol.) — (**Hermannus cantor** 1266) — **Godescalcus** c. 1270 — 80? — — **Bertoldus, plebanus in Hayn** 1276. — **Conradus** 1279. (**Conradus de Vippach** 1285.) — **Heidenricus de Wilrode** (**Heinricus de W.**) 1287. 97. — **Heinricus** (**Heidenricus**) **custos** 1294. 97. 98. — **Bertoldus de Halmensted** 1292. — **Heino scholasticus** 1294. — **Bertoldus de Apolde** 1294. 97. 98. († 25. Mai n. d. Necrol.) — **Theodericus Pincerna** 1294. — **Heinricus de Frankenhusen** 1295. 1305 **scholasticus**, († 30. Jun.

---

*) Am 24. Mai 1450 zu Surriano trug Papst Nicolaus V. dem Abte zu Walkenried auf, den Pfarrer zu Brücken Dietr. Müller (Molitoris) zu prüfen, ob derselbe geeignet sei für das durch B. Försters Tod erledigte Canonicat, welches jetzt gesetzlich d r Papst zu vergeben habe.

n. d. Recr.) — **Conradus de Ascara (Aschara)** 1294. 97. 98. († 18. Aug. n. d. Recr.) — **Gotfridus cellerarius.** 1297. = **Godofredus Advocatus** (Vogt), **cellerarius** 1305. — **Bertoldus Vizthum custos** 1305. — **Christianus (Kerstanus) de Sangerhusen** 1294. 97. 1305. — **Theodericus de Meywersberg (Mewarsberg)** 1297. 1305. († 27. Jun. n. d. Recr.) — **Henricus de Dankelsdorff (Dankolfesdorf)** 1294. 1305. († 26. Jun. n. Recr.) — **M. Theodericus de Elrich** 1294. 1305. — **Sifridus de Hildensen** 1305. — **Henricus de Bodungen 1304, scholasticus** 1305. — **Bruno Picariator** (Becher) 1316. 22. — **Heinricus, scholasticus 1310.** — **Albertus cantor** 1319. — **Gotschalcus** 1321. — **Conradus de Mulhusen custos 1323***) († 11. Dec. Recr.) — **Lippoldus** (**Lupoldus**) **scholasticus** 1325. 33. († 1. März Recr.). — [Um diese Zeit nach dem Necrol.: **Guntherus** † 22. Jan., **Rudolphus, cantor** † 26. Febr. auch 14. Aug., **Wernherus de Salza** † 30. Aug.] — **Albertus de Sulingen** 1327. — **M. Henricus de Gebenewe** 1334. — **Fridericus** 1338. — **Gotschalcus de Wissense** 1337. 39. — **Albertus, scholasticus** 1341. — **Fridericus de Rockersleiben** (Rüxleben) 1347. 49. **cantor** 1358. 64. 65. — **Gottschalk Sachse 1348.** — Johann Wizhan **1349.** — Heinrich von Bleicherode **1359.** — (**Gerhard von Kutzleben**, Dechant zu Jechaburg.) — **Konrad** von Sangerhusen 1363. 64. — M. **Bruno 1364.** — M. Heinrich von Halberstadt, **Küster** 1365. — [Der Heinrich von Ehrich (nicht von Ellrich, wie bei Lesser steht), welcher 1367 wegen Diebstahls hier gehangen wurde, war nicht Canonicus, wie Lesser meint, sondern ein Schüler oder Unterlehrer der Domschule, der die niedern Weihen hatte; s. meine Nachr. von den Schulen in Nordhs. vor d. Reformat. S. 13.] — M. Eckard 1375. — **Arnold** 1375. — Heinrich von Gotha, 1398 Rector der Universität Erfurt. — Jordan Gasse. — Werner **Kahle**, Scholaster 1389. 90. 94. 97. 98. 1408 (war bis 1396 Patron der Aegidienkapelle). — **Andreas** von Stolberg 1397. 1401. — **Konr.** Doleator 1399, **Kellner.** — Heinr. Richters (**Judicis**) 1400. — Johann von Bendeleben 1406. — Johann **Marschalk** 1407. 28, Senior. — Albr. Lowet 1411.**) — Johann Schilder, Scholaster 1412. 28. 39. — **Konrad Winterberg.** 1412. — Siegfried Sack, 1417 Propst des **Nonnenklosters** in Ilmenau. — Johann Uthleben 1419. — **Werner Rothe** 1419. 28. 39. 51. (Senior) 1464. 68. 70 (ob derselbe?). — Siefard von Heiligenstadt 1419. — Johann Ziegenfell 1428. — Johann Schultheiß 1428. — Bertold Bornquell 1431. — Johann Schiedung

*) Nach dessen Testamente stifteten Dechant und Kapitel eine Vicarie und statteten dieselbe aus mit 1 Marktscheffel Weizen, 2 Gerste, 1½ Rocken, Fruchtzinsen von einer Hufe zu Görsbach nebst 1 Hofe daselbst, welche der Ritter Gottfr. v. Bula Burgmann zu Honstein besessen hatte als Lehn der Grafen von Beichlingen, die (Graf Heinrich d. Ae., Graf Friedrich u. Graf Gunzelin Gebrüder) am 2. Februar 1327 ihre Einwilligung gaben, nachdem ihnen dafür Gottfr. von Bula 2 Hufen von seinem Allodialgute zu Gr.-Buhla zu Lehn gegeben. [Zeugen der Grafen Ritter Joh. Kämmerer (camerarius) von Straußberg und Heinrich von Liebenrode, ihr Kaplan Ortwin und ihre Burgleute zu Lohra (Lare) Joh. von Salza, Joh. v. Gebra u. Reinher v. Rohra].

**) Die Grafen Heinrich, Ernst und Günther von Honstein verkaufen dem Domherrn Albr. Lowet für 20 Mark löth. Silber 6 Marktscheffel Weizen jährlichen Fruchtzins von ihrem Vorwerk zu Gr. Werther.

1439. — Dietrich Rentzelsdorf 1439. — Gerhard Robirting 1439. — Albrecht von Echte 1439.*) — Heinrichs Krebs 1442, auch Official der Propstei Jechaburg, später Dechant, s. oben. — Bertold Förster (von Gelnhausen) s. oben Dechant. — Dietrich Müller 1451. 68, Schatzmeister (thesaurarius). — Heinrich von Berge 1457. — Johann (von) Brackel 1458. 63. — Johann Müller 1452 Pfarrer. (Ad honorem Dei Dn. Johannes Molitoris ecclesiastes et canonicus hujus Ecclesiae comparavit ciborium anno MCCCCLII. steht an einer Nische im Chore der Domkirche.) — Johann Berge, Scholaster 1468. — Johann Henneberg, Cantor 1468. — Heinrich Dunde 1463. 64, Commissarius domini Moguntini 1468. 69, Canonicus locum tenens Decani 1479, Senior 1481, starb am 27. März 1501. — Heinrich Rode 1463. — Otto Schönhausen 1463. — Christian Tollede 1463. — Nicolaus Rymensnyder 1463. — Berlt Kleyne 1467. — Johann Kraft 1474. — H. v. Gotha, Bruder des Dechanten Herm. v. G., 1478? — Heinrich Elseboth 1479. — Heinrich Weißenberg, Scholaster 1492, Aeltester 1517. — Gregor Kayser, Vicesenior 1495. — Heinrich Oberhusen † 1500. — Heinrich Schwabe 1501. — Andreas Zincke 1501. — Johann Zinckel, Cantor, † 2. Oct. 1507. — Johann Birnfeld 1504. — Johann Ramme 1508. — Heinrich Siuabt (?) † 1511. — Andreas Battenius † 1513. — Heinrich Zeitz von Nordheim 1505, † 6. Mai 1515. — Hermann Pfeifer, Cantor und Senior, † 1530. — Heinrich Thomas (Thomae) † 1522. — Georg Duhme 1523. — Johann Thomas 1523, † 4. Sept. 1529 an der Schweißsucht. — Heinrich Prange 1523. — Johann Schönau 1523. — Andreas Dreuner 1523. — Heinrich Preuße 1524. — Heinrich Braune 1524. — Ambrosius Rab 1525. — Johann Sperling 1525. — Heinrich Werlingsdorf 1525, starb 1546 und vermachte dem Stifte 4000 Goldgulden. — Heinrich Warmund 1525. — Andreas Haferung 1525. — Georg Thomas † 1527. — Johann Ehrenpfort 1528. — Valentin Heyse 1528. — Georg Reckerkolb 1533 (1524 Pfarrer S. Blasii). — Gregorius Reckerkolbe, Cantor 1542. — Glorius Daume † 1539. — Andreas Drefarth, 1542 Custos, 1551 Senior, † 1569 („Andr. Drefer Senior u. Custos"). — Heinrich Andreä, Scholaster 1542. 51. — Heinrich Günther 1542. 51. — Christian Heune 1545, ein Feind des Rathes, endlich wegen Friedebruchs zu Eimbeck enthauptet. — Bertold Bornquell 1551. — Philipp König, entfloh, als zwei Straßenräuber bekannt hatten, daß er sie zum Stehlen gereizt und ihnen gestohlnes Gut abgekauft hätte. — Reinhold Roßing † 1563. — Heinrich Andreas, Custos und Senior 1564. — Matthias Thomas (Thomae), Scholaster 1564. 68. — Johann Marshausen 1565. — Johann Wagner 1567. — Johann Leo 1568. — Wilkind Liesegang 1578. — Andreas Cramer aus Seesen 1578, Senior und Custos, † 24. Jan. 1597. — Johann Spitznase 1578. — Heinrich Unger 1581, † 1590. — [Johann Zanckel, Cantor 1589? vielleicht 1489 und = Joh. Zinckel † 1507, s. oben.] — Georg Heise 1589. — Georg Bötticher, Scholaster 1590. — Zacharias

*) Am 22. Febr. 1439 stellen Dechant und Kapitel dem Rathe, welcher dem Domherrn Albr. Echte erlaubt hat, in seinem Garten und auf die Stadtmauer ein Haus zu bauen, darüber einen Revers aus.

Ude 1596 (s. oben Dechant). — Adam Lutken, Scholaster † 1603. — Heiger Wenths (?) † 1612. — Vincentius ..... (Valentin Hopfe)? Senior und Cantor † 1619. — Marcus Talsche, Custos, † 28. Febr. 1626. — Johann Hahn (Hase?) † 18. Jul. 1626. — Johann Hildebrand Lappenius aus Gittelde, Custos † 1628 (? 1. Mai 1658?) — Georg Heinrici (Henrici) aus Heiligenstadt, Cantor † 21. Sept. 1631, alt 39 Jahr. — M. Johann Pflügel † im Febr. 1637. — M. Sappenius † 11. Apr. 1638 noch als Studiosus. — Andreas Walthenius † 1657. — Johann Regenhard, Cantor und Scholaster † 5. Sept. 1659. — Henning Burchard Ude (Udenius) aus Ildehausen im Braunschweigischen, Senior und Custos † 4. Sept. 1675, alt 72 J. — Zacharias Reinwald † 30. Nov. 1667. — Christoph Bucher, Custos † 10. Mai 1671, alt 38 Jahr. — Johann Schmalz aus Breitenbach, Subdiaconus, Scholaster, Custos und Senior † 29. Nov. 1677 (78?) alt 44 Jahr. — Georg Friedrich Helmschrot aus Heiligenstadt, Cantor und Senior † 14. Apr. 1682. — Konrad Sälzer 1683, † 10. Dec. 1709. (Seine Stiefmutter starb 103 Jahr alt am 6. Febr. 1683.) — Hermann Adolf Wachtel, Cantor † 15. Aug. 1690. — Johann Heinrich Katzwinkel aus Heiligenstadt, Cantor † 8. Dec. 1702, alt 56 Jahr. — Nicolaus Günther, Scholaster und Custos, abgesetzt im Jul. 1714 und abgeführt nach Königstein. — Johann Georg Flucke aus Heiligenstadt, Cantor und Senior † 10. Aug. 1714. — Johann Bemlot, Senior † 18/19. Dec. 1719 (20?), alt 50 Jahr. An seine Stelle soll gekommen sein Philipp Jordans vom Eichsfelde. — Christian Joseph Opfermann aus Dingelstadt, Scholaster und Senior, resignirte und ging in das Kloster Reifenstein, † 1755. — Johann Daniel von Zwehl (a Zwel) aus Heiligenstadt † 29. Mai 1735 (37?) — Johann Christoph Opfermann aus Dingelstadt, Cantor, Scholaster und Senior † 6. Mai 1754. — Johann Ignatius Flucke aus Heiligenstadt † 15. Dec. 1729. — Karl Ernst Joseph Wachtel 1726, † 1733. [Dem Karl Ernst Wachtel ertheilt am 22. Oct. 1726 der Erzbischof und Kurfürst von Mainz Lothar Franz Provision über ein Canonicat „in ecclesia nostra collegiata S. Crucis in Nordhusen.“ In der Urkunde wird gesagt: durch den Tod des Canonicus Johann Otto Hucke vor mehreren Jahren sei dieses Canonicat erledigt worden, worauf widerrechtlich und ohne nähere Anzeige (in praejudicium Nostri vel ex devolutione vel ex indulto Apostolico Nobis competentis juris) Dechant und Kapitel den Johann Andreas Bögershausen, und als dieser resignirte, den Georg Christoph Bortwich gewählt und installirt haben: diese Handlung cassire er hiermit als ungültig. — An dieses Wachtel Stelle setzte im Jahre 1733 der Erzbischof und Kurfürst den mainzischen Geistlichen Johann Paul Hartung.] — Philipp Ludwig Lindenberg, Scholaster und Custos, auch Canonicus zu Halberstadt, † 31. Jul. 1752 daselbst. — Franz Daniel von Zwehl aus Heiligenstadt, Cantor † 13. Oct. 1738 (48?). — Johann Joseph Wundrach aus Dingelstädt 1730, Senior 1754, † 10. März 1757. — (Paul Anselm?) Eschweiler aus Erfurt 1749, † 8. Dec. 1752. — Christian Heinrich Jacobi (aus Nordhausen), vorher Vicarius und Kellner, 1752 Canonicus, 1757 Scholaster und Senior, † 14. Oct. 1759. — Christian Jacobi † 17. Febr. 1766 vor seiner Installation, noch nicht 20 Jahr alt. — Heinrich Opfermann aus Dingelstädt 1753, Senior 1760, trat am 21. Dec. 1779 zur evangelischen Kirche über. — Johann Anton Weinich aus Aschaffenburg 1754, Scholaster 1760, † 24. Aug. 1793. — Karl Anselm Jordan (Jordans) aus Gleichenstein, 1757 Cantor, wird 1762 Dechant, s. oben. — Joseph Meyer aus Dingelstädt 1760, † 5. Jul. 1773. — Franz Ignatius (Xaver) Agricola aus Heiligenstadt, 1762 Cantor, † 20. Sept. 1783. — Georg Andreas May aus Franken 1773, wurde 1775 abgesetzt und kam nach Marienborn bei Mainz in Verwahrung. Er resignirte in die Hände des Erzbischofs 1780. — (Chrn.) Zacharias Billichmann (Billigm.) aus Eilingerode, vorher Pfarrer im Oesterreichischen, Canonicus 1780, Scholaster 1793, Senior 1795, † 21. Jan. 1797. — (Chrn.) Zacharias Schreiber, Exjesuit, Canonicus 1780, † 14. Sept. 1786 zu Erfurt. — Joseph Bergmann, **Dr. theol.** und Professor der Physik zu Mainz (Aschaffenburg?), Canonicus 1784 (an Agricola's Stelle) mit Erlaubniß in seinem Amte als Professor zu bleiben, † 19. Sept. 1803. — Georg Ebel 1786, s. oben Dechant. — Anselm Henning 1793, † 18. März 1803. — Johann Baptist Anton Weinich aus Aschaffenburg 1795, Scholaster 1797, † 25. Apr. 1838 als letzter (pensionirter) Canonicus des Stifts S. Crucis. — Georg Adam Krand aus Heiligenstadt 1797, † 3. Apr. 1838.

Vicarii des Stifts S. Crucis waren: **Ulmannus de Dymerode** 1303 (? 1403?) **Hermannus et Henricus fratres de Yderde** 1321. — **Jacobus Fram, Vicarius et Plebanus** 1338. 39. — Ein Vicarius **Jacobus** † 9. Aug. und ein Vicarius **Siffridus** † 9. März nach dem Necrologium.] — **Johannes Matthias** 1340. — **Theodericus de Gotha** 1359. — Reinhard Pflume (Pflaume) 1391. — Burchard von Bendeleben 1371. — Konrad von Wernigerode 1371. — Nicolaus von Bila 1371. — Albrecht von Arnstedt 1371. — Hermann von Wülferode (Wolferode) 1385. — M. Friedrich Junge 1401. 1412. — Hermann von Göttingen 1401. (= Hermann von Goringen 1412?) — Ulmann (Ulrich) von Dymerode 1403. 1412. (s. oben 1303=?). Heinrich Emmerich 1412. — Nicolaus Münzer (Monher) 1412. — Johann Uthleben (Utelebeu) 1412. 28. — Johann von Werthern 1412. — Philipp von Butzbach 1412. — Johann Anwege 1412. — Dietrich Hesse 1412. — Jordan Gosse 1412. — Konrad Fronrode 1412. — Konrad Bolderode (Bosdenrode) 1412. 28. — Johann Faber 1412. — Johann Magdala 1412.*) — Joh. von Bendeleben 1427. — Jordan Bvela 1427. — (Bertold Gevlnhusen und Herm. Götze 1427 als Vic. am Altare der Heil. Andreas und Egidius nicht anerkannt von dem Pfarrer Dietrich von Hevenrode als dem rechten Patrone dieser Vicarie.) — Heinrich Krebs 1428. — Cyriacus Göttingen 1428. — Heinrich Böttcher 1428. 38. — Johann Schultheiß 1428. — Werner Rothe 1428. — Albrecht von Echte 1428. — Heinrich Borichte 1434. 43. — Johann Junge 1434. 43. 49. — Kurt Grabe 1434. 43. 49. 59. — Johann Schonburg 1434. 43. 59. 68. 70. — Nicolaus Fulbemann 1434. 43. 49. 59. 62. — Cyriacus Ruwesessen 1438. — Bertold Bornquell 1440, nachdem Joh. Landgewe verzichtet hatte. — Johann Steinbecker 1449. —

*) Also 1412 15 Vicare.

Berlt Zapfe 1449. — Hermann Koch 1449. 59. 68. — Kaspar Bruns (Brunonis) 1454. — Heinrich Kronbach 1457. — Johann Helmold (Helmbold) 1459, † 1463. — Dietrich Spieß 1459. 80. 82. — Heinrich Traibothe 1459. 60. 70. 80. — Johann Tillenberg 1459. 62. 64. 68. — Heinrich Bruckmann 1462. 64. 68. 70. — Tilo Haferung 1462. 68. 70. 80. 83. 87. — Heinrich Gutmann 1463. 70. 80. 83. 87. 89. 90. 93. 95. — Hermann Schmidt (Fabri) 1463. 82. 90. 93. 96. — Johann Pompey 1464. † 1468*) — Michael Worbis 1464. 68. 70. — Heinrich Useler 1470. 80. 83. (= Heinr. Usener 1504, Heinr. Ochsener 1499, Heinr. Ossener 1501. 3. 16.) — Heinrich Northeim 1483. 90. 93. 95. — Günther Kesemann 1483. 99. 1503. 4. — — Johann Führer (Fehrer) 1486. 90. 1504. 10. 34? — Heinrich Hauwerth 1486. (= H. Howart 1501. 14. 15. 18, H. Hanhart 1503, H. Hanwardt 1504, H. Hauchart 1511, H. Hanwerth 1515). — Johann Northeym 1489. — Jacob Renterodt 1489. — Johann Kreuzberg (Crutzeberg) 1489. 90. 95. — Johann Kirchhof (1495 präsentirt von dem Bürgermeister Erhart Kraft, ohne Zweifel als dem Erbpatron der Vicarie**), an die Stelle des verstorbenen Heinrich Gutmann, und von dem Kapitel bestätigt) 1495. 1503. — Nicolaus Graf 1496. 99. 1505. — Johann Schönwetter 1496. — Johann Reuber 1499. — Nicolaus Klein 1499. 1501. 4. — Heinrich Oberhausen 1500. — Kurt (Konrad) Henning 1501. 3. 4. 11. 15. 16. 18. — Andreas Unrath 1503. 4. — Andreas Haferung 1505. — Johann Sperling 1510. — Nicolaus Große 1511. — Heinrich Preuße 1511. 14. 15. 16. 18. — Nicolaus Rebbenig (Rebening) 1511. — Johann Bauersfeld 1514 oder 1513. — Konrad Meyer 1514, an des Vorigen Stelle von dem Propste Bischof Wilhelm von Straßburg ernannt. — M. Wende 1514. — Johann Rukamme 1514. 16. — Heinrich Warmuth 1514. 16. 22. — Valentin Heise 1515. — Johann Müller 1516. — Johann Stolle 1522. — [Johann Fehrer 1534, = oben Joh. Führer?] — Justus Busch 1536. — Christian Heune 1544. — Johann Marschhausen 1553. — Johann Jungemann 1553. — Ambrosius Raben 1553, Senior † 1562. — Gangolf Olborn 1553 (= Joachim Olborn † 1581?). — Andreas Cramer 1563. — Joachim Werkmeister 1581. — Arnolf Schrader aus Bremen (? Brehme?) † 12. Sept. 1599. — M. Nagel 1601, † 10. Apr. 1641. — Zacharias Heyson 1601. — Remigius Fischer 1601. — Karl Kirschberger 1601, † 1622. — Just Rauch 1601. — Martin Lutze 1601. — Georg Appaun 1601. — Jodocus Gier 1601. — Gamaliel Lubejus 1606. — Balthasar Hampe aus Halberstadt † 3. Apr. 1615. — Joachim Hampe, des Vorigen Bruder, † 22. Oct. 1626. — Henning (Heinrich?) Ebertin (?) † 26. März 1631. — Heinrich (Henning?) Weismann (Weymann?) † 5. Apr. 1635, begraben zu

*) Am 15. Jun. 1468 genehmigten die Stiftsherren die Gründung einer täglichen Frühmesse am Altare der heil. 3 Könige, zur Zeit eines Interdicts am Altare der Heiligen Victor und Maternus unter dem Thurme mit 530 Schock Groschen (32 Sch. Zinsen) und mit 15 Sch. (1 Sch. Zins), dieses 1 Schock für den armen Meßdiener — durch die Testamentvollstrecker u. Salmänner des verstorb. Vic. Joh. Pompey.

**) am Altare Aller Heiligen, welche Vicarie nach dem Willen ihres verstorbenen Mannes Heise Gutmann Kath. Gutmann 1441 mit 426 rhein. Gulden gestiftet hatte.

Quedlinburg. — Zacharias Hesonius (Aesonius) † 7. Apr. 1637. — Hildebrand Bräutigam † 18. Febr. 1663. — Johann Heinrich Seumenicht aus Wingerode † 5. Sept. 1683. — Jacob Schuchard aus Dingelstädt † 25. Jul. 1697, alt 45 Jahre. — Johann Christoph Dohl aus Heiligenstadt † 15. Jul. 1695. — Johann Georg Schmidt aus Holungen † 1698. — Martin Jütte aus Oberfeld † 9. (oder 12.) Apr. 1713. — Johann Adam Herzberg aus Weißenborn † 22/23. Dec. 1713. — Johann Adam Hentrich aus Breitenworbis, Pfarrer, † 13. Jul. 1715. — (Johann Joseph Wundrach aus Dingelstädt, s. oben Canon.) — Johann Andreas (Adam?) Vögershausen aus Riddagshausen (1740) † 28. Mai 1752. — Laurentius Gerhardi aus Gelnhausen (1740). — Johann Gerhard Strauß aus Heiligenstadt † 5. Jan. 1729 (1739?). — Johann Daniel Hieronymus Eschweiler, kam in ein Vicariat am S. Severstifte in Erfurt. — Johann Christoph Meurer (Meier?) aus Erfurt † 10. Apr. 1740 (41?). — Johann Heinrich Franke, kam 1738 nach Hochheim bei Erfurt. — Johann Jost Dietrich (Diederich) aus Rüdershausen † im Apr. 1740. — Ferdinand Eckhold (Eckoldt), kam von Erfurt 1738, resignirte 1740 und ging wieder dahin, † 1744. — Christian Adolf (Adam?) Pacig aus Heiligenstadt 1740, Pfarrer, † 2. Jan. 1768. — Rudolf Anton Christ aus Heiligenstadt 1740, resignirte 1769 und ging nach Heiligenstadt. — Christian (Heinrich) Jacobi aus Nordhausen, Kellner, wurde 1752 Canonicus. — Johann Christoph Jacobi aus Nordhausen bekam ein neues von einem Kupferhändler Aegidius gestiftetes Vicariat, trat aber 1752 in eine ordentliche alte Vicarie ein, † 5. Febr. 1775. — Johann Martin Döring aus Heiligenstadt 1752, Pfarrer 1756, † 9. Dec. 1757. — Philipp Anselm Jacobi aus Nordhausen, kam 1752 als neuer Vicarius an die Stelle seines Bruders Christoph, † 5. Aug. 1781. — .... Mertens aus Duderstadt 1762, soll aus Angst, weil er zugleich das Pfarramt verwalten sollte, im Nov. 1762 gestorben sein. — Georg (Karl) Joseph Mock aus Heuten auf dem Eichsfelde, 1762 Pfarrer, † 23. Aug. 1789. — Heinrich Kraushaar aus Kreuzebra 1768, Pfarrer, † 8. März 1806. — Hermann Wagner aus Erfurt 1770, kam 1772 als Pfarrer nach Erfurt. — Franz Nicolaus Voigt aus Heiligenstadt 1772, † 7. Oct. 1790. — Philipp Karl Heinrich Jacobi aus Nordhausen 1776, † 1. Jan. 1831. — Peter Weber 1791, † 23. Dec. 1796. — Jacob Werner (vorher Vicarius in Heiligenstadt), installirt am 22. Dec. 1781, † 16. März 1797. — Philipp Heinemann aus Heiligenstadt 1791, † 23. Jun. 1822. — Leonhard Berckmann (Bergmann) 1797, † 4. Febr. 1798. — Karl Joseph Brinckmann aus Immigerode 1797, † 12. Nov. 1842 als letzter (pensionirter) Vicarius des Stifts. — — Dieses Verzeichniß der Stiftspersonen ist noch sehr unvollständig; namentlich mögen manche Domherren fehlen, welche nicht hier residirten. Die Canonici und Vicarii waren in der früheren Zeit wohl großentheils geborne Nordhäuser; später, als Nordhausen mit Ausnahme des Stifts eine rein evangelische Stadt geworden war, kam die Mehrzahl derselben vom Eichsfelde, auch aus Erfurt und überhaupt aus dem Mainzischen.

Leider wurde bei der durch die (evangelische) königlich preußische Regierung seit 1803 sehr liberal und auf eine Weise, welche zu den schönsten Hoffnungen nicht nur für das Kirchen- und Schulwesen der katholischen Gemeinde, sondern auch für das Schulwesen der ganzen Stadt, namentlich für das Gymnasium berechtigen mußte, begonnenen, aber von der (katholischen) königlich westphälischen Regierung seit 1807 fortgesetzten und in den letzten Tagen des Jahres 1810 rücksichtslos und mit Härte vollzogenen völligen Auflösung des Stiftes mehr auf den Gewinn der reichen Stiftsgüter für die sehr bedrängte Staatskasse gesehen, als unter anderem auf die Erhaltung des sehr ansehnlichen und wichtigen Archives des sechshundertjährigen Reichsstifts, welches auch noch höchst interessante Stücke des Nonnenstiftes der heiligen Königin Mathilde aus dem zehnten Jahrhundert enthielt. Diese archivalischen Schätze sind zerstreut und größtentheils vernichtet worden: die ehemals damit angefüllten Repositorien in der Kirche selbst (in dem armarium, der Sacristei) wurden völlig ausgeleert (geplündert).

Die ehemalige Stiftskirche, jetzt katholische Pfarrkirche zum heil. Kreuz ist zu verschiedenen Zeiten und nicht nach einem Plane erbaut. Zu den ältesten Theilen derselben gehört die Krypta unter dem Chore und der untere Bau der beiden Thürme. Der hohe Chor wurde wahrscheinlich im Jahre 1267 vollendet. Man vergleiche den in meiner Urkundl. Gesch. von Nordhs., Nachtr. S. 26 erwähnten Ablaßbrief des Papstes Honorius III. vom 25. Febr. 1227 für diesen Kirchenbau. Am 10. Sept. 1267 zu Tust oder Thust (jetzt Thauß, lateinisch Tusta, böhmisch Domaslitze, Domazlicze, im Pilsener Kreise) stellen fast gleichlautende Ablaßbriefe aus für die neue einzuweihende Kirche zum heil. Kreuz in Nordhausen, auf Bitten Gerhard's des Propstes der Kirche, der erwählte Erzbischof von Salzburg Ladislaus, ein geborner Herzog von Schlesien, und der Bischof Petrus von Padua, der vorher Canonicus zu Breslau war. Des Erstern Brief lautet: **Wlodizlaus dei gra. sce. Salzburgen. Ecclesie Electus, Apostolice Sedis Legatus uniuersis Christi fidelibus hanc litte[r]am inspecturis salutem in domino sempiternam. Capientes quod ecclesia Northusen. Moguntine dyoc que in honore sce. ac uictoriosissime Crucis dedicanda est, sicut venerabilis vir dominus Gerhardus eiusdem ecclesie prepositus nobis exposuit, congruis in ipso dedicationis die, ac postmodum in anniversariis prefate dedicationis frequentetur honoribus, ut frequentantes animarum suarum salutem feliciter ibidem auctore domino consequantur, Nos ad petitionem eiusdem prepositi omnibus vere penitentibus et confessis, qui tunc ad ipsam ecclesiam humiliter accesserint et deuote diuine propiciationis gratiam petituri de omnipotentis dei misericordia et beatorum patronorum Roberti, Virgilii, ecclesie nostre meritis confisi, accedente nichilominus licencia dyocesani loci, quadraginta dies in ipso dedicationis die, et totidem in singulis anniuersariis dedicationis eiusdem de iniuncta sibi penitencia relaxamus, presentibus perpetuo ualituris. Dat in Tust, IIII Idus Septembr. Anno dni. M°. cc°. lx°. Septimo.** — Der andere Ablaßbrief fängt an: **Petrus dei gra. Eps. Ecclie. Pataviensis** .... und schließt: **Beatique Stephani Prothomartyris Ecclie. nre. patroni meritis, accedente** .... **ualituris. Dat. Thust, Anno Dni. M°. CC°. LXVII. IIII. Idus Septembr.** — — Oben im Chore sieht man die Bilder der königlichen und kaiserlichen Stifter und Hauptwohlthäter. — Die Namen der ältesten Wohlthäter vom 9. bis zum 14. Jahrhundert sind in dem Calendarium necrologicum des Stifts verzeichnet.

Am Schiffe der Kirche wurde gebaut im 14. und 15. Jahrhundert. Dieser Bau wurde vielleicht erst um das Jahr 1444 nach einem größern Plane begonnen, denn am 9. Mai 1444 ertheilte die heil. Synode zu Basel auf Bitten des Dechants Bertold Förster und des Kapitels unsres Stifts einen reichen Ablaß (u. a. des dritten Theils aller Sünden zu Kreuzerfindung 1445, ferner Ablaß von Jahren und Tagen an den jährlichen Hauptfesten der Kirche) allen denen, welche beitragen würden zum Bau der ansehnlichen Kollegiatkirche zu Nordhausen, welche alt und baufällig sei (que .... in honorem .... s Crucis ac s. Eustachii ..... consecrata ... propter eius antiquitatem et nimiam stricturam in suis edificiis et structuris adeo debilis et deformis fore dinoscitur, quod Decanus et Capitulum predicti illam de novo construi et edificari facere incipiunt). Das Schiff der Kirche war beinahe vollendet, als ohne Zweifel in Folge der Reformation die Arbeit ins Stocken gerieth und die Werkleute dieselbe im Jahre 1528 verließen. Erst im 19. Jahrhundert, vor wenigen Jahren, wurde ein unvollendetes Stück der Seitenwand vollendet und sehr nöthige Reparaturen des ganzen Gebäudes von der königlichen Regierung befohlen und ausgeführt. — Von den zahlreichen Leichensteinen, welche sonst überall den Fußboden der Kirche, meistens die Grabstellen der hier beerdigten Stiftsherren deckten, sind die meisten bei den Reparaturen der Kirche hinweggenommen und größtentheils vernichtet worden. Neun der am besten erhaltenen sind jetzt an den Seitenwänden in der Kirche aufgerichtet: es sind dieses die Leichensteine der Canonici Heinrich Dunde († 1501), Johann Zinckel († 1507), Heinrich Zeitz († 1515), Hermann Pfeifer († 1530), Andreas Kramer († 1597), H. B. Ude (Udenius † 1675), J. H. Katzwinkel († 1702), ferner der Stein des Grafen Heinrich von Schwarzburg († 4. Aug. 1526) und der Stein des Patriciers und Bürgermeisters Heine d. i. Heinrich Junge (Heyno Juvenis † 12/13. Dec. 1330). Von diesen beiden letzten Grabsteinen habe ich in den kl. Schriften S. 149 f. gesprochen.

Zwanzig ehemalige Altäre der Kirche S. Crucis nennt Lesser: den (Hoch-) Altar des heil. Eustachius (mit 4 Vicarien), den Altar der Jungfrau Maria und der Heiligen Petrus und Paulus (vor dem Chore), den Altar der heiligen Maria Magdalena, den Altar der Heiligen Andreas und Nicolaus, den Altar des heiligen Mauritius, den Altar der heiligen Gereon und Maternus, den Altar des heil. Martinus (unter dem linken Thurme), den Altar der Heiligen Sigismund und Johannes des Evangelisten (in der Krypta), den Altar der Jungfrau Maria und Johannes des Evangel., den Altar Aller Heiligen, den Altar der Heiligen Cosmas und Damianus, den Altar des heil. wahren Leichnams, den Altar des heil. Aegidius, den Altar der Heimsuchung Maria's, den Altar des heil. Thomas, den Altar der Heiligen Michael, Maria Magdalena und Theobald, den Altar der Heiligen Bartholomäus und Dionysius, den Altar der Heiligen Laurentius und Andreas, den Altar der Heiligen Anna und Katharina. — Nach einer Urkunde von 1468 *) lag ein Altar der Heiligen Victor und Maternus unter dem Thurme, an welchem Altare zur Zeit eines Interdicts Messe gelesen werden durfte und sollte: ferner lag ein Altar der heil. drei Könige auf der Südseite in der Kirche (in abside meridionali). — Schon vor mehr als hundert Jahren waren von jenen 20 Altären 17 wüst und nur noch 3 im Gebrauch, der Hochaltar (des heil. Eustachius), welchen der Senior Ch. J. Opfermann 1726 wieder neu hatte bauen lassen, und zwei Nebenaltäre an zwei Pfeilern im Schooß der Kirche, wovon der eine, am zweiten Pfeiler von der Orgel, durch den Canonicus und Cantor H. B. Ude 1647 errichtet war. — In neuerer Zeit sind zwei neue Nebenaltäre eingerichtet worden. — — Es waren ehemals zwei Orgeln in der Kirche, welche aber 1740 beide wüst waren, weshalb eine neue nicht sehr große gebaut worden war. Der von der königlichen Regierung beabsichtigte Neubau eines tüchtigen Orgelwerks kam, nachdem andere wichtige Reparaturen der Kirche vollendet waren, erst 1853 zur Ausführung. — Von dem schönen Geläute wurde am 29. Sept. 1823 eine Glocke nach Friedrichslohra geschafft für die dortige katholische Kirche.

Mit der reichsstädtischen Freiheit (1802) hörten auch die früheren Beschränkungen der Katholiken in Nordhausen auf, und die katholische Gemeinde, deren Pfarrkirche die ehemalige Stiftskirche ist, nahm bald ansehnlich zu. Der Pfarrer dieser Gemeinde heißt auch (Land-)Dechant, und hat einen Kaplan zum Gehülfen.

Pfarrer nach Ebels, des ehemaligen Stiftsdechants, Abgang (im October 1812) waren:

1. Laurentius Schneider aus Pitistadt, vorher Lehrer am Gymnasium zu Heiligenstadt, als Pfarrer in Nordhausen eingeführt am 8. Dec. 1812, wurde 1817 Pfarrer in Duderstadt und Assessor bei dem geistlichen Commissariat, zuletzt bischöflicher Generalvicarius in Hildesheim, wo er starb.

2. Philipp Wagner aus Heiligenstadt, kam hieher als Kaplan 1814, wurde Pfarrer 1818 im Septbr., aber 1821 in eine Pönitenzstelle auf dem Eichsfelde versetzt und starb 1824.

3. Hieronymus Ludolph aus Heiligenstadt, vorher Lehrer am Gymnasium daselbst, wurde hier Pfarrer 1823, trat aber erst 1824 dieses Amt an und starb am 10. Febr. 1854, nicht lange nach seiner Semisecularfeier als Priester (am 17. Dec. 1853), bei welcher Gelegenheit er auch den rothen Adlerorden 4. Klasse erhalten hatte.

Kaplane waren:

1. Johannes Gasmann aus Kaltenebra 1812—13, dann Pfarrer in Birkenfeld.
2. Philipp Wagner aus Heiligenstadt 1814—18, s. oben Pfarrer.
3. Joseph Drösseler aus Bodenrode 1820—24, dann Pfarrer zu Rustenfelde.
4. Christoph Breitenbach aus Heiligenstadt 1827—33, dann Pfarrer in Diedorf.
5. Peter Wehr aus Ascherode, 1833—34, dann Kaplan in Weißenborn, endlich Pfarrer in Wiesenfeld.

*) s. oben Vicar. Joh. Pompey.

6. Wenzel Fischer aus Erfurt 1834—37 (Febr), darauf Pfarrer in Kaltenebra.
7. Kaspar Witzel aus Heiligenstadt 1837—41 (Mai), darauf Pfarrer in Erfurt.
8. Friedrich August Volkmann aus Duderstadt 1841—46, dann Pfarrer in Schachtebich.
9. Michael Huschenbett aus Heiligenstadt 1846—51, dann Pfarrer in Lengenfeld.
10. Ferdinand Koch aus Duderstadt 1851—54, dann Pfarrverweser.

Die Stiftschule war, nachdem die Gründung einer städtischen Schule auf dem Petersberge gescheitert war, und vor der Eröffnung der Jacobsschule in der Neustadt (im 14. Jahrhundert) die einzige lateinische oder gelehrte Schule in Nordhausen, und sie blieb die einzige in der Oberstadt bis zur Eröffnung des Gymnasiums (gegen 1534). Dieselbe hatte früher mehrere Klassen, einen Rector und einige Unterlehrer (socii, welches Amt nicht selten, ja wohl meistens, ältere Schüler versahen) und stand zunächst unter der Aufsicht des ersten Canonicus, des Scholasters (scholasticus). Nach der Reformation war die Stiftschule zu einer Trivialschule mit einem einzigen Lehrer herabgesunken. Der letzte dieser Schullehrer, zugleich Kirchner (Sacristan, Aedituus) und Organist des Stifts, Karl Ludwig Koch aus Jützenbach, hatte dieses Amt am 24. April 1763 angetreten, wurde 1812 emeritirt und starb 91 Jahr alt am 16. Mai 1818. Auf einer wüsten Stelle bei der Kirche, jetzt der Freimaurerloge gehörig, hatte Koch einen Garten angelegt, und dieses Werk seiner Thätigkeit ist auf einem Steine (im Logengarten) durch folgendes Chronostichon (1787) bezeichnet: **hortI praesentIs prIVs arbore fLore CarentIs aVtor proMerItVs KoCh fVIt aeDItVVs.** — Die Wohnung des Stiftschullehrers, so wie die des Stiftsyndicus, hat die königliche Regierung der Stadt zu Schulzwecken geschenkt; die letztere ist jetzt verkauft, die erstere noch Wohnung des Schreib- und Zeichenlehrers am Gymnasium und der h. Töchterschule. — Die an die Stelle der Stiftschule getretene Schule für die katholische männliche und weibliche Jugend im Dome (in einer ehemaligen Stiftscurie in der Domstraße) hat sich unter der Aufsicht des Pfarrers und Dechanten Ludolph und seines Nachfolgers und durch gute Lehrer sehr gehoben. Der erste dieser Lehrer, Kirchner und Organisten war Anton Jagemann aus Geberhausen 1812—18, darauf Lehrer in Lindau, wo er bald starb. Ihm folgten Kellner aus der Schweiz, — Degenhardt, Driefelmann, — Schilling, — Rindermann. — Auch eine Lehrerin wurde an der Schule angestellt.

Nachdem Lesser in den vorhergehenden §§. die zu seiner Zeit bestehenden öffentlichen Gebäude besprochen hat, spricht er in den folgenden noch von einigen Gebäuden, welche vor Zeiten in unsrer Stadt standen.

Unter die ehemaligen öffentlichen Gebäude von Nordhausen gehört zunächst die königliche (kaiserliche) Burg, in welcher im 10. Jahrhundert König Heinrich I. mehrmals und seine fromme Gemahlin oft und längere Zeit verweilte, sowie die folgenden Könige und Kaiser bis in das 13. Jahrhundert, wenn sie Nordhausen besuchten, daselbst einkehrten und darin Hof hielten. Man meint, diese Burg habe am Königshofe gelegen; doch ist es nicht unwahrscheinlich, daß sie am Ende der Bäckerstraße lag, der Pfaffengasse und der Wassertreppe gegenüber, wofür der

Name „die Finkenburg“ (des Finklers Burg?) spricht, denn so hieß hier noch im 18. Jahrhundert eine wüste Baustelle, die jetzt in ein Gartenfleck verwandelt ist —, ferner der nahe „Kaiserthurm“ an der Wassertreppe, die Kaisermühle, vor allem die Nähe der Domkirche. Königin Mathilde gründete ihr Nonnenstift gewiß nicht weit von ihrer Wohnung: aus diesem Nonnenstift entstand aber der Dom. Von dem Königshofe (dem königlichen Gehöft?) führen die Ritterstraße und die Pfaffengasse zum Dome: auch diese Namen sind bezeichnend. Diese königliche Burg in der Oberstadt war aber nicht die einzige Burg in Nordhausen: andre Theile der Stadt, zumal die Vorstädte, der Frauenberg und das Altendorf hatten besondere Burgen. Auf dem Frauenberge soll die Burg gelegen haben, bei welcher der darin wohnende Vogt Ruprecht zu Anfang des 13. Jahrhunderts ein Nonnenkloster gründete. Ferner lag, auch noch am Frauenberge, vor dem Rautenthore und außerhalb der Stadtmauer ein „die Burg“ genanntes Haus, am Ende der Hutergasse, rechts wenn man hinaufgeht, neben dem Hause, in welchem vor hundert Jahren der Glockengießer wohnte*). — Im Altendorfe bei der Rosengasse liegt „die Widdegesburg“, d. i. die Burg Witege's oder Wittichs. Als die heilige Mathilde von ihrem Sohne dem Kaiser Otto I. in der Kirche ihres Nonnenstifts für das Leben Abschied genommen und nun vom Schmerz überwältigt des Geschiedenen Fußtapfen küßte, meldete das Graf Witego dem Kaiser, der darauf nochmals in ihre Arme zurückkehrte (s. Urk. Gesch. von N. S. 14). Von diesem Grafen, wohl dem damaligen Gaugrafen (des Helmgaues oder des Zorgegaues?) in Nordhausen mag jene Burg ihren Namen haben. Auch am Altendörfer Kirchhofe, am Geiersberge liegt ein Haus „die Burg“ genannt, und oben auf dem Geiersberge soll ehemals eine Burg oder eine Kapelle gestanden haben. — — Daß Kaiser Friedrich I. 1158 auch die königliche Burg in Nordhausen dem Nonnenstifte überließ, wurde bereits oben erwähnt: durch die Aufhebung des Nonnenstifts 1220 wurde sie wieder königlich (kaiserlich). Vielleicht zur Zeit des Interregnums, nach 1250, oder wahrscheinlich erst während der Regierung des Königs Rudolph I. (um 1275) zerstörten die Bürger von Nordhausen die königliche Burg in ihrer Stadt, wie die Mühlhäuser dasselbe thaten, weil sie darin eine Zwingburg sahen. König Rudolph erklärte deshalb 1278 die Reichsstadt Nordhausen aller Rechte und Freiheiten verlustig, doch am 28. Jan. 1290 zu Erfurt gewährte er den Nordhäusern wie den Mühlhäusern völlige Verzeihung. Am 11. Aug. 1307 überließ Rudolfs Sohn der König Albrecht den bei dem Stifte zum heil. Kreuz belegenen kaiserlichen Hof (imperialem curiam), also wohl die Hofstätte der zerbrochenen Burg, dem deutschen Orden.

Die Margarethen-Kapelle lag bei der Domkirche. Am 29. März 1305 verstatteten der Propst Albrecht (Albertus), ein Sohn des Herzogs von Sachsen, der Dechant Werner, die

*) Eine Glockengießerei (auch die Münze, die früher auf dem Rathhause gewesen zu sein scheint) lag sonst an dem Spendekirchhofe, dem „Silbergäßchen“ gegenüber, welches aus dem Dome in die Barfüßerstraße und nach dem Barfüßerthore führt.

genannten Scholaster, Küster, Kellner und noch 6 Canonici sammt dem Kapitel des Stifts dem hiesigen Bürger Heinrich Wolter die Kapelle der heil. Margaretha, welche bei ihrer Kirche liegt und ihnen zusteht, für sein und seiner Eltern Seelenheil wieder aufzubauen (aedificiis novis funditus restaurare) und mit 6 Mark jährlicher Einkünfte auszustatten. Die Verleihung dieser Kapelle soll H. Wolter lebenslänglich haben, nach seinem Tode das Stiftskapitel; doch soll dieses zum Kaplan keinen Kanonikus oder Vicarius des Stifts bestellen, sonst sollen die Aebte von Walkenried und von Ilfeld die Stelle besetzen u. s. w. (s. die vollständige Urkunde bei Lesser S. 169 ff., mit einigen Fehlern, z. B. Wollero statt Woltero) *). — Andere Kapellen bei dem Stifte zum heil. Kreuz waren die Kapelle des heil. Laurentius, die Kapelle der heil. Magdalena, die Kapelle der Heiligen Maria, Petrus, Paulus und Elogius.

Das Georgenhospital mit der Georgenkapelle lag am Kornmarkte zwischen der Töpferstraße und der Hundgasse. Diese Georgenkapelle ist nicht zu verwechseln mit der Georgenkapelle, welche Hartwich von Ellrich 1289 bei dem Siechhofe gründete (s. oben). Die Nachricht Lessers „nach einem alten Manuscripte", daß die aufrührerischen Bürger 1324 die Georgenkapelle bei dem Siechhofe abgebrochen und am Kornmarkte wieder aufgebaut haben, ist unbegründet,**) so wie es auch unbegründet zu sein scheint, daß das zu der Georgenkirche oder Georgenkapelle am Kornmarkte gehörige Hospital unweit der Franziskaner-(Spende-)Kirche gelegen habe, wovon die kurze Seitengasse vor dem Spendekirchhof noch „hinter Sanct Georgen" heiße. Bei der (unbekannten) Stiftung lagen gewiß Kapelle und Hospital zusammen am Kornmarkte. Möglich bleibt es freilich, daß einige Zeit vor der Vereinigung des Georgenhospitals mit dem Martinihospitale 1428 (s. oben) jenes an die bezeichnete Stelle bei der Spendekirche verlegt wurde. Vielleicht besaß auch das Georgenhospital an dieser Stelle ein Haus; denn in einem Hause daselbst sollen alte Frauen aufgenommen worden sein, welche, als das Haus zur Erweiterung des Kirchhofes abgebrochen wurde, im Hospitale S. Elisabeth untergebracht wurden. Doch mag dieses Haus eine selbständige Anstalt enthalten haben, welche als Georgenhospital bezeichnet wurde, nachdem das andre (ältere) Georgenhospital 1428 mit dem Hospitale S. Martini vereinigt war oder vereinigt werden sollte; denn jene damals eingeleitete Vereinigung scheint gar nicht wirklich ausgeführt zu sein, und noch lange nach 1428 erscheinen die Georgenkapelle und das Georgenhospital am Kornmarkte als selbständig (in Urkunden 1456. 57. 71). Die beabsichtigte Verbindung wurde vielleicht nur theilweise ausgeführt, in Hinsicht auf die Verwaltung.***)

*) Vgl. Walkenried. Urkundenbuch Nr. 653.

**) Schon im Jahre 1308 (am 11. Mai) belehnten der Graf Dietrich von Honstein, dessen Söhne Heinrich u. Dietrich und sein patruus Dietrich mit 4 Acker Holz bei Wachsbach das Hospital S. Georgii zu Nordhausen, welches dieselben für 2 Mark nordhäus. Silbers von Bertold von Byla erworben hatte. — Die Lage des Hospitals wird in dieser ältesten der vorhandenen Urkunden desselben nicht angegeben.

***) ja wohl nicht einmal in dieser Hinsicht, da noch 1514 eigene Vormunde des Georgenhospitals Rechnung über dessen Einnahme und Ausgabe ablegen.

Als Altäre in der S. Georgenkapelle am Kornmarkte kommen vor: ein Altar des Leidens Christi, ein Altar der Jungfrau Maria und der Heiligen Andreas, Bartholomäus, Stephan, Katharina, Barbara, Margaretha und Maria Magdalena, ein Altar der Jungfrau Maria und der 14 Nothhelfer, auch des heiligen Aegidius. Am 4. Febr. 1401 stiftete der Rath eine Vicarie bei dem Altar im Chore und stattete dieselbe aus mit 6 Mark jährlichen Zinses von 40 Mark des Seelgeräthes des verstorbenen Priesters Reinhard von „Fuer" (Furra) und 33 Mark nordhäusischer Pfennige, welche dessen „Salmann" der Priester Johann von Werther noch dazu gegeben hat, zum Heile der Seelen Beider und ihrer Freunde. Die Briefe über Hauptgeld und Zinsen sollen in einen Kasten in dem „Spetal" gelegt werden, wozu der Pfarrer des Hospitals nebst dem Vicarius der Vicarie und die Hospitalvormunde den Schlüssel haben u. s. w.

Als Vicare zu S. Georg werden genannt: Busso Steinmetz 1041. — Laurentius Brun 1450. — Heinrich Traibote (1456 Stadtschreiber) 1457, † 1484/5*). — Thile Haferung 1467. — Heinrich Elsebeth 1473. — And. Thomas 1485. — Johann Langemann 1485, † 1517. — Johann Karl 1502? — M. Jacob Wende 1509. — Andreas Thomas 1517. — Heinrich Wernigsdorf 1544. — 1549 beschloß der Rath, daß die S. Georgenkirche verkauft und von dem Kaufgelde die Schule (das Gymnasium) gebaut werden sollte (MS Reinh. II. 411). Dieser Beschluß scheint nicht zur völligen Ausführung gekommen zu sein; denn noch später wurde die Georgenkirche als Zeughaus benutzt. — Auf und am Kornmarkte lagen überhaupt ehemals noch einige wichtige Gebäude, so mitten auf demselben das alte Rathhaus (in welchem sich auch die Münze befunden zu haben scheint), später als Wagehaus eingerichtet mit dem öffentlichen Tanzboden, ferner das Brothaus (die Brotlaube) über der Schuhgasse nach „den Krämern" zu, so wie wahrscheinlich die erste Apotheke (da wo später das Broihanhaus eingerichtet wurde) mit dem Apothekergarten an der Hundgasse.

Das Cistercienserkloster Sittenbach oder Sittichenbach (auch Sichem) im Mansfeldischen, eine Tochter des Klosters Walkenried, hatte in Nordhausen vor dem Hagen eine Hofstätte. Am 20. Dec. 1403 bewilligte der Rath, daß der Abt und Convent jenes Klosters bauen und

*) Am 9. Juli 1456 ermächtigte der Rath den Stadtschreiber H. Traibote den Zins von 100 Gulden, welchen Henning Gyse und Adelheid die Wittwe von Berlt Gyse zur Errichtung einer Vicarie im Hospitale S. Georgii auf dem Kornmarkte gewidmet haben, zu erheben, und belehnt ihn mit den Rechte der Stifter, die dieses Lehn aufgelassen haben. — Am 21. Juni 1463 bekundet der Rath, nachdem der Bruder und die Wittwe des Stifters des Altars und der Vicarie im Hosp. S. Gr. Berlt Gyse ihm das Lehn (Patronat) der von dem Stifter und seiner Frau mit Zinsen ausgestatteten Vicarie überlassen haben, daß er dieses Lehn übernimmt. — 1471 bestätigt der Official von Jechaburg den vom Rathe zum Vicarius an dem neuen (zweiten) Altare im Hosp. S. Gr. ernannten H. Traibote als solchen. — Am 25. Mai 1485 präsentirt der Rath an des verstorbenen H. Traibote Stelle den Andreas Thomas. — Am 28. November 1502 bekundet der Rath die Stiftung einer Vicarie im Hosp. S. Georgii durch die Geistlichen Heinr. Kopß und Joh. Karl &c. — Am 23. Juni 1517 wird an die Stelle des verstorbenen Vicarius Joh. Langemann präsentirt Andr. Thomas &c. &c.)

besitzen möge die Hofstätte vor dem Hagen, welche der Bürger Peter Bruckmann besessen hat, zwischen dem Hause und Hofe Albrecht Flemungs und dem Wege, der nach der Stadtmauer führt. Doch sollen sie nicht auf die Mauer selbst bauen, sondern so weit davon als nöthig ist. Auch sollen sie kein Gelt- oder Zinshaus daraus machen. Setzen sie etwa einen weltlichen Menschen hinein, so soll derselbe von seiner Habe der Stadt pflichtig sein und Schoß geben, wie die Bürger. Da auch die Hofstätte schoßbar und dienstpflichtig ist, so sollen der Abt und Convent jährlich der Stadt vier Pfund nordhäusischer Währung zahlen, halb zu Walpurgis und halb zu Michael für Geschoß, Wache und Thorhut, dagegen von allen Abgaben und Pflichten frei sein und dieselbe Freiheit genießen, wie die Klöster Walkenried und Ilfeld in Beziehung auf ihre Höfe. Der Hof soll im Schutz der Stadt stehn, wenn ihn aber das Kloster einmal wieder verkaufen will, so soll es ihn an keinen Fremden, sondern nur an einen nordhäusischen Bürger verkaufen. Die Urkunde steht, wie gewöhnlich nicht ohne Fehler, bei Lesser S. 172 f.

Auch der geistliche deutsche Ritterorden besaß einen Hof in Nordhausen, desgleichen eine Anzahl Aecker „deutsche Ordensländerei", abhängig von der Ordensbehörde zu Mühlhausen. — Am 11. Aug. 1307, während seines Feldzuges in Thüringen, zu Naumburg, verlieh König Albrecht „den Deutschordensbrüdern zu Wallhausen und anderwärts in Thüringen seine zu Nordhausen beim Kloster (? Stifte) zum heiligen Kreuz belegene „Hofstätte" (so Böhmer in den Kaiserregesten, Albr. 585, nach der Originalurkunde in Dresden). Darauf am 28. Novbr. desselben Jahres 1307 bezeugte in einer zu Nordhausen ausgestellten Urkunde der Komthur (Commendator) der deutschen Ordensbrüder Gottfried von Körner mit den übrigen Komthuren und Brüdern des Ordens in Thüringen, daß die Bürger von Nordhausen die Schenkung des kaiserlichen Hofes (imperialis curie) daselbst, welche von ihrem Herrn dem römischen Könige Albrecht an sie zu freiem Eigenthum geschehn ist, gefördert haben (in donacione . . . . . promoverunt et promovent cum effectu), und daß sie sich also mit den Bürgern geeinigt haben: 1) Die zwei Höfe, die an ihren, des Ordens, Hof stoßen, haben sie überlassen dem Heino von Ellrich und seinen Erben und künftig allen, welche diese Höfe kaufen werden, zu freiem Eigenthume, nach dem Rathe der Bürger zu besitzen; doch sollen die Besitzer davon jährlich am 6. Jan. an ihren Hof 3 Pfund Wachs zu geben verpflichtet sein. 2) Wenn sie Wein nach Nordhausen führen, so sollen sie nicht eine Schenke (tabernam seu cauponam) in ihrem Hause haben. 3) Bei Abführung des Getreides (in deducenda annona), mit Ausnahme des Bedarfs ihrer Häuser, sollen sie das Verbot (inhibitionem) von Seiten der Bürger oder der Stadt beachten. 4) Im Gebiete oder in den Feldern von Nordhausen sollen sie keine Häuser, Höfe (curtes), Hofstätten (areas), Hufen, Aecker oder andre Güter durch Kauf erwerben: erlangen sie aber solche durch Vermächtnisse oder Schenkungen, so sollen sie dieselben in Jahresfrist für einen angemessenen Preis an Bürger der Stadt verkaufen: thäten sie das nicht, so sollen nach Verlauf des Jahres die jedesmaligen Rathsmeister das Recht haben, die Güter für einen angemessenen Preis zu verkaufen, ihnen aber diesen Preis zu zahlen verpflichtet sein. 5) Erwerben sie aber von den Stiftsherren zu Nordhausen, von den Walkenrieder oder Ilfelder Mönchen oder andern Religiosen im Stadtgebiete oder Felde Güter, so sollen sie dieselben frei besitzen. Der Komthur Gottfried und die Rathsmeister der Stadt Heinrich von Dyorgerode und Roso Cristeninge, die Räthe und Bürger der Stadt bekräftigen diese Uebereinkunft durch Anhängung jener des Provinzial-, diese des Stadtsiegels (S. Provincialis und nordhäus. Stadtsiegel B). Man ersieht auch aus dieser Urkunde, wie sich der Rath und die Bürger vorsahen, daß nicht zu viel Stadtgut in die todte Hand komme. — Der Reichshof (curia imperialis), von welchem darin die Rede ist, lag nach der königlichen Urkunde in der Nähe des Doms, wo ohne Zweifel auch die Reichsburg (castrum imperiale) gestanden hatte, nicht am Königshofe.

Unter den ehemaligen öffentlichen Gebäuden der Vorstädte ist das Kloster der Augustiner in der Neustadt zu nennen. Dasselbe lag vor dem Vogel am Anfange der Neustadtstraße auf der Seite nach dem Mühlgraben und dem großen „Pfingstgraben", welcher als ein städtischer Garten 1836 verkauft und unter verschiedene angrenzende Besitzer vertheilt worden ist. Noch vor hundert und einigen Jahren waren hier Klostermauern zu sehen bei einem Wohnhause und Spritzenhause und jenem „Herrengarten", gegenüber dem Eckhause an der Rautenstraße und der Neustadt, welches Haus bis 1365 das Gemeindehaus (Rathhaus) des bis dahin selbständigen „Neuen Dorfes" (der Neustadt) gewesen sein soll, wie auch der „Vogel" oder „Aar" mitten auf dem Platze vor demselben (auf dem Kreuzwege) andeutete (s. unten Kap. 6). Der Raum, welchen das Augustinerkloster einnahm, ist jetzt mit Privathäusern und Wirthschaftsgebäuden bebaut. — Die Gründung des Klosters ist nicht bekannt; sie fällt wahrscheinlich um das Jahr 1300. Luthers Reformation brachte diesem Kloster seines Ordens, wie den übrigen hiesigen Klöstern, die Auflösung, wozu indessen die stürmische Bewegung des sogenannten Bauernkrieges das meiste beitrug. Der letzte Mönch darin Johann Klein (Clayn), Doctor der Theologie, starb 1537. Vgl. die kl. Schriften Nr. 4. — Das Gebäude verfiel, nachdem ein Blitzstrahl am 12. Aug. 1612 dasselbe getroffen hatte.

Als Prior unsrer Augustiner (fratres heremitae ordinis S. Augustini domus Novae villae extra muros oppidi Northusen) kommen vor: Hermannus 1311. 12. (Prior Northusen. Vicarius fratrum in districtu Thuringiae). — Conradus de Arustete 1325. — Philippus de Raumeningeborg 1327. — Theodericus 1332. — Symon 1352. 53. — Johannes von der Bergozen 1358. 59. — Fridericus 1373. — Nicolaus 1377. — Heinrich von Grabunger (H. Gratzung) 1397. 1412. — Wedekind von Bodungen 1410. — Johann Stolberg 1420. — Heinrich Böttcher 1429. — Dietrich Weiße (Th. Wiacze) 1437. 50? — Johann Mense 1456. — Johann Götze (J. Golfridi) 1460. 63. — Hermann Weiße 1470? 1480. — Heinrich von Salfeld 1493. 96. — Johann Hergot 1501. 2 (Vicar des Provinzials). Ueber diesen gebornen Nordhäuser und Genossen Luthers, Prior der Augustiner zu Wittenberg 1507. 11. 15 (Professor der Theologie und Mitglied des Senats), 1516 Decan der theologischen Facultät, s. meine kl. Schriften Nr. 2, Anmerk. 3, S. 20. — Laurentius Zerenner 1506. — Adam Udalricus 1517. —

Johann Ritter 1519. — Laurentius Süße 1520. 21 (erster evangelischer Prediger zu S. Petri, s. oben). — Konrad Held 1522, s. kl. Schr. Nr. 2, A. 1, S. 19. — Nicolaus Hun 1523, der letzte Prior des Klosters. — — Unterprioren: Hans von Besa 1397. — Heinrich von Gratzungen (d. J.) 1420. — Andreas von Frankenhausen 1437. — Heinrich Schopp 1450. — Johann Hochzopf (Hoczoph, Hohzop) 1460. — Erasmus 1493. — Johann Messerschmidt 1501. 2. — Heiso Raith (Rath) 1506. — Wolfgang Becker (Pistoris) 1520. — Luckarius Tham 1521. — — 1437 war Johann Kelbra Procurator und Johann Winter Sacristan, — 1460 Johann Windehusen Procurator und Nicolaus Nordhusen Custos, — 1502 Johann Reichenbach Sacristan und Johann Hun Procurator. — — 1351 war Thomas, des Herzogs Heinrich von Braunschweig Sohn, Mönch in diesem Kloster.

Von den zahlreichen Urkunden des Augustinerklosters mögen nur einige hier erwähnt werden. Am 25. Febr. 1312 bekennt der Prior Hermann und der ganze Convent, daß die Bürger zu Nordhausen ihnen, den Augustinern, erlaubt haben, den angrenzenden Hof (curiam) der Wittwe Bertholds von Zemesdorf mit ihrem Kloster zu verbinden (nostre domui applicari).*) Dafür versprechen sie 1) sogleich nach der Hauptmesse des Convents am S. Michaelsaltar eine ewige Messe für alle in Nordhausen Lebenden und Verstorbenen zu lesen. 2) Sie wollen eine Lehmwand mit einem steinernen Fuße innerhalb zwei Jahren machen und in 1 Jahre anfangen, und durch diese Wand kein Thor und keinen Zugang zu dem Graben (fossatum) und keine Kloake oder andres Gebäude auf die Wand. 3) Sie wollen den Bürgern des Neuen Dorfes in Nordhausen zu den Wachen jährlich auf Walpurgis 1 ferto nordhäusischen Silbers zahlen; doch dürfen sie diesen ferto ablösen (die Zahlung desselben an jemand verkaufen), ohne deshalb nach den Statuten der Stadt in Strafe zu fallen. 4) Sie wollen sich mit ihrem Raume (spatio aree nostre) in Länge und Breite stets genügen lassen, und wenn durch Vermächtniß oder sonst wie etwas im Weichbilde oder der Flur der Stadt (campus qui dicitur flur) an das Kloster käme, so wollen sie es binnen einem Jahr verkaufen: thäten sie das nicht, so sollen es die Rathsmeister für einen angemessenen Preis verkaufen und ihnen das Geld geben. 5) Wenn ein Weltlicher sich zu ihnen zurückziehen will und sich doch in weltliche Geschäfte mischt, so soll er den Leistungen und Statuten der Stadt unterworfen sein: auch wenn ein Fremder oder ein Einwohner der Stadt eine Präbende bei ihnen kauft, soll derselbe von allen andern städtischen Gütern, die er hat, der Stadt seine Pflicht leisten und für einen Bürger gelten; wenn aber einer zu ihnen sich zurückgezogen und ihnen alle seine Güter übergeben hat, so soll er der Stadt nicht unterworfen sein. 6) Der Mitbruder der Augustiner Hermann Hebestorm soll seine

*) Ein andres Haus bei dem Augustinerkloster erhielt dasselbe 1347 als Seelgeräth des Propstes Johann von Teistungenburg. — Ein Haus an der Ecke der Eselsgasse zu Stolberg, welches 1387 ein dortiger Bürger dem Kloster als Seelgeräth geschenkt hatte, befreite 1423 der Graf Botho von St. von Abgaben und Diensten, wofür vier Jahrzeiten für die Grafen und die Stadt Stolberg im Kloster begangen werden sollten. —

Wollweberwerkzeuge behalten und gebrauchen, doch bloß für das Kloster selbst Tuch machen, nicht zum Verkauf, auch nach seinem Tode kein Andrer. Auch sonst wollen sie keine Handwerker halten zum Schaden der Stadt. — — Am 8. Juli 1350 bezeugen der Provinzial Prior Brun und der hiesige Prior Johann von der Bergozen, daß ihnen der Rath und die Stadt als ewiges freies Eigenthum gegeben haben eine Hofstatt hinter ihrem Gotteshause so lang, als ihre Hofstatt nach dem fließenden Wasser zu breit ist, und in dieser Breite so weit, als es ihnen bezeichnet ist, damit sie über das Wasser bauen und haben können ein „heimlich Gemach" (einen Abtritt), nach welchem ein Gang von dem Gebäude jener Hofstatt hinführen soll. Der Wasserlauf und die Fluthrinne, welche jetzt durch die Heimlichkeit geht, soll ihnen auch bleiben. Sie wollen an jenem Raume nicht höher von Steinen bauen, als 15 Fuß hoch von der Erde; die „Heimlichkeit" dürfen sie aber von Steinen bauen so hoch als das Schlafhaus. Der Gang und die Heimlichkeit sollen oben von Holz sein, so hoch, daß es der Stadt nicht schädlich werde. Für jene Hofstatt geben sie tauschweise der Stadt als Eigenthum zwei Hufen Artlandes, welche das Kloster bekommen hatte von Heinrich von Gelingen Bürger zu Frankenhausen als Seelgeräthe, erkauft von dem Priester Konrad und Heinrich und Hartwich von Halberstadt Gebrüdern und deren Schwestern Mechtild und Thele, ein Lehn der Grafen von Honstein, welche sie ihnen zugeeignet haben.*) — — Am 25. Juni 1506 bekennt der Augustinerprior Johann Hergot und sein Convent zu Wittenberg, daß sie mit Genehmigung ihres General-Vicars M. Johann Staupitz auf alle ihre Besitzungen 5 Gulden jährlichen Zinses für 100 rheinische Gulden wiederkäuflich verkauft haben an den Convent der Augustiner zu Nordhausen. So lange zu Wittenberg eine Universität ist, soll, wenn der Kauf steht, der Zins von 5 Gulden nicht bezahlt werden, sondern statt dessen der Convent zu Nordhausen einen studierenden Bruder in den Convent und das Kloster zu Wittenberg schicken dürfen, wo für denselben gesorgt werden soll durch Wohnung, Nahrung und Vorlesungen (in cella, victu et lectionibus).**)

Das Serviten-Mönchskloster Himmelgarten, ungefähr eine halbe Stunde östlich von Nordhausen in der ehemaligen Grafschaft Honstein gelegen, darauf gräflich stolbergisch, ist nicht bloß wegen seiner Nähe, indem es unmittelbar an das Stadtgebiet grenzte, hier zu erwähnen, sondern weil auch es Besitzungen auf städtischem Grund und Boden erwarb und im Begriff war dieselben zu erweitern und zu einem Filialinstitut zu machen, wenn ihm nicht Einhalt

*) Schon am 1. Juli 1350 übereignen die Grafen Heinrich, Dietrich, Ulrich und Heinrich von Honstein diese 2 Hufen dem Rathe.

**) Die Urkunde vom 11. Febr. 1397, worin die Augustiner versprechen, feierliche Seelmessen und Begängnisse für die in dem Auflaufe am 14. Februar 1375 Getödteten und im Beinhause des Klosters Begrabenen zu halten, wird unten näher bezeichnet werden, Buch 3, Kap. 3. — Aus einer Urkunde vom Jahre 1462 geht hervor, daß eine Brüderschaft U. L. Fr. der Wollweber sich zu diesem Kloster hielt. — Andre Urkunden des Klosters sind eine päpstliche Bulle, 12 Verzichtbriefe (Renunciationes) von Novizen, mehrere Vermächtnisse, Kauf- und Zinsbriefe u. s. w.

geschehen wäre. Dieses Kloster wurde gestiftet im Jahre 1295. In einer Urkunde vom 15. Oct. des genannten Jahres bezeugen der Propst Dietrich (Th.) und der Convent des Servitenklosters im Paradiese (conv. servorum s. Marie ordinis s. Augustini in paradiso), daß der Propst der nordhäusischen Kirche (des Stifts zum heil. Kreuze) Elger (geb. Graf von Honstein) in einer Urkunde vom 4. Juni 1295, welche Stiftungsurkunde sie vollständig einrücken, ihnen erklärt hat, daß er aus frommem Sinne und weil der Servitenorden wenige Klöster und Häuser in dieser Provinz hat, mit Zustimmung seines Kapitels zu einer solchen neuen Pflanzung, zur Anlegung eines Bethauses und einer bleibenden Wohnung (oratorium et perpetua mansio) die wüste Kirche und den Ort Rossungen mit der Immunität und den zugehörigen Rechten eigenthümlich überlassen hat, mit Ausnahme der Rechte an Aeckern oder Einkünften des Pfarrers in Bielen (Byla) der Mutterkirche jener Kapelle, welcher indessen auch einwilligt. Er will, wozu auch die Genehmigung des Erzbischofs von Mainz als Diöcesanbischofs erlangt werden soll, mit Bewilligung dieses Pfarrers Dietrich von Bielen und mit Zustimmung seines Convents, daß der Ort (locus in Rossungen) *) mit den Brüdern (Mönchen) und ihrem Gesinde daselbst frei sein soll von jedem Rechte der Mutterkirche in Bielen; doch sollen die Mönche sein Jahrbegängniß als das ihres Stifters und Patrons feiern. — Die Originalurkunde des Priors und Convents der Serviten vom Paradiese und die darin enthaltene des Propstes Elger ist abgedruckt in meinen kl. Schriften S. 166 ff., wo auch (S. 168) eine Urkunde gegeben zu Sondershausen am 26. Dec. 1309 steht, nach welcher die Grafen von Honstein Heinrich und Dietrich, Dietrichs II. Söhne, und Dietrich und Heinrich, Heinrichs III. Söhne, dem frommen Beispiele ihrer Väter, der Brüder Dietrich und Heinrich folgend alle gebauten und ungebauten Aecker um den Himmelgarten oder Russungen, da dieser Ort von den Bewohnern, Bebauern und Besitzern verlassen und dadurch an jene (2) Grafen und darauf an deren genannte Söhne zur freien Verfügung gesetzlich gelangt war, den Serviten daselbst zum freien ewigen Besitz überlassen, so wie auch sonst alle Schenkungen und Verleihungen ihrer Väter zu Tütchenrode und dem Himmelgarten denselben bestätigen. — Das hier erwähnte Tütchenrode ist eine Wüstung unweit des Himmelgartens, nicht der noch bestehende Ort bei Roßla. —

Schon vor der Ausstellung jener Stiftungsurkunde des Propstes Elger hatten die Serviten begonnen in der Nähe des zu begründenden Klosters Güter zu erwerben **). Am 14. Febr. 1295 schenkt Bertha von Trebra (Berchta de Treber) für ihr Seelenheil den Serviten in paradiso ihren halben Hof in Bielen (dimidiam partem curie in Bila), indem der Scholaster des Stiftes zum heil. Kreuz Heinrich genannt von Frankenhausen den Brief beglaubigt. Bald

*) Von dieser Wüstung Rossungen, auch Russungen, hat der Rossungsbach, jetzt Roßmannsbach genannt, seinen Namen.

**) Von spätern Erwerbungen des Klosters führe ich nur an das Holz Gebichenhain, welches am 6. Dec. 1415 die Grafen Heinrich und Botho von Stolberg auf Bitten Burchards von Osterode dem Kloster zu einem Seelgeräthe übereigneten.

nachdem die Mönche in Rossungen eingezogen waren, erhielten sie von Otto von Lobbedeburg mit Zustimmung seines Sohnes Hartmann und seiner Oheime (patrui) der Herren von Lobbedeburg genannt Berka (Beregow) das Patronat der Kirche zu Osmannstädt (Azmanstete) mit allem Zubehör, wozu er ihnen auch noch vier Hufen in demselben Dorfe verkaufte, laut Urkunden vom 24. Juli 1297, abgedruckt in (Lessers) Nachricht vom Kloster Himmelgarten und der Kirche in Rode bei Nordhausen (Anhang zu Meybaums Chronicon vom Kloster Marienberg bei Helmstädt, herausgegeben von Leuckfeld 1723.4) S. 114 ff. — Die Besitzung unsers Klosters Himmelgarten zu Osmanustädt (dem Orte, wo Wieland zuletzt lebte und wo er starb) wurde darauf im 14. Jahrhundert durch Schenkung und Kauf noch erweitert. Doch machte dieser Besitz dem Kloster auch viel zu schaffen, namentlich durch erhobene Ansprüche an das Patronat. 15 Urkunden sprechen über Angelegenheiten von Osmannstädt im 14. Jahrhundert, darunter auch ein päpstl. Bann vom P. Urban V. (1366). Hier führe ich bloß an die Gründung und Ausstattung eines Altars daselbst durch den Ritter Heinrich Hertnid (Hertnidis) im Jahre 1354/5 zur Buße eines Mordes, den dieser an Konrad von Osmannstädt (Azmannstete), dem Vater von Dietrich und Ludwig und Bruder des Scholasters in Naumburg, begangen hatte.

In und bei Nordhausen selbst eine Filialanstalt ihres Klosters zu gründen, gelang den Serviten vom Himmelgarten nicht. Ihr Prior Dietrich und sein Convent hatten nach einer Urkunde vom 1. Mai 1312 (nicht 1322), welche sehr ungenau abgedruckt steht bei Leuckfeld (Lesser) S. 118 f. und bei Lesser S. 183 f., hier vor dem Töpferthore zwei Hofstätten, nämlich die Hofstätte des Hospitals (aream hospitalis, vielleicht eines ältern Hospitals für Aussätzige und Pestkranke, welches einging, als der Siechhof eingerichtet war) und eine östlich daranstoßende, erworben mit dem Kaufgelde für ihren Hof (curia), der an Hamico stieß, und der Rath und die Bürger von Nordhausen hatten bewilligt, daß der Orden dieselben frei von allen Lasten und Abgaben besitze. Dagegen versprachen die Serviten, daß alle bisherige Klage und Zwietracht gegen die Bürger aufhören und beigelegt sein sollte. Sie wollten sich mit dem Raume jener beiden Hofstätten begnügen, und wenn sie durch Vermächtnisse oder sonst in der Stadt oder deren Gebiete Grundstücke bekommen sollten, so wollen sie dieselben in einem Jahre verkaufen; thäten sie das nicht, so sollen die Bürgermeister dieselben verkaufen und den Erlös an sie zahlen. Sie sollen auch keine steinernen Gebäude auf jenen Plätzen bauen, welche mehr als 4 Fuß über der Erde wären, ohne besondere Erlaubniß der Bürgermeister, auch kein Kloster und keinen Convent auf der Stelle errichten. Ferner sollen sie keine Kloaken machen oder andere Gebäude, welche den Wasserlauf hindern. Auch der Servitenprior von Erfurt beglaubigte diese Urkunde. — Es währte indessen nicht lange, so brach auch wegen dieser Besitzung der Serviten Streit mit der Stadt aus. Die Serviten bebauten jene Hofstätten vor dem Töpferthore und weihten die Gebäude zu geistlichem Gebrauch oder wollten sie einweihen. Am 7. Juni 1318 versprach der Propst Christian und der Convent des Klosters Himmelgarten — da der Rath der Stadt über (super) die Processe, Verhandlungen und Klagen, die zwischen ihnen stattfanden, in gutem Frieden und Eintracht zu leben wünscht, so daß er nichts Widriges gegen sie vornehmen soll bis auf den nächsten Jacobstag, und wenn eine Irrung gegen sie erhoben wäre, dieselbe widerrufen, in Beziehung auf die Einweihung ihres nordhäusischen Platzes — während jenes Friedens und jener Freundschaft nichts vorzunehmen (attemptare); doch nach dem Jacobstage soll dieser Brief nicht mehr gelten. — Am 7. Nov. 1319 (nicht 1329) verpflichtete sich der Prior Christian vom Kloster Himmelgarten, Provinzial des Ordens in Thüringen, auf den Hofstätten vor dem Töpferthore keine Veränderung vorzunehmen, um daselbst Gebäude und Bauwerke (? — constructiones —, doch kann es auch heißen consecrationes — Einweihungen —, denn das Wort ist — vielleicht absichtlich — abgekürzt und undeutlich geschrieben) zu erlangen, oder irgend etwas zu thun zum Nachtheil der Bürgerschaft. Dagegen verpflichten sich Rath und Bürgerschaft, mittlerweile die Mönche nicht zu stören, wenn sie sich auf jenen Hofstätten aufhalten, oder sonst etwas zu ihrem Präjudiz zu thun. (S. die ungenau abgedr. Urk. bei Leuckf. S. 119 f., Lesser S. 184 f.) — Doch der Versuch zu einer gänzlichen Beilegung des Streites scheiterte. Die Mönche hatten jene Baustellen wirklich geweiht und ein Kirchengebäude und einen Altar zu errichten begonnen; der Rath dagegen, anfangs von der Geistlichkeit der Stadt, besonders von den Stiftsherren in deren eigenem Interesse unterstützt, hatte das Werk auch durch äußere Mittel zu hintertreiben gesucht. Der Streit wurde heftig und dauerte lange. Besonders in den Jahren 1338 bis 1345 waren die Verhandlungen sehr lebendig, nachdem schon am 10. März 1337 auch der Kaiser Ludwig einen Befehl in der Sache erlassen hatte. Der Proceß wurde geführt vor dem Official und Propste zu Jechaburg, vor dem Erzbischof von Mainz und vor dem Papste und deren Commissarien, zuletzt den erzbischöflichen zu Erfurt und den päpstlichen zu Halberstadt (diese bevollmächtigt durch eine Bulle des Papstes Benedict XII. vom 11. Jan. 1340). Während des Streites wurden beide Parteien, eine nach der andern, in den Bann gethan und wieder losgesprochen. Das Jahr 1345 brachte endlich die Entscheidung. Von dem Verlaufe erzählt Einiges Lesser, der auch eine Anzahl Urkunden beibringt: ich könnte die Sache viel ausführlicher und genauer erzählen, da mir 60 darüber sprechende, meistens noch unbekannte Urkunden vorliegen; doch ich werde mich hier, um nicht unverhältnißmäßig eine Einzelheit auszudehnen, darauf beschränken, nur den Schluß zu erwähnen. — Als zuletzt im Jahre 1345 der Scholaster der Marienkirche zu Erfurt Hartung von Northoven als einziger erzbischöflicher Richter wieder ein nachtheiliges Erkenntniß gegen die Serviten erlassen hatte, bequemten diese sich endlich zu einem Vergleiche. Am 15. Apr. 1345 zu Nordhausen auf dem Rathhause (am Kornmarkte — worin eine Kapelle mit einem Altar und einem eigenen Vicarius sich befand), nachdem daselbst ein feierliches Hochamt gehalten war, erschienen vor dem Official von Jechaburg und einer Anzahl Zeugen (darunter der Stadtschreiber — Notarius oppidi — Heinrich Laran) auf der einen Seite die Rathsmeister Hermann von Schernberg und Heinrich von Berge und die andern Rathleute für sich und die ganze Bürgerschaft, auf der andern Seite der Prior des Klosters Himmelgarten Dietrich von Aschterode (Osterode?) nebst dem Prior der Serviten zu Erfurt Arnold von Stolberg mit hinlänglicher Vollmacht für sich und den Convent des Klosters Himmelgarten, und erklärten, sie hätten sich auf folgende Weise verglichen: Um den Streit zu beendigen, der zwischen beiden Parteien bestand wegen zweier Hofstätten vor dem Töpferthore, welche die Serviten hatten weihen lassen, um ein Kloster und einen Convent darauf zu gründen, was Rath und Bürger für Unrecht hielten, da die Mönche durch besiegelte Briefe sich verpflichtet hätten, solches nicht zu thun: so sollen die Mönche 1) alle Streitschriften und Briefe über den Prozeß dem Rathe aushändigen binnen einem Monat, 2) die Kirche (basilicam) und den Altar binnen hier und dem Jacobstage abtragen und zerstören, dem Erkenntnisse des Scholasters zu Erfurt gemäß, 3) künftig auf diese Stelle keinen Convent, Kloster, Kirche und Altar machen. 4) Wollen sie die Stelle bebauen, so soll das nur mit Erlaubniß des Rathes geschehn. 5) Handeln die Mönche dem entgegen, so sollen sie die ganzen Prozeßkosten, geschätzt auf 200 Mark, und außerdem noch 100 Mark, also zusammen 300 Mark, reines Silber zur Strafe an den Rath zahlen, auch soll sie der Offizial zu Jechaburg dann ohne weiteres excommuniciren. — Die Prozeßkosten zu ersetzen, wozu der Erfurter Richter die Mönche auch verurtheilt hatte, erläßt ihnen der Rath. Zwischen beiden Theilen soll alle Feindschaft aufhören und Friede und Einigkeit herrschen. — Diesem durch den Notarius Simon von Metz (de Methis) niedergeschriebenen und beglaubigten Vergleiche gemäß stellten darauf der Prior und der ganze Convent des Klosters Himmelgarten noch eine besondere Urkunde aus (bei Leuckf. S. 130 ff., Lesser Seite 194 ff.), welche im Ganzen dasselbe enthält.

Einiges aus späterer Zeit führt Lesser an (S. 180—183). Am 31. Jan. 1488 wurde eine feierliche Versammlung der Serviten vom Generalvicar des Ordens D. Romanus im Kloster Himmelgarten veranstaltet und M. Dietrich Zerenberg von Bach (Prior des Klosters Himmelgarten?) zum Provinzial gewählt und berufen. — Am 29. Nov. 1502 zu Erfurt stellte der päpstliche Legat Reiner (nicht Reimer) einen Ablaßbrief für die Kirche des Klosters Himmelgarten aus. — 1506 verdingten die Serviten dieses Klosters dem Bertold Heringen den Bau einer neuen Orgel, wie die welche er den Predigermönchen in Nordhausen gemacht hatte: er soll dafür 20 Gulden erhalten, auch das Material zum Bau und einen Gehülfen. Als der Meister 1508 das Werk vollendet und gestimmt hatte, erhielt er zum Geschenk ½ Scheffel Mangkorn, 1 Scheffel Erbsen, 1 Scheffel Oelsaat und Anderes. — Am 3. Jul. 1518 gab zu Nordhausen der Erzbischof Albrecht von Mainz und Magdeburg in einem Schreiben an D. Johann Huter den Serviten im Himmelgarten die Erlaubniß, da es Baumöl hier nicht gebe, zur Fastenzeit und wenn es ihnen sonst verboten sei, Butter und Milch zu genießen, auch Eier und Fleisch, wenn sie krank wären. — Ablaßbriefe, die das Kloster erhielt, sind noch vorhanden von 1) Erzbischof Gerhard von Mainz, 129:: 6 Aug. 2) Weihb. Siegfried 1300, 16. Aug. 3) Erzb. Petrus von Mainz 1318, 22. Febr. 4) Erwählt. Erzb. Matthias von Mainz 1322, 1. Sept. 5) Weihb. Hermann 1461, 12. Mz.

Prioren des Klosters waren: **Theodericus** 1312. — **Christianus** 1318. 19. 20. — **Hermannus** 1322. — **Johannes** 1330. 35. (=**Johannes de Honstein** 1340.) — **Theodericus de Osterode (Aschterode)** 1340? 44. 45. — **Conradus de Trebere (Conr. Trebere)** 1354. 61. — **Giselerus** 1392. — **Wetico de Elrich** 1395. — **Henricus Hespring (despring?)** 1398. — Johann Trost 1412. — Hermann von Kelbra 1419. — Nicolaus von Eisenach 1420? — Nicolaus Henseling 1440. — Bartholomäus Krumbein (**Krumpbein**) 1446. — Nicolaus 1457. — (Johann Forst 1483?) — (Dietrich Zyrenberg — vielleicht = Heinrich Syrenberg — 1488 Provinzial. — — 1488 war Pater Johann Ruckesut Procurator im Kloster Himmelgarten.) — Johann Huter (**Pilearius**) 1502. 7 ff. Ueber diesen letzten gelehrten Prior und die Bibliothek im Kloster Himmelgarten habe ich in den kl. Schriften berichtet S. 20 f.

Bei der Kirche im Altendorfe stand ehemals ein Cistercienser Nonnenkloster S. Nicolai. Dasselbe war 1238 oder kurz vorher im Gebiete der Grafen von Honstein zu Bischoferode (wol bei dem ehemaligen Dorfe Bischoferode zwischen Crimberode und Nieder-Sachswerfen, nicht zu Bischoferode bei Wofleben) gegründet, und die Urkunde des Grafen Dietrich von jenem Jahre in meiner Urkundl. Gesch. von Nordhs. Nr. 41, S. 43 kann als Stiftungsurkunde betrachtet werden. Nach derselben schenkt der Graf in der Nicolaikirche zu Bischoferode den 13 im Glauben verbundenen frommen Schwestern ein Grundstück (**Pomerium**, einen Baumgarten?) daselbst, und bestimmt 1) daß wenn eine von den 13 gestorben oder freiwillig ausgeschieden ist (**abscesserit**), die übrigen eine andre fromme und wohlgesittete Person an deren Stelle wählen, 2) daß sie dem Pfarrer des Dorfes jährlich 12 Groschen (**numos**) nordhäusischer Münze geben, dafür daß derselbe sich ihrer Geschäfte annimmt und sie unterstützt.

Wahrscheinlich war der Einfall des Königs Adolf in Thüringen 1239 die nächste Veranlassung, daß die Nonnen zu Bischoferode und ihre Schutzherren die Grafen von Honstein die Versetzung des „noch nicht eingeweihten" Klosters von Bischoferode vor die Stadt Nordhausen betrieben. Am 6. Mai 1294 bewilligte der Stiftspropst Elger zu Nordhausen, der Grafen Dietrich und Heinrich von Honstein Bruder, als Patron der Marienkirche im Altendorfe den Nonnen des S. Nicolausklosters in Bischoferode die Verpflanzung ihrer Anstalt, welche an ihrer jetzigen Stelle so unsicher und den feindlichen Angriffen ausgesetzt liege, in die Nähe der Kirche der heil. Jungfrau im Altendorfe außerhalb der Stadtmauern von Nordhausen, mit Vorbehalt der Rechte des jetzigen Pfarrers dieser Kirche. Damit aber dadurch seine Propstei nicht verringert, sondern vielmehr verbessert werde, soll der jedesmalige Propst des Stifts zum heil. Kreuz den Nonnen des Klosters einen Propst wählen und präsentiren, und sie müssen denselben annehmen, wenn er sich zum Propste eignet. Ist die Stelle eines Stiftspropstes bei einer solchen Wahl gerade erledigt, so sollen der Dechant und die zwei ältesten Domherrn (**seniores de capitulo**) die Wahl vornehmen. Zum Besten der Stiftskirche soll der Propst des Klosters seine Woche halten oder durch einen Andern vom Convent, als einen Canonicus oder Priester, halten lassen, auch an Festen oder Prozessionen des Stifts Theil nehmen, doch nicht als ob er deshalb ein Canonicus der Stiftskirche sei oder ein Recht an dieser Kirche habe. Da auch die Stiftskirche einige Höfe und Besitzungen bei dem Kirchhofe der Pfarrei im Altendorfe hat, ohne welche die Nonnen keine Gebäude oder Wohnungen daselbst haben können, auch wenige Hufen und Höfe (mansi et curiae) in Nordhausen sind, an welchen nicht die Kirche zum heil. Kreuz ein Recht habe, so soll das Kloster keine Besitzungen hier erwerben können ohne Zustimmung des Propsts und Kapitels zum heil. Kreuz. Auch in Beziehung auf Läuten, Predigen, Ablaß und Festfeier soll das Kloster sich so halten, daß es dem Stifte nicht schade. Jeder neugewählte Propst des Klosters soll auf das Evangelium der Kirche zum heil. Kreuz als Mutterkirche Treue schwören. Unter den Zeugen der Urkunde befinden sich der Bischof Volrad mit dem Propste, Dechant und Scholaster von Halberstadt, der Abt von Ilfeld und die Grafen Dietrich und Heinrich von Honstein. — Am 28. Jul. desselben Jahres 1294 zu Erfurt bestätigte Reinhold von Beringen (Reinoldus de Beringen) als erzbischöflich mainzischer Executor der Verpflanzung des Klosters von Bischoferode hieher jenen Vertrag des nordhäusischen Propstes Eiliger mit den bischoferöder Nonnen und genehmigte des Klosters Versetzung. Auch hier erschienen unter den Zeugen die Grafen Dietrich und Heinrich von Honstein. — Beide Urkunden giebt Lesser S. 197—202 sehr ungenau. Auf Bitten des Propstes zum heil. Kreuze Petrus Kalde bestätigte dieselben Kaiser Sigismund zu Prag am 16. Dec. 1436. — — Das Kloster muß 1483 ziemlich baufällig gewesen sein, da am 23. Apr. d. J. der Convent ein Bittschreiben ausstellte zu einer Sammlung, um die nöthigen Bauten vorzunehmen. — Nach dem Bauernkriege 1525 wurde auch dieses Kloster säcularisirt. Schon 1523 hatte es die Schärfmühle und die Rothleimmühle („die Mühle am rothen Leimen"), welche zu seinen Besitzungen gehörten, dem Rathe überlassen. — Schon ehe das Kloster nach Nordhausen verlegt wurde, hatte dasselbe Besitzungen erworben, welche darauf noch ansehnlich vermehrt wurden, wie aus seinen Urkunden hervorgeht, von denen noch mehr als 100 erhalten sind. Darunter sind an päpstlichen Bullen von P. Innocenz IV. mehrere (1251), 1 von P. Clemens IV. (1265, zur Wiederherstellung des abgebrannten Klosters Ersatzgelder in der Diöces Mainz bewilligend), 1 von P. Honorius IV. (1285), 1 von P. Innocenz VI. (1353), auch 1 von P. Nicolaus V. (1453), mehrere bischöfliche Ablaßbriefe (u. a. von Erzb. Petrus von Mainz 1318), Schenkungs- und Bestätigungsurkunden der Grafen von Honstein, von Beichlingen (Lohra), von Kirchberg, von Gleichen, von Stolberg u. A. — Zu den ältesten Besitzungen gehören die zu Schate und zu Hor- und Tunnwerther (Kl. u. Gr. W.). Auch die Pfarrei Schate wurde dem Kloster incorporirt (1340) und in dasselbe übergetragen (1355). Zu ausführlichern Mittheilungen fehlt hier der Raum.

Ursprünglich und an ihrem ersten Sitze hieß diese Stiftung das Kloster des Nicolausberges (ecclesia montis s. Nicolai) bei Bischoferode, dann das Kloster des heil. Nicolaus, auch der heil. Katharina und Barbara, später aber meistens U. L. F. (Marien-)Kloster im Altendorf bei N. — Pröpste desselben waren: Hermannus 1268. 70 („fundator noster et prepositus"). 72. 73. — Reinholdus 1305. 12. — Conradus 1319. 24. 28. — Hermannus 1330. 32. 33. — Heyso 1336 (= Henricus 1339). — Johannes 1342. 45. 44. 47. — Alexander (Sander) 1348. 49. 50. 60. — Eckehardus 1355. — Marcus 1361. 63. 64. 65. — Heinrich (vom Altendorfe) 1367. 70. — Heinrich Eytze 1393. — (Albrecht Keyser 1397, vielleicht Propst am Frauenberge.) — Thilo (von Tettenborn) 1400. 3. — (Johann Böttcher, „Vormund" 1401.) — Livinus 1410. 13. — (Hans unter dem Baume, Vormund an Propstes Statt 1430? 1442 Vorsteher des Gotteshauses am Frauenberge, s. oben.) — Kersten (Christian) Schlegel 1441 (= Schleyer 1452?) — (Johann Stuler — Sellator — 1446 divinorum rector. — Heinrich Gutmann 1458. — Cyriacus 1470. — Heinrich Preuße (Prusse) 1483. — Johann Gunderam 1488. — Johann Eichenau 1504. — Levin Salzmann 1523. — Aebtissinnen: Adelheidis 1270. 72. 73. — Edelindis 1319. — Mechtildis 1323. — Bertradis 1328. — Adelheidis 1329. — Christina 1359. — Adelheid 1363. — Richmund 1367. — Ostirhild 1378. 93. — Lale Werter 1401. — Lale (Tabes) 1403. 4. — Elisabeth von Bula oder Bila („Elisabeth von Bula von Gottesgenaden") 1413. 30. — Katharina Knyling 1441 (= Käthe Keylings? 1445. 52. — Margaretha Hemelspys (?Hemelstoß?) 1455. — Agnes Rustenbergs (auch „von Rusteberg") 1458. 65. — (Katharina Rustebergs 1463?) — Elisabeth Radenbergs 1469. — ..... Kunemundis 1470. — Lale (Lola) Albrechts 1483. 88. — Adelheid (Alheyt) von Minnigerode 1494. — Elisabeth (Else) Truten 1523, Truthen 1525. — — Priorissinnen: Margaretha 1323. — Christina 1367. — Hedwig 1378. — Hesa 1393. — Peppe vom Rade 1401. — Else von Bula 1404. 7. — Jutta (Duderstadt) 1413. — Thela Traibote 1430. — Else Dymerods 1441. 52. — Margaretha Breitenworbis 1455. — Elisabeth Rodenbecks 1463. 65. — Katharina Schmid („Smedes") 1469. — Katharina von Heringen 1476. 83. 88. — Katharina Waßmund („Waßmundes") 1494. — Elisabeth Wahl („Else Walinn", auch „Walan" 1501. 11. 23. 25. — — Küsterinnen: Thela Kelbra 1430. 41. 45. — Elisabeth Dymerod 1470. — Hedwig Steinecke 1483. 88. — Else Walin 1494. — Ueber Vicare an den zahlreichen Altären s. oben.

Die Aegidienkapelle lag an und über dem ehemaligen Altenthore, welches später und noch jetzt das Barfüßerthor genannt wird. Bereits im Jahre 1299 schloß der Rath einen (neuen) Tauschvertrag, indem er für Hofplätze und Gebäude der Aegidienkapelle außerhalb des Thores, deren er zur Befestigung der Stadt durch Gräben und Werke bedurft hatte, der Kapelle zwei Höfe (curias, Häuser mit Höfen) in der Neustadt überließ, in deren einem der Bäcker Hildebrand, in dem andern der Wagner Franklin wohnte, mit allen Rechten, welche die Stadt daran hatte. Die zwei Höfe auf dem „Kaiserhofe", worin Hermann Schütze (Sagittarius) und Grete, Henning Schütz's Wittwe wohnen, welche der Rath früher (quondam) in diesem Tausche gegeben hatte, nahm er dagegen zurück. — Die Söhne des nordhäusischen Bürgers Heinrich Rothe (Rufus) Gottfried und Heinrich hatten diese Kapelle dem Abte von Walkenried gegeben, welcher (Abt Luther, Luderus) dieselbe am 13. Aug. 1315 mit allen Rechten an die Söhne des Hermann Kahle (Calvus) Werner und Hermann, auch Heinrich und Hermann übertrug, und darauf verzichtete, um mit dem Rathe der Stadt Friede zu halten, der jene wegen dieser Schenkung belästigte (s. Urk. bei Lesser S. 206). Am 16. März 1317 zu Prag bestätigte der Erzb. Petrus von Mainz die von dem Official zu Jechaburg bereits genehmigte Begabung derselben Kapelle durch Gertrud, die Wittwe von Herm. Kahle und deren Söhne den Geistlichen Hermann, Werner, Heinrich und Hermann. — Am 30. Nov. 1322 übereigneten die Grafen Heinrich und Dietrich von Honstein, Brüder, derselben Kapelle (dem Kaplan Hermann Kahle und seinen Nachfolgern) 3 Hufen zu Tütcherode, welche der Lehnsträger Ritter Burchard von Aschazerode ihnen aufgelassen hatte. — Am 13. März 1339 verkaufte der Johanniterorden (der Ordensmeister Bertold von Henneberg und der Convent zu Weißensee) demselben Kaplan und seinen Nachfolgern eine Hufe zu Topstädt für 8 Mark Silber. Derselbe Vicarius Hermann Kahle hatte auch 1348 (den Erbzins 2c. von) 2 Hufen zu Külstädt für die Kapelle gekauft, wovon er und seine Nachfolger jährlich 1 nordhäus. Marktscheffel Weizen, 1 Roggen, 2 Gerste und 2 Hafer empfingen. Er belehnte mit diesen 2 Hufen die Brüder Dietr. und Siegfr. von Külstedt. — Am 4. Mai 1398 überließ der Canonicus Werner Kahle sein erbliches Patronat an dieser Kapelle seinem nächsten Verwandten Heiso von Hainrode („Helenrode, Heigenrode") zu Sondershausen, welche Ueberlassung der Erzbischof Johann von Mainz 1399 bestätigte, darauf auch Papst Bonifacius IX. am 17. März 1401. — Im Jahre 1437 wurde die Aegidienkapelle mit der Kapelle des Hospitals S. Elisabeth verbunden, wie wir oben sahen; doch auch nach dieser Vereinigung mit der Kapelle S. Elisabeth war ein besonderer Vicarius S. Aegidii in der letztern, so 1494. 95. 97.

Die Oberstadt (intra muros) wurde seit dem Anfange des 14. bis zum Anfange des 19. Jahrhunderts in vier Viertel getheilt, das Neuwegs-, das Töpfer-, das Rauten- und das Altendorfs-Viertel (1310: quartale novae viae, q. valvae lutifigulorum, q. valvae dyabolorum, q. antiquae valvae, nach den vier Thoren der Oberstadt). Die Plätze, Straßen und Gassen der Oberstadt sind: der Markt mit dessen Theilen (dem Steinwege und Gemüsemarkte, dem Fleischmarkte, dem Töpfermarkte, auch nach dem Königshofe zu dem Holzmarkte), der „Krämern" („in den Krämern"), die Schmeergasse, die Engelsburg, die Kranichstraße, der Kornmarkt, die Schuhgasse, die Kohlgasse, die Rautenstraße, die Gieckersgasse (Neue Straße im 18. Jahrhundert genannt, nach dem Durchbruche der Stadtmauer und Eröffnung des Zugangs vom Neustädter Kirchhofe), die Jüdengasse (-straße), die Predigerstraße („hinter den Predigern", vom ehemaligen Dominicanerkloster so genannt), die Schulgasse und der Schulhof (Sack), der Königshof, die Ritterstraße, vor dem Neuen Wege (seit dem 18. Jahrhundert die Waisenhausstraße), die Pfaffengasse, vor der Wassertreppe, die Bäckerstraße, die Gumbertsstraße („Gumbrechtis-Gasse", — in neuerer Zeit oft Jungfergasse genannt), die Domstraße („im Dome"), hinter dem Dome (wo jetzt die Logengebäude der Freimaurer „zur gekrönten Unschuld", die Silbergasse, doch ist dieser Name jetzt nicht mehr gebräuchlich), die Barfüßerstraße („vor den Barfüßern"), hinter S. Georgen, hinter S. Blasii, die Eselsgasse, S. Blasii Kirchhof, der Pferdemarkt (daselbst jetzt die Synagoge), auf oder vor dem Hagen, die Sackgasse, die Hagenstraße, die Töpferhagenstraße, die Töpferstraße („der Töpfern", sonst „vor den Töpfern"), die Hundgasse, der Petersberg, die Weberstraße (daselbst jetzt das Gefangenhaus), hinter der Mauer, hinter der (Peters-) Kirche, die Schlunztreppe, vor dem Töpferthore*) (wo jetzt auch die Realschule und die Bürgerschule auf dem Friedrich-Wilhelmsplatze). — — In der Neustadt sind: vor dem Vogel (die Vogelstraße, sonst „vor dem Naren"), die Neustadt (-straße), die obere und die untere Kirchgasse und der Neustädter Kirchhof, der Sand (die Sandstraße), die Rodegasse, der Lohmarkt, die Flickengasse (Flickenstraße, seit 1849 durch eine fahrbare Straße verbunden mit der Straße:) „unter den Weiden", der (eine) Neue Weg, die Johannisgasse, der Steinberg (sonst die Steingasse), die Kutteltreppe; — am Frauenberge: die Hütersgasse, die Frauenbergsstraße (der Frauenberg, sonst die Stiegel), die Lichtengasse, der Plan, die Bielengasse, vor dem Bielenthore (jetzt die Sangerhäuserstraße), die Wassergasse, der Backsberg (Backhausberg), die Schafgasse, der Klosterhof, der Schackenhof, der Rumbach, die Mühlgasse (dabei das Badergäßchen, ein enger Durchgang); — im Altendorfe: die Reidecke, hinter S. Elisabeth, der Plan, das Altendorf (die Altendorfstraße, — der Name Rumbach für einen Theil derselben ist nicht mehr gebräuchlich —), die Rosengasse, die Widdigsburg, der Entenpfuhl, die Scherfgasse, der Kunsthof, die Kirchgasse, auf dem Kreuzen; — im Grimmel: der (andere) Neue Weg, der Grimmel (Grimmelstraße), der Mühlhof, die Wassertreppe, die Schafgasse, am Wasser, unter der Johannistreppe. — Außer der Johannistreppe führen auch die Wassertreppe und die Kutteltreppe (wie die Schlunztreppe), so auch der Neue Weg ziemlich steil in die Höhe, wodurch die Stadt von dieser (West-) Seite fester wurde.

Die Oberstadt war nicht nur durch Gräben und Wälle, durch doppelte Mauern und zahlreiche Thürme, vier feste Thore und zwei starke Pforten ringsum geschützt, sondern auch die Straßen wurden in ältern Zeiten bei Kriegsgefahr mit starken Ketten gesperrt. Dieselben waren auch wohl absichtlich gleich anfangs meistens krumm und mit ein- und ausspringenden Winkeln angelegt. Die Vorstädte (welche sich ehedem durchaus nicht so eng an die Oberstadt anschlossen), die Neustadt und der Grimmel waren durch nasse Gräben (Teiche), zum Theil durch eine Mauer gegen den ersten Anlauf gesichert. Den Frauenberg umschlossen eigene Gräben und Mauern. — — Verzeichnisse der Festungsthürme an den Ringmauern der „alten Stadt" und überhaupt der durch Bürger zu besetzenden Posten geben diese in den Jahren 1491 und 1499 so an: 1) „Kotelpforte", 2) Neuwegsthor, 3) Wasserpforte, 4) „die Rosen", 5) Altenthor (d. i. Barfüßerthor), 6) der erste Thurm, 7) der andere Thurm, 8) Schützenthurm, 9) darnächst, 10) hinter dem Marstalle, 11) hinter „Hoschinroden", 12) hinter Zengen, 13) hinter Furer, 14) hinter Ildohusen, 15) hinter dem „Forwerg", 16) darnächst, 17) Töpferthor, 18) das krumme Töpferthor, 19) erster Thurm darnach, 20) der Webergasse gegenüber, 21) darnächst, 22) Petersthurm,

23) darnächst, 24) hinter Ehre Dietrich, 25) und 26) 2 Thürme (unbesetzt wegen des Thurms auf dem Judenkirchhofe), 27) das „innerste Rutenthor", 28) das krumme Rautenthor, 29) auf dem Judenkirchhofe, 30) Frauenbergsstiegel, 31) Bielenthor, dessen Besatzung auch für 32) das Thor „zu alden Northusen" sorgen soll, 33) das „Klutterhus", 34) äußerstes Sundhäuserthor, 35) Thor am Spital, 36) und 37) innerstes Sundhäuserthor und Thor vor dem Frauenberge „vacant", 38—42) erster bis fünfter Burgfriede („Borgfrieden", auch „Bergfrieden"), 43) äußerstes Siechenthor, 44) Thor „an Richen Huse", 45) Wasserthor, 46) zu den „Buchsen" (Geschützen) in der Neustadt vor dem Aaren, 47) Burgfriede Knochenhauerwache, 48) andrer Burgfriede, 49) Grimmelthor, 50) Wasserthor, 51) Altenthor bei dem Klosterhofe, 52) Wasserthor, 53) Krugthor (so genannt auch 1540). — — Im Jahre 1540 lag der vierte Thurm nach dem Thurme hinter dem Marstalle (der zweite vor dem ersten Töpferthore) hinter dem Hause des Bürgermeisters Michael Meienburg (wo jetzt das Rosenthalsche Haus steht, Nr. 103 in der Hagenstraße).

Fünftes Kapitel.

Von den Privilegien (Kaiserurkunden rc.) der Stadt.

Nur die ältern und wichtigern kaiserlichen und königlichen rc. Urkunden können hier Berücksichtigung finden; von den seit dem 15. Jahrhundert sehr zahlreichen königlichen und kaiserlichen Schreiben, Mandaten, Vorladungen und Einladungen, Quittungen u. s. w. können nur einige beiläufig erwähnt werden, so auch die Erlasse und Erkenntnisse des königlichen und kaiserlichen Hofgerichts und Kammergerichts seit dem 15. Jahrhundert. Lächerlich ist die bereits erwähnte Nachricht bei Beckenstein (s. oben Buch 1, Kap. 2), daß der Hunnenkönig Attila (nicht etwa bloß der Kaiser Theodosius und der König Merwig) die Stadt Nordhausen mit Privilegien begnadigt habe, und dennoch wird diese Nachricht noch im Jahre 1856 in dem Adreßbuche von Nordhausen nach den thüringischen Historien von Olearius wiederholt. — — Die oben angeführten königlichen und kaiserlichen Urkunden vom 10. bis zum 12. Jahrhunderte, welche sich auf Nordhausen beziehen, sind keine Privilegienbriefe für die Stadt. Von großer Wichtigkeit auch für die Ausbildung des städtischen Gemeinwesens waren die schon besprochenen Urkunden Kaiser Friedrichs II. und seines Sohnes von 1220 und 1223, auch von 1234 und 1237. In meiner Urkundl. Geschichte von Nordhausen und dem Nachtrag dazu sind außerdem 32 königliche und kaiserliche Urkunden und Majestätsbriefe von 1253 bis 1391, fast alle aus den Originalen im Stadtarchiv, abgedruckt, auf welche vollständigen Abdrücke ich hier verweise.

Das erste eigentliche Privilegium für die Stadt ist von König Wilhelm gegeben zu Leiden am 21. Aug. 1253. Der König bestätigt dadurch auf Bitten des Grafen Heinrich von Anhalt,

Fürsten von Ascharien, alle Rechte und Freiheiten, welche die Bürger von Nordhausen von seinen Vorfahren am Reich erhalten haben, ohne nähere Bezeichnung solcher Freiheiten und Rechte. — — Durch eine zu Erfurt am 15. Juli 1267 ausgestellte Urkunde, welche ziemlich gut abgedruckt ist in Avrmanns Sylloge ꝛc. S. 302 bekennt und erneuert der Landgraf Albrecht von Thüringen, Pfalzgraf von Sachsen, den Bürgern von Nordhausen die Gunst, welche sie von alter Zeit von den Kaisern und Königen hatten, daß nämlich dieselben außerhalb der Mauern von Nordhausen keinem Kläger antworten sollen, wenn nicht diesem in der Stadt Nordhausen das Recht verweigert ist; in dem letztern Falle aber sollen sie vor dem (thüringischen) Landgerichte antworten (coram nobis in provinciali placito respondebunt). — Ein Specialprivilegium desselben Landgrafen für das Kloster Neuwerk vom 1. April 1277 ist oben (Kap. 4) erwähnt.

Höchst wichtig ist das umfassende Privilegium König Rudolfs I. vom 1. Nov. 1290. An diesem Tage seiner Abreise von Erfurt und aus Thüringen, wo er sich seit dem 14. Nov. 1289 aufgehalten hatte, um Ruhe und Ordnung herzustellen, bestätigt der König in einem Majestätsbriefe alle von den Rathmannen der Stadt Nordhausen gemachten nützlichen Statute; ferner will er, daß die hiesigen Richter [der Reichsschultheiß und Vogt] die Stadt ihres hergebrachten Rechts genießen lassen, gestattet, daß die Bürger reichslehnbare Güter erwerben, unter der Bedingung, daß sie solche forthin vom Reiche tragen, will auch, daß Bürger, die ihr Landrecht gewonnen haben, Lehen von den Herren tragen mögen, dann, daß kein Bürger außerhalb der Stadt vor das Landgericht geladen werde, wenn ihm nicht in der Stadt das Recht verweigert wurde, ferner daß, wenn einer um einer Sache willen nicht in die Stadt zu kommen wagt, der Rath und die Richter ihm sicheres Geleit geben können und sollen, bis ihm Recht wird, auch daß, wenn die Stadt Nordhausen einen Rechtshandel hat, zwei Syndici oder Anwalte (procuratores) aus dem Rathe die Gemeinde zu Recht vertreten können, auch daß, wenn jemand sich in die Stadt begeben hat als Bürger und daselbst 1 Jahr und 6 Wochen unangesprochen geblieben ist, denselben niemand mehr fordern darf, da das auch andern Reichsstädten vergönnt ist, daß alle Güter, welche Zins oder Schoß zu zahlen pflegen, an welche Besitzer sie auch kommen mögen, Schoß oder Zins zahlen, oder Hülfe leisten der Stadt, mit Ausnahme der Häuser und Höfe, welche geistliche Ordenspersonen (religiosi) bewohnen, welche seine Vorfahren am Reiche besonders befreit haben, oder welche noch künftig von ihm aus besondrer Gunst befreit werden, daß niemand ohne seinen und seiner Nachfolger und der Bürger in Nordhausen Willen und Zustimmung daselbst Güter erwerben darf, daß alle welches Standes sie sein mögen die Einmüthigkeit (unanimitatem) in und außer den Mauern bewahren sollen, die den Bürgern nützlich zu sein scheint, endlich daß alle, welche freie Geschäfte (negationes indebitas) treiben, dasselbe thun für das Reich (pro imperio), wie andre solches thun. — — Wichtig sind auch zwei Urkunden Rudolfs I., bei Böhmer Reg. Rud. 409 und 504, gegeben zu Wien am 27. Sept. 1277 und am 9. Sept. 1279 (nach Riedels Cod. dipl. Brandenb. 2. Hptth. Bd. 1, S. 141 im

Jahre 1280). Durch die erste überträgt König Rudolf den Herzögen Albrecht von Sachsen und Albrecht von Braunschweig die Regierung von Lübeck, Goslar, Mühlhausen und Nordhausen und aller Reichsbesitzungen in Sachsen, Thüringen und Slavien, und durch die zweite verkündigt er, daß er dem Herzoge Albrecht von Sachsen und den Markgrafen Johann, Otto und Konrad von Brandenburg alle Rechte und Besitzungen des Reichs in Sachsen und Thüringen, welche weiland Herzog Albrecht von Sachsen in seinem (des Königs) Auftrage zugleich mit der Stadt Lübeck in Pflege hatte, zur Verwaltung übergeben habe, mit der besondern Bestimmung, die alienirten Reichsgüter zu vindiciren; die betreffenden Reichsangehörigen ermahnt er zum Gehorsam gegen jene ihre Pfleger. — Diese zwei Urkunden zeigen, daß jene genannten Fürsten auch zu Schutzherren der Reichsstadt Nordhausen eingesetzt waren. Später finden wir meistens nur die Herzöge (und Kurfürsten) von Sachsen (als Landgrafen von Thüringen) in dieser Stellung als Pfleger und Schutzherren, auch im Besitze des Reichsschultheißen- und Vogteiamts.

Auf dem Reichstage zu Würzburg am 29. März 1287 hatte König Rudolf die Stadt Nordhausen aller Rechte und Freiheiten verlustig erklärt (s. Lichnowsky, Reg. 1, 185 nach Böhmers Kaiserreg. Rud. 915); doch schon am 28. Jan. 1290 zu Erfurt giebt er allen Groll auf, den er gegen die Bürger von Nordhausen, insbesondere wegen der Zerstörung der Reichsburg (s. oben Kap. 4) gefaßt hatte, nimmt sie wieder zu Gnaden an und bestätigt ihre Privilegien. — Am 13. April desselben Jahres 1290 befiehlt er dem Schultheißen, dem Rathe und den Bürgern zu Nordhausen, die Steuerfreiheit (von einem Hofe, curia) der erhabenen Frau Adelheid Barte, der Tochter derselben und ihrer Erben zu achten. — Am 26. Oct. dess. J. bestätigt er den gestrengen Dietrich und Friedrich von Ober-Salza den Besitz ihrer Reichslehen. — Am 30. Oct. dess. J. befreit er die Bürger zu Nordhausen von Martini an auf zwei Jahr von allen Steuern und Abgaben und stellt die ihm zu leistenden Dienste der Juden, welche in der Stadt Nordhausen wohnen, in der Bürger Willkühr, so auch der Juden, welche etwa in jener Zeit der Befreiung in die Stadt kommen.

König Adolf bestätigte zu Zürich (Thuregi, nicht zu Thüringenhausen, wie Lesser meint) am 11. Jan. 1293 dem Rathe und den Bürgern von Nordhausen die von seinen Vorfahren am Reiche ihnen ertheilten Privilegien. — Am 4. Oct. 1294 zu Mittelhausen verpfändete König Adolf Nordhausen für 2000 Mark an den Landgrafen Albrecht von Thüringen (s. unten Buch 3, Kap. 4). — In den ersten Tagen des Jahres 1295 war König Adolf persönlich in Nordhausen (s. Buch 2, Kap. 3).

König Albrechts Majestätsbrief vom 3. Juli 1306, gegeben zu Fulda, enthält auch bloß die allgemeine Bestätigung der von seinen Vorfahren am Reiche den Bürgern von Nordhausen gegebenen Privilegien, Freiheiten, Schenkungen, Bewilligungen, Begnadigungen und Rechte. — Eine die Reichsburg zu Nordhausen betreffende Urkunde des Königs Albrecht, ausgestellt zu Naumburg am 11. Aug. 1307, ist bereits oben Kap. 4 erwähnt worden. — Durch eine Urkunde zu Pisa am 6. Juli 1313 bestellt Kaiser Heinrich VII. den brandenburgischen Markgrafen Heinrich von

Landsberg zum Richter und Vertheidiger der Nordhäuser gegen ihre Feinde, die Herren von Hakeborn, Schraplau, Querfurt, Nebra und Morungen (s. unten Buch 3, Kap. 4).

Von König Ludwig dem Baier sind zunächst zu bemerken zwei im Jahre 1323 zu Nürnberg gegebene Majestätsbriefe. Der erste vom 24. April enthält die gewöhnliche allgemeine Bestätigung der Rechte, Privilegien, Vergünstigungen, Freiheiten und Gewohnheiten (Herkommen, consuetudines) der Bürger unsrer Stadt. Der zweite vom 2. Mai sollte Nordhausen von geistlicher Gerichtsbarkeit in nicht geistlichen Dingen befreien. Außer diesen beiden Urkunden verzeichne ich hier noch 8 in der Urkundl. Geschichte von Nordhs. mitgetheilte und nachgewiesene, auch noch einige andre Urkunden desselben Königs (und Kaisers). Am 7. Mai 1323 zu Nürnberg (bei der Verlobung seiner jungen Tochter Mechtild) verspricht König Ludwig seinem (künftigen) Eidam dem Markgrafen Friedrich (dem Ernsthaften) von Meißen, Landgrafen von Thüringen, als Brautschatz und Heimsteuer 10000 Mark Silber und verpfändet demselben dafür die Reichsstädte Mühlhausen und Nordhausen. — Am 9. Aug. 1323 zu Arnstadt erklärt König Ludwig sich für befriedigt wegen seiner Forderungen bis zu diesem Tage an die Bürger von Nordhausen, behält sich aber die Juden der Stadt als Kammerknechte vor. — Am 21. August 1323 zu Arnstadt verpfändet derselbe den Grafen Heinrich von Schwarzburg, Heinrich von Honstein, Burchard von Mansfeld und Konrad von Wernigerode für die Hälfte der ihm geliehenen 1000 Mark Silber das Schultheißenamt, die Münze, den Zoll und andre Rechte des Reiches zu Nordhausen, mit Ausnahme der Juden. — Acht Tage darauf, am 28. Aug. 1323, ebendaselbst wiederholt derselbe diese Verpfändung für 500 Mark an die genannten Grafen, indem die andern 500 der schuldigen 1000 Mark der Graf Bertold von Henneberg für ihn in der Mark Brandenburg ihnen sichern („berichten") soll; doch wenn er das nicht thäte, so soll er selbst dafür eintreten. Jene Rechte und Einkünfte sollen die Grafen haben, bis ihnen die 500 Mark wieder gezahlt sind von ihm oder seinen Nachfolgern am Reiche. — Am 11. Aug. 1327 zu Mailand gebietet König Ludwig den Städten Lübeck, Mühlhausen, Nordhausen, Goslar und Dortmund ihm zu seinem Römerzuge die schuldige Mannschaft zu schicken oder sich mit dem Grafen Bertold von Henneberg über eine entsprechende Summe abzufinden. — Am 17. Oct. 1327 befiehlt König Ludwig den Städten Mühlhausen und Nordhausen dem Markgrafen Friedrich von Meißen, Landgrafen von Thüringen, zu huldigen. — Am 1. Juli 1329 zu Pavia mahnt der König die Stadt Nordhausen (ebenso die Stadt Mühlhausen) ab von ihrer Widersetzlichkeit gegen seinen Eidam den Markgrafen Friedrich wegen ihrer Verpfändung. — Am 4. Juli 1329 bestätigt derselbe dem Markgrafen Friedrich nochmals jene Verpfändung von Mühlhausen und Nordhausen für 10000 Mark Silber Heimsteuer. — Am 23. Dec. 1331 zu Frankfurt gebietet Kaiser Ludwig dem Schultheißen, dem Vogte, den Rathsmeistern, den Rathmännern und der gesammten Bürgerschaft der Stadt Nordhausen wiederholend und bei dem Verluste ihrer Privilegien, Lehen und Güter, die Welt- und Ordensgeistlichen ihrer Stadt anzuhalten, dem Erzbischof Balduin von Trier als Pfleger und Schützer der Mainzer Kirche und dessen Kommissarien zu gehorchen; die widerspenstigen aber nicht länger zu hegen, sondern aus der Stadt, den Vorstädten und dem Stadtgebiete auszutreiben. — Am 26. März 1333 zu Passau bestätigt derselbe Kaiser den Vertrag, welchen sein Eidam Markgraf Friedrich von Meißen mit den nordhäusischen Bürgern geschlossen hat wegen der 3000 Mark Silber, die der Kaiser zu der Heimsteuer seiner Tochter dem Markgrafen auf die Stadt Nordhausen angewiesen hatte. Er spricht darauf die Bürger los von aller Ansprache und Forderung, die er und das Reich an die Stadt haben, bis auf den nächsten Walpurgistag und dann noch auf 11 Jahr. — Am 5. August 1336 auf dem Felde vor Kelheim ladet der Kaiser die von Nordhausen auf den Montag nach Mariä Himmelfahrt abermals zur Verantwortung vor, da sie gegen seinen Schreiber Meister Johann von Augsburg, durch welchen er sie zu Dienst und Hülfe in seinen und des Reiches Sachen aufgefordert hatte, auch wegen seiner Juden, die bei ihnen wohnten, die Hülfe verweigert und sich entschuldigt hatten mit eigener Noth und damit, daß sie schon einen Theil Gutes gegeben hätten. Er hatte auch seinen Schwager den Grafen Bertold von Henneberg beauftragt, mit ihnen zu reden und zu bedingen, daß sie zum Kaiser reiten und kommen sollten, was sie auch nicht thaten. Deshalb kündigt er ihnen bei fernerer Widersetzlichkeit die kaiserliche Acht an und den Verlust aller Privilegien und Freiheiten. — Am 10. März 1337 zu München befiehlt er dem Rathe und den Bürgern, die Mönche des Klosters Himmelgarten nicht zu hindern an ihrem Bau auf ihrer Hofestatt zu Nordhausen. — Am 24. Oct. 1337 zu München spricht er nach dem Rathe der Herren und Landleute die von Nordhausen los von allen seinen Forderungen, da sie sich in Buße und Besserung bis auf diesen Tag mit ihm gesetzt, und nimmt sie, ihren Leib und ihr Gut in seine Gnade, Huld und Schirm. Besonders spricht er sie für sich und seine Nachkommen los von allen Forderungen, die er im Namen des Reiches wegen der bei ihnen wohnenden Juden an sie hatte. — In einem Schreiben ohne Jahrzahl, gegeben zu Würzburg acht Tage nach Pfingsten*), zeigt Kaiser Ludwig den Nordhausern seine Entscheidungen an in der Streitsache der Stadt mit den Grafen von Honstein, daß nämlich die Stadt Nordhausen ihre Rechte wie andre Reichsstädte behalte, doch ebenso die Grafen ihre Rechte, die sie beweisen mögen. — Am 31. Mai 1342 zu Nürnberg bestellt derselbe den Markgrafen Friedrich von Meißen, Landgrafen von Thüringen, zum Schutzherrn („Vogt und Pfleger") der Städte Mühlhausen, Nordhausen und Goslar in seiner Abwesenheit.

Die zahlreichen Urkunden des Königs (Kaisers) Karl IV. für Nordhausen zeigen nicht blos den wohlwollenden Sinn Karls für die Reichsstädte, sondern wohl zunächst, daß derselbe Geld bedurfte und gern Geld auf diese Weise sich erwarb: diese königlichen Briefe kosteten der Stadt ansehnliche Summen. In meiner Urkundl. Geschichte von Nordhausen stehen allein 14 solcher Majestatsbriefe dieses Kaisers. In dem ersten derselben vom 10. Aug. 1349 zu Köln, in einem deutschen und einem lateinischen Exemplar, bestätigt König Karl die alten Rechte und Privilegien von

*) 1342, 26. Mai? — vielleicht richtiger 1343, 8. Juni.

Nordhausen und fügt neue hinzu, nämlich daß die Bürger und ihre Diener die Feinde und Uebelthäter der Stadt ungehindert greifen und gefangen nehmen können, in welches Herrn Lande und Gebiete das wäre. 2) Wenn sie einem römischen Könige gehuldigt und geschworen haben, sollen sie dadurch zugleich mit allen Reichslehen, die sie haben, beliehen sein. 3) Wenn wegen einer Sache oder wegen eines Urtheils vor dem weltlichen Gerichte zu Nordhausen oder wegen des Zolles in der Stadt ein Irrthum oder Zweifel entstünde, so soll gelten, was die Rathsmeister und der Rath der Stadt darüber auf ihren Eid entscheiden. 4) Sie sollen in ihrem Gebiete neue Häuser bauen dürfen, wie es ihnen nützlich ist, ohne jemandes Schaden. — Wer sie in diesen Dingen hindert und daran frevelt, soll in die königliche Ungnade und eine Strafe von 50 Mark Goldes, halb an die königliche Kammer und halb an die Stadt, verfallen sein. — Am 22. Juli 1350 zu Prag überweis't König Karl die Güter der in der großen Judenverfolgung (1349) verderbten Juden, seiner Kammerknechte, in Nordhausen, welche Güter er dem Grafen Heinrich von Honstein Herrn zu Sondershausen gegeben hatte, nachdem sich der Rath und die Bürger darüber mit seiner Erlaubniß mit dem Grafen geeinigt hatten, an die Bürger der Stadt, und befiehlt allen geistlichen und weltlichen Fürsten, Grafen, Herren, Rittern, Knechten und Bürgern, wenn etwa von den Nordhäuser Juden noch welche lebten und zu ihnen kämen oder bei ihnen wohnen wollten, die Bürger von Nordhausen wegen jenes Judenguts, von welcher Art das sei, nicht anzusprechen und die Juden nicht zu vertheidigen: auch gerichtliche Urtheile zu Gunsten der Juden sollen in dieser Hinsicht nicht gelten u. s. w. — Am 12. März 1354 zu Luxemburg befahl König Karl dem Rathe zu Nordhausen, mit dem Rathe von Erfurt die Zwietracht und den Krieg zwischen dem Grafen Heinrich von Honstein Herrn zu Sondershausen und den Bürgern der Stadt Mühlhausen beizulegen, weshalb er die Acht, in welche die Bürger von Mühlhausen gefallen sind, bis zum Ausgange der Pfingstwoche aufschiebt, bis zu welcher Zeit der Graf und die Mühlhäuser vor dem Rathe und den Bürgern der beiden Städte Erfurt und Nordhausen erscheinen und einen Vergleich nach der Entscheidung der Städte annehmen sollen: käme aber der Vergleich nicht zu Stande, so sollen die Mühlhäuser wieder in die Acht verfallen sein, und der König will sich des Grafen gegen die Bürger von Mühlhausen zu Recht annehmen. — Am 8. Juli 1354 zu Sulzbach beurkundet König Karl, daß die Bürger der Reichsstadt Nordhausen, welche er für eine Summe Geldes an seinen Oheim den Markgrafen Friedrich von Meißen verpfändet hatte, sich mit 2000 Schock großer Prager Pfennige von demselben wieder losgekauft haben. Er verspricht auch für sich und seine Nachfolger, daß die Stadt nicht wieder vom Reiche verpfändet werden soll, daß sie auch frei sein soll von aller Hülfe, Dienst und Steuern, bis ihnen die 2000 Schock zurückgezahlt sind; doch wenn der König persönlich in Thüringen wäre und daselbst Krieg führte, so soll Nordhausen dabei helfen wie andre Reichsstädte. Endlich widerruft König Karl auch die frühere Verpfändung von Nordhausen an die Erben des Grafen Günther von Schwarzburg [am 26. und 31. Mai 1349 2c.] ausdrücklich, so wie jede andre Verpfändung der Stadt ungültig sein soll vor Rückzahlung der 2000 Schock.—

Am 10. Sept. 1354 im Felde vor Zürich begnadigt König Karl die Stadt Nordhausen 1) daß sie nie wieder vom Reiche verpfändet werden soll. 2) Niemand soll in Nordhausen ohne der Bürger Willen ein Gut kaufen, wovon des Reiches und der Stadt Nutzen gemindert würde. 3) Niemand soll einen Bürger für einen andern verhaften oder pfänden, sondern nur einen Selbstschuldiger. 4) Niemand soll die Bürger der Stadt vor einem fremden geistlichen oder weltlichen Gerichte verklagen; wer es thäte, soll in des Reiches Acht sein. 5) Die Bürger von Nordhausen sollen ihre Feinde und Aechter in den Städten und Besten der geistlichen oder weltlichen Fürsten, Grafen, Freien und andern Herren gerichtlich verfolgen, und wer ihnen dabei das Recht verweigert, soll sich gröblich gegen das Reich vergangen haben. — Am 4. April 1358 zu Prag, nun als Kaiser, bestätigt Karl IV. die Privilegien, Rechte, Freiheiten, gute Gewohnheit u. s. w. der Stadt Nordhausen: besonders sollen die, welche in der Stadt Kauf oder Gewerbe treiben wollen, Steuer und sonst leiden wie die Bürger daselbst: auch soll niemand in der Stadt Gut kaufen, wovon derselben bisher Dienste geleistet sind, als ein in der Stadt gesessener Bürger. Wer gegen diesen Begnadigungsbrief frevelt, fällt in eine Strafe von 50 Mark Goldes, halb an die kaiserliche Kammer und halb an die Stadt. — Vier Tage darauf, am 8. April 1358 zu Prag spricht Kaiser Karl den Rath und die Bürger von Nordhausen los von der Acht und nimmt sie wieder zu Gnaden an und in seinen und des Reiches Schirm: auch haben sie sich verglichen wegen des Dienstes, den sie ihm „über Berg gen Rom" (zum Römerzuge) hätten thun sollen, und wegen aller andern Sachen, die er gegen sie hatte, daß sie ihm dafür auf den nächsten Johannistag zu Erfurt 2500 kleine (Gold=) Gulden zahlen sollen. — Am 28. März 1368 zu Prag spricht Kaiser Karl die Nordhäuser abermals los von der Ungnade und Acht des Reiches, auch wegen der Hülfe, welche sie ihm auf seinem Römerzuge („unser vart gen lamparten") hätten leisten sollen, nachdem sie sich gütlich mit ihm gerichtet (d. h. eine Summe von 3500 Gulden zu zahlen gelobt) hatten. — In einer zweiten etwas ausführlichern Urkunde von demselben Tage hebt der Kaiser die Reichsacht gegen die Stadt Nordhausen auf und vernichtet alle gegen sie erlassene Briefe. — An demselben Tage erläßt der Kaiser noch andere wichtige Urkunden für unsre Stadt: 1) Er befiehlt die Aufhebung der neuen Zölle, Geleite und Mauten, durch welche einige Herren in Thüringen die Bürger von Nordhausen gröblich beschweren, bei Strafe von 50 Mark Goldes u. s. w. — 2) Er verbietet das Brauen und die Märkte 1 Meile um die Stadt Nordhausen. — 3) Er bestätigt den Bürgern von Nordhausen den Kauf des Berges Konstein [von den Herren von Salza, s. meine kl. Schriften S. 170 ff., vgl. S. 139 f.], da man vor alter Zeit Steine und Kalk gebrochen hat zur Besserung der Stadt, von Friedrich von Ober=Salza, der und dessen Eltern und Vorfahren diesen Berg vom Reiche (zu Lehn) hatten, und beleiht sie damit auf dieselbe Weise, wie Friedrich von O.=Salza und dessen Vorfahren den Berg besaßen: ferner erlaubt er ihnen, daß sie und jeder ihrer Bürger überhaupt Reichslehen kaufen dürfen innerhalb 3 Meilen um die Stadt. Wer dawider thut, fällt in eine Strafe von 50 Mark Goldes u. s. w. — 4) Er ertheilt den Bürgern von

Nordhausen die Erlaubniß, ihre Vorstädte zu bessern, zu umgraben und zu ummauern, zu erweitern und zu befestigen auf des Reichs Grund und Eigen, und verbietet, sie daran zu hindern bei einer Strafe von 50 Mark Goldes u. s. w. — Fünf Tage darauf, am 2. April 1368, befiehlt Kaiser Karl dem Rathe und den Bürgern von Nordhausen, daß sie von den 3500 (Gold-) Gulden, welche sie ihm geben sollen, den Grafen Heinrich und Günther von Schwarzburg zu Arnstadt unverzüglich zahlen sollen 2000 Gulden, worüber er dann quittirt.

Außer diesen Urkunden Karl's IV., deren Originale sich im Stadtarchiv befinden, hat dieser Kaiser noch eine Anzahl solcher Urkunden für die Stadt Nordhausen oder auf dieselbe sich beziehende erlassen. Mehrere derselben betreffen Verpfändung der Stadt. Am 21. Sept. 1348 zu Budissin verleiht K. Karl IV., da der Markgraf Friedrich von Meißen ihn als König anerkennt und vertheidigen will, demselben und dessen Erben noch besonders 4000 Schock großer Prager Pfennige und verpfändet dafür die Städte Nordhausen und Goslar. [Diese Verpfändung haben die Nordhäuser zu ihrem Theile mit 1000 Mark löth. Silber abgelöst, worüber die vier Söhne des verstorbenen Markgrafen unter Mittheilung jener königlichen Urkunde am 9. Nov. 1354 zu Gotha quittiren. Vgl. auch die oben angeführte Urkunde des Königs vom 8. Jul. 1354.] — — In dem am 26. Mai 1349 im Feldlager vor Eltvil mit dem auf die deutsche Königskrone verzichtenden Grafen Günther von Schwarzburg geschlossenen Vertrage hatte König Karl seinem bisherigen Gegner Günther und dessen Erben, auch dessen Schwägern den Grafen von Honstein 20000 Mark Silber zu zahlen gelobt und dafür unter andern Reichsgütern auch die Städte Gelnhausen, Nordhausen und Goslar nebst den Einkünften von Mühlhausen verpfändet. Durch eine Reihe von Urkunden vom 31. Mai 1349 (meistens im schwarzburgischen Gesammtarchiv zu Rudolstadt, zum Theil abgedruckt bei Jovius S. 356 ff.) zu Mainz befahl Karl den verpfändeten Städten, auch Nordhausen, den genannten Grafen zu einem rechten Pfande zu huldigen und gehorsam zu sein, forderte auch die Grafen Heinrich von Honstein zu Sondershausen, Konrad von Wernigerode, Bernhard von Reinstein, Heinrich von Stolberg und den Herzog Ernst von Braunschweig auf, nöthigenfalls die Städte dazu zu zwingen. — Jenen Befehl an Nordhausen wiederholte König Karl zu Mainz am 15. Juni 1349, also am Tage nach dem Tode des gewesenen Gegenkönigs Günther (rauch. Buch Bl. 83). Am 22. Jul. 1351 zu Prag befiehlt Karl IV. der Reichsstadt Nordhausen wegen jener Verpfändung an des verstorbenen Grafen Günther von Schwarzburg Sohn Heinrich und dessen Vormunde die Brüder Propst Heinrich zu Nordhausen und Dietrich, Ulrich und Bernhard Grafen von Honstein, sich darüber mit niemand anders zu berichten als mit den genannten Grafen, „daß sie uns zu danken haben, und euch der Pfandschaft ledig sagen und los, daß ihr fürbas ohne Anspruch bei uns dem Reiche bleiben möget“ (Jovius S. 359). — — Das Archiv zu Rudolstadt hat noch folgende hieher gehörige Urkunden: 1) Am 17. Juni 1356 zu Prag befiehlt Kaiser Karl dem Rathe und den Bürgern zu Nordhausen, den Grafen Heinrich und Günther von Schwarzburg keine Beschwerde zu machen (nullam inferatis molestiam) und dieselben vor

Beschwerden und Unfug (molestiis et injuriis) Anderer zu vertheidigen. — 2) Am 6. Jul. 1357 zu Prag befiehlt derselbe dem Grafen Heinrich von Schwarzburg, wenn die Städte Goslar und Nordhausen wegen der Dienste, welche sie dem Kaiser gegen „Lamparten" (nach der Lombardei) gethan haben sollten, sich mit ihm nicht „verrichten" und dieselben nicht thun wollten, sie dazu zu nöthigen, „und was du darum gegen sie thust, soll dir nicht schaden." — 3) Ueber eine Verhandlung mit dem Kaiser Karl IV., wahrscheinlich im März 1362, spricht eine zu Magdeburg am 5. Jan. 1364 ausgestellte Urkunde des Erzbischofs Dietrich von Magdeburg folgenden Inhalts: Es werden in den nächsten Fasten zwei Jahr, als die Grafen Heinrich von Schwarzburg Herr zu Arnstadt und Ulrich („Olman") von Honstein sein Oheim zu mir kamen und mich baten, daß ich ihnen „räten" möchte, daß ihnen der Kaiser für die Pfandschaft am Rheine „setzen" wollte die Stadt Nordhausen und dazu 4000 Mark. Der Kaiser, zu welchem ich deshalb mit ihnen ging, wies sie an mich, denn was ich daran thäte, sei auch sein Wille. Darauf in der Unterhandlung mit mir verlangten sie (statt der 4000) nur noch 2000 Mark, und als ich sagte, der Kaiser werde auch diese nicht bewilligen, baten sie mich, es noch einmal bei ihm zu versuchen. Aber der Kaiser war krank („wol unwertig"), und ich ersuchte sie zu warten, bis er wieder hergestellt wäre. Da sagte der Graf von Honstein: er hätte gehofft, daß der Kaiser ihm „gegulden" hätte, und habe darum so lange unterhandelt; es gebräche ihm nun an Zehrung, und er könnte nicht länger bleiben. Er gab also seinem Oheim dem Grafen von Schwarzburg Vollmacht: was dieser beidingete, sollte auch von seiner, seiner Brüder und Schwestern wegen gelten. Als derselbe nun fort und der Kaiser wieder gesund war, kam ich mit dem Grafen von Schwarzburg überein, daß er die 2000 Mark abließe, und der Kaiser wollte ihm statt der Pfandschaften am Rheine die Stadt Nordhausen wieder zum Pfande setzen für dasselbe Geld wie die rheinischen Pfandschaften. — 4) Durch eine Urkunde des Kaisers Karl IV. vom 13. Mai 1362 zu Troppau wird bezeugt, daß derselbe mit dem Grafen Heinrich von Schwarzburg übereingekommen ist, daß diesem und seinem Bruder Günther und auch den Grafen von Honstein statt der Pfandschaften am Rheine und in der Wetterau für die 20000 Mark Silber die Stadt Nordhausen zum Pfande gesetzt und geschafft werde, daß sie ihnen „hulde" zu allen Rechten, als sie dem Reiche pflichtig ist. Nach dieser „Huldung" sollen die Grafen eine Steuer von der Stadt erheben, „als sie höchst mugen", und diese ganz dem Kaiser geben. Darauf will der Kaiser kein Geld, Dienste, Bitten oder Steuer von der Stadt fordern, bis er oder sein Nachfolger dieselbe um 20000 Mark wieder eingelös't haben wird. Ueber diese Verpfändung soll der Kaiser den Grafen von Schwarzburg und von Honstein Briefe geben, die ihnen nützlich sind, und auch der Kurfürsten Briefe schaffen, wie diejenigen über die Pfandschaft am Rheine. Außerdem sollen die Grafen dem Kaiser 2000 Schock Prager Groschen leihen, um die Stadt Nordhausen damit zu lösen, und bis zur Wiedererstattung dieser 2000 Schock sollen sie die Pfandschaft am Rheine und in der Wetterau behalten. (Vgl. Jovius 375). — Die hier zuletzt erwähnten 2000 Schock Groschen beziehen sich auf die Verpfändung von Nordhausen für diese

Summe an den Markgrafen Friedrich von Meißen 1348, die aber 1357 abgelöst war (s. oben). — Der beabsichtigte Tausch der Pfandschaften kam indessen nicht ganz zu Stande, denn die Grafen von Schwarzburg blieben noch lange im Besitz von Gelnhausen, Friedberg ꝛc. (s. u. a. Jovius). — — Noch werde hier erwähnt, daß als Graf Heinrich von Honstein Herr zu Sondershausen 1356 ohne männliche Erben starb, ihm nach Erbreceß, so unwillig die andern Grafen von Honstein darüber waren, nicht diese in seiner Herrschaft folgten, sondern sein Schwiegersohn Graf Heinrich von Schwarzburg und dessen Bruder Günther; doch Ilfeld und die Vogtei zu Nordhausen blieb den Grafen von Honstein allein (vgl. Jovius 371).

In Beziehung auf die oben angeführte Urkunde des Königs Karl IV. vom 22. Jul. 1350 wegen der Ueberweisung der Güter der 1349 in Nordhausen „verderbten" Juden an den Grafen Heinrich von Honstein zu Sondershausen und dessen Befriedigung von Seiten der Stadt erwähne ich noch eine Urkunde desselben, gegeben 1350 ohne Bezeichnung des Tages zu Prag, worin der König bezeugt, jenes Judengut jenem Grafen gegeben zu haben, desgleichen ihm und den Grafen Heinrich und Günther von Schwarzburg die Macht, sich mit den Nordhäusern, welche die Juden geschlagen und geschädigt haben, zu berichtigen. Wenn dieses geschehn ist, so spricht der König die Nordhäuser los, so daß niemand sie darum ansprechen soll (Abschr. im rauch B. Bl. 10). — Als am 15. Aug. 1350 der Graf Heinrich von Honstein nebst jenen beiden Grafen von Schwarzburg bekennt, daß sich die Bürger von Nordhausen wegen des Judengutes mit ihnen berichtet haben, und sie losspricht von aller Ansprache, bemerkt er, daß er die königlichen Briefe in dieser Sache dem Rathe zu Erfurt übergeben hat und sie nicht mehr gebrauchen will. — Darauf am 5. Oct. 1351 bekennen jene drei Grafen, daß für sie die Nordhäuser der Stadt Erfurt 400 Mark löthigen Silbers zur Berichtigung des Judengutes gezahlt haben, und quittiren darüber. — Von demselben Jahre 1351 ist eine Obligation der Stadt Nordhausen an die Stadt Erfurt über 218 Mark, welche Nordhausen den Grafen zu jener Berichtigung versprochen hatte. — — Zu den bereits bezeichneten Urkunden über die Verpfändung der Stadt Nordhausen an den Markgrafen Friedrich von Meißen, Landgrafen von Thüringen, erwähne ich noch eine frühere. Am 6. Jul. 1351 zu Prag befahl König Karl dem Rathe zu Nordhausen die dem Grafen Dietrich von Honstein gebotene Auflassung und Cession des Schultheißenamts und der Gerichte zu Nordhausen an den Markgrafen Friedrich in Folge einer kaiserlichen Pfandschaft anzunehmem (Urk. im Archiv zu Magdeburg). — Im folgenden Jahre 1352 zu Prag erließ König Karl ein Schreiben an den Markgrafen, worin er demselben erlaubte, die Stadt Nordhausen zur Annahme jener Cession zu zwingen (nach einem Transsumt von 1486 daselbst). — Endlich am 26. Jan. 1370 zu Prag verlieh Kaiser Karl den Markgrafen von Meißen und Landgrafen von Thüringen Friedrich, Balthasar und Wilhelm die kaiserliche „Vogtei und Pflege" (das Schutzrecht) über Nordhausen (Urk. das.)

Durch einen Majestätsbrief vom 21. Oct. 1386 zu Prag verlieh König Wenzlaw den Städten Erfurt, Mühlhausen und Nordhausen das Recht, einen Landrichter des Landfriedens zu Westfalen zu wählen und zu setzen, so oft es nöthig sei (die Urkunde steht, orthographisch sehr ungenau abgedruckt, bei Lesser S. 226 f.), und am 2. Jan. 1387 daselbst erweiterte er dieses Privilegium (s. u. a. bei Lünig Part. Spec. Cont. IV, Th. II, 456). — Am 9. März 1391 bekundet König Wenzlaw, daß sich die Bürgermeister, der Rath und die Bürger der Stadt Nordhausen mit ihm geeinigt haben wegen der bei ihnen wohnenden Juden, und er spricht sie und ihre Mitwohner deshalb los von aller Schuld an „Hauptgeld und Gesuch" (Kapital und Zinsen), welche sie den Juden zu Nordhausen oder überhaupt im Reiche bis auf diesen Tag schuldig sind, als Selbstschuldner oder als Bürgen u. s. w. Die Juden sollen ihnen auch alle Pfande und Briefe (Verschreibungen und Wechsel) wiedergeben und diese Briefe sollen keine Kraft mehr haben. Was andere Fürsten, Herren, Lande oder Städte, die sich mit dem Könige Wenzlaw noch nicht geeinigt haben, den Juden zu Nordhausen schuldig sind, sollen diese fordern dürfen, doch nicht mehr, wenn jene Schuldner sich darüber mit dem Könige einigen. Auch sollen die Nordhäuser die Summe, welche sie dem Könige wegen der Juden gezahlt haben, von den Juden bei ihnen wieder erheben, was sie aber künftig von den Juden noch darüber wieder einnehmen an Anfällen, Zinsen, Schatzungen oder sonst, davon sollen sie die Hälfte an die königliche Kammer abgeben, und die andere Hälfte zu der Stadt Nutzen verwenden; doch zuvor soll jeder Jude und jede Jüdin, die über 12 Jahr alt sind, jährlich einen Gulden an die königliche Kammer zahlen. Ferner befreit der König die Nordhäuser von der Vorladung vor das Reichshofgericht*): wer sie vor dem Hofgerichte verklagen will, soll vor ihr Gericht in Nordhausen gewiesen werden, und sie sollen hier Rechtes pflegen, wie das „von Alters herkommen ist."

Von König (Kaiser) Sigmund hat die Stadt Nordhausen vier Majestätsbriefe (aber die Urkunde bei Lesser S. 230 ist unächt und aus einer solchen des Königs Maximilian vom Jahre 1498 entstanden).**) Der erste vom 19. März 1415 zu Kostnitz (bei Lesser S. 229 f. sehr ungenau abgedruckt; von dem Originale ist eine doppelte Ausfertigung im Stadtarchiv) enthält die allgemeine Bestätigung der Privilegien, Rechte und Freiheiten der Stadt. Durch den zweiten vom 13. Dec. 1436 zu Prag wird den getreuen Bürgern der Reichsstadt Nordhausen, welche oft von Fürsten und Herren beschädigt sind, und denen auch neulich wieder Vieh vom Felde weggenommen worden ist, die Erlaubniß ertheilt, ihre Vorstädte mit Zubehör, auch Kirchen und Klöster mit Mauern, Planken, Thürmen, Wehren, Erkern und sonst zu befestigen, auch in ihrem Stadtgebiete und Felde auf des Reiches Grund und Boden Landwehren, Gräben, Brücken, Zwinger, Riegel (Schlagbäume) und Thürme zu errichten, an welchen Befestigungen niemand sie hindern soll bei Strafe von 200 Mark löthigen Goldes, halb an die Reichskammer und halb

*) Fünf interessante Urkunden des königlich (kaiserlichen) Hofgerichts aus den Jahren 1342, 1382 und 1385 habe ich in der Urkundl. Geschichte von Nordhausen mitgetheilt.

**) Die Urkunde des Kf. S. vom 25. Sept. 1434 für das Stift zum heil. Kreuz ist oben Kap. 4 verzeichnet.

an die Bürger von Nordhausen zu zahlen. *) — Einige Tage nachher, am 17. Dec. 1436 zu Prag, übertrug Kaiser Sigmund dem Kurfürsten Friedrich von Sachsen und in einer zweiten Urkunde dem Landgrafen Ludwig von Hessen den Schutz der Stadt Nordhausen. Diese kaiserlichen Briefe mag der Propst des hiesigen Stifts Petrus Kalde ausgewirkt haben, welcher dieselben auch als Protonotarius und kaiserlicher Kanzler unterzeichnet hat. **)

König Friedrich III. bestätigte am 13. Jul. 1442 zu Frankfurt die Privilegien ꝛc. von Nordhausen (bei Lesser ungenau abgedruckt S. 234). — Am 22. Sept. 1455 zu Neustadt sprach Kaiser Friedrich die Acht und Aberacht aus gegen den hessischen Münzmeister Nicolaus von der Ryeß, welcher einen Juden und acht für denselben bürgende Bürger von Nordhausen vor dem freien Stuhle zum Freien Hag (vor dem Vehmgerichte daselbst) belangt hatte und gegen die angeblichen Freigrafen Mangolt und Hermann Knulbein. ***) — Zwei königliche (kaiserliche) Urkunden für Nordhausen von 1441 (15. Sept.) und 1453, deren Inhalt ich nicht kenne, weist Chmel nach (Regesta Friderici IV. R. R.).

Die erste in Beziehung auf Nordhausen von K. Maximilian I. gegebene Urkunde ist eine ungültige. Die Herzöge von Sachsen Kurfürst Ernst und sein Bruder Albrecht hatten 1486 Maximilian's Königswahl vorzüglich befördert; dafür sollte und wollte derselbe sich ihnen dankbar bezeigen. Sie legten dem jungen Könige die Urkunde vor, wodurch Kaiser Ludwig seinem Eidam dem Markgrafen und Landgrafen Friedrich, ihrem Vorfahren, 20000 Mark Silber als Heimsteuer verschrieben und dafür die Städte Mühlhausen und Nordhausen verpfändet hatte, und baten um Bestätigung dieser Pfandschaft für sich. Wirklich ertheilte ihnen der junge König am 21. Sept. 1486 zu „Fallaßhin" (Valenciennes) die vorgelegte Bestätigung, obgleich Nordhausen diese Verpfändung längst abgelöset hatte, wie wir oben sahen. Da indessen der Kurfürst Ernst in der Zwischenzeit vor der Ausstellung der Bestätigungsurkunde gestorben war, scheint selbst ein Versuch, ihre Geltung durchzusetzen, unterblieben zu sein, u. Klotzsch (Sammlung ꝛc. XI.) behauptet ihre Gültigkeit für Sachsen ohne hinlänglichen Grund. — König Maximilian I. be-

---

*) An demselben Tage befahl Kf. Sigmund den Grafen von Schwarzburg, Stolberg u. Honstein einen von Nordhausen in Strafe genommenen Juden nicht länger zu schützen, und 2 Tage darauf, am 15. Dec., forderte er den Kurfürsten Friedrich von Sachsen auf, den Beschwerden der Nordhäuser gegen die benachbarten Grafen (von Schw., St. u. H.) abzuhelfen, zeigte das auch jenen Grafen an. S. unten Buch 3, Kap. 4.

**) Die Bestätigung des Kf. Sigismund am 16. Dec. 1436 zu Prag von zwei wichtigen Urkunden für das Nonnenkloster im Altendorfe vom Jahre 1294 wurde oben Kap. 4 bemerkt.

***) Schon am 10. Apr. 1455 hatte Kf. Friedrich in dieser Sache zwei Vorladungsbriefe erlassen, 1) an Nic. v. d. Ryeß, 2) an die beiden Freigrafen und einen Verbietungsbrief (Inhibitio) an die Letztern, doch diese drei kaiserlichen Briefe waren von den Betreffenden nicht anerkannt, ja der dieselben insinuirende nordhäusische Notarius war arg mißhandelt worden. Erst 1457 verglich sich Nic. v. d. R. mit den Nordhäusern. — — Ein Schreiben des Kf. Friedrich vom 4. Apr. 1465 wird unten erwähnt werden Buch 3, Kap. 4.

stätigte am 26. (nicht 22.) Jul. 1494 zu Mastricht die Privilegien rc. von Nordhausen (bei Lesser S. 235. f. ungenau). — Derselbe verbot am 12. Oct. 1497 zu Innspruck (wie sein Vorfahr Wenzlaw) die Nordhäuser vor einem andern Gerichte zu belangen als vor dem in Nordhausen, wenn nicht den Klägern Recht verweigert wäre (bei Lesser S. 236 ff. ungenau). — Am 18. Jun. 1498 zu Freiburg im Breisgau sprach König Maximilian die Acht aus gegen Bernd von der Asseburg und 40 andre Edelleute, dessen Helfer, wegen Landfriedensbruch gegen das Stift zum heil. Kreuz in Nordhausen und wegen Nichterscheinens vor der Reichsversammlung in Freiburg. — Am 28. Aug. 1498 zu Freiburg befiehlt König Maximilian, daß die von Nordhausen zu erster Instanz vor keinem andern Gerichte als vor dem Reichsgerichte in Nordhausen oder vor Bürgermeister und Rath zu Mühlhausen oder Goslar belangt werden sollen (bei Lesser S. 238 ff. ungenau). — An demselben Tage und daselbst befiehlt derselbe, daß der auf dem Reichstage zu Worms beschlossene Landfriede gegen Nordhausen beobachtet und von niemand gestört werde (bei Lesser S. 241 ungenau). — Am 30. Oct. 1505 zu Würzburg bestätigt derselbe den Verkauf des Ober- und Halsgerichts zu Nordhausen (der Reichsvogtei) als eines Reichslehns von den Grafen von Honstein an den Rath zu Nordhausen. (Dieser Verkauf, wozu auch Graf Wilhelm von Honstein am 27. Nov. 1505 seine Zustimmung ertheilte, scheiterte.) — Zahlreiche Schreiben und Quittungen Maximilians I. übergehn wir hier, auch das Schreiben, wodurch er 1508 die Annahme des Titels eines „erwählten römischen Kaisers" anzeigt.

Daß Nordhausen von Kaiser Karl V. mit so vielen Privilegien begnadigt wurde, haben, wie Lesser meint, die tüchtigen Rathsmitglieder bewirkt, welche die Stadt damals auf die Reichstage als ihre Vertreter sendete. So ging 1521 nach Worms der Bürgermeister Erasmus Schmidt, 1526 nach Speier und 1530 nach Augsburg der Bürgermeister Jacob Hoffmann, 1535 nach Worms, 1541 nach Regensburg und 1542 nach Speier der Syndicus Michael Meienburg, von denen der Erste und der Letzte auch vom Kaiser geadelt wurden. — Am 8. Febr. 1521 zu Worms bestätigte Kaiser Karl die Priviligien rc. der Stadt (bei Lesser S. 243 f. ungenau). — Am 6. Jul. 1532 verstattet der Kaiser den Bürgermeistern, dem Rathe und den Bürgern von Nordhausen in dem Falle, daß der Reichs-Gerichtsvogt nach der von ihnen erfolgten Einladung nicht erscheint, um an einem in ihrer Stadt angesetzten Gerichtstage dem peinlichen Gerichte zu präsidiren, seine Stelle durch einen aus ihrer Mitte gewählten tüchtigen Mann zu ersetzen, und verbietet dieselben daran zu hindern bei einer Strafe von 15 Mark Goldes rc. (bei Lesser S. 244 f. ungenau). — Am 3. Mai 1541 zu Regensburg befiehlt derselbe, daß Kirchenhäuser oder Wohnhäuser der Geistlichen in Nordhausen, wenn sie an Weltliche verkauft und ihnen eingeräumt werden, die öffentlichen Lasten der Stadt mittragen sollen, wie andere bürgerliche Häuser, bei Strafe von 10 Mark Goldes rc. (bei Lesser S. 246 f. ungenau). An demselben Tage (3. Mai 1541, nicht am 12. Jul., wie bei Lesser irrig steht) und daselbst erkennt derselbe das Geleit im Gebiete der Stadt Nordhausen den Bürgermeistern und dem

Rathe daselbst ausschließlich zu und verbietet sie darin zu stören bei Strafe von 40 Mark Goldes zc. (bei Lesser S. 250 sehr ungenau). — Am 31. Mai 1541 zu Regensburg erlaubt derselbe den Nordhäusern den nöthigen Holzbedarf aus den Walkenrieder Forsten frei zu erkaufen und zu beziehen und verbietet sie darin zu hindern bei Strafe von 20 Mark Goldes zc. (bei Lesser S. 247 sehr ungenau). — Am 12. Jul. 1541 zu Regensburg verstattet derselbe der Stadt Nordhausen die Erhebung eines Wegegeldes von 12 Pfennigen für einen beladenen Wagen und 6 Pf. für einen Karrn auf 12 Jahr, bei Strafe von 20 Mark Goldes (bei Lesser S. 248 ff. ungenau.) — Im Jahre 1551 erhielt Nordhausen, wie Lesser sagt, ein „herrliches" Privilegium wider die Juden. Ein fremder reicher Jude, Färber genannt, hatte in Gegenwart des Diaconus S. Nicolai Joh. Holzapfel gegen einen Zimmermann Christus gelästert („Euer Jesus ist auch ein Zimmermann gewesen" u. s. w.); der Diaconus hatte darauf diese Lästerung auf der Kanzel gerügt, und Dr. Justus Jonas, der eben seine hiesigen Freunde besuchte, hatte nicht bloß auf der Kanzel dagegen geeifert, sondern auch den Rath aufgefordert, strafend einzuschreiten, worauf dieser den Juden mit Weib und Kindern aus der Stadt verwies. Dieser Vorfall soll darauf Gelegenheit gegeben haben, folgendes kaiserliche Privilegium auszuwirken. Am 21. Mai 1551 zu Augsburg erklärt Kaiser Karl, er habe den Bürgermeister und Rath der Stadt Nordhausen, welche sich beschwert haben, daß die Juden, die bei ihnen wohnen, argen Wucher treiben und einfältige Bürger um das Ihrige bringen, ermächtigt, daß nur mit ihrem Willen irgend ein Jude in Nordhausen ein Haus besitze und wohne, bei Strafe von 20 Mark Goldes zc. (bei Lesser S. 252 ff. ungenau). — Von vielen andern Erlassen Karl's V. für Nordhausen erwähne ich nur des bereits anderswo benutzten Befehls vom 31. Mai 1541 an den Rath und das Stifts-Kapitel, gemeinschaftlich ein Inventarium der Stiftskleinodien anzufertigen und dieselben sicher zu verwahren, auch die Einsetzung des Stiftspropsts Ausonius von Gelama 1547.

Dieses Privilegium hat darauf Kaiser Ferdinand I. (nicht Maximilian II., wie bei Lesser steht) am 14. Aug. 1559 zu Augsburg bestätigt und dahin erweitert, daß hinfort kein Jude oder Jüdin in der Stadt wohnen, auch nicht den Bürgern und Einwohnern in oder außer der Stadt auf ein liegendes oder fahrendes Gut etwas leihen, nicht mit ihnen contrahiren und handeln dürfe, widrigenfalls das Hauptgeld sammt dem Wucher (den Zinsen) dem Rathe verfallen und die Contracte und Händel nichtig sein sollen (bei Lesser S. 254 ungenau). — Es erließ darauf in diesem Jahre der Rath ein Mandat, daß, da die Juden als mehr seit Menschengedenken in großer Anzahl in die Stadt mit Handel und Wandel eindringen und den armen Bürgern dadurch großer Nachtheil erwächst, die Bürger und Einwohner der Juden unehrliche, wucherliche, eigennützige und unchristliche Gemeinschaft und Handlungen meiden sollen. „Es sollen auch alle Juden, die in dieser Stadt ein- oder ausreiten oder gehen, ihr öffentliches Judenzeichen, einen großen gelben Ring, an ihren Kleidern unbedeckt tragen, damit sie erkannt und für ehrliche Leute nicht angesehen werden: wer darüber angetroffen, der soll zu Gefängniß gebracht werden und in eine Buße verfallen sein."). — Bereits am 17. Decbr. 1558 zu Prag bestätigte Kaiser Ferdinand I. die Privilegien rc. der Stadt Nordhausen. *) — So bestätigte auch Kaiser Maximilian II. am 20. Sept. 1565 zu Wien die Privilegien rc. unsrer Stadt. — An demselben Tage und ebendaselbst bestätigte derselbe das Privilegium des Kaisers Karl V. vom 3. Mai 1541 über die Pflichtigkeit geistlicher Häuser, die in weltliche Hände kommen, und erweitert dasselbe in Beziehung auf die von den Aebten nicht bewohnten Höfe, den Walkenrieder und den Ilfelder Hof in Nordhausen: es soll auch der Walkenrieder Hof, wenn er nicht von Ordenspersonen besetzt wird, den mit den Aebten und Mönchen von Walkenried geschlossenen Verträgen gemäß dem Rathe eigenthümlich bleiben (bei Lesser S. 255 f. ungenau).

Kaiser Rudolf II. bestätigte am 1. Sept. 1582 zu Augsburg die Privilegien rc. der Stadt Nordhausen auf die gewöhnliche Weise (b. Lesser S. 257 ungenau), — so auch Kaiser Matthias**) am 10. Juni 1614 zu Linz und Kaiser Ferdinand III. am 16. Sept. 1638 zu Prag. — Von Kaiser Ferdinand II. erhielt Nordhausen während des dreißigjährigen Krieges zwei besondere Schutzbriefe (Salvaguardia) 1) am 18. Februar 1626 zu Wien, 2) am 4. Febr. 1628 zu Prag. — Am 17. Dec. 1651 zu Wien nimmt Kf. Ferdinand III. das Stift zum heil. Kreuz in seinen und des Reiches Schutz, wie vor ihm Kf. Sigmund, Kf. Karl V., Rudolf II. und zuletzt Matthias auch gethan haben.

Kaiser Leopold I. bestätigte am 20. Juli 1660 zu Gräß die Privilegien rc. der Stadt Nordhausen (bei Lesser S. 259 ungenau). — Am 12. Mai 1695 zu Laxenburg erklärte derselbe durch ein Diploma manutenentiae die Reichsstandschaft und Reichsunmittelbarkeit rc. der Stadt Nordhausen, so wie der Reichsstädte Goslar und Mühlhausen (bei Lesser S. 260 ff. sehr ungenau). — Von diesem Diplom ist ein Exemplar für alle drei Städte und ein besonderes Exemplar für Nordhausen im Stadtarchiv, beide in Buchform. Dafür zahlte Nordhausen 2081 Thaler 11 Groschen $5\frac{1}{2}$ Pfennige, alle drei Städte 14152 Gulden 30 Kreuzer.***)

Kaiser Karl VI. bestätigte am 21. Juli 1716 zu Wien die Privilegien rc. der Stadt Nordhausen (bei Lesser S. 263 ungenau. — Original in Buchform). — Derselbe bestätigte am 30. Sept. 1716 zu Wien den von dem Könige Friedrich Wilhelm I. von Preußen, Markgrafen von Brandenburg, mit der Stadt Nordhausen geschlossenen wichtigen Receß (d. d. Feldlager bei

---

*) Die Urkunde des K. Ferdinand I. vom 17. April 1543 wird unten Buch 3, Kap. 5 erwähnt werden. Andre Mandate rc. desselben übergehen wir, desgleichen solche der folgenden Kaiser.

**) Am 18. April 1613 zu Wien forderte Kf. Matthias den Rath auf zu fernerer Treue.

***) Am 22. Dec. 1705 befiehlt Kf. Joseph I. die jährliche Rathswahl in Nordhausen für dieses Mal auszusetzen, — desgleichen am 23. Nov. 1706 dieselbe mit Vorsicht wieder vorzunehmen, und am 13. Dec. 1706 empfiehlt er den Deputirten der Stadt J. G. Hoffmann, dessen Tüchtigkeit er erkannt habe, zum Bürgermeister zu wählen. — — Am 7. Dec. 1713 befiehlt Kaiser Karl VI. nichts vorzunehmen, was der Stadt Reichsunmittelbarkeit schaden könnte, wie schon Kf. Leopold I. solches am 20. December 1704 befohlen habe.

Stettin am 22. Mai 1715) über den Verkauf des Reichsschultheißenamts und der Reichsvogtei in Nordhausen an die Stadt, über die Gränzen u. s. w. (s. unten Buch 2, Kap. 3. — Original in Buchform und in rothen Sammt gebunden wie die vorigen Diplome). — — Am 14. Aug. 1743 zu Frankfurt belehnte der Kaiser Karl VII. den Rath der Stadt Nordhausen mit dem Reichsschultheißen- und Reichsvogteiamte daselbst, — ebenso Kaiser Franz I. zu Wien am 31. März 1746. — Der Letztere bestätigte auch am 6. Nov. 1752 die Besetzung dieser Aemter mit den zwei worthaltenden Bürgermeistern. — — Am 29. August 1767 zu Wien belehnte Kaiser Joseph II. den Rath zu Nordhausen mit jenen Aemtern, — ferner am 3. Juni 1791 zu Mailand Kaiser Leopold II. und am 9. Sept. 1793 zu Wien Kaiser Franz II.

Von geistlichen Privilegien für Nordhausen hat Lesser nur aufgenommen: 1. Die Bulle des Papstes Martin V. vom 23. Juni 1422 zu Rom (erneuert und bestätigt von Papst Sixtus IV. am 3. März 1478 zu Rom), durch welche den Nordhäusern, auch wenn excommunicirte Personen in ihre Stadt gekommen sind, darin gegessen, getrunken und übernachtet oder Geschäfte getrieben haben, nachdem dieselben sich entfernt haben oder vertrieben sind, ungehinderter Gottesdienst erlaubt wird. — (Diese Bulle ist sehr mangelhaft und ungenau abgedruckt und im Texte übel übersetzt bei Lesser S. 265 ff. So muß es gleich im Anfange heißen: **Opidi Nordhusen Maguntin. dioec.** Die beiden Lücken sind auszufüllen durch **meretur ut votis vestris, illis** und **diversis fungentibus auctoritatibus** — worauf folgt **quam etiam** (nicht **quia et**). Außerdem sollte stehn **annuamus** statt **examinavimus** — **Constitutiones** statt **praejudiciales ordinationes**, — **apertis januis, campanis** statt **apertis Johannis c.** [woraus Lesser Johannes-Glocken gemacht hat] u. v. a. m. Der richtige Schluß lautet: **Dat. Rome apud Sanctam mariam maiorem VIIII. Kal. Julii. Pontificatus nri Anno Quinto** [nicht 1422!].

2. Die Bulle des Papstes Sixtus IV. vom 2. März 1478 zu Rom (sehr ungenau bei Lesser S. 273 f.), durch welche der Abt des Schottenklosters zu Erfurt und die Dechanten zu Halberstadt und zu Nordhausen zu Conservatoren der Privilegien ꝛc. der Nordhäuser bestellt und ermächtigt werden, kirchliche Censuren über die zu verhängen, welche gegen solche Privilegien freveln.

3. Des Erzbischofs Berthold von Mainz Brief vom 3. Aug. 1498 zu Freiburg im Breisgau (sehr ungenau bei Lesser S. 273 f.), wodurch derselbe erklärt, daß die Nordhäuser in den nächsten sechs Jahren weder in einer geistlichen noch in einer weltlichen Sache vor sein Gericht außer Thüringen geladen werden sollen.

Sechstes Kapitel.

Von den Rathsveränderungen und den obrigkeitlichen Verordnungen.

[Vergleiche meine Beiträge zu einer Geschichte der Verfassung der Stadt Nordhausen (N. 1846), meine Abdrücke der Statutensammlungen, auch die Denkschrift 1852 ꝛc.]

Der Rath der Oberstadt (denn die Neustadt hatte bis 1365 ihre eigenen Vorsteher und eine besondere Verwaltung) bestand im 12., 13. und 14. Jahrhunderte (bis 1375) aus Mitgliedern der bevorrechteten Bürgerschaft (cives, burgenses), dem ursprünglich mit dem Landadel in Verbindung stehenden Stadtadel (den Patriciern, „die den Geschlechten von Sippe wegen angehören"), zu dessen Ausbildung in unsrer Gegend, in Thüringen und um den Harz allerdings das Institut des Königs Heinrich I., die Verpflanzung des neunten (freien) Mannes vom Lande in die nächste befestigte Stadt, das Meiste beigetragen zu haben scheint, wenn auch die Waffenübungen, welche König Heinrich anordnete, nicht mit den spätern Turnieren verwechselt werden dürfen. Die Mehrzahl jener Patricier empfing ihre zu Familiennamen werdende Bezeichnung von den Ortschaften, aus welchen sie oder ihre Vorfahren hieher gekommen waren: wir finden daher bei den in Urkunden des 13. und 14. Jahrhunderts erscheinenden Bürgern von Nordhausen (wie in andern Städten) meistens Namen benachbarter Dörfer (oder Städte), so die von Bielen (Byla), von Urbach, von Werther, von Wechsungen, von Tettenborn, von Harzungen, von Stolberg u. s. w., und manche von ihnen werden als ritterlich bezeichnet. Im 15. Jahrhundert fingen diese Patricier an, das von vor ihren Namen wegzulassen (Stolberg, Werther ꝛc.); die städtischen Geschlechter überließen jene Bezeichnung dem Landadel. Vgl. darüber u. a. meine Abhandlung über die Bildung der Familiennamen (zum Programm des Gymnasiums 1850 und in den kl. Schriften).

Wahrscheinlich wegen der Kriegsgefahren (durch den Grafen Ulrich von Honstein, den Herzog Albrecht von Braunschweig ꝛc.) vereinigte sich durch einen Vertrag vom 6. Febr. 1365 die Neustadt (damals noch das Neue Dorf genannt) mit der Oberstadt. Die Urkunde ist abgedruckt zuerst ungenau bei Lesser S. 276—279, darauf nach dem Originale durch mich als 5. Anhang zu der dritten Statutensammlung der Stadt Nordhausen im 4. Hefte des 3. Bandes der N. Mittheilungen des thüring. sächs. Vereins S. 75—80 und in dem besondern Abdrucke S. 165—170. Es erklären darin 43 genannte Bürger für sich und ihre Erben und die ganze Gemeinde des Neuen Dorfes zu Nordhausen, daß sie sich mit den drei Räthen, den Vierteln, den Handwerksmeistern (so, auch Gildemeister, heißen die Obermeister der Handwerke und Gilden oder Zünfte, welche „mit in den Rath gehen") und der Stadtgemeinde von Nordhausen vereinigt haben, daß in der Neustadt, vorher genannt das neue Dorf, ferner kein Rathhaus und keine Räthe sein sollen, auch kein (öffentliches) Gewandhaus, Wagehaus, Kaufhaus, Weinhaus,

Brothaus, Fleischschern, Fischmarkt, Heringmarkt, Kräme oder Kramstätten, Schuhmarkt, Ledermarkt, Salzmarkt, Holzmarkt, Kohlenmarkt, Pferdemarkt, Viehmarkt, sondern alle Märkte sollen künftig nur in der alten Stadt sein: machen die Räthe ein Wagehaus oder ein Kaufhaus in der alten Stadt, so sollen die in der Neustadt dazu halten wie die in der Altstadt. Satzungen, welche der Rath, die Viertel und die Handwerksmeister machen werden, wollen sie ebenfalls halten. Die Mauern und Gräben zwischen der Altstadt und Neustadt sollen erhalten werden. Bei der gewöhnlichen Rathswahl zu heil. drei Königen soll der sitzende Rath aus der Menge auf seinen Eid drei Männer außerhalb der Altstadt wählen, zwei von den Handwerkern und einen „aus den Geschlechten". Die Vorsteher („Vormunde"), die Angesehensten („Mächtigsten") und alle Großjährige in der Neustadt sollen dem Rathe der Altstadt gehorsam sein und jährlich dem neuen Rathe schwören und huldigen: sie sollen auch die Widerspenstigen dem Rathe anzeigen. Sollte irgend der (Frauen-) Berg oder „zwischen den Brücken" (Lohmarkt und Sand) oder „im Grimmel" oder das „alte Dorf" oder andre Theile befestigt werden mit Mauern oder sonst, so soll es mit diesen Theilen ebenso gehalten werden wie vorsteht (wie mit der Neustadt). Alle Gräben außerhalb der Mauern der Neustadt sollen der alten Stadt gehören. Diese Artikel sollen in der Stadt Einung (die Statutensammlung) geschrieben und jährlich mit den andern vorgelesen werden (bei der Rathswahl zu h. 3 K.), und jeder der auf Aenderung und Abschaffung derselben antragen würde, soll hundert nordhäusische Mark Strafe zahlen und sofort die Stadt und das Weichbild auf immer räumen, ohne diese Verbannung abkaufen zu können: auch Mitwissende, die solche Anträge und dergleichen Vorhaben verschweigen, sollen dieselbe Buße leiden u. s. w.

Zum Andenken an diese Vereinigung wurde mitten auf dem Platze, wo die Rautenstraße sich in zwei Straßen, den Rumbach und die Neustadt, theilt, auf einer hohen Säule ein großer Adler (Aar) aus Kupfer errichtet. Derselbe war mit ausgespannten Flügeln der Altstadt zugekehrt und trug im Schnabel einen vergoldeten Ring. Man zählte diesen „Aar" oder „Vogel" zu den Wahrzeichen der Stadt (s. I., 1.), und eine alte gereimte Beschreibung desselben (bei Lesser S. 279 f.) deutet die Einzelheiten des Bildes. Diese deutschen Verse sind wohl nicht das carmen de Aquila, dessen Herausgabe 1558 Phil. Melanchthon besorgen wollte, wie er in einem Briefe vom 5. April an den nordhäusischen Syndicus Matthias Luther schreibt. — Jener Platz erhielt davon den Namen „vor dem Aaren" oder (in neuerer Zeit) „vor dem Vogel". Die Säule wurde erneuert 1693 und 1750, aber 1836 sammt dem Vogel weggeschafft.

Der gelungene Aufstand der Zünfte und Handwerke und der gemeinen Bürger gegen die Geschlechte (Patricier) am 14. Febr. 1375, von welchem unten (III, 3) mehr erzählt werden soll, gab Veranlassung zu dem wichtigen Wahlbriefe oder sogenannten Handwerksmeisterbriefe vom 17. April 1375. Abgedruckt ist diese Urkunde unvollkommen bei Lesser S. 281—284, nach dem Originale durch mich als 9. Anhang der 3. Statutensammlung der Stadt Nordhausen in den N. Mittheilungen a. a. O. S. 87—91 und in dem besondern Abdrucke S. 117—181. Darin bekennt der neue (plebejische) Rath, die zwei Rathsmeister Friedrich von Bendeleben und Nickel Thorbaum, 23 benannte Rathleute und die „Viere von der Gemeine wegen“, daß die Handwerksmeister mit dieses Rathes und der andern zwei Räthe und der ganzen Stadt „Gemeine“ Wissen und Willen Folgendes „an sich gebracht haben“. Sie und ihre Nachkommen sollen jährlich zu heil. 3 Königen mit dem sitzenden Rathe einen neuen Rath wählen auf ihren Eid, nämlich 2 aus jedem (der 9 rathsfähigen) Handwerke, 2 aus jedem Viertel und 1 aus dem Neuen Dorfe (der Neustadt), und zwar auf die Weise, daß die 2 Handwerksmeister mit 2 andern Meistern aus jedem einzelnen Handwerke 2 aus diesem Handwerke wählen, die aus den Vierteln aber ihre Wahl behalten. Aus dem Rathe soll man zwei Rathsmeister wählen, und der sitzende Rath soll nicht allein den Rath wählen, wie es von Alters her gewöhnlich gewesen ist. Die Viere, welche man „von der Gemeine wegen kieset über den Rath“, sollen die Handwerksmeister mit den Vieren allein wählen aus dem neuen Rathe, und dieselben sollen 1 Jahr sitzen, es wäre denn daß man ihrer bedürfe zu Rathsmeistern oder Kämmerern, in welchem Falle man einen Andern aus demselben Rathe an seine Statt wählen möchte. Am Johannistage sollen der alte Rath und der dritte Rath 2 Rathsmeister wählen in dem sitzenden Rathe. Von den 4 Rathsmeistern sollen 3 aus den Handwerken sein, doch nicht aus demselben Handwerke, und 1 von der Gemeine. Aus dem sitzenden Rathe soll man sechs Kämmerer wählen, vier aus den Handwerken, doch nicht aus demselben, und 2 aus der Gemeine. Der andern Amtleute (Siegler, Pfeilmeister, Baumeister u. s. w.) sollen je 2 sein, 1 aus den Handwerken und 1 aus der Gemeine. An den jährlichen 2 Rechnungsablegungen sollen die Handwerksmeister mit den Räthen Theil nehmen. Haben die Handwerksmeister eine Sache, so sollen sie es den Vieren melden, welche die Handwerksmeister durch die Stadtknechte auf das Rathhaus fordern sollen, so oft es nöthig ist. Kein Handwerk soll dem andern in sein Handwerk greifen, und jedes soll bei seiner Gewohnheit bleiben. Werden an ein Handwerk Briefe gesendet von Herren, Städten oder sonst, so soll es dieselben nicht aufbrechen und lesen, sondern man soll sie lesen vor allen Handwerksmeistern und dem sitzenden Rathe. Die Handwerksmeister sollen alle Jahr huldigen, wenn sie Meister gewählt haben, und jedes Handwerk soll seinen Meistern huldigen mit Hand und Mund und gehorsam sein. Niemand soll aus den Handwerken in den Rath gekoren werden, der nicht das Handwerk betreibt. [Von nun an soll niemand in den Rath gewählt werden, noch „in der Stadt Heimlichkeit“, der den Geschlechten „von Sippe wegen“ angehört, von denen der Auflauf am Valentinsabend (14. Febr.) entstanden ist. Wer einen solchen wählen würde, soll 10 Mark löthiges Silber an die Stadt verlieren und mit Weib und Kindern auf immer Stadt und Weichbild räumen. Dieselbe Strafe soll den treffen, welcher darauf antrüge, daß einer der Vertriebenen wieder in die Stadt aufgenommen würde. Auch soll künftig kein Bürger und keine Bürgerin einem „Herren“ (Edelmanne) mehr leihen, als 20 nordhäusische Mark an Werth, aber nicht in baarem Gelde, bei Strafe einer Summe, die soviel beträgt, als er oder sie dem „Herren“ über

20 Mark geliehen hat.]*) Zur Einnahme des Schosses soll man 6 Mann wählen, 4 aus den Handwerken und 2 aus der Gemeine. Bei der jährlichen Spende am Freitage vor Palmen soll niemand essen (an der öffentlichen Festmahlzeit Theil nehmen), als die 6, welche zu der Spende gewählt sind (die Spendeherren) und die 2 (regierenden) Rathsmeister. Bürger oder Bürgerinnen sollen nicht eines „Herrn“ oder andrer auswärtige Güter besitzender Leute (guter hande lute, Edelleute, Besitzer von Land- und Rittergütern) Gevatter werden, auch nicht eine Tochter oder Nichte, deren sie mächtig sind, einem Güter habenden Mann außerhalb der Stadt zur Ehe geben [nachdem jene hier wegen des Aufstandes vertrieben sind].*) Bürger und Bürgerinnen sollen nicht mehr Geld leihen auf Schlösser oder Vesten. Wer diese Stücke bricht, verliert 10 Mark an die Stadt und soll mit Weib und Kind die Stadt räumen. Die Viere, welche von der Gemeine wegen gekoren werden über den Rath, sollen das große Stadtsiegel in einem Behältnisse auf dem Rathhause bewahren und es soll damit gesiegelt werden vor dem sitzenden Rathe in Beisein sämmtlicher Viere oder von 3 derselben. Diese Stücke und Artikel sind erfunden und erdacht mit gutem Rathe und Eintracht der Bürger, der Stadt Nordhausen zu Ehren und Nutzen, um Aufläufe zu verhüten, welche hier geschehn sind und noch geschehn könnten.

Die drei Rathsregimente wechselten jährlich, so daß das sitzende erst im vierten Jahre wieder zur Sitzung kam. Die Rathswahl fand bis 1802, wie es in dem Wahlbriefe von 1375 bestimmt wird, aber schon früher geschah, in der Nacht vor heil. 3 Königen auf dem Rathhause statt. Dabei hielt der Pastor primarius eine Rede (früh um 4 Uhr), doch auch der Syndicus oder ein Bürgermeister sprachen. Während der Wahlverhandlung ward das Rathhaus von der bewaffneten Bürgerschaft bewacht. Nach der Wahl zog der abgehende Rath von den Bürgern begleitet in die Nicolaikirche (früher in die Spendekirche), opferte auf dem Altare und dankte für die glückliche Regierung; alsdann rief der Oberdiener die Namen der Mitglieder des neuen Rathes aus. — Die 9 rathsfähigen Gilden waren seit dem 14. Jahrhundert die Gewandschnitter oder Kaufleute, die Wollenweber (Tuchmacher), die Schneider, die Bäcker, die Krämer, die Schmiede, die Kürschner, die Schuhmacher, die Knochenhauer (Fleischer). Zu der Kramergilde gehörten auch die Sattler und die Beutler, zur Schuhmachergilde die Lohgerber, zur Kürschnergilde die Weißgerber. Aus andern Handwerken konnte nur „der Gemeine wegen“ jemand in den Rath kommen; doch waren in den spätern Zeiten die Rathsglieder von der Gemeine meistens Studirte, zuletzt nur Juristen. Solcher aus der Gemeine waren 9, je zwei aus dem Neuwegs-, dem Altendorfs-, dem Töpfer- und dem Rautenviertel, und 1 aus der Neustadt. — — Von den 4 Rathsmeistern (Bürgermeistern) des sitzenden Rathes „regierten“ 2 vor und 2 nach Jo-

*) Das in [ ] Eingeschlossene fehlt in den Ausfertigungen für einzelne Handwerke, ohne Zweifel absichtlich ausgelassen. — So wie indessen schon früher nicht alle Mitglieder des Raths Patricier waren, so wurden 1375 nicht alle Patricier von hier vertrieben. Das traf bloß die Häupter der Geschlechte, und deren Angehörige und die mit dem Landadel noch fortwährend in enger Verbindung standen.

hanni: von den 2 regierenden war einer um den andern eine Woche der „worthaltende“. Seit 1626, als die Pest so viele Rathsmitglieder hinweggerafft hatte, hatte jedes Rathsregiment nur zwei Burgermeister, einen von den Handwerken und einen von den Vierteln, von welchen im sitzenden Rathe jeder ½ Jahr worthaltender war, der von den Handwerken vor und der von den Vierteln nach Johanni. — Die meisten alten Bestimmungen über die Einrichtung des Rathes lernt man aus den Statutensammlungen kennen, namentlich aus der letzten von 1470, wo u. a. im 3. Buche § 75 von den 6 Kämmerern (später 5, deren 3 aus den Gilden) und § 68 von den 3 Baumeistern (Bauherren) die Rede ist. Von den andern Amtleuten führt Lesser an, außer den Sprechmeistern (2 Handwerksmeister aus jeder Gilde, die halbjährig wechselten — doch bezeichnet Lesser mit dem Namen der Sprechmeister 2 Handwerksmeister, welche bei der Rathswahl zu sprechen hatten, wenn wider ein neues Rathsglied etwas Erhebliches einzuwenden war —) die Kriegsmeister (2 Rathsherren und 1 Handwerksmeister), Apothekenherren (3 Bürgermeister), Kunstherren (3 Rathsherren), Feuerherren (1 Rathsherr aus jedem der 3 Regimente mit einem Vierherrn als Director), einen Zeichenmeister (1 Vierherr, welcher die Brauzeichen ausgab), Schatzmeister (welche das Fleisch taxirten, 2 Rathsherren, 1 aus den Gilden und 1 von der Gemeine), Marktherren (später abgeschafft), einen Futtermeister (1 Rathsherr, welcher das Futter auf dem Marstalle ausgab), Visirherren (die das Visiren der Branntweinfässe überwachten), 2 Deputati zu Anlagen (d. h. zu außerordentlichen Abgaben für das Reich und sonst), 3 Deputati zum Wachamt, 3 zur Mahlkasse, 3 Vormundschaftsherren. Diese Aemter wurden bei der Rathswahl zu heil. 3 Königen besetzt, doch die Kämmerer und das Zeichenamt wechselten zu Johanni. Nach Oculi wurden noch folgende Beamte eingesetzt: 3 Vormünder des Hospitals S. Martini (dabei ein Bürgermeister als Bursarius, auch ein Ackerherr), 3 Vormünder des Hospitals S. Cyriaci, 3 Vormünder des Hospitals S. Elisabeth, 3 Scholarchen. — In meinen Beiträgen zu einer Geschichte der Verfassung der Stadt Nordhausen (1846) sind noch genannt das Consistorium, die peinliche Bank, die Creditkasse, die Kornschreiberei, das Weinamt, das Geschoßamt, das Paßamt, die Zoll- und Wageinspection, die Almosenkasse (sonst die ansehnliche Spendekasse unter Spendeherren), Bibliothek- und Archivverwaltung u. s. w., auch die spätere Revisionscommission (6 Rechnungsrevisoren, 3 aus dem Rathe und 3 aus der Bürgerschaft). Ebendaselbst wurde auch die Wahl der Rathsmitglieder (welche auf Lebenszeit gewählt wurden) näher bezeichnet, namentlich wie der erste und, wenn von keiner Seite protestirt wurde, stets entscheidende Schritt zur Besetzung einer offenen Stelle war, daß der betreffende Rathsherr des abgehenden Rathes eine geeignete Person aus seiner Gilde oder aus seinem Viertel zur Ergänzung des neuen Rathes „brachte“ d. h. vorschlug. War eine Bürgermeisterstelle erledigt, so „brachte“ der betreffende abgehende von den Gilden oder aus den Vierteln einen neuen. —

Die jährliche Huldigung fand statt am Tage nach der Wahl und Bestätigung des Rathes. Das abgehende Rathsregiment nahm den angehenden Bürgermeistern mit den Vierherren auf dem Rathhause den Eid ab, darauf diese den angehenden Rathsherren und Handwerksmeistern. Die Bürger schworen alsdann dem Rathe, früher in der Spendekirche, in spätern Jahren in der Kirche S. Nicolai, nachdem der Syndicus oder ein Bürgermeister eine Anrede gehalten hatte, und seit 1668 bis in das 18. Jahrhundert auch die Polizeiordnung vorgelesen worden war, welche Lesser S. 288—298 einrückt. Der zuletzt, im 18. Jahrhundert, übliche Eid der Rathsmitglieder lautete: „Daß wir dem Reiche, der Stadt Nordhausen, den Bürgern darin, reich und arm, rathen und urtheilen das Allerbeste, das wir können, und wider der Stadt Einung" („in den Punkten, welche nicht durch einen beständigen Gegengebrauch aufgehoben oder geändert sind" — diese Klausel wurde erst um 1680 in den Eid aufgenommen —) „wissentlich und vorsätzlich nicht handeln, sondern dieselbe halten und fördern wollen, den Reichen als den Armen, und hehlen, das wir zu Recht hehlen sollen, und melden, das wir zu Recht melden sollen, und das nicht lassen durch Liebe noch durch Leid, das schwören wir, so wahr uns Gott helfe." In dem Eide der Bürgermeister stand auch noch, bis 1762 das Geschütz der Stadt verloren ging, der Satz: „Daß wir auch der Stadt Geschütz und Wehren ohne Vorbewußt und Bewilligung der andern Räthe nicht verleihen wollen". — Im 18. Jahrhundert mußte jeder zum ersten Male eintretende Rathsherr und Handwerksmeister folgenden Eid ablegen: „Daß ich gegen den Reichen als den Armen, und gegen den Armen als den Reichen richten und verfahren, und darin nicht ansehn will Lieb, Leid, Muth, Gab, Gunst, Furcht, Freundschaft, Feindschaft, noch sonst eine andre Sache, denn allein rechtes Gericht und Recht als sich gebühret, wie ich das gegen Gott den Allmächtigen am jüngsten Gericht verantworten will, auch Ihro kaiserlichen Majestät und dem heiligen Reiche von dem Reichsschultheißenamt und peinlichen Vogtei wegen getreu, gehorsam und gewärtig sein, dienen und thun will, als sich gebühret, das schwöre ich, so wahr mir Gott helfe und sein heiliges Wort". — Der Huldigungseid der Bürger lautete: „Daß wir unsern Herren, den Vieren von der Gemeine wegen, den Rathsmeistern, dem Rathe und den Räthen mit aller Bescheidenheit in allen ihren Nöthen getreu, gehorsam und beiständig sein wollen mit Leib und Gute, und so wir etwas erführen, das unsern Herren den Vieren, den Rathsmeistern, dem Rathe oder den Räthen zuwider wäre, daß wir dasselbe anbringen und anmelden wollen, und was wir für Klagesachen haben oder künftig bekommen, daß wir dieselben nirgend anders suchen, klagen oder ausführen wollen, denn vor einem ehrenvesten Rathe oder Richtern der Stadt Nordhausen und uns an Gleich und Recht wollen genügen lassen, das schwören wir, so wahr uns Gott helfe". — Der Bürgereid eines neuen Bürgers war: „Daß ich dem Reiche, hiesiger Stadt Nordhausen und den Bürgern darin getreu und gewähr sein will, als ein geschworner Bürger zu Rechte sein soll, daß ich auch will anmelden und ansagen, das ich zu Rechte anmelden soll, und verschweigen, das ich zu Rechte verschweigen soll, und da ich Klagesachen allhier habe, daß ich die nirgends anders klagen, suchen oder ausführen will, als vor einem ehrenvesten Rathe der Stadt Nordhausen und mir an Gleich und Recht will genügen lassen, das schwöre ich, so wahr mir Gott helfe."

Den Rathsbeschluß wegen der Rathswahl vom Johannisabend 1680 liefert Lesser S. 299—301. Durch diesen Beschluß sollten einige die Rathswahl betreffende Punkte genauer bestimmt werden, besonders die Beschränkungen der Wahlen durch Blutsverwandtschaft und Schwägerschaft, welche zuweilen zu streng genommen waren, so daß manche geeignete Person nicht in den Rath kommen konnte, zuweilen auch wol zu wenig berücksichtigt wurde, so daß ein „gefreundeter Rath“ daraus hervorgehen konnte. Schon im Sommer 1667 hatten die drei Räthe mit den Handwerksmeistern über angemessenere Bestimmungen der Wahlen berathen und Beschlüsse gefaßt, welche auch bei den folgenden Rathswechseln, so 1671 und 1674, als gültig erkannt, doch erst am Freitage nach Oculi 1680, nach Ablegung der Hospital-, Kloster- und Schulrechnungen, in allgemeiner Versammlung der Räthe und Handwerksmeister nach nochmaliger Umfrage in jene bei Lesser mitgetheilte Form gefaßt wurden. An die Stelle der nicht ganz deutlichen alten Satzungen (im 3. Buche der Statuten) kamen genauere Bestimmungen. In 1 Rathsregimente sollten nicht sein Großvater und Enkel, Vater und Sohn, Brüder und Schwäger, wohl aber sollten solche in verschiedenen der drei Rathsregimente sitzen dürfen.

Das an dem Handwerksmeisterbriefe von 1375 angehängte „große Insiegel“ ist das in meiner Urkundlichen Geschichte von Nordhausen abgebildete Siegel B, welches um das Jahr 1300 an die Stelle des ältern A um 1224 angefertigten (mit der Umschrift SIGILLVM NORTHVSENSIS CIVITATIS, auch auf dem Titelblatte des Einzeldrucks der Denkschrift von 1852 abgebildet) getreten war, mit der Umschrift SIGILLVM NORTHVSEN CIVITATIS IMPERII. Die beiden königlichen Figuren, womit auch die ältern Hohlmünzen der Stadt Nordhausen bezeichnet waren (über welche Münzen man die besten Mittheilungen findet in dem Werke von C. F. von Posern-Klett: Münzstätten und Münzen der Städte und geistlichen Stifter Sachsens im M. A. Lpz. 1846. 4.) können als das ältere Stadtwappen gelten; doch schon im 14. Jahrhundert wurde der einfache Adler als solches angenommen. Jene beiden Figuren sollten ursprünglich, und auf dem Siegel A ohne Zweifel, den Kaiser Friedrich II. und dessen Sohn den König Heinrich (VII.) bezeichnen, durch welche Nordhausen für eine Reichsstadt erklärt worden war. Bei der Anfertigung des Siegels B dachte man vielleicht an König Heinrich I. und dessen Gemahlin Mathilde als Gründer der Stadt, denn die zweite Figur auf demselben scheint weiblich zu sein. Neben dem Hauptsiegel B brauchte man seit 1336 ein kleineres Sigillum secretum mit dem einfachen Adler, dessen Kopf unter einem Helme verborgen ist, auf welchem Büffelhörner stehn mit Blätterverzierung (mit Leimruthen, meinen Einige). Dasselbe hat die Umschrift ✠ SECRET' NORTHVS' CIVITATIS IMPERII. In der ungenauen Abbildung dieses Siegels bei Lesser S. 303 ist der Helm gar nicht sichtbar. Von der Anfertigung befindet sich folgende gleichzeitige Aufzeichnung in dem Liber privilegiorum s. litterarum: Anno domini ut supra (1336) circa festum beati Nycolai Consules predicti (es sind die Rathsmeister Heinrich von Gotha und Heinrich in dem Schule und 16 benannte Rathmänner) ceperunt uti sigillo suo Secreto Novo, in quo Aquila galeata videtur esse sculpta. Item eodem Anno incepta

Nova Moneta parvulorum denariorum ex puro argento factorum. — Als dieses Secret abgenutzt war, wurde im 18. Jahrhundert ein neues (in Silber) angefertigt, dessen man sich bis 1802 bediente. Auch auf diesem (bei Lesser S. 304 sehr schlecht abgebildeten) steckt des Adlers Kopf im Helme mit den Büffelhörnern, und die Umschrift ist S. SECRETUM. NORTHUSEN. CIVITATIS. IMPERII. — — An die Stelle des Hauptsiegels B setzte man schon im 14. Jahrhundert ein Siegel mit dem einfachen Adler ohne Helm, von welchem Lesser, der dasselbe auch mit dem 1336 zuerst gebrauchten Secret verwechselt, S. 303 oben eine nicht ganz genaue Abbildung liefert. Die Umschrift desselben ist sigillum. northusen. civitatis. imperii.

Nach dem großen Aufstande der Bürgerschaft im Jahre 1375, welcher die Verfassung der Stadt, insonderheit die Rathswahlen bedeutend änderte, hat ein ähnlicher Aufstand in Nordhausen nicht wieder statt gefunden; doch führten in der ersten Hälfte des 18. Jahrhunderts die Bürger sehr lebhafte Beschwerden gegen den Rath, und machten Klagen gegen denselben bei dem Reichskammergerichte in Wetzlar anhängig. Ein Reichsbeschluß vom 5. Jan. 1726, welchen Lesser S. 304—308 mittheilt, suchte diesen Beschwerden abzuhelfen. Dieselben betrafen die Brauordnung, die Marktordnung, die Rathswahl, die Justiz, die Verwaltung der Stadtgüter und die Emolumente der Bürgermeister und Rathspersonen. Darauf, am 7. Nov. 1727, erschien ein Mandat des kaiserlichen Kammergerichts zu Wetzlar in Sachen der vier Bürgerschaftssyndici gegen die Bürgermeister von den Gilden ꝛc. nebst einem Gutachten die Regulirung der Besoldung betreffend, welche im Ganzen angenommen, durch einen Rathsbeschluß vom 24. Mai 1729 aber noch ein wenig abgeändert und näher bestimmt wurde.

Siebentes Kapitel.

Von den vornehmsten Gesetzen und Verordnungen der Reichsstadt Nordhausen.

Unter die nordhäusischen Gesetze ist das alte mühlhäusische Rechtsbuch aus dem 13. Jahrhundert nicht zu zählen, da dessen Adoption nicht durchgeführt wurde. Nachdem zuerst Grashof 1749 dieses wichtige Denkmal nach der mühlhäusischen Handschrift geliefert hatte, gab ich dasselbe 1843 nach der nordhäusischen (in den N. Mitth. des thür. sächs. Vereins VII, 1, 76—110 und daraus besonders abgedruckt), zuletzt 1846 wieder nach der mühlhäusischen Handschrift Stephan (N. Stofflieferungen I, 27—57). Vgl. meine Bemerkungen darüber in den Götting. gel. Anz. 1846, Nr. 146 und 1847, Nr. 137.

Gültig war etwa seit der Mitte des 13. Jahrhunderts für die Verwaltung des Reichsschultheißenamts und der Reichsvogtei in Nordhausen das sogenannte Schultheißenbuch mit seinen beiden Theilen, dem Stadtrechte und dem Zollbriefe in seiner ältern lateinischen Form und seit 1583 (nominell bis in das 18. Jahrhundert) in der Uebersetzung mit Nachträgen. In beiden Gestalten habe ich dasselbe geliefert in den N. Mitth. des thür. sächs. Vereins (III. 1, 30—42; V, 3, 40—57 und daraus in besondern Abdrücken 1836 und 1843), so wie auch interessante Weisthümer aus dem 15. u. 16. Jahrhundert (N. Mitth. ꝛc. I. 3, 13—82 und daraus besonders 1834). — — Die Statuten, welche die Bürger sich setzten und die Könige (Kaiser) seit Rudolf I. durch Majestätsbriefe allgemein bestätigten,*) wurden schon im 13. Jahrhundert als „der Stadt Einung" gesammelt, vollständiger 1308, darauf in 4 Büchern 1360 und endlich 1470. Auch diese wichtigen Sammlungen A, B, C, D, mit ihren Nachträgen habe ich in den N. Mitth. ꝛc. (in Bd. 3. 5. 6. 7.) und daraus in besondern Abdrücken (1836 u. 1843) bekannt gemacht, worauf ich hier verweise. — Spätere Revisionen der Statutenbücher (1563 durch Apollo Wiegand, 1580 durch Georg Wilde, 1670, endlich durch die zwei Bürgermeister Riemann um die Mitte des 18. Jahrhunderts) erhielten nicht Gesetzeskraft, und die letzten wurden gar nicht vollendet.

Mängel der Statuten wurden ergänzt und im Laufe der Zeit hervortretende neue Verhältnisse geordnet durch zahlreiche einzelne Gesetze, Verordnungen und Beschlüsse des Rathes, auch der Aeltesten (Collegii Seniorum, sämmtlicher Bürgermeister mit dem Syndicus). Von diesen Anordnungen sollen nur einige aus dem 16. und 17. Jahrhundert angeführt werden (indem auch die vom Rathe bestätigten Handwerksordnungen hier wegbleiben), vollständiger die des 18. Jahrhunderts. — Am Montage nach Matthäi 1524 befahlen die Aeltesten mit dem Rathe nach dem auf dem Städtetag zu Speier gefaßten Beschlusse, daß die Pfarrer hinfort einträchtig das göttliche Wort nach dem Evangelium predigen sollten. — Am Freitage nach Oculi 1528 wurde beschlossen, daß nicht auf dem (Raths-)Keller, von Andern aber nur gegen eine Abgabe Branntwein ausgeschenkt werden sollte. — In den Jahren 1530, 1546 und 1559 wurden Mandate wider die Juden erlassen. — Die Polizeiverordnung von 1549 ist abgedruckt in den N. Mitth. ꝛc. V, 4, 94—100. — Den Beschluß vom 23. Jun. 1567, daß, wo die Statuten nicht ausreichen, nach gemeinem Kaiserrecht gesprochen werden soll, welcher am 23. Jun. 1671 erneuert wurde, enthält auch die Polizeiordnung von 1668 S. 27 ff. — Die Verordnung vom 6. Jun. 1581 wegen der Weiber Einbringen und der cessio honorum steht in Lessers Schrift: die scheußliche Gestalt eines muthwilligen Banquerottierers (N. 1752. 8.) S. 117. — Aus der Schulordnung vom Jahre 1583 lieferte ich einen ausführlichen Auszug in dem Programm des Gymnasiums 1826. 4.

Des Syndicus D. Joh. Titius Erörterte Succession- und Erbfälle (1. Ausg. Leipz. 1659. 4, dann Leipz. 1671, Regensb. 1719. 4) erhielten, nach einer Revision, Gesetzeskraft durch den Beschluß vom 3. Febr. 1733, und erschienen mit demselben in mehreren Ausgaben (Nordhs. 1733. 49. 77 in 4.). — Daß 1607 neue nordhäusische Statuten in Jena gedruckt erschienen, ist ein

*) aber vorher auch Schutzfürsten, wie 1372 Fürst Otto von Anhalt, s. N. Mitth. III, 44.

Irrthum Lessers. — Aus dem 17. Jahrhundert sind noch folgende Verordnungen: 1641, 2. Apr. Kindtaufordnung sammt Verbot vom heil. Christ, Neuen Jahr und rothen Ei (auch in der Poliz.-O. 1668). — 1647 Sept., Mandatum in puncto legitimationis (P.-O. 1668). — 1647, 19. Nov. wegen der in Kriegszeiten hereingeflüchteten Mobilien und Personen (erneuert 1673, 12. Mz.) — 1652, 23. Febr. wegen Theilung der Länderei in Felder. — 1654, 13. Mz. Hochzeitordnung. — 1657, 11. Febr. Apothekenordnung und Taxe. — 1658, 26. Nov. Neue Schulordnung. — 1660, 24. Aug. wegen des Friedensfestes Mont. n. Aegidii. — 1662, 19. Dec. Kanzleiordnung (in P.-O. 1668). — 1665, 21. Nov. wegen der Kirchen-Gleichheit. — 1668, 13. Apr. wegen Versehens (P.-O. 1668). — 1668, 27. Nov. Polizeiordnung (bei Lesser S. 288 ff.) — 1668, 17. Dec. wegen Kindtaufen, heil. Christ, Fest- und Feiertagen 2c. (P.-O. 1668). — 1669, 25. Oct. Verbot der Hochzeiten vom 1. Advent bis nach Epiphanias und von Invocavit bis Ostern. — 1671, 20. Nov. wegen der als Pilger 2c. herumziehenden gefährlichen Vagabunden. — 1672, 28. Aug. wegen der Sonntagsfeier in den Jahrmärkten. — 1674, 4. Mz. Hebammenordnung. — 1678, 25. Nov. Ehe- und Verlöbnißordnung. — 1680, 23. Jun. wegen der Rathswahl (bei Lesser S. 299. ff.). — 1681, 1. Aug. wegen Münzfrevel. — 1681, 13. Aug. Pestordnung. (Diese ausführliche Pestordnung ist entworfen von D. Konr. Fromann, welcher auch ein Medicinalisches Bedenken über die Pest erscheinen ließ, N. 1681, 4. $24^1/_2$ Bogen). — 1682, 26. Jan. wegen Schmähens auf der Kanzel (erneuert 1722, 17. Apr.). — 1684, 16. Mai wegen Jagd und Fischerei. — 1687, 14. Apr. Hospitalordnung für S. Martini (erneuert 1721, 1. Febr.). — 1688, 16. Nov. Verbot des Kesselbrauens. — 1689, 16. Jan. Anordnung wöchentlicher Betstunden. — 1689, 21. Oct. Feuerordnung. — 1693, 30. Jan. wider das frevele Fastnachthalten. — 1698, 9. Nov. Vormundschaftsordnung (wegen jährlicher Ablegung der Rechnung des Vormundschaftsamtes 2c.).

Verordnungen des 18. Jahrhunderts: 1705, 16. Mai, wegen Absterben des Kaisers Leopold's I. — 1708, 11. Mai, wegen des langen Nachtssitzens auf dem Keller. — 1708, 14. Mai, verbesserte Hochzeit- und Kindtaufenordnung. — 1710, 10. Dec. Befreiung wegen des Brandes und Baureglement. — 1711, Oct., wegen der Wahl Kf. Karl VI. — 1712, 25. Jan. wegen der Sabbathschänder und Spieler. — 1715, 14. Aug., Braureglement, auch wegen des fremden Getränks und Kesselbrauens. — 1715, 14. Aug. wegen Huldigung der Bürger an den Rath. — 1715, 16. Aug. wegen des Brandbußtags. — 1715, 4. Sept. wegen der Leichenkronen und Kränze. — 1715, 7. Sept. wegen des Roß- und Viehmarktes. — 1715, 12. Sept. wegen des Mahl- und Schrotgeldes (vgl. 1724, 20. Sept.). — 1715, 20. und 26. Sept. wegen des Dankfestes über den Frieden mit Frankreich. — 1715, 20. Sept., daß Alle, welche Grundstücke hier besitzen, ein Verzeichniß davon zu Rathhause schicken sollen. — 1715, 20. Sept. wegen der Deutschen Ordensländerei. — 1715, 16. Oct. wegen der fremden Leinweber und Garnhausirer. — 1715, 23. Dec. wegen des Brotgewichts der Bäcker. — 1716, 24. Apr. wegen des Dankfestes über die Geburt eines kaiserlichen Prinzen. — 1716, 10. und 19. Jul. Vormundschaftsordnung (erneuert 1780, 15. Dec.). — 1716, 29. Aug. wegen der Feuerwehr. — 1716, 6. Nov. wegen der Türkensteuer. — 1717, 26. Apr. wegen der ankommenden Fremden. — 1717, 29. Mai wegen eines Dankfestes über die Geburt eines kaiserlichen Prinzen. — 1717, 4. Jun. wegen der kaiserlichen Huldigung. — 1717, 13. Sept. wegen Abschaffung der Branntweinbrennereien in der Oberstadt. — 1717, 22. Sept. wegen des Reformationsfestes, an die Geistlichkeit. — 1717, 11. Oct. desgl. an die Bürgerschaft. — 1718, 6. Jul. wegen der den Kirchnern zu reichenden Martinskanne (vgl. 1763, 7. Oct.). — 1718, 17. Aug. wegen des Brandbußtags. — 1718, 19. Aug. wegen des Dankfestes für den Passarowitzer Frieden. — 1718, 21. Dec. wegen der Censur bei der hiesigen Buchdruckerei. — 1719, 2. Jun. wegen des Umgehens der Bettler. — 1719, 16. Jun. Kanzleiordnung, wegen des Versetzens und daß niemand unter 30 Thalern schriftlich klagen soll (erneuert 1777, 27. Jan.). — 1719, 21. Jul. wegen der Weiber Einbringen und der cessio bonorum (vgl. 1581). — 1720 wegen Hütens auf den Aeckern und Beschädigung der Feld- und Gartenfrüchte. — 1720, 22. Jun. Wechselordnung (erneuert 1759, 19. Jun.), — 1720, 26. Jul., daß Gesinde Gold oder Silber nicht trage. — 1720, 29. Aug. wegen der Priester Wittwen- und Waisenkasse. — 1720, 23. Nov. wegen einer Collecte für Germersheim. — 1721, 9. Jul. wegen Austheilung des Leichengeldes an die Schullehrer und Kirchner (vgl. 1782, 29. Jun.). — 1722, 6. Febr. Gosebraureglement (erneuert 1771, 2. Sept.). — 1723, 5. (10.) Jan. Hypothekenordnung. — 1723, 15. Jan. wegen der Bevollmächtigten. — 1723, 5. Mz. wegen der Viehseuche. — 1723, 9. Jun. wegen Schlägerei und Injurien. — 1723, 23. Jul. wider die Völlerei. — 1724, 21. Jan. wider die sogenannte Börse (die Zusammenkunft zu geselligen Vergnügen am Sonnabende). — 1724, 25. Febr. wegen der Inquilinen. — 1724, 2. Jun. wegen der Funktion des Vormundschaftsamts. — 1724, 8. Sept. wegen einer Collecte für Steinbrücken. — 1724, 24. Sept. wegen des Mahl- und Schrotgeldes. — 1724, 8. Nov. wegen der brennenden Tabakspfeifen (auf dem Keller). — 1725, 25. Jun., daß kein Getränk aus dem Dome und vom walkenrieder Hofe geholt werde. — 1725, 10. Aug. wegen der Branntweinfässer. — 1725, 22. Aug. wider das unvorsichtige Tabaksrauchen auf den Straßen &c. — 1725, 24. Aug., daß niemand mit einer brennenden Tabakspfeife oder einem Lichte in die Ställe &c. gehe (v. 1729. 51. 59. 76). — 1725, 8. Nov. verbesserte Brauordnung. — 1726, 5. Jan. wegen Abstellung der Gravamina der Bürger (bei Lesser S. 304 ff.). — 1726, 22. Mz. wider die Schlägereien (auf dem Keller). — 1726, 6. Sept. wegen Anmeldung der Forderungen an die Kämmerei von Seiten der Vorsteher der Kirchen und Stiftungen. — 1726, 23. Dec. Brauordnung (wieder aufgelegt 1730 im August, revidirt 1785, 14. Nov.). — [1727, 3. Febr. Publication eines kaiserlichen Werbepatents.] — 1727, 10. Febr. wegen des Biereinziehens in der Neustadt. — 1727, 6. März wegen der Inquilinen. — 1727, 9. Mai wegen des Kunstgeldes. — 1727, 23. Jun. wegen der vorzunehmenden Landvermessung (vgl. 1728. 29. 30). — 1727, 31. Oct. wegen der Metten und Mittagspredigten zu S. Nicolai. — 1727, 3. Dec. desgl. zu S. Blasii. — 1727, 5. Dec. wegen der Wochpredigten. — 1728, 23. Apr. Anderweitige Verordnung wegen der Landvermessung. — 1728, 1. Oct. Armenordnung (vgl. 1741, 21. Apr.). — 1729, 4. März wegen der Armenordnung an die Kirchenvorsteher. — 1729, 4. Mz. desgl. an die Gilden und Innungen. — 1729, 19. Aug. daß niemand mit brennender Tabakspfeife oder offenem Lichte in die Höfe, Ställe oder Scheunen gehe ꝛc. — 1729, 23. Sept. Anderweitige Verordnung wegen der Landvermessung. — 1729, 1. Dec. wegen einer Collecte für Heringen. — 1730, 28. Febr. Neue Feuerordnung (wieder abgedruckt 1749). — 1730, 5. Apr. Decretum inhibitoriale an die Priesterschaft. — 1730, 5. Jun. wegen des Jubelfestes. — 1730, 8. Jun. wegen der Bäckergesellen, an die Bäckergilde. — 1730, 8. Sept. wegen Verkauf der Goselose (vgl. 1738, 28. März). — 1730, 13. Oct. Anderweitige Verordnung, wegen der Landvermessung. — 1730, 15. Dec. wegen Einführung von Lange's Grammatik ꝛc., an die Schule (das Gymnasium). — 1732, 5. Jan. wegen Anlegung einer neuen Rathsbibliothek. — 1732, 20. Juni daß jeder, der zum heil. Abendmahl gehen will, sich vorher bei dem Prediger melde. — 1732, 9. Jul. daß kein Bier oder Getränke aus dem Dome geholt werden soll. — [1732, 30. Sept. Publication der Reichshandwerksordnung vom 16. Aug. 1731, — erneuert 1768, 4. Jul.] — 1732, 14. Nov. wegen des Schosses. — 1733, 3. Febr. Bestätigung und Publication der Succession und Erbfälle von Titius. S. S. 191. — 1733, 23. Jun. wegen der Lösung der Kirchenstühle. — [Publication des kaiserlichen Verbots der Ausfuhr von Kriegsvorräthen, vom 1. Sept. 1733]. — 1734, 8. Febr. wegen eines neuen Gesangbuchs, an die Geistlichkeit. — 1734, 16. Jul. wegen Anlage zu Entrichtung von 30 Römermonaten, zum Kriege wider Frankreich. — 1734, 10. Nov. wegen Verkauf des Weines im Ganzen und Einzelnen (erneuert 1800, 2. Oct.). — 1735, 11. Mz. wegen des neuen Gesangbuches. — 1735, 11. Jul. daß niemand aus dem Dome Wein oder Bier holen soll. — 1736, 7. Jan. daß niemand bei dem Stifte S. Crucis wider einen Stiftsinquilinen Klage erheben soll. — 1737, 11. Jan. wegen reducirter Münzsorten. — 1738, 24. Jan. wegen Anlage zu Entrichtung von 50 Römermonaten. — 1738, 28. Mz. wegen Verkauf der Goseloje. — 1738, 6. Oct. wegen der Pest in Ungarn und Siebenbürgen. — 1740, 17. Aug. wegen des Fruchtverkaufens. — 1740, 24. Aug. wegen der Jagdzeit (vgl. 1744, 24. Febr.). — 1740, 4. Nov. wegen der Trauer um Kaiser Karl VI. — 1740, 8. Dec. wegen der Gedächtnißpredigt f. Ks. Karl VI., an die Geistlichkeit. — 1741, 24. Febr. wegen der Tauben und Sperlinge. — 1741, 21. Apr. der Armenordnung weitere Fortsetzung. — 1742, 23. Febr. wegen des Schießens auf den Gassen und in den Häusern am Feste zu Ks. Karl VII. Krönung. — 1742, 13. Apr. wegen der kaiserlichen Huldigung. — 1742, 24. Aug. wegen einer Anlage zu dem an Ks. Karl VII. bewilligten don gratuit. — 1744, 4. Jan. Anderweitige Verordnung wegen der Kapellen oder Kirchenstühle. — 1744, 24. Febr. wegen der Jagd und Hegezeit. — 1745, 1. Febr. wegen der Trauer um Kaiser Karl VII. — 1745, 1. Febr. wegen Absterbens Kaiser Karl VII. — 1745, 6. Mz. wegen der Gedächtnißpredigt, an die Geistlichkeit. — 1745, 8. Oct. wegen des Schießens in den Häusern und auf den Straßen bei dem Feste zur Krönung Ks. Franz I. —

1745, 9. Oct. wegen des Gottesdienstes an demselben Freudenfeste. — 1746, 22. Jun. wegen einer Collecte zum Bau der Kirche S. Jacobi. — 1747, 19. Mai wegen des Freudenfestes über die Geburt des kaiserlichen Prinzen Peter Leopold. — 1747, 28. Jul. Reglement wegen des Broihanbrauens. — 1748, 8. Jul. wegen der Inquilinen. — 1748, 5. Nov. wegen der Hornviehseuche im Schwarzburgischen. — 1748, 27. Nov. wegen der Frühkirchen im Winter. — 1749, 7. (8.) Jul. wegen der zur unrechten Zeit aufgekauften Früchte (erneuert 1753, 3. Mz. und 1775, 31. Mz.). — 1749, 31. Oct. (5.) Nov. wegen richtigen Gemäßes beim Branntweinhandel. — 1750, 2. Jan. an die Schneidergilde, wegen Führung und Ablegung der Rechnung. — 1751, 5. Febr. daß niemand mit brennender Tabakspfeife oder einem offenen Lichte in die Höfe, Ställe, Scheunen rc. gehn soll, auch wegen des Nachtsitzens, (erneuert 1759, 27. Apr. und 1776, 2. Dec.). — 1751, 14. Apr. an die Schuhmachergilde auf dem Schuhhofe sich ruhig aufzuführen. — 1751, 16. Apr. wider die Separatisten. — 1751, 13. Aug. Anderweitige Verordnung wider die Separatisten. — 1751, 29. Aug. wegen Verschiebung der Jagdzeit. — 1753, 30. Aug. daß niemand, der nicht wirklich Bürger ist, auf die Jagd gehn soll (erneuert 1777, 17. Sept.). — 1753, 26. Nov. an die Bäckergilde, bei ihren Versammlungen sich ruhig zu verhalten. — 1753, 17. Dec. an die Böttchergilde, desgl. — 1754, 25. Jan. wegen der alten Branntweinfässer. — 1755, 15. Oct. Verbot der Einführung fremden Getränkes und des Kesselbrauens. — 1756, 22. Sept. daß wegen Getreidemangels die Branntweinbrenner nur mit 1 Blase brennen sollen. — 1756, 18. Oct. wiederholtes Verbot des Branntweinbrennens. — 1757, 13. Jul. daß in den Wirthshäusern und Schenken keine verdächtigen Personen beherbergt werden sollen. — 1757, 14. Nov. wegen der einquartirten französischen Truppen. — 1757, 16. Nov. wegen der den Franzosen abgekauften Pferde. — 1758, 30. Aug. wegen einer Anlage zur Bezahlung der Kriegscontributionen. — 1759, 6. Apr. Verbot herrenloses Gesindel oder sonst verdächtige Personen zu beherbergen. — 1759, 23 Jun. an die Knochenhauer, wegen der Fleischtaxe und des Schlachtens des Viehes. — 1759, 29. Jun. daß unter der Predigt an Sonn- und Festtagen kein Branntwein geschenkt werde (erneuert 1763, 26. Jan.). — 1759, 19. Sept. daß niemand in Gesellschaften von jetzigen Kriegsläuften sprechen soll. — 1760, 27. Nov. wegen des doppelten Schosses. — 1761, 16. Nov. desgleichen. — 1762, 22. Jan. daß kein fremdes Getränk heimlich in die Stadt geführt werde. — 1762, 5. Febr. Verbot des Fruchthandels bis auf anderweitige Verordnung. — 1762, 26. Febr. wegen der Jagd und Hegezeit. — 1762, 24. Mz. Verbot Getreide, Malz oder Mehl an Auswärtige abzulassen. — 1763, 30. Mz. wegen des Friedensfestes. — 1763, 7. Oct. an die Brauer, wegen der Martinskanne für die Kirchner. — 1764, 23. Mz. wegen reducirter Münzsorten. — 1764, 18. Apr. wegen des Freudenfestes über Erwählung Kaiser Josephs II. — 1764, 29. Jun. daß keine fremde geschmiedete Eisenwaaren in die Stadt gebracht werden. — 1765, 29. Mz. wegen eines Dankfestes über die Vermählung Kaisers Joseph II. mit einer bairischen Prinzessin. — 1765, 22. Jun wegen der Fischerei im Feldwasser (erneuert 1768, 28. Jul.). — 1765, 4. Sept. wegen der Trauer um Kaiser Franz I. —

1765, 13. Sept. wegen der schlechten Scheidemünze. — 1766, 28. Febr. wegen eines außerordentlichen Schosses zur Bezahlung von 6000 Gulden für Abwendung der kaiserlichen Localhuldigung. — 1766, 22. Mai Erweiterung der Schulordnung von 1658. — 1766, 14. Nov. wegen einer Collecte für Stolberg. — 1767, 19. Jun. wegen der Trauer um die Kaiserin Josepha. — 1767, 10. Aug. an die Knochenhauergilde, daß die Hammel des Nachts nicht auf dem Felde bleiben sollen (erneuert 1768, 6. Jul.). — 1768, 15. Febr. an die Knochenhauer, wegen des Verkaufs des Fleisches in den Häusern. — 1770, 3. Dec. Instruction für die Thorschreiber wegen der Pest in der Moldau und Walachei. — 1771, 31. Mai, Erneuerung des Edicts wegen Beschränkung des Branntweinbrennens vom 26. Sept. 1756. — 1771, 10. Jul. Verbot Früchte an Auswärtige zu verkaufen. — 1771, 26. Jul. Reglement für die Thorschreiber wegen Ausfuhr der Früchte, Hereinkommens fremder Handwerksburschen &c. — 1771, 26. Jul. an die Gilden und Innungen wegen der Handwerksburschen. — 1771, 26. Jul. Verbot die Früchte auf dem Lande vor ihrer Reife abweiden zu lassen. — 1771, 2. Sept. Reglement des Gosebrauens vom 6. Febr. 1722, mit einigen Abänderungen erneuert. — 1771, 8. Nov. wegen Versiegelung der sämmtlichen Branntweinblasen. — 1772, 13. Apr. daß wieder mit je 1 Blase Branntwein gebrannt werden darf, bis der Roggen $2^1/_2$ Thaler kostet. — [1772, 5. Aug. Publication des kaiserlichen Patents wegen Abstellung der Handwerksmißbräuche vom 23. Apr. 1772]. — 1772, 15. Sept. daß die Roggenstoppeln nicht vor Bartholomäi untergepflügt werden sollen. — 1772, 25. Sept. wegen des Branntweinbrennens. — 1773, 5. Jan. Anderweitige Verordnung wegen des Branntweinbrennens. — 1774, 3. Jun. wegen der Mahl- und Schrotzeddel und Zeichnung der Säcke, an die Mahlkasse. — 1774, 3. Jun. wegen Beeidigung der Mühlburschen und Müller. — 1775, 21. Apr. wegen der Schindeldächer über den Fleischbänken, an die Knochenhauergilde. — 1775, 23. Jun. wegen des Kleebestellens. — 1775, 25. Sept. wegen der Brennknechte. — 1775, 6. Dec. wegen der Viehseuche. — 1777, 4. Jan. wegen des Aufwandes bei Leichen und Trauerfällen. — 1777, 27. Jun. Erneuerte und erweiterte Kanzleiordnung vom 16. Jun. 1709. — 1777, 3. Febr. wegen des Schlittenfahrens der Jugend auf den Straßen. — 1777, 21. Mz. Verbot Lehm am Leimbacher Wege zu holen. — 1777, 21. Mz. Verbot Schweine im Stadt-Wassergraben und den Mühlensümpfen zu schwemmen. — 1777, 13. Aug. daß die Inquilinen des Hospitals S. Martini die Sacra in der Martinikirche genießen sollen. — 1777, 5. Sept. wegen der Subhastationen, Consense und Legitimationen. — 1777, 17. Sept. Erneuerte und erweiterte Verordnung wegen der Jagd vom 29. Aug. 1753. — 1778, 23. Jun. wegen Befreiung des Schützenkönigs vom Mahl- und Schrotgelde. — 1778, 9. Oct. wegen des ungebührlichen Räsonnirens vom Kriege. — 1778, 30. Dec. daß niemand sich in fremde Werbung mischen soll. — 1779, 25. Jan. Verbot bei der Knochenhauerwache über das Eis in die Stadt zu gehn. — 1779, 16. Jun. wegen des Dankfestes für den Teschener Frieden. — 1779, 18. Jun. desgleichen. — 1779, 17. Jul. wegen des Mahl-, Schrot- und Schlaggeldes. — 1780, 15. Dec. Erneuerte und erweiterte Vormundschaftsordnung vom 10. Jul. 1716. — 1782, 29. Jun. wegen der Leichenaccidentien. — 1785, 14. Nov. Erneuerte und zum Theil abgeänderte Brauordnung vom 23. Dec. 1726. — 1786, 23. Juni wegen der Lotto-Collection. — 1788, 16. April wegen des Roß- und Viehmarkts. — 1788, 3. Juni wegen der Kirchen und des Gottesdienstes ꝛc. — 1788, 2. Oct. wegen Einführung der allgemeinen Beichte. — 1788, 2. Oct. wegen der Straßenversperrung. — 1789, 30. Jan. wegen des Branntweinbrennens. — 1789, 16. Nov. wegen Einschränkung des Branntweinbrennens und Fruchtaufkaufens. — 1791, 22. Febr. wegen der Hasardspiele. — 1795, 5. Jan. wegen Behütung der Aecker und Umpflügung der Stoppeln. — 1795, 16. Jan. Erneuerung des Verbots mit brennender Tabakspfeife in die Stadt zu kommen ꝛc. — 1796, 2. März wegen des Gerichtes. — 1798, 18. Jan. Anderweitige Verordnung wegen des Bierbrauens. — 1798, 7. März wegen des Gassenkehrens. — 1799, 24. April Verbot mit geladenem Gewehr auf der Straße zu gehen. — 1799, 27. Sept. wegen der Jagd. — 1800, 8. Jan. wegen des Schlittenfahrens. — 1800, 16. Mai Verbot die Wasserkünste zu verunreinigen. — 1800, 23. Juni wegen eines Gnadenhalbjahres nach Absterben eines Predigers. — 1800, 15. Sept. Verbot feuergefährliche Sachen auf die Böden der Häuser zu bringen. — 1800, 2. Oct. Erneuertes Edict vom Weinschanke vom 10. Nov. 1734. — 1800, 27. Oct. Erneuertes Verbot des Taubenschießens. — 1800, 19. Dec. Verbot des Neujahrsingens. — 1801, 9. April wegen Erheirathung des Bürgerrechts. — 1801, 20. April Verbot und Confiscation der gedruckten Bogen einer Schrift des Justizcommiss. Lange über den Aufenthalt des M. Laukhart in Nordhausen. — 1801, 27. Nov. Verbot des Straßenunfugs der Jugend. — 1801, 18. Dec. wegen der Hunde. — 1802, 23. Juni wegen der Einführung eines neuen Gesangbuchs. — 1802, 23. Juni wegen Lösung der Kirchenstellen (Kirchenstühle). — 1802, 30. Juli wegen Aufnahme der königl. preußischen Truppen. — — Dieses Verzeichniß obrigkeitlicher Verordnungen kann ergänzt werden aus den wöchentlichen Nachrichtsblättern (Intelligenzbl.) seit der Mitte des 18. Jahrhunderts

---

Achtes Kapitel.

Von den Bürgermeistern der Reichsstadt Nordhausen.

Für die königlichen Beamten in Nordhausen, welche in Urkunden des 12. und 13. Jahrhunderts erscheinen, und die namentlich in Walkenrieder Klosterbriefen aus dem dritten Jahrzehnd des 13. Jahrhunderts an der Spitze der Rathleute (Consules) genannt werden (meistens als Schultheiß und Vogt — scultetus, advocatus —), hat Lesser keinen Raum gefunden, und wir sparen eine tiefer eingehende Untersuchung darüber für einen andern Ort. Erst im Laufe des 13. Jahrhunderts und gegen das Ende desselben erlangte, wie es scheint, der Rath der Stadt mit seinen Rathsmeistern (Bürgermeistern) mehr Selbständigkeit. — Die Männer, deren Namen Lesser als Namen der ersten Bürgermeister nach einem „Briefe von 1278" (richtiger 1279) anführt, waren nicht alle Bürgermeister oder Rathsmeister (magistri consulum), sondern sie waren die Rathleute (consules) jenes Jahres, von denen die beiden zuerst genannten die Rathsmeister sein mögen. Als solche Rathleute werden in einer Urkunde von 1277 folgende 12 genannt: Konrad von Weißensee, Helwig von Frankenhausen, Hartwig von Ellrich († 1319), Thile von Bartholfeld (Bardervelt), Werner Hagenvogt, Kindelin, Helwig von Harzungen, Bruno Rothe (Rufus), Siegfried Weiße (Albus), Werner Luterod, Heinrich von Weißensee und Werner Walpurgis, — im Jahre 1279 folgende 11: Hermann von Furre, Kindelin, Siegfried Weiße, Gottfried Weiße, Hermann von Weißensee, Hartwig von Ellrich, Helwig von Frankenhausen, Thile von Bartholfeld, Burchard Egene, Helwig von Harzungen und Hermann Methfrieds (Methfridi), — 1286 wieder 12: Friedrich und Hermann von Weißensee, Siegfried Otsack, Werner von Luterode, Heinrich Gottschalks, Siegfried Walpurgis, Siegfried Weiße, Hermann von Weißensee, Heinrich von Sachsa, Thilemann von Ellrich, Konrad von Bergoz und Jacob von Weißensee, — 1289 ebenfalls 12: Heinrich von Weißensee, Hartwig von Ellrich, Werner Walpurgis, Burgard Egen, Dietrich vom Holzmarkt, Hermann Methfrieds, Bruno Weiße, Siegfried Beier (? Baurus), Hermann von Weißensee, Friedrichs Sohn, Gottschalk Sachse, Konrad von Bergoz, Eckhard von Mühlhausen und Gottschalk Vogt (Advocatus).

Im Jahre 1290 erscheinen Magistri consulum et consules, zusammen 12, von denen die 2 zuerst genannten ohne Zweifel die Rathsmeister sind, Friedrich von Weißensee und Heinrich von Sachsa. — Von 1299 an läßt sich, freilich im 14. und 15. Jahrhundert mit mancher Unterbrechung und unvollständig, ja selbst im 16. Jahrhundert noch nicht vollständig, eine Reihe der Bürgermeister (Rathsmeister) aufstellen. Neben den 2 Rathsmeistern kommen vor seit 1299 meistens 16 Rathleute, 1356 schon 22, 1375 aber 25 außer den 4 von der Gemeine wegen, darauf (1385) 21 u. s. w. — Rathsmeister waren 1299 Thilemann (= Thilo, Dietrich) von Ellrich und Friedrich von Sangerhausen, — 1300 Siegfried Beier (S. dictus Beyger auch Baurus) und Heine (= Heinrich) Junge (Heyno Juvenis), — 1301 Bruno Becherers (Bikerarii) und Werner Walpurgis, — 1302 Konrad Dockenfuß (Tockinvuz) und Siegfried von Tütcherode (Tulichinrode), — auch Rudolph (Roso) Kristeninge, — — 1304 Siegfried Beier wieder und Heine von Ellrich, — — 1307 Heinrich von Sporgerode und Rudolf Kristeninge (wieder), — 1308 Rudolf von (oder in) den Töpfern (Roso de figulis, in figulis) und Jacob Peters (Petri).

Von den Jahren 1312 bis 1367 liegen mir vollständige Verzeichnisse der Rathleute vor in sehr interessanten gleichzeitigen Originalregistern (Lib. privilegior. s. litterar. und Album civium d. i. Bürgerrolle). Man ersieht daraus, daß schon damals drei Räthe oder Rathsregimente bestanden, von denen jedes 1 Jahr regierte, mit 2 Rathsmeistern an der Spitze (oder vielmehr 4, nämlich 2 vor und 2 andern nach Johanni); nach drei Jahren erscheinen meistens dieselben Namen wieder, wenn auch nicht immer in derselben Ordnung. — Die beiden ersten Namen sind 1312 Konrad von Halberstadt und Gier (Vultur), — 1313 Friedrich Kalb (Vitulus) und Werner Walpurgis [auch Rud. in den Töpfern und Rud. Kristeninge erscheinen als Rathsmeister in diesem Jahre, so auch Heinrich von Werther und Jac. Peters (Petri) 1314], — 1314 Hartwig von Ellrich und Konrad Walpurgis, — 1315 Konrad von Halberstadt und Rudolf Egen, — 1316 Rudolf in den Töpfern (Roso in figulis) und Hermann von Bergoze, — 1317 Hartwig von Ellrich und Konrad Dockenfuß (Tockenvoz), — 1318 Konrad von Halberstadt und Siegfried Walpurgis [nach Lesser wurde in diesem Jahre 1318 Friedrich von Bendeleben d. Ae. erwählt; derselbe steht aber nicht in dem alten Verzeichnisse, so auch nicht Konrad Thile 1319], — 1319 Rud. in den Töpfern und Konrad Fürst (Vorst), — 1320 Werner Walpurgis und Heine Salemer, — 1321 Konrad von Halberstadt und Heine von Gotha, — 1322 Rud. in den Töpfern und Konrad Walpurgis, — 1323 Heine Junge (Juvenis) d. Ae. und Werner Walpurgis, — 1324 Siegfried Walpurgis und Hartmann von Königerode [Wegen ihrer Theilnahme an den Unruhen 1324 wurden die Rathsmeister Friedrich von Trebra und Dietrich von Wechsungen 1326 bestraft.], — 1325 Konrad von Halberstadt d. Ae. und Heine von Wechsungen, — 1326 Hermann von Sangerhausen und Thile von Trebra [auch Dietrich Kile und Hildebrand von Trebra, nach einer Urkunde], — 1327 Rud. in den Töpfern und Hartmann von Königerode, — 1328 Konrad Walpurgis und Heine von Harzungen, — 1329 Hermann von Sangerhausen und Helwig von Harzungen, — 1330 Siegfried Walpurgis und Helwig von Harzungen, — 1331 Johann von Ellrich und Heine Junge [auch Gottschalk genannt Rothe und Kurt (Konrad) von Badra], — 1332 Heine von Harzungen und Hermann von Sangerhausen [auch Hartmann von Königerode und Reinhard von Kelbra?] — 1333 Heinrich von Gotha d. Ae. und Hermann von Urbach [auch Helwig von Harzungen und Kurt von Badra?], — 1334 Johann von Ellrich und Heine Junge, — 1335 Siegfried Walpurgis und Heinrich von Stolberg (Stalberg), — 1336 Heinrich von Gotha d. Ae. und Heinrich in dem Schule [auch Hartmann von Königerode und Reinhard von Kelbra], — 1337 Heine Junge und Dietrich von Ellrich, — 1338 Johann von Ellrich und Heinrich von Stolberg, — 1339 Heinrich von Gotha und Heinrich in dem Schule, — 1340 Johann von Weißensee, und Heine Junge [auch Hermann von Werther und Dietrich von Ellrich], — 1341 Dietrich Dockenfuß (Theod. Tockenfuz) und Heinrich von Stolberg, — 1342 Heinrich in dem Schule und Heinrich von Berge, — 1343 Johann von Weißensee und Heinrich Junge, —1344 Johann von Ellrich und Heinrich von Stolberg, — 1345 Hermann von Schernberg und Heinrich von Berge, — 1346 Johann von Weißensee und Heinrich Junge, — 1347 Hermann von Sangerhausen und Heinrich Stolberg, — 1348 Werner Kale und Heinrich von Berge [Die 4, welche Lesser zu 1348 nennt, waren Bürgermeister in Erfurt, nicht in Nordhausen.], — 1349 Werner von Dorstadt (Torstat) und Bertold Junge, — 1350 Johann von Weißensee und Hermann von Werther [auch Dietrich von Ellrich und Friedrich von Dorstadt], — 1351 Hermann von Sangerhausen und Heinrich von Stolberg [auch Heinrich von Stolberg und Siegfried Dorstadt], — 1352 Hermann von Dorstadt und Reinhard Kratze, — 1353 Werner Kale und Heinrich von Berge [auch Werner von Vorstadt und Dietrich von Urbach?], — 1354 Heinrich von Ellrich und Siegfried Walpurgis, — 1355 Hermann von Werther und Heinrich von Gotha, — 1356 Heinrich von Stolberg und Dietrich (Thiczel) von Urbach [auch Bertold Junge und Jacob von Kelbra], — 1357 Dietrich von Ellrich und Heinrich Junge, — 1358 Hermann von Werther und Heinrich von Gotha [auch Hartmann Kursenworchte (Pellifex) und Thile von Stolberg], — 1359 Jacob von Kelbra und Andreas von Stolberg [auch Berlt Junge und Heinrich von Werther], — 1360 Dietrich von Ellrich und Heinrich Junge [Um diese Zeit vor 1365 wurden Dietrich von Ellrich, Heinrich und Andreas von Stolberg und Dietrich von Ellrich d. J. verbannt, s. Statut. C. Anh. 4.], — 1361 Hermann von Werther und Heinrich von Gotha [auch Hartmann Kursenworchte und Dietr. von Stolberg], — 1362 Heinrich von Werther und Heinrich Junge [auch Berlt Junge und Dietrich von Schernberg?], — 1363 Heinr. Junge und Siegfr. Walpurgis, — 1364 Hermann von Werther und Heinrich von Gotha [auch Hartmann Kursenworchte und Dietrich von Stolberg], — 1365 Heinrich von Werther und Heinrich Junge [auch Bertold Junge und Dietrich von Schernberg], — 1366 Heinrich Junge und Hermann von Schernberg, — 1367 Hermann von Werther und Johann von Weißensee [auch Hartmann Kurseworchte und Heinrich Ostermann].

Auch dieses Verzeichniß nordhäusischer Bürgermeister 1312 bis 1367 ist nicht vollständig, da man aus jenem Lib. privileg. 2c. die Rathsmeister nach Johanni meistens nicht ersieht. Von 1368 bis 1600 ist gar kein altes zusammenhangendes Rathsregister vorhanden: aus Urkunden kann der Mangel einigermaßen ergänzt werden. Daraus und aus dem obigen Verzeichniß ordne ich folgende Reihe der Raths- oder Bürgermeister, wobei ich mich der jetzigen Formen der Vornamen bediene, statt der sonst meistens gebrauchten: Bertold, Dietrich, Friedrich, Heinrich, Johann, Konrad statt Berlt, Thizel oder Thile, Fritsche, Heinz oder Henze, Hans, Kurt u. s. w. — Friedrich von Weißensee 1290. — Heinrich von Sachsa 1290. — Dietrich von Ellrich 1299. — Friedrich von Sangerhausen 1299. — Siegfried Beier 1300. 1304. — Heinrich Junge 1300. 1323. († 1327). — Bruno Becherer 1301. — Werner Walpurg 1301. 1313. 20. 23. — Konrad Dockenfuß 1302. 17. — Siegfried von Tütcherode 1302. — Rudolf Kristeninge 1302. 7. 13. — Heinrich von Ellrich 1304. — Heinrich von Oporgerode 1307. — Rudolf in den Töpfern 1308. 13. 16. 19. 22. 27. — Jacob Peters (Petri) 1308. 14. — Konrad von Halberstadt 1312. 15. 18. 21. 25. — Gier (Geier) 1312. — Friedrich Kalb 1313. — Hartwig von Ellrich 1314. 17. — Konrad Walpurg 1314. — Heinrich von Werther 1314? — Rudolf Egen 1315. — Hermann von Bergoze 1316. — Siegfried Walpurg 1318. 24. 30. 35. — Konrad Thiele (Thilo) 1319? — Konrad Fürst 1319. — Heinrich Salemer 1320. — Heinrich von Gotha 1321. 33. 36. 39. — Hartmann von Königerode 1324. 27. (32. 36.) — Friedrich von Trebra 1325. — Dietrich von Wechsungen 1324. — Heinrich von Wechsungen 1325. — Hermann von Sangerhausen 1326. 29. 32. 47. 51. — Dietrich von Trebra 1326. — Dietrich Kale 1326. — Hildebrand von Trebra 1326. — Heinrich von Harzungen 1328. 32. — Helwig von Harzungen 1329 (†) und ein andrer Helwig von Harzungen 1330. 33. (?). — Johann von Ellrich 1331. 34. 38. 44. — Heinrich Junge (II.) 1331. 34. 37. 40. 43. 46. — Gottschalk Rothe 1331. — Konrad von Badra 1331. (33). — Reinhard von Kelbra 1332? 36? — Hermann von Urbach 13(32). 33. — Heinrich von Stolberg 1335. 38. 41. 44. 47. 51. 56 (verbannt um 1360). — Heinrich in dem Schule 1336. 39. 42. — Dietrich von Ellrich 1337. 40. 50. 54. 57. 60. (verbannt nebst Dietrich von Ellrich d. J. rc. um 1360, s. Statut. C. Anh. 4). — Johann von Weißensee 1340. 43. 46. 50. (60?) 67. 70. — Hermann von Werther 1340. 1346. 50. 55. 58. 61. 64. 67. 70. — Dietrich Dockenfuß 1341. — Heinrich von Berge 1342. 45. 48. 53. — Hermann von Schernberg 1345. 51. 60. 66. 69. — Werner Kale 1348. 53. — Werner von Dorstadt 1349. 53. — Bertold Junge 1349. 56. 59. 62. 65. 68. (71) — Friedrich von Dorstadt 1350. (54. 69.) — Siegfried von Dorstadt 1351. — Hermann von Dorstadt 1352. (53.) — Reinbard Kratze 1352. — Dietrich von Urbach 1353. 56. — Heinrich von Ellrich 1354. — Siegfried Walpurg (II.) (auch „vorn Walporge") 1354. 63. (69. 72.) (verbannt 1375, s. Stat. C. Anh. 8). — Heinrich von Gotha 1355. 58. 61. 64. (72.) (verbannt 1375). — Johann Segemund 1355 (nach Johanni). — Jacob von Kelbra 1356. 59. — Heinrich Junge (III.) 1357. 60. 63. 66. 69. (70?) 72. (verbannt 1375, s. o.). — Hartmann Kursenworchte 1358. 61. 64. (67.) (verbannt 1375, s. o.). — Dietrich von Stolberg 1358. 61. 64. — Andreas von Stolberg 1359 (verbannt um 1360, s. o.). — Heinrich (Henze) von Werther 1359. 62. 65. — Sibothe von Sangerhausen I. 1360. (67?) (verbannt 1375, s. o.). — Dietrich von Schernberg 1362. 65. 68. (71.) (verbannt 1375, s. o.). — Heinrich Ostermann 1367. — Heinrich Junge (IV.) 1362. 65. 68. (70?). 71. (verbannt 1375, s. o.). — Christian von Stolberg 1368. — Bertold von Schernberg 1370. — Dietrich von Tettenborn 1371. — Ludwig Börnet 1372. — Friedrich von Bendeleben 1375. 82. 85. — Nicolaus (Nickel) Thorbaum 1375 (verbannt 1383 wegen seiner Gewalt- und Uebelthaten, s. Stat. C. Anh. 11). — Heinrich Kirchhof (Kerchof) 1377. — Dietrich Junge 1377. — Johann von Badra 1382. 85. — Johann von Trebra 1383. — Bertold von Bleicherode 13(83). 84. — Heinrich von Furra 1384. — Nicolaus von Eschwege 1385. — Heinrich von Berge 1385? — (Hans Gerwer und Heinrich Brasynhain 1387, bei Lesser?). — Konrad Rose 1389. — Dietrich Schate 1389. — Konrad Wilde 1391. 1404. — (Johann Segemund 1397?). — Jacob Swellingrebil 1397? 1403. — (Johann Kleinschmied 1400?) — Reinhard Weißenberg (I.) 1400? 1403. 6. 9. 15. 18. 30. — Heinrich Schreiber 1401. 4. 15. 19. — Konrad Gutmann 1401. 4. — Konrad Haferung (K. von Haferungen) 1402. 5. 14. 26. — Heinrich Gratzung 1402. — Dietrich König (Koning) 1403. 6. 9. — Heinrich Kornmann 1403. 18. 21. — Friedrich Königerod (Kongerod) 1404. — Busse Werther (B. von W.) 1405. 11. — Christian von Schernberg 1411? 14? 60? — Jacob Wechsung 1414. — Johann Dymerod 1418. — Apel Kirchhof 1418. 21. — Konrad Schmid (Smet) 1419. 28. — Bertold Tayslaf 1419. — Dietrich Sachse 1419. (1460? ein andrer D. S.?). — Heinrich Wende (H. von Wenden) 1423. 49. 58. — Johann Eigenrot (Aigenrot, Eygenrod)

1423. 26. 29. — Heise Gutmann 1425. 28. 37. — Heinrich Stöckey 1425. 28. 32. 38. — Heinrich Swelngrebil 1428. — Dietrich Bodung (D. von Bodungen) 1429. 32. 35. 44. — Günther von Berge 1429. 35. — Johann Gelse 1429. — Engelhard Grefe 1430. — Bertold Finke 1430. -- Heinrich Wechsung 1432. — Christian Kanngießer 1432. 36. 42. 63. 66. — Johann von Artern 1434. 43. — Johann Stolberg (I.) 1434. 40. 43. 49. — Hermann Sangerhausen 1434. — Andreas Helwig 1435. — Konrad Dransfeld 1436. 39. 42. 48. 51. — Heinrich Schmid 1436. 42. — Christian Queckborn 1437. 40. 43. 49. — Dietrich Forst l. U. D. 1438. 41. 53. — Heinrich von Wofleben 1439. 53. 56. 59. 66. — Konrad Görtler (Curt Gorteler) 1440. — Werner Hindenus 1440. 58. — Johann Swellengrebil 1442. 48. 51. 54. 57. 60. — Johann von Brakel 1443. 49. 54. — Heinrich von Apolde 1444. — Konrad Thomas (Dommuß) 1453. 56. — Johann Hindenus 1453 56. 59. — Christian Koch 1554. 57. 60. — Dietrich Kirchner 1456. 62. — Bertold Spiring 1458. 61. (ging mit dem Herzoge Wilhelm von Sachsen nach dem heiligen Lande und starb bei seiner Rückkehr auf der Insel Rhodus). — Sibothe Sangerhausen 1458. 61. 65. 67. 70. — Konrad von Wenden (Curt Wende) 1462. 65. 77. 83. 86. 89. 92. 95. 96? — Hermann von Werther 1463. — Johann Brun (Braune) 1464. 67. 70. — Johann Kleine 1465? 68. — Andreas Hildebrand (Hellebrant) 1465. 68. 71. 77. — Konrad Schütze 1465. 68. 71. — Reinhard Weißenberg (II.) 1466. 79. 82. 87. 91. — Johann Stolberg (II.) 1466. 75. — Konrad von Brakel 1467. — Nicolaus Marktscheffel (Martsch.) 1467. 70. — Kaspar Budung 1470. — Johann Eilhard (Eylhart) 1470? 79. 82. 87. 90. 91. 97. 1500. 1503. 6. 9. — Nicolaus Wende 1470? — Jonas Koch 1473. 76. 79. 82. 85. [1490 Siegler] 91. 94. 97. 1503 (der Vater des Freundes und Gehülfen von Luther, D. Justus Jonas, vgl. meine kl. Schriften S. 22.). — Konrad Brinkmann 1473. 90. 97. — Johann Farnstein 1475. — Johann Lutterot (Leudterodt) 1476. 79. 85. 88. 91. 94. 97. 1503. († 1520. Sein Epitaphium in der Kirche S. Nicolai, s. bei Lesser S. 319.). — Heinrich Werther (H. von W.) 1477. 80. 83. 86. 87. 90. 93. 96. 1502. — Friedrich Pampelun 1477? — Dietrich Pampelun 1478. 81. 84. 87. (Von ihm erhielt das Hospital S. Martini ein Vermächtniß und 1491 einen silbernen Kelch. Auch ein Stipendium von 400 Gulden Kapital gründete er für Studirende, deren Eltern der Schuhmacher- und Lohgerbergilde angehörten.) — Hans Besa (H. von B.) 1480. 83. 86. 89. 92. 95. 96? 1504. — Erhart Kraft 1483. 86. 89. 92. 95. 98. 1504. — Heinrich Schade 1487. 90. 93. — Joh. Hofmann 1489. 92. — Lorenz von Acha 1490. 93. — Nicolaus Rebening 1490. 93. 96. 99. 1502. 8. 11. 14. 17. 20. 29. — Johann Eigenrot (II.) 1498. 1507. 10. 13. 16. — Christian Ildehausen (Yldehusen) 1499 1500. 2. 5. 12. 14. 20. — Andreas Schleiger (Schleyher) 1500. 2. 5. 11. 14. — Heinrich Thomas 1503. 6. 9. 12. 14. 15. 18. 22. 24. 25. 36. 39. († 1540. Sein Epitaphium in der Kirche S. Blasii, s. bei Lesser S. 318). — Nicolaus Schnellhart 1505. 12. 14. 18. — Andreas Stubich 1507. — Heinrich Ramme 1507. 10. 13. 16. 19. — Cyriacus Ernst 1507. 10. 13. 16. 19. 30. — Heinrich Mackenrod 1508. 11. 14. 20? — Konrad Hake 1510. 13. — Johann

Heise 1512. 15. — Heinrich (von) Hamme 1512? — Heinrich Bettenrod 1514. 15. 18. 26—27. — Andreas Oethe 1516. 17. 19. 21. 25. — Heinrich Fropp 1517? — Lorenz Rebbeis 1517. — Bertold Wöge (Woy) 1519. 21. — Thomas Holle 1522. — Johann Branderod 1522. 24. 45. 51. 57. 60. 69. 70. 72. 74. 75. — Thomas Sack 1522? 23. († 1547. Vater des Dompredigers in Magdeburg D. Siegfried Sack, vergl. U. Schriften S. 46). — Hans Lutterodt 1523. (26?). — Jacob Hofmann 1523. 36. 39. († 1547?) — Christian Müller (Moller) 1523. 32. (35). 38. 41. 50. 53. 56. — Johann John 1523. 35? — Konrad Ernst 1523—24. 25. 30. 32. 34 41. 44. — Johann Herbizhausen (Herberzhusen) 1524. 35. 41. 44. 50. — Bartel Rickel 1526—27. — Kaspar Brüchel 1526. 29. — Johann Wenderodt 1526? 29. — Wilhelm Wilde (Wille) 1529. — Otto Rosendorf 1530. — Kaspar Sidermann (Sidelmann) 1530. 35? 36? — Konrad Bertram 1530. 35? 36? — Adam Hindenus 1531. — Georg König 1531. 40. 43. 46. 49. — Apollo Wiegand (I.) 1532? — Blasius Michel (Basilius Michael) 1534. 35? (der Apotheker und Beförderer der Reformation, s. U. Schr. S. 45. 47.) — Konrad Schmid 1535? — Joh. Rinkleb 1538. 41. 50. — Johann Hesse 1539. 48. 51. 54. 57. 60. 63. 66. († 1567. 8. Juni Joh. Hess ex tribu pistorum electus est Senator a. 1506, Consul 1539, et sic vixit annos totos 61. Fuit vir pulcher et formosus, insigni pietate et morum comitate cum gravitate praeditus, amans justitiae et recti, insigni animi, ingenii et judicii dexteritate. In arte ejaculandi sagittas non solum juvenis, sed etiam senio confectus fuit excellens, ita ut multos annos per conspicuum vitrum eam artem exerceret. Postea cum difficultate auditus laboraret, et somnus deficeret, ad fallendum temporis taedium mira alearum delectabatur voluptate et lusu tesserarum: et in omni vita erat amans honestorum sodalitiorum et piorum colloquiorum. Vino immodice non utebatur: propter defectum somni producebat convivia in multam noctem; et vino sublimato utebatur quotidie, sed non immodica copia: omnis honestae disciplinae et virtutis perfecta idea et absolutissimum exemplum: numquam sumsit cibum nisi prius habita benedictione et etiam gratiarum actione publice dicta. Attigit aetatis annum fere 95, et quia animo erat pio et infracto, nec in adversis succumbebat, nec in prosperis efferebatur. Multas expertus est calamitates, non tantum publicas, sed etiam privatas. Liberi infantes mortui non sunt, sed adulti in conjugio relictis parvis haeredibus discesserunt. Habuit filium Johannem J. U. L. insigni eruditione et virtute praeditum, qui hydropili correptus immatura morte cum maximo multorum honestorum luctu ex vita hac ante annum 30. abiit. Pater vero ipsius et sororum obitus ea animi prudentia, patientia et gravitate tulit, ut et in rara illa senecta canitiem vix contraheret. Tandem viribus corporis paulatim deficientibus in vera Christi confessione et agnitione placide vitam finivit mensis Junii die 8. a. D. 1567. — M. Matth. Luder scr. Dieser treffliche Nachruf, womit der Syndicus Luther sich und den abgeschiedenen wackern Mitbürger und Bürgermeister ehrte, verdiente als eine Probe in unsrer Stadtgeschichte aufbewahrt zu werden.) — Michael Meienburg 1540 oder 41 — † 1555, 13. Nov. (Ueber diesen bedeutendsten Mann seiner Zeit in Nordhausen s. meine kl. Schriften S. 53 ff.). — Johann Luder (Luther) 1545. 51. 57. (62? † 1558?). — Johann Thomas 1545. — Heinrich Braune (I.) 1545. — Bonifacius Kale 1546. 49. 52. — Nicolaus Wilde (Wille) 1548. 49. 51. — Johann Warmund 1549? 52. — Leonhard Thomas 1549? 52. 58. († 1560, alt 69 Jahr; Epitaphium bei Lesser S. 323: — wahrscheinlich derselbe, welcher 1555 Leonhard Morung genannt wird). — Jacob Lutram 1552. — Andreas Wende 1552. 53. 59. 62 († 1565? Er kaufte 1551 vom Kloster Walkenried 4 Hufen Land bei Windehausen). — Johann Kuche 1554. 57. 60. 63. 65. 66. 69. 72. — Heinrich Sommer 1555. 58. († 1558). — Johann Hofmann (I.) 1556. 59. 62. 68. 71. 75. 76. 77. († 1577. Epitaph. bei Lesser S. 323). Johann Badra (Bader) 1559. 68. 71. 74. 76. — Ernestus Ernst 1559. 61. 64. 67. 70. 74. 75. 76. 82. 88. 90. 91. († 1595? Er vertrat 1559 Nordhausen auf dem Reichstage zu Augsburg.) — Hans Branderot 1560. 70. — Blasius Hacke 1560. — Ulrich Brand 1561? — Wilhelm Wilde (Wille) 1561. 64. 65. — Asmus (Erasmus) Schmid 1562. 63. 65. 68. († 1570, aus altem nordhäusischen Geschlechte, Freund von Melanchthon und Jonas, Patron Mich. Neanders, von Kaiser Karl V. geadelt, wie es heißt). — Andreas Luder (Luther) 1563. — Wendel (Wendelinus) Ruprecht 1564. 67. — Jacob Eilhard 1565. 68. 71. 74. 75. 76. — Konrad Schmid 1566? (ein Sohn des Bürgermeisters Erasmus Schmid, nach Kindervater 1566 als Quatuorvir mit dem Syndicus Ge. Wilde auf dem Reichstage, darauf Bürgermeister und zugleich Rath des Grafen Ernst von Honstein, des Administrators von Walkenried). — Kilian Kresse 1567. 73. 74. 75. 76. († 1579?). — Andreas Vorhauer 1567. 70. 74. 75. 76. 82. († 1587?). — Christian Zellmann 1569. 72. († 1577? ein Bäcker oder Schneider, 1549 bis 1560 hier Schultheiß, darauf Bürgermeister, 1573 abgesetzt, weil seine Frau jemand Ungebührliches nachgeredet hatte, doch wieder eingesetzt, wurde ungefähr 77 Jahr alt). — Andreas Pfeffer 1569? 70. 74. — Kaspar Hammer 1570. 73. 74. 75. 76. 79. († 1581?). — Georg Wende 1575. 80. († 1581?). — Johann Wilde 1571. 74. 75. 76. 77. († 1581?). — Johann Pechmann (Bechmann) 1575. 77. 89. 92. († 1595?). — Georg Straube 1575. 77. 86. 89. († 1589?). — Hildebrand Thelemann 1576. 77. 78. 84. 87. († 1588?). — Heinrich Braun (II.) 1576. 78. 84. 93. (abgesetzt 1599, † 1603?). — Justus (Jost) Ernst 1576. († 1581?). — Liborius Müller 1576. — Johann Gaßmann 1576. 78. († 1581?). — Johann Schmid 1579. 82. 85. 90. 91. († 1596?). — Johann Sack 1581. 84. 87. 90. († 1592, ein Sohn des Bürgermeisters Thomas Sack.) — Johann Hofmann (II., ein Kaufmann) 1582 — 1603. († 1604). — Johann Günther Wigand I. 1583—1622 († 1623, ein Sohn des B. M. Apollo W. I., Neanders Schüler, Jurist). — Johann Scheibeler (II.) 1583—1604 (dankt ab). — Joachim Rinneberg (Renneb.) 1584. 99. (dankt ab, † 1600?). — Kaspar Badra 1586? — Georg Knauff 1588 (vorher Syndicus, † 1589 oder 90?). — Johann Sigold 1590. 96. († 1597 oder 99?). — Johann Strube 1586. 91. († 1595?). — Andreas Michael (Michel) 1592. 98. († 1598? ein Sohn des B. M. Blasius M.). — Adam Gräfe (Greffe) 1593. († 1595?). — Johann Schultheiß (Schulze, ein Kaufmann) 1595? 98. 1601. (dankt ab 1604. Ihm war vom Grafen von

Stolberg das Dorf Steinpeda verpfändet, darauf 1596 durch Cession dem Rathe, der sich auch daselbst huldigen ließ; doch 1720 lös'te der Graf das Pfand wieder ein.). — Just Bötticher (1595? 97? 1603?). — Christoph Ernst 1595? — Martin Oßwald (ein Wollenweber) 1596—1608 († 1609?) — Heinrich Ruprecht (ein Kaufmann) 1597—1618 († 20. April). — Leonhard Hoppe (Hoppe? — ein Kramer) 1597—1611 († 7. Jan.). — Johann Leuterodt (Lutterot) 1597—1609, dankt ab und †. — Cyriacus Ernst 1599—1626 († 14. Sept.). — Valentin Riemländer (ein Kürschner) 1599—1612 †. — Johann Hoier (Hoyger, ein Kramer) 1604—1608 †. — Andreas Paulon (Pauland), ein Kaufmann) 1606—22 († 10. Sept.). — [? Andreas Gruber (ein Schuhmacher) 1606? 1612? † 1617, Quatuorvir?]. — Kaspar Heußler 1609—21. — Andreas Luder (Lüder, ein Kaufmann) 1610—26 († 30. Sept.). — Jacob Hoffmann (Kramer) 1610—26 († 28. Oct.). — Christoph Ernst (Kaufmann) 1612—17 († 17. Nov.). — [? Kaspar Bechmann (ein Schuster) 1613—16 † 25. Mai, Quatuorvir?]. — Apollo Wigand (II., Jurist) 1614? 17? 27. († 1625, 23. Jan.). — Heinrich Mehrbote (Schneider) 1615—26 († 14. Juli). — Liborius Pfeifer (Kaufmann) 1618—41 †. — Johann Agnes (Bäcker) 1619—26 †. — Johann Wilde (Kaufmann) 1620—35 †. — Johann Heinrich Eilhard (Tuchmacher) 1620—26 († 9. Sept.). — Georg Eitel Ernst (Kaufmann) 1620? 23—26. († 30. Aug.). — Kaspar Stegmann (Bäcker) 1624. † 25. — Heinrich Holung (Schneider) 1625. † 26, 6. Jan. — Wedekind Platner (Jurist?) 1625. † 26. 28. Aug. — Andreas Ernst (Jurist?) 1627—37 †. — Simon Weller (Schneider) 1628—49, † 23. Mai. — Justus Bötticher (Jurist) 1628—29 † 20. Juni (wahrscheinlich ein Sohn des 1624 gestorbenen B. M. Justus B. und Enkel des 1563 von Kf. Maximilian II. geadelten holsteinischen Kanzlers Peter B. — Lesser macht die 2 Just. B. zu 1 Person). — Johann Schulze (Jurist?) 1629—32 †. — Johann Günther Pfeifer (Jurist?) 1631—37 († 1642, 30. Nov.). — Johann Andreas Ernst (Jurist?) 1635—40, 16. Sept. — Johann Ernst (Jurist, doch in der Kaufmannsgilde) 1638—40, † 17. Juli. — Zacharias Michael (Jurist?) 1639—48, † 30. Jul. — Johann Friedrich Stieff (Jurist?) 1640—54, 2. Nov. (Er war aus Arnstadt gebürtig, scheint aber schon 1632 ein Mitglied des Rathes in Nordhausen gewesen zu sein: denn als damals der General Pappenheim drohte, die Stadt auszubrennen, brachte die Bürgerschaft mit Mühe einen silbernen Pokal voll Ducaten und Speciesthaler zusammen, und Stieff ritt damit auf den Harz und überreichte den Pokal in des Generals Abwesenheit der Gemahlin desselben. Diese befahl ihm aber, sich schleunig davon zu machen, indem es ihm sonst übel ergehen würde, da das Geld bei weitem nicht hinlänglich sei. Als nun Stieff bei Stiege sein Pferd eine Anhöhe hinableitete, indem er den Zügel an den rechten Arm gebunden hatte, stürzte dasselbe und zog ihm den Arm aus dem Gelenke. Das gerieth so übel, daß er sich nach seiner Rückkehr den Arm abnehmen lassen mußte. Er ließ sich darauf eine kupferne Hand mit Fingern und Gelenken machen; doch wenn dieser künstliche Arm bei einer raschen Bewegung abfiel, mußte er jedesmal 1 Ducaten für die Wiedereinsetzung zahlen. Mit diesem kupfernen Arme wurde Stieff 1654 in der S. Blasiuskirche begraben). — Augustin Kegel (Lohgerber) 1641—53, †

4. Jan. — Heinrich Sommer (ein Goldschmied, gewählt für das Altendorfsviertel) 1641—48, †19. Mai. — Johann Ludwig (ein Schmied) 1642—43. †29. Nov. — Andreas Eilhard (Tuchmacher) 1645—46, †5. Sept. — Martin Wilke (desgl.) 1648—60, †8. Oct. — Johann Philipp Brückner (Kupferschmied, für das Rautenviertel) 1650—59, †11. Mz. — Johann Georg Wilde (Jurist) 1651—64, † 19. Jan. — Heinrich Eilhard (Gewandschnitter) 1652—70 †29. Sept. — Michael Eilhard (Wollweber) 1653—57. †16. Apr. — Johann Wilhelm Sommer (Goldschmied? für das Rautenviertel) 1655—69, †24. Sept. — Johann Wettensee (Kaufmann 1659—73, †23. Mz. — Johann Christoph Ernst (Jurist), 1662—79, †10. April. — Martin Pauland (Kaufmann) 1663—84, † 7. Nov. — Dr. med. Johann Konrad Fromann (für das Neuewegsviertel) 1666—1706, †6. Apr. (Sein Vater war der hiesige Kaufmann Anton F. Der fähige Knabe — geboren am 24. Oct. 1616 — wurde im 12. Jahre Primaner im Gymnasium, besuchte darauf das Martinianum in Braunschweig und das Pädagogium in Ilfeld, die Universitäten Jena, Helmstedt und Straßburg, wurde Landmedicus der Herrschaft Rotel und Badenweiler und 1652 Dr. zu Basel. Im Jahre 1653 heirathete er Mar. Magd. von Mühlenheim aus Elsaß und wurde 1656 Physicus seiner Vaterstadt und 1666 Bürgermeister. Er starb kinderlos 90 Jahr alt, nachdem er 40 Jahr Bürgermeister gewesen war. Schon in dem Pestjahre 1682 hatte er mit seiner Gattin ein Testament gemacht und dadurch mit 7000 Thalern eine fromme Stiftung gegründet. Er besaß eine schöne Bibliothek und hinterließ auch eine aus 14 starken Quartanten bestehende handschriftliche Sammlung Northusana. Sein Epitaphium bewahrt die Marktkirche an der Wand im Rathsstuhle, auch steht sein Bild vor der gedruckten Leichenpredigt auf ihn in Folio). — Johann Christoph Brückner (Jurist) 1670—91, †5. Jul. — Paul Preiß (Wollweber) 1673—75 †. — August Sigismund Wilde (Kaufmann) 1674—92, †Febr. — Johann Wilhelm Eberwein (Bäcker) 1676—83, †15. Mz. — Johann Erich Becker (Jurist?) 1681—83, †27. Febr. — Andreas Weber (aus Stolberg, Jurist) 1684—1711, †26. Jan. — Johann Kaspar Ibe (Kramer) 1685—86, †2. Jul. — Johann Kaspar Arens (Gewandschnitter) 1687—1704, † 19. Febr. — Zacharias Offney (Kaufmann) 1688—91 †. — Johann Christoph Eilhard (Jurist) 1694—1703, † 13. Apr. — Johann Martin Krohmann (Kürschner) 1694—1708, †1. Apr. — Johann Wilhelm Eberwein (II., Bäcker) 1695—96 †. — Johann Pauland (Wollweber) 1698—1722, † 7. Nov. — Johann Christoph Ibe (Sattler) 1705—7, †31. Jul. — Johann Günther Hoffmann (Jurist? für das Rautenviertel) 1701—19. † 19. Mai. — Georg Christoph Huxhagen (Schneider) 1711—23, †19. Sept. — Christoph Wilhelm Offney (Gewandschnitter) 1712—15, † 18. Jun. — Nicolaus Walther Riedel (Jurist) 1713—23, †8. Mai. — Christian Ernst Offney (Sattler) 1717—24, †8. Mz. — Andreas Lerche (Kramer) 1718—27, † 22. Jan. — Johann Christoph Cramer (Jurist) 1721—23, † 23. Febr. — Andreas Jacob Hoffmann (Jurist) 1724—25, †27. Febr. — Kilian Volkmar Riemann (Jurist) 1725—63, †17. Jul. — Johann Philipp Kellermann (Schmied) 1725—32, † 17. Dec. — Johann Michael Kegel (Jurist) 1726—32, †31. Aug. — Johann Otto Christoph

Bötticher (Kaufmann) 1726—28, † 16. Nov. — Franz Filter (Postmeister, für das Neuwegsviertel) 1727—28, † 15. Dec. — Johann Tobias Pöppich (Kürschner) 1729—52, † 20. Mz. — Johann Gottfried Riemann (Jurist) 1730—74, † 7. Jul. — Johann Andreas Riedel (Wollweber) 1730—35, † 16. Mai. — Jacob Brettschneider (Jurist) 1732—41, † 1. Nov. — Johann Erich Lerche (Kramer) 1734—74, † 6. Mai. — Christian Hoffmeister (Gewandschnitter) 1736—42, † 1. Jul. — Johann Andreas Sigismund Wilde (Jurist) 1744—86, † 6. Oct. (Dieser heftige Gegner der erst im Anfange des 18. Jahrhunderts nach Nordhausen gekommenen Riemannschen Familie und Vertheidiger der alten nordhäusischen Gesetze und Einrichtungen war ein Enkel des B. M. Aug. Sig. W. † 1692, eines Bruders des B. M. Joh. Ge. W. † 1664, und Urenkel des B. M. Joh. W. † 1635). — Georg Andreas Rennecke (Kürschner) 1745—75, † 3. Aug. — Johann Friedrich Lange (Lohgerber) 1753—76, † 1. Jan. — Heinrich (Gottfried) August Riemann (Jurist) 1767 - 1801, † 17. Mz. (Sohn des B. M. Joh. Gfr. R. † 1774, des Bruders von Kil. Volkm. R. † 1763, deren Vater der königl. preuß. Rath und Rathsconsulent Joh. Günther R. war, † hier 1721, 19. Sept.). — Johann Friedrich Arnold Eulhard (Eilhard, Jurist) 1775—99, † 6. Dec. — Andreas Friedrich Rudolf (Schmied) 1776—1802 († 1806, 2. Sept. — Johann Heinrich Förstemann (Kürschner) 1777—93, † 2. Dec. — Heinrich Karl Arens (Kramer) 1778—87, † 18. Jan. — August Christoph Gottfried Weber (Jurist) 1789 - 1802 († 1828, 5. Mai, k. preuß. Hofrath.) — Johann Martin Oßwald (Schneider) 1790—1802 († 1816, 27. Jan.) — Friedrich Daniel Roscher (Gewandschnitter, fürstl. schwarzb. Geh. Rath) 1798—1802 († 1808, 1. Juli.) — Johann (Kilian) August Filter (Jurist) 1802 († 1804, 5. Oct. k. preuß. Kriegsrath). — Ein vollständiges Verzeichniß der nordhäusischen Bürgermeister 1627—1802 lieferte ich zum N. Adreßbuche 1848.

Neuntes Kapitel.

Von den Ober-Stadtschreibern oder Syndicis.

Heinrich Laran (Heinrich von Lara d. i. Lohra? — „Henricus Laran protonotarius") in der ersten Hälfte bis nach der Mitte des 14. Jahrhunderts, von dessen Hand noch viele schätzbare (Pergament-) Handschriften vorhanden sind, u. a. ein Kopialbuch („das rauche Buch", angefangen 1350), ein Liber privilegiorum seu litterarum und Album civium mit Verzeichniß der Rathsmitglieder (consules) 2c.

Helwig von Walderstedt (Helwicus de Waldisstete notarius) seit 1354. Hermann Liebenrod soll sich 1430 vergiftet haben, s. Kap. 11. — Henr. Gleneborg (Kleineberg?) 1439 — Konr. Elscher 1440. 41. — Matthias Pepold (Betzold) Baccalaureus d. geistl. Rechts † 1464. — Johann Heymersberg 1485. — Hermann Pfeifer 1496. 1518, Canonicus S. Crucis. — Michael Meienburg 1521? — 41? wurde Bürgermeister. Schon als Syndicus hat er, der Freund von Melanchthon und Justus Jonas, für das Werk der Reformation und die Umbildung des städtischen Gemeinwesens kräftig gewirkt. S. K. 8. — Matthias Luder (Luther), ein Sohn des Bürgermeisters Hans Luder, geboren 1520, Student zu Wittenberg 1538, wurde wahrscheinlich zuerst Unterschreiber (Secretär) und am 13. Nov. 1558 Oberschreiber mit 50 Gulden Zulage, damit er der Stadt erhalten werde, und nicht in die Dienste des Erzbischofs von Magdeburg trete. Mit dem Bürgermeister Ernst war er 1559 auf dem Reichstage zu Augsburg. Er starb am 12. Febr. 1572 und wurde in der Kirche S. Blasii zwischen seinem Vater und seiner Mutter begraben. An ihn richtete Melanchthon, der auch im Briefwechsel mit ihm stand, ein Consilium. Vgl. meine kl. Schriften S. 46.

Dr. j. Nicolaus Luder, ein Bruder des Vorigen. Er soll sich und seinen Nachfolgern zuerst einen festen Gehalt ausgewirkt haben.

Lic. j. Konrad Ernst, ein Sohn des Vierherrn Cyriacus Ernst. Von seiner Gattin, einer Tochter des Bürgermeisters Blasius Michel, hatte er zwei Söhne, den nachmaligen Physicus Konrad Ernst und den Bürgermeister Andreas Ernst.

[Georg Knauff? s. oben Bürgermeister].

Lic. j. Georg Wilde, in einer angesehenen Familie hier geboren 1541, Neanders Schüler in Ifeld, endlich Syndicus hier und zugleich Kanzler der Herzöge von Braunschweig. Er entwarf (um 1580) neue Statuten für Nordhausen, welche aber nicht Gesetzeskraft erhielten, und vertrat die Stadt auf dem Reichstagen zu Regensburg 1567, Speier 1581, Augsburg 1580, Speier 1583 und 1595. Im Jahre 1600 verlor er, weil er nicht in die Absetzung von Geistlichen einwilligen wollte, sein Amt als Syndicus, welches er aber schwerlich 35 Jahr, wie Kindervater sagt, verwaltet hat. Er starb darauf am 19. Juli 1600 und wurde in der Kirche S. Nicolai begraben.

[Johann Pfeifer († 1602) gehört vielleicht auch hieher. S. Kap. 11.].

Lic. j. Peter Engelbrecht, von Lübeck hierher berufen und am 10. Nov. 1601 auf 3 Jahr angenommen, † 1618, 7. Jun.

Dr. j. Simon Reinhardt, Comes palatinus und braunschweigischer Rath, 1618.

Erasmus Schulze 1621. — Konrad Thiele 1621.

Dr. j. Paul Michaelis, ein Sohn des Pastors in Sülzhain, Schüler in Walkenried und Hagenau, studirte zu Straßburg und Basel, wo er auch zum Dichter gekrönt wurde, bereisete darauf Frankreich, die Niederlande und Dänemark, worauf er am 12. Nov. 1624 zum Consiliarius und 1626 zum Syndicus angenommen wurde. Er heirathete eine Tochter des Bürgermeisters Joh. Wilde und starb 1647, 21. Jul.

Dr. j. Johann Titius, geboren 1615, 21. Mz. zu Quedlinburg, wo sein Vater M. Martin Titius Pastor war. Er ging 1633 nach Jena, darauf zu seinem Vetter dem Pastor prim. M. Georg Titius zu Aschersleben und auf Reisen mit seinen Zöglingen den Herren von Asseburg, 1642 nach Wittenberg, wo er Licentiat wurde. Im Jahre 1644 kam er als gräflicher Hofrath nach Stolberg und wurde am 12. Jul. 1647 vom Rathe als Syndicus nach Nordhausen berufen, 1650 auch Syndicus der Landschaft Honstein, 1653 Dr. j. zu Wittenberg und Rath der Gräfin von Schwarzburg, 1662 Kanzler zu Stolberg und Comes pal. Seine erste Gattin war eine Tochter des Bürgermeisters Joh. Wilde. Seine „erörterten Successions- und Erbfälle“ (1659 zum ersten Male gedruckt) erhielten 1733 Gesetzeskraft in Nordhausen. Er starb 1678, 3. Nov.

Johann Wilhelm Harprecht, Sohn des Pastors H. zu Wolframshausen, studirte Sprachen und Rechte zu Jena, wurde darauf zu Quedlinburg, wo er geheirathet hatte, Stiftsrath und am 15. Apr. 1687 Syndicus in Nordhausen, 1688 auch Comes pal. Er wurde 1708 entlassen, nachdem er seit 1700 wegen verbotenen Aufkaufs von Früchten und Vernachlässigung seines Amtes in Untersuchung gewesen war, und starb 1715, 11. Apr.

Dr. j. Just. Christoph Willerding aus Hildesheim wurde von Goslar hieher berufen am 2. Aug. 1712, legte aber das Amt am 17. Mai 1713 wieder nieder.

Johann Wilhelm Schellhase, vorher Rath und Amtmann zu Jena, kam als Syndicus nach Nordhausen 1713 und wurde, nachdem er 1718 entlassen war, zu Erfurt mit Frau und Kindern katholisch.

Dr. j. Erhard Christian Löber, geboren zu Verden 1666, 27. Jan. Sein Vater war Leibarzt eines Grafen von Königsmark, seine Mutter eine von Braun. Er studirte zu Erfurt und wurde daselbst 1688 mainzischer Regierungsrath und Lic. jur., 1695 Dr. jur., 1704 Rath des Grafen von Schwarzburg zu Arnstadt, 1718 Syndicus in Nordhausen. Er starb 1719, 23. Dec.

Kilian Volkmar Riemann von hier, Syndicus 1720 (22. Jan.) — 25, darauf Bürgermeister.

Johann Friedrich Röppenack, ein Sohn des k. preuß. Hofraths Andr. Erh. R., Syndicus 1725—26. Sept. 1755, wo er 78 Jahr alt starb.

Johann Kaspar Seidler aus Porstendorf, 6. Jul. 1757—1791. 5. Jul., vorher Actuarius zu Schernberg 1741, Amtsverwalter zu Clingen 1748, Assessor und Justizamtmann 1749, zum Syndicus berufen 1757, 28. Apr., starb 79 Jahr alt 1791, 5. Jul.

Johann Wilhelm Christoph Müller, Syndicus (adjungirt 1791, 6. Jan.) 1792—1802, 3. Aug. (kaiserl. Rath, kgl. preuß. Hofrath).

Zehntes Kapitel.

Von den Physicis der Stadt Nordhausen.

Dr. Hallis † 1506? Johann von Bell, ein Ritter, hierher berufen 1506.

Dr. Janus Cornarius aus Zwickau, geboren 1500. Sein (armer) Vater hieß Hagenboth (Hainbutte), doch ihn nannte sein Lehrer auf der lateinischen Schule nach der Sitte der Zeit als angehenden Gelehrten Cornarius, da die Früchte der wilden Rosen (die Hainbutten) den Früchten des Kornelkirschbaumes (Cornus) ähnlich sind. — Sich kümmerlich behelfend, wurde er doch schon 1521 zu Wittenberg Magister und 1523 Licentiat der Medicin. Neben der Medicin trieb er auch, um dem Wunsche seiner Eltern und Verwandten zu genügen, das Studium der Theologie, so daß er für geschickt zum Predigtamte geachtet wurde; doch blieb er der Medicin eifrig zugethan. Um in dieser sich zu vervollkommnen trat er weite Reisen an, indem er auch in fremden Ländern practicirte, so in Liefland, Rußland, Mecklenburg, in den Niederlanden, England und Frankreich. Nun wollte er Italien besuchen, aber zu Basel war sein Geldvorrath völlig erschöpft und seine Kleider in üblem Zustande. Glücklicherweise wurde er hier mit einem bedeutenden Manne, dem Buchhändler und Drucker Hieronymus Froben bekannt. In dessen Laden fand er des noch berühmtern Buchdruckers Aldus Manutius zu Venedig Ausgaben der griechischen Aerzte, und das Studium dieser, des Hippokrates, Galenus, Paulus von Aegina und Dioskorides fesselte ihn ein ganzes Jahr (Sept. 1528 bis 1529) in Basel. Da sich damals auch Des. Erasmus von Rotterdam daselbst aufhielt und um dieses gelehrten Mannes willen viele junge Studirende aus Italien und Frankreich nach Basel kamen, empfahl solchen Erasmus unsern Cornarius als Lehrer. Dieser las ihnen Collegia und studirte und übersetzte nebenbei für sich die griechischen Aerzte. Endlich ging er nach Italien und erwarb sich zu Pavia den Doctorhut. Nach Deutschland zurückgekehrt, wurde er 1534 mit 40 Gulden Besoldung Physicus in Nordhausen. Wahrscheinlich kam er von seiner Vaterstadt Zwickau hieher, wo wir ihn 1535 finden. Darauf ging er als Physicus nach Frankfurt a. M., 1542 als Professor nach Marburg, wo er 1543 Rector der Universität war, zuletzt als Professor nach Jena. Hier starb er 1555, 16. Mz. als erster Decan der medicinischen Facultät. Er hinterließ von seiner Gattin, eines zwickauischen Rathsherrn Tochter, zwei Söhne, Diomedes Leibarzt bei Kaiser Maximilian II., und Achates, Physicus zu Kreuznach. Durch die Noth seiner Jugend körperlich schwach und kränklich, lebte er sehr einfach und genügsam, dennoch sehr arbeitsam und thätig. Opes, velut studiorum impedimenta non anxie quaesivi, et eas quoque, quae contingere potuissent, contempsi sagt er in der Zueignung seines Hippokrates an den Rath von Augsburg. Zu Zwickau curirte er mehr als 500 Mann der dortigen Garnison, von denen nicht ein einziger ihn bezahlte, „obgleich sie viel Geld mit hinwegnahmen." — Den griechischen Aerzten widmete er besondern Fleiß, stand auch mit dem gelehrten Camerarius in Briefwechsel.

Dr. Angfeller 1537. Lic. Tarquinius Schnellenberger (Schellenb.?) kam 1538 von Erfurt. Auch Dr. Jacob Milichius (Professor zu Wittenberg, s. Boissardi Icones vir. ill. IV, 204) scheint einige Zeit Physicus in Nordhausen gewesen zu sein. — An ihn schrieb Melanchthon von Nordhausen aus, wo er sich damals aufhielt: Venit mihi in mentem, desiderari ἰατρὸν in urbe Northusia. Etsi Tua virtus locum splendidiorem merebatur, tamen si hoc tristi tempore illud hospitiolum non aspernabere, Tuam voluntatem mihi significes: annitar, ut rem perficiamus. Epp. Mel. II. (ed Peucer) 446 nach Kinderv. N. ill. 18.

M. Johann Rotinger aus Nördlingen kam hieher 1546 und wurde mit 30 Gulden Gehalt auf 1 Jahr Physicus, und diese Bestallung wurde noch 1565 erneuert. Er starb hier 1566 zu S. Blasii.

Dr. Konrad Ernst aus Nordhausen, vorher Physicus zu Goslar. Der hiesige Rath schrieb 1565 an den Rath zu Goslar, dem Dr. Ernst zu erlauben hieher zu kommen, um einen Bürger zu curiren. Er wurde darauf 1566 hier Physicus, nach der Bestallung auf 3 Jahr mit 100 Thaler Gehalt, und starb 1580, 30. Oct. 57 Jahr alt unbeweibt, nachdem er mit 1200 Gulden ein Legat (Familienstipendium) für Studirende gestiftet hatte, welches noch besteht.

M. Johann Thalius (Thal) aus Nordhausen, nach Andern aus Stolberg, 1581–83. Sein gleichnamiger Vater, anfangs Canonicus zu Ebrich, war zuletzt evangelischer Pastor an der Kaufmannskirche zu Erfurt. Nachdem der Sohn die Schule zu Ilfeld unter Neander besucht hatte, studirte er Medicin und wurde Physicus zu Stolberg, darauf 1581 mit 80 Gulden Gehalt und einem Garten für die Apotheke auf 3 Jahr Physicus zu Nordhausen. Durch einen Unglücksfall kam er früh ums Leben am 18. Jul. 1583. Ein Herr Nic. von Bordfeld hatte ihn zu sich berufen, daß er ihn von der Schwindsucht curire. Unweit Schermecke zwischen Magdeburg und Halberstadt gingen die muthigen Pferde durch. Th. wollte sich durch Springen aus der Kutsche retten, brach aber dabei das rechte Bein, so daß die Röhre des Schienbeins durch den Stiefel herausdrang. In diesem Zustande lag er über eine halbe Stunde auf der Erde, bis er nach Beseckendorf gebracht wurde. Erst nach drei Stunden kamen die herbeigerufenen Wundärzte aus Magdeburg und Aschersleben. Der Verunglückte ertrug alle Schmerzen mit christlicher Fassung und Geduld, und starb ungeachtet der sorgfältigsten Pflege, die der Herr vor Bordfeld nun anwenden ließ. Er hatte sich selbst eine griechische Grabschrift gemacht. Als tüchtiger Botaniker hat Joh. Th. mehrere gelehrte Werke geschrieben, darunter eine **Sylva Hercynica s. Catalogus plantarum sponte nascentium in montibus et locis plerisque Hercyniae sylvae, quae respicit Saxoniam, conscriptus singulari studio a Joh. Thalio, Medico Northusano. Francof. ad M.** 1588 (nach J. A. Fabricius, Hist. d. Gel. III. 573 auch **Northus.** 1674. 4.). Hoch rühmt besonders Michael Neander an vielen Stellen seiner Schriften diesen seinen geliebten Schüler, Freund und Arzt. Vgl. **Lesser, Epist. de vita Joh. Thalii. N.** 1747. 4, Kindervater's N. III. S. 303 ff., Wiedasch im Ilfeld. Progr. 1853, S. 9, auch über den Vater und die Mutter die **Concio fun. viduae Pastoris Joh. Thalii hic Northusae habitae ab Erasmo Rothmalero Ilfedensi, Pastore D. Petri a.** 1597.

M. Wendelinus Thalius (aus Nordhausen?), des Vorigen Bruder, geboren 1547, kam 1566 von hier nach Ilfeld auf Neanders Schule (s. Wiedasch a. a. O. S. 10), worauf er Medicin studirte und Magister wurde. Nach seines Bruders Tode wurde er 1584 hier Physicus mit 40 Thalern Gehalt, zugleich Leibarzt des Herzogs Philipp von Braunschweig, 1587 des Grafen Ernst von Honstein, 1592 des Grafen Botho von Reinstein. Auch er wird als gelehrter, geschickter und fleißiger Arzt gelobt, doch wurde er beschuldigt, dem Trunke ergeben zu sein, weshalb er auch vielleicht 1587 das Physicat verlor. Er starb 1603, 23. Dec. Vgl. Kindervaters N. III. S. 305.

Leonhard Remplius aus Stolberg, ein Sohn des Superintendenten Dr. G. Remplius daselbst, war vorher Arzt zu Stolberg und wurde Physicus in Nordhausen 1588 (Andre setzen das Jahr 1604), 1598 in Eisleben.

Dr. Matthias Ernst aus Nordhausen. Er heirathete 1589 Mich. Neanders ältere Tochter Anna.

Samuel Weinrich aus Ottersleben bei Magdeburg, von Saalfeld hieher berufen 1614, starb 1615, alt 33 Jahr.

Dr. Johann Oswald aus Nordhausen, ein Sohn des Bürgermeisters Martin Oswald, vorher Rector des Gymnasiums (1610—11), Physicus 1615—17. Er starb 1617, 17. Apr. 60 Jahr alt.

Dr. Pancratius Gallus aus Ahorn bei Coburg, wo sein Vater Prediger war, geboren 1581, 6. Oct. Vom Gymnasium zu Coburg ging er 1602 auf die Universität Jena, wo er Baccalaureus, dann Magister, zuletzt Doctor wurde. Nun studirte er noch drei Jahre zu Pavia in Italien, worauf er einige Zeit zu Wien practicirte, auch eine Bestallung von den Landständen an der Ems bekam. Von da wandte er sich nach Augsburg, heirathete 1612 zu Coburg des Professors Dr. A. Libavius Tochter und stand zu Eisenach in herzoglichem Dienste. Im Jahre 1617 begab er sich nach Frankenhausen, und von da wurde er 1618, 30. Jul. mit 100 Thaler Gehalt, freier Wohnung und Befreiung von bürgerlichen Lasten, ferner 3 Fudern Holz oder dafür drei Gulden und einem Garten für die Apotheke zum Physicus hieher berufen. Er starb aber schon 1619, 19. Sept. am Marasmus.

Petrus Erasmi aus Husum, geboren 1579, 30. Dec. Nachdem er in Marburg studirt hatte, practicirte er als Arzt zu Heiligenstadt. Am 15. Jan. 1621 berief ihn unter den Bedingungen seines Vorgängers der Rath zum Physicus in Nordhausen, aber schon 1622 rief ihn der Rath von Magdeburg dahin. Nach zwei Jahren wurde er Leibarzt des Administrators des Erzbisthums Magdeburg Christian Wilhelm zu Halle und wieder nach zwei Jahren königlich dänischer Feldmedicus und Leibarzt des Herzogs Bernhard von Weimar. Als 1632 pappenheimische Soldaten Frankenhausen plünderten, wo P. Erasmi sich damals aufhielt, mißhandelten sie denselben so, daß er ein hektisches Fieber bekam; dennoch verlangte der Rath ihn wieder nach Nordhausen: er kam auch, ließ sich aber bei zunehmender Krankheit nach Frankenhausen zurückbringen, wo er am 12. Juni 1633 starb.

Dr. Andreas Tentzel wurde 1623 auf drei Jahr zum Physicus ernannt.

Dr. Johann Kahle und Dr. Andreas Weber wurden beide zugleich (wahrscheinlich wegen der Pest 1626) am 23. Juli 1627 als Physici angestellt, jeder mit 60 Gulden Gehalt, 8 Gulden für Wohnung und mit bürgerlicher Immunität. — Der genannte Dr. Andreas Weber aus Duderstadt war geboren 1597, 22. Sept. Sein Vater Andreas Weber wurde hier Rathsherr.

Von dem Gymnasium zu Nordhausen ging er 1617 nach Eisleben, 1618 nach Leipzig, 1622 nach Lübeck, 1623 wieder nach Leipzig; 1625 bezog er die Universität Wittenberg, 1626 Straßburg, zuletzt Basel, wo er Doctor wurde. Im Jahre 1627 kam er hieher. Er heirathete die Tochter des zweiten Rectors zu Ilfeld Cajus, und starb 1632, 26. Mai.

Dr. Christoph Keuling (oder Keiling), geboren 1599, 23. Juli zu Eisleben, wo sein Vater Rathsmitglied war. Er besuchte die Schulen zu Eisleben und Pforte, die Universitaten Leipzig 1620, Wittenberg 1624, Jena 1625. Im Jahre 1626 ging er nach Italien und wurde Doctor zu Padua 1629, 17. Mai. Im Jahre 1630 kam er zurück, bereis'te aber 1631/32 nochmals Italien. Am 5. Sept. 1633 berief ihn der Rath hieher mit 100 Gulden Gehalt (doch Bürgermeister und Beamte sollte er gratis curiren und alle Medicin aus der Rathsapotheke nehmen). Er heirathete 1631 die Tochter eines Arztes zu Naumburg. Nach seines Vaters Tode nahm er die Entlassung als Physikus zu Nordhausen, die er „mit einem ansehnlichen Honorar" erhielt. Er wurde darauf Leibarzt des Herzogs August von Anhalt, 1639 Physikus zu Eisleben, 1664 Leibarzt bei dem Administrator von Magdeburg und starb 1666, 3. Juni.

Dr. Joseph Hauschild aus Oberkranichfeld 1643, starb 1644. Er war von des Grafen Karl Günther von Schwarzburg Wittwe hieher empfohlen.

Dr. Johann Galenus aus Nordhausen (Schüler zu Walkenried zwischen 1573 und 1584, nach Eckstorms Verzeichnisse). Er starb 1647, 15. Aug. Der Rector Bachmann (1627—30) machte auf ihn ein Epigramm: **Ad Johannem Galenum Nordhusae Galenum. Angelus e medicis si creditur esse Galenus, Tunc ego jurarim, quod novus hic Raphael.**

Dr. Florian Gerstemann wurde im December 1647 Physicus, legte 1656 dieses Amt nieder und wurde darauf Physicus in Eisleben.

Dr. Konrad Fromann aus Nordhausen, seit 1656 Physicus. Er wurde 1666 Bürgermeister (s. oben Kap. 8), verwaltete dabei aber auch das Physicat. Die ausführliche Pestordnung von 1681 ist von ihm, wahrscheinlich auch die Apothekenordnung und Taxe von 1657. Da der gelehrte und hochverdiente Mann 90 Jahr alt wurde und erst 1706 starb, so wurde ihm wegen seines hohen Alters am 12. Oct. 1697 substituirt:

Dr. Georg Henning Behrens, geboren 1662, 5. Juni zu Goslar, von wo sein Vater Johann Heinrich Behrens als Apotheker hieherkam (s. oben Kap. 4).

Georg Henning Behrens besuchte die Schule zu Osterode seit 1678, die Universität Erfurt seit 1680 und Jena seit Ostern 1682. Im Jahre 1683, als sein Vater in Nordhausen an der Pest gestorben war, kehrte er in das elterliche Haus zurück, ging aber zu Ostern 1685 nach Leipzig und 1686 nach Dresden, dann reis'te er durch Böhmen, Mähren und Oestreich nach Ungarn und schloß sich hier als Freiwilliger den sächsischen Truppen unter dem Obersten von Löwen (Löfen?) an. Er war bei der Eroberung von Ofen und wurde vom Herzoge Christian von Sachsen-Weißenfels zum Generalstabs-, Leib- und Feldmedicus bei den kursächsischen Völkern angenommen. Auf dem Rückmarsche mußte er im Lazarethe bei Komorn bleiben.

Hier überstand er die ungarische Krankheit, kam am 20. Febr. 1687 glücklich zu Dresden wieder an und legte daselbst Rechnung ab. Am 25. Sept. 1688 wurde er zu Erfurt Doctor und heirathete am 27. Aug. eine Tochter des Buchhändlers Fromann in Leipzig. Am 12. Octbr. 1697 wurde er Physicus (subst.) in Nordhausen und starb am 7. Jan. 1712. Sein Buch **Hercynia curiosa** oder Curiöser Harzwald rc. (1. Ausg. Nordhs. 1703. 4, 2. Ausg. 1712) ist noch geschätzt.

Dr. August Rudolf Held aus Braunschweig folgte auf Behrens 1712, dankte aber ab 1714 im März.

Dr. Justus Christoph Gerber aus Nordhausen (dessen Vater Christoph Gerber 19 Jahr herzogl. braunschweigischer und 17 Jahr gräflich schwarzburgischer Leibarzt war und 1681, 12. Mai hier starb) wurde Physicus 1715, Doctor (in Erfurt) 1717, und starb 1735, 27. Dec.

Dr. Johann Jacob Schmidt aus Magdeburg seit dem Mai 1736 bis 1755, 21. Juni, wo er seine Entlassung nahm.

Dr. Friedrich Benjamin Wachter aus Nordhausen, seit 1755, 18. Nov., starb 1761, 20. März 39 Jahr alt in Folge des Schreckens, als ihm bei dem Ueberfalle am 12. März ein Franzose die Pistole auf die Brust gesetzt hatte.

Dr. Johann Wilhelm Marcellin, königlich preußischer Hofrath, zum Physicus ernannt 1775, 21. November.

Dr. Franz Ernst Filter aus Nordhausen, ernannt 1800, 29. Aug., starb 1807, 17. Aug.

Dr. . . . . . . Schröter 1808.

Dr. . . . . . . Lesser, † 1825, 27. Mai.

Dr. (u. Hofr.) Friedr. Wilh. Wallroth, Kreisphysicus 1825—55.

Elftes Kapitel.

Von den Secretariis (Unter-Schreibern).

Hermann Liebenrad war vielleicht Oberschreiber (Syndicus), wie auch einige der Folgenden. Er erscheint als Bevollmächtigter der Stadt bei dem kaiserlichen Hofgericht im Prozesse der Familie Junge gegen Nordhausen 1418—26, und soll, da er 1428 das Rathhaus habe bestehlen helfen, sich deshalb 1430 vergiftet haben, s. Buch 3, Kap. 3 und K. 12.

Konrad Escher 1440. — Johann Brun 1450. — Heinrich Traibote 1456. 57. — Konrad Dalnhusen 1459. — Dietrich Spieß 1464 (Oberschreiber? 1439 Vicarius zum heil. Kreuz, auch 1454 bei dem Ketzerprozesse in Stolberg thätig). — Heinrich Elsebeth 1473, zugleich Vicarius zu S. Georg und zu S. Martini. — Jobst (Jodocus) Knauff 1531. — Michael Meienburg und Matthias Luder, s. oben unter den Syndicis. — Konrad Schmidt 1565? — Erasmus

Schulze wurde, als er 1594 von Wittenberg wieder nach Hause kam, in seinem 24. Jahre Secretarius. — Georg Pfeiffer starb 1588, 20. Aug. — Johann Pfeiffer, des Vorigen zweiter Sohn, geboren 1552, starb 1612 (als Syndicus? denn auf seinem Epitaphium in der Kirche S. Petri heißt er Archigrammateus). Sein älterer Bruder war Pastor in Uthleben, seine Gattin war Ottilie, geb. Ernst, von welcher er zwei Söhne hatte, Ernst und Andreas Günther leius. Seine Tochter Elisabeth heirathete den Bürgermeister Johann Wilde. — Erasmus Schulze 1612? (s. oben mit d. J. 1594, auch Kap. 9). — Johann Ebeling, heirathete 1606 Margarethe, eine Tochter des Superint. Lucas Martini zu Braunschweig (vorher Past. S. Nicolai hier). — Johann Schmid, ein Sohn des Bürgermeisters Konrad Schmid. Er starb am Schlage 1631, 1. Aug. Eine Hexe, bei deren Verhör er das Protokoll führte, hatte ihm wegen seiner Frömmigkeit nicht schaden können: s. kl. Schriften S. 108. — Andreas Müller 1636. 37. 40, Vater des berühmten Juristen Peter Müller (welcher Professor zu Jena war, zuletzt Kanzler zu Gera, geboren zu Nordhausen 1640, 14. Juni, gestorben 1696). — Georg Pfeiffer aus Andreasberg, geboren 1596, starb 1652, 3. Sept. nach 24jähriger Amtsführung. Er hatte 1642 seines Vorgängers Andr. Müllers Wittwe geheirathet. — Johann Christoph Ernst 1653 bis 59, wird 1659 Quatuorvir, 1662 Bürgermeister. Er war ein Sohn des Bürgermeisters Andreas Ernst. Seine Ahnen sind: Johann Ernst aus Antwerpen, Kaufmann, Stammvater der in Nordhausen, Erfurt und Königsberg blühenden Familie, dessen Sohn Cyriacus E. Bürgermeister in Nordhausen, dessen Sohn Konrad E. Bürgermeister hier, dessen Sohn Cyriacus E. Quatuorvir hier, dessen Sohn Konrad E. Syndicus hier, dessen Sohn der Bürgermeister Andreas E. Die Ernstische Familie war im 16., besonders im 17. Jahrhundert die angesehenste in Nordhausen. — — Johann Günther Wiegand J. U. Lic. 1662. 73. Sein Sohn Johann Friedrich brach 1640 bei einem Sturze in dem großen Thurme hinter dem Dome bei dem Kaiserstuhle den Hals. — Johann Georg Michaelis (Michael) geboren 1635, ein Bruder des Syndicus Paul M. 1666 ff. Er ging 1683 als Hofrath nach Stolberg, kam aber einige Jahre vor seinem Tode wieder hieher und starb 1696. — Johann Martin Titius 1687—1715, ein Sohn des Syndicus Johann Titius, geboren 1649, 8. Sept. Seit 1669 studirte er 3 Jahr zu Helmstedt, kam dann zu seinem Vater zurück, ging 1677 noch einmal auf 1½ Jahr nach Leipzig, heirathete 1680, erhielt dieses Amt 1687 und starb 1715, 6. Febr. — Christoph Moriz Heydenreich aus Eisenach, heirathete des honsteinischen Kanzlers H. Reppel Tochter und starb 1719, 19. Sept.

Andreas Jacob Hofmann, ein Sohn des Bürgermeisters J. G. Hofmann, geboren 1692, ging 1712 auf die Universität Jena, darauf mit seinem Vater nach Wien, erhielt 1715 diese Stelle und wurde 1722 Bürgermeister, starb aber schon 1725. — — Johann Andreas Grotjan geboren 1679, 15. Nov., ein Sohn des Senators J. H. Grotjan, vorher seit 1712 Senator, 1719 Secretarius, starb 1747, 25. Jan. Mehr über ihn berichtet seines Sohnes des Advocaten J. A. Grotjan Genealogie der Familie Grotjan. N. 1748. 4. — Johann August Filter, geboren

1701, 10. Nov., ein Sohn des Bürgermeisters F. Filter, wurde von der Universität Halle 1724, 20. Nov. in dieses Amt berufen (als Secretarius und Raths-Consulent, welchen Titel auch schon seine letzten Vorgänger führten), ein fleißiger Sammler nordhäusischer Nachrichten, welche sein Sohn abschrieb und fortsetzte bis 1807. Durch seine Verheirathung mit der ältesten Tochter des Bürgermeisters K. B. Riemann 1732 schloß sich das Filtersche Haus an das herrschende Riemannsche, mit welchem auch die Familien Roscher und Weber durch Heirath in Verbindung standen. Der Secr. Filter starb am 2. Juni 1780.

Johann (Georg) Günther Riemann, ein Sohn des Bürgermeisters K. B. Riemann, erwählt 1748, 8. März, starb 1801, 18. Juni, 82 Jahr alt, nachdem er am 11. März 1798 sein Amtsjubiläum gefeiert hatte.

Heinrich August Konrad Kettembeil (vorher Bürgermeister und Secr. in Heringen) wurde 1780, 19. Dec. im Colleg. Seniorum zum 2. Secret. ernannt und trat 1781, 29. Jan. dieses Amt an. Er starb 1796, 7. Jan. im 61. Jahre seines Alters.

Friedrich August Günther Riemann (vorher seit 1791 Actuarius), erster Secretär seit 1796, 9. Febr. (—1802, 3. Aug.) und

Johann August Filter, zweiter Secretär seit 1801, 12. Aug. (—1802, 3. Aug.) Dieser wurde königl. preußischer, dann k. westphälischer und wieder k. preußischer Richter am hiesigen Gericht (Justizrath), jener blieb städtischer Beamter mit dem Titel Syndicus.

Im 18. Jahrhundert waren 2, ein erster und ein zweiter Secretär (und Raths-Consulent), welche als studirte Juristen mit dem Syndicus zunächst die gerichtlichen Geschäfte besorgten und in die rechte Form brachten.

Zwölftes Kapitel.

Von den Offizieren (Stadthauptleuten).

Erst in den spätern Zeiten hielt die Stadt eine Kompagnie Soldaten unter einem Offizier. In den früheren Jahrhunderten wurde die Stadt von bewaffneten Bürgern unter Anführern aus ihrer Mitte vertheidigt, ja die Bürger nahmen auch, aufgeboten oder freiwillig, Theil an einzelnen Kriegszügen, z. B. zur Belagerung und Eroberung einer feindlichen Burg oder Festung. Daneben stand ein „Stadthauptmann", meistens ein auswärtiger Edelmann oder Ritter, dessen Handwerk der Krieg war, mit einem geringen Gefolge, (z. B. im 15. und 16. Jahrhundert wol nur mit 3 Pferden, 1 Knechte und 1 Jungen) für Felddienste im Solde der Stadt auf 1 Jahr oder auf mehrere Jahre. Nicht alle diese Stadthauptleute sind bekannt. Unsicher und theilweise irrig ist auch die Nachricht, daß „der Stadthauptmann" Heinrich von Wechsungen 1324 wider den Rath rebellirt habe, und daß der Stadthauptmann Alwig 1329 (?)

geblieben sein soll, als „die Braunschweiger" (?) die Stadt erobern wollten, s. davon unten III, 3 und 4. —

Andreas von Buttler nahm (1369?) in einem Gefechte bei Heringen den jungen Grafen von Honstein gefangen, ließ ihn aber auf Parole frei, da er ihn nicht kannte. — Heinrich Specht 1391. — Heinrich Veit 1415. 16. 17. — Hans Aigenrod 1407. 8. 23. — Hans von Bonslensen 1423. — Hermann Windolt 1426. — Balthasar von Harras 1430. — Kurt von Tannrode wurde als Offizier mit dem Reichscontingente für Kaiser Sigismund gegen die Hussiten nach Böhmen geschickt. — Wedekind von Uslar 1432. 33. 34. — Berlt von Westernhagen 1435. 36. 40. — Berlt von Hayn 1436—37. — Ulrich von der Nesse (Rieß?) 1430? 1441. — Hans von Bula 1443. — Dietrich von Arnswalde 1456. 57. 1462 (auf 1 Jahr). 1465. 66—67. 1473 (auf 2 Jahr). — Graf Ernst von Honstein 1467. 68. 69. 71. — Sifart von Bülzingsleben d. J. 1470 (auf 3 Jahr). 1475 (auf 1 Jahr). 1479 (auf 3 Jahr). Er nahm 1482 nach siebenjährigem Dienste Abschied. — Berlt von Honstein verpflichtete sich auf 1 Jahr (1480—81) mit 10 Pferden auf Verlangen einzureiten und der Stadt zu dienen, für 40 rhein. Gulden auf 2 Monate. — Heinrich von Bodungen 1483 auf 1 Jahr, 1484 auf 3 Jahr. — Balzer vom Harze 1485. 1488 (auf 5 Jahr), nimmt Abschied 1493. — Heinrich von Brücken 1492 auf 3 Jahr, nimmt Abschied 1495. — (Heinrich von Brackel 1494?) — Heinrich von Byla 1495 auf 2 Jahr. — Hans von Sundhausen 1492? 1495 auf 1 Jahr, 1497 auf 2 Jahr, 1499 auf 2 Jahr, 1501—3. (1504—5?) 6—7. 1509 auf 2 Jahr. — John (Jonas) von Stockhausen 1521—32 (namentlich 1521—24. 24—26. 26—28). Zu oder bald nach Michael 1532 „wegen seiner Schwachheit" entlassen, quittirt er am 11. Jan. 1533 über seinen bis dahin (Mich. 1532) empfangenen Gehalt. Als er melancholisch und mit Lebensüberdruß geplagt war, erließ Luther am 27. Nov. 1532 ein kräftiges Trost- und Ermahnungsschreiben an ihn (auch ein solches an seine Gattin: vgl. meine kl. Schriften S. 44 f.). — Balthasar von Sundhausen, auf 1 Jahr 1532—33 Martini; doch stand er vielleicht schon 1525 im Dienste der Stadt. Von seinem damals in der Versammlung des Grafen von Honstein und seiner Ritterschaft bei Schiedungen abgegebenen Urtheile s. die kl. Schriften S. 82 f. Im Jahre 1546 kaufte er von dem Stifte S. Crucis ein Gut zu Sundhausen. — Heinrich von der Werna 1552—55 Martini auf 3 Jahr. — — Melchior Hoffmann fiel 1570 in seinem Garten um und starb auf der Stelle. — — Heinrich Vordfeld wurde am 3. Dec. 1627 vom Rathe entlassen, „nachdem er als Kapitän ½ Jahr redlich gedient". — Joseph Richter hat 1629 „als Stadtlieutenant 1 Jahr gedient". — Kaspar Baseler 1636. — Valentin Scharfe, ein Jurist, wurde als „Lieutenant" bestellt. Er war ein Sohn des schwarzburgischen Amtsschössers zu Kelbra Dietrich Scharfe. Zur Zeit des dreißigjährigen Krieges leistete er der Stadt gute Dienste, indem er auch mehrmals zu den verschiedenen Heerhaufen, die sich der Stadt näherten, in Stadtangelegenheiten gesendet wurde. Im Jahre 1627 ließ ihn der in Kelbra liegende Rittmeister Gallus, als er in Wolkramshausen einer adlichen Hochzeit beiwohnte, von Soldaten verhaften, weil die hiesigen Stadtsoldaten einem Reiter des Rittmeisters, der in den hiesigen Weinbergen herumgeritten war und Leute auf der Straße angefallen hatte, das Pferd unter dem Leibe todtgeschossen hatten; doch kam er bald wieder los. Schlimmer erging es ihm 1642. Am 20. Sept. d. J. hatten einige der unter dem Hauptmann Vierling hier liegenden (schwedischen) Soldaten seinem Bedienten des Abends um 6 Uhr auf der Straße eine Flasche mit Bier genommen und denselben mit dem Degen am Kopfe verwundet. Darüber kam der Lt. Scharfe mit diesen Soldaten ins Handgemenge und schoß einen derselben mit der Pistole nieder, flüchtete sich zwar in das Haus des Syndicus Michaelis, wurde aber alsbald von den hiesigen Soldaten verhaftet. Obgleich nun der Rath sich gegen den schwedischen Obersten Sehestett, Commandanten in Mansfeld, unter welchem der Hauptmann Vierling stand, erbot, unparteiisch Recht ergehen zu lassen, verlangte doch der Oberst die Auslieferung des Lt. Scharfe an den Hauptmann Vierling, damit er nach Mansfeld geschickt und daselbst gerichtet werde; sonst werde er den Rath dem Thäter gleich achten. Doch nachdem der Rath dem Obersten alle Umstände des Vorfalles berichtet hatte, auch die Aussage des verwundeten Soldaten vor dessen Tode, blieb der Beklagte in Nordhausen, und die Sache wurde endlich so vermittelt, daß Scharfe dem Obersten binnen 6 Wochen 6 Knechte und dem Hauptmann Vierling 1 Knecht für den Getödteten verschaffen mußte, worauf er wieder aus der Haft kam. — Scharfe's Mutter war eine Tochter des Superintendenten Stegmann zu Eckartsberge, seine erste Frau eine Tochter des Pastors zu Rehausen M. Scholber und, nachdem diese am 3. Jan. 1648, als der Schornstein in seinem Hause brannte, durch den Fall eines Ziegelsteins auf ihren Kopf gestorben war, die zweite eine Tochter des Pastors Loth hier.

Christoph John. — Christoph de Lepe war 1675 Stadtfähndrich. — Kaspar Tümmer (auch Timer und Tühmer geschrieben), Rathsherr (seit 1690, aus dem Rautenviertel) und zugleich Stadtlieutenant. Er starb 1703, 30. Sept. in seinem 61. Jahre. — Johann Christian Tölcke, vorher Wagemeister. — Zacharias Offney 1722 (Dec.) — 25. — Johann Christian Tölcke, zum 2. Male, wieder eingesetzt durch den Kaiser 1725, starb 1737, 11. Jan., nachdem er im Oct. 1736 mit Beibehaltung seines Gehaltes in den Ruhestand gesetzt war. — Georg Ludwig Dietrichs, der vorher in hannöverschen Diensten gestanden hatte, trat als Stadtlieutenant hier ein 1734 und zog 1735 mit dem Reichscontingent an den Rhein, indem er am 27. Jan. mit dem Fähndrich Stein (der sich später hier erschoß) und mit 45 Mann von hier nach Mühlhausen abging, um sich mit der Mannschaft von Goslar und Mühlhausen zu vereinigen, wobei Goslar den Hauptmann stellte (Hesse). — [Im Jahre 1739 stellte die Stadt Nordhausen dem Kaiser als ein don gratuit wieder 30 Mann mit Ober- und Untergewehr, welche einem kaiserlichen Obersten nach Erfurt zugesendet wurden.] — Nach seiner Rückkehr mit dem Contingente am 8. Sept. 1736 wurde Dietrichs zum Stadthauptmann ernannt. Er starb 1739, 2. Dec. — — Friedrich Wilhelm von Wauderode, vom Rathe angenommen 1739, 23. Dec., starb 1746, 3. Jan. 39 Jahr alt. — Christian Ernst von Wauderode, des Vorigen Bruder, vorher Lieutenant und Hofjunker in herzoglich sachsen-eisenachischen Diensten, angenommen als Kapitän 1746, 14. Juni, wurde entlassen 1761 wegen des Vorfalls am 24. Aug. (s. Buch 3, Kap. 4). — Johann Gottfried Ehrhardt, Chirurgus und vorher königl. preuß. Unteroffizier, wurde 1761 am 25. Nov. zum Stadtlieutenant gemacht wegen seines wackern Benehmens am 24. Aug. Er wurde zum Stadthauptmann ernannt am 17. Febr. 1775 und starb 1794, 17. Dec. — Gottlieb Christian Friedrich von Meyeren 1795—1802, entlassen bei der preußischen Occupation 1802, 3. Aug., starb 1804, 17. Nov. Unter dem Hauptmann von Meyeren rückte am 16. Febr. 1795 in triplo (74 Mann) das Reichscontingent der Nordhäuser gegen die Franzosen aus, s. unten Buch 3, Kap. 4.

Da Lesser die eigentliche Kriegsverfassung der Stadt in den früheren Jahrhunderten (die Bürgerwehr, das Zeughaus u. s. w.) nicht besonders besprochen hat, so will ich die Behandlung derselben für einen andern Ort aufsparen.

Zweites Buch.

Erstes Kapitel.

Von der Geburt bedeutender Personen in Nordhausen.

Das Andenken vieler, besonders im 15. und 16. Jahrhundert zu Nordhausen geborner gelehrter und verdienter Männer hat der würdige Pastor S. Blasii M. Heinrich Kindervater in seinem Buche Northusa illustris zu erhalten gesucht. Sein Verzeichniß könnte vielfach vermehrt und berichtigt, auch nicht wenige Namen aus dem 18. und 19. Jahrhundert könnten nachgetragen werden; doch solche Nachträge mußten hier wegbleiben, da sie zu viel Raum eingenommen haben würden, da auch Lesser in diesem Kapitel nur die vornehmen, zunächst die königlichen Geburten bespricht. — Die bedeutendsten der in älterer Zeit hier Geborenen sind zwei Kinder des Königs Heinrich I. und seiner frommen Gemahlin Mathilde, die nachmalige Königin von Frankreich Gerberge und der Herzog Heinrich, Kaiser Heinrichs II. Großvater.

Gerberge (Gerberga, Gerburga, Gerbirg ꝛc.), nach der zweiten Vita Math. c. 22, bei Pertz VI, 298 zu Nordhausen geboren (um 915), wurde 929 dem Herzoge Giselbert von Lothringen vermählt, und nachdem dieser 939 im Kriege gegen seinen Schwager K. Otto I. den Tod in den Fluthen des Rheins gefunden hatte, noch in demselben Jahre 939 dem karolingischen Könige Ludwig IV. von Frankreich. Sie soll erst 984 (5. Mai) gestorben sein. Von ihren Kindern wurde Lothar nach des Vaters, ihres Gemahls, Tode König von Frankreich 954 bis 986 (worauf dessen Sohn Ludwig V. als der letzte karolingische König folgte). Wie ihre heilig gesprochene Mutter wird die Königin Gerberge wegen ihrer Frömmigkeit gepriesen; doch nahm sie auch an Staatsgeschäften thätigen Antheil, besonders in der ersten Zeit der Regierung ihres jungen Sohnes, freilich ohne das durch die Uebermacht der Großen des Reichs tief herabgedrückte königliche Ansehen wiederherstellen zu können.

Heinrich, um das Jahr 920 geboren zu Nordhausen nach derselben Stelle der zweiten Vita Math., wurde Herzog von Baiern und starb 955. Das für die Zeit charakteristische Märchen von seiner Erzeugung unter Einfluß des Teufels, woher der Hader in seinem Stamme, nämlich sein und seines Sohnes Zwist mit dem Könige Otto zu erklären sei, erzählt Bischof

Ditmar (Thietmar) von Merseburg I., 14, bei Pertz V, 741. — Sein ältester Sohn war Heinrich der Zänkische, Herzog von Baiern († 995), des Kaisers Heinrich II. des Heiligen Vater.

Die von Lesser aufgeführten im 17. Jahrhundert zu Nordhausen gebornen zehn Kinder von Edelleuten glaube ich hier übergehn zu dürfen.

Zweites Kapitel.

Von hohen Vermählungen in Nordhausen.

Unerwähnt mögen auch die drei adlichen Ehepaare aus dem 17. Jahrhundert bleiben, doch einer kaiserlichen Vermählung müssen wir gedenken, welche am 7. Aug. 1212 hier stattfand. An diesem Tage *) wurde Beatrix, die junge Tochter des 1208 ermordeten edlen Staufen Königs Philipp, die schon 1209 auf dem Reichstage zu Würzburg dem frühern Gegner ihres Vaters, dem Welfen-König Otto IV. verlobt (vermählt?) war, diesem in Nordhausen feierlich vermählt (beigelegt?). Doch vier Tage nach der Hochzeit war die junge Kaiserin eine Leiche: vgl. Urkundl. Geschichte von Nordhs. S. 36 ff. Die Kronika van Sassen setzt 14 Tage statt 4 („Dat magetyn . . . starv bynnen fertein nagten").

Drittes Kapitel.

Von hohen Zusammenkünften, Reichs- und Landtagen &c. in der Stadt Nordhausen.

Der letzte karolingische König in Deutschland Ludwig (das Kind) war nach einer Urkunde im Jahre 906 in Nordhausen, ebenso König Heinrich I. am 25. Juni 935. Außerdem hat König Heinrich gewiß noch oft sich hier aufgehalten, so auch sein Sohn Otto I. und die übrigen Kinder und Familienglieder des Königs, vor allen aber seine fromme Gemahlin Mathilde, besonders in den 32 Jahren ihres Wittwenstandes 936 bis 968. Ihre Zusammenkunft mit ihrem Sohne dem Kaiser Otto zu Nordhausen im Sommer des Jahres 965 und ihr Abschied von demselben, nach der zweiten Vita Math., wurde an einem andern Orte ausführlicher besprochen (in der Urk. Geschichte von Nordhs. S. 13 ff., vgl. oben Buch I, Kap. 4).

Daselbst war auch die Rede von ihrer Stiftung eines Nonnenklosters in Nordhausen 962, von ihrem Abschiede von der Aebtissin Richburg und von ihrem Tode zu Quedlinburg 968. — —

*) Wenn der 11. August der richtige Todestag ist.

Mathildes Enkel Kaiser Otto II. (so wie seit 973 dessen Gemahlin Theophanu) besuchte gewiß mehrere Male unsre Stadt und bewohnte zuweilen die hiesige Königsburg, so wahrscheinlich 961 und 962 und im Frühjahre (April oder Mai) 964. — Ihr Urenkel Kaiser Otto III. war in Nordhausen am 13. und am 15. Juni 993, der Enkel ihres zweiten Sohnes, Kaiser Heinrich II., wahrscheinlich im Anfange des Jahres 1017.

Den Franken-Kaiser Konrad II. finden wir hier am 20. Jun. 1033, den Kaiser Heinrich III. am 15. Oct. 1042. Auch im Jahre 1043 (zu Anfange desselben) mag derselbe hier gewesen sein und wiederum im Jahre 1050. — Der unglückliche Kaiser Heinrich IV. mag während seiner langen Regierung Nordhausen mehrmals besucht haben, doch läßt sich sein Aufenthalt in unsern Mauern weder urkundlich noch durch das Zeugniß eines Geschichtschreibers nachweisen. Die Lage von Nordhausen läßt mit Sicherheit annehmen, daß diese Stadt von dem Kriege der Sachsen und Thüringer gegen jenen König stark berührt wurde, und in demselben vielleicht eine nicht unbedeutende Rolle spielte: man vergleiche darüber unten Buch 3, Kap. 4. Aufgezeichnet ist nur, daß 1075 das Heer der Sachsen und Thüringer bei Nordhausen lagerte, und daß von hier aus die Empörer mit dem Könige unterhandelten.

Im Jahre 1105 war Nordhausen der Schauplatz einer besonders wichtigen Verhandlung vieler, namentlich geistlicher Fürsten, einer Synode, über welche ein Theilnehmer der Mönch Eckhart (Ekkehard), später erster Abt des Klosters Urach, ausführlicher berichtet (Pertz VIII, 227). Unter dem Einfluß des päpstlichen Legaten und der Leitung des (bisher von Kaiser Heinrich IV. verdrängten) Erzbischofs von Mainz Ruthard wurde dieselbe in der Woche vor Pfingsten am 29. Mai eröffnet. Die Aussöhnung der Kirche mit dem jungen Könige Heinrich V., der sich gegen seinen Vater den Kaiser empört hatte, sollte hier erklärt werden und die Unterwerfung der Bischöfe, welche Anhänger des Kaisers gewesen waren, sollte stattfinden. Die wichtigsten Beschlüsse der Synode waren gegen die Simonie und die Priesterehe gerichtet. Die demüthige Erscheinung und Erklärung des jungen Königs und die Unterwerfung der Bischöfe von Hildesheim, Paderborn und Halberstadt sind bereits geschildert (Urk. Gesch. von Nordhs. S. 22, vgl. Nachtr. S. 12).

Kaiser Lothar der Sachse hat vielleicht mehrmals Nordhausen besucht, namentlich im Jahre 1134 und 1135. — Im Spätjahre 1144 befand sich Kaiser Konrad III. hier und mit ihm der Bischof von Worms, der Abt von Stablo, Markgraf Albrecht von Brandenburg, Graf Hermann von Winzenburg, — am 28. Aug. 1188 Kaiser Friedrich I. (der Rothbart) und mit ihm die Bischöfe von Hildesheim und von Naumburg, der Abt von Hersfeld, Landgraf Ludwig von Thüringen und sein Bruder der Pfalzgraf Hermann von Sachsen, Burggraf Burkhard von Magdeburg und sein Bruder Gebhard, die Grafen Burkhard von Waltingerode, Albrecht von Wernigerode, Elger von Ilfeld (Honstein), Sigbodo von Scharzfeld, Ludwig und sein Bruder Beringer von Lara (Lohra) u. A., — ferner am 21. Oct. 1192 (nicht im Jahre 1195, wie Lesser nach Spangenberg angiebt) Kaiser Heinrich VI. und mit ihm der Erzbischof von Magdeburg, die Bischöfe von Merseburg, von Hildesheim und von Halberstadt, der Herzog Bernhard von Sachsen, der Markgraf Albrecht von Meißen und sein Bruder Dietrich, die Grafen Albrecht von Wernigerode, Heinrich von Regenstein und sein Bruder Siegfried von Blankenburg, Friedrich von Beichlingen und Albrecht von Eberstein. — Einen Fürstentag, welchen der Kaiser hier angesetzt hatte, verlegte er nach Altenburg.

Im Jahr 1207, wahrscheinlich in den ersten Tagen des September, hielt der edle Staufe König Philipp einen Reichstag zu Nordhausen, auf welchem durch Vermittelung der päpstlichen Legaten wichtige Verhandlungen mit dem in der Nähe weilenden welfischen Gegenkönige Otto IV. über dessen Zurücktreten und über einen Reichsfrieden angeknüpft wurden, welche Verhandlungen Philipp darauf noch einige Zeit zu Quedlinburg fortsetzte, doch ohne günstigen Erfolg. Bei dem Könige waren damals in Nordhausen die beiden päpstlichen Legaten, der Erzbischof von Magdeburg, der erwählte Bischof von Würzburg, der Propst von Goslar, der Landgraf Hermann von Thüringen, die Grafen von Leiningen, von Kirchberg, von Münzenberg und viele Andre.

Im Jahre 1209 (im Mai) befand sich Kaiser Otto IV. in Nordhausen, wo er auch 1212 sein Beilager mit der staufischen Königstochter Beatrix feierte (s. oben Kap. 2). Erst im Jahre 1215 wurde eine Urkunde (Walk 85. Böhmer Reg. Ott. 185) über eine 1209 im Mai hier geführte Verhandlung mit dem Grafen Elger von Honstein und dessen Söhnen Dietrich und Heinrich hier ausgefertigt, woraus sich auch die Anwesenheit der Grafen von Schaumburg, von Klettenberg, von Scharzfeld, von Tassel, von Plesse u. A. ergiebt. — — Als der Erzbischof von Mainz Siegfried II. sich 1222 in Nordhausen befand (Scheidt vom h. u. m. Adel, S. 402) war er hier ohne Zweifel thätig für das wichtige Werk einer Umgestaltung des hiesigen Kirchenwesens (die Aufhebung des mathildinischen Nonnenstiftes und Einrichtung eines Mannsstifts ꝛc.), welche er am 1. Aug. 1221 genehmigt hatte.

Ob der junge König Friedrich II. schon im Frühjahre 1215 hieher kam, ist sehr ungewiß; die Nähe seines Gegners Otto IV. hielt ihn wol damals noch ab von hier: doch im Jahre 1219 scheint er in Nordhausen gewesen zu sein, und den Gedanken an eine Umbildung der Verfassung der Stadt in kirchlicher und politischer Hinsicht gefaßt zu haben, welcher 1220 zur Ausführung kam. — — Eine längere Anwesenheit seines ältesten Sohnes des unglücklichen Königs Heinrich (VII.) im Jahre 1223 bezeugen zahlreiche zu Nordhausen im August und September dieses Jahres ausgestellte Urkunden, darunter die für die neue Organisation unsrer Stadt hochwichtige vom 22. Sept. Damals hielt der junge König, der erst gegen 12 Jahr alt war, hier in Nordhausen unter der Leitung des Erzbischofs von Köln als Reichsverwesers einen Reichs- oder Hoftag (curiam), auf welchem besonders über die Gefangenschaft des Königs Waldemar von Dänemark Verhandlungen gepflogen wurden. Auch brachten die Gegner der Aebtissin Sophie von Quedlinburg, die Grafen von Anhalt und von Falkenstein, ihre Anklage gegen die Aebtissin hier an den König. Zugegen waren die Erzbischofe von Mainz und von Köln, die Bischöfe von Würzburg, Naumburg, Hildesheim, Merseburg, Minden und Paderborn, der Abt von Hersfeld, die Pröpste von

Magdeburg, Goslar, Jechaburg, Fritzlar, Paderborn, Werden und Nordhausen, der Herzog Ludwig von Baiern, Pfalzgraf am Rhein, der Landgraf Ludwig von Thüringen, der Markgraf Diepold von Vohburg, der Deutschmeister Hermann (Balk), die Grafen von Anhalt, von der Mark, von Swalenberg, von Eberstein, von Diez, von Schwerin, von Woldenberg, von Gleichen, von Honstein, von Wernigerode und viele Andre. — — Im folgenden Jahre 1224 (schwerlich 1226) befand sich der große Rheinpfalzgraf Herzog Heinrich von Sachsen in Nordhausen und bestätigte hier den Vergleich des Abts und Convents des Klosters Homburg (bei Langensalza) mit den Grafen von Honstein wegen der Vogtei über jenes Kloster, welche diese Grafen von den Herzögen von Sachsen Heinrich dem Löwen und dessen Söhnen zu Lehn gehabt hatten. Es waren dabei zugegen die Grafen von Scharzfeld (schwerlich Mansfeld), von Lauterberg, von Wernigerode und andre Herren: s. meine Schrift „Urkunden des Kl. Homburg" S. 30, auch im 7. Bande der N. Mitth. des th. s. Vereins. — — Im Jahre 1239 verhandelte der Erzbischof Siegfried von Mainz zu Nordhausen mit dem Herzoge Otto von Braunschweig über die Klöster Homburg und Bursfelde. Der Letztere bestätigte darauf am 17. Juli zu Heiligenstadt die Schenkung jener Klöster an das Erzstift Mainz, welche Vergabung schon im Jahre 1233 gemacht war: s. Origg. Guelf. IV., 177. 179. — Damals (1239) verhängte auch derselbe Erzbischof in einer hier ausgestellten Urkunde die Excommunication über die Gewaltthätigen, welche sich an dem Eigenthume des Klosters Walkenried (den Fischereien, Weiden, Pferden) vergriffen (Walk. Urk. Nr. 228).

Oft waren im Laufe des 13. Jahrhunderts, auch im 14., die benachbarten Grafen, besonders die Grafen von Klettenberg und die Grafen von Honstein, in Nordhausen, namentlich wenn sie eine Gau- (oder Land-) Gerichtssitzung (ein Landding) unmittelbar vor den Thoren der Stadt hielten, die Klettenberger vor dem Siechenthore, die Honsteiner vor dem Töpferthore, wie es scheint, und als nach dem Aussterben der Klettenberger (um 1280) deren Grafschaft an die Grafen von Honstein (welche auch die Reichsvogtei zu Nordhausen hatten) gekommen war, endlich aber von diesen die eigentliche Grafschaft Honstein (im Anfange des 15. Jahrhunderts) an die Grafen von Stolberg, traten die Honsteiner an die Stelle der Grafen von Klettenberg auch auf jenen Gerichtstagen, und zuletzt sollten die Grafen von Stolberg an die Stelle der Honsteiner in dem eigentlich honsteinischen Landgerichte (vor dem Töpferthore) treten; doch scheinen die Stolberger dieses Gericht vor Nordhausen aufgegeben zu haben. — Von dem Klettenberger Landgerichte geben einige Walkenrieder Urkunden willkommene Nachweisung, so über eine Verhandlung des Grafen Albert von Klettenberg im Jahre 1233 coram nobis et burgensibus de Northusen in placito provinciali, dabei Graf Dietrich von Honstein als erster unter den Zeugen (Walk. Urk. Nr. 188), über eine Verhandlung dieses Grafen Dietrich von Honstein im Jahre 1239 in civili judicio, quod vulgo lantthing dicitur, praesidente comite Conrado de Clettenberg (Nr. 226), über eine solche der Brüder Albert, Konrad und Friedrich von Klettenberg 1240 Northusen in generali plebiscito, quod vulgo lantthinc vocatur (Nr. 264), und über eine solche derselben drei Grafen 1251 in plebiscito lanthding dicto (Nr. 277). Auch die Urkunden der Klettenberger Grafen von 1254 und 1261 (Nr. 304. 346) können hieher gehören, so wie die der Honsteiner Dietrichs 1232 (Nr. 181) und Heinrichs 1263 und 1278 (Nr. 375. 449), und am 26. Mai 1335 fand hier eine Verhandlung statt ohne persönliche Anwesenheit eines Grafen in plebiscito ante civitatem Northusen (Nr. 875); doch die am 12. März 1303 (Nr. 629 erwähnten Verhandlungen in plebiscito comitum de Honstein et de Stalberg sind wahrscheinlich nicht nach Nordhausen zu setzen, wenigstens nicht das hier bezeichnete Landding des Grafen von Stolberg. — —

Am 5. Oct. 1253 stellte Graf Heinrich von Gleichen in Gegenwart des Grafen Friedrichs d. J. von Lara (Lohra) und Anderer hier (apud Nordhusen) eine Urkunde aus für Walkenried (Nr. 299). — — Am 13. Oct. 1273 war Otto Graf von Ascharien, Fürst von Anhalt, in Nordhausen und bestätigte hier (als Schutzfürst?) durch eine Urkunde alle Statuten, welche der Rath zum Besten der Stadt gemacht hätte oder noch machen würde, s. meine Schrift: Die alten Gesetze der Stadt Nordhausen S. 16 (auch im 3. Bande der N. Mitth. des th. s. V. 1, 44). — Am 7. März 1287 war hier der Bischof Gebhard von Brandenburg (s. oben I, 4).

Der letzte der deutschen Könige (und römischen Kaiser), welche hier persönlich anwesend gewesen sind, König Adolf und mit ihm der Erzbischof von Magdeburg, die Bischöfe von Bamberg, Brixen und Merseburg, die Markgrafen von Brandenburg, die Herzöge von Braunschweig und andre Herren befanden sich zu Nordhausen am 1., 2. und 3. Jan. 1295. Damals war die alte königliche Burg von den Bürgern bereits zerstört.

Am 12. April 1402 schlossen hier einen ewigen Frieden und ein Bündniß mit einander die Brüder Balthasar und Wilhelm Landgrafen von Thüringen und Markgrafen zu Meißen, die Brüder Bernhard und Heinrich Herzöge von Braunschweig und Lüneburg, Friedrich Herzog von Braunschweig (zu Osterode und Herzberg), Hermann Landgraf zu Hessen, die Brüder Friedrich und Wilhelm Markgrafen zu Meißen und Landgrafen zu Thüringen, Otto (der Einäugige) Herzog von Braunschweig und Friedrich d. J., Balthasars Sohn, Landgraf von Thüringen und Markgraf zu Meißen. (Abdruck der Urkunde in Horn's Leben Friderici bellicosi S. 707 ff. Original im Archiv zu Wolfenbüttel, auch im Archiv zu Dresden, vgl. Regesten des Geschlechts der Herren von Salza S. 186). — — Am 5. Nov. 1430 legte hier Graf Volrad von Mansfeld einen Streit bei zwischen den Herren Gebhard von Querfurt und Dietrich von Plesse. — — Als 1459 der Graf Johann von Beichlingen mit des Grafen Volrad von Mansfeld hinterlassener Tochter Margaretha sich vermählen wollte, wurde der Ehevertrag unter Hinzuziehung des Erzbischofs von Magdeburg von dem Herzoge Heinrich von Braunschweig, den Grafen von Mansfeld, von Schwarzburg und von Stolberg in Nordhausen geschlossen, und zugleich über die künftige Bestimmung von Margarethe's Schwester Hedwig berathen. (Vgl. Jovius, Schwarzb. Chr. S. 535). — — Am 24. Febr. 1478 verglichen hier die Grafen Heinrich von Schwarzburg und Ernst und Johann von Honstein die von Burgsdorf mit dem Kloster Walkenried.

Im Jahre 1501 wurde hier über die streitige Erbtheilung der jungen Grafen von Mansfeld von den Grafen Günther und Heinrich von Schwarzburg, Bodo von Stolberg und Ernst von Honstein verhandelt und entschieden (vgl. Jovius S. 608). — Am 3. Juli 1518 war der Kurfürst Erzbischof Albrecht von Mainz und Magdeburg, Administrator des Bisthums Halberstadt, geborner Markgraf von Brandenburg, Primas von Deutschland zc., in Nordhausen (s. Buch I, Kap. 4).

Am 29. April 1520, Sonnt. Jubilate, kamen hieher, um die Erbverbrüderung zwischen Sachsen und Hessen zu erneuern, der Kurfürst Friedrich (der Weise) von Sachsen mit seinem Sohne dem Herzoge Johann Friedrich, der Herzog Georg von Sachsen und der Landgraf Philipp von Hessen, welche alle ein ansehnliches Gefolge bei sich hatten. Der Abschied dieser Erbverbrüderung wurde Donnerstags am 3. Mai vollzogen.

Am 6. Dec. 1513 hielten zu Nordhausen wegen des schmalkaldischen Bundes eine Versammlung Kurfürst Johann Friedrich (der Großmüthige) von Sachsen nebst seinem Sohne dem Herzoge Johann Friedrich, die Herzöge Ernst und Franz von Lüneburg, Landgraf Philipp von Hessen, die Brüder Albrecht und Gebhard Grafen von Mansfeld, Bevollmächtigte des Fürsten von Anhalt und des Herzogs Philipp von Braunschweig und Gesandte der Städte Lübeck, Magdeburg, Bremen und Braunschweig.

Im Jahre 1544 reis'te die verwittwete Herzogin Elisabeth von Braunschweig (Kalenberg), des Kurfürsten Johann von Brandenburg Tochter, hier durch in das Meißner Land und übernachtete hier mit ihrem sechszehnjährigen Sohne dem Herzoge Erich und dem Herzoge Georg von Mecklenburg. Nach ihrer Ankunft am Abende ließ sie den würdigen Pastor M. Johann Spangenberg, der aus dem Göttingschen (aus Hardegsen) gebürtig war, zu sich fordern. Derselbe berichtete mit Bewundrung, wie die fromme Fürstin jenen Prinzen vor und nach der Mahlzeit einige Psalmen deutsch und lateinisch habe beten lassen. (Auch bei ihrer Durchreise durch Wittenberg zog die Herzogin Luther zur Tafel, und auch da betete der junge Herzog Erich deutsch und lateinisch vor und nach dem Essen, worüber Luther in einem Schreiben an M. Anton Corvinus zu Münden [bei de Wette V, 707, Nr. 225] sein Wohlgefallen bezeugt; doch fürchtet er, daß der Prinz durch das weltliche Leben von der Gottesfurcht abgebracht werden möge). — — Im Jahre 1546 schrieb Kurfürst Hermann von Köln durch den Grafen Wolfgang von Stolberg auf den ersten März eine Versammlung der evangelischen Harz- (und andrer) Grafen nach Nordhausen aus. Er wollte sich ihre Unterstützung für das beabsichtigte Werk der Reformation seines Erzstifts verschaffen, erhielt aber keine genügende Antwort von den Grafen. — Von dem dreitägigen Aufenthalte des Kurfürsten Moriz von Sachsen und seiner Gemahlin nebst dem Herzoge von Braunschweig zu Nordhausen kurz vor der Schlacht bei Sievershausen, zu Ende des Junius 1553, wird unten die Rede sein (Buch 3, Kap. 4).

Im Herbst (wol zu Ende des August) 1561 war Prinz Wilhelm von Oranien in Nordhausen und ging von hier nach Leipzig, um sich mit Anna des Kurfürsten Moriz von Sachsen

Tochter zu vermählen. — In demselben Jahre 1561 hatte Michael Neander als Verwalter (Rector, die Stelle eines Abtes vertretend) des Klosters Ilfeld hier in Nordhausen eine Zusammenkunft und Verhandlung mit den Grafen Günther von Schwarzburg, Christoph von Stolberg und Ernst von Honstein, besonders über die Klostergüter zu Kirchengel und Ebra, deren reiche Einkünfte Graf Günther dem Kloster (der Klosterschule) vorenthielt. Vergeblich suchte Graf Ernst die Sache zu vermitteln. Ueber die Verhandlung sind noch interessante Originalberichte Neanders vorhanden, aus denen auch Lesser S. 380—383 etwas mittheilt.

Im Jahre 1581 wurde hier ein Vergleich wegen der Schutzgerechtigkeit über das Kloster Walkenried geschlossen, von Seiten des Kurfürsten August von Sachsen durch den Oberhauptmann in Thüringen Erich Volkmar von Berlepsch und den Dr. Lorenz Lindemann von Sedlitz, von Seiten des Herzogs Heinrich Julius von Braunschweig, Bischofs von Halberstadt, durch die halberstädtischen Domherren Joh. Spitznase und Joh. von Herlingen, durch den Stiftshauptmann Heinrich von der Luhr, den Hofmeister Kurt von Schwichelde und den Kanzler Peter Bötticher. — — In den Jahren 1591 und 1593 (24. Oct.) pflogen kursächsische und herzoglich braunschweigische Räthe hier Verhandlungen über die Grenzen des (braunschweig-lüneburgischen) Amtes Honstein (die eigentliche alte Grafschaft Honstein). Es wurde darauf am 13. Aug. 1608 hier durch Vermittelung des Königs von Dänemark ein Interims-Vergleich geschlossen, welchen Lesser S. 384—392 mittheilt.

Während des dreißigjährigen Krieges nahm die Stadt die gräflich honsteinsche Regierung des Herzogs von Braunschweig (Inspector und Räthe) gegen einen Revers vom 2. Oct. 1633 auf. — Im Jahre 1635 wurde hier ein Fürstentag gehalten, bei welchem Herzog Georg von Lüneburg, Herzog Wilhelm von Sachsen und Landgraf Wilhelm von Hessen zugegen waren. Es wurde beschlossen, den Kurfürsten von Sachsen zu ersuchen, mit dem Kaiser einen solchen Frieden abzuschließen, wodurch das Reich und die Fürsten in ihren Rechten und Freiheiten, auch in freier Uebung der Religion nicht gekränkt würden. — — Am 13. Juni 1654 legten kurbrandenburgische und landgräflich hessische, auch gräflich schwarzburgische Commissarien hier die langjährigen Irrungen bei über den allerbergischen minnigeröder District (Gericht, Abgaben, Ritterdienste). Der Receß steht bei Lesser S. 393 ff.

Am 15. März 1698 übergab hier auf dem Rathhause der kursächsische Gesandte von Stammer den kurbrandenburgischen Gesandten dem Grafen Dönhof und dem Hofrathe Schreiber das Reichsschultheißenamt und die Reichsvogtei in Nordhausen mit allen Rechten. Die beiderseitigen Gesandten, welche zugleich in zwei Kutschen angefahren kamen, wurden an der äußeren Treppe bei dem Rolande von den drei damaligen Vierherrn empfangen, unten an der Wendeltreppe von den sechs Bürgermeistern. — Als nun in den folgenden Jahren die brandenburgischen (seit 1701 königlich preußischen) Beamten jene von Sachsen erkauften Reichsrechte in Nordhausen in zunehmender Ausdehnung übten und den vergeblich protestirenden Rath hart bedrängten, als die aufgerufenen kaiserlichen Maßregeln keine Hülfe schafften, ja als die Stadt 1703 von preußischen Truppen besetzt wurde, da nahmen sich die Mitstände des niedersächsischen Kreises der Bedrängten an, mit Heftigkeit König Karl XII. von Schweden, als er in Sachsen stand, länger, auch als von der Stadt an Sachsens Stelle erwählter Schutzherr und im eigenen Interesse der Kurfürst von Hannover (seit 1714 auch König von England, Georg I.). Nach langen Unterhandlungen der Höfe von Wien, Berlin und Hannover und nach des Königs Friedrichs I. Tode gab der junge König Friedrich Wilhelm I. die schöne Erwerbung endlich auf. Am 16. Oct. 1714 erschienen in Nordhausen zwei preußische Commissarien, der Oberst von Berlepsch und der Hofrath Pfeil, desgleichen zwei hannöversche der Hofrath Strycius und der Commiss. Triefeberg, welche den Vergleich zwischen dem Könige von Preußen und der Reichsstadt Nordhausen zu Stande brachten.

Am 1. Mai 1715 nahmen die königlich preußischen Commissarien von Fuchs, Hofrath Halter und Kammerrath Lütkens hier die stipulirten 50,000 Thaler in Empfang (worüber der König noch besonders quittirte im Feldlager vor Stralsund am 23. Aug. 1715), und übergaben dem Rathe das Reichsschultheißenamt und die Reichsvogtei mit den übrigen streitigen Rechten, namentlich dem Schutz- und Besatzungsrechte. Der Receß über den Erbverkauf, die Renunciation und die Cession jener Rechte wurde ausgefertigt am 22. Mai, ausgewechselt am 3. Aug. 1715. Das Original desselben scheint aus dem hiesigen Stadtarchiv entwendet zu sein: doch ist das Original der kaiserlichen Bestätigungsurkunde (gegeben zu Wien am 30. Sept 1716) noch darin vorhanden und daselbst der ganze Receß; auch ist derselbe abgedruckt bei Lesser S. 395—403 mit einigen Druckfehlern. Wegen der Wichtigkeit der Verhandlung gebe ich hier den Receß vollständig mit berichtigtem Texte. (Transaction den 3. Aug. 1715 zwischen Jhro Königl. Majestät in Preußen und der Kaiserl. Freyen Reichs-Stadt Nordhausen: in puncto des prätendirenden Schutzrechts und Juris hospitalitatis. — Das königl. preußische Originalexemplar des Recesses ist bezeichnet: „Vergleich mit der Stadt Northausen, über Seiner Königl. Maj. darin habende Jura und Ansprüche.")

„Demnach Anno Sechzehn hundert sieben und Neunzig von dem Churhause Sachsen an das Churhaus Brandenburg verschiedene Jura und Praetensiones in der Kayserlichen und des Reiches freyen Stadt Nordhausen abgetreten worden, deßwegen aber und wegen deren Gebrauchs und Genusses, wie auch sonst, die Stadt Nordhausen mit weyland Königs Friedrichs in Preußen Königl. Majestät Glorwürdigsten Andenkens in beschwerliche Irrungen verfallen, deren Abhelfung sowohl durch den Weg Rechtens, als auch durch gütliche Handlung verschiedentlich nach und nach versucht worden, aber nicht von statten gehen wollen, bis endlich des jetzt regierenden Königs in Preußen Majestät aus angeborner Großmüthigkeit und Neigung zu Gleich*) und Recht auch Gnade und Hulde, auf Hohe Interposition Sr. Churfürstl. Durchlaucht zu Braunschweig und Lüneburg Sich bewegen lassen, aller obgedachten Irrungen halber mit der

Stadt Nordhausen aus dem Grunde sich zu vergleichen und dererjenigen Jurium und Ansprüche, woraus solche Irrungen entstanden, per modum eines Verkaufes sich gänzlich abzuthun; Als ist darüber nachfolgender Recess und Contract abgeredet, errichtet und geschlossen worden.

1. Es renunciiren Se. Königl. Majestät in Preußen für sich, Dero Erben und Nachkommen hiermit aus gutem vollen Vorbedacht aufs bündigste, kräftigste und beständigste, wie solches zu Recht immer geschehen kann, dem Schutzrechte über die Stadt Nordhausen, begeben sich dessen ganz und gar, wollen auch und Sr. Königlichen Majestät obmit beschriebene sollen nimmer und zu keiner Zeit einige Schutzgerechtigkeit über die Stadt Nordhausen, ex quocunque capite es auch immer sein möchte, weiter praetendiren oder begehren; und gleichwie solchergestalt S. Königl. Majestat dem Schutzrechte über die Stadt Nordhausen in perpetuum renunciiren, Sie auch Se. Churfürstl. Durchlaucht dahin vermocht, daß Dieselbe ein gleiches gethan*); Also soll auch die Stadt, es sey unter was Praetext es wolle, es geschehe denn mit Königl. Preußischer und Churfürstl. Braunschweigischer ausdrücklicher beyderseitiger Bewilligung und Consens, oder auf dem Fuß der Reichs- und Creyß-Verfassungen durch Ihrer Kayserl. Majestät allergnädigsten Verordnung, keinen Tertium zum Schutzherrn weiter anzunehmen verbunden sein.**)

2. Renunciiren Se. Königl. Majestät auf gleiche Weise in perpetuum dem juri praesidii et hospitationis militum zu Nordhausen, und versprechen bündigst, Dero jetzt zu Nordhausen habende Besatzung bey Erlegung der unten benannten Kauf-Summa alsofort aus der Stadt Nordhausen und dero Gebiete gänzlich, ohne das geringste darzu gehöriges zuruck zu lassen, heraus zu ziehen***), und nicht zu verstatten, daß vor oder bey dem Abzuge selbiger Besatzung, von oder wegen derselben, wegen der Bagage oder anderer Zubehör, wegen der Artillerie, Munition, Proviant oder sonsten auf einige Weise der Bürgerschaft oder dem Magistrat zu Nordhausen an Gelde, Naturalien oder andern praestandis, außer dem Vorspann, das geringste abgefordert oder abgenöthiget werde, und soll mit gedachter Vorspann solche Maße gehalten werden, daß über drey Wagen aufs höchste für jede Compagnie nicht gefordert noch genommen, auch die Vorspann über drey Meilen von Nordhausen ab nicht mit genöthigt werden sollen. Daferne aber dennoch ein mehreres von der Stadt gefordert und genommen würde, wollen Se. Königl. Majestät in Preußen es ersetzen und dessen Betrag Ihro an der unten benannten Kauf-Summa, als empfangen, kürzen und abziehen lassen. Se. Königl. Majestät in Preußen verbinden sich auch Kraft obiger Dero Renunciation hiermit dahin, daß Sie hinführo die Stadt Nordhausen,

---

*) Laut Urkunde vom 23. Dec. 1702 hatte der Kurfürst Georg Ludwig von Hannover den erbetenen Schutz der Stadt auf 15 Jahr für 150 rhein. Gulden jährliches Verspruchgeld übernommen, aber der König Friedrich I. glaubte, das ausschließliche Schutzrecht über Nordhausen sei mit dem erkauften Schultheißen- und Vogteiamte von Sachsen an Brandenburg gekommen.

**) Die 2 letzten Worte fehlen in dem königl. preuß. Exemplare.

***) Am 12. September 1715 zog diese Besatzung ab, nachdem sie seit dem 7. Februar 1703 hier gestanden hatte.

dero Vorstädte und Gebiete mit Besetzung Dero Truppen, es seyen viel oder wenig, aus keinerlei Ursache, in keinerley Gelegenheit und auf keinerley Weise weiter belegen wollen.

3. Was auch etwa von der Stadt Nordhausen brieflichen Documenten und Urkunden aus der Stadt Archiven und Registraturen von denen Königl. Preußischen Bedienten möchte heraus und zu sich genommen seyn, das wollen Se. Königl. Majestät gleichfalls bei nächst bevorstehender Evacuirung der Stadt Nordhausen völlig und ohne einige Ausnahme dem Magistrat zu Nordhausen bona fide restituiren lassen.

4. Renunciiren Se. Königl. Majestät in Preußen für sich, Dero Erben und Nachkommen hiermit und Kraft dieses auf gleiche Weise, wie oben articulo primo gemeldet, nicht allein in genere allen und jeden, was Se. Königl. Majestät ex jure vendito et cesso von Chur-Sachsen bishero zu Nordhausen praetendiret oder exerciret, sondern auch in specie dem Reichs-Schultheißen-Amte und der Reichs-Vogtey zu Nordhausen, sammt allen und jeden dahin gehörigen Rechten und Gerechtsamen, auch Nutz- und Hebungen, es sey an Gerichten, Geleiten, Zöllen, Accisen und andern Dependentien, Emolumenten und Ausklünften, wie das immer Namen haben mag, nichts überall davon ausgenommen, cediren, übertragen, übergeben und verkaufen solches alles und jedes vermöge dieses Briefes erb- und eigenthümlich an die Stadt Nordhausen und an den dortigen Magistrat dergestalt, daß Se. Königl. Majestät in Preußen von Signirung dieses Contracts an ex jure cesso von Chur-Sachsen zu Nordhausen überall das allergeringste weiter nicht praetendiren noch exerciren, vornehmlich auch Dero zu Nordhausen angeordnetes Stadt-Schultheißen-Amt*) und Vogtey-Gericht, weniger nicht alle und jede seither angeregter**) Chur-Sächsischer Cession zu Nordhausen gehabte und gemachte Hebungen an Zoll, Accise, Scheffel-Pfennige, oder wie es sonsten immer möchte genannt oder erdacht werden können, gänzlich einstellen und cessiren lassen, die zu Nordhausen jetzo befindliche zu obgedachten Gerichten und Hebungen bestellete Personen und Bedienten samt und sonders, vom Höchsten bis zum Niedrigsten zu Niederlegung ihrer Bedienungen befehligen und anweisen, sie auch deßfalls ihrer geleisteten Dienst-Eyde erlassen und überall keiner Jurisdiction oder Gerichtsbarkeit in der Stadt Nordhausen oder dero Gebiete, es sey in Criminalibus oder Civilibus, Ecclesiasticis oder Politicis, auch mithin keiner Heb- und Nutzungen daselbst, ausgenommen allein diejenigen, welche zu der Walkenrieder Collectur zu Nordhausen gehören, weder per directum noch indirectum ex quacunque causa, weiter im geringsten sich annehmen, sondern den Magistrat in dem Besitz und Genuß dessen allen und mithin insonderheit omnimodae et privativae Jurisdictionis in der Stadt, deren Vorstädten und Feldmarken, jure propria et irrevocabili eines Erbverkaufes, worin Er hiermit gesetzt wird, ohne einige Hinderung und Einrede, in specie auch ohne die

---

*) Im Königl. preuß. Exemplar: „Stadt-Schultheißen“- (ohne Amt).

**) Lesser falsch: gerechter.

Einwohner der Stadt Nordhausen und dero Gebiets mit Arresten, Pfandungen oder andern Bekümmerungen zu beschweren, zu jeder Zeit ruhig lassen wollen.

Wobey aber auch Königl. Preußischer Seiten ausdrücklich reserviret, von der Stadt Nordhausen auch angenommen und versprochen worden, daß dieselbe die in denen vorhergehenden Articulis exprimirte jura insgesamt zu ewigen Zeiten an sich behalten, und dieselbe ganz oder zum Theil nimmermehr an jemanden anders, er sey wer er wolle, auch unter keinerlei Praetext, Vorwand und Ursache wieder cediren, abtreten oder verpfänden will.

6. Alle bishero bey denen Königl. Preußischen Reichs-Schultheißen- und Vogtey-Gerichten zu Nordhausen ergangene Acta und Actitata, Judicial- und extra judicial-Handlungen, wie auch die Rollen und Register von denen, laut vorhergehenden articuli quarti von Sr. Königl. Majestät der Stadt jetzo cedirenden und verkaufenden Nutz- und Hebungen wollen Se. Königl. Majestät bey Evacuirung der Stadt Nordhausen, ohne das geringste davon zurück zu behalten, dem dortigen Magistrat extradiren lassen; Unter solchen Briefschaften sind aber die von Sr. Königl. Majestät bisher nach Nordhausen ergangene Rescripta und anhero abgestattete Berichte nicht mit begriffen, sondern Sr. Königl. Majestät frey, dieselbe bey Abführung ihrer Trouppen mit zurück zu nehmen. Der Magistrat verspricht und obligiret sich auch, daß er alles, was die Zeit über, da man Königl. Preußischer Seits die Jurisdiction in der Stadt exerciret, ergangen und judiciret worden, vor kräftig und beständig halten, auch gegen die bisherige Königliche Bediente in Nordhausen, wegen der mit denoselben vorgefallenen Streitigkeiten keine Rache noch Resentiment bezeigen, sondern selbige vielmehr, nachdem sie der Königlichen Pflicht erlassen seyn werden, dafern sie sich alsdann so aufführen, daß der Magistrat ein Vertrauen zu ihnen haben könne, nach Beschaffenheit ihres Comportements bey sich ereignenden vacanten Stellen in dem Magistrats-Collegio zu deren Ersetzung auf ihre Personen reflectiren, und sie dazu zu employiren sich nicht entlegen wolle.

Es sollen auch diejenigen aus der Bürgerschaft, welche in ihren mit dem Magistrat habenden Differentien zu Ihrer Königl. Majestät ihren Recours genommen, deßhalber nicht gedrücket oder hart gehalten, sondern solches entweder einer ewigen Vergessenheit übergeben, oder aber, falls es deßhalb annoch einer besondern Decision bedürfte, dieselbe bey Ihro Kayserl. Majestät gesuchet und von Denoselben erwartet werden; Immaßen auch die Sachen und Processe, so an Seiten des Raths, auch einiger Bürger zu Nordhausen am Kayserlichen Hofe in der Litispendenz befangen seyn, allda in ihrem Lauf und zu Kayserl. Majestät Decision ausgestellet bleiben.

Wann aber die Bürger zu Nordhausen, welche zu Sr. Königl. Majestät in Preußen ihren Recours bishero genommen, inskünftige etwas strafbares begehen sollten, stehet dem Magistrat frey, kraft seiner über solche Bürger habenden Obrigkeitlichen Gewalt, mit Beyseitsetzung aller Affecten, dasjenige gegen dieselbige zu verfügen, was die Justiz erfordert und mit sich bringet.

6. Demnach auch vor einiger Zeit auf einen Theil der Stadt Nordhäusischen Feld-Marke und die eine Vorstadt das Altendorf genannt, samt denen Stadt-Wasser-Mühlen von Seiten Sr. Königl. Majestät in Preußen, in puncto collectarum und sonsten gewisse Ansprüche gemacht werden: Als begeben Se. Königl. Majestät in Preußen für sich, Dero Erben und Nachkommen, sich dessen ebenmäßig, wie oben stehet, hiermit, und wollen aus solchem oder einem andern Capite gegen den Rath und die Bürgerschaft zu Nordhausen sothaner Vorstadt, Feld-Marke und Mühlen halber weiter keine Praetension formiren, noch durch die Ihrigen formiren lassen, sondern alles, was bishero darunter geschehen, soll von nun an todt seyn und nimmermehr wiederum rege gemacht, auch der Magistrat zu Nordhausen oder die Einwohner selbiger Stadt oder in denen Vorstädten und Feldmarken, sollen deßwegen auf keine Weise, es sey an ihren Personen, Feld-Früchten oder übrigen Habseligkeiten angefochten oder betrübet werden.

Damit man aber specifice wissen und keine Irrung künftig daraus entspringen möge, was obangeführter Maßen von Sr. Königl. Majestät in Preußen in Anspruch genommen worden, so wird darunter verstanden:

a. Die Vorstadt, das Altendorf genannt, nebst der zu solcher Vorstadt gehörigen Kirche, Pfarr- und Wohnhäusern, Mühlen und Gärten, nichts ausgeschlossen.

b. Die Feldmark, so ohnweit dem Ditfurte belegen im Wege herunter bis zu gedachtem Altendorfe, an der Stadt hinab, vor dem Siechenthore vorbey, auf den Schleifweg bis an die Rode-*) und Werther-Brücke, von da den alten Helmen-Graben und Helmen-Fluß hinan bis zu dem ersten Gränz-Stein, und so weiter von einem Gränz-Steine**) zum andern, den Hohlen-Spiegel auf dem Eulenberge, weiter hieselbst wieder von einem Steine zum andern, bis zum letzten Gränz-Steine ohnweit der Crimderöber***) Feldschmiede. — Dagegen hat die Stadt Nordhausen an das Lindey†) nicht den geringsten Anspruch, es gehört auch solches in diese Feldmark keineswegs, sondern es bleibt dasselbe nach wie vor in ohnstreitigen Hohensteinischen Territorio, gestalt der Köppelhut-Stein an der Herröder††) Fluhr vor keinen Gränz-Stein, sondern vor eine Köppelhut-Marque gehalten wird.

c. Die an der Salza belegene Stein-Mühle, die gegenüber daran gelegene Strumpfstricker-Walkmühle, die Furth-Mühle, die Tuchmacher Walk- und Oel-Mühle, des Rathes Papier-Mühle, des Hospitals S. Martini Mahl- und Oel-Mühle, die sogenannte Kleinewerther Mahl-

*) Bei Lesser steht irrig Sode-, im königl. preußischen Exemplare und in der kaiserlichen Confirmation: „Rothe"-.

**) Bei Lesser fehlen diese 6 Worte.

***) In der kaiserl. Urk. steht irrig Welmbderöder. — Die Feldschmiede lag am Wasser, bei dem Schurzfell.

†) Lesser falsch: Ludey.

††) Lesser: Hesseröder. In dem königl. preuß. Exemplare hat gestanden: „Hesseröder", aber Hesse ist durchstrichen und von gleicher Hand und mit gleicher Dinte darübergesetzt: Her.

und Oel-Mühle,*) und die unterste ohnweit der Helme liegende Mühle. So viel aber die so-genannte Raths-Weißgerber-Walk- und Schleifmühle betrifft, selbige liegt außer der Versteinigung auf ohnstreitigen hohensteinischen Boden, und bleibt demnach in Catastro Hohensteinensi,**) wie dieselbe je und allewege gewesen. Nicht weniger behalten S. Königl. Majestät in Preußen das dominium directum über die Werther-Mühle, welche wegen Aufhebung des bisher darüber geführten Processus ad caducitatem und wegen der gesuchten neuen Belehnung***) Sich nächstens allergnädigst†) erklären werden.

d. Alle Aecker und Wiesen, nicht das geringste davon ausgenommen, wie dieselbe mit den Grenz-Steinen von alten Zeiten her und noch jetzo umzirkelt seyn.

7. Seine Königl. Majestät in Preußen wollen auch nunmehro weiter nicht gestatten, daß von dem Collectore††) des Walkenriethischen Hofes oder denen Seinigen, noch sonsten jemanden, Breyhan oder Bier von Woslebischen oder anderm auswärtigen Gebrau, so wenig zu eigener Consumption als zum Wiederverkauf oder Verkellen in die Stadt Nordhausen gebracht werde. Da aber dennoch diesem zuwider jemand einiger Einfuhre fremden, in der Stadt Nordhausen nicht gebrauten Breyhans oder Biers sich unternehmen würde, stehet dem Magistrate zu Nordhausen kraft dessen Obrigkeitlichen Amtes und Gewalt frey, solches zu verhindern. Wenn aber die Königlichen Bediente und Einwohner des Collectur-Hofes zu ihrer Consumption, mit nichten aber zu Ueberlassung an andre, die keine Collectur-Bediente seyn und im Collectur-Hofe nicht wohnen, selbst brauen wollen, so bleibet ihnen solches in allewege frey und unbenommen. Wenn auch jemand von denen Bürgern und Einwohnern zu Nordhausen zu Hochzeiten, Kind-Taufen oder andern Ehren-Gelagen Woslebèr Breyhan oder andres frembes Getränke zu gebrauchen verlanget, und bey dem Rathe oder regierenden Bürgermeister darum anhält, soll solches allemal, wiewohl aus freyem Willen und sine ulla obligatione, gegen Erlegung einer leidlichen Accise, auf den Fuß, wie von den Nordhäusischen außerhalb der Stadt consumirendem Getränke gegeben wird, verstattet werden.

8. Für diejenigen Jura, so Se. Königl. Majestät laut vorhergehender Artikeln an die Stadt cediret und verkauft, empfangen Dieselbe eine Kauf-Summa von Funfzig Tausend Thalern jetziger Current-Währung nach dem Leipziger Fuß de anno Sechzehnhundert und Neunzig, da die Mark fein Silbers zu zwölf Reichs-Thalern ausgemünzt ist, deren Entrichtung gegen Sr. Königl Majestät Quittung dergestalt verglichen ist, daß 1) Se. Königl. Majestät zurück nehmen die von weyland Dero Herrn Vater Königlicher Majestät Glorwürdigsten Andenkens anno Sieben-

*) Diese 7 Worte fehlen bei Lesser.

**) Lesser irrig: Holsteinensi.

***) Lesser: Belohnung.

†) In der kaiserl. Urk. steht „allerdings" statt allergnädigst!

††) Lesser: den Collectur-Bedienten.

zehnhundert und Fünf auf dem Rathhause zu Nordhausen deponirte, der Stadt Nordhausen sonst wieder zu geben gewesene dreyzehn Tausend Reichs-Thaler Wiederkaufsgelder, wofür die Stadt vormals von dem Chur-Hause Sachsen das Reichs-Schultheißen-Amt und die Reichs-Vogtey daselbst wiederkäuflich auf gewisse Zeit an sich gebracht gehabt. 2) Sollen zu solchen dreyzehn Tausend Reichs-Thalern von der Stadt Nordhausen noch baar an Se. Königl. Majestät in Preußen, oder auf Dero Ordre und Assignation, zu Nordhausen oder Berlin gezahlt werden Sieben und dreyßig Tausend Thaler obgedachter Währung.

9. Gleichwie die Stadt Nordhausen solches Capital der Sieben und dreißig Tausend Thaler aus eigenen Mitteln nicht zu bezahlen hat, sondern dasselbe auf Zinse wird erborgen und es nebst dessen Verzinsung nach und nach aus denen von Sr. Königl. Majestät in Preußen der Stadt jetzo verkaufenden Hebungen wieder abzuführen suchen müssen: also soll in specie der Zoll zu Nordhausen, als die vornehmste sothaner Hebungen, bis zu Wiederabführung ermeldeter Sieben und dreißig Tausend Thaler, nach der diesem Vergleich in fine sub litt. A. beygefügter Zoll-Rolle erhoben, so bald aber mehr erwähntes Capital wird wieder abgeführet, und dadurch die Stadt solcher schweren Schulden-Last entlediget seyn, soll gedachter Zoll zu Nordhausen auf den alten geringen Fuß, wie der Magistrat zu Nordhausen, nach Ausweisung der alten, diesem Recesse ebenfalls sub lit. B. annectirten Zoll-Rolle denselben vorhin gehoben, reducirt werden. Es will auch die Stadt den Contract, den sie wegen Anleihung dieser Gelder aufrichtet, Sr. Königlichen Majestät in Preußen communiciren, damit demselben nichts einfließe, so Dero Juribus und Interesse contraire oder Ihro sonsten nachtheilig seye.

10. Bei Auszahlung obspecificirter Kauf-Summa wollen Se. Königl. Majestät in Preußen nicht allein aus dem Contracte, wodurch Ihro Königl. Majestät in Polen nebst andern Juribus, in specie auch Dero bis dahin in der Stadt Nordhausen gehabten Jura an das Königliche Haus Preußen cediret haben, dem Magistrat einen vidimirten Extractum Clausulae concernentis ausliefern lassen, sondern auch nebst der Stadt und auf Dero Kosten über diese von Sr. Königl. Majestät in Preußen an die Stadt Nordhausen geschehene Cession und Ueberlassung Ihrer Majestät des Kaysers Confirmation und, wenn es nöthig, Sr. Königl. Majestät in Polen Consens zu erlangen sich bemühen; nicht weniger wollen sie auch dem Magistrat der Stadt Nordhausen wegen dieses jetzigen Erbkaufes contra quoscunque die Eviction, Manutenenz und Garantie in und außerhalb Gerichts jederzeit, die es von nöthen, wirklich und unweigerlich leisten und praestiren.

11. Weil auch oben der Walkenriethischen Collectur erwehnet worden, so ist zu Vorkommung aller Disputen und Mißhelligkeiten, so deßhalb zwischen Sr. Königl. Majestät und der Stadt hinkünftig weiter entstehen könnten, hiermit verabredet, daß die Königl. Preußischen Collectur-Bediente zu Nordhausen von denen bürgerlichen Oneribus, als Schoß, Wach-Geld und dergleichen beständig eximiret seyn und bleiben sollen. Es verspricht auch der Magistrat, daß er die Collectur-Früchte und andere Einkünfte, die Se. Königl. Majestät nach Nordhausen bringen lassen, mit keinem Impost beschweren wolle, sondern sie von dergleichen Auflagen allerdings

frei und eximiret seyn sollen: Wenn aber obgedachte Collectur-Bediente zu Nordhausen Korn-Früchte aufkaufen, oder deren von andern Orten her in die Stadt bringen lassen, die keine Collectur-, Pacht- oder Zins-Früchte seyn, es sey, um Handlung damit zu treiben, oder sie auf den Malz-Boden zu Wofleben zu liefern, so gehöret und bleibet dem Magistrat von solchen Korn-Früchten der hergebrachte Scheffel-Pfennig.

12. Gegen diesen Erb-Verkauf, Renunciation und Cession, und alles und jedes, was deßwegen in obbesagten Artikeln hinc inde versprochen und verbriefft ist, wird hiermit feyerlichst und wohlbedächtig beyderseits renunciiret und abgesaget, zuförderst in so weit man über ein oder anders bisher in Gerichtlicher Handlunge und Disceptation mit einander befangen gewesen, causae et litis sowohl bei dem Kayserlichen Reichs-Hof-Rathe und dem Kayserl. und Reichs-Cammer-Gerichte, als zu Ellrich, denn auch im übrigen sammt und sonders allen und jeden Exceptionen, Behelfen und Wohlthaten der Rechte, so wohl in genere und insgemein, als auch mithin in specie und namentlich der Einwendung: Ob wäre dieses nicht wirklich, sondern nur simulate und zum Schein also abgehandelt, es wäre anders abgeredet, als es hierin verfasset, es wäre ein und anders bey diesem Kaufe ausbedungen und vorbehalten, es wäre ein Irrthum darunter vorgegangen, man hätte nicht von allen gründliche Information gehabt, man wäre hierzu durch allerhand ungegründete Vorstellung beredet, es wäre ein und anderer Umstand, so bey dieser Sache nöthig gewesen, geflissentlich und gefährlich verschwiegen und vertuschet, man wäre darunter enormiter oder wohl gar enormissime laediret; Welchen allen und andern dergleichen Behelfen mehr, bereits erdacht oder noch zu ersinnen, wodurch diese Handlung auf einigerley Weise oder Wege gekränket oder angefochten werden möchte; Insonderheit auch der gemeinen Rechts-Regul, die da will, daß eine General-Verzicht nicht gelte, es sey denn ein jeder auch specialiter geschehen, und man sich zu beyden Theilen hiermit ausdrücklich begiebet, und dieselbe zu keiner Zeit dagegen vorzuwenden oder zu gebrauchen, sondern das hierin abgehandelte stet, fest und unverbrüchlich zu halten verspricht, Alles respective bey Königlichen wahren Worten und bey Ehr, Redlichkeit und guten Glauben, getreulich und ohne Gefährde. Zu dessen Urkunde ist dieser Recess und Erb-Kauf-Contract in duplo gleichlautend expediret, ein Exemplar dessen von Sr. Königl. Majestät in Preußen mit Dero Königlichem Hand-Zeichen und Insiegel bestärket, das andere aber unter der Stadt Nordhausen gewöhnlich größern Stadt-Signet und der gesammten Bürgermeister und Raths-Vier-Herren Unterschrift ausgefertiget, und solche beyde Exemplaria gegen einander ausgewechselt werden. Geben im Feldlager bei Stettin den 22. Maji Anno 1715.

(L. S.) F. Wilhelm. Ilgen."

Das nordhäusische Exemplar (datirt: „So geschehen den 22. May Anno 1715") unterzeichneten und untersiegelten die „Consules aller dreyen Raths-Mittel" (Hoffmann, Huxhagen, Pauland, Offney, Riedel) und die „Quatuorviri" (Lerch, Zober, Sonnewald, Cramer, Tromsdorf, Kegel, Rube, Koch).

Am 20. Jan. 1734 trafen in Nordhausen ein der kaiserliche General-Feldmarschall und Gesandte am königlich preußischen Hofe Friedr. Heinrich von Seckendorf, am folgenden Tage als königlich schwedische Abgeordnete Prinz Wilhelm von Hessen-Kassel, Geh. Rath Baron von Stein, Generaladjutant von Miltitz und Regierungsrath von Kalkhoff, welche hier einen Tractat wegen Ueberlassung von 4000 Mann schwedischer Truppen an den Kaiser unterzeichneten, und am 22. Jan. wieder abreiseten. — — Am 13. Jul. 1735 kamen hierher als hannoversche Commissarien der Viceberghauptmann zu Klausthal Freiherr von Alvensleben, der Grenzrath und Archivsecretär Hugo, einige Tage darauf als sächsische Commissarien der Kreishauptmann in Thüringen von Marschall und der Kreisamtmann Tölden. Dieselben hielten sich einige Wochen hier auf, um die Streitigkeiten zwischen Hannover und Sachsen über die Steuern von den Wüstungen Timmenrode und Crimderode (bei Görsbach) und über die Grenze des Amtes Honstein beizulegen und einen Vergleich darüber zu schließen.

Mehrmals sind im 18. Jahrhundert Reichsfürsten und Könige durch Nordhausen gereist, doch ohne hier bedeutende Verhandlungen vorzunehmen. — Am 24. Juni 1722 des Morgens um 6 Uhr fuhr der König Friedrich Wilhelm I. von Preußen nebst dem Prinzen von Dessau hier durch. — (Der Besuch, welchen der Fürst Heinrich von Schwarzb. Sondershausen 1743, 13. Juni dem Rathe abstattete, ist erwähnt in den N. Schr. S. 125. — Fürst Christian kam herüber 1748, 27. Jul. u. s. w.). — Am 15. Juni 1754 fuhr der große König Friedrich II. von Preußen durch das nordhäusische Gebiet, durch die Gumpe nach Salza, begleitet von dem Obersten von Grumbkow. Die Stadt zu berühren vermied er, „das Nest" nur von fern betrachtend. — Am 11. Febr. 1756 ging der Herzog Ernst August Constantin von Weimar unter dem Namen eines Grafen von Allstedt hier durch nach Braunschweig und übernachtete hier. Nachdem er sich am 16. März in Braunschweig mit Anna Amalie Tochter des Herzogs von Braunschweig vermählt hatte, kam er am 22. März mit seiner jungen Gemahlin *) wieder hier durch und übernachtete abermals hier. — Bei seiner Durchreise am 12. Oct. 1783 trank König Gustav III. von Schweden ein Glas Wasser auf dem Kornmarkte. — — Unser König Friedrich Wilhelm III. und die Königin Luise kamen am 1. Juni 1805 von Ellrich, wo sie übernachtet hatten, hier durch. Am Grimmelthore, vor dem Wirthshause zu den drei Linden, wurde umgespannt. Der König fuhr, durch ein Versehen des Vorreiters, an der Stadt vorüber, die Königin zum Siechenthore herein und zum Sundhäuser Thore hinaus, nach Sondershausen. — Nach der Schlacht von Jena kam am 16. Oct. 1806 der König durch Nordhausen und genoß in einem Bürgerhause eine Tasse Kaffee. **) — Am 7. Juni 1826 fuhr die Kronprinzessin von Preußen hier

*) Mutter des Herzogs Karl August 1757, 3. Sept., Wittwe 1758, Regentin 1758—75, die edle Frau, durch welche zunächst Weimar der glänzendste Musensitz wurde.

**) Hieronymus Napoleon König von Westphalen war in Nordhausen 1808, 24.—25. Mai und 1813, 8. Jul.

durch nach Heiligenstadt. — (Am 23. Aug. 1829 übernachtete die Großfürstin Michael von Rußland hier, — desgleichen in verschiedenen Jahren Prinzen und Prinzessinnen des preußischen Königshauses, auch die Königin von Holland, des Königs von Preußen Schwester). — Am 30. Sept. 1833 kam unser Kronprinz (1840 König F. W. IV.) von Stolberg hier durch, und ließ im Gasthofe zum röm. Kaiser sich die Beamten vorstellen. — König Friedrich Wilhelm IV. fuhr von Sangerhausen nach Sondershausen hier vorüber am Juni 1846. Relais war vor dem Sundhäuser Thore. — Etwas länger verweilte der König am Abende des 17. Sept. 1855 auf der Durchreise zu den Kriegsübungen in unserer Nähe. Die obersten Beamten wurden gnädig empfangen; auch die glänzende Illumination machte einen guten Eindruck.

Viertes Kapitel.

Von einem glänzenden Turniere zu Nordhausen.

Eines der berühmtesten Turniere der ältern Zeit, von denen wir sichere Kunde haben (nicht bloß Rüxnersche Fabeln), ist das, welches Markgraf Heinrich der Erlauchte von Meißen, Landgraf von Thüringen, auch als Minnesänger bekannt, hier veranstaltete, wahrscheinlich im Jahre 1263 (also früher als sein zweites Turnier zu Meißen 1265 — wo das erste 1242 war — und das zu Merseburg 1268). Freilich möchten wir gern noch ausführlichere Nachrichten von diesem schönen Feste besitzen. Es giebt eigentlich nur eine alte Erzählung davon in einer alten lateinischen meißnischen Chronik (in Ludewig, Reliqq. manuscr. VIII, 236, vgl. meine Anzeige von Tittmann's Geschichte Heinrichs des Erlauchten, in den Götting. gel. Anz. 1846, Nr. 78 f. S. 779 f.). — Den Ort, wo dasselbe gehalten wurde, bezeichnet der Nordhäuser Cyr. Spangenberg (Mansf. Chron. Bl. 314): vor dem Bielenthore, auf dem Mägdefleck. Nach der meißnischen Chronik ließ jener glänzende, reiche und tapfere Fürst vor der königlichen Stadt in Thüringen einen (Lust-) Wald (Forestam) von grünen Bäumen pflanzen (conserui) von wunderbarer Schönheit. Dahin berief er („ein Abasver") die Besten (optimates) des deutschen Reichs und zeigte ihnen seine Herrlichkeit. Denn er ließ daselbst einen künstlich aus Gold und Silber bereiteten Baum von wunderbarer Schönheit aufstellen, und wenn einer der Grafen, Herren oder Ritter, die da in großer Menge versammelt waren, im Lanzenspiele (hastiludio, im Turniere, Rennen) seine Lanze an einem andern brach, so bekam er alsbald ein silbernes Blatt von dem Baume als Zeichen seiner Männlichkeit: hatte aber einer seinen Gegenmann (socium) mit der Lanze vom Pferde geworfen, so gewann er alsbald ein goldnes Blatt von jenem Baume. Nie war eine solche Volksmenge (multitudo) zu einem solchen Schauspiele, welches selbst kaiserlicher Majestät würdig war, zusammengekommen. — Andre Schriftsteller und Dichter geben dem Baume auch goldene Aepfel und erzählen, daß auf dem Platze viele Zelte aufgeschlagen waren, daß Tanz daselbst gehalten wurde, indem viele schöne Frauen und Jungfrauen sich eingefunden hatten, und daß das Fest bei acht Tagen dauerte. — Die Abbildung dieses Turniers zu Nordhausen auf Zollmann's Karte Ducatus Sax. sup. Tab. II. (intra Sec. X. XV) ist ein Phantasiestück und nicht nach einem alten Originale gemacht.

Fünftes Kapitel.

Von verschiedenen Huldigungen der Stadt Nordhausen.

Im Jahre 1349 leistete der hiesige Rath und die Bürgerschaft dem römischen Könige Karl IV. die Huldigung durch zwei an denselben gesandte Rathsglieder Hermann von Torstadt und Heinrich von Schernberg. Die Vollmacht des Raths für diese Abgeordneten wurde am 26. Aug. 1349 ausgestellt. — Im Jahre 1385 huldigte der Rath und die Stadt dem römischen Könige Wenzlaw auch durch zwei abgeordnete Rathsglieder Friedrich von Bendeleben und Heinrich von Berge, welchen am 2. Oct. 1385 der Rath die Vollmacht ausstellte (Lesser S. 410. f.).

Im Jahre 1614 schwor der Agent des Rathes am kaiserlichen Hofe Johann Lew dem Kaiser Mathias Namens der Stadt nach einer vorgeschriebenen Eidformel (bei Lesser S. 411), — desgleichen 1620 Dr. Sal. Gutwasser dem Kaiser Ferdinand II. — Im August 1638 sendete der Rath der Stadt Mühlhausen nach Prag an den Kaiser Ferdinand III. als Abgeordnete Gottfried Platner und Jost von Dransfeld, welchen zugleich die Angelegenheiten der Stadt Nordhausen aufgetragen waren, und welche auch im Namen des Rathes und der Bürger dieser Stadt den Huldigungseid leisteten (Lesser S. 411).

Einigen der spätern Kaiser beliebte es, die Huldigung durch vornehme Commissarien mit ansehnlichem Gefolge in der Stadt Nordhausen selbst vornehmen zu lassen, so 1661 Kaiser Leopold I, welcher dem Reichsgrafen Anton Günther von Schwarzburg den Auftrag dazu gegeben hatte. Dieser meldete vierzehn Tage vorher dem Rathe, daß er am 12./22. Aug. hier einreiten und die Huldigung am folgenden Tage annehmen werde. Zu seinem Empfange war die Stadt festlich geschmückt und die Straßen, durch welche der Graf seinen Einzug hielt, auf beiden Seiten mit Maien geziert. Gegen 2 Uhr zogen drei Reiterabtheilungen der Bürger, etwa 90 Pferde, unter ihren Officieren — jede Abtheilung mit einem Trompeter und die zweite mit einem „Cornet", worin mit goldenen Buchstaben stand: Deo et Imperio fidelis Nordhusa — durch die Rautenstraße und die Neustadt zum Siechenthore hinaus nach Sundhausen zu. Darauf folgte eine starke Abtheilung zu Fuß mit Feuerröhren und einer gelben Fahne, die das Stadtwappen, den schwarzen Adler, und ein goldnes L in jeder Ecke zeigte, alsdann eine zweite Abtheilung mit einer solchen weißen Fahne, deren Ecken mit einer rothen Rose geziert waren, jene behielt ihren Stand auf dem Sande, diese in der Neustadt bei dem „Wasserthore." Es kamen nun die Bürgermeister und Rathsdeputirten mit ihren Dienern und mit Vorreitern, in sechs Kutschen. Ihnen folgten noch zwei Kompagnien Bürger: die eine mit einer rothen und weißen Fahne blieb vor dem Vogel stehn, die andre mit einer gelben und schwarzen Fahne in der Rautenstraße. Die sechs Kutschen und die Reiterkompagnie gingen vor bis an die Grenze, an den Landgraben nach Sundhausen zu. Hier stiegen die Rathsherrn aus und warteten auf den kaiserlichen Commissarius. Dieser erschien mit seinem Gefolge und mit klingenden Kesselpauken nach einer Stunde. Unweit der Grenze stieg er aus seinem Wagen und bestieg in glänzendem rothen Kleide mit Silber ein schönes Pferd, einen Schecken. Die Bürgermeister und Deputirten erwarteten ihn mit entblößtem Haupte einige Ruthen vom Graben, am Wege. Den Zug des Grafen eröffnete ein Stallmeister, welchem acht schöne und geschmückte Pferde folgten, von Edelleuten geritten, darauf die Heerpauken und sechs Trompeter, drei oder vier der vornehmsten Edelleute, dann sechs Lakaien unmittelbar vor dem Grafen. Der Stadtsyndicus Dr. Titius empfing den Grafen mit einer kurzen Anrede, welche der Consistorialrath Happe beantwortete: der Graf hörte diese Reden mit entblößtem Haupte an. Darauf bestiegen die Rathsmitglieder wieder ihre Kutschen und fuhren der Bürgerreiterei wieder nach zur Stadt. Bei dem Siechenthore stiegen sie ab. Hier hatten sich auch alle andern Rathsherren versammelt und zu beiden Seiten unter dem Thore aufgestellt. Als nun der kaiserliche Commissarius unter das Thor kam, wurde er, wie schon an der Grenze, nochmals mit Abschießung des städtischen Geschützes begrüßt, worauf ihm der regierende Bürgermeister Sommer die Stadtschlüssel auf einem rothen sammtnen Kissen darbot, welche er annahm, aber sogleich wieder zurückgab. Der Zug ging nun durch die Stadt nach dem Rathhause. Hinter dem Grafen ritten viele Edelleute: zu beiden Seiten gingen die Rathsmitglieder mit entblößtem Haupte. Die Fahnen wurden, wenn der Graf herankam, geschwenkt und zur Erde gelegt. Der Pferde des gräflichen Gefolges, der Kavaliere und Diener nebst der Bespannung der Kutschen und Kammerwagen zählte man 203. Vor dem Rathhause wurde der Graf nochmals durch dreimaliges Schießen von drei Geschützen, die vor dem Rathhause standen, begrüßt. Derselbe speisete auf dem Rathhause in seinem Zimmer und übernachtete daselbst. Eine Nachtmusik auf dem Markte, mit einem gesungenen Dialog zwischen dem Kaiser und dem Gesandten, wobei durch 150 Fackeln die Namen Leopold und Anton dargestellt wurden, und nochmalige Geschützsalven beschlossen den Tag.

Am folgenden Tage, nachdem um 7 Uhr zur Predigt geläutet war, zog um 8 Uhr der ganze Rath vom Rathhause in die Kirche. Ihm folgte der kaiserliche Commissarius von seinen Kavalieren begleitet. Für diese war ein besonderer Stand mit rothen seidenen Teppichen belegt. Es wurde eine große Kirchenmusik aufgeführt, und der Archidiaconus M. Hoffmann aus Sondershausen predigte. Nach dem Gottesdienste begab sich der Zug wieder auf das Rathhaus. In der großen Stube des Kaisersaales, auf einer zwei Fuß hohen Erhöhung, die mit grauem Tuch belegt war, stand hinter einem kleinen Tische ein mit schwarzem Sammt bedeckter Stuhl.

Hier nahm der Graf seinen Sitz ein: zur Linken stellten sich seine Räthe und Kavaliere auf, zur Rechten die Bürgermeister und Rathsherren. Der gräfliche Kanzleidirector Rath Geisel hielt eine Anrede und eröffnete die kaiserliche Commission, worauf der Syndicus Titius antwortete und der Kanzleidirector erwiederte. Nun huldigte der Rath und die Handwerksmeister durch einen Handschlag. Darauf verfügte sich der Graf hinab auf die „Kammern“ (über die Freitreppe, bei den Gewandkammern) und ließ sich daselbst auf einer mit rothem Sammt bedeckten Bühne nieder. Es wurde nun der unter freiem Himmel stehenden Bürgerschaft die Commission eröffnet und von derselben der Huldigungseid geleistet, worauf die Schüler (des Gymnasiums), die mit grünen Kränzen geschmückt an der Bühne standen, dreimal riefen: Vivat Leopoldus! vivat! vivat! — Mit Musik auf dem Markte und mit Geschütz- und Musketensalven wurde die Huldigungsfeier beschlossen; „Ihro Hochgräfliche Excellenz und Gnaden aber auf dem Rathhause zwei Tage gastiret, mit Musiken und allerhand Tractamenten und gutem Confect erlustigt: bei dem Gesundheittrinken wurden die Heerpauken geschlagen, die Trompeten geblasen und mit den Musketen Salve geschossen, und also nichts unterlassen, was zur Bezeigung allerunterthänigster Devotion gegen Allerhöchst Ihre Kaiserliche Majestät dienlich und möglich sein konnte; gestalt denn Seine Hochgräfliche Excellenz mit gutem Contento den 15./25. August Nachmittags zwischen 3 und 4 Uhr ihren Abschied in der Ordnung, wie Sie eingezogen, auf einem schönen Braunen, hinwieder genommen: wurden auch vom Rathe, Dero Reiterei mit allen vier Fahnen der Bürgerschaft bis an die Grenze begleitet, und nachdem Ihro Hochgräfliche Excellenz und Gnaden durch den Stadtsecretarium Johann Günther Wiegand bedankt, und von der Bürgerschaft mit Salveschießen honorirt, haben beide Theile, als sie bei einer Stunde lang mit einem Trunke sich geletzet, von einander Abschied genommen, und hat sich ein jeder zu den Seinigen gewendet.“ — Das der Beschreibung dieser Huldigungsfeier von 1661 angehängte Verzeichniß des gräflichen Gefolges zählt auf 57 Edelleute (aufgebotene schwarzburgische Vasallen) mit 85 Dienern, 140 Pferden und 3 Kutschen, und 42 obere und untere Beamte mit 6 Dienern und 28 Pferden, außerdem 6 Handpferde und 18 Kutschpferde, zusammen 190 Personen mit 192 Pferden.

Am 16. Juni 1717 nahm mit ähnlichem Gepränge für Kaiser Karl VI. der kaiserliche Geheime Rath und Kammerher J. A. Graf von Metsch die Huldigung hier ein. Er war am Tage vorher von einigen Rathsdeputirten eingeholt unter dem Läuten aller Glocken und Lösung des Geschützes hier angekommen. Auch ihn empfing am Siechenthore der gesammte Rath mit entblößten Häuptern, und der Bürgermeister Huxhagen überreichte ihm die Schlüssel der Stadt, welche der Graf alsbald zurückgab, worauf der Zug nach dem Rathhause ging im Geleite des Rathes und einer Kompagnie bürgerlicher Reiterei. Die Straßen, durch welche der Zug ging (Sand, Neustadt, Rautenstraße), waren zu beiden Seiten mit vier Kompagnien Bürger besetzt: die erste derselben war aus dem Neuwegs-, die zweite aus dem Töpfer- und Rautenviertel, die dritte aus der Neustadt und vom Frauenberge, die vierte vom Lohmarkt, aus dem Grimmel und dem Altendorfe. Sie hatten ihre besondern Fahnen und Offiziere, Tambour u. s. w. und wurden alle von einem Majore befehligt. — Am Huldigungstage schworen der Rath und die Geistlichkeit dem unter einem prächtigen Baldachin sitzenden kaiserlichen Commissarius in der Kaiserstube auf dem Rathhause, darauf die Bürgerschaft auf dem Markte, wobei der Commissarius sich auf einer am Rathhause errichteten glänzenden Bühne befand. Der Graf hielt des Abends offene Tafel und erhielt eine Nachtmusik. Die hauptsächlichsten Bilder und Devisen der glänzenden Illumination führt Lesser an S. 419—424. — Auch zwei Huldigungsmedaillen ließ der Rath durch den Medailleur Christian Wermuth zu Gotha in Gold und Silber anfertigen. Die größere zeigt auf dem Avers das Brustbild des Kaisers mit einem Lorbeerkranze und der Umschrift IMPerator. CAEsar. CAROLVS. VI. AVGustus. Pius. FELix. Pater. Patriae, auf dem Revers die Stadt Nordhausen, darüber das Stadtwappen, den Namen NORDHVSA und einen Regenbogen (da bei dem Einzuge des kaiserlichen Commissarius ein Regenbogen sichtbar gewesen war), auch das Chronostichon IVCVnDos aVaC sponDet DIes, darunter En fVLget CLeMentIa InDeX, im Abschnitte den Huldigungstag 16. Jun. und Deo DVataXat fIDa aC CaesarI. — Die kleinere Münze hat auf dem Avers den Kaiser in römischer Kleidung, in der Rechten das Schwert haltend, in der Linken eine Kette, mit welcher er ein Herz an sich zieht, und das Chronostichon In paCe et beLLo trIVMphabVnDVs, auf dem Revers in Uncialbuchstaben Carolus VI. — pius felix — triumphator — per — Johannem Adolphum — S. R. I. Com. de Metsch — Nordhusam suam — d. 16. Jun. 1717 — in fidem recipit — homagio — praestito.

Nachdem schon am 24 Febr. 1742 ein Dankfest wegen der Krönung des Kaisers Karl VII. in Nordhausen gefeiert war, nahm hier am 21. April desselben Jahres die Huldigung für denselben ein der Reichsgraf Heinrich von Bünau, welchem ein Don gratuit von 7000 Thalern für den Kaiser gezahlt wurde. — So kam auch 1746 der Graf von Raab nach Nordhausen und regulirte mit dem Rathe das Don gratuit von 7000 Thalern für den Kaiser Franz I. Der Graf bekam für sich 1000 Gulden (666⅔ Thaler). — — Die Huldigung für den Kaiser Joseph II fand am 29. Apr. 1764 statt. Der Rath ließ als Huldigungsmünze einen Speciesthaler prägen: Avers, in der Mitte J. R. mit der Umschrift (in Uncialbuchstaben) Coronat. Francofurt. An. 1764. D. 3. Apr.; darum im Kreise eine Kette mit den Wappen der neun Kurfürsten; äußere Umschrift: Hunc dudum elegerat istis. Revers, das Stadtwappen und unten zur Seite desselben, rechts Helm, Schwert, Schild, Fahnen, links Fasces, Caduceus, Lyra, Umschrift His quoque diva favebit; im Abschnitt In sempiternam felicis eventus memoriam; Northusanam A. T. XXIX. Apr. — — Spätere Huldigungen übergehe ich hier.

Sechstes Kapitel.
Von wohlfeiler Zeit.

Lesser führt an, daß 1497 für einen Acker Land 3 Gulden gezahlt wurden. Beispiele von solchen niedrigen Preisen findet man häufig in alten Kaufurkunden; indessen ist dabei der damalige höhere Werth des Silbers wohl zu beachten, nicht minder die richtige Bestimmung der genannten Münzen: so hat man oft unter Gulden oder Gülden einen (rheinischen) Goldgulden (= fast 1 Ducaten) zu verstehn, oder einen meißnischen Gulden (= 21 gute Groschen), unter Groschen einen Solidus, mehrere Groschen werth, unter Pfennig einen Silberdenar oder (Sec. 12—15) einen Brakteaten, eine silberne Blechmünze, ebenfalls einen oder mehrere unsrer Groschen werth.

Im Jahre 1521 galt 1 Pfund Rindfleisch 4 Pfennige, 1 Paar Hühner 1 Schneeberger. — 1549 wurde verordnet, „daß die Fleischhauer kein Vieh, so in der hiesigen Flur weidet, an Fremde verkaufen sollen, sondern solches hier auf den Scherren hauen.“ — Die Fleischpreise waren damals für 1 Pfund Rindfleisch 6 Pfennige, Kuhfleisch 5 Pfennige, Kalbfleisch 4 Pf., Schöpsfleisch 6 Pf., Schaaffleisch 5 Pf., Hammelfleisch 5 Pf., Bockfleisch 5 Pf., Ziegenfleisch 5 Pf., Schweinefleisch 6 Pf., 1 Kottelsack 12 Pf., 1 Gehäng 10 Pf., 1 Schöpskopf 5 Pf., 1 Inster 6 Pf. — Da das Handwerk nicht gehorchen wollte, so wurde allen Fremden erlaubt, Fleisch hier zu verkaufen; doch mußten sie dasselbe zuvor besichtigen lassen. Das Handwerk sollte sich indessen des Schlachtens enthalten, bis der Rath es demselben wieder erlaubte. — — 1562 soll der weiße Kopfkohl so wohlfeil gewesen sein, daß man 11 Häupter für 2 Pfennige kaufte, „und man von jedem einen Kohl kochen können, daß acht Personen daran satt gehabt“ (?). — 1569 verdarben zwar durch die Nässe viel Hafer, Bohnen und Erbsen, so daß zu Martini über 100 Schock noch nicht reif waren; dennoch galt 1 Scheffel Roggen nur 6 Groschen. [Nach Rosenthal — Bestimmung der Größe, des Maaßes und Gewichts der Stadt Nordhausen. N. 1772. 4. — sollte der nordhäusische Scheffel, welcher vom 13. bis 19. Jahrhundert in ziemlich weitem Umkreise das Normalmaaß war, 96 Pfund Wasser halten, und er verhält sich zu dem preußischen (Berliner) fast wie 5 zu 6, nämlich 512 nordh. = 425 preuß.]. 1618 konnte man für 30 Groschen einen ganzen Wagen weißen Kohl kaufen, und 1 Scheffel Rüben für 1 Groschen. — 1657 galt 1 Scheffel Weizen 7 Groschen, Roggen 5½ Gr., Gerste 4½ Gr., Hafer 3 Gr. 2 Pf. — Die Wohlfeilheit des Jahres 1683 entstand wol nicht bloß aus der guten Ernte, sondern auch aus dem geringern Verbrauch, da in der Pest 1682 fast die Hälfte der Einwohner von Nordhausen gestorben war. Der Scheffel Weizen galt in diesem Jahr im Durchschnitt 9 Groschen, Roggen 6 Gr., Gerste 5 Gr. 3 Pf., Hafer 3 Gr. 9 Pf. — 1685 wurde durch eine reiche Ernte der Mangel des vorangegangenen Jahres reichlich ersetzt. Obgleich durch einen Wirbelwind viele Aehren auf den Aeckern ausgeschlagen wurden, war dieser Schaden doch nicht allgemein. Weizen galt im Herbste 13 Groschen, Roggen 10—11, Gerste 6½, Hafer 4¼ Gr. Auch die Jahre 1686 bis 1691 zeichneten sich durch niedrige Getreidepreise aus, — im 18. Jahrhundert das Jahr 1706 (Roggen 9½ Gr.), im 19. die Jahre 1824. 25. 26. — — Die nordhäusischen Getreidepreise von 100 Jahren (1676—1775) findet man in Rosenthals Geschichte des Getreidepreises in Nordhausen. Dessau 1783. 8, die Preise seit 1776 in dem nordhäusischen Nachrichtsblatte (Intelligenzblatte).

Drittes Buch.

Erstes Kapitel.

Von der Pest und „Sterbensläuften“.

Die orientalische Pest und andre pestartige Seuchen haben Nordhausen in den ältern Zeiten nicht selten heimgesucht; doch besondere Nachrichten, wie die Einwohner dieser Stadt etwa im 13. Jahrhundert oder im Anfange des 14. durch Epidemien litten, finden wir nicht; selbst wie der schwarze Tod 1349 hier wüthete, ist nicht aufgezeichnet. In der Geschichte der christlichen Geißlergesellschaften (2. Ausg. Halle 1828. 8) habe ich auch von diesem Weltsterben gesprochen: mehr giebt darüber die Monographie des Prof. Dr. Hecker: Der schwarze Tod im 14. Jahrhundert (Berl. 1832. 8). Ueber den Judenmord als Folge dieser Pest s. unten Kap. 13. — — Für die unglücklichen Opfer des Aussatzes war das Hospital S. Cyriaci, der Siechhof, vor der Stadt gegründet, und dieses Hospital wurde auch als Pesthaus benutzt. — Lesser bezeichnet als Pestjahre für Nordhausen die Jahre 1393 und 1398 und im 15. Jahrhundert 1438 (und 1439), 1463 (bis 1464) und 1500; vieler andrer (z. B. 1484) gedenkt er nicht. Mehrere Leichensteine angesehener Juden aus dem Pestjahre 1438—39 (für Ephraim Abraham's Sohn mit drei Töchtern und Salomo Isaaks Sohn) sind besprochen in meinen kl. Schriften S. 148, vergl. auch den Denkstein daselbst S. 145, Nr. 5.

In der Pestepidemie 1500 soll es sich zugetragen haben, daß das Knäblein Jobst Koch (später Justus Jonas genannt) eine Zwiebel, die auf einer Pestdrüse seines Vaters des Bürgermeisters Jonas Koch gelegen hatte, erwischte und verspeis'te, ohne daß es ihm schadete, was man als ein Wunder betrachtete: Gott wollte nicht, daß das begabte Kind so früh von seiner Laufbahn, die so glänzend werden sollte, entrissen würde (s. Joh. Gigas in der Postille über das Evangelium am 14. Sonnt. n. Trin.).

Daß im Jahre 1529 auch Nordhausen von der neuen pestartigen Krankheit, der englischen Schweißsucht, heimgesucht wurde, beweis't die Inschrift eines Leichensteins in der Domkirche S. Crucis, nach welcher damals ein Domherr an diesem Uebel starb. Der Leichenstein ist nicht mehr vorhanden; die Inschrift desselben las Lesser: 1529, 4 Sept. obiit Joh. Thomae morbo hidoritoro [hydropyreto?], quem vulgo anglicum vocant, hac in urbe grassante. Das Hauptwerk über die Schweißsucht ist: Scriptores de sudore Anglico collegit Ch. G. Gruner, ed. H. Haeser. Jen. 1847. 4, außerdem Heckers Monographie: Der englische Schweiß. Berl. 1834.

Der Nordhäuser Cyr. Spangenberg beschreibt in seiner Mansfeld. Chronik (Bl. 431 b.) diese Seuche also: „Anno 1529 ist der Anfang des Jahres gar warm und gelinde gewesen, daß man sich um S. Matthias Tag (24. Febr.) allbereit mit braun und blau Violenkränzen hat getragen: darnach ist der Sommer immer naß und feucht gewesen; daher sich eine wunderbarliche Krankheit hat verursachet, davon in Deutschland zuvor nichts erfahren, welche von den gemeinen Leuten die Schweißsucht oder die engelländische Sucht, darum daß sie aus Engelland erstlich in die Seestädte und darnach förder kommen war, genannt worden: daran viel tausend Menschen sind gestorben. Wen die Krankheit ergriff, den kam zugleich ein heftiger Angstschweiß und ein harter Schlaf an, und konnte sich Schlafens nicht erwehren, man rüttelt und schüttelt ihn denn so lange, daß er Schlafens vergaß. Und gingen viele im Schlafe also dahin, und meinten derwegen die Leute, wer genesen wollte, der müßte sich Schlafens 24 Stunden enthalten; und zwar ergab es die Erfahrung, daß diejenigen so 24 Stunden, nachdem sie die Krankheit ankommen war, überlebten, gemeiniglich aufkamen. Darnach ward von Etlichen fürgegeben, es müßte einer 24 Stunden an einander schwitzen, und mittlerweile keine Luft an sich gehen lassen: das brachte manchen Menschen um den Hals; denn wo in einem Hause jemand sich nur ein wenig klagte, bald waren die andern über ihn her und mit ihm zum Bette zu, und darnach einen Haufen Federbetten, Pelze und was sonst fürhanden, alles auf ihn gelegt und dazu warm eingeheizt, alle Fenster und Thüren aufs fleißigste versperrt, daß nicht ein Lüftlein zum Patienten kommen können; und damit der Kranke ja nicht die Betten und andres von sich werfen könnte, legten sich bisweilen die Andern, so gesund waren, oben darüber her, und beschwerten ihn dermaßen, daß er weder Arm noch Beine regen können. Dieweil denn mancher unaussprechliche Hitze hätte, daher Herz und Glieder alles ermattet und hinfällig worden, und noch dazu von außen auch mit Wärme und Schweiß geängstet ward, war es nicht wohl möglich, solches alles mit einander auszustehn, und mußten die Leute wohl also sterben und in der Ohnmacht dahin gehn. Zu Zwickau ist ein Doctor gewesen, der von Haus zu Haus gegangen, und wo er jemand also zugedeckt gefunden, die Betten hinweggerissen, und die Kranken also zu martern zum höchsten verboten und darnach viel guter Leute dadurch errettet, die sonst gleich wie die andern hätten ersticken müssen. Es sind oft ein Tisch voll guter Freunde bei einander gesessen, da nur mit einem Wort oder zweien dieser Krankheit gedacht worden, da einer nach dem andern aus Furcht dieselbe bekommen, aufgestanden, heimgegangen, sich gelegt und den andern Tag gegen Abend todt gewesen: darüber sich denn die Andern auch entsetzet und gleichergestalt niedergekommen und dahingegangen, denn Furcht that dieses Mal den größten Schaden. Den Kindern und jungen Leuten war diese Krankheit nicht so gefährlich als den Alten." So Spangenberg.

Im Jahre 1550 sollen in Nordhausen 2500 Menschen an der Pest gestorben sein. — 1557 herrschte hier die Grippe (nach einem Briefe von Andr. Fabricius). — 1565 bis 1566 erlagen, so wird erzählt, der Pest in Thüringen und in den Städten Sangerhausen, Mansfeld Nordhausen und Mühlhausen 253,000 Menschen. — Auch im Jahre 1582 raffte die Pest hier Viele hinweg, und 1598 allein in der Gemeinde S. Jacobi 323 Personen. In dieser Gemeinde wurden damals (nach der Vorrede der Leichpredigt des Past. Joh. Noricus auf die Wittwe Schaller, am 3. Oct. 1598, gedruckt 1599) begraben am 16. Sept. 6, am 17. 7, am 18. 6, am 19. 5, am 20. 10, am 21. 3, am 22. 4, am 23. 2, am 24. 1, am 25. 4, am 26. 2, am 1. Octbr. 2, am 3. Oct. 3, also 55 Personen in 18 Tagen. — Auch im Jahre 1611 war ein großes Sterben.

Genauere Nachrichten haben sich von den beiden großen Pestepidemien des 17. Jahrhunderts erhalten. Im Jahre 1626 wurden die Schrecken des mit wilder Grausamkeit geführten Krieges durch eine furchtbare Pest vermehrt. Nach einem alten Verzeichnisse starben in Nordhausen vom 1. Januar bis zum 6. December 3283 Personen, nämlich 2504 Einheimische und 779 der Fremden, welche sich zunächst wegen des Krieges und vor des Friedländers und Tilly's wilden Schaaren hieher sich geflüchtet hatten. Das amtliche Todtenbuch vom Jahre 1682 giebt beiläufig 3287 als die Zahl der 1626 in Nordhausen Gestorbenen an. Mehr als der dritte Theil der Einwohner wurde also damals dahingerafft. Ein Einzelverzeichniß führt als 1626 gestorben auf:

zu S. Nicolai	Einheimische	544,	Fremde	108,	zusammen	652.
„ S. Blasii	„	556,	„	147,	„	703.
„ S. Petri	„	324,	„	106,	„	430.
„ S. Jacobi	„	406,	„	142,	„	548.
am Frauenberge	„	360,	„	112,	„	472.
im Altendorfe	„	272,	„	127,	„	399.
zu S. Cyriaci und Elisabeth	„	42,	„	37,	„	79.

Von den 12 Bürgermeistern (so viele waren bis dahin in den drei Rathsregimenten), überlebten diese Pest nur 2, und von 1683 an wählte man statt 4 nur 2 für jedes Regiment. Von den 10 evangelischen Predigern starben 5. Embenius, damals Pastor S. Blasii, klagt in seiner Schrift „theologischer Pestilenz-Discurs", daß „die vornehmsten, heiligsten und stillsten Personen dahingerafft würden, und wenig öffentlich Gottlose mit untergingen." Das war vielleicht eine Folge der Aengste und Sorgen der Hausväter (und Stadtväter) und der Hausmütter in der argen Kriegsnoth. — Der Arzt Philipp Grüling aus Stolberg, damals Conrector am Gymnasium in Nordhausen, welcher einen Tractat de peste herausgab, rieth den Leuten als kräftiges Präservativ, ihre Wohnstuben monatlich einmal mit Kalk zu weißen und dieselben erst am Tage nach dem Weißen und nach starker Ausräucherung wieder zu beziehen. Derselbe will bemerkt haben, daß in dem Hause eines Fleischers, welcher einen Stinkbock (d. h. einen unverschnittenen Ziegenbock, nicht einen Steinbock, wie bei Lesser irrig steht) gehalten habe, niemand gestorben sei. Schwache und ängstliche Personen wurden meistens ein Opfer der Pest, während die rohen Soldaten sich wohl, ohne angesteckt zu werden, in die Betten legten, aus welchen sie Pestkranke herausgeworfen hatten.

Die meisten und zuverlässigsten Nachrichten haben wir von der letzten eigentlichen (orientalischen) Pest, welche im Jahre 1682 Nordhausen schwer heimsuchte. Die Pest war 1679 aus Ungarn nach Wien gekommen: 1680 erschien dieselbe zu Prag und Dresden, 1681 zu Halle, Eisleben, Halberstadt, Magdeburg und hier zu Nordhausen, 1682 zu Stendal, Tangermünde, Werben 2c. Nach Mühlhausen, Quedlinburg und Aschersleben kam sie nicht. In der (sogenannten) Grafschaft Honstein fing sie an im October 1681 und dauerte daselbst ein Jahr bis zum 16. Oct. 1682, indem sie in dieser Zeit in 14 Ortschaften 285 Häuser heimgesucht hatte, in welchen 1284 Personen (mit Einschluß schwarzburgischer Unterthanen in Benneckenstein) gestorben waren. — — Nordhausen hatte sich unter dem 14. Juli 1681 auf eine sehr entschiedene Weise gegen die herrannahende Pest abgesperrt; auch ließ kurz vor ihrem Erscheinen, unter dem 13. Aug. 1681, der Rath eine ausführliche 133 §§ enthaltende „Pestordnung"*) in Druck ausgehn, welcher ein noch ausführlicheres „medicinalisches Bedenken" von dem damaligen Stadt-Physicus und Bürgermeister Dr. Konrad Fromann, welcher ohne Zweifel auch jene officielle Pestordnung entworfen hatte, beigefügt wurde. Die Pestordnung umfaßt 10 Bogen, das medic. Bedenken 24½ Bogen in Quart. Beide Schriften gehn sehr in's Einzelne und enthalten viele ganz geeignete Anordnungen und Vorschläge, bei manchem Seltsamen (namentlich in den Recepten). Auch von den Originalrecepten aus dem Pestjahre 1681—82 ist eine bedeutende Anzahl von Dr. Fromanns Hand bei den Acten der Pestcommission noch vorhanden.

Ungeachtet aller Vorsorge und polizeilicher Vorkehrungen des Raths hielt der Todesengel gegen Ende des Monats August 1681 unbemerkt seinen Einzug in die Stadt. Ein fremder Fleischer war hier erkrankt, in das Hospital S. Elisabeth gebracht worden und daselbst plötzlich gestorben. Bald darauf starb auch der Hospitalvater zu S. Elisabeth, alsdann dessen Frau und fünf Kinder, darauf eine Frau und deren zwei Töchter und ein Mädchen zu S. Elisabeth, nun eine Frau mit vier Kindern im Grimmel, die Frau, welche dieselben gewartet hatte, und noch zwei Personen daselbst. Es folgten eine Frau mit zwei Kindern und deren Wärterin im Al-

*) Schon die Pest von 1550 hatte dem Rathe unsrer Stadt Veranlassung gegeben, im Jahre 1551 eine Pestordnung zu erlassen. — Eigenthümlich ist der 81. Artikel des 2. Buches in den nordhäusischen Statuten von 1470: „Sich haben voreynet dry rethe mit den hantwergken vnde vierteylen: Weme syn frund sterbet vor tage, den sal man desselbigen tages begraben des abindes; sterbet er abir des tages, so sal er in yoben eyn nacht im huß nicht haben, uzgeslossin in der pestilencien, von da ap her erhafftige not, die ym die grafft beneme, so mag er yn lasze sten also lange, wen das her yn begraben mochte. Also offte ymandis das gesetze brech, also mange margk gebet her dem rathe". — Die Pestordnung von 1681 hebt unter § 07 dieses unzweckmäßige Gesetz auf.

tendorfe, ein Mädchen und ein Bursche zu S. Nicolai, ein Mann mit Frau und zwei Kindern zu S. Blasii und noch sechs Personen daselbst, darunter ein Todtengräber, dann der neue Hospitalvater zu S. Elisabeth mit Frau und drei Kindern, ein Mann im Altendorfe und noch eine Frau, zwei Mädchen und acht Kinder zu S. Elisabeth, zusammen 53 Personen im Jahre 1681. — Diese Angaben, wie die meisten folgenden, sind genommen aus einem handschriftlichen Folianten „Acta und Todtenbuch, so Anno 1682 et seq. allhier bey dem grausahm grassirten Contagio pestilentiali in domaligen Collegio sanitatis ergangen“. Angelegt wurde dieses Buch von dem erwähnten Collegium (der Pestcommission), welches bei fortschreitender Pest der Rath aus sechs Personen gebildet hatte (es waren die Quatuorvirn Weber, Ibe und Offney und die Senatoren Eilhard, Lesser und Kölling), um unter dem Vorsitz des Rechtsgelehrten Quatuorvir Andr. Weber alle die Pest betreffenden Sachen zu leiten. Auffallend ist es, daß alle sechs von der Pest völlig verschont blieben; doch von den untergeordneten Pestoffizianten erlagen derselben die meisten. So wurde der im März 1682 mit einem lebenslänglichen Jahrgehalte von 200 Gulden und 10 Thalern Hausmiethe nebst freier Arznei von Tennstädt hieherberufene Pestmedicus Joh. Val. Merck aus Eisenach zwei Mal von der Pest ergriffen, am 12. Juni (bis 12. Juli) und am 3. Sept., worauf er am 8. Sept. 1682 starb. Von den angenommenen Pestchirurgen starb Joh. Roſt aus Erfurt am 12. Juni 1682, Phil. Carl aus Stolberg (oder Rodesheim) schon am 18. Juni, nachdem er erst am 9. Juni vereidigt war; Ludwig Voigt aus Goslar wurde am 18. Aug. entlassen, Joh. Happe aus Bremen litt an der Pest im August und wurde auch, nachdem die Seuche überstanden war, mit ehrenvollem Zeugniß entlassen, so auch Joh. Heinrich Heermann aus Naumburg (hier seit dem Juli bis Oct. 1682). Der Bader zu S. Martini Hans Lange half dem Pestchirurgus Voigt und wurde darauf am 5. Aug. 1682 zum wirklichen Pestchirurgus ernannt. Der letzte Pestchirurgus war der Badergesell Gottfried Schaller aus Reichenbach in der Lausitz, der am 18. Aug. 1682 seinen Eid leistete, nachdem er schon zu Eisleben während der Pest gedient hatte. Er wurde nach der Pest mit gutem Zeugniß entlassen. — Von den 22 vereidigten Todtenträgern der Oberstadt erlagen 13 der Pest, von den 7 in der Neustadt und am Frauenberge 3, von den 6 im Altendorfe und zu S. Elisabeth 2, aber die 4 Handlanger alle 4; dagegen blieben die 2 geschwornen „Exploratores“ (der ausgestorbenen Häuser, wegen der Verlassenschaften) beide am Leben. Die Pest dauerte zu Nordhausen bis zum Anfange des Jahres 1683, indem noch am 3., am 17., am 20. und 21. Jan., zuletzt am 4. März verdächtige Fälle vorkamen. — Das eigentliche Pestjahr und das letzte, in welchem die orientalische Pest Nordhausen übel heimsuchte, war das Jahr 1682. Nach dem Todtenbuche waren vom Ende des August 1681 bis zum 4. Jun. 1682 erst 144 Personen an der Pest gestorben (c. 30 männliche und 54 weibliche Erwachsene und c. 60 Kinder), aber vom 5. bis zum 30. Jun. 349, im Julius 638, im August 919, im September 700, im October 372, im November 127, im December 40. — Vom Ende des August 1681 bis zum Ende des März 1683 starben in der Gemeinde S. Nicolai 582, S. Blasii 898, S. Petri 508,

S. Jacobi 552, am Frauenberge 558, im Altendorfe 377, zu S. Elisabeth 74, S. Cyriaci 2, S. Crucis 22, zusammen 3323, davon in den drei Monaten Julius, August und September 2257, in den 6 Monaten vom 5. Juni bis 4. Dec. 3114, und es waren erwachsene Männer etwa 1000, Weiber 12—1300, Kinder auch 12—1300 während der ganzen Pestzeit hier gestorben. — Lessers Angaben weichen (S. 430) etwas davon ab, indem er angiebt: zu S. Nicolai 597, S. Blasii 684, S. Petri 542, S. Jacobi 572, am Frauenberge 622, im Altendorfe 414, zu S. Elisabeth 50, S. Cyriaci 7, S. Crucis 21, zusammen 3509, und Kindervater setzt zu S. Blasii nur 618 an, das Kirchenbuch S. Petri am Frauenberge 628, im Altendorfe mit S. Elisabeth 510, zusammen 3533. Auch das officielle Verzeichniß der Pestcommission (das Todtenbuch) bezeichnet seine Zählung als nicht völlig zuverlässig durch die beigefügten Worte: **salvo tamen errore calculi.** Man kann die Zahl der während dieser Epidemie in Nordhausen Gestorbenen (wie im Pestjahre 1626) auf viertehalbtausend anschlagen. Die meisten Gestorbenen führt das Todtenbuch auf unter dem 25. und 26. August (94 Personen, nämlich 48 und 46), aber auch an einigen andern Tagen nicht viel weniger, so am 20. und 21. August 81 Personen, am 15. Aug. 43, am 22. Juni 41, darunter eine fremde Frau, „so am sogen Roßmannsbache" (Rossungsbache) „gefunden". Auch andre Personen starben außer der Stadt, so am 13. Oct. 1682 der gewesene Wirth von Rixey auf einem Grummethaufen bei dem Kirchholze (Kirchhofholze). — Am 27. Juli fiel ein Todtengräber auf dem Markte um. — — Von den zehn evangelischen Predigern der Stadt starben sieben, von den 6 Bürgermeistern nur 1, von den 8 Lehrern des Gymnasiums 4 (dabei der Rector), von den 366 Schülern desselben die Hälfte (ca. 185), und da außerdem über 60 bei der Wiedereröffnung der Schule zu Ostern 1683 ausgeblieben waren, so hatte sich die Schülerzahl auf 112 vermindert, in Quinta von 53 auf 17 und in Sexta von 76 auf 18! Den jüngern Schülern war die Pest verderblicher als den ältern, wie man aus dem Verzeichnisse ersieht, welches der Conrector Teurkauf am 20. April 1683 einreichte. Dasselbe ist abgedruckt in meinen Mittheilungen zu einer Gesch. der Schulen in Nordh. (N. 1824. 4) S. 50. Von den 30 Primanern waren nur 7 gestorben (doch 9 blieben weg), von den 33 Secundanern 10, von den 61 Tertianern 23, von den 50 Quartanern 25, von den 53 Quintanern waren 36 theils gestorben theils weggeblieben, von den 76 Sextanern gestorben 54, von den 63 Septimanern 39. — Ein Theil des großen Verlustes, welchen damals Nordhausen an Einwohnern erlitt, wurde durch zahlreiche Heirathen und viele Geburten in den nächstfolgenden Jahren ersetzt: schon im Jahre 1683 werden in den sechs evangelischen Gemeinden der Stadt nur 96 Gestorbene, aber 209 Geborne gezählt. — — Die Pestlichen waren 1682 größentheils auf dem Spendekirchhofe begraben, welcher deshalb damals erweitert werden mußte: man sah sich aber auch genöthigt, denselben 1683 mit Schutt und Erde zu befahren, indem viele Leichen in den Gruben so flach beerdigt waren, daß man von der Ausdünstung eine neue Ansteckung befürchtete. — — Die Pestacten von 1682 enthalten noch manche interessante Einzelheiten, so z. B. mehrere Schreiben des zelotischen Diaconus Dielfeld, welcher die Rechte und das Ansehn der Kirche gegen den Rath in Schutz nimmt, ein Schreiben von zwei Wittwen (Mutter und Tochter), die den Rath um ein anständiges Begräbniß anflehen u. s. w.

In den letzten Monaten des Jahres 1689 befielen die Menschenpocken hier viele Kinder (in Folge des warmen Herbstes, meinte man), so daß fast kein Haus in der Stadt war, in welchem nicht ein Kind oder mehrere gestorben waren. — — Nach der Erntezeit 1693 raffte die rothe Ruhr hier viele Menschen hinweg, obgleich das Obst, dessen unvorsichtigem Genuß man sonst diese Krankheit schuld gab, nicht gerathen war.

Im 18. Jahrhundert starben hier die meisten Menschen in den Kriegsjahren 1757 und 1761, nämlich 345 und 393 bei 209 und 246 Gebornen (in den evangelischen Gemeinden), und in dem Nothjahre des Mißwachses und der Theurung 1772, nämlich 463 bei 166 Gebornen.

Der Krieg und die Trümmer der aus Rußland zurückkehrenden großen Armee brachten 1813 das Lazarethfieber hieher, woran unter andern drei geschickte Wundärzte starben. — — Die Cholera erschien hier zum ersten Male 1849 (von Zorge, Ellrich, Salza her), doch nur sporadisch und ziemlich milde, auch bald erlöschend.

Zweites Kapitel.

Von Todesfällen und Begräbnissen vornehmer Personen in Nordhausen.

Mit Unrecht haben einige Schriftsteller Nordhausen als den Ort genannt, wo die Königin Mathilde, Heinrichs I. Wittwe, begraben sei: sie wurde zu Quedlinburg in der Servatiuskirche neben ihrem Gemahle beigesetzt.*) — — Aus einer Urkunde vom 12. Juli 1312 geht hervor, daß eine Gräfin Aleyde (Adelheid) von Stolberg und zwei Gräfinnen von Honstein, Mechtild und ihre Tochter Uthe (Oda) in der hiesigen Franziscanerkirche, der spätern Spendekirche, begraben worden waren. Jene Gräfin von Stolberg war die Gemahlin des Grafen Friedrich von Stolberg, wie oben (Buch 1, Kap. 4) durch eine Urkunde vom Jahre 1272 nachgewiesen wurde: die Gräfin Mechtild war die Gemahlin des Grafen Heinrich (II.) von Honstein († 1283) und deren Tochter Oda soll (unerwiesen) an den Grafen Friedrich von Beichlingen vermählt gewesen sein. — In der erwähnten Urkunde vom 12. Juli 1312 (abgedruckt bei Lesser S. 432 f.) bekennt der Rath der Stadt Nordhausen, daß er sich mit den Barfüßermönchen verglichen hat wegen der Baumgärten, Höfe und Hofstätten und was sie bisher in Nordhausen besessen haben, daß sie dieselben auch ferner ruhig und unangesprochen besitzen

*) Ueber eine zu Nordhausen begrabene vornehme sächsische Frau Hidda fehlt eine nähere Nachweisung. Vgl. N. Schriften S. 143.

sollen. Dieser Höfe sind vier: der eine zwischen den Thoren, wo man in den Conventhof fährt, welchen Hof sie von der Gräfin Aleyde von Stolberg haben, die bei ihnen begraben liegt, die drei andern an der Seite ihres Kirchhofes, wovon sie den ersten von der Gräfin von Honstein Mechtild und deren Tochter Uthe haben, die auch in dem Chore ihrer Kirche liegen, und dieser umschließt den Kirchhof mit einem „Vitche" (Fittich: Flügel); den dritten und vierten Hof, in ihrem Baumgarten liegend, haben sie, den einen mit Baumgarten von Gottschalk Sachse, den andern von Ritter Hugo von „Wickrode" (Wickerode). An diesen vier Höfen und was dazwischen liegt mögen sie auch bauen und bessern u. s. w.

Von den in der Kirche des Hospitals S. Martini nicht lange nach deren Erbauung begrabenen Wohlthätern dieses Hospitals (1394 Heinrich von Urbach, 1397 — nicht 1313 — ein andrer Heinrich von Urbach, 1395 Hermann von Werther, 1397 Katharina von Werther, 1397 Heinrich von Werther, c. 1400 noch ein Hermann von Werther, ferner 1395 Kaplan Jacob von Immenhausen, 1396 Vicarius Heinrich Salemer) war bereits oben die Rede (Buch 1, Kap. 4), und die merkwürdigen messingenen Denktafeln dieser Personen, auch der Stifter des Hospitals der Gebrüder Segemund, sind besprochen in meinen kl. Schriften S. 151—155, so auch S. 150 der Grabstein des Mitstifters des Hospitals S. Elisabeth Hermann von Werther † 1463, 1. Oct. (vgl. oben I, 4).

Im Anfange des 15. Jahrhunderts kaufte der Freiherr Busse von Querfurt das Riesenhaus am Holzmarkte in Nordhausen, welches im 14. Jahrhundert im Besitz der Herren von Tettenborn gewesen war, von Heinrich von Hain (Hagen) — worüber Cyr. Spangenberg (Querfurt. Chron. S. 408) die Auflassungsurkunde gesehen hat —, und lebte darin bis in sein hohes Alter, indem noch Urkunden von 1423 und 1432 seiner gedenken. Das Haus kam darauf durch Vermächtniß an den Convent der Augustiner zu Eisleben, welcher dasselbe für 135 Gulden verkaufte, wie aus einem Schreiben des Kaplans Kaspar Gurthel zu Eisleben an den hiesigen Rath vom 4. Aug. 1519 hervorgeht (abgedruckt bei Lesser S. 435). Nach diesem Schreiben sollte die Sache nächstens abgemacht werden, indem der Generalvicarius des Ordens von Staupitz den Augustiner-Convent zu Nordhausen besuchen wolle. — — Nach Albinus' Hist. der Herren von Werther 37 starb hier 1499 der Freiherr Georg von Werther, und er wurde, wie seine Gemahlin, auch hieselbst begraben. — Am 4. Aug. 1526 starb in Nordhausen der Graf Heinrich von Schwarzburg und wurde in der Domkirche begraben, wo sein Leichenstein noch zu sehen ist. Derselbe ist besprochen in den kl. Schriften S. 150. Vgl. P. Jovius (Götze) Chron. Schwarzb. in Schoettgen et Kreyssig Dipl. I, 641 f.

Lesser führt als hier verstorbene Adliche noch auf: 1598 Chr. von Bodendichs Gemahlin und drei Kinder, 1616 Frau A. S. von Germar, 1618 Frau G. von Guttenberg, geb. von Bodenhausen, 1627 Frau E. von Hagen, 1636 Frau A. von Zengen, geb. von Gladebock, 1651 Schatzrath W. von Oppershausen, 1677 Frau M. von Borthfeld, 1696 Fräulein von Bülow, 1700 W. L. von Eberstein, 1702 Hauptmann D. von Dieskau, 1707 F. E. von Werther (in dem Hause auf dem Petersberge, welches 1512 der Dr. j. Hans von Werther gekauft hatte), 1711 Frau S. M. von Tettenborn, geb. von „Vielen“ (Vila, Byla), 1716 Frau B. von Türk geb. von Hagen, 1728 Fräulein H. von Zengen, 1730 Fräulein J. S. F. J. von Schlotheim, 1731 Frau F. C. W. von Münchenthal (Geliebte des Herzogs von Weimar, geboren 1708, 4. Juli, gestorben 1731, 13. Jan., und vor dem Altare der Kirche S. Nicolai begraben), 1739 Wittwe D. M. von Vila, geb. von Eberstein (auch daselbst begraben). — Im 19. Jahrhundert mußten freilich die adlichen Geburten, Trauungen und Todesfälle in Nordhausen häufiger werden, da die namentlich 1375 eingetretenen reichsbürgerlichen Beschränkungen des Adels hier seit 1802 ganz aufhörten.

Drittes Kapitel.

Von den Aufruhren zu Nordhausen.

Nordhausen ist im 14. Jahrhundert mehrmals durch innere Unruhen heftig erschüttert worden, wozu meistens der Zwist und Hader der städtischen Aristokratie und des Raths auf der einen Seite und der gemeinen Bürger, namentlich der Zünfte und Handwerke, auf der andern Seite Veranlassung gab, mehrmals aber auch Streitigkeiten zwischen der Geistlichkeit und dem Rathe.

Die Unruhen, welche im Jahre 1324 zum blutigen Ausbruch kamen, wurden zunächst durch kirchliche Verhältnisse und durch das Einschreiten der geistlichen Obern, auch einiger weltlicher Herren der guten Stadt höchst gefährlich. Die Erzählung, welche der Nordhäuser Cyr. Spangenberg von diesen Vorfällen giebt, scheint mancher Ergänzung und Berichtigung zu bedürfen; dennoch theile ich diese Erzählung hier vollständig mit, da man wenigstens daraus ersieht, was man im 16. Jahrhundert von der Sache wußte und wie man dieselbe betrachtete. Zuerst finden wir in Spangenbergs Mansfeld. Chronik Bl. 330b Folgendes: Anno 1324 ist der große Auflauf zu Nordhausen gewesen, zwischen der Gemeine und dem Rath, und hat sich in der Osterwoche angesponnen. Der Rädleinstreiber ist gewesen Heinz von Wechsungen, welcher Herr Omnes an sich gehangen, dem Bürgermeister Tilen*) das Haus gestürmet, und viel Muthwillens getrieben. Die am getreulichsten der Stadt gedient hatten, mußten mit Schaden aus der Stadt weichen, und auf dem Lande im Elend herumziehen und wurden ihre Weiber und Kinder ihnen

*) In den offiziellen Verzeichnissen der Rathsherren (Consules) von Nordhausen seit 1312 finde ich den Namen Konr. Thiele (Thilo, Dietrich) nicht (nur einen Thilo de Trebere 1326); doch da deren zu jener Zeit gewöhnlich 18 in jedem der drei Regimente waren, und im Jahre 1324 nur 17 aufgezeichnet sind [aber auch 1312 und 1317 nur 17 und 1322 nur 16], so wäre es möglich, daß Konr. Thile's Name 1324 absichtlich ausgelassen wurde. — Ein Heinrich von Wechsungen erscheint 1325 als Rathsmeister.

nachgejagt. Ob nun wohl Kaiser Ludwig ernstlichen befahl, daß man die ausgejagten Rathsherren wieder in die Stadt aufnehmen sollte, so mochte doch solches alles nicht helfen, sondern man nahm denselben noch dazu alle ihre Güter. Die umliegenden Nachbarn Mühlhausen, Goslar, Greußen hätten den Handel gern in Güte geschlichtet, aber da war kein Gehör. Da die Geistlichen darum redeten, mußten sie alle, der Dechant und die Domherren, zur Stadt hinaus, und ward die Domkirche zum Marstall gemacht. Erzbischof Matthias von Mainz citirte die Bürger und gebot ihnen, die Herren des Kapitels wieder hinein zu nehmen bei Strafe des Bannes, aber das half mehr nicht, denn daß sie darüber zufielen, der Domherren Höfe und Häuser plünderten und alles hinaustrugen. — Der Graf von Honstein gebot seinen Unterthanen, denen zu Nordhausen nichts zuzuführen, weder Holz noch Korn, darüber litten sie Mangel an Feuerwerk, daß sie die Häuser abbrechen mußten und mit demselben Holz backen und brauen ꝛc. Jedermann hielt sie für verbannet. — Noch wurden sie nicht demüthiger: wo sie nur konnten der Verjagten Freunden leid thun, so ließen sie es nicht. Sie zerbrachen auch den Juden ihre Schule und nahmen ihnen, was sie lange Zeit zusammengescharrt hatten. — Da nun der Erzbischof sahe, daß kein Dräuen noch Bannen an ihnen helfen wollte, griff er zum weltlichen Schwert, bot in seinem Lande auf, und zog bis an die Salza, und brannte denen von Nordhausen die Mühlen ab, machte auch die Straßen so unsicher, daß niemand zu- noch abziehen konnte. — Das währte bis ins dritte Jahr, ehe es berichtet ward: da mußten sie dem Erzbischof nicht mehr geben, denn was er nur haben wollte, und mußten die Pfaffen am St. Jacobs-Tage [1326] mit Kreuz und Fahnen zum Sundhäuser Thore wieder einholen, und bis vor das Rathhaus und dann weiter nach dem Dome geleiten. Von diesem unordentlichen Wesen kam die Stadt Nordhausen in großen Schaden und Verachtung."

Derselbe erzählt ferner (Bl. 331b): „Um diese Zeit [1329] ward auch kund und kam an den Tag, wer die Anstifter des bösen, ärgerlichen nnd schädlichen Tumults zu Nordhausen vor fünf Jahren gewesen; darüber entstund eine neue Empörung; das Rautenthor ward aufgehauen, und auf dem Königshofe viel Muthwillen getrieben. Die Stadt sollte sein verrathen worden, das kam aus, und wurden viel darüber gefangen, und derselben etliche gehenkt, etliche geköpft, etliche geradebrecht, den 15. Julii*): und ward die Zwietracht also groß, als sie zuvor je gewesen. — Dieweil denn eben dazumal Kaiser Ludwig dem Landgrafen Friedrich [von Thüringen] seine Tochter beigelegt, hatte er ihn statt der Morgengabe mit zehntausend Gülden an die Städte Nordhausen und Mühlhausen verweiset, welche beide dem Landgrafen solche Summe Geldes erlegen sollten. Die von Mühlhausen haben sich mit ihm abgefunden, aber mit Nord-

*) Erfurter Chroniken geben diesen Tag (wahrscheinlich richtiger) als den Tag des ersten Aufstandes im Jahre 1324 an. Es heißt es bei Mencken Scr. rer. Sax. III, 505 (cf. III, 327): 1324 Orta est seditio inter cives Northusenses, qui se mutuo suspenderunt, rotaverunt et interfecerunt, ipso die divisionis Apostolorum [15. Jul.]. —

hausen hat er keinen leidlichen Weg treffen können, darum er auch davor gezogen und die Stadt mit einem großen Volk belagert; da ist das Altendorf ausgebrannt, und der Landgraf abgezogen. Es sind aber des Herzogs von Braunschweig Leute davor geblieben, und den Freitag vor Palmen [1329, 14. Apr.] das Altendörfer Thor erlaufen und geschrien: Hernach, Honstein! Hernach, Honstein! — sind also vor dem Barfüßer Kloster hinauf in die Stadt gegen S. Blasius Kirchhof kommen, auf den Platz, so noch heutiges Tages vor dem Frankenborn *) heißt, da es eine Kreuzgasse hat. Da nun die Braunschweigischen die eine Gasse heraufgezogen, haben die Bürger aus den andern dreien auf sie getroffen, und sie wieder zurückgetrieben, daß sie diesmal aus der Stadt weichen müssen; und sind ettliche erschlagen und in den Frankenborn gestürzt worden. Auch hat man ihrer zwanzig gefangen, die den Haufen in die Stadt gebracht, und wie das Altenthor geöffnet werden sollte, hatten Anleitung gegeben: deren wurden vierzehn gerichtet und auf Räder gelegt; die andern kamen davon. Die in der Stadt hatten einen Hauptmann Namens Alwig, der blieb diesesmal todt, und neben ihm Bertold von Tütgerode, Werner Lutherod und andre mehr, welche große Gegenwehr gethan hatten, und wenn sie nicht gewesen, würde der Nordhäuser diesesmal sein übel gewartet worden. — Dieses ist aus einzelnen Fragmenten zusammengezogen; von Andern wird dieser aufrührerische Handel ein wenig anders erzählt."

Endlich erzählt Spangenberg (Bl. 330): „Anno 1331 wollten abermal ettliche Nordhäuser ihren erlittenen Schaden und ihre Freunde rächen, und legten mit des Markgrafen [Friedrich von Meißen, Landgrafen von Thüringen] Amtleuten an, die Thürme auf dem Petersberge zu Nordhausen zu ersteigen; aber es ward gemerkt und Einer darüber gefangen, dem die Augen darum ausgestochen wurden. Dieser bekannte, wo man die Nachschlüssel, Haken, Seile und andre Rüstung zu diesem Handel zubereitet finden sollte. Also wurden ihrer vier ergriffen, die an dieser Verrätherei schuldig: die wurden geschleift und erbärmlich vom Leben zum Tode gebracht."— Soweit Spangenberg von den Unruhen und Kämpfen in Nordhausen in den Jahren 1324 bis 1331.

Die bedeutendsten Urkunden, durch welche das Verhältniß dieser bürgerlichen Unruhen zu den kirchlichen Zuständen in unsrer Stadt Aufklärung gewinnt, habe ich bereits vor längerer Zeit mitgetheilt und besprochen (in der Schul-Jubelschrift von 1824: Mittheilungen zu e. Gesch. der Schulen in Nordhs., und vollständiger in der zweiten Bearbeitung des ersten Abschnitts dieser Schrift in dem Gymnasialprogramm 1829: Nachr. von den Schulen in Nordh. vor der Reformat. — auch besonders abgedruckt). Der Rath und die Bürgerschaft waren schon früher den Anmaßungen der Geistlichkeit mit Ernst entgegengetreten; sie hatten namentlich durch strenge

*) am Ende der Kranichstraße und der Gumbertsgasse. — Den Namen Frankenborn erhielt dieser darauf verschüttete Brunnen vielleicht, weil die Franken seit dem 11. Jahrhundert den Sachsen und Thüringern als Stammesfeinde galten, man also wol Franke sagte statt Feinde; — wenn nicht ein früherer Vorfall während der Kämpfe gegen Kaiser Heinrich IV. irrig hierher gesetzt ist. — Der Fons Francorum kommt schon in einer Urkunde vom Jahre 1339 vor.

Statuten zu verhindern gesucht, daß noch mehr Stadtgüter in die todte Hand der Kirche geriethen, und jetzt suchten sie auch sich dem Schutzzwange des Domkapitels zu entziehn: sie wollten neben der seit Gründung des Stifts zum heil. Kreuz (1220) bestehenden Domschule eine höhere Stadtschule errichten. Den Einsprüchen des Propstes, des Scholasters und des ganzen Domkapitels, so wie der mainzischen Diöcesanbehörde glaubten sie zuvorzukommen oder ihnen ein Ende zu machen durch Auswirkung einer günstigen Entscheidung der höchsten geistlichen Gewalt, indem sie vom Papste Johann XXII. am 27. Juni 1319 eine Bulle erlangten, durch welche dem Rathe und der Bürgerschaft verstattet wurde, — da die Stadt so sehr in- und außerhalb der Mauern gewachsen sei, daß die Knaben wegen der Entfernung die bestehende Schule nicht wohl besuchen, auch die Menge der Schüler von einem Meister nicht geleitet werden könnte — bei der Pfarrkirche S. Petri oder bei einer andern Kirche der Stadt eine neue Schule der Künste (alias scholas artium) zu erbauen uud einen tüchtigen Schulmeister (Rector) bei derselben anzustellen. Doch die nordhäusischen Kirchenobern gaben ihren Widerstreit gegen die neue Schulanstalt und deren Beförderer nicht auf, obgleich eine Anzahl der nordhäusischen Geistlichen sich für das neue Unternehmen erklärt hatte. Dieser Streit um die Schule scheint die Gemüther der Unzufriedenen besonders erbittert zu haben. Die ordentlichen Kirchenobern wollten in dieser rein-geistlichen Sache (eine solche war damals jede Schulangelegenheit) ihr Ansehn jedenfalls behaupten. So wie ein Theil der nordhäusischen Geistlichkeit sich auf die Seite des Rathes und der Bürger stellte, so scheint auch ein Theil der Bürgerschaft es mit dem Stifte gehalten zu haben: wie aber der Zwist der gemeinen Bürger und der Zünfte mit den vornehmen Geschlechtern (den Patriciern, Rathsbürgern) damals mit dem bezeichneten kirchlichen Streite sich verband, läßt sich bei dem Mangel an alten Nachrichten und Urkunden nicht genau angeben, eben so wenig als die Einmischung der benachbarten weltlichen Herren, Grafen und Fürsten, besonders derjenigen, welche Rechte des Reichs über Nordhausen besaßen oder beanspruchten, namentlich des Landgrafen von Thüringen und der Grafen von Honstein, ja des Kaisers selbst, sich in allen Beziehungen nachweisen läßt. Im Fortgange der Händel, seit 1323, wirkte wol auch bedeutend, daß Kaiser Ludwig, als er seine Tochter Mechtild mit Friedrich von Meißen und Thüringen vermählte, demselben eine Mitgift von 10000 Gulden auf die Städte Mühlhausen und Nordhausen anwies, und der Landgraf diese neuern Ansprüche an unsre Stadt geltend machte.

Die Unruhen in Nordhausen nahmen besonders im Jahre 1324 einen blutigen Charakter an, in demselben Jahre, als auch in Erfurt ein heftiger Streit zwischen der Geistlichkeit und der Bürgerschaft (dem Rathe) entbrannt war. Am 15. Juli, wenn dieser Tag, den Spangenberg wol mit Unrecht als den Tag des Tumults im Jahre 1329 bestimmt, hieher gehört, kam in unsrer Stadt der oben bezeichnete Aufstand, welcher so traurige Folgen hatte, zum vollen Ausbruch. Ausführlichere und zuverlässige Aufzeichnungen über diesen Aufstand fehlen; nur über die endliche Beilegung des Streites wissen wir mehr. Der Rath und die Bürger von Nordhausen hatten sich bei dem Papste beschwert, daß der Erzbischof von Mainz und als dessen Commissarien zwei genannte Domherrn und ein Pfarrer von Erfurt sie widerrechtlich excommunicirt und ihre Stadt mit dem Interdict belegt hätte. Darauf übertrug der Papst in einer Bulle vom 22. Nov. 1325 den Aebten von Walkenried, Volkerode und Seligenstadt die Untersuchung und Entscheidung dieser Sache. Derselbe wiederholte in einer andern ausführlichern Bulle vom 15. Dec. 1325 diesen Auftrag, indem er sagte: der Rath und die Bürger von Nordhausen hätten ihm geklagt, daß der Dechant und das Kapitel daselbst dem Erzbischofe fälschlich vorgestellt hätten, sie hätten eigenmächtig auf dem Grund und Boden ihrer Stiftskirche eine neue Schule angelegt und andre Handlungen gegen die Rechte und Freiheiten des Stiftes sich erlaubt. Darauf hätte der Erzbischof zwei Erfurter Domherren und einem Pfarrer aufgetragen, die Sache zu untersuchen und darin zu verfahren. Als nun die von diesen Commissarien nach Erfurt vorgeladenen Nordhäuser sich entschuldigt hätten, daß sie wegen gewisser Todfeinde nicht nach Erfurt kommen könnten, und gebeten, daß sie an einem andern Orte zu ihrer Verantwortung erscheinen dürften, hätten die Commissarien ohne Rücksicht darauf, daß nicht der Rath, sondern die Grafen von Honstein, welche bekanntlich der Stadt Feinde wären, die weltliche Gerichtsbarkeit [und das Geleit?] in Nordhausen hätten, auf ungerechte Weise verlangt, der Rath und die Gemeinen sollten ihnen, ihren Beisitzern, Notarien, Advocaten und den Zeugen sicheres Geleit nach Nordhausen geben, damit dort die Sache verhandelt werde, und für dieses Geleit sollen sie Bürgschaft stellen; wenn sie das nicht thäten, sollten sie zu Erfurt oder an einem andern den Commissarien beliebigen Orte sich einfinden. Nun hätte man von Seiten der Stadt an den Papst appellirt, aber die Commissarien hätten diese Appellation nicht geachtet, sondern Excommunication und Interdict gegen Nordhausen ausgesprochen. Der Papst ernennt also nochmals jene drei Aebte zu Commissarien in dieser Sache. — Darauf luden auch die Aebte von Walkenried und von Volkerode den Abt von Seligenstadt am 21. Febr. 1326 ein, zu Eisenach, Jechaburg oder an einem andern passenden Orte die Verhandlung mit ihnen vorzunehmen, indem sonst, der in der Bulle ausgesprochenen päpstlichen Erlaubniß gemäß, sie beide allein die Sache vornehmen würden. Doch diese päpstliche Commission konnte sich, wie es scheint, gegen jene erzbischöfliche nicht geltend machen, indem ihr die Unterstützung der weltlichen Macht fehlte, welche die Erzbischöflichen gefunden hatten. Der gebannten Stadt drohte große Gefahr und Untergang: die widerstrebende Partei in Rath und Bürgerschaft erlag im Sommer 1326. Der Bürgermeister Heinrich von Sangerhausen nebst andern Rathleuten und Bürgern hatten sich endlich nach Erfurt begeben, um mit den erzbischöflichen Commissarien zu unterhandeln *). Auch in Nordhausen

*) „A. 1826 unum privilegium [hier Vollmacht] dedimus Henrico de Sangerhusen [Rathsmeister 1326] et Rosoni ceterisque concivibus nostris existentibus in Erfordia in placitis erga clerum" lautet eine Zeile in dem gleichzeitigen Liber privilegiorum etc., worin zu diesem Jahre auch steht: unum privil. super 600 marcis dandis domino Moguntino de compositione facta cum Canonicis Northus."

selbst geschahen entscheidende Schritte. Ueber die Rathspersonen, welche am meisten feindlich und gewaltsam gegen das Stift aufgetreten waren, wurden harte Strafen verhängt. Am Montage vor Cyriaci [16. Jun.] 1326 beschlossen alle drei Räthe sammt der Bürgerschaft: 1) Heinrich von Wechsungen, „damals" [bei dem Aufstande gegen die Stiftsherren] Rathmann *), soll 150 Mark löthiges Silber und 4 Mark nordhäusisches Silber geben und „inne" [gefangen] liegen 2 Jahr. 2) Friedrich von Trebra **), damals Rathsmeister, soll geben 150 Mark löthiges Silber und 2 Mark nordhäusisches Silber und inne liegen 1 Jahr. 3) Konrad von Halberstadt der Jüngere, damals einer der Viere, soll geben 100 Mark löthiges Silber und zwei Mark nordhäusisches Silber und inne liegen 1 Jahr. 4) Gerlach von Walhausen, damals Handwerksmeister, soll geben 20 Mark löthiges Silber und 2 Mark nordhäusisches Silber und inne liegen 1 Jahr. Das Gel sollen sie in einem Vierteljahre erlegen, das Inneliegen aber sogleich antreten. Was den Schaden an den Höfen [der Domherren] betrifft, so wurden sie überführt vor dem Rathe, daß sie dieselben brechen [zerstören] ließen, so auch daß sie ohne Wissen der andern Rathleute Briefe sandten an die Herren [Fürsten, Grafen ꝛc.] an die Städte [Erfurt, Mühlhausen, Goslar ꝛc.] und an die Zwölfen vom Lande, das [Landfriedensgericht in Thüringen]; überdieß „daß sie unschuldig wären, daß der Pfaffen Höfe gebrochen wären", dessen [dieser Schuld] wurden sie überführt von dem Rathe und der Gemeinde der Stadt. Darum sollen sie nimmermehr kommen „an der Stadt Heimlichkeit und in den Rath oder die Viere. 5) Dietrich von Wechsungen [der zehnte im Verzeichniß der Rathleute 1321] war als Rathsmeister und Rathmann nach Erfurt geritten, und hatte der Stadt Schaden geworben und der Stadt Heimlichkeit gemeldet; darum von dem Rathe beschuldigt, hatte er sein Recht und seinen Eid gelobt und sich verbindlich gemacht mit Leib und Gut, wenn man ihn überführen würde; er wurde aber dessen flüchtig, versäumte den Eid und überführte sich selbst. Deshalb soll er 100 Mark löthiges Silber zahlen und 1 Jahr inne liegen, ferner „um der Widersatze" willen soll er 2 Mark nordhäusisches Gold geben und ½ Jahr inne liegen, und soll 1 Mark nordhäusisches Gold geben, weil er der Stadt Heimlichkeit gemeldet hat: er soll auch nie wieder an der Stadt Heimlichkeit kommen und nicht in den Rath und die Viere.***)

---

*) Heinrich von Wechsungen steht im Verzeichnisse 1322, dann als zweiter in der Reihe, also wahrscheinlich als Rathsmeister 1326.

**) Frisco de Trebere erscheint 1325 als neunter im Verzeichnisse der Rathleute; er war vielleicht Rathsmeister nach Johanni 1326.

***) Da Lesser die interessante Urkunde sehr fehlerhaft liefert (S. 445), so rücke ich sie hier ein aus dem Kopialbuche des Stadtschreibers Heinr. Laron (dem rauchen Buche f. 76 b): „Wi Dytherich Kale vn Hildebrant von Trebere Ratsmeistere vn di Ratlute der stat zu Northu." (Hic ponuntur nominatim omnes tres consulatus, magistri mechanicorum, quatuor de communitate et plus quam centum nominatim, quos omitto causa brevitatis), „Bekennen offenberlichen, daz wi geteilt han eyntrechtiklichen, daz heyne von wezungen eyn ratman zu dem male sal gebe anderthalbhundert marc letiges silbers, vn sall gebe

Am 24. Junius 1826 erkannten der Dechant Friedrich (von Bila) und das Kapitel des Stiftes zum heil. Kreuz zu Nordhausen in einer ausführlichen Urkunde (welche ich 1829 nach dem Originale mitgetheilt habe in den Nachr. von den Schulen in Nordhs. vor d. Reform. S. 8 ff.; denn bei Lesser S. 440 steht dieselbe fehlerhaft) die Entscheidung der erzbischöflichen Commissarien (der Erfurter Domherren Siegfried von Halle und Hermann von Bibra, des Erzbischofs Provisor) und des Rathes der Stadt Erfurt an. Der ganze Streit zwischen dem Stifte und der Stadt wurde beigelegt. Alle Gesetze und Gewohnheiten der Bürger gegen die geistlichen Freiheiten sollen nicht mehr gelten. Die geistlichen Höfe behalten ihre Immunität, auch wenn sie vermiethet sind. Brauen dürfen die Geistlichen für ihre Nothdurft, auch wol einige Fuder, die ihnen übrig bleiben, verkaufen, so auch übriges Malz und Wein. Der städtische Bierschröter soll ihnen helfen für seine Gebühr wie den Bürgern. Kein Bürger oder sein Gesinde soll in eines Geistlichen Hofe pfänden oder Frevel begehen. Die kaiserlichen und königlichen Privilegien des Stiftes sollen anerkannt werden. Schuldige Frucht- und Geldzinsen sollen den Geistlichen gegeben und die zurückgehaltenen ersetzt werden. Die Forderung der verfallenen Zinsen der Domherren an M. Meynhart *) sollen die Bürger nicht hindern. Die zwei

vier marc northu. silbers, vn sal inne lege zcwey jare. Fred. von trebere eyn Ratsmeyster zu dem male sal gebe anderthalbhundert marg lotiges silbers, vn sal gebe zcwu marc northu. silbers, vn sal inne lege eyn jar. Conr. von Halber. der junge der viere eyn zcu dem male sal gebe hundert marc lotiges silbers vn sal gebe zcwu marc northu. silbers vn sal inne lege eyn jar. Gerlach von walhu. eyn hantworchtenmeyster zu dem male do sal gebe zcwenzcig marc lotiges silbers, vn sal gebe zcwu marc northu. silbers vn sal inne lege eyn jar. Daz geld sullen su gebe bin eyne vierteyl jares vn zu hant des Inlegers begynne. Umme den schaden der houe daz su di hisen breche, des sin su obercomen von dem Rate, Und ouch dar umme daz su brine santen den Hern. . . den steten . . vn den zcwölfen von dem Lande ane der andern Ratlute wissen. Ober daz daz su unschuldig weren, daz die pfaffen houe gebrochen weren, des worden su oberkomen von dem Rate . . vn der stat gemeyne, vn dar umme sullen su nummerme come an der stat heymlikeyt, vn nach an den Rat . . nach an die viere. Ouch umme daz, daz th. von wezungen Ratesmeister vn eyn Ratmann was, vn reyt zu Erforte vn erwarb der stat schaden, vn melte der stat heymlikeyt, darumme wart he gegeschuldigt von dem Rate . . Da globede he sin recht vn sinen eyt da vore, also als he selber sich verbunden bi libe vn bi gute, ob man es mochte ober in kome, vn wart des vorvluchtig vn vorsumete den eyt vn oberzugete sich selber. Dar umme ha wi ome geteylet hundert marc lothiges silbers vn inlegers eyn jar, vn zwu marc northu. geldes um die wedersage vn eyn halb jar inlegers, vn eyne marc northu. geldes, um daz daz he der stat heymelikeyt gemeldit hatte. Dar umme sal he nummerme komme an der stat heymelikeyt, nach an den Rat . . nach an die viere. Dit ha wie geteylt eyntrechtichlichen vn haben uns des voreynet uf den eyt vn disse briefes dar obir geschreben vn bi ingesegeld mel der stat Ingesegel mel unser aller wissen zu northu. in deme jare na gotes gebort thusent jar dryhundert jar in dem sechsten vn zcwanzcigsten jare an dem Montage allernest vor sente Ciriaci tage.

*) welcher während des Interdicts Pfarrer S. Nicolai in Nordhausen war. In einer Urkunde vom 10. Aug. 1326 leistet M. Meynhart „etteswanne Pfarrer zu Jecha" Verzicht auf seine Ansprüche an den Rath und die Bürger zu Nordhausen wegen seines empfangenen Schadens an der Pfarre S. Nicolai während des Streites des Erzbischofs und der Geistlichkeit gegen die Stadt.

erzbischöflichen Commissarien entscheiden im Namen des Erzbischofs, daß die Geistlichen, welche während des Krieges „gesungen" (Messe, öffentlichen Gottesdienst gehalten) haben, nach Rom „fahren" (wallfahrten) sollen, und dahin vor Mariä Geburt (8. Sept.) aufbrechen, um sich des Papstes Gnade zu erwerben; ihrer Pfründen sind sie verlustig. Auch die Geistlichen, welche nicht gesungen haben, aber sonst dem Erzbischof ungehorsam gewesen und deren Aemter vergeben sind, mögen ihr Recht suchen, doch ohne die Bürger von Nordhausen dazu zu fordern. Personen, die den Bürgern schuldig sind, sollen ihnen zahlen, doch ein Schaden seit dem Gebot (Interdict) des Erzbischofs soll nicht ersetzt werden: wenn aber die Bürger aus dem Banne kommen, sollen sie ihre Schuld [das ihnen Schuldige] wohl fordern. Todtschlag, Acht und andre Dinge während des Krieges sollen alle todt und quitt sein. Freunde und Gesinde der Geistlichen, die während des Krieges vertrieben oder belästigt sind, sollen die Bürger unbelästigt lassen. Männer und Frauen, die Nordhausen wegen des Bannes verlassen haben, sollen unbeschwert zurückkehren dürfen. Die Pröpste im Neuen- und Altendorfe sollen von den Bürgern nicht belästigt werden. Alle Schulkinder sollen die Schule zu dem heil. Kreuze besuchen um mäßigen Lohn, wie es von alter Zeit gewesen, und zu Chore gehen an Festtagen, zu Metten, Messe und Vesper; doch die Schüler in der Pfarrei S. Petri sollen der Metten überhoben sein, wenn sie wollen. Wollen die Bürger eine Schule haben außer der Stadt [in der Vorstadt], so soll ihnen das erlaubt sein, und sie sollen einen Schulmeister und Schullohn setzen, wie sie wollen; doch soll der Meister darauf sehen, daß diese Schüler jene nicht „betrüben," und wenn das geschieht, sie züchtigen. Den Bau (den „Gebue" — zunächst wohl die in dem Tumulte beschädigte Domkirche, vielleicht auch die zerstörten Wohnungen der Domherren —) sollen die Bürger auf ihre Kosten wieder herstellen, und damit sogleich beginnen unter Aufsicht und nach Angabe des Domherren Albrecht von Tungede und des Bürgers Konrad von Badra, und wenn diese uneins würden, nach Angabe des Erfurter Bürgers und Zimmermanns T. Nyzwecke: vor S. Martini soll derselbe fertig sein. Die Bürger sollen verkünden lassen, daß wer etwas von der Habe der Domherren genommen hat, es binnen einem Monate zurückgebe: in Beziehung auf das nicht Zurückgegebene soll man eines jeden Eide glauben, nach Bestimmung der zwei erzbischöflichen Commissarien. Die Rathsmeister und Rathleute der Stadt Nordhausen sollen den Domherren entgegenreiten vor die Stadt und sie freundlich empfangen und vor das Rathhaus geleiten, wo das gemeine Volk versammelt sein soll: und sie sollen daselbst verkündigen, daß alle „Brüche", die zwischen ihnen waren, gütlich und freundlich berichtigt sind und daß der Krieg ihnen leid gewesen sei: sie sollen auch befehlen, daß niemand einen der Geistlichen kränke, weder an ihrem Gute noch an ihren Personen noch an ihrem Gesinde. Eigentlich sollte man auch geistliche „Besserung" thun durch Gehn vor dem Kreuze, Tragen von Kerzen, Stiftung von Altären; doch dieses ist ihnen auf Fürbitte des Rathes von Erfurt erlassen.

Am 16. Julius bestätigte der Erzbischof Matthias von Mainz diesen Vergleich und hob den Bann über Nordhausen auf in einer an seine beiden genannten Commissarien zu Aschaffenburg erlassenen Urkunde (fehlerhaft abgedruckt bei Lesser S. 442 ff.; vgl. meine Nachr. von den Schulen zu Nordh. vor d. Reform. S. 10). In derselben sagt der Erzbischof: Seine Commissarien hatten folgende Personen zu Nordhausen: den gewesenen Pfarrer S. Nicolai M. Meinhard, den gewesenen Verweser (Rector) der Margarethenkapelle Bernhard von Sundhausen, die Geistlichen Hermann Breter (bei Lesser Praetorius), Heinr. von Ellrich, Johann und Burchard Gebrüder Egene, Barte, Rabe, Burchard von Greußen und Günther, auch den gewesenen Glöckner des Stifts Volrad, ferner die Rathsmeister und Rathleute der Stadt suspendirt und excommunicirt, auch die Stadt und die Orte, wohin dieselben sich etwa begäben und wo sie sich aufhielten, mit dem Interdict belegt, indem dieselben gegen verschiedne Kirchengesetze gefrevelt hatten. Dieses Verfahren hatte er, der Erzbischof, bestätigt, auch zugleich den Rector der neuen Schule zu Nordhausen M. Friedrich und alle Schüler aufgefordert, diese neue Schule nicht zu besuchen, widrigenfalls er auch sie für excommunicirt und für unwürdig, Weihen und Kirchenpfründen zu empfangen, erklärte. Jetzt sind nun jene genannten Geistlichen und Laien in sich gegangen und haben demüthig um Lossprechung gebeten, indem sie Gott und der Kirche, dem Erzbischof und den Beschädigten Genugthuung geben wollen. Er hebt demnach, der Reuigen sich erbarmend, jene Suspensionen, Excommunication und Interdict auf und spricht sie los: er hebt auch auf die Excommunication und Entziehung eines kirchlichen Begräbnisses derjenigen, welche mit jenen Geistlichen communicirt haben und nach Nordhausen gekommen sind: sind davon welche gestorben und außer der Stadt begraben, so sollen dieselben, wenn sie vor ihrem Tode Buße thaten und die Absolution empfingen, ausgegraben und kirchlich beerdigt werden dürfen. Der Erzbischof hebt auch den auf die Güter, Forderungen und Zinsen jener Personen gelegten Arrest auf. Da während des Interdicts ungesetzlich viele Personen kirchlich in geweihte Erde begraben sind, welche nun eigentlich wieder ausgegraben werden müßten, ehe wieder Gottesdienst gehalten wird, so verstattet doch der Erzbischof wegen der Menge dieser in Verwesung befindlichen Leichen, daß die Ausgrabung unterbleibe; doch müssen jene Kirchhöfe erst wieder geweiht werden (reconcilientur). — Diese Lossprechung solle in Thüringen verkündigt werden. — Da auch die Commissarien ausgesprochen hatten, die Nordhäuser wären in die Excommunication verfallen, weil sie das heil. Kreuz und die übrigen Reliquien, Gefäße und Zierrathen der nordhäusischen Kirche in Ketten geschlossen (damit, wie sie sagten, ihnen dieselben nicht durch die Domherren aus der Stadt entführt würden), ferner da die Commissarien ausgesprochen hatten, dieselben wären durch das Kirchengesetz verdammt, weil sie an den Priester Heinrich von Grumbach gewaltsam Hand gelegt hätten, die so für schuldig Erklärten aber sich für unschuldig halten und ihre Unschuld beweisen wollen, so sollen die Commissarien die Sache genau untersuchen, und die Betreffenden sollen losgesprochen sein, wenn sie die Reliquien nur zu deren Sicherheit in Beschluß nahmen, und wenn sie sich von der Beschuldigung der Gewalt reinigen können.

Für diese ziemlich günstige Entscheidung mußte der Rath dem Erzbischofe 600 Mark reines Silber zahlen, worüber der Commissarius und Provisor Hermann von Bibra am 30. Oct.

und der Erzbischof zu Erfurt am 1. Dec. 1326 quittirten. Diese Summe und die andern Kosten suchte der Rath durch Strafgelder der Rathsherren und Bürger, welche sich bei der Empörung gegen die Stiftsgeistlichkeit am meisten betheiligt hatten, zu decken, wie aus mehreren Urkunden hervorgeht, namentlich aus der oben mitgetheilten vom 16. Juni 1326. Einer der damals Betroffenen scheint Heinrich von Urbach gewesen zu sein, welcher in einer Urkunde (Urfehde) vom Jahre 1326 vor dem Rathe, den Vieren, den Handwerksmeistern und der Gemeine der Bürger erklärt, daß er wegen des Vorgefallenen und des ihm um ihretwillen widerfahrnen Schadens niemand verdenken und ansprechen will, so auch Siegfried vor dem Walberge (? Sinort vora walpurge, sonst auch Sifridus Walpurgis genannt, Rathsmeister 1324) in einer Urkunde vom Jahre 1327 ohne Tag, ferner Konrad Tockenfuß und sein Sohn Thizel (Dietrich), welche am 22. Mai 1327 bekennen, daß sie sich mit der Stadt und den Bürgern von Nordhausen gesühnt und gütlich berichtet haben und wegen ihres erlittenen Schadens keine Ansprüche an sie machen wollen, und geloben, daß sie ihre Güter in der Stadt Nordhausen und deren Weichbilde nicht an eine geistliche oder fremde Hand veräußern wollen, wodurch sie der Stadt [mit Diensten und Pflichten] entgingen. Die Aussöhnung der Letztern mit der Stadt bezeugen in einer besondern Urkunde vom 24. Mai 1327 der Ritter Hermann Bunke und dessen Sohn der Knappe Heinrich zu Etuzfort und die Ritter Heinrich und Johann Gebrüder von Kutzleben zu Kutzleben.

Weshalb um jene Zeit der Herzog Ernst von Braunschweig vom Rathe der Stadt Nordhausen Zahlungen empfing, geht aus dessen Quittungen vom 24. Jan. 1327 über 100 Mark und vom 27. März 1328 über 200 Mark nicht hervor. — Auch die Verpfändung an den Landgrafen von Thüringen Markgrafen Friedrich von Meißen, worüber im folgenden Kapitel mehr gesprochen werden wird, brachte Nordhausen Sorge und Noth.

Zunächst der Unwille der 1326 hart bestraften und verbannten Bürger und ihrer Freunde rief wieder blutige Aufstände und harte Kämpfe in den Jahren 1329 und 1331 hervor, welche ebenfalls in dem folgenden Kapitel erzählt werden sollen, und worüber Spangenbergs Bericht bereits oben mitgetheilt ist. — Auch noch später dauerten die Bewegungen in Nordhausen fort, dafür spricht die im Jahre 1338 stattfindende Verbannung von ungefähr 70 benannten nordhäusischen Bürgern, welche „an der Stadt Schaden gewesen sind", sammt ihren Kindern 2c. Siehe Anhang II. zu der Statutensammlung in meiner Ausgabe (in den N. Mitth. 2c. III, 4, 65 und in dem besonderen Abdrucke S. 155).

Die erfolgreiche Revolution von 1375 mag zum Theil veranlaßt sein durch die Aufhebung der Corporation der Fleischhauer und die Verbannung von ungefähr 50 Mitgliedern dieser Gilde mit ihren Weibern und noch nicht großjährigen Kindern um 1360. Von diesem Vorfalle erzählt der offizielle Beschluß (s. Anhang VII zu der dritten Statutensammlung S. 80 ff. S. 170 ff. vgl. Anh. VI): Die drei Räthe mit den Vierteln und Handwerksmeistern haben entschieden, daß die Fleischhauermeister Thiezel, Dietrich, Symon und Jan (Johann) Spitz, welche den gewöhnlichen Handwerksmeistereid dem Rathe jährlich geschworen hatten, so wie die andern Fleischhauer, welche durch den gewöhnlichen Bürgereid und die Huldigung sich dem Rathe jährlich verpflichtet hatten, diesen Eid gebrochen haben. Nämlich die beiden genannten Handwerksmeister hatten ihre Handwerksgenossen in Symons Hause versammelt und sich eidlich verbunden und beschlossen, die Märkte, welche der Rath, die Viertel und die Handwerksmeister zum Besten der Einwohner angeordnet hatten, sollten nicht mehr sein, die Pfahlbürger und Fremden, welche auf diesen Märkten feil hätten, sollten mißhandelt und meistens vertrieben werden, und denen, welche von Rathswegen ihnen steuern wollten, wollte man Widerstand leisten: thäten das nun vier, sechs oder mehr aus ihrem Handwerke, so sollte das ganze Handwerk dafür einstehen. Sie wählten dazu vier benannte Hauptmänner aus dem Handwerke, deren Befehle alle ausführen sollten. Um dieser Bosheit willen sollen nun die Fleischhauer zu Nordhausen keine Innung mehr haben, noch Meister, noch Gesetze, noch Versammlungen. Die ungefähr 50 Verbrecher aber, deren Namen genannt werden, sollen mit ihren Frauen und Kindern, die von ihnen noch „ungemutschert" sind, auf ewig die Stadt Nordhausen und deren Weichbild räumen, und niemand soll auf deren Wiederaufnahme antragen bei Strafe von 100 Mark und Verbannung u. s. w. Nur fünf Fleischhauer, welche auch genannt werden, haben sich „wohl bewahrt". — Eine solche Verurtheilung und Verbannung in Masse mußte wohl böses Blut machen auch bei den andern Handwerken, welche eben nach größerer Selbständigkeit und nach mehr Theilnahme am Stadtregiment strebten. Endlich am 14. Febr. 1375 (zehn Jahr nach Vereinigung der Neustadt mit der Altstadt unter Einem Rathe und zu Einem Gemeinwesen) trat das Ereigniß ein, von welchem der officielle Bericht der siegenden Partei bereits von mir geliefert ist als VIII. Anhang zu der dritten Statutensammlung (S. 83 ff. — S. 173 ff.), und zwar nach dem Originale, denn der Abdruck bei Lesser S. 446 ff. ist ziemlich fehlerhaft. Man vergleiche damit den aus dieser Revolution hervorgegangenen Wahl- oder Handwerksmeisterbrief, oben Buch 1, Kap. 6. — Der Inhalt jenes Berichtes ist: Nach der Geburt unsres Herrn Jesu Christi im Jahre 1375, am Abende des heiligen Herrn S. Valentin vor Fastnacht geschah diese nachgeschriebene Geschichte in dieser Stadt zu Nordhausen. Zu denselbigen Zeiten, als die gefreundeten Bürger in dieser Stadt, die man nennete die reichen Geschlechte, diese Stadt sollten bevormunden, und alle Jahr geschworen hatten, wie gewöhnlich ist, dieser Stadt gemeinen Nutzen und Frommen zu rathen, und zu urtheilen das Beste und Rechte den Armen wie den Reichen, da überhoben sich die gefreundeten Bürger wegen ihres Gutes und ihrer Freunde, und drückten die gemeinen Leute und die Handwerksleute mit mancherlei großer Beschwerung und mit Uebermuth, und übten gegen die Gemeinde und die Handwerke auf übermüthige Weise mancherlei Frevel und Bedrängniß, und brachten die Stadt in unverwindlichen Schaden und große Schulden, wie sich hernach wohl zeigte: und außer anderm Schaden und Verderbniß, welche die gefreundeten Leute dieser Stadt der Gemeinde und den Handwerken zugezogen haben, brachten diese gefreundeten Bürger diese Stadt besonders zu Fehden und zu großen schweren Kriegen mit den edeln

Herrn [Grafen] von Schwarzburg und mit der Herrschaft Honstein, und dadurch in große Verderbniß, in tiefe Schulden und in unverwindlichen Schaden: und sie hätten dieser Kriege durch Vertrag wohl überhoben sein können, wenn sie nur ihrem Uebermuthe hätten entsagen wollen. Als nun die gefreundeten Bürger die Stadt in tiefe große Schulden und in Verderbniß gebracht hatten durch ihren Uebermuth und Frevel, da setzten sie mannichfaltigen großen Geschoß auf die Gemeinde und auf die Handwerksleute; doch je größere Geldsummen die gefreundeten Bürger von den andern gemeinen Leuten und von den Handwerksleuten einnahmen und erhoben, desto mehr wuchsen die Schulden der Stadt. Auch wollten die gefreundeten Bürger der Gemeinde und den Handwerken nie redliche Rechnung thun von der Einnahme des Geldes, obgleich die Gemeinde und die Handwerker mit vielen Bitten sie um Rechnung angingen.

Da dieser großen tiefen Schulden, des Uebermuthes und Frevels, welche die reichen Bürger an der Gemeinde und an den Handwerken viel und oft begangen hatten, und auch des Geldes, das sie auf arme Leute gesetzt hatten — daß jeder Mann von seiner ehelichen Hauswirthin, von seinen Kindern und von seinem Gesinde, von jeder Person besonders, geben mußte einen Schilling Pfennige — und auch des großen löthigen Geldes, das auf die Gemeinde und auf die Handwerke gesetzt war, da des die Gemeinde und die Handwerke verdächte, und sie darauf aufmerksam wurden und bemerkten, daß die gefreundeten Bürger mit der Stadt Vormundschaft und Geschäften ungleich und unredlich umgingen, und da die Gemeinde und die Handwerker darüber zu reden anfingen und die gefreundeten Bürger bitten wollten, daß sie ihre Ehre und ihre Eide beachteten und arme Leute in der Stadt nicht also zu Grund verderbten, und daß sie einem jeden Manne setzten Geschoß und löthig Geld nach seiner Macht und seinem Vermögen: darüber kamen die gefreundeten Bürger und versammelten sich mit ihren Freunden und Helfern, und schlossen die Stadt zu, und wollten die gemeinen Bürger und Handwerker angreifen und ihnen stehn nach Leib und nach Gut; denn etliche von den gefreundeten Bürgern rannten auf die Straße und sprachen, sie wollten der gemeinen Bürger so viele auf Räder setzen, daß alle Räder in der Stadt nicht hinreichten.

Als nun die Gemeinde und die Handwerker diese Dinge vernahmen, kamen dieselben zusammen vor dem Rathhause [am Kornmarkt], und nahmen Gott zu Troste und zu Hülfe, und kamen an die gefreundeten Bürger und belagerten sie in dem Hause zu dem Riesen [dem Riesenhause, Thile's von Tettenborn Wohnung] auf dem Holzmarkte. Da tröstete der allmächtige Gott und die hochgelobte Jungfrau Maria und der heilige Herr Sanct Valentin die Gemeinde, und gaben ihr Stärke und Macht, und sie fingen die gefreundeten Bürger ohne Gegenwehr, und steuerten ihrem Unfug, Frevel und Mord, welchen dieselben an den gemeinen Leuten und Handwerkern begehen wollten zu derselben Zeit. Da kohren die Bürger aus der Gemeinde und aus den Handwerken andre Vormünder und andre Rathleute, die sich der Stadt Geschäften unterzogen, und setzten und ordneten das nach dem Nutzen und allgemeinen Vortheil der Stadt und der Einwohner, so daß alle Bürger und armen Leute bei Recht, bei „Bescheidenheit“ und Freiheit künftig bleiben sollten. Auch waren der gefreundeten Bürger einige außerhalb der Stadt, da diese Geschichte sich zutrug, die gaben auch die Flucht: das waren Dietrich von Schernberg und Siegfried „vorn Walpurge“. Als nun das alles geschehen war, wurden die Räthe und die Handwerksmeister und die Gemeinde der Bürger in den Vierteln des einig, daß sie kohren vier Männer von der Gemeinde wegen, die über die Räthe sein sollten. Diese Viere sollten mit dem Rathe und den Räthen die Huldigung annehmen auf dem Rathhause und sollten mit dem Rathe und den Räthen in allen Sachen und Geschäften sein [Theil nehmen, als Volkstribunen]. Darnach kamen die Viere, die Räthe, die Handwerksmeister und die meiste Menge der Stadt überein und urtheilten über die Bürger, die von den reichen Geschlechten gefangen lagen, nach dem was sie verdient und begangen hatten. Die Bürger, welche aus dem Gefängniß kamen und sich mit der Stadt „richteten“, schworen zu den Heiligen Urfehde der Stadt und den Bürgern und setzten dazu Bürgen, die Urfehde unverbrüchlich zu halten, und gaben darüber gute versiegelte Briefe [von welchen Urkunden viele noch vorhanden sind]. Unter diesen „sprang einer aus“, der hatte Urfehde geschworen und verbürget, mit Namen Henze von Urbach: der beschädigte die Stadt mit Brande und mit Raube „unbewahrtes Dinges“ [ohne Ankündigung der Fehde]. Darum vereinigten sich die Viere, die drei Räthe und die Handwerksmeister und aus den Vierteln die meiste Menge der Bürger der Stadt Nordhausen, daß die unten genannten Leute, welche solchen Frevel, Uebermuth und wunderliche Dinge in der Stadt zu der Gemeinde und Handwerke und der Stadt Schaden und Verderben getrieben hatten, sie, ihre Familie und ihre Kinder, männlichen und weiblichen Geschlechts, mit Ausnahme der Personen, welche jetzt in der Stadt geblieben sind, nimmermehr in die Stadt Nordhausen kommen oder Bürgerrecht daselbst gewinnen sollen. Auch soll man in Zukunft, wenn man einen Rath kieset, niemand kiesen in den Rath, noch in der Stadt Heimlichkeit kommen lassen, der den Geschlechten [dem Adel] von Sippe [Verwandtschaft] wegen angehört: wer das [eine solche Wahl] thäte, soll zehn Mark löthiges Silbers an die Stadt verlieren und mit Weib und Kindern die Stadt und das Weichbild ewiglich räumen; ebenso derjenige, welcher dessen jemals gedächte oder es vorbrächte, daß irgend einer der Nachgeschriebenen wieder in die Stadt käme. Die Namen dieser Leute sind: Dietrich und Henze von Schernberg, Brüder, Heinze Junge der längere, Heinze von Gotha, Heinrich Achsensteller, Henze und Henze Junge, Berld's Söhne, Henze und Brun, Söhne Henze Junge des Kürzern,*)

*) Ein böser Prozeß von Mitgliedern der hier vertriebenen ansehnlichen Familie Junge, zunächst von den Brüdern Heinrich und Brun Junge zu Köln gegen die Stadt Nordhausen, mindestens 20 Jahr lang bei dem kaiserlichen Hofgerichte geführt, entstand um das Jahr 1414 (oder früher). Jene Brüder klagten, die Nordhäuser hätten ihren Vater Heinrich (Henze) Junge im Jahre 1375 bei Nacht und Nebel und ohne Urtheil und Recht ermordet [vielleicht den H. J., der 1372 hier Rathsmeister war] und ihr ganzes Geschlecht von Nordhausen vertrieben. Ueber diesen Prozeß befinden sich im hiesigen Stadtarchiv 34 Urkunden aus den Jahren 1414—1426. 1434.

Sybato von Sangerhausen, Hermann von Torstadt, Siegfried vorn Walpurge, Konze Mathis und sein Bruder Hanzel, Eckard Kuche, Heise Kuche, Deinhard Kuche und sein Brudersohn Hans, Henze von Stolberg, Hermann und Henze von Urbach Brüder, Henze von Urbach und sein Bruder Dietrich, Ludwig von Urbach der Längere, Hartmann und Henze Kursenworchte, Brüder, Heinrich von Tolleben, Hermann, Thile und Gernod Borner, Brüder, Thile Heyse und sein Bruder Kerstan, Thile von Tettenborn, Henze Fribang, Hans von Artern, Friedrich von Bergrieden, Dietrich Meyer, Brun Handschuhmacher, Konrad von Trebra, Busse von Hain und Heinrich vom Stalle. — Diese Stücke haben die Bürger von Nordhausen in diese „Einung" (die dritte Statutensammlung) lassen schreiben und sie sollen zu einem ewigen Gedächtniß darin bleiben, der Stadt zu Ehren, Nutzen und Frommen.

Zwei und zwanzig Jahr nach dem verhängnißvollen Ereigniß, am Sonntage vor dem St. Valentinstage 1397 machte der Convent der hiesigen Augustiner in der Neustadt sich durch eine Urkunde verbindlich, „zum Trost und zur Seeligkeit den enelenden Seelen, die vor Zeiten in dem Auflaufe zu Nordhausen getödtet wurden und mit uns alle begraben liegen in unserm Beichthause", jährlich eine Jahrzeit zu begehen, am Donnerstage nach S. Valentin Abends mit der Vigilie und des Freitags früh mit einer gesungenen Seelmesse, und dabei vier brennende Lichte auf einen Teppich in ihrer Kirche zu setzen, insonderheit auch zum Troste der Seelen von Berlt Junge und seiner Frau Lale und deren rechten Erben und von Dietrich Dankelsdorf, seiner Frau Gele und ihren Eltern und Kindern. Auch wollen sie derselben jeden Sonntag in der Predigt gedenken, und sie in das Buch im Chore einschreiben, in welchem die ewigen Jahrzeiten eingeschrieben stehn; (Nr. 373). — Wie wichtig diese Revolution von 1375 der Bürgerschaft, namentlich den Mitgliedern der Gilden, noch in späterer Zeit war, beweist die Jubelfeier, welche am 14. Febr. 1775 von der Kürschner- und Weißgerbergilde in dem Hause meines Großvaters des damaligen Quatuorvirs Joh. Heinr. Förstemann (Bürgermeisters 1777—93) auf dem Lohmarkte (Nr. 968) festlich begangen und von meinem Vater, dem nachmaligen Quatuorvir Konr. Wilh. Förstemann in einer kleinen Druckschrift (N. 1775. 2 Bogen in 4.) beschrieben worden ist.

Obgleich der Stadtadel im Jahre 1375 den gemeinen Bürgern und Handwerkern und deren Anführern, nachdem der hartnäckige Kampf etwa ein halbes Jahrhundert hindurch gedauert hatte, völlig unterlegen war, waren doch damit die Unruhen noch nicht beendigt, und der Unwille gegen einzelne der städtischen Obern brach noch mehrmals aus. Wie im Alterthume in den griechischen Freistaaten und im Mittelalter in den italienischen Parteienkämpfe zu Verbannungen der Unterliegenden führten, so auch in Nordhausen. Außer den bereits erwähnten Fällen (namentlich im Jahre 1338) gehört vielleicht die Verbannung des Rathmanns Werner Stapf um 1360 hieher, sichrer die des Dietrich von Ellrich, Henze von Stalberg, Andreas von Stalberg und Dietrich vom Ellrich des Jüngern auch um 1360, und zwar gehörten diese zu der 15 Jahr später siegreichen Partei (s. dritte Statutensammlung, Anh. III und IV, S. 66 ff. — S. 156 ff.);

aber selbst eines der Häupter der 1375 Siegenden, den Rathsmeister Nickel Torbaum, traf 1383 dasselbe Schicksal, als er, übermüthig durch den Sieg, arg gefrevelt hatte (s. das. Anh. XI, S. 92, S. 182 ff.). — Auch im 15. Jahrhundert, im Jahre 1430 erhob sich die Bürgerschaft gegen den Rath, welcher beschuldigt wurde, das gegen die Böhmen (Hussiten) gesammelte Geld unterschlagen zu haben. Ein Rathmann wurde gehängt, und der Oberschreiber (Syndicus) Hermann (Liebenrod) soll sich durch Gift getödtet haben, um den Angriffen des Volks zu entgehen. Der Unterschreiber (Subnotarius), ein Geistlicher, soll vor dem Provisor bekannt haben, nur 13 Schock Groschen zu seinem Antheil bekommen zu haben. (Leibnit. SS. rer. Br. III. 86. Contin. 2. Engelhus.) — Von den Unruhen zu Nordhausen während des Bauernkrieges 1525 s. m. kl. Schriften S. 76—102; vgl. unten III, 4.

Viertes Kapitel.

Von Kriegsunruhen und Fehden der Nordhäuser.

Vgl. meine Urkundl. Gesch. von N. bis 1250 u. Nachtr.

Im Jahre 1069 war der Markgraf der Ostmark (Niederlausitz) Dedo (Teti), um seine und seiner Gemahlin Adela Ansprüche auf die thüringischen Besitzungen des ersten Gemahls derselben Otto's von Orlamünde geltend zu machen, an die Spitze der wegen des Zehnten im Streite mit dem vom Könige Heinrich IV. geschützten Erzbischof von Mainz begriffenen Thüringer getreten, mußte aber bald, nach dem Verluste der Festungen Beichlingen und Scheidingen, sich dem Könige unterwerfen. Dabei erzählt Spangenberg (Mansfeld. Chron. Bl. 183 b): „Markgraf Diedrich (Dedo) streifte mit seinem Anhang bis vor Nordhausen und Mühlhausen; aber die Reichsvögte, so in beide Städte geordnet waren, begegneten ihm zum öftern und jagten ihn ab, so daß er der Orte nicht viel schaffen konnte.“ — In einer thüringischen Chronik wird ebenfalls erzählt, daß das königliche Heer von Nordhausen gegen Dedo und seine Anhänger aufbrach.

An dem langen und hartnäckigen Kampfe des Königs Heinrichs IV. gegen die empörten Sachsen und Thüringer nahm Nordhausen gewiß mehrmals thätig oder leidend Antheil; lag doch die königliche Stadt selbst gerade an der thüringisch-sächsischen Grenze und in deren Nähe eine ganze Reihe der königlichen von Heinrich IV. erbauten oder befestigten Burgen, durch welche die Thüringer und Sachsen im Zaum gehalten werden sollten, die aber von diesen genommen und zerstört wurden, darunter Asenburg (die Hasenburg) und Bockenrode (die Ebersburg), vgl. meine kl. Schriften S. 75. Möglich ist es, daß das Ereigniß mit dem „Frankenborn“, welches man später mit der Erzählung von dem Ueberfalle 1329 verbunden hat, in dieser Zeit des Krieges statt fand, indem etwa ein königliches Heer (Franken) die eben von Sachsen und Thüringern besetzte feste Stadt erstürmen wollte. Nordhausen scheint dem Könige Heinrich IV. nicht immer treu geblieben zu sein und nahm vielleicht einige Zeit gezwungen Theil an dem Kampfe gegen denselben; darauf deutet auch der Vorfall von 1075. Während im Herbste dieses Jahres der König mit einem starken Heere bei Gerstungen stand, lagerten die verbündeten sächsischen und thüringischen Fürsten bei dem königlichen Hofe Nordhausen. Von hier aus sendeten diese den Erzbischof von Bremen, den Bischof von Halberstadt und den Markgrafen Udo mit Friedensvorschlägen an den König, und dieser ließ sich bewegen, die Erzbischöfe von Mainz und von Salzburg und die Bischöfe von Augsburg und von Würzburg in das sächsische und thüringische Lager hieher zu senden, durch deren Unterhandlung dann auch die demüthigende Unterwerfung der Empörer bei Spira an der Helbe herbeigeführt wurde. Als die Vornehmsten der sich Unterwerfenden, welche sich also wol persönlich im Lager bei Nordhausen befanden, werden genannt der Erzbischof Wezel von Magdeburg, der Bischof Bukko von Halberstadt, Otto von Nordheim, sonst Herzog von Baiern, Herzog Magnus von Sachsen, Graf Hermann, Markgraf Udo, Pfalzgraf Friedrich, Graf Dietrich von Katelnburg, der Thüringer Graf Adelbert und die Grafen Rüdiger, Sizzo und Bern. Der Friede war nicht von Dauer, und schon im folgenden Jahr wurde der Streit fortgesetzt. — Die Synode zu Nordhausen im Jahre 1105 ist schon oben besprochen worden, Buch 3, Kap. 3.

Schwer büßte unsre Stadt ihre Anhänglichkeit an den König, Kaiser Friedrich I. in dem letzten Kampfe, welchen der geächtete mächtige Sachsenherzog Heinrich der Löwe, der als Obervogt Nordhausen als seine Stadt betrachtete, 1180 begann. Wahrscheinlich im Mai 1181 (obgleich eine nordhäusische Inschrift aus dem 14. Jahrhundert das Ereigniß in das Jahr 1182 setzt, s. meine kl. Schriften S. 144 Nr. 2) zog der Herzog von Goslar, welches auch seinen Zorn hatte erfahren müssen, mit einem Heerhaufen vor Nordhausen, warf Feuer in die Stadt und verbrannte dieselbe. Daß damals das Nonnenkloster, die Stiftung der Königin Mathilde, zerstört wurde, wird besonders erwähnt. Von Nordhausen zog Heinrich gegen Mühlhausen, welches ebenfalls als die dritte königliche Stadt seinem Grimme erlag.

Der zehnjährige Streit der Gegenkönige, des Hohenstaufen Philipp von Schwaben und des Welfen Otto IV., brachte Nordhausen mehrmals in Noth. Der von Otto gewonnene Landgraf Hermann von Thüringen belagerte (mit 1100 Gewappneten, sagt eine spätere Chronik, mit 1800, eine ältere) im Herbste 1198 diese Stadt, welche Otto ihm vielleicht bereits nebst Salfeld verliehen hatte, um ihn von seinem Gegner, dem Könige Philipp abzuziehen. Die Belagerung soll in der Mitte des September (nach Andern um Aller Heiligen — 1. Nov. —) begonnen und bei der tapfern Gegenwehr der Bürger sechs Wochen (oder fast zwei Monate) gedauert haben. Der Landgraf wandte nicht nur Mauerbrecher und verschiedene Belagerungswerkzeuge an, sondern brachte die Besatzung und die Einwohner auch durch Wassermangel (siti) in Noth, indem er den städtischen Zorgekanal durch Seitengräben ableitete (nach den Ann. Reinhardsbr. ed. Wegele p. 84). — Nach einer spätern Nachricht ergab sich die Stadt erst, als König

Otto und seine Mannen sich mit den Belagernden verbanden. Auch eine nordhäusische Inschrift (kl. Schriften S. 144, Nr. 3) nennt Otto und das Jahr 1199. Die braunschweigische Reimchronik (Leibn. SS. rer. Br. III, 99 und in der Ausgabe von Scheller: De Kronika fan Sassen 158) erzählt:

Nu habde landgreve frederik*)
Ein orloge fil hatiglich
An Doringen fan des rikes festen
Dat he se dog to lästen
Koning Otten to denst brägte
To huldende unde ok to regte.
Sine rittershap he merde,
Also öne sine manheit lerde,
Dat he Nordhusen belag.
Fil kortewile men dar plag:
Ein islik sek darna prisede,
Dat he sek dar bewisede,
Beide, de butersten gar vormäten
Unde de darinnen waren gesäten.
Alsus dülden se kummer lange.
De bliden unde ok de mange
To mangen worpen ward gewonden:
Fan der kraft gar forswonden
De steine an der müren orte,
Wan se de worp rorte.
Noch kwam leides mär
Ein koninglike heer
For de stat mit koning Otten,
De öme der fästen hatten.
Nordhusen ging fil grot arbeid to,
An wakende und storme spade unde fro,
Dorch de groten ridderschaft,
De dar lag mid groter kraft.
Do sagen de borgere,
Dat öne kwam nein losere:
Dat makede on twivel manigfald,
Also dat se an des konings gewald
Otten de stad Nordhusen geven,
Und jedog darby bleven
Selkr lives unde gudes.
Koning Otte hoges mudes
Trekede frolik in de fästen
Sines heres mid den bästen,
Unde leit sek hulden unde sweren
De borgere unde denstes weren. —
Dar habde he rad unde sprake
Umme alle des rikes sake
Mit den forsten unde den heren.
Fan der begunde he keren
Mit alle den werden gästen
Tegen Goslar de fästen.

Obgleich nun Otto dem Landgrafen manche Vortheile bewilligt, ihn auch mit den königlichen Städten Nordhausen und Salfeld beliehen hatte, fiel Hermann dennoch bald wieder von ihm ab. König Philipp rückte drohend gegen Thüringen vor, bot aber zugleich dem Landgrafen, seinem Vetter, reiche Geschenke, wenn er zu ihm zurückkehren würde. Da trat Hermann im August 1199 zu Fulda in Gegenwart des Königs Ottokar von Böhmen wieder auf Philipps Seite und empfing dafür von diesem außer Nordhausen und Salfeld auch Mühlhausen, Ranis und ein Stück vom Orlegau. — Doch im Jahre 1202, vielleicht zunächst durch die erzbischöflichen (des Gegenerzbischofs Siegfried von Mainz) und päpstlichen Ermahnungen und Drohungen bewogen, fiel Hermann abermals ab von König Philipp und trat sammt dem Böhmenkönige Ottokar von neuem auf König Otto's Seite. Ein Zug Philipps nach Thüringen im Jahre 1203 scheiterte, da der Böhme Ottokar (der am 24. Aug. zu Merseburg gekrönt wurde) und der Pfalzgraf Heinrich, König Otto's Bruder, auch Otto selbst dem Landgrafen kräftige Hülfe zuführten. — Indessen im Jahre 1304 nahmen die Dinge eine neue Gestalt an. Philipp brach mit einer Macht in Thüringen ein; er fand auch im Lande selbst Unterstützung (so bei den Grafen von Schwarzburg und von Gleichen und bei den Erfurtern), nahm Sangerhausen und belagerte Weißensee, wo wir selbst den mit seinem Bruder zerfallenen Pfalzgrafen Heinrich, auch die Grafen von Klettenberg, von Honstein und Andre bei Philipp finden; die Böhmen waren aus dem Lande geflohen und König Otto blieb fern: da unterwarf sich der Landgraf dem gütigen Könige Philipp zu Ichtershausen am 17. Sept. 1204. — Nordhausen mag nicht ungern zu dem Hohenstaufen Philipp zurückgekehrt sein*), da es von ihm wohl weniger für seine Freiheiten fürchten zu müssen glaubte, als von dem benachbarten Welfen Otto. Ob der Letztere doch noch einmal im Jahre 1204, als sein Gegner Philipp in die Rheinlande gezogen war, Nordhausen eingenommen und besetzt hatte, wovon Spangenberg spricht (Mansfeld. Chron. 288) ist sehr unwahrscheinlich; der Landgraf Hermann und die benachbarten Grafen mögen nun wol Nordhausen im Namen des Königs Philipp geschützt haben. — Von den vergeblichen Unterhandlungen der beiden Gegenkönige im Jahre 1207, auch zu Nordhausen, wurde oben gesprochen (Buch 3, Kap. 3).

Erst im Jahre 1208, nach des edlen Königs Philipp meuchlerischer Ermordung, gewann Otto wieder Macht in unsrer Gegend: von neuem erkannten nun die Sachsen und Thüringer, auch der Landgraf Hermann, ihn als König; auch Nordhausen scheint sich ihm sogleich ergeben zu haben. Doch als im Jahre 1210 der Papst den Bann gegen Otto, der auch in Italien sein kaiserliches Ansehn geltend machen wollte, ausgesprochen hatte, kam es 1211 wieder zum Kampfe in Thüringen. Der Landgraf Hermann, der König von Böhmen und andre Fürsten hatten sich offen gegen den excommunicirten Otto und für den jungen Hohenstaufen Friedrich (II.) erklärt; aber der treue Gunzelin, welchem Otto die Obhut dieser Gegend anvertraut hatte, erkaufte die thüringischen Herren, überrumpelte und besetzte die mit Mauern und Gräben wohl befestigten königlichen Städte Nordhausen und Mühlhausen, und verwüstete von Mühlhausen aus die Besitzungen des Landgrafen. — Im Jahre 1212 unternahm der nach Deutschland zurückgekehrte Kaiser Otto einen Feldzug gegen den Landgrafen von Thüringen. Er eroberte die Rothenburg, Salza (Langensalza) und, bis auf das Schloß, Weißensee, bei dessen Belagerung

---

*) „Binnen des badde sek de stad
Nordhusen gar an minne rad
To Fillppus gekart wedder
An deme somere sedder,
Na Kristi gebord dusend jar
Trehunderd unde sere, das is war."

So erzählt die braunschweigische Reimchronik (Leibn. III, 106. — Scheller S. 193).

zuerst die Kriegsmaschine der Drehbock (tryborb) angewendet wurde. Damals, während der Belagerung von Weißensee, begab sich Otto nach Nordhausen, um hier am 7. Aug. seine Vermählung mit König Philipp's Töchterlein Beatrix zu feiern (s. oben Buch 2, Kap. 2), welche Staatsheirath seine sinkende Macht nicht stützen konnte, da Beatrix alsbald nach der Hochzeit starb. In Thüringen siegte noch im Jahre 1212 Landgraf Hermann (vor Weißensee, im November), unterwarf sich die abgefallenen Grafen (von Beichlingen, von Stolberg rc.) und Herren und verschaffte dem jungen Könige Friedrich II. Anerkennung. Vgl. u. a. Hesse, Gesch. der Rothenburg S. 37, Anmk. 44, nach einer Stelle des Ric. von Siegen, die aber in Wegele's Ausgabe nicht steht.

Wie Nordhausen von dem thüringischen Erbfolgekriege nach 1247 zwischen dem Markgrafen Heinrich dem Erlauchten von Meißen und der Herzogin Sophia von Brabant und ihren Helfern, besonders dem Herzoge Albrecht von Braunschweig, 1256—63 berührt wurde, geht weder aus Geschichtsbüchern noch aus Urkunden hervor. In dem entscheidenden Jahre 1263, wo am 27. October der Herzog von Braunschweig geschlagen und gefangen wurde, feierte Heinrich der Erlauchte hier ein glänzendes Turnier (s. oben Buch 2, Kap. 4), vielleicht nach diesem Siege und zu dessen Verherrlichung? — Die Nachricht Spangenbergs (Mansfelder Chron. 305b), daß in dieser Zeit der Verwirrung und Gewaltthätigkeit in Thüringen sich etliche Harzgrafen und Junker zusammengeschlagen und Nordhausen zu plündern versucht hätten, aber hier am Freitage vor Palmen 1248 übel empfangen wären, scheint eine Verwechslung zu enthalten entweder mit der an diesem Tage 1329 versuchten Ueberrumpelung unserer Stadt oder mit dem mißlungenen Angriffe auf die Stadt Mühlhausen an demselben Tage 1251. S. davon unten.

Bei dem ersten Einbruche des Königs Adolf in Thüringen im Jahre 1294 (im Einverständniß mit dem Landgrafen Albrecht und gegen das Interesse der Söhne desselben der Markgrafen Friedrich und Dietrich — s. über das Verhältniß u. a. Boehmer, Regesta: Adolf, Sept. 1294, p. 176, auch die Urkunde vom 28. Sept. 1293 mit der Anmerkung dazu in Ficker, die Ueberreste des deutschen Reicharchivs zu Pisa [Wien 1855] S. 41 ff.) kam dieser König mit seinen unbändigen und die unschuldigen Einwohner auf eine unerhörte Weise mißhandelnden Söldlingen anfangs nicht hierher: später an den drei ersten Tagen des Jahres 1295 finden wir ihn in Nordhausen. Doch hatte König Adolf schon am 4. Oktober 1294 im Lager bei Mittelhausen den Bürgern von Nordhausen geboten, dem Landgrafen Albrecht von Thüringen und Pfalzgrafen von Sachsen dergestalt zu huldigen, daß wenn der König demselben bis Martini über zwei Jahre die schuldigen 2000 Mark Freibergischen Silbers, Erfurter Gewichts nicht zahle, die Stadt ihres Eides gegen das Reich entlassen hinfort dem Landgrafen gehorche und angehöre, bis derselbe vollständig befriedigt sei. — Drei Tage darauf am 7. Oct. 1294 zu Fahner (Vanre) hatte der Landgraf in einer Urkunde, welche wahrscheinlich der landgräfliche Beamte, der die Huldigung in Nordhausen annahm, hier als Creditiv abgab, bekannt, daß der

Rath und die Bürger von Nordhausen ihm den Eid der Treue geleistet hätten, doch mit der Bedingung, daß, wenn sie ihn wegen der 2000 Mark Silbers bis Martini über zwei Jahr befriedigt haben würden, sie von ihm frei und wieder dem Reiche eidlich verpflichtet sein sollten: hätten sie ihn aber nicht befriedigt, so sollten sie ihm mit allen Rechten und Einkünften verpflichtet sein, womit sie dem Reiche verpflichtet wären, bis zur völligen Befriedigung: doch sollen sie nach seinem Tode an das Reich zurückkehren [also soll die Pfandschaft nicht auf des Landgrafen Albrecht Nachkommen und Erben übergehn]. *) — —

Die Nordhäuser sollen sich anfangs dem Könige und dem Landgrafen gefügt haben, darauf aber, um sich von jener Zahlung loszumachen, auf die Seite der Söhne des Landgrafen getreten sein. — Was Melissantes (Bergschl. 2. Aufl. S. 31) erzählt, daß (1297?) durch die von Nordhausen und einen Grafen zu Weimar der Graf Ludwig von Gleichen, welcher den „Kaiserlichen" habe Zufuhr und Verstärkung bringen wollen, in die Flucht geschlagen worden sei, so daß derselbe sich kümmerlich in den Thüringer Wald gerettet habe, ist schwach begründet. — — Das feindliche Verhältniß des Landgrafen Albrecht zu Nordhausen soll fortgedauert haben, auch nachdem König Adolf 1298 in der Schlacht gegen König Albrecht geblieben war;

---

*) Da beide wichtige Urkunden bei Lesser S. 455 nicht genau abgedruckt sind, so gebe ich dieselben hier nach dem officiellen Kopialbuche des Rathes. — Nos Adolfus dei gratia Romanorum Rex semper augustus Recognoscimus per presentes, Quod dilectis fidelibus nostris Magistris Consulum et ciuibus vniuersis Northu. dedimus et damus presentibus literis in mandatis, Quod ipsi illustri Alberto Thuringie Landgrauio Saxonie comiti palatino principi nostro dilecto fidelitatis prestare debeant juramentum, ea interposita pactione, quod si nos eidem Landgrauio non satisfecimus de duobus millibus marcarum friburgen. argenti, ponderis Erfordensis, infra festum beati Martini, quod erit a festo beati Martini nunc proximo ad duos annos, iidem Magistri Consulum et cives extunc debeant ipsi Landgrauio obedire, intendere et de omnibus prouentibus et juribus, quibus tenentur nobis et imperio, respondere, absoluti interea a juramento fidelitatis, quo nobis tenentur astricti, quousque ipsi de prefata pecunia integraliter satisfiat. In cuius rei testimonium presentes literas majestatis nostre Sigillo fecimus communiri. Datum in castris apud Mittelhusen. III. non. octobris. Indictione octaua. anno domini Mcc° Nonagesimo quarto. regni vero nostri anno Tercio. — — Nos Albertus dei gra. Thuringie Lantgrauius et Saxonie comes palatinus Recognoscimus et ad singulorum noticiam cupimus peruenire, Quod discreti viri et honesti Magistri Consulum et universi cives in Nordhusen nobis fidelitatis juramentum prestiterint, subscripta interposita pactione, Quodsi nobis de duabus milibus marcarum Vribergensis argenti, ponderis Erfordensis, fuerit satisfactum infra festum beati Martini, quod erit a festo beati Martini nunc proximo per duos annos, iidem magistri consulum . . Consules et ciues absoluti a nobis, Imperio quemadmodum antea tenebuntur fidei juramento. Sin autem non satisfecerint, nobis de omnibus proventibus et juribus tenebuntur, non cessantes quousque de prefata pecunia nobis integraliter satisfiat. Post nostrum eciam obitum ad imperium reuertentur. In cuius rei euidenciam presentem literam dedimus nostri Sigilli robore communitam. Actum et datum in Vanre anno domini MCC Nonagesimo quarto Nonas Octobris.

doch um 1304 muß das Verhältniß besser gewesen sein, denn am 7. März 1305 zu Wartburg bezeugt der Landgraf, daß „die Bürger und Juden zu Nordhausen" ihn wegen aller Forderungen an sie auf ein Jahr vom nächsten Pfingstfeste an befriedigt und alles bezahlt haben, und daß er in dieser Zeit keine Leistung weiter von ihnen erpressen will. *)

Ein Handel, den Heinrich von Badra in jener Zeit mit den Nordhäusern hatte, wurde gütlich beigelegt und auf den Rechtsweg gewiesen, nach einer interessanten Urkunde des Grafen Friedrich von Beichlingen in der Leppermühle bei Beringen (Berrungenhöfen) am 30. Sept. 1302. **) — Auf bis dahin bestandene feindliche Verhältnisse deutet auch der einige Tage vorher, am 26. Sept. 1302 zu Nordhausen gegebene Sühne- und Vorspruchbrief des Grafen Heinrich von Stalberg (Stollberg), durch welchen, der (eben stattgefundenen) Verhandlung im Felde bei dem Kloster Russungen (Himmelgarten) gemäß, der Graf erklärt, daß die Bürger von Nordhausen für sich und alle ihre Diener, insonderheit für Friedrich von Taba (Toba), Heinrich von Wernrode, Heinrich von Werther, Friedrich von Wolframshausen, Heinrich Ritter (? Militis), Friedrich Kolinl, Konrad von Schiedungen, Bressel (Breczsla) und Albert von Scherse,

*) Lesser hat S. 457 die Quittung ungenau mitgetheilt; dieselbe lautet nach dem Kopialbuche: Nos Albertus dei gra. Thuringie Lantgrauius et Saxonie comes palatinus Recognoscimus in hiis scriptis, quod discreti viri ciues et judei de Northusen de omni petitione, que nobis apud ipsos ex nunc a festo penthecostes proximo per unum integrum annum posset contingere et deberet, nos integraliter jam pagarunt, de qua ipsos presentibus dicimus absolutos, Nolentes nec debentes ab ipsis petitionem aliquam extorquere, durante prescripto libertatis termino ipsis dato, Super quod dedimus presens scriptum nostri sigilli robore communitum. Acta sunt hec in wartperg anno domini MCCC quinto in dominica qua cantatur Invocavit, presentibus Th. de almenhusen, Ottone de wechmar, Henrico de mila nostris consiliariis et magistro Wilhelmo de wisszense nostro notario dilecto cum aliis quam plurimis fide dignis.

**) Nos Fridericus Dei gra. Com. de Bichlingen. Serie presencium recognoscimus cupientes omnibus notum esse . . quod de omni causa seu causis, quam vel quas Heinr. de Badere Prudentibus viris Consulibus ac vniuersitati opidi Northu. Mouebat seu mouere intendebat, Roso in figulis et Cunr. Tockinvuz Magistri consulum north. Se vice et nomine vniuersitatis iuramento expurgauerunt rationabiliter coram nobis presentibus Erfrido, Erkinberto et Cunr. de Bennungen nostris Militibus strenuis, ac alberto dicto Mazekule, qui idem iuramentum proloquebatur, id est stabethe, civibus supradictis, Prefato Heinr. de Badere idem iuramentum acceptante, et renunciante penitus causis singulis et vniuersis, quas contra ciues mouere habuerint nothusenses . . . Preterea adiectum est, quod si aliquis ciuium northu. aliquam causam seu actionem aduersus eundem Heinr. habere voluerit, Hanc non debet Hostilitatibus seu violenciis aliis quibuscunque, immo coram iudicio prouincie sine spirituali prosequi via iuris. Si quis autem ciuium violenciam strepitu repetere voluerit, Hunc consules a civium districtu, quod Teuthonice Wichbilde dicitur, amouebunt tamdiu, quousque a repeticione hujusmodi recipiscat. In euidenciam et testimonium omnium premissorum presentem litteram dedimus sigilli nostri appendiculo consignatam . . . . Actum et Datum . . Anno Dni. M⁰. CCC⁰. II⁰. in crastino Beati Mich. In Molendino dicto Leppern sito iuxta Beringen.

welche einst ihre Diener (Söldner) waren, wegen alles Unwillens und aller Zwietracht, welche zwischen ihnen und dem Grafen bisher bestanden hat, sich mit demselben gänzlich auseinandergesetzt, verglichen und freundlich geeinigt haben. Der Graf nimmt dieselben (die Bürger von Nordhausen) in seinen besondern Schutz und Vorspruch auf ein Jahr vom nächsten Christfeste an. Drei genannte Ritter und zwei andere Leute des Grafen sind Zeugen. (Die Urkunde ist abgedruckt in meinen kl. Schriften S. 169 f.)

Als im Sommer 1304 die Erfurter gegen den Anhänger des Markgrafen Friedrich des Gebissenen, den Burggrafen Otto von Kirchberg und andre Edle eine Unternehmung veranstalteten, und Greifenberg, Windberg, Kirchberg und Lehsten einnahmen, hatten sie dazu die Mühlhäuser und Nordhäuser als ihre Verbündete um Hülfe beschickt. Von Mühlhausen war ein starker Haufe gekommen, der auch tapfer an dem Feldzuge Theil nahm; doch die Nordhäuser sollen zu spät gekommen, nach einer andren Nachricht muthlos gewesen sein. (S. u. a. Avemann, Kirchberg S. 184 ff. — Gudenus, Hist. Erf. p. 73 f.) — Als erste Städtebündnisse Nordhausens finde ich (im städtischen Kopialbuche) bezeichnet: 1306 Mittwochen nach Martini mit Erfurt, 1309 an demselben Tage (fer. 4. p. oct. Epiph.) mit Erfurt und mit Mühlhausen. Nach Graßhof Origg. atq. ant. Muhlhus. p. 138) versprach Nordhausen 1309 an Mühlhausen als Hülfe zu stellen (nach ergangener Aufforderung) 40 Roß und Mann „wohlgezügelte Leute" und zehn gewappnete Schützen, aber 1308 Erfurt an Mühlhausen 260 Roß und Mann und 510 Schützen. Als Grund des Bündnisses ist hier angegeben, daß der edle Fürst Markgraf Friedrich von Meißen der Städte Mühlhausen und Erfurt Recht, Ehre nnd Freiheit gewaltig drücke mit unrechten Geboten, da er nicht will, daß sie mit gewappneten Leuten den Räubern wehren, mit Gewalt eine Bete heischt von ihrem Gute, ½ Loth von jeder Mark u. s. w. — — Wahrscheinlich in Folge des Hoftages, welchen König Albrecht in den ersten Tagen des Julius 1306 zu Fulda hielt, und wo die thüringischen Angelegenheiten verhandelt wurden (wo auch der König die Privilegien der Stadt Nordhausen bestätigte), traten dem königlichen Willen gemäß auch die verbündeten (königlichen) Städte in Thüringen nachdrücklicher gegen den Markgrafen Friedrich und dessen Bruder auf, welche noch beim Leben ihres Vaters Albrecht (hatte derselbe doch seit 1294 versucht, ihnen selbst Meißen zu entziehn!) sich Thüringens zu bemächtigen suchten. Die Nordhäuser nahmen nun Theil an der Belagerung der Wartburg und an andern Unternehmungen für den König und den Landgrafen Albrecht — erwähnt werden die Einnahme und Zerstörung von Utstädt und Andersleben bei Erfurt, wohl zunächst zum Vortheil von Erfurt unternommen —, wodurch Nordhausen auch in Feindschaft mit dem Herzoge Heinrich von Braunschweig gerieth, der seinen Schwager den Markgrafen Friedrich unterstützte. Doch als in der entscheidenden Schlacht bei Lucka am 31. Mai 1307 die Markgrafen Friedrich und Dietrich das königliche Heer geschlagen hatten, als König Albrecht zwar, bereits im Julius desselben Jahres, um jene Niederlage zu rächen und die Sachen wieder herzustellen, persönlich einen Feldzug nach Thüringen unternommen, aber, durch die Lage der Dinge in Böhmen bewogen, schleunig dahin sich gewandt hatte, als derselbe endlich im folgenden Jahre, ehe er einen neuen Zug nach Thüringen und Meißen unternehmen konnte, am 1. Mai 1308 durch Meuchelmord gefallen war, und als der alte Landgraf Albrecht sich in die Dunkelheit nach Erfurt zurückgezogen hatte, da bemächtigte sich der Markgraf Friedrich (dessen tapferer Bruder Dietrich schon 1307 zu Leipzig ermordet war) der Landgrafschaft Thüringen und setzte sich darin fest. Leicht begreiflich mußten dabei Friedrich in dem Bestreben, seine Rechte und seine Macht als Landgraf zu befestigen, auch wol zu erweitern, und die thüringischen Städte, welche darnach trachteten, sich so viel als möglich selbständig zu machen oder zu erhalten, oft feindlich zusammentreffen.

Im Jahre 1310 wurde zwischen dem Markgrafen und Landgrafen Friedrich und den Nordhäusern eine Sühne versucht. Die darüber gegebene Urkunde Friedrichs vom 29. Mai steht bei Lesser S. 458 sehr ungenau; nach einer amtlichen Abschrift lautet dieselbe: „Wir Friedrich von gotes gnaden Lantgraue in Doringen Margraue zu Missen vnd in dem osterlande Herre in dem lande zu plißzen Bekennen vnd tun kunt allen den die dissen brief gesehen oder horen lesen, Daß wir, dorch gut vnd frede vnser lande, vns met den ersam luten den burgern vnd met der stat gemeyne von Nordhusen genzlichen vorsunet vnd voreynet haben, als hiernach gescheben ist, Alle vnse sache, bruche vnd werrin, die vnder vns vnd yn sin oder bißher gewest sin, di habe wir gesatzet vnd gelaßen zu Henrich von deynstete, zu Henrich kemerer von vanre vnd zu Albrecht von heylingen, zu irn Herttwige von elrich, Fridrich kalbe vnd zu irn Henrich Hedewige,*) also daß vom suntage nestwert ober vierzcen tage wi ingeriten sullen den von Northusen zcu Arnstete de vns vnd su. Dise gekorne Sechse aller sache vnd werrin sullen entrichten vnd entscheyden eyntrechticlichen na minne oder na rechte, Vnd diselben sechse zu den heyligen swere sullen, daß su vns da yntscheyden aller sache ane argelist, vnd daß nummer gelaßen dorch lieb, dorch leyt, nach dorch keynerleye sache, Swaß vns da di sechse heyßen vnd entscheyden, volfurte wi dasz nicht vnd worde bruchig, so solden vnse borgen Borchard von bruchterde, Henrich von großen, Meyß der junge, Dietrich bake, Hetzebold der junge, Henrich bupffe vor vns inriten zu Arnstete, vnd von dannen nummer komen, wi en haben voltan vnd geleyst, dasz uns die sechse heißen, Alle ire Geuangen sullen tag haben von suntage nest wert ober dry wochen, vnd wo su nicht ingeleyst haben, dasz Geld sal sten vf den selben tag. In disse Sume neme wi vnsen son vnd dar nach alle die dorch vns in vnse vrlouge komen sin, oder damet dorch vns begreffen sin, Vnd geben zu orkunde alle dirre vorgeschreben rede dissen uffen brief vorvngesegeld met vnser Jngesegel. Disse brief es gegeben zu Nuenburg Nach gotes gebort Thusend Jar Dryhundert Jar In dem zcenden Jare an dem vrytage nach vnses Herren uffart.“ — Dieser Sühneversuch, mit Bestellung von Schiedsrichtern und Bürgen und mit Bestimmung der Lösung der vom Landgrafen gefangen gehaltenen Nordhäuser durch Geld, führte

*) Die Abschrift hat (irrig, wie es scheint) „Henrich und Hedewige“. — Die drei ersten sind Leute des Landgrafen, die drei letzten Nordhäuser oder von denselben erwählte Schiedsrichter.

einen dauernden Frieden mit dem Landgrafen noch nicht herbei. Im Jahre 1312 traten die Städte Erfurt, Mühlhausen und Nordhausen, wahrscheinlich die Zeit der Niederlage und brandenburgischen Gefangenschaft Friedrichs benutzend, wieder feindlich gegen denselben auf; doch im folgenden Jahre 1313 soll der Landgraf Mühlhausen und Nordhausen plötzlich angegriffen und diese Städte gezwungen haben, dem Bündniß mit Erfurt zu entsagen und ihm zum Schadenersatz ansehnliche Summen zu zahlen. (Gudeni hist. Erfurt. p. 90. — Spangenberg, Mansf. Chron. 328 f. u. A. m.)

Daß um diese Zeit auch die Grafen von Honstein und von Beichlingen (wol als thüringische Vasallen und Helfer des Landgrafen) mit den Nordhäusern in Feindschaft gestanden hatten, beweisen folgende Aufzeichnungen in einem städtischen Register (Liber privilegiorum etc.) zum Jahre 1312 über die damals gegebenen Sühnebriefe: dominis de honstein unum privilegium super absolucione proscriptionis contra cives late et super prolocucione, et super locacione advocatie et aliis, in vigilia apostolorum petri et pauli. — Domino friderico comiti de Bychelingen vnum priuilegium super composicione in die beati kyliani et sociorum. — Diese zeitweilige Aussöhnung mit den Grafen von Honstein und von Beichlingen im Sommer 1312 (von Seiten der Honsteiner auch eine Verpachtung der Reichsvogtei in Nordhausen an die Stadt und ein Schutzvertrag) war wol eine Folge der Gefangenschaft des Landgrafen.

Am 5. Juli 1313 zu Pisa trug der Kaiser Heinrich VII. dem Markgrafen Heinrich von Landsberg auf, sich als Vertheidiger und Richter des Rathes und der Bürger von Nordhausen anzunehmen, welche ihm, dem Kaiser, geklagt hätten, daß die Herren von Hakeborn, Schraplau, Querfurt, der Schenk von Nebra und Ludolf von Morungen [Leute des Markgrafen] ohne Ankündigen der Fehde vor Nordhausen gekommen (locum Northusen accedentes), die Bürger und ihre Güter feindlich angegriffen und einige getödtet, andere schwer verwundet hätten. (Die kaiserliche Urkunde steht richtiger als bei Lesser S. 459 in der Urkundl. Gesch. von Nordh., Nachtr. S. 39, Nr. 57). — — Nach einer Originalurkunde vom 15. Jul. 1314 wurde der Graf Heinrich von Beichlingen sammt seinem Sohne Friedrich mit den Nordhäusern durch Schiedsrichter und deren Obmann den Grafen Friedrich von Beichlingen, Heinrichs Oheim, ausgesöhnt, indem die Bürger von Nordhausen dem Grafen 50 Mark Silber zahlen, wogegen dieser alle Zwietracht für beigelegt erklärt und Nordhausen auf ein Jahr (bis Michael) gegen alle Angriffe in Schutz nimmt u. s. w. —

Am Sonntage vor Martini 1317 stellten die Grafen Heinrich und Dietrich von Honstein einen Sühnebrief aus, in dem sie bekannten, daß alle Zwietracht zwischen ihnen und der Stadt Nordhausen beigelegt sei: erwählte Schiedsrichter sollten wegen der Gefangenschaft nordhäusischer Bürger und Söldner (? armigeri), Konrad und Johann von Weißensee, Heinrich Specht, Johann von Greußen und Bertold von Furre (Wurre) entscheiden [ein Lösegeld bestimmen]. — In demselben Jahre 1317 soll auch ein Bündniß auf zehn Jahr geschlossen sein zwischen den Städten Erfurt, Mühlhausen und Nordhausen und den Grafen von Gleichen, Schwarzburg, Stolberg und Honstein.

Am 4. Sept. 1320 zu Sangerhausen bezeugte Agnes, die Wittwe des erwähnten Markgrafen Heinrich von Landsberg,*) daß sie wegen der Schäden, Gewaltthätigkeiten und Kränkungen, welche die Bürger von Nordhausen ihr und ihrem Sohne, dem Herzoge Heinrich dem Jüngern von Braunschweig, ihren Mannen und Dienern, vor und bei der Stadt Nordhausen gelegentlich zur Nachtzeit zugefügt hatten, verzichtet hat [auf weitere Strafe oder Ersatz], und an keinen derselben künftig Anforderungen machen will.**) — An demselben Tage (ohne Angabe des Ortes) bezeugt auch Herzog Heinrich d. J. von Braunschweig, daß er mit den Bürgern von Nordhausen wegen der Schäden, Gewaltthätigkeiten und Kränkungen, welche ihm und seinen Getreuen von der genannten Stadt widerfahren und von jener bis jetzt gegen ihn begangen sind, zu aufrichtiger und friedlicher Einigung gekommen ist, indem er mit den einzelnen und den gesammten Rittern und Knappen (militibus et famulis), welche damals vor der genannten Stadt Schaden empfingen, ihre Förderung, als seiner Getreuen, suchen will, auf die Weise, daß die Herren von Warmesdorf (Varmestorph) die Söldner jener, die sie gefangen hatten, ihnen zurückgeben: alsdann wären sie bereit, diesen ihre Gefangenen zurückzustellen. Wenn aber die Herren von Warmesdorf in die Zurückgabe der Gefangenen oder der genannten Söldner säumig wären, alsdann soll der Friedensvertrag zwischen ihm (dem Herzoge) und den Bürgern von Nordhausen doch unverletzlich gehalten werden.***) — — Der hier in beiden

*) Agnes war eine Schwester Kaiser Ludwigs des Baiern und Tochter Herzogs Ludwig von Baiern von dessen Gemahlin Mechtild, einer Tochter des Kaisers Rudolf I. Ihr erster Gemahl, der Landgraf von Hessen, starb schon 1296 vor seinem Vater, der zweite, Markgraf Heinrich von Brandenburg (ohne Land), wurde Besitzer der Mark Landsberg († 1317). Sie überlebte denselben zehn Jahr. Ihr Sohn Heinrich war schon 1320 todt; ihre Tochter Sophie wurde Gemahlin des Herzogs Magnus von Braunschweig. — In der Urkunde nennt sie den Herzog Heinrich d. J. (zu Grubenhagen) ihren Sohn, wol deshalb, weil derselbe und ihr Schwiegersohn Magnus Brudersöhne waren.

**) Richtiger als bei Lesser S. 460 lautet die Urkunde nach dem städtischen Kopialbuche: Nos Agnes relicta quondam illustris principis domini Henrici Brandenburgensis ac Landesbergensis Marchionis omnibus hanc literam audituris publice profitemur, Quod dampnis, violenciis et iniuriis nobis et nostro filio Magnifico principi domino Henrico duci Juniori de Brunswig, nostris militibus et famulis factis et illatis ab honorandis viris ciuibus Northusen. casualiter nocturnis temporibus ante et prope dictam ciuitatem plane ac in toto renunciavimus ac renunciamus per presentes, nunquam ab ipsorum aliquo de cetero repetendo. Ut autem ista prenotata rata permaneant, presentem literam appensione nostri sigilli dedimus roboratam. Datum Sangerhusen anno domini M°CCC°XX° pridie nonas Septembris.

***) Bei Harenberg (Hist. Gandersheim p. 1354) steht diese Urkunde des Herzogs mit dem Datum 5. Sept. 1322; er las also falsch MCCCXXII. Non. Sept. statt MCCXX. II. Non. Sept. Die Urkunde lautet nach dem städtischen Kopialbuche verglichen mit dem Originale: Nos Henr. dei gracia Dux Junior de brunswich Tenore presencium publice profitemus, Quod nos cum ciuibus Northu. pro dampnis, violenciis et iniuriis nobis et nostris fidelibus ante dictam Civitatem illatis ac ab eisdem hucusque contra nos perpetratis ad sincere pacis et concordie deuenimus vnionem, Volentes

Urkunden angedeutete Vorfall vor Nordhausen erklärt sich vielleicht durch die feindliche Stellung der Herzöge von Braunschweig zu dieser Stadt wegen der Freundschaft und Verwandtschaft dieser Herzöge mit dem Markgrafen Friedrich von Meißen, Landgrafen von Thüringen. Schon 1306 sendete Herzog Heinrich von Braunschweig, der Gemahl der Schwester des Landgrafen Friedrich und Vater des oben genannten Heinrich des Jüngern, seinem Schwager die erbetene Hülfe (Proviant 2c.) zur Behauptung der Wartburg gegen die Königlichen, unter denen sich auch die Nordhäuser befanden (s. oben).

Im Jahre 1321 soll der Langraf Friedrich mit Hülfe der Erfurter, Mühlhäuser und Nordhäuser das Schloß Raspenberg (Rasseburg) an der Lossa zerstört haben. — — Mit dem Grafen Heinrich von Blankenburg söhnte Nordhausen 1322 sich aus, nach den Worten des Lib. privill. 1322: „Item sigillavimus domino Hc. de Blankenborg literam compositionis inter ipsum et nos.“ — — Friedrich (mit der gebissenen Wange, auch der Freudige genannt) Landgraf von Thüringen und Markgraf von Meißen war 1321 in Schwermuth versunken, endlich an allen Gliedern gelähmt und unfähig zu regieren, weshalb seine Gemahlin Elisabeth (von Arnshaug), die von ihm entführte schöne und kluge Tochter seiner letzten Stiefmutter sich der Regierung bis zu seinem Tode (1324) annahm. Sie stellte daher auch in ihrem, ihres Gemahls und ihres Sohnes Friedrich (des Ernsthaften) Namen am 12. Juni 1322 eine Anweisung und Quittung aus über 100 Mark (abschläglich auf 200) und am 27. Mai 1323 eine Quittung über 200 Mark Silber, als letzte Zahlung von 800 Mark, welche der Rath der Stadt Nordhausen an sie zu zahlen hatte. *) Diese Zahlung bezieht sich ohne Zweifel auf die rückständigen

---

vna cum singulis ac vniuersis militibus et famulis tunc temporis ante prenominatam ciuitatem dampna recipientibus ipsorum promotionem tanquam nostrorum fidelium attemptare, Ita sane quod domini de warmestorph eorum stipendiarios vinculis suis detentos eisdem restituant, Extunc eisdem suos detentos parati fuerint presentare. Insuper si iidem domini de warmestorph in restitutione captivorum seu dictorum stipendiariorum fuerint remissi, extunc debet eadem pacis reformacio inter nos ex parte una et ciues Northu. ex parte altera inviolabiliter obseruari. In cuius rei euidenciam ac omnium premissorum pro testimonio presentem literam nostri Sigilli munimine duximus roborandam: Datum anno Domini M°CCC°XX°. II° Nonas Septembris.

*) Die interessanten Urkunden lauten, die erste nach dem Original, die andere nach dem städtischen Kopialbuche: Elizabeth dei gra. Thur. Lantgr. Mysn. et Orient. marchionissa. dominaq. terre Plisnen. viris prudentibus Magistris Consulum . . Consulibus. et vniuersis Ciuibus in Northusen. affectum sincerum bone semper voluntatis. Prudentiam vestram requirendam et petendam duximus sincere et obnixe, Quatenus fideli nostro Marechalco Petro dicto Porsck vel eius nuncio, quem vobis destinandum duxerit, Centum marcas argenti puri de hiis Ducentis Marcis argenti, quas in festo beate Walpurgis proxime preterito domino et Conthorali nostro Fred. Thur. Lantg., nostro filio dilecto Fred. et nobis horum nomine dare debebatis, presentare et tribuere visis presentibus studeatis. De quibus Centum Marcis argenti puri eidem Petro vel eius nuncio, ut premittitur, datis et solutis, vos hiis literis nostris patentibus nostro sigillo signatis, fideliter dici-

Einkünfte in Nordhausen, welche der Rath daselbst nach dem Tode des alten Landgrafen Albrecht (1314) in den Jahren 1314 bis 1322 erhoben hatte, nämlich nach einer gleichzeitigen Aufzeichnung (in dem Liber privilegiorum :c.) im Jahre 1314 von der Münze 66 Mark, vom Zoll 40 Mark, vom Schultheißenamte (dem Civilgerichte) 21 Mark und $1^1/_2$ Vierdung (fertones), — 1315 Münze 41 Mk., Zoll 32 Mk., Schultheißenamt 6 Mk. $^1/_2$ V., — 1316 Münze $33^1/_2$ Mk., Zoll 30 Mk., Schultheißenamt $10^1/_2$ Mk., — 1317 Münze 29 Mk. 1 V., Zoll 30 Mk. Schultheißenamt 12 M. 1 V., — 1318 Münze $32^1/_2$ Mk., Zoll 30 Mk., Schultheißenamt 11 Mk. weniger 1 V., — 1319 vom großen Zoll 35 Mk., klein. Zoll 28 Mk., Schultheißenamt 11 Mk. 7 Loth, — 1320 Münze 30 Mk. weniger 3 V., Schultheißenamt 9 Mk., Zoll 28 Mk., — 1321 Münze 30 Mk. weniger 3 V., Schultheißenamt 9 M., Zoll 28 Mk., — 1322 groß. Zoll 40 Mk., klein. Zoll 28 Mk., Schultheißenamt 15 Mk. 7 Loth. — Das waren die königlichen Rechte und gewöhnlichen Einkünfte in Nordhausen, welche die Ottonen dem von der Königin gegründeten Nonnenstifte überließen, nach Auflösung dieses Stiftes Kaiser Friedrich II. dem Reiche vorbehielt, mit welchem kurz vorher die Könige Philipp und Otto den Landgrafen Hermann von Thüringen beliehen hatten, welche wahrscheinlich (wie wohl früher einige Zeit auch Heinrich der Löwe) Heinrich der Erlauchte übte und nach ihm der Landgraf Albrecht und seine Nachfolger. Diese königlichen (kaiserlichen) Lehen kamen dann nebst dem Vogteiamte (Criminalgericht), das zuerst, wie es scheint, die Grafen von Klettenberg, nach deren Abgang, als Erben derselben, die Grafen von Honstein längere Zeit gehabt hatten, an die Herzöge und Kurfürsten von Sachsen, bis zu Ende des 17. Jahrhunderts Brandenburg (Preußen) sie kaufte und zuletzt (1715) die Stadt selbst sie an sich brachte. Zu allen Zeiten waren diese Rechte von der höchsten Wichtigkeit. Nachdem die Nordhäuser es versäumt hatten, sich darin, wie die Mühlhäuser von

---

mus et dimittimus absolutos. Dat. wartberch. Anno domini Millesimo Trecentesimo vicesimo secundo. Pridie Idus Junii.

Nos Ely. dei gracia Thuringie Lang. Mien. et ori. Marchionissa dominaque Terre plis. et Nos frid. eadem gracia junior terre thur. Lang. recognoscimus presencium tenore literarum Quod viri prudentes Heyno dictus Junge et wernherus dictus walpurgis magistri Consulum et .. Consules civitatis Northu. ducentas marcas argenti puri vltimas quas de octingentis marcis in festo beate walpurgis transacto proximum nobis dare debebant, dederunt quinquaginta marcas argenti puri nomine nostro Conrado plebano in Sunneborn notario nostro dilecto et quietauerit apud judeos .. arnsteten . videlicet Meyer et copelin, centum marcas argenti puri et apud Henr. de Rynstete et apud Joh. dictum vnsoten ciues Erforden., quinquaginta marcas argenti puri quas ipsis assignauimus vtiliter et benevole presentarunt, Quare dictos ciues Northu. de dictis ducentis marcis et Sexcentis marcis quas census nomine nobis dare debebant, solutos, liberos atque quietos dicimus et dimittimus libere per presentes, Dantes ipsis presentes literas In testimonium et robur firmum et euidens premissorum omnium Sigillo uno quo in presenti ambo vtimur fideliter communitas. actum et datum wartperg anno domini M°CCC°XXIII°. quarta feria post festum Penthecostes.

dem geldbedürftigen Ludwig dem Baier größere Selbständigkeit zu erkaufen, lag hier der Zunder zu immer neuen Kämpfen, indem die jedesmaligen Inhaber jener hohen Rechte, wozu noch das Schutzrecht gekommen war, dieselben auszubeuten und zu erweitern suchten, der Stadtrath aber jede Gelegenheit benutzte, sie so viel als möglich zu beschränken. — Auch zu den Streitigkeiten mit den Grafen von Honstein im 14. Jahrhundert trug deren Besitz des Vogteiamts zu Nordhausen wohl das meiste bei.

Zu dem Jahre 1324 (welches bereits oben Kap. 3 als ein Jahr großer Unruhen für Nordhausen bezeichnet ist) bemerken wir noch eine Aussöhnung (also auch einen vorhergegangenen Streit) mit dem Grafen Heinrich von Beichlingen, darauf eine solche mit dem Grafen Heinrich dem Jüngern von Honstein, nach folgenden Aufzeichnungen in dem Liber privil. 1324: Dedimus unam litteram patentem super compositionem domino Hc. com. de Bichelingen. — Item dedimus patentem litteram super compositionem domino Hc. Juniori de Hoynsten.

Auch der neue Landgraf, Friedrich der Ernsthafte, welcher bis 1329 unter Vormundschaft stand, brachte der Stadt Nordhausen manche Bedrängniß. König Ludwig der Baier hatte seine Tochter Mechtild 1323 dem jungen Landgrafen verlobt. (Die Vermählung fand erst 1329 statt, da Friedrich 1323 noch nicht 14 Jahr alt war. — Die diesem früher bestimmte und am Hofe seines Vaters erzogene böhmische Prinzessin Jutta wurde dem Vater zurückgeschickt, welcher deshalb des Landgrafen Feind wurde. Diese Feindschaft wurde erst 1332 beigelegt.) Bei jener Verlobung, am 7. Mai 1323 zu Nürnberg, erklärte König Ludwig, daß er seinem Eidam Friedrich dem Landgrafen von Thüringen und Markgrafen von Meißen zum Brautschatz und zur Heimsteuer seiner Tochter Mechtild, dessen „Wirthin" (Gemahlin), gegeben habe 1000 Mark Silber, und daß er ihm darum versetzt und eingeantwortet habe Mühlhausen und Nordhausen, seine und des Reiches Städte, wie er das wohl thun möge nach Recht und Gewohnheit der römischen Könige. — Doch in der Zeit zwischen der Verlobung und der wirklichen Vermählung seiner Tochter glaubte König Ludwig noch anderweitig über Nordhausen verfügen zu können. Nachdem er kurz vorher (am 9. Aug. 1323) bekannt hatte, von den Bürgern von Nordhausen wegen seiner Forderungen befriedigt zu sein, verpfändete er am 21. Aug. 1323 zu Arnstadt den Grafen Heinrich von Schwarzburg, Heinrich von Honstein, Burchard von Mansfeld und Konrad von Wernigerode für die Hälfte der von denselben geliehenen 1000 Mark Silber das Schultheißenamt, den Zoll und andre Rechte des Reiches in Nordhausen mit Ausnahme der Juden. (Eine andre Urkunde des Königs Ludwig vom 28. Aug. 1323 zu Arnstadt über diese Verpfändung von Schultheißenamt, Münze und Zoll in Nordhausen steht in meiner Urkundl. Gesch. von Nordhs., Nachtr. 58. Vgl. oben Buch 1, Kap. 5.). Indessen bestanden entweder beide Verpfändungen neben einander, oder die erste war nur kurze Zeit aufgehoben; denn in einer Urkunde vom 17. Oct. 1327 (nach einem Transsumt von 1486 im Archiv zu Magdeburg) befiehlt der König den Städten Mühlhausen und Nordhausen, dem Markgrafen Friedrich zu huldigen.

Die jetzt in Nordhausen ausbrechenden Unruhen (1324—26) und der daraus durch das Aufgebot des Erzbischofs hervorgehende Angriff auf die Stadt sind oben (Kap. 3) besprochen, ebenso die 1324 erfolgte Aussöhnung mit den Grafen von Beichlingen und von Honstein, welche doch schon 1329 wieder unter den Feinden der Stadt erscheinen. — Ueber jene Aussöhnung des Grafen von Beichlingen trage ich hier einen kurzen Auszug aus der von demselben ausgestellten Originalurkunde nach. Am 8. Mai 1324 schlossen die Grafen Heinrich und dessen Sohn Friedrich von Beichlingen mit den Rathsmeistern, dem Rathe und der Gemeine der Stadt Nordhausen eine rechte Sühne und Berichtung „um allerlei Krieg, um allerlei Wernisse und um alle Sache", die bisher unter ihnen fortwährend (werendes) gewesen ist. Graf Heinrich oder sein Sohn oder sein Marschalk oder sein Vogt wollen mit 20 Mann auf Rossen um der Stadt willen „reiten im Lande zu Thüringen, wenn die Nordhäuser sie 14 Tage vorher auffordern, auf deren Kosten, aber mit eigenem Schaden, zwischen hier und dem nächsten Michaelstage. Zeugen waren die Ritter Johann Cammerer, Heinrich und Dietrich Götze (gezco). Der Sühnebrief ist gegeben „an deme nesten Dinstage des h. S. Johannes t. vor der pforte" (d. i. am 8. Mai) 1324. — Mit den Grafen von Reinstein schlossen die Nordhäuser 1327 einen Waffenstillstand nach der Aufzeichnung im Liber privil. rc. zu diesem Jahre: Item vnam recognitionem Comitibus de Reynstein super treugam durantibus infra hinc rc.

Die oben Kap. 3 mitgetheilte Erzählung Spangenberg's von den bedeutenden Ereignissen des Jahres 1329, daß nämlich der Landgraf Friedrich von Thüringen, weil die Nordhäuser sich geweigert, ihm die vom Kaiser Ludwig auf sie angewiesene Mitgift zu zahlen, Nordhausen belagert und das Altendorf abgebrannt habe, daß darauf, nachdem er abgezogen, die vor Nordhausen zurückgebliebenen Kriegsleute des Herzogs von Braunschweig die Stadt am Freitage vor Palmen erstürmt hätten, aber wieder hinausgetrieben wären u. s. w., diese Erzählung ist sehr zweifelhaft und gewiß wesentlich unrichtig, namentlich die Bezeichnung der damals angreifenden Feinde: ein wirklicher Angriff auf Nordhausen geschah am 14. April 1329, aber die Vermählung des Landgrafen mit seiner Verlobten, der Tochter des Königs Ludwig, fand erst am 1. Juli 1329 statt. Ein gleichzeitiger kurzer Bericht, den man einen amtlichen nennen könnte, von jenem Angriff gedenkt des Landgrafen und der Braunschweiger gar nicht. Spangenberg's (und Andrer) Erzählung scheint eine Verwechselung und Vermischung des Vorfalls von 1329 mit der Eroberung der Stadt im Jahre 1198 durch Braunschweiger (König Otto IV.) und den Landgrafen von Thüringen (Hermann I.) zu enthalten, auch wohl, in Beziehung auf den „Frankenborn", in welchen die erschlagenen Feinde gestürzt wurden, eine Verwechselung mit einem Ereigniß zur Zeit des Kampfes der Thüringer und Sachsen gegen den König Heinrich IV. (darauf auch gegen dessen Sohn Heinrich V.). Jener gleichzeitige lateinische Bericht in dem Liber privil. zum Jahre 1329, welchen ich nach dem Originale in meinen kl. Schriften S. 12 gegeben habe, lautet auf deutsch: Im Jahre 1329 am Tage der Heiligen Tiburtius und Valerianus [14. April], damals am Freitage vor dem Palmentage, unter den vorher genannten Rathleuten, wurde diese Stadt Nordhausen verrathen auf folgende Weise. Einige von der Bürgerschaft Vertriebene, an der Zahl etwa sechzig zu Fuß*), mit Hülfe vieler Ritter und Edlen in der Nachbarschaft, nämlich des Herrn [des Grafen] von Honstein genannt von Sondershausen, des Herrn von Stolberg und der Herrn von Beichlingen, welche mit einem großen gesammelten Heere, die Stadt zu erobern, durch das Altenthor feindlich eindrangen, tödtend Helwig von Harzungen, den damaligen Rathsmeister nebst drei Andern**), deren Seelen für ihren unschuldigen Tod in Christo ruhen mögen. Die Bürger aber versammelten sich, widerstanden mannhaft den genannten Angriffen, hofften auf Gott, von dem jeder Sieg kommt, und trieben die Genannten zurück, sowohl die Reiter als die zu Fuß [den Adel und die Gemeinen], und fingen einige von ihnen, an Zahl etwa vierzehn, welche sie jämmerlich zu Tode brachten und räderten. — Hier finden wir also als die Feinde, welche Nordhausen zu überrumpeln suchten, die in und nach den innern Unruhen (1326) verbannten nordhäusischen Bürger und die benachbarten Grafen als deren Helfer. Die alte Steininschrift von 1360 am Rathhause, deren oben (Buch 1, Kap. 1) gedacht und die ebenfalls in den N. Schriften S. 144 f. mitgetheilt ist, sagt bloß aus, daß die Feinde am 14. April 1329 in die Thore der Stadt eingedrungen waren, daß aber Nordhausen siegte und die Helfer geschlagen wurden. — In jenen authentischen Nachrichten, in der Steinschrift von 1360 und jener Aufzeichnung von 1329, wird das Abtreiben der eingedrungenen Feinde durch heiße Maische, welche, wie Neuere berichten, die Frauen denselben aus den Häusern und von den Dächern herab auf die Köpfe gossen, nicht erwähnt, auch nicht, daß die Erschlagenen in den Frankenborn gestürzt wurden (nach Spangenberg 332. 4 und Kindervater, Feuer- und Ungl. Chron. 50 f.); doch gedenkt jenes Umstandes ein späterer Chronist (Mencken SS. rer. Sax. III, 1359) also: „Anno 1329 den 14. Aprilis ist ein Herzog zu Braunschweig und Lüneburg in Nordhausen gefallen, bei Nacht, aber durch die Bürger mit siedender Mösche, als man dazumal sehr gebrauet, begossen und zurückgetrieben, und mit den Erschlagenen der Brunnen gefüllet." — Auch hier finden wir die Verwechselung mit der Erstürmung von Nordhausen 1198 oder einem andern Vorfalle.

Ein dauerndes Andenken der damaligen Rettung der Stadt, die große jährliche Spende am Freitage vor Palmarum, auch feierliche Seelmessen und Jahrbegängnisse stiftete die Frömmigkeit der Väter bald nach dem Ereigniß. Die beste Nachweisung über die Spende und die jährliche große Procession rings um die Stadt geben die Statuten von Nordhausen aus dem

---

*) pedites d. h. wol „gemeine" verbannte Bürger, im Gegensatze der equites, des Adels. — Die damals in Nordhausen herrschenden „Geschlechte" erfochten also, wie es scheint, diesen Sieg über die unterlegene Partei der gemeinen Bürger und deren Helfer.

**) Bertold von Tütcherode und Werner von Lutterode nennt als solche ein Spenderegister vom Jahre 1429.

14. Jahrhundert (C, III, 28 und IV, 29 vgl. D, III, 35 und IV, 28), worauf und auf deren von mir gelieferte Abdrücke ich hier verweise. —

Durch fortwährende Schenkungen wurde im Laufe der Zeit die von Rathsmitgliedern unter dem Namen der Spendeherren verwaltete Anstalt sehr reich, wie man auch aus den ansehnlichen Gaben an Geld, Brot und Heringen ersieht, welche den Theilnehmern an der Procession, den Berittenen und denen zu Fuß, namentlich den Welt- und Ordensgeistlichen, den Kirchendienern, Lehrern und Schülern, auch den Rathsherren und städtischen Dienern, wie den Armen, gegeben wurden.

Eine Aufzeichnung aus dem 16. Jahrhundert über das, was an Brot und Heringen vertheilt wurde, giebt an: 1517 theilte man aus Brot von 44 Marktscheffeln (d. i. 528 Nordhäuser Scheffeln) Weizen und 16 Tonnen Hering, und jedes Spendebrot wog 3 Pfund; 1520 gab man 36 Marktscheffel und 10 Tonnen Hering; 1521 wieder 40 M. Weizen und 12 T. Hering, doch blieb viel übrig; 1522 gab man eben so viel her, doch ohne auszureichen, weshalb man statt eines fehlenden Brotes 3 Pfennige gab. Im Jahre 1525 scheint die letzte große Procession um die Stadt nebst der Spendeaustheilung am Freitage vor Palmarum gewesen zu sein. Nachdem in den folgenden Jahren die ganze Feierlichkeit ausgefallen war, trat 1528 die Austheilung doch wieder ein, indem man Brot von 40 Marktscheffeln Weizen und 15 Tonnen Hering gab, wovon 7 Schock Brot übrig blieben. Im Jahre 1541 wog ein Spendebrot nur 1 Pfund. Erst im 18. Jahrhundert ging die Stiftung als eine besondre Anstalt ein, nachdem schon früher die Austheilung am Freitage vor Palmarum aufgehört hatte.

Ueber die Stiftung kirchlicher Jahrbegängnisse und Seelmessen für die am 14. April 1329 Umgekommenen geben Urkunden Nachricht. In einer solchen von Lesser S. 462 sehr ungenau und unvollständig mitgetheilten Urkunde vom Jahre 1331 versprechen die Predigermönche eine tägliche Messe (obligamus ad unam missam cottidie) am Altare der 10,000 Märtyrer in ihrer Kirche für das Seelenheil derjenigen, welche am Freitage vor Palmen bei der Vertheidigung der Stadt und für das allgemeine Wohl unschuldig umgekommen sind. Außerdem wollen sie auch den Jahrestag mit einem Begängnisse feiern, mit einem mitten in der Kirche ausgebreiteten Tuche und vier Wachslichten rc. Darauf bezieht sich eine Urkunde des Rathes von demselben Jahre, worin derselbe den Predigermönchen jährlich 2 Mark Silber nordhäusischen Gewichts zu geben verspricht für jene Seelmessen und das Begängniß der vor zwei Jahren bei dem großen feindlichen Angriffe auf die Stadt als Vertheidiger derselben Gebliebenen. — Im Jahre 1344 zahlte der Rath, jene 2 jährlichen Mark ablaufend, den Dominicanern 38 Mark Silber zur nöthigen Erbauung ihres Chores, und die Mönche wiederholten das Versprechen der Seelmessen und des Begängnisses. Die Urkunde der Mönche über diese Verhandlung steht ungenau bei Lesser 462 f., welcher auch nicht zu verstehen scheint, daß consistorium Rathhaus heißen soll. — Durch alle bisher angeführten Zeugnisse steht der Vorfall vom 14. April 1329, am Tage der Heiligen Tiburtius und Valerianus, und die deshalb gestiftete große Spende am

Freitage vor Palmarum für Nordhausen hinlänglich fest. Weniger sicher ist ein ganz ähnlicher Vorfall in Mühlhausen (am gleichen Tage 1251?) und eine angeblich daselbst deshalb gegründete Spende, welche bis 1523 bestanden haben soll. Man sehe darüber zwei ältere Nachrichten (doch ohne Erwähnung einer Spende am Freitage vor Palmarum) bei **Mencken SS. rer. Sax. II.**, 486; III, 263, ferner **Grasshof, Origg. Mulhus.** p. 158, Tittmann's Geschichte Heinrichs des Erl II, 206. 210, Altenburgs Beschreib. von Mühlhs. S. 158. — Ich vermuthe hier eine Verwechselung der (1251?) versuchten Ueberrumpelung von Mühlhausen mit dem Versuche, Nordhausen zu erobern (1329). Die von Graßhof angeführte Urkunde des Ritters Johann von Bodenstein könnte entscheiden, wenn dieselbe vollständig vorläge. Der kurze Auszug bei Graßhof genügt nicht, denn es kann in der Urkunde die Rede sein von der nordhäusischen Spende. Der Vorfall, welcher zur Gründung der angeblichen Spende in Mühlhausen Veranlassung gegeben haben soll, wird ebenfalls auf den Tag der Heiligen Tiburtius und Valerianus (14. April), Freitag vor Palmarum, gesetzt, der 14. April fiel aber im 13. und 14. Jahrhundert nur 1223, 1234, 1318 und 1329 auf den Freitag vor Palm. (1251 Freitag nach Palm.); also paßt der Tag nicht für Mühlhausen.

Nach dem Ueberfalle vom 14. April 1329 erfolgte noch im Sommer dieses Jahres, am 22. Aug. 1329, die Aussöhnung der Nordhäuser mit dem dabei betheiligten Grafen Heinrich von Stolberg und dessen Söhnen Heinrich und Otto durch Vermittelung des magdeburgischen Dompropstes Heinrich, des Bruders und des würzburgischen Domherren Heinrich, des Sohnes jenes Grafen, wobei auch der Propst vom Kloster Neuwerk zu Nordhausen, Gottschalk, ferner der Ritter Friedrich von Wolferode und Gottschalk Sachse von Honstein thätig waren, laut eines am Dienstage vor Bartholomäi gegebenen Sühnebriefes (abgedruckt in meinen kleinen Schriften S. 170). In dieser gräflichen Urkunde heißt es auch: Was uns von Günther von Salza geschehen ist, davon sollen sie (die Nordhäuser) uns antworten, und die, welche wir beschuldigen, unter freiem Geleite zu Recht stellen; auch sollen folgende von Nordhausen Entwichene „Kune von Geschwende, Thiezel von Wechsungen, Bertram und Herbort, die Söhne von Bertram Schmied und Konrad von Harzfeld nicht kommen in das Gebiet (**gerichte**) der Grafen von Honstein unsrer (des Grafen Heinrichs von Stolberg) Neffen, welches zu Klettenberg gehört und geht vom Meerettichsbache bis zum Reinbotenstein. Wenn einem derselben darin von den nordhäusischen Bürgern oder deren Dienern etwas Uebles (**woderwille**) widerführe, so soll das von den Grafen von Stolberg nicht als ein Bruch angesehen werden.

Der Handel mit Friedrich dem Ernsthaften, Markgrafen von Meißen und Landgrafen von Thüringen, wurde erst 1333 und 1334 beigelegt. Nachdem Kaiser Ludwig am 1. Juli 1329 zu Pavia den Rath und die Bürger von Nordhausen ermahnt hatte, sich der Verpfändung an jenen Fürsten wegen der Heimsteuer seiner Tochter Mechtild zu unterwerfen und demselben als Pfandherren zu huldigen, nachdem er darauf am 4. Juli diese Pfandschaft dem Markgrafen nochmals bestätigt hatte, genehmigte er am 26. März 1333 zu Passau den Vertrag, den sein

Eidam mit den Bürgern von Nordhausen über die 3000 Mark Silber geschlossen, die er zur Heimsteuer seiner Tochter auf diese Stadt „verschafft" habe, und spricht die Bürger von Nordhausen von allen Forderungen des Reiches frei bis auf Walpurgis über 11 Jahr. — Daß die Nordhäuser nun zahlten, beweisen mehrere Urkunden. — Am Sonnabend vor Oculi (6. März) 1333 zu Dresden bekennt der Markgraf und Landgraf Friedrich, daß er sich mit der Stadt Nordhausen wegen des Brautschatzes geeinigt habe, so daß sie ihm 3000 Mark Silber geben sollen, worauf sie schon 600 Mark gezahlt, so wie sie auch der 400 Mark, welche sie zu Walpurgis zahlen sollten, sich entledigt haben. Die übrigen 2000 Mark sollen sie in 10 Jahren zahlen, jährlich zu Walpurgis 200. Er kann darauf Anweisung geben, wem er will. Stirbt er in dieser Zeit, so sollen seine Erben den Rest bekommen. Er will auch die Stadt während dieser Zeit in seine Vertheidigung und seinen Landfrieden nehmen, wie seine andern Städte, und bei dem Kaiser auswirken, daß er Nordhausen auf diese 11 Jahr von allen Ansprüchen und Anweisungen des Reiches befreie*). — Am 3. Jul. 1333 quittirt Friedrich von Wangenheim über 100 Mark Silber, welche Nordhausen dem Markgrafen zu Walpurgis v. J. auf 2 Jahr schuldig war. — Am S. Nicolaiabend 1333 zu Eisenach weis't der Markgraf und Landgraf Friedrich den Rath der Stadt Nordhausen an, 500 Mark, die er ihm schuldig ist, dem Ritter Goltacker und dessen Brudersöhnen zu zahlen, womit er das Haus zu Balnhausen eingelös't hat: nämlich 200 Mark zu Walpurgis über 2 Jahr, 200 Mark im folgenden und 100 Mark im dritten Jahre. — Am 19. Apr. 1334 zu Gotha quittirt der Markgraf wieder über 200 Mark weniger 12, und am 6. Sept. 1334 zu Eisenach weis't er seinem Hofmeister Gosko Schindekopf 300 Mark auf Nordhausen an und quittirt nach der Zahlung, eben so am 15. November 1334, über 600 Mark.

Mit einigen Grafen von Honstein, die sich im Jahre 1329 feindlich bewiesen hatten, scheint bald und auf einige Zeit wieder ein günstigeres Verhältniß eingetreten zu sein. Am Agnestage (21. Jan.) 1331 nahmen Heinrich und sein Sohn Heinrich und Dietrich (d. Ae.) Grafen von Honstein die Stadt auf 2 Jahr in Schutz und gelobten treuliche Hülfe gegen alle Feinde, ausgenommen gegen das Reich, gegen den Landgrafen von Thüringen und gegen den Grafen Heinrich d. J. von Honstein, ihren Vetter. — Am Mittwoch nach dem Jacobstage (26. Juli) 1335 gaben der Graf Heinrich und sein Sohn Heinrich der Stadt Nordhausen wieder einen Schutz- und Vertheidigungsbrief auf 1 Jahr, ebenso am Jacobsabende (24. Juli) 1337 Graf Dietrich auf 1 Jahr. — Am Mittwoch nach dem Veitstage (19. Juni) 1336 bezeugt Graf Heinrich d. J. von Honstein, Herr zu Sondershausen, daß er in die Sühne, welche er mit den Bürgern von Nordhausen geschlossen, genommen habe Hermann von Hunoldsdorf, Heinrich und Hartmann von Wechsungen und etwa 30 andre namentlich bezeichnete Männer

*) Das that der Kaiser auch, wie wir oben gesehen haben, in der Bestätigung dieses Vertrags, dennoch blieben neue Anforderungen des Kaisers nicht aus.

nebst der Frau Kindelin's. Diese sollten nicht über einen bestimmten Kreis um die Stadt Nordhausen kommen und die Nordhäuser nicht beschädigen. Dieselben waren also Feinde von Nordhausen gewesen und wahrscheinlich verbannte Bürger, welche bei dem Grafen Schutz gefunden hatten. — Am 19. Sept. 1338 erklären die Grafen Heinrich der Aeltere und Dietrich von Honstein, Vettern, daß sie die von Nordhausen aus der Acht lassen, in welche sie wegen ihres Ungehorsams gegen Kaiser Ludwig und das Reich gefallen waren*).

Auch bei der Eroberung und Zerstörung der (Raub=) Burg Heinrichsberg auf dem Harze halfen die Nordhäuser den Grafen von Honstein. Dieser Zug fand statt im Jahre 1344, nicht 1330. Durch folgende Urkunde (einen Schadloßbrief) versprachen die Grafen die Stadt Nordhausen wegen aller Ansprüche deshalb zu vertheidigen: „Wir Henr., Doth., Bernh. vnd Vlman von gotes gnaden grauen zcu Honsteyn bekennen an disme briue, Daß wi gelobt han der stat zcu Northu., daß wi vns met den Von Morungen nach met Nayvle nicht Sune nach vrede wollen, wi en nemen di Stadt darin. Wolde auch do selben stat von des huses wegen zcu dem Henrichsberge yemant vordenke oder ane spreche, des sullen wi di stat ouch vorteydinge, Vnd sullen met den weder sune nach vrede nummer gehalte, wi enhan di stat ouch dar in genomen. Des zcu gezcugnisse ha wi vnse Ingesegel an dissen brief gehangen. Nach gotes gebort dritzenhundert Jar In dem Vier Vnde Virzcigesten Jare an dem Vrietage Nach sente andreastage des Heyligen zcwelfboten."

Ungeachtet der oben mitgetheilten freundlichen Verhandlungen und Verträge bestanden doch um jene Zeit oft sehr gespannte oder feindliche Verhältnisse mit den Grafen von Honstein oder mit einzelnen derselben, namentlich wegen der Rechte, welche sie in der Stadt Nordhausen übten oder beanspruchten. Zeugniß davon geben das Erkenntniß des Reichsgerichts vom 3. Juni 1342 (abgedruckt in der Urkundl. Gesch. von Nordhs., Urk. Nr. 34, S. 34) — wodurch diese Verhältnisse einige Aufklärung gewinnen —, ferner die Urkunde des Kaisers Ludwig zu Würzburg 8 Tage nach Pfingsten (8. Juni 1343? — abgedruckt in v. Ledebur, Allg. Archiv f. d. Gesch. des preuß. Staates X, 368. vgl. Urk. Gesch. von N., Nachtr. S. 37). — Um diese Zeit

*) Wi Heinrich der Eldere vnde Ditherich geuettern von der gnade gotis Greuin zu Honsteyn bikennen offenlichen an desener keinwerdigen briue. Das vns vnse libe Herre. Herre Ir Lodewig der keyser des Romischen Riches das enpotin hat vnde geheizsen. Das wi di von Northu. ab wi su vmme den vngehorsam den su kein das Riche getan haben in dicheine achte getan hatten. Das wir sy dar vzlazsen derch vnses vorgenantin Herren gebot, das gebe wi den selbigen borgern von Northu. zu eine vrkunde deser Dinge dosen brif biuestint met vnser beider Ingesegele. Dose brif ist gegebin na gotis gebort Tusint Jar Drihundirt Jar in dem Acht unt Trissigistem Jare an dem Sunabende vor sentti Matheus tage des heiligen appesteln." — Das an der Originalurkunde hangende Siegel des Grafen Heinrich d. Ae. von H. zeigt statt des gewöhnlichen honsteinischen Schachbrettes ein Bild der Jungfrau Maria, in der rechten einen Palmenzweig, auf dem Schoße stehend das Christkind, das mit der Rechten auf die Krone deutet, welche über dem Haupte des vor Maria knieenden Ritters schwebt.

verloren die Grafen von Honstein das Reichsschultheißenamt in Nordhausen, welches sie einige Zeit inne gehabt hatten (indem sie die schon früher und seit dem Aussterben der Grafen von Klettenberg (?) besessene Reichsvogtei noch behielten). Tittmann (Gesch. Heinr. des Erlauchten I, 72) sagt: „Im Jahre 1342, nachdem der Graf von Honstein, der es (das Schultheißenamt) pfandweise besessen hatte, seiner Rechte verlustig erklärt worden war, verlieh es der Kaiser Ludwig IV. an den Markgrafen Friedrich von Meißen, der es aber doch von Graf Dietrich von Honstein einlös'te, nach Originalurk. 16. Dec. 1342 und 6. Juli 1351." — — Am Freitage vor dem Sonntage Lätare (12. März) 1344 schlossen nach einer Urkunde des Stadtarchivs die Grafen Heinrich, Dietrich, Bernhard und Ulrich von Honstein, Vettern, einen Vergleich und eine Einigung mit der Stadt Nordhausen, indem sie ihren Ansprüchen an dieselbe entsagten und die Stadt und alle Bürger in ihren Schutz und ihre Vertheidigung nahmen, auf so lange bis sie den Nordhäusern die Summe von 5744 Mark löthigen Goldes gezahlt hätten. Eine so große Summe hatten also die Nordhäuser ihnen (pfandweise) zahlen müssen.

Von vorhergegangenen feindlichen Verhältnissen zeugen zwei Sühnebriefe 1) des Grafen Walther von Wernigerode vom Dionysiustage (9. Oct.) 1343 und 2) des „Knechts" (Knappen) Otto von Ruiteberg vom Dienstage nach Corp. Christi (3. Juni).

Im Jahre 1346 wurde durch ein thüringisches Aufgebot das Schloß Erichsburg oder Ersburg auf dem Harze (bei Güntibersberge) erobert, doch bleibt es ungewiß, ob mit den Erfurtern und Mühlhäusern auch die Nordhäuser an diesem Zuge Theil nahmen. Der gefangene Besitzer des Schlosses Graf Hermann von Stolberg und Heinrich von Werther wurden enthauptet, die neunzehn andern gefangenen Wegelagerer oder Landfriedenbrecher an den Bäumen um das Schloß aufgehängt und die Burg gebrochen. In einer Urkunde des Grafen Heinrich von Stolberg vom „Peterstage als er von den Banden erlös't ward" (1. Aug.) 1346 — in welcher der Graf gelobt, die Erichsburg nicht wieder aufzubauen, und deren Zerstörung so wie die vor dem Schlosse Getödteten und allen erlittenen Schaden nicht zu rächen an den Grafen Heinrich zu Honstein Herrn zu Sondershausen und dessen Vetter Dietrich von Honstein, Hans von Schwarzburg zu Arnstadt, den Herren Hermann zu Kranichborn und Konrad zu Tannerode, den Bürgern von Erfurt und von Mühlhausen und deren Dienern und Helfern — sind die Nordhäuser als Theilnehmer an dem Zuge nicht genannt. — — Dagegen wird in Geschichtsbüchern berichtet, daß die Nordhäuser mit den Erfurtern und Mühlhäusern nach der Aufforderung des Grafen Heinrich von Honstein als Vogts des Königs Karl IV. und in dessen Auftrage im Jahre 1354 gegen die Raubburg Elsterberg 13 Meilen von Erfurt auszogen. Die Burg wurde eingenommen und zerstört und 12 Räuber (Landfriedenbrecher) wurden hingerichtet.

Im Jahre 1347, während einer Fehde zwischen dem Bischofe von Halberstadt und den Grafen von Reinstein und Mansfeld, worin der Bischof von Hildesheim des Bischofs von Halberstadt sich annahm, hatten die Reinsteiner und Mansfelder Unterstützung in Nordhausen gefunden, und die Bischöfe waren deshalb feindlich im Walde und auf den Straßen gegen die

Nordhäuser verfahren. Die Nordhäuser beschwerten sich nun bei dem neuen Könige Karl IV., daß sie, die des Waldes für die Wagner- und Böttcherarbeiten und sonst nicht entbehren könnten, bei dessen Benutzung gewaltsam behandelt, verstümmelt, auch Bürger auf den Straßen niedergeworfen und aufgehalten würden zu ihrem großen Schaden; ferner führten sie an zu ihrer Entschuldigung wegen ihrer Theilnahme an der Fehde gegen die Bischöfe, daß sie ihren jungen Bürgerssöhnen und fremden Handwerksgesellen, wenn diese im Kriege dienen wollten, nicht wehren könnten 2c. Als darauf der König den Bischof von Hildesheim ermahnte, die Reichsstadt Nordhausen nicht zu bedrängen, erwiederte dieser in einem kurzen von Spangenberg (Mansf. Chron. 335. b.) aufgefundenen Schreiben (nach der Anrede Serenissimo principi ac domino domino Karolo Regi Romanorum etc. S. Obsequiosa salutatione premissa): „Leber herre Karl römischer könig vnd könig tho Beheym, Also gy mek gescreuen hebben vmme de borgere von Northusen, des bidde ek gu tho wetende, dat myn broder de bischop von Halberstat sek vele beklaget heft, dat de borgere von Northusen synen vnd mynen vianden deme von Mansfelde vnd deme von Reyhenstene behülplich weren met spise vnd met lüden, des he dreylIken groten schaden hebde, dar öme nie vmme wedder varen enkonde, des öme not ys; darvmme sy he öre viand: vnde wes viand vorbenömbde broder ys, des viand bin ek also lange, wente öme wedderfahren mak, des öme not ys: wanne ok de von Northusen sek met mynem vorbenömbden broder berichtet, so wolde ek öne nöde niht don nok tholeren. Henricus episcopus Hildens."

Unter den Bündnissen, durch welche Nordhausen im 14. Jahrhundert sich gegen seine Feinde zu sichern suchte, ist eins der bedeutendsten das Bündniß auf 5 Jahr von Martini 1351 an mit dem Landgrafen Friedrich dem Strengen, geschlossen am Sonntage Judica (3. Apr.) 1351. Den Vertrag mit diesem theilt Lesser S. 466–68 sehr ungenau mit. Friedrich Landgraf zu Thüringen, Markgraf zu Meißen, im Osterlande und zu Landsberg, Graf zu Orlamünde und Herr des Landes Pleißen bekennt, daß er den Bürgern von Nordhausen helfen will gegen ihre Feinde, mit Ausnahme des Reiches, des Stifts und des Bischofs von Mainz, mit 20 Mann mit Helmen und mit 10 Schützen. Schiedsrichter in Streitigkeiten der Stadt oder gegen dieselbe sollen sein von Seiten des Landgrafen Jan von Lengefeld und Ritter Konrad Wurm von Seiten der Stadt die Bürger von Nordhausen Hermann von Torstadt und Dietrich von Ellrich. Die Bürger von Nordhausen sollen bei ihren verbrieften Rechten und Freiheiten bleiben. Der Landgraf will die Bürger auf den Straßen nicht hindern und sie schützen. Wenn sie einander zu Hülfe auffordern, so sollen die Aufgeforderten binnen 14 Tagen kommen. Den Leuten des Aufgeforderten soll dann gegeben werden Brot, Bier, Küchenspeise, Futter und Hufschlag, und nicht Pfandlosung. Erlittenen Schaden soll jeder Theil selbst tragen; Gewinn aber soll man theilen nach der Mannzahl der Theilnehmer vom Zuge. Nimmt der Landgraf selbst oder einer seiner Herren oder sein Hauptmann Theil am Streite, so erhält den besten Gefangenen der Landgraf, den folgenden die von Erfurt, darauf die von Mühlhausen und die von Nordhausen; die übrige Theilung geht wieder nach der Mannzahl. Eroberte Festen, die den

Landgrafen zu Lehn gehn, bleiben demselben; andre werden gebrochen, wenn man nicht anders darüber beschließt. Streitigkeiten der Theilnehmer an der Einung unter sich werden durch vier Schiedsrichter entschieden. Wollen noch Andere in die Einung treten, so soll das mit Beistimmung der Theilnehmer geschehn. Suchen die Bürger ein Recht an einem Landgräflichen, so soll der Landgraf ihnen in einem Monat zum Rechte helfen. Sind die vier Schiedsrichter nöthig, so sollen sie einreiten zu Weißensee oder zu Gotha, und in acht Tagen Recht oder „Minne“ (gütlichen Vergleich) sprechen. Geht einer der vier Schiedsrichter ab, so wählt der betreffende Theil einen andern, sendet auch einen andern, wenn einer behindert ist zu kommen *rc.*

Im Jahre 1359 nahmen die Nordhäuser zu ihrem Schaden Theil an der Zerstörung von Kindelbrück. Dieser Ort war an die Grafen von Beichlingen verpfändet: als nun die Einwohner desselben bei dem Landgrafen von Thüringen als ihrem rechten Herren sich beschwerten, daß Graf Hermann von Beichlingen sie drücke und unrechtmäßig Geld von ihnen verlange, und als sie die Zahlung dem Grafen trotzig verweigerten, zürnte dieser gar sehr und forderte die von Erfurt und Nordhausen, auch die von Mühlhausen, mit welchen Städten er in einem guten Vernehmen (ob in einem Bündnisse?) stand, zur Hülfe. Diese sendeten ihm auch ihre Hauptleute und Diener (Söldner), so daß er stark genug war, Kindelbrück anzugreifen. Die Einwohner („Bauern“) wehrten sich aber und thaten den Angreifenden mit Geschütz an den Pferden großen Schaden, bis diese den Ort in Brand steckten, viele Bauern erschlugen und viele gefangen nahmen. Nun nahm aber der Landgraf sich der Sache an und machte Entschädigungsforderungen an die Städte und an den Grafen. Die Sache wurde, heißt es, so beigelegt, daß die drei Städte eine Summe Geldes zahlen mußten, welche der Graf von Beichlingen für seine Pfandschaft erhielt, und daß Kindelbrück wieder an den Landgrafen kam (Rothe Chro. Thur.; Mencken II, 1802 f.). Die Einwohner von Kindelbrück kamen dabei ohne Zweifel am schlimmsten weg. — — Zu erwähnen ist hier der Sühne- und Schutzvertrag, welchen die Grafen von Honstein, Heinrich, Dietrich, „Ulmann“ (Ulrich) und Heinrich der Jüngere am Montage vor Bartholomäi (19. Aug.) 1359 mit der Stadt Nordhausen, auf 10 Jahre von Michael 1359 an, schlossen, wofür die Stadt den Grafen jährlich 50 löthige Mark Silber zahlen mußte. In diesem Vertrage wird unter andern auch die Verfolgung der Feinde der Stadt im Gebiete der Grafen vergönnt. Als Schiedsrichter, um möglichst Irrungen beizulegen, werden bestellt von den Grafen der Ritter Heinrich von „Aschosterode“ (Aschozerode) und der Landvogt „Sifferd“, von der Stadt die Bürger Dietrich von Ellrich und Heinrich von Gotha.

Diesem sehr ähnlich ist der Vertrag, welchen die Brüder Graf Heinrich und Graf Günther von Schwarzburg, Herren zu Arnstadt und Sondershausen am Mauritiustage (22. Sept.) 1360 auf 3 Jahr von Michael an, doch mit monatlich beiden Theilen freistehender Kündigung, gegen eine Zahlung von 50 Mark löthigen Silbers nordhäusischer „Wisse“ (Währung) nach Ablauf jeden Jahres an die Grafen, mit Nordhausen schlossen. Derselbe ordnet auf eine freundliche Weise und mit Bestellung von vier Schiedsrichtern (Ritter Friedrich und Bertold von Werther Gebrüder von

Seiten der Grafen und Bürger Dietrich von Ellrich und Hartmann Kursenworchte von Seiten der Stadt) die Rechtsverhältnisse und das Verfahren in Klagesachen zwischen den Bürgern von Nordhausen und den Leuten der Grafen. Besonders wichtig erscheinen auch hier die Artikel des Vertrages, durch welche der Stadt die Verfolgung ihrer Feinde im Gebiete der Grafen verstattet wird, indem diese auch versprechen, solche Feinde der Stadt wissentlich nicht zu hegen. — — Der Sühnebrief, welchen der Graf Bernhard von Reinstein Herr zu Heimburg am 2. Febr. 1363 ausstellt, und den auch die Grafen Dietrich von Honstein, Heinrich von Stolberg und Konrad von Wernigerode als Zeugen beglaubigen, bezieht sich nur auf den „von Vatichendorf", welchen die Bürger von Nordhausen getödtet hatten („libelosеten"), und dessen nächste Erben nun gerichtlich auf alle Ansprüche an die Stadt verzichteten.

Im Jahre 1363 soll die Schnabelburg, eine kleine Burg der Grafen von Honstein auf dem sogenannten Schnabel, der vorspringenden östlichen Bergspitze des Konsteins gegen Nordhausen zu, nur eine kleine Stunde von der Stadt entfernt, auf folgende Art von den Nordhäusern zerstört worden sein. Diese Burg bedrohte und beherrschte die von Nordhausen nach dem Harze führende Hauptstraße und wurde auch zuweilen zur Unbill benutzt. Deshalb, so heißt es, kauften sie in diesem Jahre die Nordhäuser dem Grafen (dem Grafen Ulrich) ab. „und während man dem Grafen in der Stadt das Geld zugezählet, sind die Bürger mit ihrer Rüstung hinausgezogen, und haben das Schloß in Grund zerbrochen, daraus ein neuer Unwille zwischen ihnen und den Grafen entstanden." So Spangenberg (Mansf. Chron. 342). Andere etwas anders. Doch die ganze Erzählung von der Schnabelburg scheint verfälscht zu sein. Die Sache hängt ohne Zweifel zusammen mit dem Kaufe eines Theils des Konsteins, welchen 1368 die Stadt von den Herren von Salza erwarb (vgl. kl. Schriften, S. 170 ff.), und auf welchem Theile als auf angeblich honsteinischem Grunde, der aber eigentlich Reichsgrund und Boden war, die wol erst vor kurzem erbaute Schnabelburg stand. Diese Burg wurde schwerlich im Jahre 1363 zerstört, da 1368 der Landgraf Friedrich bei der Aussöhnung der Grafen mit der Stadt die Bedingung stellt, daß dieses „Haus" ihm ungeantwortet, gebrochen und nie wieder gebaut werde. — Auch die Belagerung der Burg Honstein gehört nicht in das Jahr 1364, sondern 1369. S. unten.

Der Herzog Albrecht II. von Braunschweig (Grubenhagen), der auch von seinem gewöhnlichen Aufenthaltsorte Salz der Helden der Herzog zum Salze genannt wurde, hatte seine thüringischen und eichsfeldischen Nachbarn befehdet und auf den Straßen beraubt, und als ihn der Landgraf Friedrich von Thüringen zur Ruhe verweisen ließ und ihm drohte, höhnend geantwortet, er wolle das Seine bewahren und wenn es auch Landgrafen regnete. Nun verband sich der Landgraf mit dem Erzbischofe von Mainz und sammelte eine Streitmacht, wozu auch Erfurt, Mühlhausen und Nordhausen ihre Leute stellten, und fiel 1365 ein in das Gebiet des Herzogs. Vergeblich war freilich die Belagerung von Eimbeck und des Schlosses zu Salz der Helden, wo zum ersten Male in diesem Lande eine „Bleibüchse" (Donnerbüchse, Karenbüchse, eine Kanone) zum Schrecken der Angreifenden gebraucht wurde, doch wurden mehrere Schlösser grubenhagenscher Lehnsleute eingenommen, und in einem zweiten Feldzuge wurde der Herzog gezwungen sich zu fügen. — An diesem zweiten Zuge gegen den Herzog Albrecht mag für Nordhausen Johann von Peyn auf Stecklenberg Theil genommen haben. Am Sylvestertage 1365 verpflichtete sich derselbe, ein Vierteljahr lang, wenn er dazu aufgefordert werde, mit 10 Mann „wohlgezugeter“ (wohlgerüsteter) Leute mit „Huben“ (Hauben, Helmen) und jeder mit 3 Pferden den Nordhäusern gegen ihre Feinde, doch nicht gegen seinen Herrn den Bischof von Halberstadt, wol aber gegen die Grafen von Honstein, zu dienen. Dafür soll er 10 Schock Zahlgroschen bekommen und, wenn sie wirklich zum Dienst berufen werden, jeder von den 10 Mann mit 3 Pferden 5 Schock, außerdem Brot und Hufschlag u. s. w. — Doch wollte man sich dieses Mannes Hülfe wol besonders in der ernsten Fehde mit den Grafen von Honstein bedienen.

Der Krieg mit den Grafen von Honstein zunächst wegen des Konsteins und der Schnabelburg, in Folge dessen ohne Zweifel auch die Vereinigung der Neustadt mit der Oberstadt 1365 statt fand, wurde im Jahre 1368 beigelegt. — Dieser Krieg hatte den Nordhäusern viel zu schaffen gemacht. Die Grafen und deren Helfer verlegten ihnen überall die Straßen; aber auch die Nordhäuser fanden Beistand, und nahmen Kriegsleute selbst aus Hessen und Buchen in Dienste, so die von Brandenfels und von „Boymelburg.“ Ihr Hauptmann war Andreas von Buttlar. Unter dessen Anführung überfielen sie die Dörfer um Neustadt, Heringen und Kelbra. Als sie einst das Vieh vor Heringen wegtrieben, fielen die Grafen von Honstein mit ihren Leuten heraus und jagten ihnen nach. Da wandten sich die Nordhäuser und leisteten ihnen Widerstand, wobei auch der junge Graf Heinrich von Andreas v. Buttlar gefangen genommen, aber wieder losgelassen wurde, als derselbe sich Heinrich von Kelbra nannte und versprach, an einem bestimmten Tage sich zu stellen; doch die andern Grafen hinderten ihn, sein Versprechen zu halten (Spangenberg, Mansf. Chron. 344 b). — Erst am 23. Aug. 1368 wurde diese Fehde mit den Grafen von Honstein und ihren Helfern von den Landgrafen von Thüringen und Markgrafen von Meißen Friedrich, Balthasar und Wilhelm, zunächst wol von Balthasar, ohne Zweifel im Auftrage des Kaisers, beigelegt. Einen solchen Auftrag erkennt man aus zwei Briefen Balthasars an den Rath der Stadt Nordhausen. In dem ersten, einem ganz kurzen Schreiben auf Papier, ohne Jahrzahl und nur mit dem Datum „Wissenfels feria 2. post francisci“ — also Montags nach dem 4. Oct. — und unter der Ueberschrift: „Von vns dem Margrafen von Mysen,“ meldet der Fürst dem Rathe, daß der Kaiser ihm schriftlich und durch einen Boten, den kaiserlichen Schreiber Meister Rudolf aufgetragen hat, eine „Kundschaft“ um die Sache zwischen Nordhausen und den Grafen von Honstein „zu erfahren.“ Um das zu thun, verlangt er, daß der Rath einen oder zwei Bürger dazu senden möge, mit welchen er und Meister Rudolf Ort und Zeit bestimmen könnte. — In einem andern Schreiben, gegeben zu Gotha am S. Antonstage (17. Jan.), doch ohne Jahrzahl, meldet Markgraf Balthasar dem Rathe und der Gemeinde der Bürger zu Nordhausen, daß am Freitage „ihre Freunde“ (die bevollmächtigten Rathsfreunde der Stadt) mit denen von Honstein vor ihm zu Weißenfels waren, und daß zwar die Freunde von Nordhausen ihrer Vollmacht gemäß erklärten, sich unbedingt der Entscheidung des Markgrafen unterwerfen zu wollen (ane allez vnderscheit by vns blyben), aber die von Honstein wollten dieses nicht so unbedingt thun. — Der endliche Scheidebrief vom 23. Aug. 1368, sehr ungenau bei Lesser S. 472 f., steht nach dem Originale in meinen kl. Schriften S. 172 f. In dieser Urkunde bezeugen die drei Fürsten, daß sie zwischen ihren Lieben und Getreuen den Grafen Dietrich, Ulmann und Heinrich von Honstein und dem Rathe der Stadt Nordhausen verhandelt haben über alle ihre Brüche, Zwietracht, Kriege und Aufläufe bis auf diesen Tag, und daß sie beide Parteien auf folgende Weise gesühnt und gänzlich verglichen haben. Die Bürger von Nordhausen sollen den Grafen für das „Haus" (die Burg, das Schloß) Schnabelburg geben 1500 Mark löthigen Silbers nordhäusischer Währung, und zwar in drei Zahlungen, jedesmal zu Martini 500 Mark.*) Das Haus Schnabelborg soll man den Landgrafen übergeben, welche dasselbe von Stund an brechen lassen wollen,**) und es soll nie wieder aufgebaut werden. Die Gefangenen sollen von beiden Seiten losgegeben werden und alle etwa deshalb gegebene Bürgschaften ungemahnt bleiben. Die von Nordhausen sollen ihre Mauern und Graben bessern dürfen, wenn sie wollen, in die Tiefe und Höhe, ohne Widerrede der Grafen. Die Sache wegen der Güter, welche die Bürger, wie sie sagen, von Friedrich und Hans von Salza gekauft haben, sollen sie mit den Grafen zur Entscheidung vor den Kaiser und das Reich bringen, indem die Grafen behaupten, diese Güter seien ihr väterliches Erbe; doch will man in dieser Sache an einem bestimmten Tage einen Vergleich vor den Landgrafen zu Stande zu zu bringen versuchen. Wäre Personen um des Krieges willen ihr liegendes Erbe und Lehn genommen worden und an Andere verliehen, so soll man jenen wieder zu den Gütern verhelfen. Die Briefe (Urkunden), welche beide Parteien wegen dieser Scheidung gegeben haben, sollen für die bestimmte Zeit gelten und gehalten werden. Die Bürger von Nordhausen sollen Kalk und Steine brechen und zu ihrem Gebrauch nach der Stadt führen dürfen, wie sie von alter Zeit gethan haben rc. — — Von den hier erwähnten „Briefen" ist die Urkunde der Grafen vom folgenden Tage S. Bartholomäi (24. Aug.) 1368. Darin bekennen die Grafen Dietrich, Ulrich und Heinrich von Honstein, daß sie die Stadt Nordhausen und alle Bürger derselben freisprechen von allen Anforderungen, die sie an dieselben hatten bis auf den heutigen Tag, und daß sie sich mit ihnen völlig ausgesöhnt haben. Sie nehmen dieselben in ihren Schutz und Schirm vom nächsten Michaelistage an auf 1 Jahr und darauf auf ganze 10 Jahr [also 1368—1379 Mich.], wofür die Bürger den Grafen jährlich zu Michael 50 löthige Mark

*) In einer Urkunde vom 21. Jan. 1370 quittiren die Grafen Dietrich, Ulrich und Heinrich von Honstein über gezahlte 500 löthige Mark von den 1500 Mark für die Schnabelburg, wofür die Mühlhäuser sich mit verbürgt hatten; s. kl. Schr. S. 173.

**) Wäre also die Burg 1363/4 wirklich von den Nordhäusern zerstört worden, so müßte sie seitdem wieder aufgebaut worden sein.

Silbers nordhäusischer Währung zahlen sollen. Die Bürger sollen ihre Freiheiten, Rechte und Gewohnheiten behalten. Die Leute der Grafen und die Bürger sollen in jener Zeit des Vertrags unverwehrt in und aus der Stadt führen dürfen Bier, Getreide, Kaufmannsgüter ꝛc. Verfolgen die Bürger ihre Feinde im Gebiete der Grafen, so sollen sie den Schaden, welchen dabei etwa Leute des Grafen erleiden durch Aufstoßen der Häuser, Brennen u. s. w., ersetzen. Auch Pferde- und andere Diebe, welche sie auf frischer That finden, dürfen die Bürger in das „Gericht" (Gebiet) der Grafen verfolgen, gefangen nehmen und in ihre Stadt führen, um sie nach ihren Gesetzen zu richten; doch haben etwa „besessene" (ansässige) Leute des Grafen etwas gegen die Stadt oder die Bürger verbrochen, so sollen diese es den Grafen melden, damit die Sache nach den Rechten oder durch Vergleich beigelegt werde. Die Grafen wollen der Stadt Feinde und Aechter nicht hausen und heimen oder speisen, weder heimlich noch öffentlich. Klagen gegen nordhäusische Bürger sollen die Vögte untersuchen, deshalb aber nicht die Stadt oder andere Bürger mit „Kummer" (Arrest) belegen. Entstünde ein Krieg im Lande, so sollen die Bürger Geleit haben, ihre Sachen in die Städte oder Schlösser der Grafen zu flüchten. Würde in jener Zeit des Vertrags die Stadt von jemand in die Acht erklärt, so wollen die Grafen dem keine Folge geben, wenn es nicht ihre Lehn anrührte (d. i. mit ihrer Lehnspflicht stritte). Entstünde Irrung und Streit zwischen den Grafen und der Stadt, so sollen Schiedsrichter sein von Seiten der Grafen Heinrich von Asla und Heinrich von Aschosterode, von Seiten der Stadt Hermann von Werther und Tietrich von Schernberg, und wenn diese sich nicht einigen könnten, so sollen Obermanne sein die Landgrafen und Markgrafen Friedrich, Balthasar und Wilhelm, welche die endliche Entscheidung geben sollen u. s. w. — Die Sache wegen des Konsteins ꝛc. wurde endlich beigelegt durch einen Vergleich mit den Grafen vom 19. Jul. 1370 (s. kl. Schriften S. 173 f.). Der schöne Erwerb der (ehmaligen Reichslehn-) Güter der Herren von Salza war der Stadt nun völlig entzogen, bis auf ein Stück des Konsteins für den Bedarf der Bürger an Steinen und Kalk.

Am 8. Sept. 1368 schloß der Herzog Albrecht von Braunschweig ein Bündniß und einen Schutzvertrag mit der Stadt Nordhausen auf 4 Jahr, für eine jährliche Zahlung der Stadt an ihn von 29 löthigen Mark braunschweigischen Silbers. Er will sie schützen und vertheidigen wie seine eigenen Städte, und wenn die Nordhäuser ihn dazu aufforderten in einem der vier Jahre 1 oder 4 mal, so will er selbst ihnen zu Hülfe kommen ohne Verzug 14 Tage nach der Aufforderung, oder einen seiner Brüder oder einen Amtmann senden, mit 100 gewappneten tüchtigen Leuten oder mit weniger, wenn sie wollen. Die Nordhäuser sollen ihm dann Futter, Speise und Hufschlag geben, doch nicht Pfandlosung ꝛc. Wenn sie etwa zusammen zu Felde zögen und Gefangene machten, so soll der Herzog, wenn er selbst oder einer seiner Brüder dabei wäre, den besten Gefangenen vorausnehmen, darauf die Bürger den besten, darauf der Amtmann; die andern Gefangenen werden nach der Zahl der gewappneten Theilnehmer am Streite getheilt. Seinen Schaden trägt ein jeder Theil selbst. Der Herzog will die Feinde der Stadt wissentlich nicht in seinen Schlössern hegen. Er will auch, wenn die Bürger es verlangen, „Recht für sie bieten," und sie, wenn es nöthig ist, in seinen Schlössern aufnehmen und schützen. Sechs genannte Herren und Ritter des Herzogs leisten für denselben in Beziehung auf diesen Vertrag Bürgschaft und versprechen, wenn derselbe gebrochen sei und sie dazu aufgefordert würden, binnen 14 Tagen in der Stadt Osterode einzureiten und daselbst auf ihre Kosten Einlager zu halten, bis die Nordhäuser befriedigt wären.

Im Anfange des folgenden Jahres 1369 am 13. Januar („am achtzen tage des zwelften unsis herren" d. h. an der Octave des h. 3 Kön. T.) zu Göttingen bekennt der Herzog Otto von Braunschweig (an der Leine, der Quade), daß er sich mit dem Rathe und der Gemeinde der Stadt Nordhausen gerichtet und gänzlich gesühnet hat um alle Aufläufe und „Schelunge," welche zwischen jenen und ihm, seinem Lande und seinen Leuten bis auf diesen Tag statt gefunden hatten. — Dieser Friede mit dem unruhigen Herzoge Otto wurde 1371 auf eine für Nordhausen empfindliche Weise unterbrochen. Am Sonnabend vor Estomihi (15. Febr.) dieses Jahres 1371*) hatten die Städte Erfurt, Mühlhausen und Nordhausen mit den Grafen Heinrich und Ernst von Gleichen, Johann von Schwarzburg, Heinrich von Stolberg und Heinrich von Honstein, um die Unruhen und Räubereien namentlich von Aechtern und Straßenräubern in diesem Lande zu unterdrücken, ein Schutz- und Trutzbündniß auf 10 Jahr von Martini an geschlossen, gegen alle Feinde mit Ausnahme des Kaisers und des Erzbischofs von Mainz. Bei Lesser S. 473—476 steht dieser Vertrag sehr ungenau. Unter den Bedingungen desselben ist, daß bei Theilung der Beute den besten Gefangenen die Grafen, darauf den besten die Städte haben, die andern gleich getheilt werden sollen; würde aber ein Fürst gefangen, so soll der Gewinn daran zu gleichen Theilen gehn. — Doch die Sache kam anders. Der Graf Heinrich von Honstein (als kaiserlicher Vogt in Thüringen) hatte die Verbündeten zu einem Angriff auf eine Hauptfestung der Friedensstörer, das feste Schloß Hanstein auf dem Eichsfelde aufgeboten, und die Belagerung hatte schon begonnen: da überfiel plötzlich und unerwartet von dem nahen Göttingen aus der Herzog Otto der Quade das Lager der Verbündeten, entsetzte die bedrängte Burg Hanstein und nahm viele der Belagerer gefangen, welche sich darauf mit großen Summen lösen mußten.**) Die Nordhäuser mußten ihm für ihre Gefangenen 800 Mark löthiges Silber nordhäusischer Währung zahlen, wie aus der Urkunde des Herzogs Otto vom

*) In demselben Jahre, am 28. Oct. 1371, erklärte auch der nordhäusische Dompropst Graf Ludwig von Honstein, daß er um der Bitte seiner Mutter und seiner Brüder Dietrich und Ulrich willen sich mit den Bürgern von Nordhausen völlig ausgesöhnt habe in Beziehung auf die Sachen, Aufläufe und die Ansprüche, welche er hatte oder haben konnte wegen des Krieges, der zwischen den Nordhäusern und seinen Brüdern und Vettern entstanden war.

**) Spangenberg (Mansf. Chron. 342 b) setzt diesen Ueberfall in das Jahr 1364, so auch Havemann (Gesch. der Lande Braunschw. u Läneb. I, 436) u. A., aber die Fasti Limpurg. in das Jahr 1370. Für 1371 sprechen die Urkunden vom 15. Febr. und 11. Aug. d. J.

11. Aug. 1371 hervorgeht, welche Lesser S. 470 f. ungenau und mit Auslassungen liefert. Das Lösegeld soll halb (400 Mark) zu Weihnachten, halb darauf zu Walpurgis [1. Mai 1372] gezahlt werden, und zwar zu Ellrich oder zu Klettenberg, wenn des Herzogs Schwager Graf Heinrich von Honstein dann noch lebt und „inländisch" ist, sonst zu Nordheim, unter sicherem Geleit der Ueberbringer. Die Gefangenen sollen vor ihrer Loslassung Urfehde schwören, sich nicht rächen zu wollen 2c.

Durch jenes zehnjährige Bündniß der thüringischen Städte und Grafen von 1371 geriethen die Nordhäuser auch noch einmal mit dem Landgrafen Balthasar in Streit. Als 1373 das mainzische Domkapitel an die Stelle des verstorbenen Erzbischofs Johann den Bischof von Speier Adolf von Nassau gewählt hatte, aber der Kaiser Karl IV. 1374 die Wahl und Bestätigung des Bruders der drei Landgrafen von Thüringen und Markgrafen von Meißen des Bischofs Ludwig von Bamberg zum Erzbischofe von Mainz durchsetzte, wollten die Erfurter diese letztere Wahl nicht anerkennen, weshalb der Landgraf sie befehdete. Obgleich nun die Nordhäuser nach einer Urkunde des Archivs zu Magdeburg am Johannistage (24. Juni) 1374 mit dem Landgrafen von Thüringen einen Vertrag abgeschlossen hatten wegen eines gütlichen Stehens auf 3 Jahr, sollen sie doch den Erfurtern die bundesmäßige Hülfe geleistet haben; die Verbündeten wurden aber von den Landgräflichen 1375 bei Gebesee geschlagen, so daß sie nach Mühlhausen fliehen mußten. — Nach einer Originalurkunde vom Dienstage nach dem heil. Leichnamstage (28. Mai) 1377 schlossen die Landgrafen von Thüringen und Markgrafen von Meißen Friedrich, Balthasar und Wilhelm einen Frieden (Waffenstillstand) auf 2 Jahr vom nächsten Johannistage an mit den Grafen Heinrich und Ernst von Schwarzburg und Heinrich von Stolberg und den Städten Erfurt, Mühlhausen und Nordhausen. — — Ein ähnliches Schutz- und Trutzbündniß wie das vom 22. September 1360 errichteten am Freitage nach Johannis (27. Juni) 1382 die Grafen von Schwarzburg mit Nordhausen auf 3 Jahr (s. P. Jovius, Chron. Schwarzb. S. 400).

Im Jahre 1383 halfen die Nordhäuser mit den Erfurtern und Mühlhäusern gegen die von Brandenfels, welche die Erfurter und Mühlhäuser, ja auch des Landgrafen Leute beschädigt hatten. Das Schloß Brandenfels an der Werra wurde ernstlich belagert, der Wald davor niedergehauen und die Feste mit Wurfgeschütz (Bliden) beschossen. Die von Brandenfels wurden dadurch genöthigt, sich zu ergeben und zu geloben, künftig gegen den Landgrafen und die Städte nichts Feindliches zu unternehmen. — — Am 22. Aug. 1384 nahm der Landgraf und Markgraf Balthasar in einer zu Eisenach gegebenen Urkunde die Stadt Nordhausen in den Landfrieden zu Westphalen auf, welchen ihm und seinen Landen vordem Kaiser Karl IV. verliehen hatte, da König Wenzlaw ihn ermächtigt hat, in diesen Landfrieden aufzunehmen, welche er dazu für geeignet hält.

Im Jahre 1397 halfen die Erfurter, Mühlhäuser und Nordhäuser dem jungen Herzoge Otto von Braunschweig (Cocles, Otto des Quaden Sohn, zu Göttingen, an der Leine) das

Schloß Hindenberg erobern und zerstören. Die gefangene Besatzung („42 Räuber") ließ der Herzog aufhängen.

Gegen das Ende dieses Jahrhunderts (wahrscheinlich im Jahre 1397) überfielen der Graf Friedrich von Beichlingen, Bruno von Querfurt, Gerlach und Friedrich von Heldrungen und die von Wangenheim mit vielen nordhäusischen Bürgern das Nonnenkloster Katlenburg und dessen Güter feindlich, richteten viel Schaden an, führten das Vieh hinweg und verbrannten das Dorf Berke oder Barke. Wegen dieser Frevel klagten die Nonnen am päpstlichen Hofe, und der Papst Bonifacius IX. that die Uebelthäter in den Bann. Darauf brachten der Abt Heinrich zu Gerode und der Pfarrer Heinrich zu Klettenberg als erwählte Schiedsrichter in dieser Sache am 16. Mai 1398 zu Nordhausen auf dem Rathhause (in consistorio) einen Vergleich zu Stande zwischen dem Propste Hermann, der Priorin (Antonie) und dem Convent der Nonnen des Klosters Katlenburg auf der einen Seite und den Rathsmeistern Konrad Rese, Johann Thorbaum (Torboym), Johann Ferber und Heyso Sangerhusen, dem Rathe und der Bürgerschaft der Stadt Nordhausen auf der andern Seite. Nach diesem Vergleiche sollen die Nordhäuser dem Kloster am nächsten Michaelstage 80 Gülden*), darauf am Sonntage Invocavit (1399) 100 und zu Pfingsten 100 Gülden zur Entschädigung zahlen. — Am 20. Juni 1399 ertheilt der Propst, die Aebtissin und der ganze Convent zu Katlenburg, indem sie die Zahlung der letzten 100 Gülden ihrem Kaplan Johann von Magelssen anweisen, Quittung über die ganze Summe von 280 Gülden. — Aus einem Schreiben des Dr. Johann Rymann zu Erfurt (fehlerhaft bei Lesser S. 478 ff.) erkennt man, daß der Prozeß und die endliche Lossprechung vom Banne außerdem noch ansehnliche Kosten veranlaßt hat.

Im Frühjahre 1400 (am 18. Febr.) schloß Nordhausen mit Erfurt und Mühlhausen ein Schutz- und Trutzbündniß auf 6 Jahr [so auch 1415 auf 6 Jahr, ferner 1432, 1444, 1456 und 1469 auf 12 Jahr; 1421 die Städte Erfurt, Mühlhausen und Nordhausen mit Halberstadt, Quedlinburg und Aschersleben — doch diese 6 Städte nur zu gegenseitigem Beistande mit Rath und That, ohne Bestimmung einer Hülfsmannschaft für den Krieg — auf 4 Jahr, desgleichen 1432]. — Am 20. Nov. 1400 verbündete sich auch der Landgraf Balthasar von Thüringen mit den drei Städten Erfurt, Mühlhausen und Nordhausen.

Aus dem 15. Jahrhundert giebt das Fehde- und Sühnebuch 1405—1469 (s. darüber N. Mitth. des thür. sächs. Vereins VIII, 121 ff.) gute Nachrichten, wodurch Lesser's Angaben vielfache Berichtigungen empfangen können; doch wird Vieles hier übergangen werden müssen. — Am Freitage in der Osterwoche (24. April) 1405 — nachdem kurz vorher, am Palmentage (12. April) 1405 zu Sondershausen die Grafen Heinrich und Günther von Schwarzburg Herren zu Arnstadt mit der Stadt Nordhausen ein Schutz- und Trutzbündniß auf drei Jahr errichtet hatten, kamen Hans Windolt, Hans Aldemann, sein Knecht Bertold, Keschhayn, Otto Bomkel,

---

*) octuag. flor. et demum . . . ., nicht oct. flor. et dimidium, wie Lesser irrig hat S. 478.

dessen Knecht Thilemann, Thomas Jäger, Klaus Raselop, dessen Knecht Joh. Döring und Joh. Böttcher der Knecht Konemanns von Hoym und plünderten („schynten") zwei Wagen auf offener Landstraße („auf des Reiches Straße"), welche Wagen dem Hans Bertoch und Dietrich Wilhelm gehörten. Sie fingen dabei die nordhäusischen Bürger Heinrich Salzgreber, Euring Vetter und Heinrich Rebening und einige Leute der Grafen von Schwarzburg und nahmen ihnen 11 Pferde. Sie schossen, schlugen und verwundeten die Leute, ergriffen sie und führten sie gebunden hinweg: auch hatten sie der Frau Rebenings einen Mantel, zwei Schleier und zwei Schuhe genommen. Da kam der (Stadt-) Hauptmann mit den Dienern „selbneunt"; der führte sie auf das Rathhaus, und es folgten ihnen die schwarzburgischen Amtleute Heinrich von Widolv, Hermann Rappote, Hans Schutze, Friedrich Weydos, brachten auch die beschädigten Schwarzburger mit sich, stellten noch an demselben Tage die Klage an gegen die Uebelthäter und ließen dieselben köpfen.

Am Montage nach Pfingsten (1. Mai) desselben Jahres „rannte man vor die Stadt" und enthauptete („enthoubete") einen Hirten aus dem Hospitale, und wieder am Dienstage nach Peter und Paul (30. Juni) enthaupteten sie (decollaverunt) Hunoldesdorf und zwei Andre. (Am Rande stehn die Namen: Heinr. Schermer, Hans von Spira, Kurt Hergot.) Es folgt darauf ein langes Verzeichniß derjenigen Edelleute und ihrer Knechte, welche dieser Thaten beschuldigt wurden. Dieselben sind meistens aus dem Halberstädtischen, doch sind auch Anhalter dabei und einige Hildesheimer. Die ersten sind: von Wegeleben Ludwig Schenke selbdritte, Albrecht von Wegeleben selbvierte, Heinrichs Sohn von Thale &c. Es kommen darunter vor Kurt und Bernd von der Asseburg, die von Schwichelde auf der Harzburg, die von Hoym u. s. w.

Die zuletzt erwähnten gewaltsamen Ueberfälle hangen zusammen mit dem Kriege, welchen der Erzbischof Günther von Magdeburg, geborner Graf von Schwarzburg, und seine Helfer, zu denen auch die Nordhäuser gezählt wurden, gegen Anhalt und Halberstadt führte. — Am 18. Jan. 1406 wurde um den Frieden geteidingt zwischen dem Bischofe von Halberstadt und dessen Mannen, denen von Hoym, von Schwichelde, von Rotlingen und von Asseburg und zwischen den Grafen von Schwarzburg und von Honstein nebst den Städten Erfurt, Mühlhausen und Nordhausen zu Sondershausen. Hier wurden zu Schiedsrichtern erwählt Graf Heinrich von Schwarzburg und Sifard von Rotlingen, welche bis Jacobi die Sache entscheiden sollten, und Bothmann von Tütcherode zum Obermann, welcher, wenn jene sich nicht einigen könnten, bis Michael seinen Ausspruch thun sollte. — Es wurden in diesem Jahre 1406 verschiedene Sühnen (und Waffenstillstände) gestiftet, so von Sifard von Bülzingsleben zwischen Hans und Reinhard von Bülzingsleben und der Stadt, von dem Grafen Ernst von Honstein zwischen Ernst und Hans von Uslar und der Stadt u. a. m.

Am Freitage vor Palmen (18. März) 1407 versöhnte Graf Dietrich von Honstein die Herren von Plesse Gottschalk und Jan mit der Stadt. — Außer mancher andern Unbill geschah es, daß am 20. Juni dieses Jahres Friedrich von Hoym und seine Helfer (genannt werden 2 Stoube und Thizel Kraft zu Schandisleben) vor die Stadt rannten, Heinrich Stutzebock das Haupt abhieben und 12 Pferde nahmen. — Auch in diesem Jahre wurde mit mehreren Personen Friede auf Zeit (Waffenstillstand) geschlossen, auch mit Friedrich von Hoym.

Am 26. Jan. 1408 wurde zu Ilfeld in Gegenwart der Grafen Heinrich und Ernst von Honstein und Heinrich von Stolberg eine Sühne geschlossen zwischen Nordhausen und dem Grafen Heinrich von Wernigerode, sammt dessen Land und Leuten, worauf auch die vier Knechte des Grafen und Heinrichs von Bonrode losgesagt wurden. Von Seiten der Stadt waren zugegen Nic. Sessenschmed und Reinh. Weißenberg. — Von den andern Vorfällen dieses Jahres (es wurden z. B. zweimal Pferde weggenommen, Friede aufgesagt und Bewahrung gethan u. s. w.) erwähnt Lesser nur drei Sühnen. Am 13. Juli 1408 stiftete der Graf (von Honstein) Heinrich zu Kelbra einen Vertrag mit Lippold von Hanstein, daß er die Nordhäuser nicht mehr angreifen sollte (act. in monte marie). — Am 17. Aug. zu Güntharsberge wurde in Gegenwart der Grafen Heinrich und Ernst von Honstein und Heinrich zu Kelbra eine völlige Sühne gestiftet zwischen Gebhard, Friedrich und . . . von Hoym und ihren Helfern und zwischen den Nordhäusern. Von Seiten der Stadt waren dabei Klaus „Sessensmed", Reinhard Weißenberg, Dietr. Sachs und Apel Kirchhof d. J. — An demselben Tage wurden die Nordhäuser auch mit denen von Quedlinburg verglichen, so daß jene an diese zahlen sollen 50 Schock Groschen zu Martini.

Seit 1406 hatte Nordhausen ernstlichen Antheil an dem heftigen Streite genommen, welchen Graf Ulrich von Honstein schon vor 20 Jahren gegen das Kloster Walkenried wegen seiner Ansprüche auf die bedeutenden Klosterhöfe in der goldnen Aue, als zu seinem Gebiete gehörig, erhoben hatte, welchen Streit dessen Sohn Graf Dietrich zu Heringen nun fortsetzte, indem er den Riethof, Heringen, Berbisleben und Bottenrode überfiel, plünderte und verbrannte. Auf königlichen Befehl nahmen die thüringischen Reichsstädte sich des Klosters an. Die Nordhäuser nahmen Theil an einer Belagerung von Heringen 1406, welche aber vergeblich war, so wie auch ein zweiter Angriff auf diese feste Stadt am Sonnabend vor Martini (5. Novbr.) 1407. Die Fehde dauerte fort, und während derselben wurde nach Jacobi 1409 Heinrich Döring und Heinr. Müller durch Heinr. „Foit" (Vogt), Marschalk zu Heringen, und Yberg gefangen genommen. — Endlich am Sonntage Lätare (2. März) 1410 wurden zu Ilfeld die Nordhäuser mit dem Grafen Dietrich ausgesöhnt, worüber das Fehde- und Sühnebuch sagt: „Unsre Herren [der Rath der Stadt Nordhausen] wurden ganz und gründlich gerichtet um alle Sache mit Grafen Dietrich, Herrn zu Honstein und zu Heringen und mit seinem Lande und Leuten und Helfern, in Gegenwart der Grafen Heinrich, Ernst und Günther Herrn zu Honstein und zu Lohra („Lare"), des Grafen Heinrichs, Herrn von Kelbra, und Herrn Friedrichs Abts zu Ilfeld, und darauf wurden dem Grafen Dietrich wieder „geantwortet" (übergeben) die Kirchen (zu) „Bilan" (Bielen) und Windehausen, die wir inne hatten mit Hülfe der Herren [der andern Grafen, die gegen Dietrich standen], und Görsbach, das auch die Herren allein inne hatten.

und ihm wurden auch ledig und losgesagt wol dreißig gefangene Reisige, die wir ihm auch „abgegriffen“ hatten.

Von der Menge der Vorfälle, der Fehden und Sühnen (auch wieder mit den Herren von Honstein, von Plesse, von Hoym, von Asseburg u. A.) im Jahre 1410 und in den zunächst folgenden Jahren bemerkt Lesser nur wenige, und auch wir wollen nur einige anführen. — Am Mittwochen in der gemeinen Woche (1. Oct.) 1410 wurden Feinde der Stadt Heinr. Heimborge und Klaus Ruschenberg, dagegen stiftete Graf Heinrich von Schwarzburg am Sonntage vor Conceptionis (7. Dec.) Friede mit Hans Reste, desgleichen der Graf von Wernigerode mit Heinrich von Wernrode fer. 3 nach Luciä (16. Dec.). — — Im Jahre 1417 am Freitage nach Fabiani (22. Jan.) wurde Heinrich von Tostungen Feind um Simon Segemunds willen, und mit demselben und um seinetwillen viele Andre.

Im Jahre 1417 am 13. März erwürgten Engelhart und Hans Zimmermann, Knechte des Hans von Uslar, den Hans Reynold „zu“ (bei) den Gleichen, und derselbe wurde begraben zu Duderstadt. — Am Montage nach Lätare (27. März), als Haferpusch gefangen wurde, werden viele dabei Betheiligte genannt: Heise Barkenfelt und sein Bruder Eckart mit 8 Pferden, Hans von Kroßwig, Hans von Schirstedt, Henning Schenke mit 30 Pferden u. a. m. — Am 10. Aug. 1417 schickte der Rathsmeister Bertold Tagslaf durch den Boten Konr. Grome in Gegenwart des Rathsmeisters Dietrich Sachse und Andrer dem Herzoge Erich von Braunschweig einen Absagebrief (eine „Bewahrung“ oder „Oberbewahrung“, litteras diffidationis); ebenso am 16. Aug. der Rathsmeister Dietr. Sachse durch denselben Boten in Gegenwart des Rathsmeisters Bert. Tagslaf und Andrer an den Herzog Otto d. J. von Braunschweig (eine „Oberwahrung“) und am folgenden Tage derselbe durch den Boten Klaus Herzer an den Herzog Friedrich von Braunschweig (eine Oberwahrung); dagegen that am 10. Sept. Herzog Otto von Braunschweig, Herzog Friedrichs Sohn, auch eine „veste Bewarung“. — —

Von den kurz aufgezeichneten Vorfällen in den Jahren 1420 bis 1428 hat Lesser keinen erwähnt; auch wir bemerken hier nur einige.

Im Jahre 1421 kommt u. a. ein Ueberfall der Mühlen an der Salza vor, desgleichen wieder Fehdebriefe der von Hanstein und eine Gefangennehmung eines nordhäusischen Bürgers Blabach durch Hans von Werther zu Thalheim wegen Tödtung Kremers durch die Nordhäuser, — im Jahre 1423 eine Gefangennahme von 2 Bürgern, 1421 eine Oberbewahrung an Herzog Erich von Braunschweig wegen der verfeindeten von Oldirshausen, 1426 ein Ueberfall und eine Gefangennehmung von Bürgern vor der Stadt u. a. m. — Um 1425 scheint Nordhausen Theil genommen zu haben an der Beilegung der Zwietracht in Halberstadt (s. Casp. Abel III, 359). — Am 24. Juni 1426 haben die Knechte Ernsts und Hans des Aeltern und Hans des Jüngern von Uslar auf dem neuen Hause zu den Gleichen (bei Göttingen) und Hermanns von Uslar auf dem alten Hause geplündert („geschint“) in dem Helbethale Nicolaus „Missener“ (Meißner), als derselbe war „in der Botschaft unsres Herrn des Kardinals die ganze Christenheit anrührend“, und haben ihm genommen 2 Gulden 23 Groschen, eine Flasche und ein böhmisches Messer einen Gulden werth. — Unter Andern sühnt sich 1427 mit der Stadt Hans Böttcher von Sachsa, dessen Bruder vor Nordhausen gehangen war, weil er in einem Hause gestohlen hatte, — und der Stadthauptmann Hans Windolt macht auf dem S. „Gehülfensberge" eine Sühne mit einem Knechte des Hans von Uslar. — Das Jahr 1428 hat außer einigen Sühnen eine Bewahrung und Oberbewahrung an Bertold, Werner, Heinrich, Lippold, Ditmar und Heinrich von Honstein und Andre wegen des Grafen Ernst von Honstein, am 21. Sept. von den Rathsmeistern Heinrich Swelngrebil und Heinrich Stöckey durch den geschwornen Boten Joh. Bank gegeben. — (Am 29. Mai 1428 versöhnten und verglichen die Aebte von Walkenried und von Volkerode und die nordhäusischen Domherrn den Abt Hermann und den Convent des Klosters Herdehusen mit den Nordhäusern wegen ihres Streites, der an den päpstlichen Hof gegangen war.)

Am 23. Mai 1429 wurde die Sache und der Irrthum zwischen denen von Nordhausen und denen von Duderstadt wegen der Pferde, welche jene diesen vor Zeiten abgenommen hatten, „zu dem Enelende" (zu Elende) gerichtet und gesühnet, so daß die Nordhäuser den Duderstädtern für Alles geben sollen 240 Gulden, halb zu Johanni und halb zu Weihnachten. Diesen Vergleich haben geschlossen der nordhäusische Domherr Werner Rote, Fredeland von Göttingen, Kurt Schmidt und Dietrich von Badungen. — Am 11. Juni 1429 that der Rath der Stadt Nordhausen um der Mühlhäuser willen eine Oberbewahrung an alle von Hanstein, Heinrich d. J., dessen Vater Werner, Burkhard, Titmar, Bertold, Lippold, Heinrich d. Ae., ferner an den Erzbischof Konrad von Mainz, den Landgrafen Ludwig von Hessen und viele andre Genannte, auch an die Städte Heiligenstadt, Göttingen u. s. w. Nun ging ein Zug der Erfurter, Mühlhäuser, Nordhäuser und ihrer Helfer in das Gericht Hanstein, wo man 12 Dörfer verbrannte. Eine Heerfahrt vor Hanstein ward darauf „wendig um des willen", daß Herzog Otto von Braunschweig zu Herzberg, die von Osterode und Nordheim „weddirbettin" (widerbaten, remonstrirten); vgl. N. Mitth. des th. s. Vereins VIII, 3. 4, 124. — Nach einigen andern Aufzeichnungen heißt es ferner, daß am 13. Oct. 1429 die von Mühlhausen, Erfurt, Nordhausen, Eimbeck und Eschwege den Rimbach (Rymbach) unter dem Hanstein bis auf 4 oder 6 Häuser verbrannten. — Vorher, bei einem Ritte vor Hanstein, hatte Raguff von Queden (im Dienste der Nordhäuser) mehrere Rüstungs- und Kleidungsstücke eingebüßt, wofür der Rath ihm am 28. Juli 1430 „eine Lage welschen Weins" gab, welche 7 Gulden gekostet hatte; s. das. S. 125. — — Die Brüder Hermann und Hans von Göttingen und ein gewisser Wedemar wollten die Stadt Nordhausen „mortborne" (mordbrennen), weil die von Günthersberge ihren Bruder hier vor Nordhausen auf ein Rad setzen ließen, da dessen genannte Brüder ihren Rathsmeister „an der Steiger" gefangen und erwürgt hatten und dieser Bruder darum wußte. Man hatte ihn ergriffen in der Mühle zu Salza, weil er dem Müller (Pumpey) des Nachts das Mühlrad zerhauen hatte.

Um diese Zeit begannen auch die heftigen Streitigkeiten, welche einen bösen Prozeß, auch vor einem Vehmgerichte, und einen mehrjährigen Krieg, den Berchtenkrieg, herbeiführten. Hans

Kirchhof, Apel Kirchhofs Sohn, sollte 1428 mit dem Stadtschreiber Liebenrod das Rathhaus bestohlen haben. Er wurde deshalb zwei Jahr nachher ergriffen und nach einem kurzen peinlichen Prozesse aufgehangen, und zwar, wie es in einer spätern Klageschrift heißt, zweimal, an zwei eisernen Ketten, Vormittags einmal und darnach einmal. In einer Urkunde vom 27. Juni 1431 erklärt der (Reichs-) Schultheiß des Landgrafen Friedrich von Thüringen Markgrafen von Meißen zu Nordhausen Heinrich von Wolhusen, daß vor ihm an gehegter Dingbank sechs genannte Bürger (und Rathleute) eidlich ausgesagt haben, wie sie auf Befehl des Rathes dabei gewesen, als „vor Zeiten" Hans Kirchhof Apels Sohn bekannt hat, daß er mit Hermann Liebenrod und Johann Schultheiß gestohlen habe das Geld und die silbernen Schalen, die auf dem Rathhause zu Nordhausen verloren gegangen, und davon wären ihm zu Theil geworden 60 Schock an Geld und 3 silberne Schalen. Das Geld habe er verzehrt und die Schalen zerbrochen und nach Erfurt in eines Goldschmieds Haus am Fischmarkte gebracht. Bei diesem Bekenntnisse wären noch gegenwärtig gewesen und dazu gefordert zwei genannte Rathsgeschworne und zwei aus der Gemeine (Bürger), welche diese Aussage des Kirchhof auch gehört und vor ihm, dem Schultheißen, bekannten. Das sei geschehn im nächst vergangenen Herbste [1430] Montag nach Mariä Geburt [11. Sept.], worauf am Donnerstage [14 Sept.] Hans Kirchhof dasselbe Bekenntniß vor den sechs oben Genannten, welche der Rath dazu gefordert, und zweien aus der Gemeine abgelegt hätte. — Nach einer andern Urkunde wurde Hans Kirchhof verurtheilt am Mittwochen nach Mariä Geburt (13. Sept.). Die Hinrichtung desselben fand wahrscheinlich statt am 14. oder 15. Septbr. 1430. Eine spätere Anmerkung (beigeschrieben zu einer Aufzeichnung vom Jahre 1434) giebt den 8. Dec. 1428 als den Tag der Hinrichtung an; das ist ohne Zweifel ein Irrthum, und dieser Tag wird die Zeit des begangenen Diebstahls sein. Die Entdeckung des (also am 8. Dec. 1428 geschehenen) Diebstahls soll (1430) erfolgt sein, als der desselben verdächtig gewordene und verhaftete Domherr Joh. Schultheiß in seinem vom Rathe veranlaßten Verhöre in Gegenwart eines erzbischöflichen (mainzischen) Commissarius (Locker) und zweier hiesigen Domherren Werner Rote und Albrecht Echte und vier andrer Zeugen ausgesagt hatte: er habe auf Wache gestanden, als der Stadtschreiber Liebenrod und Hans Kirchhof das Rathhaus bestohlen.

Die angesehene und in und außer Nordhausen begüterte Familie des Hingerichteten, dessen Vater, besonders aber der Schwager und Bruder Kurt Berchte und Gerke Kirchhof, traten als dessen Rächer auf, indem sie die That für den Mord eines Unschuldigen und die Einziehung seines und seines väterlichen Vermögens für Raub erklärten.

Das erste, was K. Berchte und G. Kirchhof thaten, war, daß sie mit Erlaubniß des Grafen Heinrich von Honstein Herrn zu Lohra und Klettenberg und mit Hülfe der Leute desselben Dietrichs von Werther, Hans Nayl (Nagel), Klaus Steinbul und Andrer (welche ebenfalls genannt werden), die ihre Pferde dazu hergaben und zum Theil selbst mit ritten, vor Nordhausen rannten und Hans Kirchhofs Körper vom Galgen abhieben, Donnerstags nach Kreuzerhöhung (21. Sept.

1430). Die genannten honsteinischen Theilnehmer an dieser Unternehmung ließ der Rath am 21. Dec. 1430 auf die Fürbitte des Grafen von Honstein „aus dem Verdacht" und entsagte dem Unwillen gegen sie. Dennoch brachten (schon 1430) die Freunde Kirchhofs ihre Klage vor den Freigrafen zu Kreuzburg Hans Fegestock („zum Wolfheine"), den der Landgraf von Hessen*) schützte, bald auch der Vater Apel Kirchhofs, als ein „enelender" (elender, verbannter) Mann an des Landgrafen von Thüringen Landgericht zu Weißensee (wo der alte A. Kirchhof damals wohnte) 1432; doch der Rath von Nordhausen erkannte beide Gerichte nicht an als berechtigt, indem er sich auf die königlichen Privilegien der Stadt berief, zunächst wol auf das Privilegium des Königs Wenzlaw vom 9. März 1391. — Da nun die Kirchhofschen Freunde auf dem Wege des Prozesses nicht zu ihrem wirklichen oder vermeinten Rechte zu kommen glaubten, so versuchten sie dasselbe durch Gewalt der Waffen zu erlangen. Seit 1432 führten sie eine Fehde gegen die Nordhäuser, welche für unsre Stadt ziemlich gefährlich wurde, indem Kurt Berchte und Gerke Kirchhof bei benachbarten Fürsten und Herren eine nachdrückliche Unterstützung fanden, unter Andern bei dem Bischofe von Hildesheim und bei dem Herzoge von Braunschweig und deren Mannen. Erst im Jahre 1443 wurde der langjährige Hader durch einen Vergleich, den wir unten näher kennen lernen werden, völlig beigelegt.

Während des durch Hinrichtung Hans Kirchhofs und der Einziehung der Güter desselben veranlaßten Streites brachen auch manche andere Fehden aus, und verschiedene Sühnen wurden geschlossen. — Am 16. März 1430 thaten zu einer ehrlichen Fehde der nordhäusische Stadthauptmann Balthasar von Harras, sein Bruder Georg und sein Knecht G. Goldschmidt „Bewahrung" an die Herren von Honstein, und am folgenden Tage an den Landgrafen von Hessen, den Provisor des Eichsfeldes Joh. von Rengelberode und Ernst von Uslar. — Zu Pfingsten wurde um der Mühlhäuser willen auch den Herren von Uslar, Hermann und seinen Söhnen Bodo, Wedekind und Günther, auch Ernst von Uslar dem Jüngern, auf den Gleichen (bei Göttingen) Fehde angekündigt, indem der Bote des Raths den Fehdebrief auf das alte Haus Gleichen brachte. — Um der von Harras willen wurden mehrere der Stadt Feinde; dagegen fanden auch verschiedene Vergleiche und Aussöhnungen statt, z. B. mit denen von Langela durch die Quedlinburger. Ulrich von der Nesse mit seinen Knechten, im Solde der Stadt, that unter Andern auch dem Erzbischofe Konrad von Mainz, dem Landgrafen von Hessen ꝛc. Bewahrung; dagegen wurde ihm durch die Nordhäuser ein Friede (Waffenstillstand) mit den Herren von Querfurt vermittelt. — — Außer einer Anzahl Sühnen wird zum Jahr 1431 noch erwähnt, daß am Sonntage nach Jacobi (29. Juli) dem Abgesandten der Stadt Nordhausen an den Freigrafen und den Landgrafen von Hessen (in der Kirchhofschen Sache), dem Hauptmanne von Mühlhausen und Hartmann Müller unterwegs mit ihren Knechten auflauerten der edle Burghart von Pappenheim und Andre (darunter auch Kurt Berchte) und daß sie dieselben aufhängen

*) unter dessen Schutz sich K. Berchte und G. Kirchhof auch 1432 zu Kassel befanden.

wollten. — (Am 8. Aug. 1431 hat zu Hüttenrode der gefangene H. Breitenbach ausgesagt, daß Ludolf Lorf Theil genommen hat, als die Siechenkirche zu Nordhausen aufgebrochen und daraus Kelche und Meßgewand gestohlen wurden.)

Im Jahre 1432 wurde von zahlreichen Helfern der Stadt Nordhausen dem Kurt Berchte und dem Gerke Kirchhof und ihren Helfern Fehde angekündigt, so wie auch diese Fehdebriefe nach Nordhausen sendeten. Außer einigen Sühnen, Verträgen und andern Ereignissen wird gemeldet „ein gütliches Stehen" (Waffenstillstand) mit Gerke Kirchhof auf vier Wochen und die Uebersendung eines königlichen Briefes für Nordhausen an den alten Apel Kirchhof zu Weißensee, an den Freigrafen Hans Fegestock zum Wolfhain und an den Landgrafen von Hessen zu Kassel. — Diese Verhandlungen führten noch nicht zum Ziele; denn am Sonntag Lätare (22. März) 1433 überfielen bei Nacht Kurt Berchte, Gerke Kirchhof und Klaus Haferung selbacht zwei nordhäusische Wächter „den Hans Bierrufer mit der einen Hand und den lahmen Helwig" auf dem Graben hinter den Barfüßern in dem Häuschen und ermordeten sie, indem sie ihnen die Kehle abschnitten. Auch haben dieselben mit ihren Leuten zwischen Witzenhausen und Allendorf Hans Kleinschmidt von Duderstadt ermordet.

In demselben Jahre 1433 kündigte wegen Berchte's und Kirchhof's der Bischof Magnus von Hildesheim Feindschaft an, desgleichen wegen des Bischofs die Herzoge Otto und Friedrich von Braunschweig, die Grafen von Hoya Albrecht und Otto und viele Andre. Ein Bote der Nordhäuser wurde auf der Straße geplundert. Am Donnerstage nach Laurentii (13. Aug.) brannten G. Kirchhof und Klaus Haferung bei Nacht die Werthermühle ab. — Mit dem Grafen Bodo von Stolberg „vertrug" man sich auf ein Jahr. — Montags nach Bartholomäi (31. Aug.) liehen die Nordhäuser den Halberstädtern ihre „Hofleute" mit 12 Pferden: auch der Kriegsmeister Heinr. Wechsung war dabei. Mit dieser Hülfe dienten die Halberstädter den Magdeburgern und Zerbstern gegen die Brüder Heinr. und Friedr. von Byern, deren Schloß Stochern eingenommen wurde. — Suhne mit denen von Schwichelde, Waffenstillstand mit dem Bischofe von Hildesheim bis heil. drei Könige des folgenden Jahres u. s. w.

Donnerstags nach Estomihi (11. Febr.) 1434 kamen Kurt Berchte und Gerke Kirchhof mit 110 Pferden des Nachts vor den Töpfern, verbrannten einen Kofen und „Swinstegen" und andere Häuser und nahmen M. Landgraf ein Pferd. — Verschiedene Fehde- und Sühnebriefe wurden ausgestellt. — Freitags in der Pfingstwoche (20. Mai) schossen K. Berchte und G. Kirchhof mit ihren Helfern bei Nacht und Nebel mit 14 Feuerpfeilen Feuer in die Stadt vor dem Hagen bei dem Marstalle. — Der Stadthauptmann Wedekind von Uslar nahm Reinhart Ruschendorf gefangen. — Ludolf von Aldershausen d. J. und andre Edelleute halfen dem K. Berchte mit Raub und Mordbrand gegen die Stadt. — Außer andern Kriegs- und Friedensverhandlungen wird gemeldet, daß Berlt von Hanstein einen nordhausischen Diener zu Kreuzebra und Hans von Schwichelde den Nordhäuser Joh. Förer zu Wasserleben gefangen nahmen. — (Eodem anno inceptus et completus est novus seps in figulis propterea quod Curd berchte et Gerke kerchoff, Claus Hafferung et eorum complices combusserunt istos figulos quinta ante Invocavit [11. Febr. 1434] post mediam noctem propter Johannem kerchoffen eorum fratrem suspensum propter furtum porpetratum in consistorio anno domini MCCCCXXVIII quinta post conceptionis marie" [8. Dec.]. — Am S. Bonifaciustage (5. Juni) 1434 wurde der Brunnen auf dem Königshofe fertig, der 300 Gulden kostete. — Ein Scheffel Weizen kostete 14 f. [fertones]. —) — — Am 27. Nov. 1434 schlossen Herzog Otto von Braunschweig, des verstorbenen Herzogs Friedrich Sohn, und der Rath der Stadt Eimbeck mit dem Rathe der Stadt Nordhausen ein Bündniß zur Theilnahme an der Fehde jener gegen den Ritter Albrecht Bock (vgl. unten).

Im Jahr 1435 wurden unter andern einem Bürger auf der Landstraße zwei Pferde abgenommen, und am Dienstage nach Jubilate (10. Mai) haben Friedrich Ruckenkerl und Klaus Haferung nebst Dietr. Osterhain einen nordhäusischen Kramermeister bei dem Mönchhofe der Rumburg bei Kelbra ermordet und ihm Hände und Füße abgehauen. — Als am Sonntage vocem jucunditatis (22. Mai) der Herzog Otto von Braunschweig zu Herzberg nebst denen von Eimbeck mit einer „Heerkraft" vor „Grene" (Grona) zog, waren von den Nordhäusern als Bundesgenossen 26 Pferde dabei und es wurde denselben ein „Diener" (Söldner) Kurt Segebode von Göttingen vor der Festung erschossen; derselbe wurde zu Eimbeck begraben. — Mehrere Sühnen kamen zu Stande, besonders durch den Herzog Otto von Braunschweig, doch auch neue Fehden wurden angekündigt. — Am Dienstage S. Matthäi Abend (20. Sept.) wurden von K. Berchte, G. Kirchhof und Kl. Haferung, ihren Knechten und vielen andern Helfern eine Mahlmühle und eine Oelmühle des Dietrich Badung und eine Walkmühle des Kurt Welker an der Salza abgebrannt und 5 Stück Tuch geraubt. — — Die Mühlhäuser kündigten denen von Schwichelde und andern Feinden der Nordhäuser (Jan von Oberge rc.) um dieser willen Fehde an, so auch der edle Herr Gebhard von Querfurt, welcher am 15. Nov. ein Bündniß zu dieser Fehde mit den Nordhäusern schloß. — Am Freitage vig. Elisab. (18. Nov.) zogen die Nordhäuser mit den „Hofleuten" der edlen Herren von Heldrungen und von Querfurt, zusammen 150 Pferde und 300 zu Fuß, gegen die von Schwichelde, fielen in das Gebiet von Wiedela und verbrannten daselbst die Dörfer Lengede und Lochten. Davon verbrannten sie einen Theil und „dingeten" (brandschatzten) den andern um 20 Gulden, nahmen auch 59 Schweine weg, wovon die Nordhäuser 24 bekamen, die sie für 65 Gulden hingaben; doch 11 Stück verloren sie auf der Heimkehr um den Harz, als man zu Ufftrungen übernachtete. Bei denen von Schwichelde waren die Bürger der Neustadt, Wernigerode, die Männer von Roschenrode, Dreflingerode, Trübeck, Olderode u. A.

Auch im Jahre 1436 fehlte es nicht an angekündigten Fehden und einzelnen Sühnen, meistens in Beziehung auf Kurt Berchte rc. — Am Freitage nach Johanni (29. Juni) wurde der Burger Berlt Greve, welcher zu Frankenhausen Salz geholt hatte, bei Auleben erschlagen und sein Pferd genommen von Klaus Haferung und andern Freunden Kirchhofs und Berchte's. — Am Donnerstage vor Michael (27. Sept.) zu Mittag kam unbewahrt seiner Ehre (ohne

Ankündigung der Fehde) um Berchte's willen, der ihm dafür 200 Gülden gegeben haben soll, Herzog Heinrich von Braunschweig und Lüneburg mit seinen Helfern und mit 400 Pferden vor die Stadt. Ein Haufe rannte vor das Töpferthor, der andre vor das Altenthor. Sie trieben das Vieh hinweg über Bielen und Görsbach, wovon aber viel am Steiger und im Harze stehn blieb und daselbst gestohlen und gefressen wurde. — — Ueber einen wichtigen Streit der Nordhäuser mit den Grafen von Schwarzburg, von Stolberg und von Honstein, welcher bis gegen das Ende des Jahrhunderts mehrmals erneuert wurde, giebt ein Schreiben des Kaisers Sigismund an den Kurfürsten Friedrich von Sachsen, gegeben zu Prag am Sonnabend nach S. Lucien (15. Dec.) 1436 (nicht 1426, wie Lesser sagt, der das Schreiben S. 492 irrig dem Kaiser Friedrich zuschreibt) gute Auskunft. Der Kaiser meldet darin dem Kurfürsten, daß der Rath und die Bürger der Reichsstadt Nordhausen ihm geklagt haben, wie die Grafen Heinrich von Schwarzburg, Bodo von Stolberg und Heinrich und Ernst von Honstein die freie Reichsstraße um Nordhausen verhindern, und den Bürgern ihre Nothdurft an Getreide, Holz, Kohlen und dergleichen zuzuführen verbieten, wie auch die Grafen von Stolberg und von Honstein Eingriff thun in die Angelegenheiten der zwei Nonnenklöster in den Vorstädten von Nordhausen, zum Nachtheile der Stadt. Der Kaiser hat deshalb an die Grafen geschrieben, daß sie die Nordhäuser nicht mehr gewaltsam bedrängen sollen, sondern ihre Ansprüche gerichtlich oder durch gütliche Verhandlung bestimmen lassen. Er sendet dieses Schreiben an den Kurfürsten und fordert denselben auf, sich der Sache anzunehmen, damit die Nordhäuser und das Reich in ihren Rechten nicht gekränkt werden.

Zum Jahre 1437 wird außer verschiedenen andern Verhandlungen, Fehde- und Sühnebriefen bemerkt, daß der nordhäusische Rath Schiedsrichter sein sollte zwischen dem Herzoge Otto von Braunschweig und dem Grafen Ulrich von Reinstein. — Am 27. Oct. überfielen Herzog Heinrich von Braunschweig und seine Leute mit K. Berchte, Kl. Haferung und Anderen 100 Pferde stark hinter Auleben die zum Jahrmarkte nach Frankenhausen ziehenden Nordhäuser, und verfolgten den nordhäusischen Hauptmann und dessen Leute, die auf den Kirchhof und in die Kirche zu Badra flohen, und deren drei gefangen wurden. — (Der 20. Nov. 1437 war der Tag, an welchem der Bischof Burkhard von Halberstadt *) mit seinem ansehnlichen Heere, nachdem er in der goldnen Aue geplündert hatte, bei Uftrungen in den Hinterhalt des Grafen

*) Wie Spangenberg (Mansf. Chr. 376 b) erzählt, hatten die Nordhäuser den Bischof gewarnt und sich erboten, wenn er mit seinen Gefangenen und den Wagen, auf welchen er die reiche Beute mit sich führte, die er auf seinem Plünderungszuge in dem Gebiete der Grafen von Honstein gemacht hatte, bei ihnen einkehren wollte, ihn nicht allein gern zu beherbergen, sondern auch am folgenden Tage mit gegen den Grafen von Honstein anzuziehn und ihn auf einer andern Straße in sein Gebiet zu geleiten. Der Bischof verachtete die Warnung und fiel nun auf dem Zuge durch das stolbergische Gebiet in den Hinterhalt bei Uftrungen, welchen der Graf von Honstein mit stolbergischer und schwarzburgischer Hülfe ihm gelegt hatte. Vgl. Casp. Abel III, 563 (Chron. Ascan.).

Heinrich von Honstein und seiner Helfer gerieth, und daselbst, in dem davon genannten Todtenwege zwischen Urbach und Rottleberode, geschlagen und selbst in der Hüfte schwer verwundet wurde.) — Am 6. Dec. in der Abenddämmerung ließ Graf Heinrich von Honstein zu Klettenberg vor der „Taffern" (Schenke, taberna) einen armen nordhäusischen Bürger Nic. Harnischmacher ohne Urtheil und Recht, wie es heißt, aufhängen, indem Walter von der Werna selbst Hand an ihn legte und Kl. Homodder ihm den Strick umlegte. — — Am 20. Oct. 1438 verglich auf dem Walkenrieder Hofe zu Nordhausen der Abt Nicolaus von Walkenried den Propst Henning, die Aebtissin Mechtild und den ganzen Convent des Klosters Waltingerode (bei Goslar) mit den Nordhäusern und deren Helfern wegen des Schadens, den diese ihren Klosterleuten in der Fehde mit denen von Schwichelde zugefügt hatten.

Am 12. Jul. 1440 haben Kurt Berchte und Klaus Haferung mit ihren Helfern die nordhäusischen Bürger Dietr. Wiegand und Klaus Omel, als dieselben, um Ablaß zu erlangen, zu S. Margarethe und Volkmar wallfahrteten, jämmerlich ermordet. Zu derselben Zeit haben sie drei Andere, Kl. Borghard, G. Koch und Spirung gefangen hinweggeführt, doch ist dabei ein Helfer Berchte's todt geblieben und vor dem Altenthore begraben worden. — Am 23. Sept. Freitags nach Mauritii (nicht nach Martini) erließ der Rath einen „Oberbewahrungsbrief" an den Rath und die Bürger von Braunschweig, welcher bei Lesser S. 485 ungenau abgedruckt ist, und einen solchen auch der nordhäusische Hauptmann Berlt von Westernhagen. Ein zweiter Bewahrungsbrief an die Braunschweiger wurde ausgestellt am 31. Oct. — Sühne mit K. von Schwichelde.

Am Sonntage am 22. Jan. 1441 ritt der nordhäusische Stadthauptmann B. von Westernhagen mit Chrn. Queckborn, Kl. und Thiele Haferung und andern Bürgerssöhnen aus, um eine Jungfrau (Braut) von Bleicherode zu holen. Nun hatten Kurt von Alten, Joh. Busicke, der junge Hans von Schwichelde mit ihren Knechten, dreißig an der Zahl, ferner der Marschall des Grafen Heinrich von Honstein zu Lohra und Heinrich von Stockhausen vor der Burg Lohra 4 Tage und 3 Nächte gelegen, nachdem sie schon 2 Tage zu Klettenberg gewesen. Diese überfielen die Nordhäuser zwischen beiden Rolsdisleben (Oberdorf und Mitteldorf), und jagten dieselben nach Nieder-Roldisleben, wo die Verfolgten auf den geweihten Kirchhof flüchteten. Hier tödteten jene Kl. von Haferungen, nahmen den Jungen des Hauptmanns gefangen und erbeuteten 5 Pferde. Dagegen erschossen der Hauptmann und die Seinigen den jungen Hans von Schwichelde und einen Knecht, und verwundeten Mehrere. Dieser Angriff geschah ohne Bewahrung der Ehre (ohne Absagebrief), obgleich Nordhausen mit den Grafen von Honstein in Friede und Bündniß stand — Am Sonnabende nach Lätare (1. Apr.) stellte Ulrich von der Nesse (als Stadthauptmann) und drei Andre Fehdebriefe aus an den Herzog Heinrich von Braunschweig wegen K. Berchte's und G. Kirchhof's und ihrer Freunde in Gegenwart des Rathsmeisters Dr. j. Dietr. Forst, der (3) Vierherren und der (3) Kriegsmeister, des Oberschreibers und zweier Thorknechte. — — Am 22. Aug. kamen „unverwahrtes Dinges" (ohne Ankündigung der Fehde) vor die Stadt gerannt die Vettern Heinrich und Kurt von Hanstein, Ernst von Uslar und

Dietrich von Stockhausen mit ihren Helfern, wol 150 Pferde, und nahmen etwa 16 Bürger gefangen mit sich hinweg, sammt Kühen, Schweinen und Pferden. Dabei wurde auch ein armer Bürger todtgeschlagen. — Dieselben kamen auch am 10. Oct. des Morgens im Nebel vor den Grimmel, nahmen einen Bürger mit seinem Pferde gefangen und führten noch 6 Pferde der Bürger fort. — Nach jenem Ueberfalle am 22. August hatte der Rath am 19. Sept. viele Fehdebriefe ausgefertigt, zunächst an H. und K. von Hanstein und deren Väter Werner und Berlt, aus deren Burg jene ausgezogen und wohin sie zurückgekehrt waren, an E. von Uslar und dessen Brüder Burghard und Hans, aus deren Burg jener gekommen war, an B. von Stockhausen, Hans von Hardenberg und Andre. Dem Erzbischofe Dietrich von Mainz, dem Lehnsherrn der Herren von Hanstein, sendete er an demselben Tage einen Oberbewahrungsbrief (ungenau abgedruckt bei Lesser S. 486). Gleiche Bewahrungsbriefe gingen ab an Friedrich, Berlt und Kurt von Rengelderode und an deren Söhne Heinrich, Dietrich, Hermann und Ludwig und an viele Andre (die Brüder Ditmar und Heinrich von Hanstein, die von Gerwershausen, von Eschwege, von Kerstlingerode, von Winzingerode, von Bula u. s. w.), endlich auch an den Rath der Stadt Göttingen. Bewahrungsbriefe erließen auch der Stadthauptmann Ulrich von der Nesse und seine Gesellen und Knechte, Friedr. Kober, Jac. Symon, Heinr. Winike, Hans Schwidershausen, Hans den uns Gott gab und Heinr. von „Tyne" (Deuna). Auf Bitten des Landgrafen von Hessen und Andrer wurde eine Anzahl Ortschaften „geveiliget" (außer der Fehde und in Sicherheit erklärt).

Am 10. Febr. 1442 nahmen Hans Tichtern, Hans Wechsung und Herm. Freitag dem nordhäusischen Bürger Klaus Wolf unter dem Konsteine gewaltsam 4 Pferde weg, nachdem sie an demselben Tage aus der Stadt gegangen waren und einen Brief geschrieben hatten wegen einer Schuld, die sie an die Nordhäuser zu haben glaubten. Dem Herm. Freitag wurde bald auf Fürbitte Sühne gegeben, doch unbeschadet der Ansprüche des Kl. Wolf für dessen Verlust. — Dienstag nach Lätare (13. März) Bewahrung an Heinr. und Dietr. von Hardenberg wegen Fehde der Stadt mit Hans von Hardenberg. — Montags nach Himmelfahrt (17. Mai) haben Apel Böttcher, Hans von Hain, welchem der Graf von Honstein die Ohren abgeschnitten hatte, und vier andre Gesellen „unbewartes Dinges" zwei arme nordhäusische Bürger, den blinden Heinr. Kleinschmidt und Kurt Linse d. Ae., jenen am Steiger an einen Baum gehenkt, diesem daselbst eine Hand abgehauen. — Am 11. Jul kamen Ernsts von Uslar Knechte, G. Eichenberg, zwei von Hardenberg und Klaus Haferung mit 20 Pferden vor die Stadt gerannt und verwundeten auf dem Hohenrode (auf der Anhöhe über dem Kuchengarten) zwei Bürger und einen auf dem Grimmelthore. — Am 3. Sept. rannten mit 108 Pferden vor die Stadt Ludolf und Hermann von Oldershausen zu Westerhofen, zwei von Lücheim, zwei von Spaden, drei von Oberge, Hans von Hardenberg, zwei von Rutenberg, die von Borthfeld und Hildebrand von Salder, Bruno von Linden zu der Staufenburg, Hilmar von Homberg zu Schladen, Kurt von Spaten zu Waldenstein mit ihren Knechten. Sie nahmen einen Bürger, Heinrich Bruchterode gefangen und den Wofleber Schreiber Matthias Rugefuß, und trieben des Klosters im Altendorfe Vieh hinweg nebst 15 Kühen der Bürger und den Schweinen des Barfüßerklosters, und schossen 2 Pferde. Einem der Thäter, Henze mit der bösen Ehe, wurde am Freitage nach Martini (16. Nov.) die Sühne zugestanden, als er seinen Antheil am Raube, 2 Schock, zurückgegeben und der Stadt nicht mehr zu schaden gelobt und beschworen hatte. — Die Barfüßer erhielten die Erlaubniß des Rathes zu Verfolgung der Räuber ihrer Schweine mit geistlichem Gerichte. — Am 17. Aug. 1442 war der nordhäusische Bürger Hans Lorenz in Frankenhausen gewesen und hatte einen Karren Salz geladen, auch Zoll und Geleit davon gegeben; dennoch wurde er auf der Rückreise zwischen der Falkenburg und Thalheim von Klaus Haferung und Rußworm seines Pferdes beraubt und durch den Leib geschossen und geschlagen, so daß er es kaum überstand.

Am 7. Mai 1443 kündigte der Rath denen von Olderhausen und Andern die Fehde an, so auch der Stadthauptmann Hans von Bula und seine fünf Leute. Sie erließen ferner Oberbewahrung an die Herzöge Otto, Heinrich und Ernst von Braunschweig, die Söhne des verstorbenen Herzogs Erich, und an Gerhard von Hardenberg. Dagegen kündigten den Nordhäusern Aschwin von Bortfelde und viele Andere um der von Olderhausen, auch der von Hardenberg willen die Feindschaft an. — — Ohne Zweifel war es ein längst gewünschtes Ereigniß, daß am 4. Aug. 1443 durch die Grafen von Schwarzburg eine „Richtung" (ein Vergleich) und eine Sühne eingeleitet und endlich zu Stande gebracht wurde zwischen der Stadt Nordhausen und den Kirchhof, Kl. Haferung, Rußworm, Heinrich Berchte, Apel Böttcher und allen ihren Genossen. In einer Urkunde von diesem Tage bekennen Graf Heinrich von Schwarzburg Herr zu Arnstadt und Sondershausen und sein Sohn Graf Heinrich, daß sie als von den Parteien erkohrne Schiedsrichter alle Zwietracht, Fehde, Raub, Todtschlag rc. zwischen dem Rathe und den Bürgern von Nordhausen auf der einen Seite und den Erben und Nachfolgern der verstorbenen Hans und Apel Kirchhof, nämlich Gerke Kirchhof, Bernhard „Swellinberge", seiner Ehefrau Else Berchte, der Tochter Apel Kirchhofs, ihren Kindern, Klaus Haferung und ihren Freunden und Helfern auf der andern Seite gänzlich beigelegt haben. Die Nordhäuser sollen dem G. Kirchhof wiedergeben den „Sedilhof," in welchem sein Vater Apel Kirchhof gewohnt hat, mit allen Pressen, Spannbetten und Hausgeräthe, welche jetzt darin sind, und die seinem Vater gehörten, so auch dessen ehemaligen Weingarten mit den Früchten darin, und alle Aecker und Feldgrundstücke, soviel davon der Rath noch nicht verkauft hat. Für die verkauften 72 Morgen Landes soll der Rath dem G. Kirchhof 216 Schock alter meißnischer Groschen zahlen. Was etwa versetzt oder verpfändet ist, sollen G. Kirchhof und seine Freunde selbst lösen. Ferner soll G. Kirchhof zurückbekommen seines Vaters Teichhof und Gewandkammern, sowie das Kirchhofsholz und alle Erbzinsen, und was die Bürger und Einwohner von Nordhausen dem A. Kirchhof schuldig waren und noch nicht gezahlt haben: das soll binnen einem Jahre an G. Kirchhof und seine Erben gezahlt werden. So soll die Sache von Hans Kirchhof und dessen Vater Apel, von Gerke Kirchhof, Kurt Berchte, dessen Frau und Kindern, allen Kindern Apel Kirchhofs und ihren Erben völlig gerichtet sein. — Auf diese Weise endigte der sogenannte Berchtenkrieg. — Eine Fehde mit den Herren von Osterode und ihren Helfern im Jahre 1443 wurde bald beigelegt. — Auch Hans Rußworm nahm die Bewahrung, welche er mit Heinrich Stockhausen um Gerke Kirchhofs, der Else Berchte und ihres Sohnes Hans willen noch 1444 gethan hatte, bald zurück. — Mit Heinrich von Hanstein brachte Berlt von Westernhagen eine Sühne zu Stande. — Am 5. Jan. 1444 nahmen die Grafen Heinrich d. Aelt. und Heinrich d. J. von Schwarzburg, Herren zu Arnstadt und Sondershausen, und Graf Botho von Stolberg Herr zu Wernigerode die Stadt Nordhausen nach einer ausführlichen Urkunde für jährlich 200 Gulden auf 4 Jahr in ihren Schutz. — — Eine 1446 angekündigte Fehde scheint unbedeutend gewesen zu sein. — — Nachdem der Graf Heinrich von Honstein schon 1443 einen Waffenstillstand zwischen den Nordhäusern und ihren Feinden denen von Olderhausen und von Hardenberg und den Helfern derselben vermittelt hatte, brachte er es auf einem Tage zu Scharzfeld am Freitage vor Palmen (31. März) 1447 zwischen den Streitenden dahin, daß beide Theile ihn als Schiedsrichter erkannten, indem ihm jene Gegner der Nordhäuser ihre Klagen und Beschuldigungen in 14 Tagen schriftlich, darauf wieder in 14 Tagen die Nordhäuser ihre Antwort einreichen sollten. Einstweilen sollte bis auf den Tag nach Pfingsten Friede (Waffenstillstand) sein. — Hans Müller, der mit den von Olderhausen und Aschwin von Schwichelde am Dienstage vor Palmen (28. März) den Nordhäusern Schaden zugefügt, Albrecht und Hans Fürer gefangen, Hermann Rauendorf 4 und Starke 1 Pferd genommen hatte, wurde mit in jenen Waffenstillstand gezogen. Jener A. von Schwichelde hatte, ohne seine Ehre zu bewahren (ohne Absage- und Fehdebrief), die meisten Theilnehmer zu dem „Hassewerke" gebracht. — Der Bruderkrieg zwischen den Söhnen Friedrichs des Streitbaren von Sachsen, dem Herzoge Friedrich dem Sanften und Wilhelm (III.) von Thüringen 1447, der u. a. Mühlhausen und Erfurt hart traf, scheint Nordhausen nicht so sehr betroffen zu haben. — Das Jahr 1448 hat einige Fehden, Sühnen, Waffenstillstand. — Am Montage nach Walpurgis (5. Mai) 1449 kamen einige Männer mit Waffen und „geladener" Armbrust vor das Grimmelthor gelaufen und schossen einen Knecht durch das Bein. — Wilhelm Meysenbuch mit seinen Knechten, Helfern und Helfershelfern wurde 1449 Nordhausen feindlich. Unter den Helfern werden genannt Georg, Gottschalk und Busse von Buchenau, Hans, Friedrich und Konrad von der Tanne, Heinrich von Ursa, Kurt von Romerad und Otto von Boyneburg. — Fehde und Waffenruhe mit Hans Bock und Andern. — Schon im Anfange des Jahres, am 5. Jan. 1449, gelobte in einer Urkunde der Graf Heinrich von Honstein Herr zu Lohra und Klettenberg Nordhausen zu vertheidigen, wenn etwa die von Winzingerode die Stadt befehden sollten, indem die Aussöhnung mit diesen nicht erfolgt sei, wie doch mit denen von Olderhausen und Mitzschefal wegen der Sache der „seligen Frau von Rotenberg."

Am 24. Febr. 1451 stifteten auf einem Tage zu Quedlinburg die Abgeordneten der Stadt Nordhausen Kurt Domus und Kersten Koch zwischen den Städten Aschersleben und Quedlinburg und Gottschalk von Veltheim, der um seinetwillen und wegen seines Vaters jenen Städten feindlich war, einen Vergleich und Frieden. — Am 20. Mai 1451 erwirkte auf einem Tage auf dem Oberfelde unter Scharzfeld Graf Ernst von Honstein eine Aussöhnung der Nordhäuser mit den Herzögen von Braunschweig Heinrich, Ernst und Albrecht zu Grubenhagen wegen des Schadens, welchen diese Herzöge und Herzog Friedrich, Wilhelms Sohn, mit ihren Helfern gethan hatten, indem sie ohne Ankündigung vor die Stadt rannten, die Schweine des Martinihospitals wegnahmen und Berlt Schließer mit seinem Pferde gefangen hinwegführten &c. Die Herzöge sollten die Gefangenen losgeben und wegen des Schadens thun nach dem Ausspruche des Grafen, auch die Stadt nicht wieder befehden ohne vorhergegangene Bewahrung. — Hermann Wacker nahm „unbewahrt" bei Kirchberg einem Bürger sein Pferd und Geräth und führte sie nach Hardenberg. — In diesem und dem folgenden Jahre nahm Nordhausen Theil an dem Kriege gegen die übermüthigen Thüringischen Vasallen, die Vitzthume. Am 24. Nov. 1451 erließ der Rath Bewahrungs- und Fehdebriefe an Apel, Busse und Bernhard Vitzthum in Folge wiederholter Aufforderung des Landgrafen von Thüringen, Herzogs Wilhelm von Sachsen Markgrafen von Meißen, so wie der Erfurter, mit welchen Nordhausen im Bunde und in engen Verhältnissen stand, und welche die Vitzthume bekriegten, weil dieselben Gesandte des Herzogs von Burgund an den Herzog Friedrich von Sachsen gefangen genommen, auch Bürger von Erfurt gefangen, geschlagen und beraubt hatten. Die Vitzthume unterlagen und der Landgraf eroberte und zerstörte mehrere feste Burgen derselben — — Zu den Jahren 1452 und 1453 werden auch einige Fehdebriefe und Sühnen erwahnt. Einem Bürger wurden bei Görsbach von Wegelagerern 12 Stück Tuch genommen. — — Am 18. Febr. 1454 nahm Hans von Hardenberg mit seinen Helfern im Walkenrieder Forste fünf nordhäusischen Bürgern, welche Holz holen wollten, 20 Pferde. Darauf machte Graf Ernst von Honstein ein „gütlich Stehen" zwischen H. von Hardenberg und den Nordhäusern, um die Sache beizulegen. — Zwei Bürger wurden gefangen, darauf auch ein Bürger bei „Alden-Northusen" im Felde getödtet und ihm das Pferd und Geld abgenommen; ferner wurden bei Haserungen 2 Pferde genommen. — Noch einige Fehden, Sühnen und Verhandlungen werden erwähnt. — — Die Händel mit den Grafen von Schwarzburg und das Schreiben des Kaiser Friedrich III. gehören nicht in das Jahr 1455: dieses Schreiben (bei Lesser S. 488 ff.) ist vom Jahre 1465 (nicht 1455). — — Im August 1455 wurde der Streit mit den Herzögen von Braunschweig und Grubenhagen beigelegt. Dieselben sollten 3 genommene Pferde zurückgeben. — Mit Hans von Hardenberg fand am Sonntage nach heil. 3 Kön. (10. Jan.) 1456 eine friedliche Verhandlung statt. — Außer einer andern Verhandlung wurde am 12. Apr. 1456 auf einem Tage zu Osterhagen von dem Grafen Heinrich von Schwarzburg ein „gütlich Stehen" gemacht zwischen Herzog Albrecht von Braunschweig und den Nordhäusern in der Sache Klaus Engelken's, in welches die Göttinger und Nordheimer mit eingeschlossen wurden. — In demselben Jahre kündigten Eckard und Heinrich von Bodenstein und sehr viele Andre den Nordhäusern Fehde an. — Die Sühne mit denen von Bodenstein kam 1456 durch den Grafen Heinrich von Schwarzburg zu Stande.

Am 30. Juni 1458 nahm Kersten von Berga hier in der Hundgasse unter dem falschen Vorgeben, als ob es mit Bewilligung des Rathes geschähe, einen „Evangelier" Dietrich von Ranzesdorf gefangen und führte ihn nach Bennungen, wo er drei Tage gefangen blieb. — An demselben Tage sendete der Rath dem Ritter Hans von Jüne und den Brüdern Bernhard und Lamprecht von Stockhausen auf der Bramburg Fehdebriefe, ferner Hans von Gladebeck, Haas von Falkenberg; den Herzögen Heinrich und Otto von Braunschweig (zu Uslar) sendete er aber wegen H. von Jüne einen Oberbewahrungsbrief (ungenau abgedruckt bei Lesser S. 490 f.), desgleichen auch an die Herzöge von Braunschweig, Wilhelm d. Ae., Friedrich und dessen Sohn Wilhelm. Der Landgraf von Thüringen Herzog Wilhelm von Sachsen Markgraf von Meißen hatte die Nordhäuser zum Zuge gegen den H. von Jüne und die von Stockhausen, aufgefordert, weil diese thüringische Unterthanen geplündert und gefangen genommen hatten. Dieser Fürst zog nun mit Hülfe seiner Verbündeten der Grafen Heinrich von Schwarzburg, Heinrich von Stolberg und Adolf von Nassau und der Städte Erfurt, Mühlhausen und Nordhausen vor das Schloß Jüne. Der Besitzer entkam, das Schloß wurde zerstört (am 6. Juli?) Darauf wurde die feste Bramburg beschossen und (am 11. Juli?) erobert. Die gefangene Besatzung von 58 Mann wurde theils gehenkt, theils nach Weimar geführt, das Schloß geplündert und verbrannt. Auf einem Tage zu Gotha wurden denen von Stockhausen Bedingungen und Buße wegen ihrer Frevel gegen thüringische und mainzische Unterthanen und Bürger aufgelegt. Vgl. Spangenberg, Mansf. Chron. 389b und P. Jovius (Götze) Schwarzb. Chron. S. 534. — Am 13. Jan. 1460 geloben urkundlich die Grafen Heinrich von Schwarzburg Herr zu Arnstadt und Sondershausen und Heinrich von Stolberg und Wernigerode die Stadt Nordhausen für jährlich 200 Schock alter Groschen, wovon 1 Groschen „3 Pfennige" gilt, auf 4 Jahr in ihren Schutz zu nehmen. — — Am 14. Oct. 1461 kündigt Kurt von Boyneburg den Nordhäusern die Fehde an wegen einer Forderung, die Heinrich Hesse an die Nordhäuser machte; so auch H. Hesse selbst und seine Helfer. — Zu Michael desselben Jahres schalt Hans Spiring zu Leipzig und auch zu Stolberg den nordhäusischen Rath: sie wären rechte Löffel; er wollte den Nordhäusern wehe thun und sie drängen, härter als sie ihn gedrungen hätten. — Am 25. Februar 1463 Vormittags wollte Friedrich von Sundhausen wider des Rathes Befehl auf seinem Wagen Geräthe, welches mit Arrest belegt („verkummert") war, aus Heinrich Mühlhausen's (Molhusen) Hause führen. Darüber entstand ein Auflauf, indem ein Betheiligter „Ziether" schrie (das Zetergeschrei erhob). Da flüchteten der von Sundhausen und die Seinigen in die Kirche S. Nicolai. Nach Verhandlungen mit dem Rathe mußte von Sundhausen und seine Söhne Urfehde schwören und versprechen, mit „Gleveningen" (Lanzenreitern) 20 Meilen um die Stadt auf seine Kosten zu dienen. — — Die Aufzeichnungen in dem Fehde- und Sühnebuche, der Hauptquelle für die kriegerischen Ereignisse im 15. Jahrhundert, werden nun mangelhafter und unterbrochen, bis sie gänzlich aufhören, so daß wir von manchem hieher gehörigen Ereignisse nach 1470 gar keine Nachricht haben. — Am Sonntage Jubilate (1. Mai) 1463 jagten Hans Kelner aus Gr. Werther, sein Sohn und Schwiegersohn und Hans Becker aus Kl. Werther in der Neustadt mit Mordgewehr zwei Kupferschmiedegesellen und hieben den einen in den Arm. Kelner warf auch einen Wächter mit einem Steine. Sie hieben in das Thor und schlugen und stachen nach den „Nachbarn" auf dem Sande, als man das Thor vor ihnen zuschlug. — Hans Stutzebock von Gr. Werther verwundete und schlug einen Bürger „zwischen den Siechenthoren". — — Mehrere kündigten 1463 und 1464 Fehde an.

In den Jahren 1464—66 führten die Grafen von Schwarzburg und von Stolberg einen ernsten Streit mit Nordhausen, indem sie einige landesherrliche Rechte im Gebiete dieser Reichsstadt in Anspruch nahmen, die Grafen von Schwarzburg zunächst im Sundhäuser Felde, die Grafen von Stolberg (seit 1413 im Besitz des Hauses Honstein, der Stammburg der honsteinischen Grafen, mit Zubehör — dem Amte und der eigentlichen alten Grafschaft Honstein —) im Töpferfelde und über das Kloster Neuwerk am Frauenberge (wie die Honsteiner als Besitzer der ehemaligen Grafschaften Klettenberg und Lohra an der westlichen und nordwestlichen Grenze und selbst im Stadtgebiete sich geltend machen wollten und auf das Nonnenkloster im Altendorfe als auf eine honsteinische Stiftung Ansprüche zu haben glaubten).

Der Streit mit jenen Grafen mag zunächst durch eine wichtige zeitweilige Erwerbung der Nordhäuser veranlaßt worden sein. Nach einer Urkunde vom Pfingstabende (19. Mai) 1464 kaufte der Rath von den Grafen Ernst und Hans von Honstein, Vettern, das Halsgericht (die peinliche Gerichtsbarkeit, die Reichsvogtei) zu Nordhausen wiederkäuflich, doch auf 10 Jahr, für 400 rheinische Gulden. Nun wollte der Rath diese Gerichtsbarkeit nicht bloß in der Stadt, sondern auch vor derselben, sammt dem Jagd- und Befestigungsrechte rc. üben. Da begannen die schwarzburgischen und stolbergischen Grafen den Streit, indem sie behaupteten, das Gericht vor Nordhausen (doch wol die alten gräflichen — klettenbergischen und honsteinischen — Landgerichte vor den Thoren der Stadt) käme ihnen zu sammt den dazu gehörenden Nutzungen und Rechten in der Stadtflur. Die Nordhäuser, von den Grafen gedrängt, wendeten sich Hülfe suchend an den Herzog Wilhelm von Sachsen, Landgrafen von Thüringen, ihren Schutzherrn, welcher auch das Schultheißenamt (d. i. das bürgerliche Gericht nebst Geleit, Zoll und Münze) in ihrer Stadt vom Reiche zu Lehn trug (damals indessen verpfändet). Dieser Fürst veranstaltete hier in Nordhausen persönlich einen Tag (eine Zusammenkunft und Verhandlung) am Sonnabende nach der Octave des Fronleichnamstages (9. Juni 1464? vgl. P. Jovius, Schwarzb. Chron. bei Schöttg. und Kreysig S. 544 ff.). Beide Theile, die Grafen und die Stadt, erkannten den Herzog als Schiedsrichter an, und über die Sache (die Flurgerechtigkeit rc.) sollte auf einem Tage zu Weimar (am 8. Juli) weiter verhandelt werden. Den Nordhäusern wurde einstweilen bis Jacobi auf Verwendung des Fürsten Vogelfang und Weidwerk in ihrer Flur bewilligt. Zu der bestimmten Zeit wurde in Weimar drei Tage lang über diese Angelegenheit verhandelt, ohne daß die Sache zur Entscheidung kam. Es wurde ein neuer Tag zur Fortsetzung der Verhandlung nach Erfurt (20. Aug.) ausgeschrieben, doch auch dieser hatte so wenig einen günstigen Erfolg als der darauf folgende Tag zu Mühlhausen am 4. Nov. — So wie die Grafen Heinrich von Schwarzburg und Heinrich von Stolberg am 17. Aug. 1464 ihren Vögten und Amtleuten befohlen hatten, alle in den Gebieten von Klettenberg, Lohra, Honstein, Heringen und Kelbra gesessenen Wehrhaften gerichtlich darüber vernehmen zu lassen, was sie wüßten über Gerichte, Zölle, Gebiet, Vogelstellen, Wildbahn, über Schränke, Zindeln, Landwehre, Thürme und Graben, in die Gerichte von Honstein, Heringen nnd Kelbra gehörig, worüber jetzt mit den Nordhäusern Streit wäre, so sorgten auch die Nordhäuser für gute Beweisstücke ihrer Sache, um sie dem Herzoge Wilhelm und seinen Räthen vorzulegen. Am 30. Juli 1464 wurden von dem vom Herzoge und Landgrafen Wilhelm bestellten Reichsschultheißen Heinrich von Wenden in Nordhausen (nach dem Originalprotokoll) 35 Zeugen vernommen, meistens hoch bejahrte Bürger (der fünfte, Dietr. „Behirboum", war 100 Jahr alt), deren Aussagen darauf hinausgingen: Die Nordhäuser haben eine eigene freie Flur auf des Reiches Boden, worin sie auch weidwerken und Vogel stellen und allerlei Befestigungen machen dürfen und machen (Schläge, Rinnebäume, Zindeln, Schränke, Gruben, Thürme, Landwehren, Bergfrieden); darin und über ihre Aecker, Wiesen, Weingärten, Hopfenberge und Teichhöfe richtet nur der Reichsschultheiß mit seinen vom Rathe gestellten Schöffen und läßt auch Hingerichtete oder Verunglückte in der Flur aufheben und zur Erde bestatten; das Gericht der Grafen von Honstein vor dem Siechhofe ist erst vor ungefähr 56 oder 58 Jahren nach einer Uebereinkunft der nordhäusischen Abgeordneten mit den Grafen Heinrich Ernst und Günther von Honstein auf einem Tage zu Wofleben eingerichtet worden*), und zwar nur zum Besten der Nordhäuser und nur um über Unterthanen der Grafen zu richten, nicht über nordhäusische Bürger. — Das Kloster Neuwerk auf dem Frauenberg liegt auf des Reiches Boden und gehört zu Nordhausen, und der Rath, der es mit Thor und Nägeln beschließt, auch Ackerzins davon empfängt, nimmt an den Geschäften des Klosters Theil und sendet Abgeordnete aus seiner Mitte, wenn der Propst Rechnung ablegt: so hat er auch zu der Zeit, als die Segemunde, Bürger zu Nordhausen mit dem Kloster „kriegten", dieses vertheidigt, während der Graf von Stolberg sich dieser Feinde des Klosters annahm und ihnen die Burg Questenberg einräumte; nur wegen seiner Güter im Gebiete der Grafen, zu Bielen, Uthleben &c. hat das Kloster die Vertheidigung derselben gesucht und aus Freundschaft erlangt. — Ganz ähnlich lauten auch die Aussagen der 34 Zeugen (zunächst der Stiftsgeistlichkeit), welche der Canonicus Heinrich Dunde, als Commissarius des allgemeinen (geistlichen) Gerichts in Sachsen, Thüringen und dem Eichsfelde zu Erfurt am 19. Sept. 1464

*) Das wahre Verhältniß wird wohl sein: das alte gräfliche Landgericht, namentlich das klettenbergische, war nach dem Aussterben dieser Grafen in Abnahme gekommen und erhielt auf dem Tage zu Wofleben eine neue Einrichtung.

und an den folgenden Tagen auch hier in Nordhausen verhörte, nach der Ausfertigung des Protokolls vom 29. Oct. 1464. Doch giebt hier ein Zeuge an (statt der in dem Protokolle vom 30. Jul. von drei Zeugen genannten Burg Questenberg), daß als Hans Segemund damals aus Nordhausen floh, die Grafen von Stolberg ihn auf dem „Ebirsberge" (der Ebersburg) aufnahmen wider das Kloster.

Hinzugefügt ist hier auch die Aussage, daß erst seit 3 oder 4 Jahren (ein Zeuge sagt seit 10 Jahren) die Vögte der Grafen von Schwarzburg und von Stolberg angefangen haben, vor dem Töpferthore und vor dem Sundhäuserthore zuweilen über ihre Leute Gericht halten zu lassen.

Eine neue Tagsatzung am 24. April 1465 zu Naumburg war wieder vergeblich, da beide Theile ihre Rechte durch Urkunden beweisen wollten, der Herzog aber nicht Zeit hatte, diese Beweise zu prüfen, indem er an den kaiserlichen Hof reisen mußte. — Um diese Zeit hatten die Nordhäuser einen kaiserlichen Befehl an den Grafen Heinrich von Schwarzburg ausgewirkt, gegeben vom Kaiser Friedrich III. zu Neustadt am 4. April 1465 (nicht 1455, wie bei Lesser S. 490 steht). Der Kaiser sagt in dieser Urkunde, daß ihm vorgebracht sei, wie der Graf Heinrich von Schwarzburg mit einigen Andern die Nordhäuser, ohne die Gültigkeit seiner Ansprüche nachgewiesen zu haben, und obgleich die Nordhäuser sich nicht weigern, ihm vor dem Kaiser und Reiche zu Recht zu stehn, an ihren Privilegien, Freiheiten und Rechten mit Gewalt bedränge und kränke, wie er die Freiheit der Reichsstraße behindere und verbiete, von und nach Nordhausen Getreide, Holz und andre Bedürfnisse zu führen und mit den Bürgern zu handeln, wie er ihnen wehre, auf ihrem Gebiete zu bauen, Mauern, Gräben und Befestigungen anzulegen, wie er sie mit Gericht beschwere und ihnen die Jagd auf ihrem Gebiete hindere. Im vergangenen Sommer habe er die Nordhäuser mit einem reisigen Zeuge überzogen, sie mit Vernichtung der Feldfrüchte bedroht, wenn sie ihm nicht eine bestimmte Summe zahlten, auch sie genöthigt, einen Todten, welcher in der Lehmgrube verfallen war (da die Nordhäuser ihn aufgehoben und begraben hatten, der Graf aber diese Handlung der Gerichtsbarkeit für sich in Anspruch nahm), wieder auszugraben, ja sie gedrungen, vor dem Herzoge Wilhelm von Sachsen, Landgrafen von Thüringen und Markgrafen von Meißen wegen jener Sache Recht zu suchen und zu nehmen, da doch beide Theile, die Stadt und der Graf, unmittelbar unter dem Reiche stehn und vor dasselbe geladen sind. Der Kaiser befiehlt demnach, daß der Graf alle jene Beschwerden der Stadt Nordhausen abstelle, oder an einem bestimmten Gerichtstage vor dem kaiserlichen Kammerfiscal persönlich oder durch einen Anwalt erscheine nnd sich verantworte: wo nicht, so soll der Graf das weitere rechtliche Verfahren erwarten. — — Ungeachtet dieses kaiserlichen Befehls wurde die Sache fortwährend vor dem Herzoge Wilhelm als Schiedsrichter verhandelt zu Weißensee am 16. Juli 1465, wo beide Parteien, die Nordhäuser mit Hülfe von Abgeordneten der Städte Erfurt und Mühlhausen, vom Morgen bis zum Abend für ihre Sache stritten (P. Jovius 547). — Erst am 19. April 1466 wurde zu Weimar ein entscheidender

Vergleich geschlossen und durch zwei Urkunden bekräftigt. Durch die erste dieser Originalurkunden bezeugt der Herzog Wilhelm, daß er den Streit zwischen den Grafen Heinrich von Schwarzburg und Heinrich von Stolberg und dem Rathe und der Bürgerschaft von Nordhausen (nachdem wieder am 28. Oct. ein Tag zu Naumburg gewesen) entschieden und gütlich beigelegt habe, und zwar auf folgende Weise. Die beiden Grafen verkaufen den Nordhäusern für 4004 rheinische Gulden ihre Ansprüche auf das Halsgericht und andre Gerichte und Rechte in der Flur von Nordhausen in dem Umfange, wie diese Flur durch den Dechanten von Jechaburg Heinrich Gaßmann und den Ritter Konrad von Germar von des Grafen von Schwarzburg, durch den Ritter Hans Knute und Kaspar von Kossebode von des Grafen von Stolberg und durch vier genannte Bürger von der Stadt Nordhausen wegen im Beisein der Grafen selbst und vieler Andrer am Montage nach Reminiscere (3. März) beritten und darauf versteinigt ist*). Auch Weidewerk auf Hasen, Hühner, Wachteln und Vögel sollen die Nordhäuser in dieser Flur treiben dürfen. Sie sollen auch die bisher streitigen Befestigungen an Schlägen, Zindeln und Gräben behalten und erneuern, doch nur die jetzt bestehenden. In dem Kirchhofs-Holze dürfen sie Weidwerk treiben, doch das Gericht in demselben hat der Graf von Stolberg. An dem Nonnenkloster auf dem Frauenberge sollen beide Theile, die Grafen und die Stadt, ihre Rechte und ihr Herkommen behalten. — Bei dieser Verhandlung waren und es bezeugen dieselbe der Bischof Dietrich von Naumburg, die Grafen Günther von Mansfeld, Ludwig von Gleichen, Hans von

*) Diese Gränze wird so beschrieben: vom Altenthore die Straße hinauf bis an den Stein neben den zwei Sträuchen jenseit des Wassers den Crimderöder Weiden gegenüber, von da bis auf die Straße mit soviel von derselben als der Graf von Stolberg zugestanden hat, wieder über das Wasser nach dem Steine bei den Crimderöder Weiden, fort bis an den Nordgraben, diesen hinauf bis an den Nordschlag, den Grund hinauf zu dem Steine zwischen dem Huckelberge und dem Heidelberge, das Gründchen hinauf zu dem Steine oben auf dem Heidelberge, auf dem Rücken bis zu dem andern Steine auf dem Heidelberge gegen die Gumpe, von da nach dem Steine auf dem Fußstiege, der nach Neustadt führt, auf dem Tütchenröder Berge, von da zu dem andern Steine auf dem Tütchenröder Berge, nach dem Steine an der Spitze unten am Kirchhofsholze, nach dem Steine auf der Höhe nach Kirchhofs Holze, nach dem Steine am Petersdörfer „Galgberge", nach dem andern Steine an demselben Berge, nach dem Steine auf dem Thale dem Eichenberge gegenüber, nach dem Steine auf dem Mäusethale, nach dem Steine über den Teichen der Windlücke gegenüber, nach dem Steine über den Teichen „ondwendig" der Windlücke, nach dem Steine unter der Hart, nach dem Steine in der Achterpfanne, nach dem Steine Sanct Martins Wiese gegenüber, nach dem Steine über dem Himmelgärtner Teiche, nach dem Steine dem Bildhause gegenüber, nach dem Steine am Wege vor dem Kloster Himmelgarten, nach dem Steine am Roßungsbache, an dem Roßungsbache hinab bis in die Zorgenge, über das Wasser zu dem Steine auf der Bielenschen Gemeine, das Wasser hinauf zu dem Steine auf dem Hohen Ufer, nach dem Neuen Graben (welcher die nordhäusische und sundhäusische Flur scheidet), den Neuen Graben hinauf nach dem Steine den Weiden gegenüber bei Stöckey's Lande, nach dem Steine neben der Helmena, an der Helmena fort bis an der Herren (der Grafen) von Honstein Gericht (Gebiet).

Beichlingen, die Herren Heinrich zu Gera, Brun zu Querfurt, Rudolf und Burkhard Schenken zu Tautenberg, Rudolf Schenk zu Wedebach, Heinrich von Brandenstein zu Ranis, Ritter Dietrich von Hopfgarten, Hans von Tuchen u. A. — Durch die zweite Urkunde bekennen die Grafen H. von Schwarzburg zu Arnstadt und Sondershausen und H. von Stolberg und Wernigerode dasselbe. — — Doch auch durch diesen Vergleich wurde kein dauernder Friede mit den benachbarten Grafen hergestellt; der Streit brach von neuem aus und wurde, wie wir sehen werden, besonders in den Jahren 1480—90 mit Heftigkeit geführt, indem auch der Graf von Honstein als Feind der Nordhäuser auftrat.

Zu dem Jahre 1469 finden wir Folgendes aufgezeichnet: Ein nordhäusischer Bürger wurde hinter Sangerhausen von einigen Genannten angerannt, und ihm 20 Schock abgenommen. — Bei Duderstadt wollten Einige einem Bürger ein Pferd nehmen. — Am 28. März gelobte Graf Ernst von Honstein vor den Vierherren „ein gütlich Stehen" mit denen von Halberstadt. — Derselbe überließ dem Grafen Hans von Honstein die Sache wegen Zoll- und Geleitsansprüche an einige genannte Bürger von Nordhausen. — Am Freitage in der Osterwoche (7. April) quittirt Graf Ernst von Honstein Herr zu Lohra und Klettenberg über 400 Schock, welche ihm die Nordhäuser als ihrem Stadthauptmann zum Solde gezahlt haben. — Am 19. Sept. nahm Hergot mit 13 Helfern den Nordhäusern im Stürzethale und am Galgenberge 13 Pferde von den Pflügen weg. — Am 20. Nov. ergriffen derselbe und 6 Helfer (von jenseit des Harzes) bei Stempeda Henning Meier, schossen und traten Berlt Schlüsser todt und nahmen ihm ein Pferd und 30 Gülden. — Klaus Gelnhausen wurde Friedebrecher und nahm mehrere Bürger gefangen.

Im Jahre 1471 erhoben die Grafen von Schwarzburg und von Stolberg von neuem den Streit wegen des Klosters auf dem Frauenberge. Sie behaupteten, das Kloster gehöre zu ihrem Gebiet (in ihre Freiheit und Gerechtigkeit, die sie erblich und von dem Landgrafen von Thüringen zu Lehn hätten). Da nun die Nordhäuser eigenmächtig Graben „auf des Klosters Freiheit" machten, so sendete der Graf Heinrich von Schwarzburg den Heinrich von „Hayne" (Hagen) solches Unternehmen zu verwehren; doch die Nordhäuser, welche in ihrem Rechte zu sein behaupteten, indem das Kloster wie die Stadt auf des Reiches freiem Grund und Boden liege, nahmen denselben gefangen, und als der Graf einige Diener sendete, welche den von Hagen des Nachts aus dem Klosterhofe holen sollten, machten die Nordhäuser auch diese zu Gefangenen.

Beide Theile beschädigten sich nun mannigfach auf der Straße. Die Nordhäuser suchten wieder Hülfe bei dem Herzoge Wilhelm. Dieser setzte beiden Parteien einen Tag zu Naumburg auf den 29. Oct. 1471 (welchen Tag denn auch der Graf Heinrich von Schwarzburg persönlich besuchte nach P. Jovius S. 580). Bis dahin sollte Stillstand sein, beide Theile sollten ihre Gefangenen einstweilen entlassen, die Reisigen auf Handgelübde, Bürger und Bauern auf Bürgschaft, mit dem Versprechen, sich auf Verlangen wieder zu stellen. Heinrich von Hagen sollte gegen eine Bürgschaft von 1000 Gülden, welche gezahlt werden sollten, wenn die Grafen ihn an dem bestimmten Tage nicht (todt oder lebendig) stellten, freigegeben werden. — Darauf beschwerte sich der Graf von Schwarzburg bei dem Herzoge: die Nordhäuser hielten den Stillstand nicht, indem sie fortführen an dem Graben zu arbeiten, auch den von Hagen in der Haft drängten, eine Schuldverschreibung von 60 Mark und 400 Gülden ihnen zu cediren. — Am 17. Nov. 1471 kam ein Vergleich zu Stande (vgl. P. Jovius 550 f.). Die Grafen Heinrich von Schwarzburg und Heinrich von Stolberg bekennen in einer Urkunde von jenem Tage, daß sie sich mit den Nordhäusern, mit welchen sie Streit hatten wegen Heinrichs von „Hayne" und wegen des Klosters am Frauenberge, ausgesöhnt haben. Beide Theile sollen die etwa gemachten Gefangenen wieder losgeben, namentlich die Nordhäuser den H. von Hagen (gegen dessen Lösegeld und Urfehde, doch ohne ihn an seinem Hause und Hausgeräthe in der Stadt zu hindern). Wegen des Klosters am Frauenberge soll ein gütlich Stehn auf 15 Jahr sein, in welcher Zeit die Nordhäuser den Graben, welchen sie angefangen haben, vollenden und graben mögen bis in den neuen Graben, die Grafen aber dem Kloster Pröpste setzen und Rechnung abnehmen wie bisher. Diese 15 Jahr hindurch nehmen die Grafen auch Nordhausen in ihren Schutz für jährlich 160 Schock Groschen (zu 3 Pfennigen), jedem Grafen 80 Schock auf S. Martins Tag. — Bald darauf am 11. Dec. desselben Jahres 1471 verglichen sich auch (nach einer ausführlichen, aber sehr schadhaften Originalurkunde) die Vettern Graf Ernst und Graf Hans von Honstein mit den Nordhäusern wegen aller „Gebrechen, Schelnisse und Zweihelligkeit", welche bisher zwischen ihnen gewesen, auf ihre Lebenszeit, und nahmen die Stadt in ihren Schutz für jährlich 80 Schock thüringischer Währung. Doch soll der Graf Ernst diese Zahlung nicht erhalten, so lange er als Stadthauptmann in nordhäusischen Diensten steht. — Dieser Friede mit den Honsteinern scheint nicht von langer Dauer gewesen zu sein, denn am 21. Juni 1475 hat Graf Ernst von Honstein zu „Lara" (Lohra) wohnhaft, obgleich er auf Lebenszeit „sich gegen den Rath verschrieben und zu ihm gesetzt" hatte, durch seine Knechte vor die Stadt gestreift, wegen eines Mannes, der Fehde mit Nordhausen hatte, und hat drei Bürger und einen Gesellen geschlagen, verwundet und gefangen nach Sundhausen geführt. — Nach P. Jovius Erzählung (S. 593) hatten am 13. Sept. 1476 Graf Hans von Honstein auf Klettenberg, Graf Sigmund von Gleichen, Siefart von Bülzingsleben d. J. mit denen von Nordhausen, auch etlichen Knechten und Dienern des Provisors Grafen Heinrich von Schwarzburg den beiden Dörfern Hebenshausen und Berga, dem Ritter Werner von Haustein gehörig, alle ihre Kühe, Schweine und einige Pferde genommen und dieselben auch sonst bedeutend beschädigt. Deshalb beklagte sich der von Hanstein höchlich bei dem Grafen Heinrich von Schwarzburg dem Aeltern und bat um Ersatz des Schadens.

Im Jahre 1477 fanden Fehden und feindliche Verhältnisse statt mit Hans Windolt (den und dessen Knecht die nach Hohegeiß ausgesendeten nordhäusischen Söldner gefangen nahmen) und mit Andern. — Nach Cyr. Spangenbergs (Mansfeld. Chron. 394. b.) Nachricht trieb Graf Hans von Honstein 200 Stück Vieh auf dem Harze hinweg, ist auch nicht lange darauf mit andrer Grafen Hülfe vor Nordhausen geritten und hat unverwarnter Sache elf Bürger an dem Stadtthore gefangen genommen und fortgeführt, darunter zwei Rathsherren. — Nach dem Berichte eines andern Geschichtsschreibers (P. Jovius 558 f.) waren damals die Brüder Hans und N. von Bischofshausen, Georg von Butlar und Andre Feinde der Nordhäuser, deren der Graf Heinrich von Schwarzburg auf ihre Bitte dem bestehenden Vertrage gemäß sich annahm, auch nochmals Montags nach Marg. (14. Juli) an den von Bischofshausen schrieb, daß, da er und die Andern ihre Sache gegen Nordhausen zum gütlichen oder rechtlichen Austrage auf den Landgrafen Heinrich von Hessen gestellt hätten, dann auch auf ihn und seinen Sohn den Provisor Graf Heinrich, er sich der Sache unterziehn würde, den Nordhäusern zur Hülfe verpflichtet. — Im Jahre 1478 nahmen zwei, die einen Todtschlag in der Flur begangen hatten, und die man deshalb in der Stadt nicht leiden wollte, zwei Bürgern im Holze zwei Pferde weg, ohne Ankündigung der Fehde.

Im Jahre 1479 wurden im Holze von Genannten die Pferde des Hospitals S. Martini genommen und der Hofmeister erschlagen. — In diesem und dem folgenden Jahre wurden Mehrere der Stadt Feinde. — Das im Jahre 1466 einigermaßen wiederhergestellte gute Vernehmen der Nordhäuser mit den Nachbar-Grafen von Schwarzburg, von Stolberg und von Honstein wurde besonders im Jahre 1479 so ernstlich gestört, daß im Jahre 1480 die alten feindlichen Verhältnisse und die drohenden Ansprüche der Grafen ganz wieder auflebten. Die Nordhäuser hatten 1479 einen stolbergischen Unterthan wegen eines an einem nordhäusischen Bürger auf der Landstraße begangenen Raubes hinrichten lassen. Das erschien den Grafen als ein Bruch des Vertrages von 1466, nach welchem der Verbrecher hätte ausgeliefert werden sollen, und sie griffen zu dem scharfen Mittel, ihren Unterthanen allen Verkehr mit Nordhausen zu verbieten.— Es scheint schon vorher wieder mancher Stoff zum Unwillen sich gesammelt zu haben. Am 1. Januar 1479 schreibt der Rath von Erfurt an den hiesigen Rath, daß, als einige Erfurter Rathleute sich zu dem Herzoge Wilhelm nach Weimar begeben hatten, daselbst Graf Ernst von Honstein in ihre Herberge gekommen sei und sich gegen sie beklagt habe: ein Bürger, welcher sich in der Gefangenschaft der Nordhäuser befinde, habe ausgesagt, daß er, der Graf Ernst, darnach getrachtet habe, die Stadt Nordhausen zu erobern. Das sei ihm nicht eingefallen, und er wünsche nur, daß der Gefangene nicht hingerichtet werde, bis die Sache genau untersucht sei. — Dieser Gefangene war wol ein Andrer als der stolbergische Unterthan, welcher 1479 hingerichtet wurde. Davon erzählt Lesser S. 625: Im Jahre 1479 habe der Rath einen stolbergischen Unterthan Hans Eicke hier in einem Bürgerhause gefangen genommen, weil er mit Hans Andung und Höpfner einem hiesigen Bürger Oswald (auf des Reiches Straße) Mantel, Kogel und Tasche genommen und ihn getödtet hätte, wenn derselbe nicht in das Dorf Crimderode geflüchtet sei. Des Verbrechens geständig sei er hingerichtet worden. — Nach P. Jovius Erzählung (S. 561) war Antink aus Uthleben (wol der „Andung" in Lessers Nachricht) jener mit dem Schwerte Hingerichtete. — Wegen dieses Bruches des Vertrages von 1466 kündigten in einem Fehdebriefe, gegeben zu Sennungen am 20. Aug. 1480, die Grafen Heinrich von Schwarzburg, Herr zu Arnstadt und Sondershausen, Heinrich von Stolberg und Wernigerode und Ernst und Hans von Honstein zu Lohra und Klettenberg die Eintracht und Verschreibung, worin sie bisher mit Nordhausen gestanden hatten, völlig auf. Diese Aufkündigung nahmen die Nordhäuser in einem Schreiben vom 25. Aug. 1480 an, indem sie es ablehnten, dazu die Veranlassung gegeben zu haben. Beide Schreiben stehn bei Lesser S. 494. — Um zu einem ernstlichen Kampfe gerüstet zu sein, sollen damals die Nordhäuser ihre Stadtmauern und Thürme gebessert haben, besonders um das Hospital S. Martini, um den Frauenberg und die Neustadt, aber auch am Töpferthore. Sie suchten auch und fanden Unterstützung bei dem Herzoge Wilhelm von Sachsen, Landgrafen von Thüringen und Markgrafen zu Meißen, so wie bei den Städten Erfurt und Mühlhausen, und die Grafen von Mansfeld nahmen sich bis jetzt ebenfalls unsrer Stadt an, denn der Herzog Wilhelm hatte die Grafen Gebhard und Volrad mit dem hiesigen Rathe ausgesöhnt, nach einem Schreiben des Herzogs gegeben zu Weimar am 26. Febr. 1480 (ungenau abgedruckt bei Lesser S. 496). Nach dieser Urkunde soll alles Unfreundliche, das zwischen den Grafen von Mansfeld und ihren Leuten auf der einen und den Nordhäusern auf der andern Seite ungeachtet des von dem Herzoge früher gestifteten Vertrages vorgefallen war, die Angriffe, Mißhandlungen, Gefangenschaften u. s. w. (welche aufgezählt werden) vergeben und vergessen sein.

Nicht so leicht wollte dem Herzoge die Aussöhnung mit den Grafen von Schwarzburg, Stolberg und Honstein gelingen. Diese zürnten nicht bloß wegen jener eigenmächtigen Hinrichtung, sondern erhoben auch ihre alten Ansprüche und bestritten den Nordhäusern das Recht, Graben, Schläge und andre Werke in der Stadtflur und auf des Reiches Straße zu machen und die Jagd auszuüben. Der Rath von Nordhausen entschuldigte gegen den Herzog Wilhelm sein Verfahren bei jener Hinrichtung damit, daß sie jenen wegen Straßenraubes gefangenen Unterthan der Grafen, als sie von den Vögten zu Heringen deshalb in Schriften angegangen worden wären und darauf auch geantwortet und berichtet hätten, noch 14 Tage hätten sitzen lassen, in welcher Zeit indessen von den Grafen nichts weiter eingegangen sei. Der Rath bat schließlich um des Herzogs Vermittelung, daß die Straßen wieder eröffnet würden und nicht Mangel an Lebensmitteln bei ihnen einträte (P. Jovius S. 561). — Auf einem darauf angesetzten Tage zu Weimar erschienen die gräflichen Räthe Georg von Hopfgarten, Apel von Ebeleben, Hans von Werthern und Heinrich von Kutzleben und erklärten den Bericht der Nordhäuser über die Sache für falsch, indem die Grafen wiederholt und noch am Tage vor der Hinrichtung an die Nordhäuser geschrieben, aber keine Antwort erhalten hätten. Sie hatten nun beschlossen, ihnen die Straße zu legen, und bereits Mauern, Schläge und Graben machen lassen. Sie baten, der Herzog möge an diesem Verfahren gegen die Pflichtvergessenen Antheil nehmen. Dieses verweigerte derselbe, da er ein Fürst des Landes sei, auch Zoll und Geleit zu Nordhausen habe und nicht gegen seine Ehre und seinen Nutzen handeln möge. Die Gesandten baten nun um 8 Tage Frist, damit sie die Sache erst an ihre Freunde die Grafen von Honstein gelangen lassen könnten. — Noch in demselben Jahre wirkten die Nordhänser einen Befehl des Kaisers Friedrich III. aus (gegeben zu Wien am 5. Dec. 1480) gegen die Grafen von Schwarzburg, von Stolberg, von Honstein, auch den Grafen Ulrich d. J. von Reinstein, worin es heißt, die Nordhäuser hätten sich beschwert, daß die Grafen jener drei Häuser, obgleich die Nordhäuser sich erboten, wenn jene Klage gegen sie hätten, vor dem Kaiser, ihrem Richter, zu Recht zu stehn, die Straßen in ihren Herrschaften niedergelegt, vergraben und verschlagen und ihren Unterthanen verboten, mit den Nordhäusern Gemeinschaft zu haben, endlich auch den Grafen von Reinstein vermocht, die Ihrigen gefangen zu nehmen und in Haft zu halten. Deshalb bestellt der Kaiser den Herzog Wilhelm zum Commissarius, der die Sache verhören und darin erkennen soll (P. Jovius S. 562). — Auch wegen Zinsen des Stifts S. Crucis war 1480 Streit mit Schwarzburg (ebendas. S. 563). — Die Verhandlungen und die Anfeindungen gingen nun noch längere Zeit fort. Spangenberg (Mansf. Chron. S. 396) sagt, der Herzog Wilhelm habe 1481 die Einrösser zur Hülfe gegen die Harzgrafen nach Nordhausen gesendet, die Grafen von Honstein aber hätten keinen Nutzen von der Fehde gehabt und zur Erhaltung der Reiter ihre Unterthanen mehr als einmal schätzen müssen. — Der Herzog Wilhelm starb 1482 ohne Leibeserben, und dadurch scheint die Entscheidung der Sache noch länger aufgehalten zu sein. — — Noch finde ich aufgezeichnet, daß im Jahre 1480 einer der nordhäusischen Feinde H. Oelenschläger von den Grafen zu Stolberg gefangen genommen und darauf enthauptet wurde. — Am Freitage vor Palmen (24. März) nahmen vier Gesellen einen andern, N. Gießgrube, aus einer wüsten Kirche 1 Meile von Goslar unter dem Schlosse Walmen (wüste Haringen), einen gefangenen Mann, und im Jahre 1481 nahm N. Gießgrube selbvierte zwei Nordhäuser gefangen, welche mit Verlust von 26 Gulden davon kamen. Er hatte gedacht, allen Mannspersonen Hände und Füße abzuhauen. — Hier stehe auch noch, daß im Jahre 1480 Freitags nach Egidii (8. Sept.) Berlt von Hanstein eventuell mit 10 reisigen Knechten auf ein Jahr in den Dienst und Sold des Rathes zu Nordhausen trat. — — — Am 19. Mai 1485 gab der Kurfürst Ernst von Sachsen eine einstweilige gütliche Entscheidung des bösen Streites zwischen den Grafen von Schwarzburg, Stolberg und Honstein und dem Rathe von Nordhausen, welche Lesser (S. 497 ff.) ungenau mitgetheilt. Die Grafen sollen den Nordhäusern ein Jahr lang Getreide und andre Bedürfnisse zuführen und Bier von ihnen abführen lassen, und das nicht verbieten. Binnen diesem Jahre sollen die andern Streitpunkte entschieden werden. Einige bezeichnete Gefangene sollen gegenseitig losgegeben werden. Die Nordhäuser sollen nur etwaige Geldschulden von den Grafen fordern dürfen. Unwille und Haß soll beigelegt sein u. s. w. — P. Jovius (S. 565) erzählt, daß die Grafen, als die Herzöge von Sachsen sich des Streites mit den Nordhäusern angenommen hätten und ein Tag zu Weimar angesetzt worden war, sich unter Andern bei dem Erzbischofe Bertold von Mainz um Beistand bewarben, welcher ihnen auch den Doctor Georg Strauß und Vincenz Burgau zu Beistande mit Rath nnd That gesendet habe. —

— Am 18. und 19. Sept. 1485 haben der Abt Heinrich von Walkenried, Herrand von Bila, Lutze Storm und Hans Sundhausen in Berbisleben gegen den Rath von Nordhausen arge Schmähungen ausgestoßen, und die Nordhäuser Diebe, Schälke und Blutgierige genannt, so auch der Vogt in Heringen W. Kittel. — — Im Jahre 1486 übte Wendehuth bei Rüxleben und 1488 ein Knecht Dietrichs von Bila bei der Wertherbrücke Gewaltthätigkeiten. — Im Jahre 1488 widersetzte sich der Stadtschultheiß Hans Breitenbach dem Rathsmeister Hans Lutterodt, indem er das freie Geleit, welches dieser einem Fremden gegeben hatte, nicht anerkennen wollte: die Aeltesten wollten deshalb dem Schultheißen Breitenbach das Bürgerrecht nehmen.

Erst am 3. Jun. 1490 zu Lieben kam ein endlicher Vergleich zwischen den Nachbar-Grafen und der Stadt zu Stande, welchen Lesser S. 499 f. sehr incorrect mittheilt. Die Grafen Heinrich von Stolberg, Günther der Aeltere von Schwarzburg und Ernst von Honstein bekennen, daß sie mit dem Rathe und der Gemeine der Stadt Nordhausen sich gütlich vertragen und alle bisherigen Zwistigkeiten beigelegt haben. Beide Theile wollen ihre Privilegien und Rechte gegenseitig anerkennen und sich darin nicht hindern. Der freie Verkehr mit der Stadt soll ungehindert sein. Diebe oder Beschädiger sollen die Nordhäuser im Gebiete der Grafen mit Hülfe der Gerichte derselben verfolgen, und ebenso die Grafen in Nordhausen. Die Grafen wollen die Feinde der Nordhäuser nicht hegen und unterstützen, auch die Verfolgung derselben nicht hindern u. s. w. Dafür sollen die Nordhäuser einem jeden der drei Grafen in den nächsten 10 Jahren jährlich zu Weihnachten 60 rheinische Gulden zahlen, zu Stolberg, Sondershausen und Lohra. — Dieser Vergleich wurde im Jahre 1500 wieder auf 15 Jahr verlängert, denn am 6. Jan. 1500 bekennt Graf Ernst von Honstein, Lohra und Klettenberg in einer Urkunde und Quittung, daß er, sein Oheim und sein Sohn die Grafen Heinrich d. Ae. von Stolberg und Wernigerode und Heinrich d. J. von Schwarzburg zu Sondershausen sich mit dem Rathe und der Gemeine der Stadt Nordhausen wieder auf 15 Jahre in Freundschaft verbunden haben, wofür ihnen laut der Hauptverschreibung die von Nordhausen jährlich 60 rheinische Gulden geben sollen, daß aber ihm, dem Grafen Ernst von Honstein, auf seine Bitte die Nordhäuser auf jenes ihm zu zahlende Geld voraus 250 rheinische Gulden gezahlt haben, weshalb sie ihm in den nächsten 10 Jahren statt 60 nur 40 Gulden und in den letzten 5 Jahren nur 50 Gulden zahlen sollen. — — Nachdem der Vertrag von 1490 wahrscheinlich stillschweigend auch in den Jahren 1515 und 1516 gegolten hatte, wurde er im Jahre 1517 wieder auf 20 Jahr erneuert. In einer Urkunde vom 8. Jan. 1517 bekennen die Grafen Botho zu Stolberg und Wernigerode, Ernst von Honstein zu Lohra und Klettenberg und Heinrich von Schwarzburg, Herr zu Arnstadt und Sondershausen, daß sie, „nachdem die 15 Jahr, welche sie mit Nordhausen freundlicher Einigung gestanden, zu Weihnachten verflossen sind", diese Einigung auf 20 Jahr erneuern. Die Bedingungen sind im Ganzen dieselben wie in dem Vertrage von 1490, die Zahlung von 60 rheinischen Gulden an jeden der drei Grafen eingeschlossen. Wenn Zwietracht zwischen den Verbündeten entsteht, soll jede Partei zwei Schiedsrichter wählen, welche die Sache binnen 2 Monaten entscheiden sollen: geschieht das nicht, so soll jede Partei auf ihre Kosten die Sache an die Schöppen zu Magdeburg zum Erkenntniß einschicken. *) — Eine spätere Verlängerung des Vertrages (von 1537 an) scheint nicht erfolgt zu sein. Vielleicht sahen sich die Grafen befriedigt durch theilweise Einziehung von Besitzungen und Zinsen, welche in ihrem Gebiete die reformirten und säcularisirten Klöster und geistlichen Anstalten in Nordhausen besessen hatten. Die freie und selbständige Flurgerechtigkeit der Reichsstadt Nordhausen wurde nur noch einmal, im Anfange des 18. Jahrhunderts, und zwar von Preußen (wegen der Grafschaft Honstein) ernstlich bestritten. Geringere Grenzstreitigkeiten kamen noch manchmal vor, z. B. mit Bielen.

Wir verzeichnen hier noch einige Vorfälle aus dem Ende des 15. und vom Anfange des 16. Jahrhunderts. — Am 2. April 1495 söhnen sich Busse von Vertyngesleben, Günzel und Günther von Vertyngesleben zu der Wolfsburg mit dem Rathe von Nordhausen aus. — In einem Schreiben gegeben zu Freiburg am 27. Apr. 1498 zeigt König Maximilian I. dem Rathe der Stadt Nordhausen an, daß Bernhard von Asseburg als „Houssacher" und vierzig Andre als seine Helfer (darunter die von Wyda, von Veltheim, von Schulenburg, von Witzleben rc.) gegen die goldne Bulle, die königliche Reformation und den auf dem Reichstage zu Worms aufgerichteten Landfrieden in Deutschland wegen gewisser Händel und vermeinter Rechte dem Dechanten und Kapitel des Stifts zum heil. Kreuze zu Nordhausen Fehde und Feindschaft angekündigt, Knechte bestellt und zwei Vicarien haben anrennen lassen, den einen zu Boden geschlagen und hart verwundet, nach dem andern geschossen, darauf mit einer merklichen Anzahl Volks vor Nordhausen gekommen sind und Einlaß begehrt haben, und Gewalt zu üben sich unterstehen, wodurch sie den Privilegien des Stifts rc. gemäß in eine Strafe von 180 Mark Goldes verfallen sind. Der König befiehlt demnach dem Rathe, jene Uebelthäter nicht zu unterstützen und des Stifts sich anzunehmen. — Nicht lange darauf, in einer zu Freiburg am 18. Jun. 1498 gegebenen Urkunde, spricht König Maximilian die Acht aus gegen B. von Asseburg und dessen 40 Helfer wegen Landfriedenbruchs und wegen Nichterscheinens vor der Reichsversammlung zu Freiburg.

Die Verhandlungen der Grafen von Honstein mit Nordhausen, doch auch mit dem Hause Sachsen (1496, 1505, 1506. rc.) wegen des Halsgerichts (der Vogtei) in Nordhausen scheinen friedlicher Natur gewesen zu sein und bleiben deshalb hier weg. Dagegen mögen noch einige Nachrichten über das Verhältniß der Stadt zum Stifte S. Crucis hier stehn. — Im Jahre 1516 wurde den Vicarien Val. Heise und Joh. Müller das Geleit aufgesagt, weil sie des Rathes „Fürsetzer" (Knecht und Wächter) mit gezückter Wehr überlaufen hatten. Jener Val. Heise wurde darauf am Sonntage Septuagesimä von zwei Unbekannten niedergeschlagen. —

*) Ein noch vorhandener Spruch des Schöppenstuhls zu Magdeburg über die Flurgerechtigkeit der Nordhäuser gehört wahrscheinlich in eine frühere Zeit, um 1464.

Am Montage nach Cantate (19. Mai) haben das Kapitel und die Vicarien des Stifts zum heil. Kreuze dem Rathe auf dessen Bitte 600 Gulden zur Türkenhülfe zu zahlen versprochen, 300 zu Weihnachten und 300 zu Johanni, und dieselben 1523 gezahlt, nicht als Darlehn, sondern als Hülfe. — 1523 wurde dem Vicarius Joh. Ludwig das Geleit aufgesagt. — — 1524 am Montage nach Quasimodogeniti (4. Apr.) kündigte der Rath dem Domherrn und Pfarrer S. Blasii Georg Neckerkolb Geleit und Schutz auf, wenn er nicht hinfort das lautere schriftmäßige Evangelium predigen und lehren würde. (Vgl. Mittheil. z. e. Gesch. d. Schulen in Nordhausen S. 17).

Die Wirkungen des Bauernkrieges 1525 in Nordhausen und die durch denselben hier hervorgerufenen Ereignisse habe ich bereits besprochen in meinen kleinen Schriften S. 76—192 in einem besondern Aufsatz (Nordhausen im Bauernkrieg), worauf ich hier verweise, indem ich nur noch die Bemerkung nachtrage, daß Thomas Münzer, der sich 1522 bis zu Anfang des Jahres 1523 arm und bloß in Nordhausen aufgehalten haben soll, hier persönlich einige Freunde und Anhänger erworben haben mag, ehe er seine Rolle als fanatischer Reformator und Gegner Luthers zu Allstedt zu spielen anfing.

Im Jahre 1532 trat Nordhausen dem Schmalkaldischen Bunde bei s. Sleidani hist. rel. ed. Arg. 1549. f. 87. b.

Am 13. Jul. 1542 erbot sich der Rath gegen den Kurfürsten Johann Friedrich von Sachsen, der mit dem Landgrafen Philipp von Hessen gegen ihren eifrig katholischen Feind den Herzog Heinrich den Jüngern von Braunschweig-Wolfenbüttel zu Felde zog und einen Theil seiner Reiterei am 27. Jul. in Nordhausen Quartier nehmen lassen wollte, 200 Pferde aufzunehmen und zu verpflegen, da mehr aufzunehmen die Stadt, welche durch Mordbrand so sehr gelitten habe, nicht vermöge. Das Schreiben des Rathes steht bei Lesser S. 507.

Als der Kurfürst Moriz von Sachsen 1550—51 die Reichsacht gegen Magdeburg vollstreckte, mußte Nordhausen dem Kriegsvolke, welches aus dem Lager vor Magdeburg hierherkam, 1200 Gulden zahlen. Dieses Geld sollte nach dem Reichstagsabschiede zu Regensburg 1559 wieder erstattet werden; doch da Kaiser Maximilian II dasselbe auf dem Reichstage zu Speier zum Türkenkriege in Anspruch genommen hatte, wurde die Vergütigung mit Gegenrechnung 1571 ausgeführt. — Noch lange blieben damals (1550. 51.) Soldaten in Nordhausen liegen, bis Kurfürst Moriz 1552 dieselben zu seinem Zuge gegen Kaiser Karl V. mitnahm.

Im Jahre 1553 erpreßte der Markgraf Albrecht von Brandenburg-Kulmbach auf seinem Zuge aus Franken durch Thüringen eine ansehliche Brandschatzung von Nordhausen. — Darauf vereinigten sich bei unsrer Stadt die Truppen der Gegner desselben, des Kurfürsten Moriz von Sachsen, des Landgrafen Philipp von Hessen und des Herzogs Heinrich von Braunschweig, und dieselben lagen drei Tage mit vielem Volke in Nordhausen. Die Gemahlin des Kurfürsten, Agnes, die demselben den Zug abgerathen hatte, nahm hier den letzten Abschied von ihrem Gemahl, welcher bald darauf in der Schlacht bei Sievershausen tödtlich verwundet wurde (am

9. Juli) und am 3. Tage darauf starb. — Man hatte es schon für ein Unglückszeichen gehalten, daß, als der Kurfürst hier in Nordhausen einzog (am 25. Juni 1553), die Uhrfeder der Thurmuhr mitten im Schlagen sprang und die Zahl der Stunde durch den Glockenschlag nicht völlig bezeichnet wurde.

Im Jahre 1567 sendete der Rath auf Verlangen des Kurfürsten August von Sachsen zur Belagerung von Gotha 2100 Kornsäcke, auch 8 Faß Bier für den Kurfürsten und 2 Faß für die Kanzlei. Alsdann forderten die kurfürstlichen Befehlshaber zur Schleifung der Festung Grimmenstein wöchentlich 150 Schanzgräber von Nordhausen oder für jeden 12 Groschen; aber der Rath erbot sich nur zu 50. Noch 1569 forderte der Kurfürst 1200 Gulden Schleifungskosten, die dann auf 357 Gulden herabgesetzt wurden.

Der schreckliche dreißigjährige Krieg betraf auch Nordhausen hart, besonders seit 1626. — Am 20. Septbr. 1625 ertheilte zwar der kaiserliche Generalissimus Herzog Albrecht von Friedland (Wallenstein) der Stadt auf Befehl des Kaisers eine Salva guardia und Freiheit von Einquartierung und Lieferungen, und am 24. Nov. dess. J. gab Kurfürst Johann Georg von Sachsen ebenfalls einen solchen Schutzbrief, da kaiserliches Kriegsvolk in der angrenzenden Grafschaft Honstein lag; aber diese Schutzbriefe wirkten schon im folgenden Jahre nicht mehr.

Am 18. Febr. 1626 begnadigte Kaiser Ferdinand II. selbst die Stadt Nordhausen mit einem besondern Schutzbriefe gegen Kriegsbedrückung und erlaubte, den kaiserlichen Adler zu einem sichtbaren Zeichen dieses Schutzes anzuschlagen; doch alle mit ansehnlichen Summen erkauften Schutzbriefe konnten das Unglück und die Drangsale des Krieges nicht abwenden. — Als in diesem Jahre Wallensteins Heer sich der Stadt näherte, vermochte der Rath den Obersten Hebran nur durch Zahlung von 6000 Thalern, die Stadt mit der Einquartierung zu verschonen und seine Truppen in das benachbarte „Halberstädtische" (die Grafschaft Honstein) zu legen. Doch plünderten die Soldaten von den benachbarten Dörfern aus die nordhäusischen Mühlen an der Salza und trieben einige hundert Schafe des Stifts S. Martini und 200 Schafe des Bürgermeisters Wilde hinweg. Einzelne Soldaten kamen auch in die Stadt und trieben hier Unfug, indem sie auf die Wache und in die Bürgerhäuser schossen. — Nach einer Ordonanz Wallensteins verlangte nun der Graf Johann von Merode und Merau, kaiserlicher Kriegsrath und Oberst über 2000 Cürassiere und 6000 Wallonen zu Fuß, von der Stadt, Einquartierung aufzunehmen oder fernere Zahlung, die wieder auf 6000 Thaler bestimmt wurde. Der Rath schrieb darauf am 9. Juli 1626 an Wallenstein klagend, daß des Grafen von Merode Rittmeister Ewald von Budewils (Bodewils) vor drei Wochen alles Vieh der Stadt weggenommen habe und mit fernern Thätlichkeiten drohe. Sie seien erbötig, zu den vorigen 6000 Thalern noch 6000 Thaler zu zahlen, haben aber in so kurzer Zeit von den Bürgern durch Steuern und Collecten so viel nicht aufbringen können. Ungeachtet sie der umliegenden Soldatesca seit länger als einem halben Jahre alle Beförderung gethan, müssen sie doch durch dieselben viel leiden, namentlich durch Plünderung der Mühlen und Wegtreibung des Viehes. Sie bitten nun um eine Zahlungsfrist von 1 Monat mindestens für die Hälfte der 6000 Thaler, und um Zurückgabe der weggenommenen Schafe, auch daß die Bürger und deren Vieh, namentlich jetzt zur Erntezeit, gesichert bleiben und sie der kaiserlichen salva guardia wirklich genießen. — Der Graf von Merode hatte seine Vollmacht an den Obersten zu Roß Joh. Ph. Hußmann von Tachau gegeben, welcher darauf den Rittmeister Joh. Maryn sendete, der auch die Zahlung der 6000 Thaler erzwang.

Im Jahre 1627 verlangte Wallenstein durch den Oberstlieutenant Rud. von Bindhauf Aufnahme einer Abtheilung sächsischer Reiter in Nordhausen, da dieselben im Weimarischen zu gedrängt lägen. Der Rath weigerte sich ungeachtet der Drohung, daß eine Kompagnie mit dem sächsischen Stabe anrücken werde. Bald kam auch eine größere Anforderung von dem andern Feldherrn Tilly, welcher von Peina aus unter dem 13. März 1627 dem Rathe meldete, daß er, da die Truppen dort zu dicht lägen, genöthigt gewesen sei, dem Grafen Jul. von Witzleben, Burggrafen und Herrn zu Ipigny, Charmoy und Gilet, kurkölnischem Kämmerer und Obersten eines Regiments zu Fuß, zu befehlen, mit 2 Kompagnien zu Roß in Nordhausen Quartier zu nehmen, so daß diese dort nach seiner Ordre verpflegt würden. Auf ein flehentliches Bittschreiben vom 20. März an den Kaiser selbst, um jene doppelte Bedrängniß von der armen Stadt abzuwenden, erhielt der Rath keine Antwort; dagegen beauftragte der kaiserliche Rath, Kämmerer und Oberst Herzog Julius Heinrich von Sachsen am 22. März den Oberstlieutenant von Bindhauf, die Anforderung Wallensteins an Nordhausen ohne weiteres auszuführen. Auch der Oberst Graf von Witzleben drängte den Rath und erpreßte eine Contribution von 4000 Thalern statt der Einquartierung. — — Um gegen Unfug und Plünderungen des Kriegsvolks auf den Straßen sich einigermaßen zu sichern, warb der Rath eine Anzahl Soldaten. Händel zwischen den Officieren der Truppen und des Rathes riefen strenge Befehle hervor. — — Ein kaiserliches Mandat verbot Werbung von Soldaten für den König von Dänemark, welche hier geschehn sein sollte. Die Stadt wurde beschuldigt, die sogenannten Harzschützen gehegt zu haben. Diese Harzschützen hatten sich, wie es hieß, von den dänischen Befehlshabern zu Wolfenbüttel aufgewiegelt, zusammengerottet. (Vgl. Zeitfuchs Stolberg. K. u. St. Historie S. 261 f.) — Am 5. Aug. 1627 ließ der Rath ein Mandat an die Stadtthore anheften (abgedruckt bei Lesser S. 512), worin es heißt: nachdem hohe kaiserliche Officiere klagend berichtet haben, daß unter dem leichtfertigen Gesindel, zusammengelaufenen Bauern, Schützen und aufrührerischen Rotten auch einige nordhäusische Bürger und Bürgerssöhne gegen Bürgereid und Pflicht Mißhandlungen verübt haben sollen, so werden solche hiermit avocirt, so daß sie sich unfehlbar binnen 8 Tagen, bis zum 14. August, persönlich einstellen und auf dem Rathhause zum Verhör melden sollen, worauf ihnen die Strafe erlassen und kaiserlicher Pardon ausgewirkt werden soll. Die Ungehorsamen sollen als Friedbrecher und Meineidige wie Straßenräuber, Mörder und Diebe an Leib und Leben gestraft werden. — Manche folgten dieser Aufforderung, Andre wurden ergriffen. Ein solcher Harzschütze wurde zu Stolberg enthauptet. Acht genannte

Harzschützen und Bauern wurden am 7. Sept. auf Verlangen des kaiserlichen Obersten David Becker Freiherrn von der Ehre nach Halberstadt geführt. Zwei derselben, Stephan Baumgarten sonst Kolbe genannt und Andreas Specht, sollen nach einem Schreiben des Rathes an jenen Obersten vom 4. Sept. vielfältige Plünderungen und schwere Mordthaten, auch an Frauen und Kindern, begangen haben, weshalb der Rath sie ungeachtet des verkündeten Pardons nicht freigelassen habe. Der auf des Obersten Verlangen eingezogene Bürger Hans Schreiber hat sich verantwortet, der Andern ist der Rath noch nicht habhaft geworden. — — [In diesem Jahre 1627 am 24./25. Dec. (in der Christnacht) ließ der sächsische Oberst Christian Vizthum zu Eckstädt das Schloß Honstein durch Feuer zerstören].

Als im Jahre 1628 Damian Vizthum Oberstwachtmeister des Grafen Wolfgang von Mansfeld 2 Kompagnien mansfeldischer Reiter hier einquartieren wollte, suchte der Rath diese Einquartierung durch Vorhaltung der von dem Kurfürsten von Sachsen, dem Herzoge von Friedland und Tilly ertheilten Versicherungen und Salvaguardia abzuwenden; doch er mußte sich fügen. Der Commissarius Oberst von Ossa verlangte, daß die Stadt monatlich 667 Thaler an den Commissarius Liebhold zahle, und als der Rath statt dieser monatlichen Zahlung eine bestimmte Summe anbot, verwarf der Oberst Damian Vizthum von Eckstädt solches und zeigte an, daß er bereits eine Kompagnie nach Nordhausen habe aufbrechen lassen. Der Rath wandte sich nun an den Grafen von Collalto, welcher am 26. Sept. zu Schweinfurt die Antwort ertheilte: er respectire die vom Kaiser gegebene Salvaguardia, da aber dieser selbst in seinen Erbländern, so auch andre Fürsten und Reichsstädte, ungeachtet erlangter Salvaguardia der Einquartierung und den Contributionen sich nicht entzögen, so müsse auch Nordhausen zum allgemeinen Besten dem sich unterwerfen. Der Oberst Vizthum verlangte nun nach der Instruction des Grafen Collalto wöchentlich 400 Thaler von Nordhausen, der Rath bot dafür eine einmalige Zahlung von 3000 Thalern an, mußte sich aber bei Androhung der Execution zur Zahlung von 4000 Thalern verstehn und dieselbe leisten.

Zu Anfange des Jahres 1629 verlangte der Kriegscommissarius Andreas Liebhold monatlich 1000 Gulden zur Unterhaltung des kaiserlichen Kriegsvolkes in Thüringen, vom 8. Jan. an, bei Androhung, der Stadt sonst alle Zufuhr zu sperren. Der Stadtsyndicus D. Michaelis und ein Mitglied des Rathes als Abgeordnete unterhandelten darauf mit demselben zu Erfurt, und der Rittmeister Matthias Dellitsch von Isolani's Kroaten nahm darauf in Nordhausen 1000 Thaler in Empfang als Contribution bis zum Monat Mai; dennoch verlangte Liebhold, daß Nordhausen eine Kompagnie italienisches Volk, die zu Kelbra lag, aufnehme, oder für jeden Soldaten monatlich 8 Gulden zahle und täglich 2 Pfund Brot für jeden liefere. Vergeblich wandte sich der Rath an den Herzog von Friedland; er mußte sich dazu verstehn, monatlich 800 Gulden zu zahlen, und dennoch wurden wegen unterlassener Brotlieferung einige nordhäusische Bürger mit Pferden und Wagen zu Kelbra verhaftet. Nach einiger Zeit wurden dieselben zwar wieder losgelassen, doch mit Androhung härterer Maßregeln (indem angekündigt wurde, daß man bald bedeutendere Personen festnehmen und vor Zahlung der Reste nicht loslassen würde) wurden die angeblichen Rückstände vom Commissarius Liebhold und durch verschiedene Offiziere eingetrieben, ja am 18. Mai verlangte der Rittmeister Dellitsch die Monatszahlung in ganzen Speciesthalern, da er so viel (kleines) Silbergeld empfangen habe, daß er nicht wüßte, wohin er damit sollte; doch das wollte und konnte der Rath nicht gewähren. — Als einige Kompagnien Befehl zum Aufbruch bekamen, forderte Liebhold sogar eine Pränumeration der Monatsgelder, und darauf für die 4 in Mecklenburg stehenden Kompagnien von Merode einen angeblichen Rest für 4 Monate, welchen einzutreiben er bevollmächtigt sei. Der Rath antwortete am 29. Juni, er sei einen solchen Rest nicht schuldig und habe auf Befehl des Feldmarschalls Collalto die wöchentliche Contribution an den von Ossa und Vitzthum von Eckstädt gezahlt. Nach dieser Weigerung des Rathes wurden 5 Kompagnien kaiserlicher Reiterei unter dem Oberstleutnant Ewald von Podewils vor die Stadt geschickt, welche dieselbe 14 Tage eingeschlossen hielten, auch anfingen das Wasser abzustechen, die Feldfrüchte zu Grunde richteten und 20 Stück Rindvieh hinwegtrieben. Weitere Gewaltmaßregeln wurden gedrohet. — Das bekannte kaiserliche Restitutionsedict vom 6. März 1629 brachte der Stadt Nordhausen eine neue Noth. Selbst durch Verfälschung einer Urkunde in ihrem Datum (als nach dem Passauer Vertrage und dem Religionsfrieden vom 25. Sept. 1555 gegeben) versuchten es kaiserliche Commissarien (zu Halberstadt) unter andern das hiesige Augustinerkloster zu restituiren. Es gelang indessen bloß die Sicherung des Stifts S. Crucis. —

Zur Abwendung der äußersten Gefahr erborgte der Rath 2500 Thaler und beendigte damit die Execution des Oberstleutnants von Podewils. Doch wurde von diesem, wie wir unten sehen werden, noch im Jahre 1636 eine damals vom Rathe ausgestellte Obligation über 2000 Thaler zur Geltung gebracht. — Alsbald verlangte wieder der Oberst Graf von Witzleben auf Befehl des Herzogs von Friedland die Aufnahme einer Kompagnie zu Fuß. Er wurde mit einer monatlichen Zahlung von 444 Thalern befriedigt.

Neue Bedrängniß brachte das Jahr 1630. Der Generalissimus Herzog von Friedland kündigte an, es sei nöthig gegen den König von Schweden, welcher dem Reiche feindlich auftreten zu wollen scheine, Völker zusammenzuziehen nnd davon werde Nordhausen den Stab und eine Kompagnie des Tiefenbachischen Regiments einnehmen und unterhalten. Anfangs wurden diese Leute auf dem Himmelgarten und in Stempeda einquartiert und von Nordhausen aus verpflegt; doch als die am Ende des Jahres 1629 dem Generalissimus eingereichte Supplik keinen Erfolg hatte, fand die Einquartierung zu Anfange des Jahres 1630 in Nordhausen statt, und zwar, wie es scheint, tumultuarisch, indem selbst das Hospital S. Martini nicht verschont wurde und erst mit Gewalt geräumt werden mußte. Für den Unterhalt dieser Leute sollten monatlich 2229 Thaler gezahlt werden. Nach einer speciellen Rechnung verbrauchte der Stab und die Kompagnie in 26 Wochen und 4 Tagen 32,245½ Thaler und der Chef der in Thüringen liegenden kaiserlichen Völker Graf Philipp von Mansfeld erhielt außerdem auf 5 Wochen

1875 Thaler. Eine Beschwerde durch Abgeordnete des Rathes bei dem kaiserlichen Commissarius Oberst Dam. Vizthum von Eckstädt zu Erfurt half so wenig, als ein Intercessionsschreiben des Kurfürsten von Sachsen, ja der Oberst Dam. Vizthum erpreßte noch eine Restforderung, worauf endlich die Einquartierten abzogen. Bald indessen kündigte Vizthum von neuem an, daß die Stadt eine Kompagnie vom Cobelischen Regimente aufnehmen müsse. Dafür erbot sich der Rath eine monatliche Zahlung zu leisten. Der Commissarius willigte ein, als aber die Abgeordneten des Rathes solches Geld nach Erfurt bringen wollten, wurden sie im Walde bei Sondershausen von verkappten Räubern überfallen und ihnen 900 Thaler und die Pferde genommen. Jedoch der kaiserliche Commissarius ließ sich dieses Geld nicht abziehn und die ganze Summe mußte erlegt werden *).

Den Convent der Evangelischen zu Leipzig im Februar, März und April 1631 beschickte der Rath durch den Bürgermeister Joh. Wilde und den Syndicus Dr. Paul Michael. — Schon vorher, bald nach dem Anfange des Jahres, hatte der jetzt kaiserliche Generalissimus Graf Tilly Einquartierung angemeldet, welche mit monatlich 800 Thalern Verpflegungsgeldern abgewendet werden sollte. Vergeblich wurde der Kurfürst von Sachsen als Schutzherr um Verwendung gebeten. Der kaiserliche Kriegs-Commissarius drohte mit der Execution durch 2 Kompagnien Reiter. Der Leipziger Convent brachte noch nicht die ersehnte Hülfe. Der Oberstleutenant Chrn. Schüler vom Lichtensteinischen Regimente schrieb, er habe den Auftrag mit 150 Mann, nöthigenfalls auch mit 2 Kompagnien, die Contribution durch Execution einzutreiben. Es wurde auch wirklich das Vieh vor der Stadt gepfändet und weggetrieben, welches der Rath mit 500 Thalern einlösen mußte, zur Befriedigung der kaiserlichen Soldatesca, wie am 24. Mai der Kriegscommissarius Joh. Brizius schrieb. — Auf Anforderung des Generalquartiermeisters Lor. Mönch von Steineck mußte man am 7. Juni Proviant für 2 Kompagnien auf dem Marsche anschaffen und nach Gr. Sömmerda senden, desgleichen 25 Ries Schreibpapier in die Kanzlei des Gen. Tilly. — Der Kriegscommiss. Brizius verlangte auch Victualien für das Cobelische Kriegsvolk. — Am 25. Juni wurden 6000 Pfund Brot, 2 Malter Hafer, 2 Faß Bier nach Mühlhausen gesendet, und eine Zeitlang (im Juli) mußten täglich 3000 Pfund Brot dahin geliefert werden. Darauf wurde die Verpflegung von 2 Kompagnien Collaltischer Reiter verlangt, und der Commiss. Brizius erhielt dafür alle 13 Tage 704 Thlr. und außerdem noch 300 Thlr. Mit Execution wurde die Absendung von 9000 und darauf 3000 Pfund Brot nach Frankenhausen erzwungen. — Am 19. Juli 1631 kündigte Tilly an, daß die Stadt eine Kompagnie und den Stab des Farenbachschen Regiments auf 13 Tage einnehmen müsse. Nach einer aufgestellten Berechnung sollten für diese Einquartierung 704 Thaler 4 Groschen gezahlt werden; diese Summe

*) In dieses Jahr könnte auch der Unfall des Bürgermeisters Stiff gehören, welcher bereits besprochen worden ist (Buch 1, Kap. 8).

wurde auch gezahlt, und der Kriegscommiss. Brizius erhielt ein Pferd für 120 Thaler, aber die Einquartierung blieb.

Am 19. Juli supplicirten die nordhäusischen Abgesandten A. Cramer und G. Hoffmann bei dem Grafen Tilly und dem Generalcommiss. Freiherrn von Walmerode: die Stadt sei durch gehässige Leute angeschwärzt; vom Leipziger Convent hätten sie sich zurückgezogen; man möge statt der jetzigen Einquartierung von 200 Mann vom gräflich Farenbachschen Regimente es bei der monatlichen Zahlung von 400 Thalern (487?) nach dem Regensburger Anschlage lassen. Die Sache mit dem Oberstlieutenant von Podewils sei bei dem kaiserlichen Hofe anhängig gemacht worden. — Zuerst wurde der Stadt der Stab abgenommen, endlich auch das Volk, aber nur gegen eine Geldzahlung am 10. Sept. —

Statt der kaiserlichen Völker erschienen nun die Schweden und zogen durch Thüringen. Am 14. Sept. mußten 2000 Pfund Brot, 278 Eimer Bier und 4 Marktscheffel Hafer in das Hauptquartier nach Erfurt geliefert werden. — Auf dem evangelischen Convente zu Leipzig waren für dessen Sache Monatsgelder angesetzt und bewilligt worden; jetzt forderten solche der Kurfürst und der Herzog Wilhelm von Sachsen-Weimar. Nordhausen sendete abschläglich 900 Thlr., die angekündigte Einquartierung von 4 Kompagnien abzuwenden; 1 Kompagnie wollte man einnehmen. Das erkannte Herzog Wilhelm an und gab dem Hauptmanne der Mannschaft strengen Befehl gute Disciplin zu halten.

Am 5. Jan. 1632 forderte der Oberst C. B. von Berlepsch zu Greußen, daß Nordhausen für die Truppen des Herzogs Wilhelm am folgenden Tage 2000 Pfund Brot, 20 Faß Bier zu 5 Eimern, 1000 Pfund Fleisch an lebendem Vieh und 200 Scheffel Hafer nach Frankenhausen liefere. Die Lieferung geschah am 7. Januar.

Alsbald verlangte der Herzog Wilhelm, daß Nordhausen 2 Kompagnien zu Fuß des Obersten von Berlepsch einnehme, indem der Feldmarschall Pappenheim gegen Wolfenbüttel vorgehe, und dem Widerstand zu leisten die Völker zusammengezogen werden müßten zur Verbindung mit den Schweden. Der Rath erwiederte, daß jener Marsch nicht auf Nordhausen zugehe, sie auch schon die Lieferung nach Frankenhausen gemacht hätten. — Am 10. Januar mußte Nordhausen in das Hauptquartier des Herzogs Wilhelm nach Brücken liefern 2000 Pfund Brot, 2000 Maß Bier, 1500 Pfund Fleisch, 15 Malter Hafer, und am 15. Febr. 600 Thaler an den Zahlmeister zu Erfurt. Nun forderte aber der schwedische Oberst G. C. von Wedel bei seinem Anmarsch Quartier für sich und 2 Kompagnien. Der Rath unterhandelte mit ihm, doch das Volk drang mit Gewalt in die Stadt und schlug die geschlossenen Thore der Oberstadt auf; 800 Reiter und Bagagepferde und 1000 Mann erzwangen sich Quartier, und die Bürger wurden sehr geplagt, indem manche 5 bis 10 Thaler, andre 20 bis 30 Thaler zahlen mußten; Häuser wurden geplündert und Menschen gröblich mißhandelt. Das katholische Stift S. Crucis mußte am meisten leiden: die Kirche wurde ganz ausgeraubt und alles darin zerschlagen, ja selbst zwei fürstliche Gräber fing man an zu öffnen. Beim Abzuge mußten ihnen noch 400 Thaler und 4 Pferde gegeben werden. — Zum Schutz gegen solche Unbill warb der Rath einige Soldaten an. — Der Herzog Wilhelm verlangte darauf wieder 1000 Thaler und der schwedische Oberst Graf zu Löwenstein sollte dieselben erheben; doch der Rath verweigerte die Zahlung, da die Stadt durch den Wedelschen Einfall ganz ruinirt sei. — Graf Löwenstein beantragte darauf eine Versammlung der sächsischen Kreisstände zu Erfurt. Am 23. April gingen als Abgeordnete von Nordhausen dahin der Bürgermeister Andr. Ernst und der Syndicus Michael, nachdem dieselben am 21. April vom Rathe die Instruction empfangen hatten: 1) wo möglich die Angelegenheiten von Nordhausen besonders verhandeln zu lassen, 2) darauf zu halten, daß die Stadt als zum niedersächsischen Kreise gehörig behandelt werde, 3) weshalb sie auch nicht zur Befestigung und Proviantirung von Erfurt herangezogen werden könne, 4) die traurige Lage der Stadt durch den großen Brand (1612) und die unerhörten Kriegslasten vorzustellen, 5) besonders den Schaden durch Tilly und 6) den in der vorigen Woche durch Wedel zu schildern, 7) dennoch der Leipziger Anlage des Kurfürsten von Sachsen und der niedersächsischen Stände sich zu unterwerfen bereit zu sein, 8) gegen des Rittmeisters Engel unverantwortliches Verfahren zu protestiren, 9) zu fragen, wie man sich bei Durchzügen, Lieferungen und andern Plackereien und 10) gegen die Straßenräuber und Pferdediebe zu verhalten habe. — Der Graf von Löwenstein machte nun drei Anträge über 1) gewisse Contributionen an den König von Schweden, 2) Befestigung von Erfurt, 3) Abhülfe gegen die Plünderungen und bisherige Unsicherheit. Die Stände fanden es hart und unmöglich, zu beiden Armeen, der sächsischen und der schwedischen, zu contribuiren, wie bisher; bei Befestigung von Erfurt möge man nicht zu weit gehn und gegen die wilde Soldatesca scharfe Mandate erlassen. Der schwedische Resident und geheime Rath Graf Alexander Esseck stellte wegen Quartier und Contribution einen Vergleich zwischen dem Könige und dem Kurfürsten in Aussicht: Erfurt sollte nicht mit unerträglichen Kosten und nur als Sicherheitsplatz befestigt, und den andern Beschwerden sollte abgeholfen werden, wenn die Stände die Contribution nicht verweigerten. Da die Stände nicht zu einem schnellen Beschluß kommen konnten, wurde ein Aufschub von 14 Tagen bewilligt. Zu der darauf folgenden Berathung sandte der Rath keinen Abgeordneten; er entschuldigte sich schriftlich und erklärte sich bereit zu thun, was die Stände beschließen würden. Das nahm der Resident nicht gut auf. — Nach einer Ordre des Obersten Riesen wurde von Nordhausen die Verpflegung von drei Kapitänen verlangt. Der Rath beschwerte sich darüber und erklärte, von den verwilligten Contributionsgeldern von 21000 Thalern auf drei Monate seine Quote von 1800 Thalern dem Obersten Brandenstein zu zahlen, wie denn auch geschah. — Von dem kaiserlichen Feldmarschall Pappenheim kam die Anforderung, 2000 Mann aufzunehmen und zu unterhalten. Der Rath erbot sich statt dessen monatlich 400 Thaler zu zahlen. — Unerwartet drang am 19. Juli der schwedische Oberstleutenant Wrangel mit 300 Mann in die Stadt und blieb hier bis zum 6. Aug. An Gelde kostete dieser Aufenthalt gegen 2800 Thaler. Schmerzlicher war der von diesem Volke verübte Unfug. Bürger wurden aus ihren Häusern gejagt, zwei Bürger und eine Magd bis auf den Tod geschlagen, ein Bürger, der auf Wache stand, wurde von einem Korporal erschossen. Der Oberstleutnant ritt mit 12 Reitern vor die Thür des regierenden Bürgermeisters und drohte ihn niederzuschießen. Die (Befestigungs-) Ketten und Schlösser in den Straßen wurden abgeschlagen und in die Brunnen geworfen, und die Nachtwächter von den Straßen verjagt. Der anwesende weimarische Rath Dr. Burkhard und der Commissarius Müller steuerten dem Unfuge nicht, ja der Commissarius schlug selbst eine Rathsperson auf offenem Markte und sagte, dem Könige von Schweden läge nichts daran, wenn auch ein solches Rattennest zu Grunde ginge. (Der Zorn scheint daher entstanden zu sein, daß sich der Rath Pappenheims Forderungen einigermaßen gefügt hatte.)

Die Domkirche und die Häuser der Stiftsgeistlichkeit wurden wieder arg mitgenommen, so daß der Schaden des Stifts auf 3000 Thaler geschätzt wurde. — Alsbald forderte auch der Herzog Georg von Braunschweig Proviant durch den Obersten Kaag, mit der Drohung, die Vorstadt zu besetzen. Der Rath wollte 2 Karrn mit Brot und 2 mit Bier beladen liefern. Indessen kam eine andre Anweisung vom Obersten Schenk. Nach einem förmlichen Vertrage sollte der Oberst Lagerstätte und Quartier mit Service an Holz, Licht, Salz und Essig bekommen, und eine Kompagnie nach Disposition des Rathes einquartiert werden; Offiziere und Soldaten sollten monatlich 340 Thaler an Lohn und Unterhalt empfangen. — Der vom Herzog Wilhelm von Sachsen bevollmächtigte Resident Alexander Eßle zu Erfurt beschied die Stände auf den 4. Oct. nach Erfurt zu einem Convent; der Rath gab dazu dem Dr. G. Thiele daselbst Vollmacht für Nordhausen, so auch zu dem Convent auf den 16. Oct. Es wurde dort eine Proviantlieferung beschlossen, da das ganze schwedische Heer bei Erfurt stünde, und Nordhausen sollte dazu 200 Malter Korn und 150 Malter Hafer liefern. Der Rath entschuldigte sich, da er eben den Commissarien E. V. von Berlepsch und J. G. Vitzthum von Eckstädt täglich 500 Pfund Brot, 25 Eimer Bier, 893 Pfund Fleisch an lebendem Vieh und 90 Scheffel Hafer liefern sollte. — Da viele Offiziere und Soldaten des Gersdorfischen Regiments beschädigt waren, so verlangten die Commissarien zu Naumburg Dam. Vitzthum von Eckstädt und von Brand, daß dieselben zur Kur und Verpflegung auf so viel Wagen, als nöthig wären, nach Nordhausen abgeholt würden, und zwar 1 Hauptmann, 2 Leutnants, 12 „gemeine Befehlshaber" und 90 Soldaten. Dabei übersendeten die Commissarien eine Vorschrift über die Verpflegung der königlichen Offiziere und Soldaten. Ein Oberst soll für sich und sein Gesinde täglich 2 Mahlzeiten, jedesmal zu 12 Gerichten haben, jedes zu $1/8$ Thaler gerechnet, also für 3 Thaler, ferner 10 Pfund Brot zu $1/4$ Batzen und 10 Maß Wein oder 20 Maß Bier zu 2 Batzen u. s. w. (ein Oberstleutnant 8 Gerichte, ein Kapitän 6, ein Leutnant oder Fähndrich 4, ein Unteroffizier 3, ein Korporal oder Trommelschläger 2 u. s. w., endlich ein Gemeiner 2 Pfund Brot und 1 Maß Wein oder 2 Maß Bier). Da nun der Gesunden mehr waren, als der Kranken, so bat der Rath um Erleichterung dieser Einquartierung; aber statt dessen erhielt man von Naumburg den Befehl, schleunig Proviant nach Erfurt zu senden, und zwar von jeder Hufe Landes $1/2$ Scheffel Rocken,

$^{1}/_{4}$ Scheffel Hafer und $^{1}/_{2}$ Ortsthaler an Gelde. Noch ehe das ausgeführt war, forderte am 6. Dec. der Oberstwachtmeister Andr. Sachs 600 Gulden Werbegelder und drohte mit Execution und Wegnahme der Pferde und Kühe aus der Flur; doch der Rath entschuldigte sich, da er durch Zahlung von 200 Thalern Contribution und durch die Verpflegung jener Leute vom Gersdorfischen Regimente schon mehr geleistet habe. Als nun noch auf eine Ordre des Generals an den Oberstleutnant von Wurmb, der mit 1100 Mann zu Fuß und 2 Haufen Reiter durch die Gegend von Stempeda zog, 1100 Brote zu 2 Pfund und 10 Faß Bier geliefert werden sollten, sendete man 6 Faß Bier und soviel Proviant, als in der Eile beschafft werden konnte; doch mußte man auf Befehl des Oberstleutnants noch 4 Faß Bier schicken.

Auch im Jahre 1633 konnte man die in Pflege genommenen Offiziere und Soldaten des Gersdorfischen Regiments lange nicht los werden, obgleich auf Anordnung des schwedischen Generalissimus Herzog Wilhelm der Commissarius zu Erfurt den Abzug befahl. Am 19. Februar verlangte der Resident zu Erfurt A. Eßke schriftlich, von den vom Großkanzler daselbst gelassenen schwedischen Kompagnien eine in Nordhausen aufzunehmen. Dabei wurde bemerkt, daß diese Leute im letzten Treffen tapfer und standhaft gefochten hätten, und der Kapitän werde nach dem Befehle des Großkanzlers (Oxenstierna) gute Ordnung halten. Der Rath mußte sich der Anforderung fügen; doch mußten auch die Gersdorfischen nun abziehn. — — Zu einem neuen Convente, welchen der Herzog Wilhelm in Erfurt anstellte, sendete der Rath von Nordhausen den Syndicus Michael und G. Hoffmann mit einer Instruction vom 15. März. Auf diesem Convente trug der Herzog besonders darauf an, es sollten 1) 100 (Römer=) Monate in diesem Jahr gezahlt, 2) von jedem Stande des Convents eine bestimmte Zahl Truppen geworben und gestellt werden. Nach vielfachen Beschwerden und Verhandlungen wurde am 21. Mai ein Beschluß gefaßt und vom Herzoge am 23. Mai unterzeichnet. Nach diesem Beschlusse sollte Nordhausen (dessen Abgeordnete hervorgehoben hatten, daß die Stadt durch die Pest 1626 viele Menschen verloren habe) nicht gehalten sein, den verlangten stärkern „Ausschuß" (Stadtsoldaten) zu halten, sondern nur seinen gewöhnlichen; zur Armee soll es nur 30 Mann stellen (junge Mannschaft aus jedem Lande, zu Erfurt am 10. April) und 5000 Gulden in 4 Terminen zahlen. Jene 30 Mann wurden am 6. Mai auf Befehl des Herzogs dem Kapitän Jac. Zader übergeben. — — Als aber von einem Convent des obersächsischen Kreises zu Heilbron am 4. Juni wieder 44 Römermonate von Nordhausen verlangt wurden, weigerte sich dessen der Rath auch nach wiederholter Einladung der thüringischen Stände nach Heilbron am 26. Juni und am 11. Juli, da Nordhausen zum niedersächsischen Kreise gehöre und seine Pflicht zu Erfurt erfüllt habe. — Als der schwedische Resident von Eßke zu Erfurt Proviant für das Kriegsvolk in Thüringen forderte, sendete der Rath nur 30 Centner Fleisch an lebendem Vieh, statt des verlangten Getreides aber, welches er wegen der Unsicherheit der Wege und weil es spärlich eingekommen wäre nicht schicken könnte, erbot er sich 300 Gulden zu zahlen, wenn dieses Geld von dem im Receß stipulirten abgezogen werde.

Am 4. Jan. 1634 schrieb der Generalmajor oder, wie er sich selbst nannte, Oberst und Commandant der schwedischen Kavallerie Torsten Stalhandsch (Stalhandske) aus dem Hauptquartier zu Lamspringe an den Rath, da ihm und seinem Regimente Nordhausen und die Grafschaft Honstein vom General (Herzog Wilhelm) zum Quartier angewiesen sei, so sende er seine Quartiermacher und seinen Hofmeister dahin voraus, damit sein Hauptquartier und der nöthige Unterhalt nach Anweisung des Generalcommissarius bestellt werde. Der Rath suchte diese Einquartierung abzuwenden, indem er dem schwedischen Kriegsrathe und Residenten zu Erfurt A. Eßke, ohne dessen Wissen solches nicht geschehn könnte, Anzeige davon machte und um Abhülfe bat. Derselbe sendete auch den Kapitän Erich Trewes mit einer Kompagnie, die monatlich mit 392 Thalern 18 Groschen von der Stadt verpflegt wurde und diese gegen jede andere Einquartierung schützen sollte. Als aber Stalhandsch auf Ausführung seines Befehls drang, mußte Trewes abziehn und jener zog ein mit dem Stabe und einer Kompagnie. Er hatte für sich 12 Dienstpferde und 18 Bagagepferde, die Kompagnie 101 Dienst- und 20 Bagagepferde. Jeder Reiter sollte nach dem Befehle des Herzogs Wilhelm alle 10 Tage bekommen 1½ Thaler Geld, 20 Pfund Brot, 20 Maaß Bier, 100 Pfund Heu, 4 Bund Stroh, 10 Erfurter Metzen Hafer, für Bagagepferde halb so viel; doch die Kompagnie-Offiziere 50 Thaler, der Stab 60 Thaler, der Generalmajorsstab 120 Thaler. Diese Einquartierung blieb ungefähr vom Januar bis zum 10. April. Abgeordnete des Raths klagten dem Residenten in Erfurt die Noth der Stadt, und es hielt schwer, den endlichen Abmarsch zu erlangen. — Alsbald forderte der Major Borge Nilson eine Zahlung von 385 Thalern und schritt bei der Weigerung des Rathes zur Gewalt. Er ließ zu Heringen den Stadtsyndicus verhaften und durch 5 Mann bewachen. Beschwerden in Erfurt blieben ohne Antwort. Der Major ließ den Syndicus zwar wieder los, nahm aber Schafe und andres Vieh hinweg und gab dasselbe erst nach Zahlung von 300 Thalern zurück. — Auf einen Convent der evangelischen Stände zu Halberstadt sendete der Rath den Syndicus Michael und den Vierherrn und Arzt Joh. Kahle. Der Hauptpunkt, der hier von diesen zur Sprache gebracht wurde, war, daß Nordhausen mit Unrecht als eine thüringische Stadt in den obersächsischen Kreis und zu allen Lasten dieses Bezirks, von Erfurt aus, gezogen werde, da es doch bekanntlich (wie Muhlhausen) zum niedersächsischen Kreise gehöre und sich dazu halten wolle. Nordhausen verstand sich zu der damals gemachten Anlage des niedersächsischen Kreises, und zwar zu dem achtzehnfachen Römerzuge an Volk (für Nordhausen 180 Mann) und zwölffachen an Geld (monatlich 480 Gulden), außerdem zur Lieferung von Munition und Proviant nach Kassel, auch 380 Thaler für die Artillerie. Bald wurde aber wieder ein neunzehnfacher Römerzug verlangt, welcher Forderung man nicht nachkommen konnte. Auch verlangte Stalhandsch im October von neuem Quartier und Verpflegung für 4 Kompagnien mit 511 Pferden und 430 Mann, und der Rath mußte der Gewalt weichen, doch wandte er sich klagend an den Herzog Georg von Lüneburg, der im niedersächsischen Kreise commandirte (namentlich die Artillerie). Es wurde demselben der harte Druck der Stadt geschildert, die außer Stand gesetzt werde, ihrem niedersächsischen Kreise etwas zu leisten, indem die schwedischen Offiziere das angesetzte Geld für die Verpflegung baar und außerdem kostbare Naturalverpflegung verlangten, so auch die Soldaten mehr als ihnen gebühre, wobei noch Unterschleif mit den Billeten getrieben werde, da deren viele für einige Thaler verkauft, dagegen 2, 3 und 4 Mann statt 1 Mannes in ein Haus einquartiert würden. Die Bürger und besonders die weiblichen Hausgenossen würden oft roh und mit der gröbsten Unsittlichkeit behandelt, und des Nachts seien die Straßen höchst unsicher u. s. w. Der Herzog Georg verwandte sich darauf für Nordhausen bei dem in Thüringen commandirenden Feldmarschall Banner in einem Schreiben aus dem Feldlager vor Münden am 13. Oct. und trug darauf an, daß er Nordhausen ganz befreie und dem Commando im niedersächsischen Kreise überlasse. Doch erst zu Ende des Novembers wurde der Abzug aus Nordhausen von Stalhandsch unter der Bedingung bewilligt, daß der Rath noch besonders 1000 Thaler und für 3 Löhnungen 5000 Thaler zahle; zuletzt ließ er sich am 28. Nov. mit 3000 Thalern abfinden. Sechs Wochen hatte diese stärkere Einquartierung der schwedischen Reiter gedauert (14. October bis 2. Decbr.), und dennoch drohte Stalhandsch nochmals bei der eingetretenen Zwietracht zwischen der Krone Schweden und dem niedersächsischen Kreise von neuem hier Quartier zu nehmen, und es kamen an dem letzten angesetzten Tage wieder Bagage und Reiter an. Um zu zeigen, wie die Stadt gedrückt sei, mußten die Bürger nach einem Beschluß der Aeltesten ihre bei der letzten Verpflegung der Schweden gemachten Ausgaben verzeichnen (7282 Thaler 14 Groschen 1 Pfennig, s. Lesser S. 534). — Am 25. Nov. dieses Jahres 1634 erließ der Herzog Georg von Lüneburg zu Hildesheim eine „Generalordre der Artollerey", durch welche dem Oberstleutnant befohlen wurde, schleunig in die angewiesenen Quartiere zu rücken, nämlich nach Eintheilung der Mannschaft und Pferde in $6\frac{1}{2}$ Theile mit 4 Theilen nach Mühlhausen, mit $1\frac{1}{2}$ nach Goßlar und mit 1 nach Nordhausen. Darauf am 29. Dec. erließ der Generalmajor Klaus Dietr. von Sperreuter zu Erfurt ein Schreiben an den Rath, worin er meldete, daß der General Herzog Georg von Braunschweig-Lüneburg ihn an den Feldmarschall „Baunier" (Banner) gesendet habe wegen Freilassung der zu dem niedersächsischen Kreise gehörenden Orte, welche dieser auch bewilligt, und das Volk bereits zurückgezogen habe. Deshalb fordert er nun die Aufnahme einiger Truppen des niedersächsischen Kreises. (Es eiferten also drei verschiedene Truppen um die Quartiere in Thüringen, namentlich in Mühlhausen und Nordhausen, die obersächsischen unter Herzog Wilhelm von Sachsen-Weimar, die schwedischen unter Banner und die niedersächsischen unter Herzog Georg.)

Bereits am 5. Januar 1635 wurden 2 Kompagnien Reiter und 2 Kompagnien Fußvolk von den niedersächsischen Kreisvölkern in Nordhausen einquartiert, deren Löhnung (monatlich 724 Thaler für jede Kompagnie zu Roß und 366 Thaler 22 Groschen für jede zu Fuß) die Stadt zahlen mußte. Außerdem kam aber noch der Major Nagel mit 120 Mann herein, da er mit der Einquartierung auf dem Himmelgarten nicht zufrieden war, lästerte den Rath und achtete die Einquartierungsbillete nicht, sondern er verkaufte sie zum Theil und vertheilte seine

Leute nach Gutdünken, auch in die Häuser der Bürgermeister. Ueberdieß wurden auch noch 77 Mann und 41 Pferde mit 18 Bagage- und 6 Reitpferden nach Nordhausen gewiesen, welche monatlich mit 500 Thalern verpflegt werden mußten.

Der Rath flehte darauf den Herzog Georg an um Abhülfe der übermäßigen Einquartierung und beklagte sich besonders über das Verfahren des Majors Nagel. Darauf kam ein schriftlicher Befehl des Herzogs gegeben zu Münden am 12. Jan. 1635 an den Oberstleutnant Schwansbel und den Major Nagel, bessere Zucht zu halten. Die Officiere sollten nicht 10 bis 20 Gerichte fordern, sondern mit einfacher Kost zufrieden sein, und wenn der Rath statt der Speisung die Löhnung geben wollte, sollten sich sich mit den zugefertigten Ansätzen begnügen u. s. w. — Nach Abzug dieser Truppen kam wieder eine Kompagnie Reiter unter dem Major von Westernhagen und eine Kompagnie zu Fuß unter dem Kapitän von Unger, auch Artillerievolker, welche zusammen monatlich außer Service, Brot, Fourage und andern Spesen mit 1228 Thalern 2 Groschen angesetzt waren, da doch die Kreisanlage nur 420 Thaler betrug. Ein Gesuch des Raths um Milderung und Abnahme der Kompagnie Reiter *) bei den Kreis- und Kriegsräthen war vergeblich, und der Herzog erklärte, man dürfe das Sperreutersche Regiment nicht zu sehr auseinanderlegen wegen der Feinde in Obersachsen. Als aber der Major von Westernhagen Befehl erhielt, mit seiner Kompagnie von Nordhausen aufzubrechen, ließ er Leutnant Walther mit einigen Soldaten zurück, in der Meinung, bald wiederzukommen. Auf die Anzeige des Rathes mußte zwar der Leutnant abziehn und der Major von Western-

*) Daß der Rath besonders diese Reiter zu entfernen wünschte, mochte seinen Grund in den Excessen derselben haben. Von einem solchen Exceß berichtet folgende Anzeige des Bürgermeisters Wilde an den Rath: Am vorigen Abend zwischen 6 und 7 Uhr erschien bei mir ein Leutnant des von der Krone Schweden und den löblichen Ständen beim niedersächsischen Kreise bestellten Majors und jetzigen Commandanten allhier Hans Albr. von Westernhagen auf Teistungen und verlangte im Namen des Genannten die Thorschlüssel. Als ich nun erwiederte, dieselben wären nach der Abrede mit dem Rittmeister Statz Meyer dem Wachtmeister der Stadt zugestellt, und demselben befohlen worden, nebst dem Commandanten und dessen dazu befehligten Officieren die Thore auf- und zuzuschließen, schalt mich derselbe alsbald einen alten Schelm und Graukopf, drang zuletzt auf die Stubenthür los, suchte in der Küche eine Axt, dieselbe aufzuschlagen und mich über den Kopf zu hauen, wollte mich auch mit dem Degen durchstechen und umbringen, immer unter gräulichen Gotteslästerungen, Fluchen und Schimpfen, so daß ich alter schwacher Mann mit meinen Kindern aus dem Hause entspringen und ihn darin toben lassen mußte. Mein Nachbar und Freund Herr L. Ziegenmeier, dem ich solches anzeigte, erschien zu meiner Rettung und redete dem Wüthenden ernstlich und beweglich zu, mit dem Bemerken, daß solches Verfahren bei dem General Herzog Georg und den niedersächsischen Ständen, wozu der Rath und die Stadt Nordhausen gehören, nicht zu verantworten sei; doch jener fuhr fort zu toben und tastete mich an mit ungeheuern Schmähworten und Thätigkeit. Herr Ziegenmeier, mein Eidam Dr. Paul Michael, der Stadtleutnant, der Wachtmeister, Nachbarn und Gesinde hörten solches mit Wehmuth und äußerster Ungeduld; doch zu Verhütung größern Unglücks durften wir es, weil im Quartier des Majors alles toll und voll, und ich weiß nicht weshalb schon Lärm geblasen war, nicht rächen, um nicht Veranlassung zu Mord und Todtschlag durch Aufstand der Bürgerschaft zu geben u. s. w.

hagen sollte dem Rathe die gehabten Unkosten ersetzen; doch bald erhielt derselbe Major wieder Befehl, mit 1 Kompagnie zu Roß einzurücken. — — Am 1. Juli schrieb der Herzog Georg von Hildesheim aus an den Rath: da der Leutnant Pelzer von der Artillerie klagt, die angewiesenen 500 Thaler nicht empfangen zu haben, soll der Rath damit nicht säumen, und es soll künftig an der Zahlung abgezogen werden. Weil auch die bisherige monatliche Contribution von dato an zu rechnen und bis auf künftige andere Verordnung zu 800 Thaler angesetzt ist, sollen davon zur Artillerie 100 Thaler, das Uebrige zur Kasse geliefert werden, auch soll Andern, als die zur Artillerie gehören, ohne Specialordre nicht Quartier gegeben werden. — — Erst am 18. Juli erhielt die ganze Besatzung, beide Kompagnien und die Artillerie, Befehl nach Nordheim zu ziehen, und der Rath eilte, die Rechnung zu machen und darzuthun, daß die angewiesenen Monatsgelder gezahlt wären. Diese Rechnung erkannte der vom Generalauditeur verordnete Commissarius an, und der Major von Westernhagen und Kapitän Unger unterzeichneten dieselbe. — Als darauf der Herzog Georg verlangte, Artillerievölker aufzunehmen, suchte der Rath das abzuwenden, beschickte auch den auf den 4. August zu Lüneburg angesetzten Kreistag nicht, sondern zeigte den Kreisabgesandten zu Lüneburg schriftlich an, daß die erschöpfte Stadt nicht im Stande sei, jetzt noch Einquartierung aufzunehmen, legte auch die Berechnungen der einzelnen Zahlungen bei, welche er vom 17. Febr. 1634 bis zum 4. Juni 1635 als ein schwacher Kreisstand habe machen müssen. Die Summe ist 38037 Thaler 15 Groschen. (Die einzelnen Zahlungen führt Lesser auf S. 536 ff.). — Die Anforderungen für die Truppen des Herzogs Georg von Braunschweig-Lüneburg hörten für jetzt auf, dagegen kamen alsbald wieder Forderungen von andrer Seite. Es meldete der General Sigism. Heusser von Wandersleben, der Landgraf Wilhelm von Hessen sei auf dem Marsch, und seine Truppen würden nahe bei Nordhausen ziehen; man solle deshalb für Brot und Bier sorgen. Kurz darauf zeigte aber derselbe an, die Truppen würden hier einquartiert werden. Der geschreckte Rath sendete den Syndicus Michael und den Rathsherrn Friedr. Stieff *), welche mit dem General unterhandelten, worauf dessen Leutnant auf 8 Tage für Proviant 370 Thaler erhielt. — Einige Hoffnung auf bessere Zeiten gewährte der Friedensschluß des Kurfürsten von Sachsen mit dem Kaiser zu Prag am 30. Mai, welchen der Erstere nebst einem Schreiben von Dresden am 20. Juni 1635 in Abschrift dem Rathe übersendete, nebst einem kaiserlichen Patente und der Aufforderung, daß die Stände (auch des niedersächsischen Kreises), welche diesem Frieden beitreten wollten, es binnen 10 Tagen bei dem Kurfürsten zur weitern Anzeige an den Kaiser melden möchten. Nordhausen scheint sich bald mit Freuden angeschlossen

*) Bei dieser Gelegenheit mag den Rathsherrn (später Bürgermeister) Joh. Friedr. Stieff der Unfall bei Stiege betroffen haben, obgleich oben Pappenheim als der General genannt wurde, der durch einen seiner Gemahlin überreichten Becher voll Geld beschwichtigt werden sollte. Das müßte 1631 oder 1632 geschehn sein. Stieff würde dann aber schwerlich nach dem Verluste eines Arms 1635 einen ähnlichen Auftrag übernommen haben.

zu haben, doch mußte es noch den Aufsatz von 120 Römermonaten in 6 Terminen (2 noch im Jahre 1635 und 4 im Jahre 1636), für den ersten 800 Gulden an den Amtsschösser zu Sangerhausen, zahlen.

Der Friede, dem Nordhausen, dem Befehle des Kaisers und der Aufforderung des Kurfürsten von Sachsen folgend, so gern beitrat, half ihm wenig; ja Nordhausen wurde nun von den Schweden härter behandelt, und das Jahr 1636 wurde ein besonders trauriges für unsre Stadt. Zuerst befahl der General-Feldmarschall Banner dem Oberstleutnant Schlange 8 Kompagnien seines Regiments durch den Rittmeister Hans Romanowitz in den Grafschaften Stolberg und Schwarzburg-Sondershausen, dem Amte Heringen und den Städten Mühlhausen und Nordhausen einzuquartieren und daselbst Contributionen einzutreiben. Um sich und die gerettete Habe vor Plünderung und Mißhandlung zu sichern, flüchteten viele Edelleute, aber auch Andre mit ihrer Familie, Gesinde und übrigem Vieh in die Stadt. Da die Gefahr und Noth stieg, ernannte der Rath außer dem schon bestellten Stadtwachtmeister und den (Bürger-) Corporalen noch zwei Bürger Nic. Fischer und Chph. Baseler zu Commandanten. Die Schweden bedrohten die Stadt mit Feuer: sie verlangten zunächst 10000 Thaler. Am 29. Jan. 1636 schloß der Rath mit jenem Rittmeister Romanowitz einen Vergleich, nach welchem bis Donnerstag 6000 Thaler an Gold, Silbergeschirr und Kleinodien abgetragen werden sollten (das geschah auch am 3. Febr.); dagegen wollte er in 8 Tagen eine schriftliche Salvaguardia von dem Obersten auswirken, daß keine andre Mannschaft außer dem Rittmeister und Regimentsquartiermeister mit einigen Leuten hier einquartiert und verpflegt werden sollte; doch gegen die säumigen Zahler behielt sich der Rittmeister militärische Execution vor, verlangte auch durchaus noch eine Zahlung von 3000 Thalern, die endlich nur gestundet wurde. — Auf die schwedische Einquartierung und Contribution folgten bald kaiserliche und sächsische Anforderungen. Der Generalwachtmeister Phil. von Wildberg zeigte an, daß er von dem General-Feldmarschall von Hatzfeld den Befehl habe, 2 Regimenter nach Nordhausen zu legen. Der Rath unterhandelte über die Abwendung der Einquartierung durch eine Zahlung und gab endlich statt der verlangten 5000 Thaler die Summe von 4500 Thaler, wozu bei der Erschöpfung der Bürger die vom Lande Hereingeflüchteten beitragen mußten. Da nun auch der sächsische Generalmajor Dam. Vitzthum von Eckstädt die Rückstände der im Prager Frieden bewilligten 120 Römermonate forderte, wollte der Rath jene 4500 Thaler mit in Rechnung bringen; doch die Römerzüge mußten vollständig gezahlt werden. — — Ueberraschend wurde auch eine Forderung aus dem Jahre 1629 wieder geltend gemacht. Der Oberst Ewald von Podewils hatte die vom Rathe erpreßte Obligation über 2000 Thaler (vgl. oben), obgleich er zugab, über 4000 Thaler der Stadt an Feldfrüchten geschadet zu haben, dem kaiserlichen Kriegsrathe und Obersten Freiherrn Joh. von Adelshoven cedirt, welcher jetzt das Geld mit Gewalt eintreiben wollte, und obgleich der Rath gute Gründe gegen die Gültigkeit der Obligation und Cession zu haben glaubte, erhielt er doch von dem Kurfürsten von Sachsen die Weisung, sich mit jenem Kriegsrathe in Güte zu einigen. Der zum Empfang des Geldes bevollmächtigte Oberstleutnant von Kratz verlangte aber außer den 2000 Thalern noch 800 Thaler Zinsen, und ließ nach wirklicher Zahlung der 2000 Thaler 286 Stück Vieh des Stifts S. Martini und hiesiger Bürger vom Harze wegtreiben. Der Rath wandte sich deshalb an den Kurfürsten von Sachsen, worauf nach dessen Befehl das Vieh wieder zurückgegeben werden mußte. — — Nach diesen Drangsalen kam noch Härteres. Am 11. Oct. rückten 5 kaiserliche Regimenter von der Armee des Gen.-Feldmarschalls von Hatzfeld vor Nordhausen, nämlich das Hatzfeldische, Mansfeldische, Ennische und Strasoldische, und der Oberkriegscommissarius J. L. Freß verlangte Verpflegung und Quartiere; auch mußten die Stadtschlüssel übergeben werden. Die Soldaten nöthigten die Bürger, bei denen sie Quartier genommen, herbeizuschaffen was sie verlangten, und wenn die Wirthe zu unvermögend waren, so erzwangen sie neue Quartiere. Dabei wurde besonders des Nachts eingebrochen, geraubt und gestohlen, so daß wegen der Unsicherheit kein Pferd sich zeigen durfte und Lebensmittel nicht mehr herbeigebracht werden konnten. Der Obercommissarius Freß selbst schien sich zu überzeugen, daß die Stadt 5 Regimenter nicht erhalten könne, und verlangte daher am 13. Oct. 8000 Thaler baares Geld. Die Versicherung des Rathes, es sei unmöglich das aufzubringen, half nichts; man schritt wirklich zu den angedrohten Gewaltmitteln. Drei bejahrte Bürgermeister (deren Lebensjahre zusammen die Zahl 200 überstieg), der Stadtsyndicus, Secretär und Schreiber wurden auf dem Rathhause gefangen genommen: der Obercommissarius und anwesende hohe Officiere legten dabei selbst Hand an und drohten mit völliger Ausplünderung der Stadt. Als nun bei der erschöpften Bürgerschaft nichts zu erpressen war, fielen bei Einbruch der Nacht in die Häuser der sechs Bürgermeister und der andern Mitglieder des Rathes, in jedes ein Officier mit 10 Soldaten und ließen sich mit den besten Speisen und gutem Wein versehen, so daß bald kein Tropfen mehr im Rathskeller war. Sie hausten gräulich in den Häusern, auch in denen der 3 nicht verhafteten, aber krank darniederliegenden Bürgermeister, deren einem sie sein goldnes Petschaft, die Trauringe, Beutel mit Geld, silberne Löffel und Flaschen, Zinngeräth und andres vor seinen Augen nahmen. Um nur 2 oder 3 Regimenter los zu werden, wurde nun alles noch vorhandene Geld, Gold, Silber und Geschmeide unter Wehklagen zusammengebracht und dem Commissarius nach dessen eigener Schätzung übergeben. So empfing er die verlangte Summe von 8000 Thalern, und versprach dagegen heilig, der Stadt 3 von den 5 Regimentern abzunehmen; sobald er aber das Geld hatte, forderten die anwesenden hohen Officiere noch 4000 Thaler als eine schon verfallene Löhnung, welche sie auch in 3 Tagen durch militärische Execution erpreßten. Nun erst zogen 2 Regimenter nach Mühlhausen ab aber 3 blieben hier und ließen sich fortwährend nach ihrem Gefallen verpflegen, und man mußte nach ihrem Andeuten wöchentlich 2500 Thaler aufbringen. Der Rath wandte sich um Vermittelung bei dem Kurfürsten von Sachsen an den Herzog Georg von Braunschweig-Lüneburg. Es wurde so viel erlangt, daß statt der dreimonatlichen Verpflegung der 5 Regimenter Graf-Hobitzschen Volks die Stadt mit 1 Monat abkommen, doch außerdem noch 5000 Thaler bis Ostern zahlen sollte. Vor ihrem Abzuge haben aber die schlimmen Gäste noch viele Häuser in der Oberstadt und in den Vorstädten ausgeplündert, besonders auch die Hospitäler S. Martini und S. Cyriaci. Die Pferde der Bürger wurden mitgenommen und den Bauern viele Pferde ausgespannt, so daß die nöthige Holzzufuhr zum Backen und Brauen fehlte.

Das Jahr 1637 brachte neue Noth. Der kaiserliche Gen.-Feldmarschall Joh. Götze befahl, seiner auf dem Marsche befindlichen Armee von 36000 Mann auf 8 Tage Proviant zu überschicken. Es wurden ihm auch wirklich 22000 Brote zu 3 Pfund auf Wagen und Karren entgegengeschickt; auch mußten die Kranken dieses Heerhaufens aufgenommen und verpflegt werden; weil sich aber viele Gesunde mit einschlichen, gute Quartiere verlangten und so unvorsichtig mit dem Feuer umgingen, daß in einem Hause am Neuenwege Feuer entstand, so drang der Rath auf die Entfernung der nicht auf der Liste Verzeichneten. Anfangs nahm Graf Götze das übel, besser berichtet befahl er wirklich, daß diese Soldaten zu ihren Regimentern stießen. — Kurz darauf zog der kaiserliche Oberstwachtmeister Löwe mit 4 Regimentern durch die Stadt und hielt hier Nachtlager. Ihm folgte der kaiserliche Oberst von Sporl. Obgleich der Rath demselben auf die Meldung seiner Ankunft erwiedert hatte, daß sie durch den Kaiser, den Kurfürsten von Sachsen und den Gen.-Feldmarschall Salvaguardia hätten gegen die Aufnahme von Truppen, daß man aber ihm selbst nebst 15 Pferden ein Nachtlager geben wollte, auch den Soldaten Brot und Bier liefern, kam Sporl mit einigen hundert Reitern und Fußvolk vor die Stadt, und als man ihn selbst mit seinem Gefolge einließ, aber die verlangten Quartiere nicht geben wollte, ließ er die äußern Thore mit Gewalt einnehmen und die Schlösser abschlagen. Dabei wurde ein wohlhabender Bürger durch die Beine geschossen und die andern wurden vertrieben. Das Kriegsvolk drang in vollen Haufen in die Vorstädte. Die beiden Wasserkünste wurden verdorben, indem die messingenen Röhren herausgeschlagen und eingeschmolzen wurden, und sonst viel Unfug geübt. Die Völker blieben vom 22. bis zum 23. Febr. in der Stadt. Vom Rathe wurden 250 Thaler erpreßt, viel mehr aber von den Bürgern. Das Hospital S. Martini (das Vorwerk dabei), in welches Sporl selbst eine Schutzwache gelegt hatte, ließ er doch ausplündern. — Auf Sporl folgte der Oberst Hermann Gothe. Als auch diesem ein Nachtlager in der Stadt selbst verweigert und nur Proviant versprochen wurde, wollte er das von Sporl gegebene Beispiel nachahmen und die Vorstädte besetzen; doch jetzt ermannten sich die Bürger und trieben ihn mit Gewalt ab. — Der Rath wandte sich nun in seiner Noth an den Herzog von Braunschweig-Lüneburg und an den Landgrafen von Hessen, daß die kaiserlichen Feldmarschälle Götze und Hatzfeld endlich Befehl ertheilten, die Stadt zu verschonen. Am 15. März hatte auch wirklich der Oberst Sporl mit seinem Volke abziehen müssen; aber schon am 25 März meldete derselbe, daß er auf des Feldmarschalls Götze Befehl sein Quartier wieder in Nordhausen nehmen werde. Er rückte ein, da aber die Stadt so erschöpft wäre, ließ er sich 2000 Thaler auszahlen, wogegen er mit seinen Völkern abziehen wollte. Wirklich zog er selbst am 3. April ab, ließ aber 2 Rittmeister, Lor. Schade und Gr. Pfeifer mit 2 Kompagnien zurück, welche die Stadtschlüssel an sich nahmen und für die Verpflegung sich alle

10 Tage 618 Gulden zahlen ließen. Bald kam auch noch Rittmeister Dürrholz mit einer dritten Kompagnie herein; doch auf Spork's Befehl an Dürrholz mußte 1 Kompagnie wieder abziehn. Soldaten und Bürger besetzten die Thore gemeinschaftlich, und ein Befehl des Rathes und der beiden Rittmeister als Commandanten vom 28. April ordnete strenge Aufsicht an, daß nicht Fremde ohne Paß, Bettler und herrenloses Gesindel eingelassen werde, da die Stadt so voll Bettler sei. — Nun forderte der Oberst Spork 3000 Thaler Anrittsgelder. Es wurde auch der Anfang der Execution in dem Hause des regierenden Bürgermeisters durch einen Reiter G. Ritz, der Teufel genannt, gemacht. Genug die 3000 Thaler mußten beschafft werden. Davon erhielt der Rittmeister Pfeffer 500 Thaler, aber Dürrholz liquidirte außerdem noch 300 Thaler für sich. Viele Bürger verließen ihre Häuser, so daß dieselben wüste standen, und die Last der Contributionen und der Einquartierung für die andern desto härter wurde. Der Rath sah sich dadurch genöthigt zu befehlen, daß die Bürger bei Verlust ihres Bürgerrechts, ihrer Häuser und Güter darin bleiben sollten. Der Aufwand für die 3 Kompagnien wurde auf 9077 Thaler 20 Groschen 7 Pfennige berechnet. Ein Bittschreiben an den Kurfürsten von Sachsen als Schutzherrn der Stadt trug darauf an, die 2 Sporkschen Kompagnien abziehn zu lassen und die arme Stadt nur mit 1 Kompagnie zu Fuß zu belegen, aber von andern Auflagen und Einquartierung zu befreien. Indessen plagten die Reiter der 2 Kompagnien die Bürger fortwährend und suchten Geld zu erpressen. Die Noth wurde so groß, daß am 12. Juni kein Korn, Hafer und Gerste zu bekommen war. Der Oberkriegscommissarius Lud. Fuß deutete nun dem Rathe an, den Soldaten nichts mehr auszuzahlen, und wenn dieselben Unfug verübten, es ihm anzuzeigen, da der Feldmarschall Hatzfeld helfen werde. Jetzt überlieferte der Rittmeister Schade dem Rathe die Stadtschlüssel, indem er sich dafür noch 150 Thaler zahlen ließ, und zog ab mit den 2 Kompagnien, doch blieb ein Rittmeister mit einigen Reitern als Besatzung, welche mit 200 Thalern wöchentlich kaum zu erhalten waren. Außerdem mußten 4 Wochen hindurch wöchentlich 500 Thaler an den Obersten Jean de Rove für dessen Völker gezahlt werden. — Als der Graf Isolani mit 4 Regimentern Croaten nicht weit von der Stadt entfernt nach Hessen zog, sollten auf Befehl 10000 Pfund Brot und einige Faß Bier nach Ebeleben geschickt werden und von da weiter; man konnte aber nur 4500 Pfund Brot und 4 Faß Bier liefern, da großer Mangel und die Ernte nicht reichlich ausgefallen war. Der Rath wollte diese Lieferung von den fällig gewordenen Römermonaten abziehen, auf deren Abtragung ebenfalls gedrungen wurde. — Jetzt forderte auch der schwedische Oberstleutnant G. A. von Westernhagen eine Zahlung von 300 Thalern, und als der Rath diese Forderung nicht anerkannte, ließ er von dem Vieh, welches die hiesigen Bürger auf dem Harze hatten, 79 Stück auf dem Kahlenberge wegnehmen, und dieses Vieh mußte nach längern Unterhandlungen wirklich ausgelös't werden. — Darauf verlangten die kursächsischen Kriegscommissarien für die in der Gegend von Weißensee zusammengezogenen sächsischen Völker 400 Scheffel Rocken. Der Rath verstand sich endlich dazu statt dessen wöchentlich 18 Thaler zu zahlen, mit der Erwartung, daß diese

Zahlungen den Worten des Prager Friedens gemäß von den Römermonaten abgerechnet würden, was auch die Commissarien E. V. von Berlepsch und Kasp. Rose versprachen. Es wurden darauf 144 Thaler in Speciesducaten und ein fettes Rind nach Weißensee geschickt, mit der Bitte, die Stadt zu schonen, welche 1635 bis 1637 über 100,000 Thaler habe zahlen müssen. — Als den Leuten des vorüberziehenden Obersten von Unger 1 Faß Bier, 4 Säcke Hafer und einiges Brot geliefert werden sollte, erschien ein von diesen Leuten übel zugerichteter Bürger mit blutigem Kopfe in der Rathsstube und berichtete, daß dieselben des Hospitals S. Martini und der Neustadt Rindvieh, Schafe und Schweine hinwegführten. Der Rath schickte einen Boten an den Obersten, um die Zurücklieferung zu erlangen. Als der Oberst diesen erblickte, fragte er: Woher? und sagte sogleich: Ha, ha! das ist wegen des Viehes: laß den Dieb herein kommen. Da nun der Bote bei der Stubenthür stehn blieb, ging der Oberst auf ihn zu, schlug ihn übel mit den Fäusten, zog den Degen und gab ihm mehrere Streiche, bis der Rittmeister ihn zurückhielt. Er erklärte darauf: Wenn das den Nordhäusern noch nicht genug wäre, so wollte er ihr sämmtliches Vieh vor der Stadt hinwegnehmen lassen. Alle Bitten um Zurückgabe waren vergeblich. — Es folgte nun noch ein Durchzug sächsischer Völker unter dem Generalmajor Dehne in einiger Entfernung von der Stadt. Ihm mußten nach Kelbra 2000 Pfund Brot und 5 Faß Bier, 2 Eimer Wein, 20 Scheffel Hafer, 1 Faß Butter und eine Seite Speck, dann nach Gr. Wechsungen 2000 Pfund Brot und 4 Faß Bier geschickt werden.

Das Jahr 1638 führte neue Leiden und Lasten herbei. Der Kurfürst von Sachsen hatte schon am 7. Oct. des vorigen Jahres den Unterhalt einer Kompagnie der Stadt zugewiesen (da er den Elbpaß zu Magdeburg stark besetzen mußte) und die Kosten desselben auf 200 Thaler wöchentlich angesetzt. Um das dazu nöthige Geld aufzubringen, mußte die Bürgerschaft ihre Zinn- und Messinggeräthe, Uhren und dergleichen verkaufen; denn jener Unterhalt einer Kompagnie kostete, so lange die Verpflegung dauerte, über drittehalbtausend Thaler, und das Getreide war theuer nach der Mißernte des vorigen Jahres und bei den fortwährenden verheerenden Durchzügen. Dennoch mußte man wieder Proviant für ein Regiment Croaten liefern und es wurden für einige hundert Thaler Brot, Bier und andre Victualien nach Roßla geschickt an den Oberstleutnant J. H. de Lapeir. — — Am 30. März n. St. meldete auf Befehl des Generalleutnants Grafen Gallas der Generalquartiermeister und Oberst zu Roß Joh. Ruck, daß Nordhausen das Regiment zu Fuß des Grafen Schlick in die Winterquartiere aufnehmen und verpflegen sollte, und fügte am folgenden Tage noch den Befehl an den Grafen Schlick bei, die überflüssige Bagage durchaus abzuschaffen, damit in den Quartieren alles dem Regimente selbst zu gut komme, so auch die kaiserliche Verpflegungsordre gegeben zu Preßburg am 22. Jan. 1638. — Der Rath wandte sich deshalb klagend an den Kurfürsten von Sachsen und dieser verwendete sich für Nordhausen bei dem Generalleutnant Gallas in einem Schreiben aus Dresden vom 7. April 1638; doch Gallas erwiederte: er wünsche selbst der guten Stadt die verlangte Erleichterung, und wolle das Mögliche dafür thun und thun lassen, so weit die selbstrebende Noth der Armee es erlaube. — Am 8. April rückte der Graf von Schlick mit seinem Regimente, etwa 1000 Köpfe stark, in Nordhausen ein. Es wurden nun alle 10 Tage verlangt für die Officiere 1719 Gulden und als „Commis" für die andre Mannschaft 1623 Gulden, also 3542 Gulden. Als Commis waren täglich zu liefern 2000 Pfund Brot, 600 Stübchen Bier und 6 Rinder. Dieses von der Bürgerschaft einzutreiben wurden wöchentlich 28 Termine angesetzt. Dadurch kam es aber soweit, daß die Bürger dem Rathe ihre Häuser und wüsten Aecker anboten; doch die Soldaten wollten nur Geld. Auf eine flehentliche Vorstellung an Gallas („man habe den besten Willen, könne aber nichts mehr leisten, nachdem man in kurzer Zeit laut Bescheinigung 25000 Thaler aufgebracht habe") wurden endlich 4 Kompagnien abgenommen, 6 blieben in Nordhausen. Um das verlangte Verpflegungsgeld zu bekommen, wurden auf einmal 50 Centner Kupfer an die Juden nach Osterode verkauft, darunter Braupfannen und Kessel. Als die geplagten Bürger die wöchentlichen 28 Contributionstermine nicht geben konnten, wurden ihnen die wollenen und leinenen Geräthe genommen und auf das Rathhaus gebracht, um den Soldaten statt des Soldes ausgetheilt zu werden. Viele Bürger flüchteten darauf nach Stolberg und Heringen, und in der Oberstadt standen 177, in den Vorstädten 223 Häuser leer und wüst. Der Rath meldete das dem Grafen mit der Bitte, die flüchtigen Bürger wieder hierher zu weisen, damit sie die Last mit ihren Mitbürgern gemeinsam trügen. Nun traten sämmtliche Bürger zusammen und flehten den Grafen Gallas um Rettung an. Endlich erhielten denn auch die 6 Kompagnien Befehl zum Aufbruch, damit sie zu Ende des Junius bei der Schiffbrücke zu Dömitz erschienen. — Kaum aber waren diese fort, so hatte Gallas wieder 1000 Mann und 66 Personen vom Harrachschen Regimente aufzunehmen befohlen, „auf kurze Zeit", wie zum Troste der unglücklichen Bürger gesagt wurde, denen zuletzt fast nichts blieb als das Leben.

Das Jahr 1639 eröffnete noch keine Aussicht auf nahe Erlösung. Das Geringste war, daß fortwährend die von den Ständen bewilligten 150 Römermonate zu den bestimmten Terminen gezahlt werden mußten, wenn man militärische Execution vermeiden wollte. Bald verlangten wieder einige Kompagnien von dem Regimente des Obersten Bourre Aufnahme und Verpflegung. Dafür wurde eine Geldentschädigung von der Stadt angeboten. Der Oberst stellte eine hohe Forderung, nahm endlich 1200 Thaler und ertheilte die Versicherung, daß die Stadt von andern Anforderungen der kaiserlichen Truppen frei sein sollte. Das wurde auch fürs erste erfüllt, doch anders als die Nordhäuser es gemeint hatten, indem statt kaiserlicher Forderungen nun wieder schwedische eintrafen. Die Schweden unter Banner erschienen wieder am Harze. Am 10. Febr. wurde Nordhausen in den Schutz der Krone Schweden genommen. Alsbald kam auch die Aufforderung des schwedischen Kriegsrathes und Commissarius von Pful, ein Regiment des Obersten Magnus Hanson einzunehmen, und der Gen.-Feldmarschall Banner befahl, ein Regiment unter dem Obersten Stalhandsch zu unterhalten. Beide Obersten wollten ihre Anweisung geltend machen. Der Rath suchte als niedersächsischer Kreisstand Hülfe bei dem

Herzoge Joh. Georg von Braunschweig-Lüneburg, und bei dem völligen Unvermögen der Stadt gab der Kriegscommissarius dem Obersten Hanson die Weisung, sein Regiment anderswo unterzubringen.

Der Oberst Stalhandsch sendete seinen Quartiermeister J. F. Lattermann an seinen Major Dan. Areason, mit dem Rathe zu unterhandeln und statt der Einquartierung 16000 Thaler zu fordern. Das Collegium der Aeltesten beschloß, 4400 Thaler zu geben, aber der Oberst bestand auf jener Forderung und schickte einige Offiziere mit 156 Reitern in die Stadt, welche nicht eher abziehn sollten, bis mehr geboten sei. Da geschah es, daß am 19. März früh zwischen 4 und 5 Uhr eine kaiserliche Partei unter dem „Ramsdorfischen" Rittmeister Jac. Paul mit einigen Bürgern und Bauern vom Eichsfelde etwa 300 Mann stark vor dem Töpferthore erschien, dasselbe aufhieb und in die Stadt eindrang, alsbald auch den Major mit ungefähr 30 Pferden hinaus und in die Flucht trieb, die Offiziere und Soldaten in ihren Quartieren und in den Wirthshäusern aufsuchte, einen Rittmeister vom Ebersteinschen Regimente, Oelhaupt genannt, und 9 Soldaten niedermachte, einen Cornet durch die Hand schoß, einen Pagen des Majors gefangen nahm, und in vielen Häusern zu plündern anfing. Um Schlimmeres abzuwenden, wurde vom Rathe mit dem Rittmeister Jac. Paul unterhandelt und da baares Geld nicht da war, ihm eine Obligation über 1000 Thaler ausgestellt, wogegen er versprach die Plünderung ganz einzustellen und abzog. Schon am folgenden Tage schrieb der Rath an den Rittmeister: nach seinem Abzuge habe sich herausgestellt, daß gegen seine Zusage und Versicherung dennoch eine bedeutende Plünderung stattgefunden habe, die sich weit höher belaufe als die versprochene Summe von 1000 Thalern*); es sei auch zu erwarten, daß die Schweden den Verlust an der unschuldigen Stadt rächen wollten und Ersatz verlangten; die Schweden aufzunehmen habe die Stadt sich nicht weigern können, so wenig als andre Orte im Magdeburgischen, Halberstädtischen und in Kursachsen, denn die Bürger müssen nach Art dieses Kriegs temporisiren; der Rath bitte darnach, ihm die Zahlung der 1000 Thaler zu erlassen, sei aber erbötig, wenn der Rittmeister die Obligation an einem bestimmten Tage an den herzoglich-braunschweig-lüneburgischen Landdrost zu Osterode, Heinrich von Tanneberg, einreichen wolle, ihm dafür ein Ansehnliches zu geben. In der Unterhandlung darüber bot der Rath 300 Thaler, endlich 400, welche er an den Rath der Stadt Mühlhausen senden wollte, damit derselbe sie gegen den Empfang jener Obligation aushändige. — Um gegen ähnliche Ueberfälle mehr geschützt zu sein, hielt es der Rath für gut, eine kleine Garnison von 1 Kapitän und 30 Mann zu bilden und auf seine Bitte sendete darauf der Herzog Georg von Braunschweig-Lüneburg (laut Ordre von Hildesheim am 26. März) den Kapitän Martin Waldeck mit seinem Leutnant, und es wurde

---

*) Ein Verzeichniß führt 18 Bürger auf, die ihren Verlust eidlich angegeben haben. Derselbe beläuft sich im Ganzen auf 2319 Thaler 1 Groschen. Am meisten (906 Thaler) verlor Andr. Kramer, am wenigsten (6 Thaler) Andr. Förstemann (die Förstemannschen Erben auch 12 Thaler).

mit diesem Hauptmanne am 2. April 1639 eine Capitulation von 9 Artikeln geschlossen. Der Kapitän Waldeck sollte monatlich 80 Thaler Gage empfangen, zusammen für Offiziere und Gemeine 400 Thaler. — Gegen die Macht der schwedischen Feldherren konnte eine solche Garnison freilich nicht schützen. Die Unterhandlungen mit dem Major Arenson wegen der Aufnahme des Regiments des Obersten (Generalmajors) Stalhandsch oder einer Zahlung von 16000 Thalern gingen fort. Der Major erhielt 1400 Thaler und 1200 Thaler an Pferden, auch wurden 1000 Thaler in Wirthshäusern gezahlt, dennoch bestand derselbe auf den 16000 Thalern. Bei der Unmöglichkeit so viel aufzubringen, wurden endlich am 17. April noch 3000 Thaler bewilligt und an Geld und Geldeswerth zusammengebracht, wogegen die Stadt der schwedischen Salvaguardia genießen sollte. — Um die Kosten für die Garnison unter dem Kapitän Waldeck aufzubringen, wurde eine neue Steuer („Accise") eingeführt, und es sollte gezahlt werden von jedem Scheffel Getreide oder Mehl 1 Groschen, von 1 Thaler Brot, das aus der Stadt geführt wurde, 1 Groschen, von 1 Pfund Fleisch 1 Pfennig. — Ungeachtet der schriftlich gegebenen schwedischen Salvaguardia war von Gen. Feldmarschall Banner der Oberst J. R. von Birkefeld angewiesen, von seinem Regiment 4 Kompagnien nach Nordhausen zu legen. Als der Rath sich sträubte, wurde Gewalt gebraucht, das Wasser des durch die Stadt gehenden Kanals wurde abgegraben, die Früchte im Felde zu Grunde gerichtet und gedroht, die Vorstädte abzubrennen. Der Rath mußte nachgeben und der Oberst erpreßte, da nicht mehr aufzutreiben war, eine Zahlung von 1000 Thalern, wogegen er versicherte, die Stadt durch seine in der Nähe liegenden Reiter vor Schaden zu bewahren. (Er erhielt am 26. Juli 500 Thaler baar und 500 an Sätteln, Pistolen, Tuch, Stiefeln und dergleichen, auch noch 2 Stück blaues Tuch und 2 Faß Bier.) — Die Unsicherheit der Straßen wurde so groß, daß kein Bürger es wagte ein Pferd auf das Feld zu schicken, indem auf einmal deren 20 geraubt waren. Daher sah sich der Rath genöthigt, „Hochfürstliche Gnaden" (den Herzog Georg von Br. L.) um Hülfe durch einige Reiter anzuflehen, worauf auch der Rittmeister Hacke mit 25 Reitern dazu hieher gesendet wurde, der auch nur Lagerstätte und Futter verlangte. — Jetzt forderte der schwedische Generalcommissarius Karl Gregerson auf Befehl Banners die Auslieferung der Geschütze der Stadt; doch der Rath erwiederte, daß diese Stücke zum niedersächsischen Kreise gehörten und nicht ohne Bewilligung der Kreisstände abgeliefert werden könnten. In Folge der Verwendung des Kreisdirectors Herzog Georg von Br. L. mußte der Generalcommissarius diese Forderung wirklich aufgeben. Dagegen kam bald eine härtere Forderung des schwedischen Commandanten zu Erfurt, Obersten von Goltz, nämlich die der Ablieferung des Zehnten von allen Feldfrüchten in das Magazin zu Erfurt. Der Rath weigerte sich und Goltz drohte mit Feuer und Schwert: er verlangte 800 Marktscheffel Rocken, 100 M. Weizen, 100 M. Gerste, 1400 M. Hafer, 16 M. Erbsen, 6 M. Lein und Rübsamen, 30 Centner Werg, 300 Viertel Hopfen, oder dafür das Geld, und zwar für 1 Scheffel Rocken 18 Groschen, Weizen 1 Thaler, Gerste 12 Groschen, Hafer 6 Groschen, Erbsen 1 Thaler, zusammen über 26,000 Thaler.

Im Anfange des folgenden Jahres 1640 meldete der Rath dem Commandanten von Erfurt, man könne weder den Zehnten der Früchte selbst (der auch namentlich wegen der Verwüstung durch den Major Birkefeld viel geringer sei als jener Ansatz), noch jenes Geld geben; doch bot er eine Zahlnng von 1000 Thalern an. Auch der Herzog Georg von Br. L. bezeugte das Unvermögen der Stadt, welche darauf einige Schonung erlangte. — Die Landleute, welche aus den benachbarten Grafschaften in die Stadt geflüchtet waren, beschwerten sich bei dem königlichen Residenten wegen der im vorigen Jahre von dem Rathe angeordneten Steuer („Licent"); doch der Rath erhielt dieselbe aufrecht. — Indessen wurde auch auf die Zahlung der „Gerodischen Gelder"*) gedrungen, indem der Zahlungstermin der 1000 Thaler nach der Obligation bereits verflossen war. Durch Vermittelung des Herzogs Georg wurden die Zinsen erlassen, doch die 1000 Thaler mußten nach Herzberg gesendet werden, worauf die ganze Forderung mortificirt wurde. — — Es kam die Nachricht, daß die schwedische Armee unter Banner aus Böhmen durch Meißen nach Thüringen ziehe, und daß das Fußvolk in und bei Erfurt, die Reiterei am Harze sich setzen werde (im April 1640). Der Rath stellte dem Gen. Feldmarschall Banner die traurige Lage der Stadt vor, bat um Verschonung mit Einquartierung und versprach Proviant nach Möglichkeit zu liefern; er erhielt auch wirklich dessen Salvaguardia gegen ungebührliche Bedrängung durch die Truppen. — Herzog Georg von Br. L. vollzog zu Hildesheim am 30. Juni eine anderweitige Capitulation wegen der Garnison von Nordhausen, wonach dieselbe bestand aus einer Kompagnie von 1 Hauptmann, 1 Leutnant, 1 Fähnrich, 2 Sergeanten, 2 Corporalen, 2 Tambours, 12 Gefreiten und 74 Gemeinen, und für welche die Stadt jährlich verwenden sollte 4836 Thaler 8 Groschen an Geld und Geldeswerth. Nach Lesser (S. 560) wurde jetzt noch eine zweite Kompagnie aufgenommen unter einem Hauptmann Mühler, so daß diese Besatzung auf Kosten der Bürger nun aus 144 Mann bestanden haben soll. — Auf dem vom Kaiser zum 26. Juli n. St. nach Regensburg ausgeschriebenen Reichstage sie zu vertreten, gaben die Nordhäuser dem Abgeordneten von Mühlhausen Vollmacht. Dagegen gab der Kaiser dem Kurfürsten von Mainz und dem Rathe zu Nordhausen den Auftrag, die Zwietracht der Bürger und des Rathes zu Mühlhausen wegen der Abgaben zu untersuchen und beizulegen. Der hiesige Rath sendete darauf einfach den hier von ihm eingeführten Modus collectandi als unmaßgeblichen Vorschlag nach Mühlhausen. —

Da die kaiserliche Armee wieder herankam und Nordhausen bei dem Gen. Feldmarschall Piccolomini angeschwärzt war oder sein konnte, besonders wegen der eingenommenen lüneburgischen Garnison, so entschuldigte sich bei demselben der Rath mit der Lage der Dinge und bezeugte, daß es nicht zum Präjudiz des Schutzherrn, des Kurfürsten von Sachsen, geschehen sei,

*) So bezeichnet Lesser diese Schuld der Stadt von 1000 Thalern. Vielleicht war es ein Rest der „Merodeschen" Forderung, oder es sind die 1000 Thaler, worüber der Rittmeister J. Paul 1639 sich hatte eine Obligation ausstellen lassen.

bat auch, weil alles Geld, Gold, Silber, Kleinodien, Kupfer und Zinn seit dem Prager Frieden bei Einquartierung verschiedener kaiserlicher Regimenter darauf gegangen sei, die arme Stadt zu verschonen und sich mit Proviant zu begnügen. (Auch den bei dem Reichstage zu Regensburg anwesenden Räthen und Botschaftern der Reichsstädte sandte der Rath unter dem 13./23. Juli ein Rechtfertigungsschreiben mit Beilagen wegen der eingenommenen Garnison, die Capitulation mit dem Hauptmanne Waldeck vom 2. April 1639 und das Attest des Herzogs Georg vom 29. Juni 1640, s. Theatr. Europ. IV, 347.) — Dennoch wurden von der Stadt alsbald wöchentlich 100 Thaler Subsidiengelder an den kaiserlichen Commandanten zu Wolfenbüttel verlangt. Man erlangte, daß sogleich 500 Thaler dahin gesendet wurden, daß aber darauf wöchentlich nur 50 Thaler gesendet werden sollten. — Doch jetzt kam die Anzeige, daß die schwedische Armee Banners in dieser Gegend die Winterquartiere beziehn würde. Um die Eingartierung zu verhüten, mußten dem Regimente des Generalmajors von Pful 1500 Pfund Brot, 15 Faß Bier und andre Lebensmittel geliefert werden.

Im Jahre 1641 stieg die Noth noch höher, indem die Mittel der Bürgerschaft abnahmen. Außer der Verpflegung der zwei hier in Garnison liegenden lüneburgischen Kompagnien mußten die 50 Thaler wöchentliche Subsidiengelder oft durch militärische Execution erzwungen werden, weshalb fortwährend die Bürger ihre Häuser verlassen wollten und der Rath den Herzog dringend bat, eine Kompagnie abzunehmen, jedoch ohne Erfolg. Da aber zwischen den beiden Kompagnien selbst Streitigkeiten ausbrachen, so daß dabei der Sergeant H. Neumann von Mühlers Kompagnie ums Leben kam, zog Mühler mit seiner Kompagnie ab und klagte bei der Kriegskanzlei des Herzogs die Stadt an, als wäre dieselbe seiner müde geworden, worauf Nordhausen Befehl erhielt, der Capitulation gemäß die 6 Monate auszuhalten, eingedenk der hohen Protection, die es stets vom Herzoge genossen hätte. — Dabei nahm die Unsicherheit zu. Der Hofmeister des Hospitals S. Martini zeigte an, daß einige Reiter des Nachts 28 Stück Rindvieh hinweggetrieben hätten. Man konnte dieses Vieh nicht wieder bekommen. Damals am 29. Mai um zwei Uhr des Nachts drang ein starker Trupp kaiserlicher Reiter in Eisleben ein: sie erstürmten das Rathhaus und Privathäuser, schlugen die Kaufläden auf und nahmen mit, was sie schleppen konnten. Niemand durfte sich ungestraft sehen lassen, indem selbst gräfliche Personen bis auf das Hemd ausgezogen wurden. — Dem Rathe zu Nordhausen meldete der kursächsische Commissarius Melch. Stiegleder, daß diese Stadt mit andern 600 Mann zu Pferde erhalten müßte; als nun der Rath sich mit Unvermögen entschuldigte, wurde von den Sachsen die Execution vollzogen und 270 Stück Vieh der Stadt nach Sangerhausen getrieben. Der Rath sendete dahin eine Deputation und diese verstand sich zur Zahlung, wenn dieselbe von den zu Regensburg angesetzten Römermonaten, die nach Leipzig geleistet werden sollten, abgezogen würde, da man zu andern Contributionen nicht verpflichtet sei, und wenn der Kurfürst von Sachsen die Stadt in seinen besondern Schutz nehme. Dieses wurde zugestanden. Es mußten gezahlt werden 1000 Thaler Contribution und auch für die Auslösung des hinweggetriebenen Viehes, soviel davon noch da war. [Nach einer speciellen Berechnung hat es aber gekostet $1793\frac{1}{2}$ Thaler, nämlich jene 1000 Thaler, 150 Thaler dem Rittmeister Linke zu Sangerhausen zur Ranzionirung der von den Kaiserlichen vom Himmelgarten weggetriebenen Schafe, 24 Thaler (12 Ducaten) demselben und 54 Thaler (27 Duc.) dem Commiss. Stiegleder verehret, 20 Thaler (10 Duc.) dem Leutnant, 465 Thaler mindestens Verlust an 31 Stück Rindvieh, welche die Bürger nicht zurück erhielten, $55\frac{1}{2}$ Thaler für 37 Schafe, welche der Hofmeister auf dem Himmelgarten nicht wiederbekam, 25 Thaler, welche der Cornet G. Schöppe im Wirthshause verzehrt hatte.] — Zum Schutz rückte der sächsische Rittmeister Rohrschmied mit einer Kompagnie zu Roß ein, welcher wöchentlich 100 Thaler ohne Servis bekam. Doch statt dessen sendete der sächsische Generalcommissarius Oberst Joach. von Schleinitz den Rittmeister Hans Gr. Wiegand, einen gebornen Nordhäuser, mit einer Kompagnie und dieser begnügte sich nicht mit den gemachten Ansätzen, sondern verlangte mehr, und man mußte mit ihm am 24. Novbr. einen lästigen Vertrag schließen. Indessen erlangte der Bürgermeister Stieff am 26. Nov. bei dem Generalcommissarius zu Eisleben einen etwas geringern Ansatz. — Das zu Sangerhausen ausgelös'te Rindvieh war wegen Futtermangels nach dem Kahlenberge geschickt worden; hier wurde es aber von kaiserlichen Soldaten hinweggetrieben und mußte nochmals mit 320 Thalern ausgelös't werden. — — Da die kaiserliche Armee in Thüringen Winterquartier nehmen sollte, meldete der kaiserliche Oberst Joh. von Sporck auf Befehl des mit seinen Truppen heranziehenden Gen. Feldmarschalls Grafen von Hatzfeld, daß die Stadt, wenn keine Einquartierung erfolgen sollte, 60000 Pfund Brot, 50 Tonnen Bier, 2000 Paar Schuhe und 2000 Paar „Winterstranfen" (Strümpfe) liefern müßte.

Der Rath hatte am 5. Nov. bei strenger Strafe befohlen, ein Verzeichniß der in der Stadt vorhandenen Getreidevorräthe, auch der ungedroschenen, aufzunehmen. Es fanden sich 327 Malter Weizen, 1532 M. $\frac{1}{2}$ Sch. Rocken, 889 M. $\frac{3}{4}$ Sch. Gerste, zusammen 2588 Malter uud von jedem Malter 240 Pfund Brot zu rechnen, ferner 300 M. Hafer und 1927 M. 1 Sch. Malz. Alsbald wurden nun wirklich 889 Malter Rocken und 2000 Paar Schuhe und Strümpfe den Truppen geliefert; dennoch legte der Oberst Reichowitz einen croatischen Rittmeister und einen Leutnant mit 50 Pferden in die Stadt, außerdem kamen einzelne Soldaten herein, weshalb des Abends die Thore geschlossen und niemand eingelassen wurde. Als nun einmal des Rittmeisters Linke Leutnant Schreckefuchs des Nachts mit seinen 50 Reitern nicht hereinkommen konnte, überfielen sie die Rothleimmühle und plünderten dieselbe gänzlich aus. Der Rath suchte deshalb die Croaten los zu werden, nachdem die Stadt den kaiserlichen und bairischen Völkern, die Verpflegung ungerechnet, 15000 Thaler an Proviant und Kleidung geliefert hatte. Der Erzherzog Leopold Wilhelm hatte nach seinem Schreiben aus dem Hauptquartier zu Cölleda vom 7. Dec. die Croaten der Stadt bereits abgenommen, forderte aber dagegen eine ansehnliche Lieferung von Victualien für seine Hofküche, nämlich nach einem beigefügten Verzeichnisse des Hofküchenmeisteramts wöchentlich 1 Ochsen, 2 Kälber, 20 Schöpse oder Schafe, 2 Schock Karpfen,

1 Schock Forellen, 1/4 Tonne Lachs, 24 Scheit Stockfisch, 2 Schweine, 1 Schock Hechte, 1/4 Tonne Hering, 20 Schock Schnecken, 6 Schock „Platrisen", 12 geräucherte Zungen, 6 Hammel, 8 Kalekuthahnen, 30 Hahnen und Hennen, 20 Rebhühner oder Schnepfen, 1/2 Tonne gesalzner Butter, 1 Ohm Essig, 2 Malter „Kochgerste" (Graupen), 4 Himbten Salz, 5 Pfund „Weinperlen", 20 Pfund Baumöl, 5 Pfund Pfeffer, 3 Pfund Ingwer, 1/2 Pfund Nelken, 1 Malter Erbsen, 48 holländische Käse, 1/2 Centner Speck, 5 Pfund Mandeln, 5 Pfund Cibeben, 3 Rinder, 2 Lämmer, 12 Kapaune, 40 junge Tauben, 150 Krammetsvögel, 8 Schock Eier, 30 Pfund Reis, 2 Malter Schönemehl, 1 Malter Weizenmehl, 1/2 Pfund Zimmt, 20 frische Limonien, 20 Knackwürste, 1/4 Pfund Muscatnüsse, 25 Pfund Kanarienzucker, 1/2 Pfund Muscatblüthe, 1/4 Pfund Safran, 50 gesalzene Limonien, 2 Stück gemeines Tuch; in den Hofkeller 20 Eimer Wein, 7 Faß Bier, 1 Malter schönes Weizenmehl, 6 Himbten Mehl, 600 Brote zu 3 Pfund, 200 Tafelbrote oder 4 Himbten Weizenmehl, in die Lichtkammer 2 Centner Wachs, 1 Centner Unschlittkerzen. Wenn einige dieser Sachen hier nicht aufzutreiben wären, so sollte man den Werth in Geld zahlen rc.

Das Jahr 1642 war noch mehr ein Unglücksjahr für die Stadt. Schon im Januar mußte man das Regiment des Grafen Colloredo einnehmen (es waren der Stab und 4 Kompagnien, die des Oberstleutnants, des Hauptmanns Vigo, des Hauptm. Pilloni und des Hauptm. Zobel), und dieses sollte nach einem speciellen Verzeichnisse des Monats 5861 Gulden 10 Kreuzer an Gelde nebst der Verpflegung erhalten. — Aber bald näherten sich wieder die Schweden. Am 22. Febr. schrieb der Generalmajor Graf Königsmark aus Kelbra, daß 10000 Thaler, 100 Malter Hafer, 5000 Pfund Brot und 20 Faß Bier geliefert werden müßten, wenn nicht bloß seine Regimenter in Nordhausen eingelegt, sondern die Stadt auch geplündert werden sollte. Obgleich nun der Rath sich erbot 5000 Thaler zu zahlen, quartierten sich doch 6 Regimenter in großer Unordnung in den Vorstädten ein und es wurden dabei viele Häuser geplündert. Der Rath bot nun 7000 Thaler, da aber die ganze Summe nicht aufgebracht werden konnte, befahl Königsmark, daß einige Bürgermeister zu ihm auf den Sand kommen sollten zur Unterhandlung. Der Bürgermeister Joh. Ludwig, die Rathsherren Aug. Kegel, Mart. Pauland und H. B. Pabst gingen dahin, wurden aber auf einem Wagen fortgeschafft und als sie unterwegs Audienz bei Königsmark erhielten, sagte er, wenn sie nicht aufhörten zu bitten und zu handeln, wollte er sie mit zur Armee nehmen. Doch endlich ließ er zu, daß einer der Gefangenen sich nach Braunschweig begebe, um bei dem Kaufmanne Mart. Oelse daselbst eine Anleihe zu machen. Das Geld soll ihm jedoch alsbald von Nordhausen aus zugesandt worden sein. — — Am 4. März kam wieder ein kaiserlicher Oberst de la Four mit seinem Reiterregiment nach Nordhausen, welcher und der Stab monatlich 10160 1/2 Gulden bekommen sollten. Einige Kompagnien dieses Regiments zogen zwar wieder ab, aber 2 blieben und 2 Kompagnien des Oberstwachtmeisters Colombo rückten ein, und jede sollte monatlich 440 Gulden haben. Dem Baron de la Four mußten auch 3332 Thaler Reste gezahlt werden. Ueber Colombo's Insolenz beschwerte sich der

Rath bei der Generalität, worauf der Generalfeldzeugmeister Graf de Suise von Zeitz aus am 13. Mai ihm befahl, sich besser zu betragen und einen Theil der Contribution aus den Wertherischen Aemtern (Beichlingen, Frohndorf, Wiehe, Brücken und Kl. Werther) zu entnehmen. — Der Oberbefehlshaber des schwedischen Heeres Gen. Feldmarschall Torstenson hatte die Rittmeister von Bibra und Göttling angewiesen, sich von Nordhausen 1000 Thaler zahlen zu lassen, und diese schrieben am 3. Mai von Mansfeld aus, indem sie mit Feuer und Schwert drohten, wenn dieses Geld nicht gezahlt werde. Als das nicht geschah, ließen sie am 20. Mai den Bürgern alles Vieh, das sie auf dem Harze halten, hinwegtreiben. Es erfolgten darauf Einzelzahlungen von 300, von 200, von 130, von 320 u. s. w. Thalern an diese Rittmeister nach deren Quittungen von Stolberg, Mansfeld und Nordhausen. In der Stadt selbst drückte der kaiserliche Oberstl. Colombo die Bürger, verlangte die Schlüssel der Stadt und ließ verlauten, er wolle mehr Völker in die Stadt ziehn, die Bürgerschaft entwaffnen, bei seinem Abzuge die Pferde mitnehmen, die Ernte vernichten und die Stadt anzünden. Da rückte plötzlich der schwedische Generalmajor Hans Chph. Graf von Königsmark wieder heran*) und erwiderte am 12. Aug. („gegeben im Felde bei Nordhausen") dem Rathe auf ein Schreiben von demselben Tage: er gönne den Herren alles Gute, da er aber feindliche Truppen bei ihnen gefunden, habe er bei seiner heutigen Ankunft diese angreifen müssen; wollten sie nun ihrem Untergange entgehn, so müßten sie und ihre Kompagnie sich aller Unterstützung der Kaiserlichen so enthalten, daß auch nicht Einer denselben helfe. Wenn dieses geschieht und die Nordhäuser sich ruhig in ihren Häusern halten, so soll ihnen nichts böses widerfahren; würde sich aber nur Einer ihrer Bürger und Soldaten widersetzen, so wird, wenn er (Königsmark), woran er nicht zweifelt, mit Gottes Hülfe hineinkommt, das Kind im Mutterleibe nicht geschont werden und keine Hütte stehn bleiben und daran will er vor Gott unschuldig sein. Am folgenden Tage schlossen der General H. Chph. Königsmark und der Oberstl. Jacomo de Colombo folgenden „Accord": 1) Noch diesen Abend (13. Aug. 1642) räumt der Oberstl. das Töpferthor ein; 2) der General läßt den Oberstl. nach seinem Abzuge mit seinen Offizieren durch einen Rittmeister nach Halberstadt begleiten; 3) der Oberstl. zieht ab mit 5 Rittmeistern, 6 Leutnants, 5 Cornets, auch sämmtlichen Weibern und eignen Pferden, liefert aber alle Unteroffiziere und Reiter aus. — Diesen Vertrag hielt Königsmark in sofern nicht, als er auch die Offiziere gefangen nach Erfurt schickte. Die Stadt litt dabei sehr, indem die Früchte im Felde verwüstet wurden und Soldaten aufgenommen werden mußten. — — Am 13. Oct. trieben 50 bis 60 kaiserliche Reiter 271 Stück Vieh vor der Stadt hinweg und dieses Vieh mußte mit 800 Gulden ausgelös't werden, doch der dritte Theil

---

*) Zu diesem Ueberfalle der Kaiserlichen in Nordhausen nahm Königsmark von Erfurt nur 100 Reiter, 60 Dragoner und 400 Musketiere mit. Der Oberstleutnant Colombo mußte sich ergeben und wurde mit 6 Rittmeistern, 5 Leutnants und 5 Fähndrichen nach Erfurt geschickt und 300 Gemeine wurden unter die Schwedischen untergesteckt. S. Pufendorf Buch 14, § 23.

blieb aus. — Nachdem schon 20 Faß Bier und 30000 Pfund Brot nach Sangerhausen geliefert worden waren, befahl Königsmark vor Leipzig, daß schleunig 100 Faß Bier und 100,000 Pfund Brot nach Halle geliefert würden. — Als die Weimarischen Truppen mit der ganzen Reiterei in die Aemter Heringen und Kelbra kamen, wies der Generalmajor Reinhold von Rosa 8 Regimenter der Stadt Nordhausen zu und man mußte denselben 16 Faß Bier (für 160 Thaler) und 16000 Pfund Brot (für 252 Thaler) nach Görsbach liefern. — Die schwedische Armee allein kostete Nordhausen in diesem Jahre und im Januar des folgenden Jahres an Gelde 13,323 Thaler 21 Groschen.

Neue Lasten kamen im Jahre 1643. Am 1. Januar meldete der schwedische Commissarius Osius, daß ihm auf die Stadt Nordhausen 1000 Thaler angewiesen wären. Dem Oberstleutnant Henning von Beringer, der mit Gewalt hier eindrang, lieferte der Rath auf alle 10 Tage 1 Faß Bier, 30 Pfund Fleisch, 1 Marktscheffel Hafer und Rauchfutter; dennoch fiel er in die Häuser der Bürgermeister Stief und Weller und des Syndicus Michaelis, ließ die Abgeordneten des Rathes hart an, veranlaßte des Nachts Tumult auf den Straßen und ließ Lärm schlagen, nahm Bauern und Pferde, die zur Stadt kamen, erpreßte Tücher und Waaren und drohte den Gläubigern mit Einquartierung, verlangte auch von den Müllern für jeden Mahlgang 1 Ducaten. Ferner forderte der schwedische Generalcommissarius Brand monatlich 1000 Thaler und die Unterhaltung von 30 Mann Salvaguardia. Als der Rath im Februar einen Revers*) nicht unterschreiben wollte, erhöhte er die Anforderung und verlangte am 4. März monatlich 100 Thaler und 338 Thaler für den Kapitän und 30 Mann. — Von den Kaiserlichen begehrte und erhielt Graf Tettenbach wöchentlich 150 Thaler Contribution gegen eine schriftliche Salvaguardia, ausgestellt zu Braunschweig am 28. März. — Als am 8. März 3 Dragonerkapitäne Oberrick, Piper und Schütze und der Hauptmann Bierling von dem Gen. Feldmarschall Torstenson und dem Generalmajor und Commandanten in Leipzig den Befehl erhielten, von hier nach Mansfeld aufzubrechen, ließen sie durch einen Leutnant und einige Musketiere Bürgerhäuser erbrechen und nahmen 13 Pferde, 2 Esel, 3 Wagen und 2 Karren mit. — Am 20. März wurde dem Obersten Springfeld aufgetragen, zu des Obersten Seestedt Regimente in Nordhausen noch 2 Kompagnien zu werben. Derselbe war nicht zufrieden mit den monatlich angewiesenen 600 Thalern, sondern verlangte auch noch Servis, Fourage, Commandanten- und Directionsgelder und erpreßte vom Rathe monatlich 130 Thaler Servis, von jeder Mühle 4 Scheffel Rocken und

---

*) Nach diesem Revers sollten, da die Stadt auf Befehl des Generalmajors Königsmark außer der bereits hier befindlichen Kompagnie zu Fuß des Oberstleutnants Seestedt noch den Oberstleutnant Beringer mit 4 Kompagnien Dragoner hatte aufnehmen müssen, die Kompagnie zu Fuß und 3 Kompagnien Dragoner abgenommen werden, dagegen 1000 Thaler monatliche Contribution gezahlt und 30 Mann Salvaguardia unterhalten werden. Der Rath sollte aber versprechen, kaiserliche Truppen nicht aufzunehmen, die 1000 Thaler den Schweden monatlich zu zahlen u. s. w.

Hufschlag für 12 Pferde. Außerdem erhob er von jedem Scheffel Frucht, welcher hinausgeführt wurde, einen Dreier.

Am 2. Jan. 1644 erließ der Generalmajor von Königsmark einen Befehl, daß ein Kapitän mit 136 Mann in Nordhausen sich einquartieren sollte. Derselbe befahl auch am 3. Jan. zu Halberstadt dem Obersten Hans Heinrich von Ende, wenn er sich (mit seinem Regimente zu Roß) nach Anleitung des Magistrats in Nordhausen einquartiert habe, sollte er den Unterhalt bei der Bürgerschaft daselbst, im Amte Heringen und in der Grafschaft Honstein beziehen, doch mit guter Disciplin und Schonung, damit der Vorrath auf unbestimmte Zeit ausreiche. Von Nordhausen aus soll er auf die Elbe, nach Franken, Oberhessen und der Weser ein wachsames Auge habe, fortwährend Kundschafter ausschicken und mit den Commandanten in Erfurt und Mansfeld fleißig correspondiren. Wenn die 2 Kompagnien Dragoner ankommen, die von Meiningen nach Nordhausen beordert sind, so soll er dieselben annehmen und mit zu Wachen neben den Seinigen gebrauchen. Das in Nordhausen vorhandene „Stück" (Geschütz) soll er sofort nach Querfurt schicken. — Gegen die Auslieferung des metallnen „Stückes" verwendete sich am 7. Jan. der Rath bei dem Gen.-Feldmarschall selbst, indem er meldete, dieses Stück sei eigentlich den niedersächsischen Ständen zuständig, auch als es der Generalcommissarius Gregersson verlangte, auf Verwendung des Herzogs Georg von Br.-Lüneburg der Stadt gelassen worden, ja der Rath müsse jährlich zu heil. 3 Kön. einen körperlichen Eid schwören, das Geschütz der Stadt nicht zu verleihen oder wegzugeben. — Da der Rath monatlich 1000 Thaler zum Unterhalt der Truppen geben sollte, bat er den Obersten von Ende, das Amt Heringen und die Grafschaft Honstein ebenfalls zur Erfüllung des Befehls anzuhalten, schickte auch den Stadthauptmann Scharfe an Königsmark mit einer Bittschrift. Darauf ließ der Rath die aus jenem Amte und der Grafschaft hereingeflohene Ritter- und Landschaft auf das Rathhaus einladen und durch den Syndicus ihnen vortragen, sie möchten dem Befehle gemäß auch etwas thun, damit die Stadt nicht gar zu Grunde ginge. Jene erklärten darauf, sie hätten dem Obersten 400 Thaler und 200 Scheffel Hafer angeboten, die er aber nicht annehmen wollte; würde er nun Getreide, Pferde, Vieh von den Unterthanen der Grafschaft eintreiben, so würden sie ihren Regreß an der Stadt suchen. So behielt Nordhausen die größte Last der Einquartierung, und obgleich der Oberst ungefähr 1000 Thaler aus der Grafschaft Honstein und über 1200 aus dem Amte Heringen erhoben hatte, kostete doch das Reiterregiment der Stadt vom 4. Jan. und 15. Jan. bis zum 3. Febr. 7635 Thaler 14 Groschen 4 Pfennige (mit Einschluß der 2 Dragonerkompagnien). Ungeachtet des bei Königsmark *) ausgewirkten strengen Befehls, die Stadt soviel als möglich

*) Dieser verweis't den Obersten von Ende (am 22. Febr. zu Kloster „Zeten"?) drohend, daß er in Nordhausen mehr erhebe, als seine Ordre laute, und das von Heringen und der Grafschaft Honstein Erhobene in seine Tasche stecken wolle. Er scheine die guten Tage in Nordhausen nicht ertragen zu können und lieber bei der Armee Hunger und Kummer leiden zu wollen. Er soll für die Complettirung des Regiments sorgen u. s. w. — Indessen hatte doch schon am 5. Febr. der Oberst von Ende seinen

zu schonen, forderte doch der Oberst am 7. März für den Commissarius Holl noch 800 Thaler für den vergangenen December, mit Androhung der Execution. Der Rath machte zwar eine Gegenrechnung von 860 Thalern, mußte aber doch noch 100 Thaler sogleich zahlen und 200 in 4 Wochen zu zahlen versprechen. Alsbald verlangte der Proviantmeister Chrn. Schmidt auf Befehl des Generalmaj. von Königsmark, weil einige Regimenter in diese Gegend kommen würden, 10,900 Pfund Brot, 40 Faß Bier, 316 Scheffel Hafer, und der Rath mußte wirklich 5000 Pfund Brot, 10 Faß Bier und 9 Malter Hafer liefern. Ungern zog darauf der Oberst von Ende mit seinem Regimente auf Befehl des Generalmajors ab, kehrte zwar am 28. März noch einmal zurück, konnte aber nicht lange bleiben, da die kaiserliche Armee unter dem Gen.-Feldmarschall Grafen von Hatzfeld heranzog. Diesem schickte der Rath den Bürgermeister Stieff mit dem Leutnant Strube entgegen, mit der Bitte, statt der Einquartierung Proviant anzunehmen, soviel in der Eile angeschafft werden könnte. Indessen fiel kaiserliches Volk in die Vorstädte ein, übte allerlei Muthwillen und nahm das Getreide in den Mühlen weg. Nichts destoweniger mußten schleunig 20 Faß Bier zu 6 Eimern, 1500 Pfund Brot, 300 Scheffel Hafer geliefert werden. Die zur Verpflegung mit angesetzten Stände und Städte, Stolberg, Honstein, Heringen und Sangerhausen, wälzten die Last so viel als möglich auf die Stadt Nordhausen, die ohnedies bei dem Grafen Hatzfeld angeschwärzt war, als ob sie es mit dem Feinde hielte. Hatzfeld soll deshalb zornig geäußert haben, er wolle nicht allein die Stadt plündern, sondern auch die Mauern derselben niederwerfen lassen. Zwei Bürger, Nic. Fischer und Andr. Fleuter, wurden deshalb an denselben abgeschickt, ihn zu beschwichtigen, die Unschuld der Stadt vorzustellen und um Christi willen um Erbarmen zu flehen. Der Gen.-Feldmarschall befahl auch wirklich, keinen Bürger zu beleidigen, und die Stadt wurde verschont, da die kaiserliche Armee schleunig aufbrechen mußte. Es kamen wieder Schweden. Am 4. Mai befahl der Generalmaj. Königsmark dem Obersten von Ende, abermals in Nordhausen Quartier zu nehmen. Des Raths Bitte um Befreiung davon schlug er ab am 9. Mai. Am Nachmittage des 11. Mai rückte wirklich von Ende mit seinem Regimente und dem Gepäck wieder ein unter großen Wehklagen der Bürger. Auf ein Gesuch des Rathes um Schonung, welches durch den schwedischen Generalauditeur und Kriegsrath Joh. Osius, dem dessen Schwiegervater der Kanzleidirector Chrn. Tölke noch ein besondres Bittschreiben beigefügt hatte, dem Generalmajor übergeben mußte, erwiederte dieser am 24. Mai zu Artern: die Stadt könnte mit Contribution und Einquartierung nicht geschont werden, und sollte sich zunächst auf 20000 Pfund Brot und 20 Faß

Officieren und Reitern streng befohlen, 1) daß sie für die Tage, an welchen sie abwesend gewesen wären, nach ihrer Zurückkunft den Bürgern durchaus nichts abfordern sollten, 2) die Reiter und Dragoner sollten sich begnügen mit täglich 2 Pfund Brot, 1 Pfund Fleisch, 1 Stübchen Bier, $^{1}/_{3}$ Scheffel Hafer, mit Heu, Stroh und Liegestall, 3) die 2 in der Vorstadt liegenden Kompagnien, welche aus der Grafschaft Honstein unterhalten würden, sollten daher alle 10 Tage das Röthige an Geld und Geldeswerth empfangen und nichts von den Bürgern, diesen auch an den Häusern keinen Schaden thun rc.

Bier gefaßt machen. Auf Begehren des Hofmeisters von Königsmark C. L. Halm mußten am 26. Mai eiligst 2 wälsche Hennen, 2 Kälber, 4 Lämmer und andres frisches Fleisch, 50 Limonien, 2 Hosen frische Butter, 3 holländische Käse, Spargel und andres Gemüse für des Generals Tafel gesendet werden. Königsmark wies auch den Oberstleutnant Balth. Rüdiger an, 700 Thaler auf den Monat Junius von der Stadt zu empfangen, und am 3. Aug. den Oberstleutnant und Commandanten von Osterwiek Hans Chph. von Burgsdorf 1200 Thaler zur Recrutirung seiner Kompagnie. Am 25. Aug. verlangte der Oberstleutnant Jac. de Colombo zu Horenburg die Zahlung der noch restirenden 300 Thaler, und am 26. Aug. der Graf Tettenbach 1000 Thaler. Ferner kündigte der Commissarius Schmidt zu Halberstadt, da die Hauptarmee des Feldherrn Torstenson nahe sei, eine Lieferung von 30000 Pfund Brot und 60 Faß Bier an. Da aber der Proviant wegen der streifenden Parteien schwer nach Mansfeld durchzubringen war, erhielt der Commandant daselbst statt des Brotes und Bieres 755 Thaler Geld. — Darauf forderte wieder auf Befehl des kaiserlichen Generalleutnants Grafen Gallas der Oberst Knige zum Unterhalt seines Regiments täglich 471 Thaler 5 Groschen 2 Pfennige ohne das Heu und Stroh. — Da der Rath die dem Grafen Königsmark noch schuldigen 20000 Thaler nicht abtragen konnte, schickte dieser einen Officier mit Reitern auf Execution, welche großen Unfug übten und 300 Thaler Geld, 4 Stück Tuch und 2 gesattelte Pferde erpreßten. Abgeordnete an den Grafen wurden mit noch stärkerer Execution bedroht.

Im Januar 1646 kam auf Königsmarks Befehl der Oberstleutnant Hans von „Jorck" mit seiner Escadron und erhielt 463 Thaler 12 Groschen Löhnung auf 13 Tage, obgleich die Executionsreiterei für sich vom 4. Dec. v. J. bis zum 23 Jan. 3808 Thaler 12 Groschen an Geld gekostet hatte. — — Das feste Schloß Heldrungen hatte sich den Schweden und Hessen ergeben, und sollte geschleift werden, wozu der Commissarius Peter Brand am 3. Febr. von Nordhausen 100 Mann mit Schaufeln und Spaten verlangte. Es wurden zuerst nur 50 gesendet, doch mußten noch 50 folgen; als aber dem Kapitän Klaus Hendrichson 150 Thaler gezahlt wurden, gab er sie los; indessen mußte der Rath nach Schleifung des Walles noch 30 Thaler für Schleifung der Mauern und Gewölbe zur Zahlung an die Bergleute beitragen. Noch andre Forderungen folgten, auch von andrer Seite. Der kaiserliche Cornet Urban Bartholomäi, ein Freibeuter, verlangte ein Contribution mit der Drohung, alsbald vor der Stadt zu sein, Pferde und Vieh wegzutreiben und die Bürger niederzumachen, und ebenso verlangten auch der kaiserliche Rittmeister Ludolf Ludwig in Magdeburg und der Rittmeister J. C. von Reizenstein Contributionen. — Der Generalleutnant Königsmark wies den Kapitän Gastmeister auf einen Rest von 600 Thalern an, wovon 333 Thaler 8 Groschen am 10. Juli gezahlt werden sollten. — Am 1. Juli wurden 2 Regimenter der Obersten Reichwald und Penz hier einquartiert, die am 10. Juli wieder aufbrachen, doch mit Hinterlassung einer Kompagnie zu Fuß. — Nach der Ernte befahl der Commissarius Chrn. Schmidt zu Halberstadt, daß zur Verstärkung des Magazins die Stadt Nordhausen 100 Wispel Rocken, 50 Gerste und 40 Hafer liefern sollte;

doch wurde auf inständiges Bitten diese Lieferung ermäßigt auf 60 Wispel Rocken, 30 Gerste und 30 Hafer; aber der Kapitän Gastmeister zu Querfurt und der Oberstleutnant Neumann trieben die ihnen angewiesenen Contributionsgelder mit Härte ein. Auch der Oberst Schmid schickte einen Fähndrich von Osterwiek, welcher den Rest für den Monat October erheben sollte, und Johann Voigt forderte außer der Contribution vom November noch 339 Thaler für sich. Der Fähndrich des Erstern, Hildebrand Steußing, schalt alle Bürgermeister auf eine unglaubliche Weise und wollte „den Dicken" am Kornmarkte neben seinem Quartier erschießen. Darauf ging er nach des regierenden Bürgermeisters Eulhard Hause und wollte die Thür mit Gewalt erbrechen; als aber der Sohn zum Fenster hinaussah und fragte, wer da sei, schoß er wirklich mit einer Pistole durch das Fenster in die Stube. Er wurde deshalb in die Bürgerwache geführt und erst am 3. Jan. 1646 nach ausgestelltem Revers losgelassen. — Alsdann wurde der Oberst Rohrscheid mit seinem Regiment zu Fuß hier einquartiert, um zu werben; dennoch mußte die Contribution fortgezahlt werden, ja sie wurde erhöht auf 1050 Thaler monatlich. — Endlich verlangte der Major F. E. Schlangenhausen auf Königmarks Befehl vom 26. Dec. 6 montirte Pferde.

Am 1. Jan. 1646 kam der Oberstleutnant Lor. Naumann mit 4 Kompagnien Dragonern von Halberstadt hieher. Sie lagen hier bis zum 8. Mai. — Die andern Kriegesdrangsale dieses Jahres scheinen nicht aufgezeichnet zu sein.

Am 1. Jan. 1647 kam der schwedische Generalmajor Gustav Adolf Graf von Löwenhaupt mit seinen Truppen hier an und zog am 23. Jan. wieder ab. Das Volk bestand aus 3000 Mann; der Oberst allein bekam 1000 Thaler, und die andern Officiere übten ebenfalls Erpressungen. Im Februar folgte ihm der Oberstleutnant Cannenberg, welcher frevelnd den Roland umstürzen lassen wollte; doch das Durchsägen der Füße gelang nicht, weil eiserne Stäbe darin waren. Seine Leute betrugen sich so zügellos, daß viele Bürger davon gingen und allein nach Stolberg 2000 sich flüchteten. — Am 8. März kam Hans Heinr. Eiget von Königsmark's Truppen mit 3 Kompagnien zu Fuß und zog ab am 11. April. — Im October wurde ein Quartiermeister mit seiner Mannschaft hier eingelegt; das kostete der Stadt über 3000 Thaler. Im November nahmen abermals einige Kompagnien des Obersten von Cannenberg hier Quartier, und derselbe erhielt 800 Thaler, der Commandant 200 Thaler und einige neue Feldwagen. — Am 29. Nov. erließ der Rath einen Beschluß wegen der aus der Umgegend in die Stadt Geflüchteten, daß der Rath nicht ersetzen könne und wolle, was während des Krieges diesen Fremden an Wagen, Pferden, Geschirr und sonst von der Soldateska abgenommen worden sei ꝛc.

Am 10. Jan. 1648 kam ein schwedischer Regimentsquartiermeister von des Generalleutnants Robert Douglas Regiment zu Pferde, und am 11. Jan. wurde der Oberstleutnant Wolf Ehrenreich von Borschittau (?) mit seinem Regimente hier einquartiert, worauf am 22. Jan. auch Douglas selbst verwundet von Göttingen hieher geschafft und in das Haus der Wittwe des Bürgermeisters Wilde gelegt wurde. Er zog wieder ab am 16. Febr. — Am 14./24. Oct. wurde das Friedensinstrument zu Osnabrück unterschrieben, im Namen der Republik Lübeck und der Städte Goslar und Nordhausen von dem Syndicus von Lübeck David Gloxinius U. J. D.

Am 2. Jan. 1649 erpreßte der Oberst Cannenberg noch 1150 Thaler. (Nach Pufendorf XX, § 30 beschloß schon 1648 der schwedische Generalissimus die Anzahl der Regimenter zu Pferde zu verringern und diejenigen, welche aus dem Weimarischen zusammengebracht worden waren, unter den Obersten Plawitz, Pentz, Cannenberg und Brisewitz, sofort abzudanken, da sie durch ihren Muthwillen viel Händel machten). — Am 21. Jan. zog Graf Löwenhaupt an der Stadt vorüber, ließ sich aber 100 Ducaten für das Nachtlager bezahlen. — Am 17. Aug. nahm Landgraf Friedrich von Hessen mit schwedischen Truppen hier sein Quartier, welcher wöchentlich 400 Thaler erhielt. — Endlich hörten die Drangsale des Krieges auf. Der zu Münster uud Osnabrück 1648 geschlossene Friede kam indessen erst 1650 zu Nürnberg zum völligen Abschluß für Deutschland. — — Was Nordhausen durch den dreißigjährigen Krieg, besonders in den 22 Jahren 1626 bis 1649 an Geld und Geldeswerth verloren hat, läßt sich nach den hier gemachten Angaben, welche sich auf gleichzeitige Aufzeichnungen gründen, einigermaßen schätzen; doch den Jammer, welchen dieser entsetzliche Krieg über viele Familien brachte, die Verwilderung der Sitten, eine Folge der allgemeinen Verarmung, der endlosen Noth und der unbändigen Rohheit namentlich des in Deutschland, ja zunächst in Thüringen von den Schweden geworbenen Kriegsvolks und einzelner Anführer, aber auch der Kaiserlichen (z. B. der Croaten), welche noch obendrein in Nordhausen eine abtrünnige, ketzerische Stadt zu erblicken geneigt waren, diesen Jammer und diese Verwilderung erkennen wir aus jenen Angaben nur von fern. — Dem Rathe bereitete der Krieg als Religionskrieg die größte Verlegenheit und immer neue Noth. Er selbst und die Bürger waren gut kaiserlich, und gerade der Kaiser drohte durch das Restitutionsedict und dessen versuchte Ausführung der evangelischen Kirche, an der Nordhausen gläubig (auch politisch) festhielt, den Untergang. Die Schweden vertheidigten zwar den Protestantismus, aber sie waren fremd, und das Betragen und die Härte vieler ihrer Führer, namentlich des in Deutschland selbst geworbenen Volkes Unbändigkeit und Grausamkeit mußten die Herzen entfremden. Der Kurfürst von Sachsen war der Schutzherr von Nordhausen und mit dem Reichsschultheißen- und Vogteiamt daselbst belehnt, aber er und seine Räthe benutzten die Verlegenheit des nordhäusischen Rathes, als derselbe hier eine höhere Autorisation für die gemachten Säcularisationen und die Befestigung der evangelischen Kirche suchte, und schon hatte sich in öffentlichen Urkunden für Nordhausen der Kurfürst „Landesherr“ genannt. Gegen die Gefahr, die Nordhausens Selbständigkeit von (Ober-) Sachsen drohte, ja nach dem Prager Frieden selbst dem Protestantismus, suchte man Schutz bei dem Haupte des niedersächsischen Kreises, zu welchem Nordhausen durchaus gehören wollte, bei dem Herzoge von Braunschweig-Lüneburg, welcher die Gelegenheit gern ergriff, die Stadt sich nutzbar zu machen und seinem Einflusse zu unterwerfen. So wurde die unglückliche Stadt hin- und her gestoßen und gezogen und von allen Seiten geschlagen. —

Um Bartholomäi 1672 zog der kaiserliche General Montecuculi mit 15000 Mann in dieser Gegend durch Thüringen in das Hildesheimische (und dann mit den Brandenburgern an den Rhein), wobei fast alles Getreide auf dem Felde wegfouragirt, auch sonst viel aufgezehrt wurde.

Um Michaeli 1675 kam eine braunschweig-lüneburgische Besatzung von des Generalleutnants Budewels (Podewils) und des Generalmajors Oeffner Leuten nach Nordhausen. Anfangs mußten die Bürger jedem Soldaten täglich 2 Groschen 3 Pfennige geben. Sie lagen 4 Jahr hier.

Am 2. Dec. 1685 zogen 2 Kompagnien hannoversche Reiter, die aus Ungarn kamen, unter dem Oberstleutnant Ranne hier durch. Die Oberofficiere kamen in die Oberstadt, die Gemeinen in die Vorstädte in's Quartier. — Am 10. Dec. kamen des Nachts um 2 Uhr 800 Mann Hannoveraner unter dem Befehl des Oberstleutnants Beringer vor die Stadt, stürzten ein Stück der Stadtmauer unweit der kleinen Pforte des Pfarrgartens im Altendorfe um und drangen dadurch in das Altendorf ein. Sie erbrachen Thor und Pforten, zerschlugen einigen Bürgern im Altendorfe, welche dazu ihre Aexte nicht hergeben wollten, die Fenster und verwundeten auch manche. Am 20. Dec. brach der Commandant mit 2 Kompagnien nach Dalmatien auf und am 27. Dec. zogen wieder 5 Kompagnien ab, noch eine am 17. Jan. 1686.

Im Jahre 1689 kam eine Kompagnie hannnoverscher Dragoner unter dem Hauptmann Tolleville herein, welche 3/4 Jahr hier lag und von den Bürgern verpflegt werden mußte.

Am heil. Osterabend (14. Apr.) 1691 wurde 1/2 Kompagnie Hannoveraner unter dem Hauptmann von Dachenhusen hieher gelegt, welche hier ergänzt werden sollte, und am 6. Sept. kam eine andre Kompagnie unter dem Hauptmann Schwarz, wogegen am 7. Sept. jene Kompagnie abzog.

Am Himmelfahrtstage (15. Mai) 1692 kamen 30 Mann mit einem Leutnant Falke von Göttingen, worauf am Freitage darauf (16. Mai) der Hauptmann Schwarz mit seiner Kompagnie abzog.

Im Jahre 1693 (im Juli?) wurde der Leutnant Falke von dem Fähndrich Mandelsloh abgelös't, welcher bis zum 5. März (1694?) hier blieb. Am 11. März kam der Hauptmann Wagner an, welcher hier seine Kompagnie vollzählig machte und binnen Jahresfrist 230 Mann anwarb. Er zog ab 1694 in der Fastenzeit.

Seit 1694 wurde die hannoversche Garnison von 15 Mann und einem Unterofficiere, zuweilen einem Fähndrich, von Zeit zu Zeit gewechselt bis um Ostern 1697.

Nachdem 1697 der Kurfürst von Sachsen das Reichsschultheißen- und Vogteiamt (auch Schutz- und Besatzungsrecht) zu Nordhausen an Kur-Brandenburg verkauft hatte, ließ während des darum entstandenen Streites König Friedrich I. von Preußen am 7. Febr. 1703 die Stadt durch den Obersten Tettau besetzen, und es lag nun eine preußische Besatzung in Nordhausen bis zum 12. Sept. 1715, wo dieselbe wieder abzog und die Schlüssel der Stadt dem Rathe wieder übergab. Vgl. oben Buch 2, Kap. 3. — Jene Besatzung am 7. Febr. 1703 geschah durch einen Ueberfall, indem die Soldaten in der Nacht zwischen 1 und 2 Uhr bei dem Siechenthore einstiegen und das Thor gewaltsam öffneten, nicht ohne Mißhandlung der Widerstrebenden. Auf diese Weise kam Preußen (Kur-Brandenburg) Hannover (Kur-Braunschweig-Lüneburg) zuvor; denn schon hatte durch einen Schutzbrief, gegeben zu Hannover am 23. Dec. 1702, der Kurfürst Georg Ludwig die Stadt Nordhausen auf 15 Jahr in Schutz, Schirm und Vertheidigung genommen gegen jeden mit Ausnahme des Kaisers und der Städte Goslar und Mühlhausen, für ein jährliches Verspruchgeld von 150 meißnischen Gulden. Der Kurfürst von Hannover sollte und wollte als Schutzherr der Stadt an die Stelle des Kurfürsten und der Herzöge von Sachsen treten, den brandenburgischen Ansprüchen entgegen.

Am 5. Mai 1733 zogen einige hundert Mann preußischer Truppen mit 2 Kanonen hier vorbei nach Mühlhausen, welchen 2 Tage darauf auch einige hundert Hannoveraner und Braunschweiger mit Geschütz folgten, und am 8. Mai die drei Commissarien, die sich indessen hier aufgehalten hatten. Sie sollten die kaiserliche Execution gegen Mühlhausen vollstrecken.

Im Julius 1734 wurden Anlagen wegen 33 Römermonaten gemacht und am 16. Juli deshalb ein Mandat publicirt. — Am 8. Juli war wegen der zur kaiserlichen Armee zu stellenden Mannschaft eine Conferenz zu Duderstadt, wo von Mühlhausen erschienen Gerichtsschulze Stieler und Kriegscommissarius Beyreiß, von Nordhausen Quatuorvir Koch und Secretär Filter. — Der Letztere ging in derselben Angelegenheit am 29. Nov. nach Goslar. — — Am 27. Jan. 1735 gingen die 45 zur Reichsarmee geworbenen Soldaten von hier ab nach Mühlhausen, wo sie sich mit denen von Goslar und von Mühlhausen vereinigten und darauf nach dem Rheine zogen. Officiere der Nordhäuser waren Leutnant Diedrichs und Fähndrich Stein, Goslar gab den Hauptmann Hasse. — Am 30. Mai 1735 zahlte der Rath 2 Römermonate zur Befestigung von Mainz (8. M. fl.). — Am 8. Sept. kamen die nordhäusischen Soldaten vom Rheine zurück.

Am 24. Jan. 1738 erschien ein Mandat des Rathes wegen einer Anlage zur Zahlung von 50 Römermonaten (1750 Thaler) zum Türkenkriege, und im April wurde dieses Geld gezahlt. — Im Jahre 1739 verlangte der Kaiser Karl VI. durch den Obersten von Tornaco ein don gratuit von einiger Mannschaft. Der Secretär Filter wurde deshalb am 26. Juni nach Mühlhausen geschickt, um mit dem Obersten daselbst zu unterhandeln, und es wurden 30 Mann zu geben versprochen. Diese 30 Mann wurden am 3. Sept. völlig ausgerüstet, mit Montur und Gewehr, dem Obersten zu Erfurt übergeben.

Am 27. Juli 1742 kam ein preußisches Infanterieregiment von ungefähr 1200 Mann unter Commando des Prinzen Dietrich von Dessau aus Schlesien hier an und zog am 29. Juli ab über Duderstadt nach Westphalen. — (Ein Edict des Raths vom 24. Aug. 1742 verkündigte eine Anlage zu dem don gratuit von 7000 Thalern an den Kaiser, welches am 6. Oct. in Leipzig gezahlt wurde. — Wegen Excesses wurde der preußische Leutnant von Wulften am 21. Dec. arretirt und am 25 Dec. gegen Revers entlassen.)

Am 24. Oct. 1744 führte der Generalmajor von Plessen 300 kaiserliche Recruten hier durch, wozu der Rath Vorspann gab. — Wegen Werbung in Nordhausen erließ der kaiserliche General von Geusau ein Rescript zu Wien am 17. Jan. 1745. — Am 27. April 1746 zahlte der Rath 111 Thaler wegen der Klostergüter zu Uthleben und Bielen zu dem Quantum des thüringischen Kreises von der Million Thaler, welche nach dem Dresdner Frieden (27 Dec. 1745) Kursachsen an Preußen zahlen mußte, und am 11. Mai wurde das am 25. Jan. bewilligte don gratuit von 7000 Thalern an den Kaiser gezahlt.

Es folgt nun die Zeit des siebenjährigen Krieges, welcher die Reichsstadt Nordhausen hart betraf. — Zunächst wurden die am 6. Nov. 1756 von Wien eingegangenen kaiserlichen Avocatoria gegen den König in Preußen am 22. Nov. auf dem Rathhause angeschlagen, aber am 1. Dec. kam ein Dehortatorium des preußischen Staatsministeriums zu Berlin an den hiesigen Rath gegen die Anheftung jener Avocatoria. — Am 19. März 1757 kam ein kaiserlicher Befehl, das Contingent zur Reichsarmee zu stellen, worauf der Rath, nach einer Berathung mit Mühlhausen, am 7. April antwortete. — Die nochmals am 6. Sept. angekommenen kaiserlichen Avocatoria wurden angeheftet am 12. Sept. — — Am 14. Sept. 1757 kamen 6 französische Husaren mit dem Rittmeister Guardan von des Obersten von Fischer Freicorps hier an und gingen an demselben Tage weiter nach Elbingerode. — Am 15. Sept. erschienen wieder einige solche Husaren mit dem Rittmeister von Glasenapp, welche hier blieben bis zum 19. Sept. — Am 18. Sept. wurde der preußische Landrath Freiherr von Werther zu Kl. Werther aufgehoben und nach Goslar geführt; aber schon nach einigen Tagen kehrte er zurück. — Am 27. Sept. erhielt die Stadt einen Schutzbrief vom Kaiser.

Am 8. Oct. rückte der französische Oberst von Fischer mit einem Corps Husaren und einem Freibataillon zu Fuß nebst dem Generalcommissar La Salle hier ein und kündigte einige tausend französische Truppen an, ließ auch viel Brot backen und Vieh schlachten. Die Truppen gingen am Nachmittage wieder ab. — Am 10. Oct. zog der französische Generalleutnant Herzog von Broglio mit einigen tausend Mann Cavallerie und Infanterie und 6 Kanonen ein. Als Magazin für Heu und Stroh diente die Spendekirche, für Korn der Walkenrieder Hof, für Hafer der Ilfelder Hof, das Hospital S. Martini zum Lazareth. — Am 15. Oct. gingen diese Truppen nach Mühlhausen. Während ihrer Anwesenheit hatten die hiesigen Bäcker 51,787 Brote gebacken zu 3 Pfund, oder 103,574 Portionen zu 1½ Pfund. Bei seinem Abzuge gab der Herzog von Broglio die schriftliche Versicherung, daß das Fischersche Corps nicht wieder hereinkommen sollte. — Nach der Schlacht bei Roßbach (am 5. Nov.) traf am 9. Nov. ein Theil der geschlagenen französischen Armee plötzlich hier ein: Prinz Soubise und die Generalität nahmen ihre Quartiere in der Oberstadt, in den Vorstädten lagen 2 Regimenter Infanterie und einige Cavallerie, das Hospital S. Martini sammt dessen Kirche und das Hospital S. Cyriaci nahmen das Lazareth auf. — Am 14. Nov. zogen die Franzosen ab nach Duderstadt, ließen aber 300 Husaren hier zur Bedeckung des Lazareths. — Am 15. Nov. erschien eine Verordnung wegen der französischen Einquartierung und am 17. wegen der Pferde und Wagen. — Am 22. Nov. zogen auch die Husaren mit dem Major Orb ab bis auf 30 Mann. — — Am 28. Nov. wurde der Rückstand von 30 Römermonaten (1050 Thaler) nach Regensburg gesendet. — — Am 19. Dec. kamen 30 österreichische Husaren vom Regimente Czezini mit einem Wachtmeister recognoscirend hieher. Solcher Recognoscirungen geschahen mehrere. — Am 22. Dec. wurden 1260 Thaler Truppenreluitionsgelder nach Bamberg gesendet; auch wurden an demselben Tage geschärfte kaiserliche Avocatoria angeschlagen. — — Am 5. Jan 1758 recognoscirten hier 22 österreichische Husaren und am 9. Jan. 18 Husaren mit einem Rittmeister, desgleichen am 16. Febr. 30 Husaren mit einem Leutnant, die am folgenden Tage nach Bleicherode gingen.

Am 17. März 1758 wurde Nordhausen unvermuthet von einem preußischen Corps überfallen unter dem Oberstwachtmeister von Biedersee vom Leibregimente. Es waren 340 Cürassiere vom Leibregimente, 116 Husaren unter dem Rittmeister von Reitzenstein und 670 Mann vom Wunschischen Freibataillon, zusammen 1126 Mann mit 2 Kanonen. Sie forderten 20,000 Thaler Contribution und 500 Wispel Rocken, begnügten sich aber mit 14,000 Thalern und vielem ausgenommenen Tuche. Am 19. März gingen die Husaren und das Freibataillon ab nach Duderstadt. Bei Bischoferode kam es zu einem Scharmützel mit österreichischen Husaren, deren einige gefangen genommen wurden; doch ein preußischer Wachtmeister wurde erschossen. — Am 24. März des Morgens um 8 Uhr zog der Major von Biedersee mit seiner Mannschaft nach Querfurt ab; aber gegen Mittag rückte der preußische Major von Borck mit 400 Mann vom Weineckschen Dragonerregiment ein und der Major von Corbio mit einem Bataillon Füselier (740 Mann) vom Salmuthschen Regimente nebst 2 Kanonen. Am 25. März gingen dieselben ab nach Sangerhausen, dagegen kamen zu Mittage an der Oberst von Brau mit 1530 Mann vom Kahldenschen Regimente und der Oberstleutnant v. Wunsch mit seinem Freibataillon von 670 Mann, ferner der Rittmeister von Reitzenstein mit 116 Husaren, welche Truppen sämmtlich hier verpflegt wurden. In der Nacht wurden 50,000 Brote zu 2 Pfund gebacken. Am folgenden (1. Oster-) Tage zog das ganze Corps nach Sangerhausen. — — Am 6. Juli kam der preußische Rittmeister von Rühlmann mit 86 schwarzen Husaren und 120 Pferden, die auf Kosten der Stadt in den Gasthöfen verpflegt wurden (für mehr als 400 Thaler) und am 8. Juli nach Frankenhausen zogen. — Am 19. Aug. kamen einige tausend österreichische Husaren in die Grafschaft Hohnstein und forderten starke Contributionen. Da sie nur einige tausend Thaler bekamen, nahmen sie als Geißeln mit den Landrath von Werther, den Kammerjunker von Byla zu Hainrode, den Inspector Hofmann zu Wollersleben, den Stadtschultheißen Webler zu Bleicherode und den Kaufmann Trautvetter daselbst, welche erst am 9. October von Prag zurückkehrten. —

Am 30. Aug. wurde von den drei Räthen eine Anlage beschlossen, um die in Mainz zur Contribution aufgenommenen Kapitalien wiederzubezahlen, und das Patent wurde am 15. Sept. von den Kanzeln verlesen. — Am 13. Oct. um 5 Uhr früh kam der preußische Rittmeister Barbot mit 32 Husaren und verlangte vom Rathe 8000 Thaler Contribution, welche jedoch auf 5000 Thaler heruntergebracht wurden. Am 14. Oct. zog derselbe wieder ab.

Im Jahre 1759 war vom 28. Jan. bis zum 1. Febr. ein preußisches Commando auf Execution in den Aemtern Heringen und Kelbra und dieses betraf auch die Stadt wegen der Raths- (Kloster-) Güter in Uthleben und Bielen. — (Am 20. Jan. starb hier der Oberstleutnant von Gottschalk.) — Die am 30. Juni eingegangenen beiden Rescripte des Kaisers vom 31. Mai wegen der preußischen Invasion in Franken wurden hier nicht durch Anschlag veröffentlicht. — Im Julius wurden die bewilligten 20 Römermonate nach Regensburg gesendet. – Am 18. Jul. kam eine Abtheilung österreichischer (ungarischer?) Husaren vom Regimente Czezini unter dem Rittmeister Orgovany von Bleicherode und ihm folgte der General Becsey; aber sie blieben nicht hier, sondern gingen nach Salza, wo einige tausend Croaten und Husaren waren, welchen von hier aus Brot und Bier geschafft werden mußte. Sie blieben bis zum 20. Juli und gingen darauf nach Blankenburg und Halberstadt, nahmen aber viele Geißeln aus der Grafschaft Honstein mit, den Amtsrath Schoner, den Schultheißen Engelbrecht zu Ellrich und Andre. — Am 27. Juli campirten Kaiserliche bei Heringen. — Am 25. Aug. kam eine Abtheilung österreichischer Husaren unter dem Oberstleutnant von Sprung nach Rosla, welche täglich in der Grafschaft Honstein recognoscirten. — Ein am 28. Aug. eingegangenes kaiserliches Rescript wegen der preußischen Münzen wurde hier nicht publicirt. — Am 1. Sept verlangte der Oberstleutnant von Sprung zu Rosla von Nordhausen täglich bis zum 8. Sept. 777 Portionen Brot zu 2 Pfund, 47 Scheffel Hafer, 580 Rationen Heu zu 11 Pfund, 12 Malter Holz; doch er zog am 3. Sept. von Rosla ab, ehe man lieferte. — Am 8. Sept. kam der hannöversche Hauptmann von Scheiter mit 211 Jägern, ging aber nach einigen Stunden wieder ab. — Am 11. Sept. erließ der Rath das Verbot, in Gesellschaften von Kriegsläuften zu reden. — Am 11. Oct. kam ein österreichischer Husarenwachtmeister von Spleniſchen Regimente zum Recognosciren hierher.

Im Jahre 1760 am 17. Jan. verlangte von Cassel aus der preußische Kammerpräsident von Massow, daß der Rath 50 vierspännige Wagen bereit halte, dieselben in 8 Tagen dahin zu senden; doch nach einer Verwendung bei dem Herzoge Ferdinand von Braunschweig unterblieb es. — — Am 22. Jan. beschlossen die drei Räthe eine Anlage durch die ganze Stadt. — — Am 6. Febr. kam der preußische Leutnant von Knigge vom Regimente Hülsen mit 23 Mann und übergab ein Schreiben des Majors von Erlach, nach welchem der König eine Contribution von 40,000 Thalern verlange. Nach vergeblichen Gegenvorstellungen an den König und den Prinzen Heinrich mußten gezahlt werden am 8. Febr. 10,000, am 16. 10,000, am 17. 10,000 und am 18. Febr. 10,000 Thaler. — Am 8. Febr. war noch ein Leutnant mit 2 Unterofficieren und 20 Mann von Halberstadt zur Verstärkung der Execution angekommen; diese gingen aber schon am 9. Febr. mit den ersten 10,000 Thalern wieder nach Halberstadt zurück, von Knigge mit seinen Leuten und 30,000 Thalern am 19. Febr. — — Am 26. Febr. kam der preußische

Rittmeister von Kovats (Kovacz, Kowatsch) *) mit einem Freicorps von 200 Husaren und 100 Mann Infanterie von Duderstadt und verlangte 100,000 Thaler Contribution, auch 40 Wagen mit Pferden und die sämmtlichen Gewehre der Bürger. Am folgenden Tage nahmen die Husaren den Bürgern die Pferde aus den Ställen weg, welche mit Geld ausgelös't werden konnten; sie erpreßten auch viel Geld für Quartier. Der Rittmeister forderte die Schlüssel zum Rathhause, und nachdem er dieselben weggenommen hatte, besetzte er die sogenannten Kammern (das Erdgeschoß des Rathhauses). — Am 28. Febr. nahm Kovats den Kaufleuten viele rothe und grüne Tücher weg, desgleichen den Kammern goldne und silberne Tressen und Andres, den Kürschnern Pelze und Rauchwerk, den Schuhmachern, Handschuhmachern und Gerbern Lederwerk, und die Schmiede und Wagner (auch Sattler) mußten Tag und Nacht von ihrem eigenen Material für ihn arbeiten. Als der regierende Bürgermeister Riemann ihm die verlangten Schlüssel zum groben Geschütz nicht aushändigen wollte, ließ er denselben in sein Quartier bringen, behielt ihn 2 Stunden in Haft und ließ indessen den Zimmergraben am Töpferthore öffnen, und die darin befindlichen Kanonen vor sein Quartier auf dem Kornmarkte bringen, worauf die Wagner und Schmiede sofort schleunig Vorderwagen dazu anfertigen mußten. Am 29. Febr. wurden die Tücher und Waaren auf Wagen geladen und die weggenommenen Gewehre am 1. März auf 4 Wagen. Nachdem am folgenden Tage Kovats gedroht hatte, die Häuser, und zwar zunächst die der Bürgermeister nach versteckten Gewehren durchsuchen zu lassen, wurde am 3. März mit ihm accordirt, daß er 10,000 Thaler und für sich ein Geschenk von 5000 Thalern bekommen sollte, wogegen er die schriftliche Versicherung gab, das Gewehr und die Kanonen bis auf die 2 geringsten hier zu lassen und keine Geißeln mitzunehmen. Er hielt aber dieses Versprechen nicht, ließ noch denselben Nachmittag die Bürgermeister Rennecke und Lange, den Quatuorvir Feist und die Senatoren Rosenthal und Arens holen und kündigte ihnen an, daß sie Geißeln wären. — Am 4. März wurden die 15,000 Thaler an den Rittmeister Kovats ausgezahlt, worauf er die fünf Geißeln unter einer Bedeckung von Husaren über Halberstadt nach Magdeburg abschickte und um 1 Uhr Nachmittags über Rosla nach Leipzig abzog, indem er Kanonen und Gewehre mitnahm. — Am 21. April verwandte sich der Rath bei dem Markgrafen Karl von Brandenburg schriftlich für die Loslassung der Geißeln, aber umsonst. — — Am 2. Mai um 4 Uhr früh erschien der Rittmeister Kovats abermals mit 100 Husaren und 160 Mann Infanterie und verlangte 20,000 Scheffel Getreide, 40 vierspännige Wagen und 10,000 Thaler Geld. Man unterhandelte wieder mit ihm und zahlte ihm 2700 Thaler. Nachdem er noch manchen Unfug in der Stadt geübt hatte, ging er am folgenden Tage nach Rosla zurück, nahm aber zum großen Jammer der Bürger **) das schönste Geschütz, ein Wahrzeichen der Stadt, die

*) ein geborner Ungar (Slave), dessen Bruder als Officier im kaiserlichen Heere stand und gedroht haben soll, seinen Bruder sogleich aufhängen zu lassen, wenn er ihn gefangen nähme.

**) Dafür wurde sein Name hier ein Schimpfwort: „oler Kowatsch!"

große Feldschlange von 1519, Lindwurm genannt (vgl. N. Schriften, S. 156 f.) mit hinweg, sammt der letzten kleinen metallnen Kanone, wozu der Rath die Vorspann auf der Stadt Kosten besorgen mußte. Der preußische General Prinz Georg Ludwig soll einmal öffentlich gesagt haben, daß für diese Feldschlange 18000 Thaler geboten worden seien; der Rath schlug ihren Werth nur auf 3500 Thaler an. Dieselbe soll 1806 von den Franzosen in Magdeburg erbeutet und nach Paris geschafft worden sein; doch nach einer Antwort auf ein späteres Gesuch des Rathes um Zurückgabe des nordhäusischen Geschützes ist dasselbe eingeschmolzen und umgegossen worden (s. unten 1790). — Am 5. Mai ging ein Schreiben ein von dem königlich preußischen Obersten von Kleist an den Rath, worin des Kovats Betragen gemißbilligt wurde, desgleichen eine Antwort des Markgrafen Karl wegen der Geißeln. — Am 14. Mai betrugen sich die preußischen Leutnants von Hake und Döring sehr ungebührlich gegen den regierenden Bürgermeister Riemann, indem sie auch die Pistolen auf den Tisch vor ihm legten, doch mußten sie bald abziehn; aber am 21. Mai machte des Abends der preußische Leutnant Liscoe einen solchen Lärm im Hause jenes Bürgermeisters, daß die Bürger zusammenliefen, worauf der Leutnant abzog. — Am 5. Juni kam der preußische Hauptmann von Krosigk mit 150 Dragonern vom Regimente Finkenstein als Avantgarde von Gr. Bodungen hier an. Sie campirten bei dem Siechhofe und ließen sich Speise und Futter liefern. Am späten Abend kam der Commandirende Prinz Georg von Holstein mit vielen Officieren und dieselben wurden am Kornmarkte einquartiert. Am folgenden Tage kam auch der Graf von Finkenstein und die 2 Dragonerregimenter Holstein und Finkenstein, 2000 Mann stark, welche bei dem Siechhofe auf dem Ackerlande campirten, viele Früchte verdarben und sich Holz, Stroh und Rationen liefern ließen. Als am 7. Juni beide Regimenter nach Sangerhausen aufbrachen, mußten dem Prinzen 3500 Thaler als Geschenk gegeben werden. — Am 16. Juni schrieb der Rath wegen Befreiung der nordhäusischen Geißeln in Magdeburg an den Befehlshaber der Reichsarmee, den Herzog Friedrich von Pfalz-Zweibrücken. — Am 22. Juni kam von dem englischen Generalcommissarius bei der alliirten Armee Mich. Hatton der schriftliche Befehl an den Rath, 30 vierspännige Wagen in den nächsten Tagen nach Cassel zu schicken und am folgenden Tage kam die Forderung, 30 Proviantknechte dahin zu senden. Um solches abzuwenden, begaben sich der Syndicus Seidler und der Quatuorvir Mohring als Abgeordnete nach Fritzlar zum Herzog Ferdinand von Braunschweig, und obgleich dieselben am 2. Juli zurückkehrten, ohne vor den Herzog gekommen zu sein, wurde es doch abgewendet. — Am 21. Aug. war ein unbedeutendes Gefecht zwischen braunschweigischen und würtembergischen Husaren am Salzagraben, und am folgenden Tage (an welchem auch Heldmann wegen Straßenraubes hingerichtet wurde) kamen braunschweigische Husaren vor den Rathskeller und trieben daselbst Unfug. — — Am 26. Aug. meldete der kaiserliche Feldkriegscommissarius Koschin von Freudenfeld zu Mühlhausen dem Rathe, daß man 60,000 Portionen Brot zu 2 Pfund, 30,000 Rationen Hafer und Heu, 6000 Bund Stroh und 90 Klafter Holz bereit halte zur Abführung in das Lager der würtembergischen

Truppen. Nachdem der Rath diese Lieferung durch Vorstellung bei dem Herzoge von Würtemberg und dem kaiserlichen Gesandten vergebens abzuwenden gesucht hatte, wurde am 28. Aug. den Bäckern befohlen, so viel als möglich zu backen, und jedes Haus mußte 6, ein Miether 4, ein Brauhaus 12 Pfund Brot sogleich in die Wage abliefern. Man sandte darauf für jene Truppen nach Sondershausen vom 24. Aug. bis zum 3. Sept. 34564 Portionen Brot und viele Wagen mit Hafer, auch 2 sechsspännige Wagen mit Weizenmehl, 4 Faß Branntwein und 30 Stück fettes Rindvieh, wofür die versprochene Bezahlung ausblieb. — Am 29. Aug. kam der würtembergische Rittmeister von Bock mit 120 Husaren, Jägern und Dragonern, auch der Generaladjutant von Spitznase. Diese blieben bis zum 31. Aug. hier im Quartier, worauf sie nach Bleicherode gingen. — (Am 31. Aug. wurde der würtembergische Oberstleutnant von Göllnitz in Sachsa erschossen, als er daselbst die Hannoveraner vertreiben wollte). Am 1. Sept. erschien wieder der Rittmeister von Bock mit 2 Leutnants und 100 Mann Husaren und Dragonern, zog aber bald ab nach Petersdorf. Dagegen kam kurz vor Mittage der würtembergische Rittmeister von Wildenfels mit 50 Jägern, welche in der Neustadt, und der Leutnant von Schortheim mit 40 Dragonern, welche im Altendorfe einquartiert wurden. Am 2. Sept. rückten 500 Mann Infanterie ein unter dem Major von Spitznase nebst vielen Husaren, zwei Haubitzen und 2 Kanonen, zur Execution wegen rückständiger Römermonate und Truppen-Reluitionsgelder. Um 2 Uhr des Nachmittags zogen diese sämmtlichen Truppen zum Altenthore hinaus nach Ilfeld, wo sie die braunschweigischen Husaren und Jäger, welche diesen Harzpaß besetzt hielten, verjagten, 12 Mann gefangen nahmen und 2 kleine metallne Kanonen nebst Bagage erbeuteten. In Ilfeld plünderten sie einige Häuser und kamen um Mitternacht wieder hieher zurück. — Am 3. Sept. erhielt der kaiserliche Kriegscommissarius von Freudenfeld 1400 Thaler für 40 Römermonate, 7350 Thaler für Reluition und 172 Thaler für die Execution, und die würtembergischen Officiere bekamen noch viele unfreiwillige Geschenke. Am 4. Sept. des Morgens um 7 Uhr zogen die Würtemberger ab nach Heringen, wo das ganze Lager aufbrach und sie über Kelbra nach Brücken gingen. — Sämmtliche Einwohner wurden durch die Bürgercorporale aufgefordert, alles was sie etwa den Würtembergern aus der Plünderung von Ilfeld abgekauft hätten, auf das Rathhaus abzuliefern. — Um 2 Uhr Nachmittags brachte der Leutnant Voigt mit 10 anspachischen Dragonern den Kaufmann Trautvetter von Bleicherode hieher und zog mit demselben um 4 Uhr weiter. Trautvetter wurde zu den übrigen honsteinischen Geißeln nach Nürnberg geschafft. — In der Nacht des 8. Sept. um 11 Uhr wollte ein Trupp braunschweigischer Husaren und preußischer Jäger das Altenthor aufbrechen; sie zogen sich aber bald wieder nach Ilfeld zurück. — Am 18. Sept. kam ein hannöverscher Wachtmeister mit 10 Husaren von Luckner, ging aber am folgenden Tage wieder ab. — Am 20. Sept. erschien ein hannöversches Corps, Jäger und Husaren von Luckner nebst Infanterie, etwa 1500 Mann, in Salza, Sachswerfen, Günzerode und der Umgegend. Sie zogen am folgenden Morgen hier vorbei über Berga nach Allstedt, kamen aber am 24. Sept. zurück und gingen über Rottleberode nach dem Harze.

Am 16. Oct. kamen etwa 500 Mann von der französischen Armee, nämlich nassauische und andre Husaren, Jäger und Dragoner unter dem Obersten von Schwarz und einem Jägermajor, welche am folgenden Tage nach Harzgerode zogen. Am 28. Oct. rückten 60 und einige französische Husaren hier ein und wollten den Amtsverwalter Krüger auf dem Walkenrieder Hofe mit hinwegnehmen; aber da derselbe krank war, ließen sie ihn zurück. — — Am 7. Nov. erschienen 7 preußische schwarze Husaren, die bald wieder abzogen; doch am 14. Nov. kamen 1746 preußische Husaren und Infanteristen unter dem Major Conradi und dem Rittmeister Kovats mit 2 Kanonen. Sie besetzten sogleich die Thore, und um 16. Nov. erpreßten die beiden Anführer ein unfreiwilliges Geschenk von 2000 Thalern, wobei auch Ungebührlichkeiten vorfielen, besonders gegen den Bürgermeister Riemann d. Ae. und den Syndicus Seidler. — Am 19. Nov. kamen noch 150 Mann Infanterie unter dem Major von Treskow. — Am 20. Nov. zogen v. Conradi und Kovats mit einigen Infanteristen und Husaren wieder ab, führten aber 2 Stadtsoldaten (Hesse und Beatus), 2 Rathspferde, einen Wagen und Andres gewaltsam mit fort, wovon nichts wieder zurückkam. — — Am 17. Nov. schickte der General Luckner aus Duderstadt den Befehl an den Rath, für die Alliirten auf dem Eichsfelde nach Lindau 60000 Rationen Hafer, Heu und Stroh und 20000 Portionen Brot in 8 Tagen zu senden. Am 25 Nov. forderte der Lucknersche Auditeur Grambusch daß Nordhausen 50 Faß Branntwein nach Hardegsen liefern sollte. Deshalb machte der Rath am 27. Nov. eine Gegenvorstellung bei dem Herzoge Ferdinand von Braunschweig. Der Rath schrieb auch am 26. Nov. an den Commandanten in Magdeburg um Zurücklieferung der von dem Rittmeister Kovats mitgenommenen Stadtsoldaten, Pferde und Wagen, doch ohne Erfolg. — Am 27. Nov. wurden auf erneuerte Forderung des Auditeurs Grembusch zu Duderstadt dem General Luckner 1 Faß Branntwein und verschiedene Victualien gesendet. — (Der Rath beschloß am 27. Nov.: wegen des schlechten Geldes soll der Schoß dieses Jahr in solchem Gelde doppelt gegeben werden, und 8 Pfennige statt 4 Mahl- und Schrotgeld von 1 Scheffel). — Am 30. Nov. schrieb der englische Generalkriegscommissarius, daß der Herzog Ferdinand die Lieferung von Hafer, Heu und Stroh erlasse, aber das Brot und 50 Faß Branntwein müßten geliefert werden. Darauf wurden am 2. Dec. 10,000 Rationen Brot und 24 Faß Branntwein auf 18 Wagen als erste Lieferung nach Harste geschickt. — Am 30. Nov. hatte auch der hannöversche Proviantcommissar einen Ankauf von Korn und Hafer für die Alliirten angemeldet. — Am 8. Dec. verlangte das englische Kriegscommissariat, daß statt des rückständigen Branntweins 20 Wagen mit Hafer nach Uslar gesendet würden, worauf auch am 15. Dec. die übrigen 10000 Rationen Brot und 18 Marktscheffel Hafer bis Osterode geliefert wurden.

Am 10. Dec. wurden 2 Husaren von Ziethen, welche in den Mühlen an der Salza marodirt hatten, hier verhaftet und sie blieben in Haft bis zum 25. Dec. — Am 24. Dec. des Nachts um 1 Uhr kamen zum Siechenthore herein 300 preußische Dragoner mit 3 Officieren (Leutnant von Schenck vom Dragonerregiment Meinecke, Leutnant von Lösen vom Cürassierregiment Schmettau und Fähndrich von Ratzmer vom Dragonerregiment Holstein), welche von den Franzosen aus Göttingen bei Woodes überfallen und zersprengt waren. Sie wurden in der Oberstadt einquartiert und gingen am 27. Dec. nach Kelbra ab. — Am 26. Dec. unter der Vormittagskirche kam der preußische Major von Prittwitz mit 333 Husaren vom Regimente Ziethen und forderte im Namen des Königs eine Contribution von 50,000 Thalern und 100 Recruten. Vorläufig wurden die Häuser der Bürgermeister jedes mit 20 Mann belegt, welche darin „auf Discretion" lebten; doch wurde diese Einquartierung auf inständiges Bitten nach einigen Stunden ihnen wieder abgenommen. Ungeachtet aller schriftlichen und mündlichen Vorstellungen bei dem Commandeur, dem Obersten von Lölhöffel und dem Major von Schulenburg, welche in Sondershausen lagen, mußte man endlich das Verlangte gewähren, indem statt der 100 Recruten 5000 Thaler gezahlt wurden. Als am 28. Dec. Prittwitz mit seinen Husaren abzog, rückten sogleich 300 Mann von dem Freibataillon Lüderitz unter dem Hauptmann Chaumette ein und blieben hier bis zur völligen Abzahlung der 50,000 Thaler am 13. Jan. 1761. — Es kostete außerdem noch ansehnliche „Douceurs" an die Officiere. — Am 28. Dec., nach Abgang der preußischen Husaren unter Prittwitz, kam der hannöversche Kornet Clüver mit 33 hessischen und hannöverschen Dragonern auf Befehl des Generals von Kielmannsegge, um die Mehl- und Fouragefuhren zur Armee der Alliirten zu decken. — Am 29. Dec. kam der preußische Leutnant von Hanfeld vom Leibregiment, um die verlangten 100 Recruten abzuholen, da aber mit dem Major von Schulenburg der erwähnte Vergleich geschlossen war, so wurden diesem die 5000 Thaler am 30. Dec. in Sondershausen gezahlt.

Im Jahre 1761 am 1. Jan. bat der Rath schriftlich den Herzog Ferdinand von Braunschweig um Erlaß der für die Alliirten verlangten Pferde. — Derselbe beschloß am 9. Jan.: auch in diesem Jahre soll von den Bürgern doppelter Schoß erhoben werden, ferner etwas von jeder Branntweinsblase und vom Gewerbe. — Nachdem am 12. Jan. die letzten 10000 Thaler der neuesten preußischen Contribution an den Obersten v. Lölhöffel nach Sondershausen gesendet waren, ging am 13. Jan. der Hauptmann Chaumette mit seinem Freicorps ab nach Cannewurf. — Am 14. Jan. besuchten der Oberst v. Lölhöffel, der Oberst v. Biedersee, der Major v. Schulenburg und der Major v. Prittwitz Nordhausen, und sie wurden von dem Major Uckermark im Gasthofe zum Adler bewirthet. — An demselben Tage erschien der preußische Leutnant Wagner, um hier zu werben, mußte aber auf Lölhöffels Befehl abziehn. — Zwei Wagen mit Montirung für das Freicorps Lüderitz kamen von Halberstadt und mußten nach Berga geschafft werden. — Am 19. Jan.*) verlangte der Major Uckermann, daß die hiesigen Branntweinsbrenner

*) An demselben Tage traf ein königliches Kabinetsschreiben des Königs von Preußen aus Leipzig hier ein mit der Forderung, daß der Bürgermeister Wilde an Wilh. Liebenrod und die Wittwe Müller in Berlin neuntausend und einige hundert Thaler zahlen solle. — Der Seifensieder Liebenrod und die Seilerin Müller waren mit andern Separatisten um ihrer religiösen Meinungen willen hier zur Auswanderung genöthigt worden und am 28. Apr. 1752 nach Berlin gezogen. — Der Rath antwortete dem preußischen Kabinet zu Leipzig am 31. Jan.

bis zum letzten April 1000 Faß Branntwein zu 20 Thaler das Faß an die Alliirten liefern sollten. Man machte Gegenvorstellungen bei dem Herzoge von Braunschweig am 31. Jan., und die Lieferung unterblieb. — Am 23. Jan. holte ein hannöverscher Unterofficier mit 24 Mann auf 56 Wagen aus dem von Uckermann hier errichteten Magazine Früchte für die Alliirten, und ebenso am 27. Jan. ein hessischer Unterofficier mit 24 Mann auf 57 Wagen. — Am 28. Jan. kamen die Generale der Alliirten Luckner, Mansbach, Hodenberg und Hanstein mit 6000 Mann Husaren, Dragonern und Infanterie, und zogen am folgenden Tage nach Sondershausen; doch der General v. Hanstein, welcher mit dem Pferde gestürzt war, kam am 31. Jan. zurück und blieb einige Tage hier, worauf er nach dem Eichsfelde ging. — Am 1. Febr. kamen 16 Mann hannöverscher Infanterie und 3 Constabler zur Abholung der vom Lucknerschen Corps hier gelassenen Pulverkarren (nach Duderstadt), auch 3 Unterofficiere und 17 Mann zur Abholung der zurückgebliebenen Wagen mit Brot, ferner ein Wachtmeister mit 6 Husaren zur Bedeckung der Wagen mit Frucht aus dem Magazine. — Am 2. Febr. wollte der preußische Leutnant Müller mit 5 Husaren vom Regimente Kleist das Haus des Bürgermeisters Riemann d. Ae. erbrechen, weil dieser ihm als einem Werbofficier freies Quartier verweigert hatte. Der Unfug wurde dem Oberstem Kleist gemeldet; aber die Anzeige blieb ohne Erfolg. — Am 4. Febr. ließ der Major Uckermann (der Lieferant für die Armee der Alliirten, welcher am 2. Febr. hier die Jungfrau Meyer geheirathet hatte) durch Husaren des Abends die Stadtschlüssel sich bringen, welche am folgenden Morgen um 6 Uhr wieder bei ihm abgeholt werden mußten, und am 5. Febr. that der hannöversche Cornet Clüver dasselbe, und auf seinen Befehl mußten den 2. und 3. Tag die Thore geschlossen bleiben bis auf das Töpferthor und Siechenthor. — Am 6. Febr. kam der preußische Hauptmann Dieubatje mit 40 Jägern hieher; sie gingen aber am folgenden Tage wieder ab nach Leipzig. — Am 7. Febr. meldete der Major Uckermann dem Rathe, daß 14000 Mann von der alliirten Armee hier einrücken würden, für welche Quartier und Fourage beschafft werden müßte; sie kamen aber nicht. — Am 9. Febr. kam ein braunschweigischer Unterofficier mit 10 Dragonern zur Verstärkung der Bedeckung des Magazins. — Am 10. Febr. erhielt der Rath vom königl. preußischen Kriegsdirectorium Quittung über die im vorigen Monate gezahlte Contribution von 50000 Thalern. — Der Major Uckermann befahl den hiesigen Müllern, für die Bürger nur des Sonnabends und des Sonntags zu mahlen, an den andern Tagen für das Magazin. — Da die Aufkäufer für das Magazin den Bürgern die Frucht wegkauften, entstand ein Streit zwischen dem Bürger Bolle und dem Aufkäufer Tölle auf dem Kornmarkte, und jener schlug diesen, worauf ihm aber am 11. Febr. vom Cornet Clüver 4 Dragoner in sein Haus gelegt wurden. — Nachdem am 15. Febr. bei Langensalza die Sachsen und Franzosen von den Preußen und Hannoveranern geschlagen waren, kamen am folgenden Tage 40 verwundete und kranke Hannoveraner von dort hieher und wurden zum Theil im Siechhofe, zum Theil in Bürgerhäusern einquartiert. Davon bekamen viele Bürger und Einwohner das Lazarethfieber und starben daran. — Am 17. und 18. Febr. kamen noch mehr

Verwundete von dem Wangenheimschen Corps hieher, und am 19. ein hannöverscher Officier mit 12 Dragonern, welche eroberte Fahnen und eine Standarte nach Hannover brachten. — Am 23. Febr. drohte der Cornet Clüver alles Heu in der Stadt wegzunehmen. — Am 24. Febr. meldete der Oberst von Lölhöffel durch seinen Secretär die bevorstehende Einquartierung von 2 Freibataillons, welche aber durch „ein Douceur" von 100 Ducaten abgewendet wurde. — Am 27. Febr. forderte Uckermann 40 Wagen der Bürger zum Transport von Vorräthen des Magazins, und der Cornet Clüver verfügte wegen der Pferde des Bürgermeisters Lange die Execution bei demselben. — Am 1. März gingen 24 Wagen der Bürger mit Getreide aus dem Magazin nach Eisenach und Berka. — Am 2. März wurde der Wirth zu Rohra Preysing, der als preußischer Husar marodirt hatte, auf Ersuchen des Landraths von Werther hier verhaftet und demselben am 4. März ausgeliefert. — Am 3. März ließ Clüver die bei Krone und Riemann einquartierten Dragoner ihre Pferde in die Stube bringen und befahl, daß sogleich noch Ställe gebaut werden sollten. — Am 4. März kamen 40 preußische Bäckerbursche mit dem Bäckermeister Ziegler von Halle hier an. Sie trieben viel Unfug und mißhandelten den hannöverschen Major Jörgens. Am 6. März gingen sie zur Armee der Alliirten ab. — Am 8. März kam der preußische Hauptmann von Selchow von den Freidragonern von Glasenapp von Stolberg hieher und bestellte Quartier für dieselben, welche auch am folgenden Tage unter dem Major von Selchow einrückten und in der Oberstadt einquartiert wurden. — Am 10. März verlangte dieses Freicorps 659 Rationen zu 8 Groschen, und es wurden dafür 300 Thaler gezahlt. Ein Abgeordneter der Stadt, welcher den königlichen Generaladjutanten von Krusemarck in Leipzig bat, dieses Corps der Stadt abzunehmen, brachte gute Vertröstungen. — Am 12. März früh um 4½ Uhr fielen ungefähr 150 Mann Franzosen, Husaren und Infanterie hier ein, zerstörten viel von dem Magazine bei dem Amtmann Vogel auf dem Walkenrieder Hofe, und führten den Major von Selchow und dessen Bruder den Hauptmann und einige Dragoner als Gefangene hinweg. Der hannöversche Cornet Clüver und seine Dragoner, welche sie auch aufheben wollten, waren gerade nicht hier. —

Am 14. März forderte der Leutnant Feulner von den Glasenappschen Dragonern für die 659 vom Major verlangten Rationen die Bezahlung, welche er aber nicht erhielt. Darauf legte er Execution ein bei den beiden regierenden Bürgermeistern, von denen jeder am andern Mittage 24 Thaler für die Execution zahlen mußte. — Am 25. März forderte Clüver wieder 30 Wagen zum Magazintransport und als nur 8 Wagen geschafft werden konnten, verfügte er Execution bei zwei Senatoren als Deputirten und diese mußten auch dafür zahlen. — Am 16. März kamen die Brüder von Selchow, listig aus der Gefangenschaft entwischt, hieher zurück. Sie ließen sogleich die Thore der Stadt schließen und verrammeln und nahmen die meisten Gewehre der Stadtsoldaten weg. Am folgenden Tage kamen sie auf das Rathhaus und verlangten mit Ungestüm auf 9 Tage 659 Rationen, schafften auch die übrigen Flinten, 3 Trommeln und einige Patrontaschen vom Rathhause mit dem Versprechen, dieselben zurückzugeben. Nachdem sie den drei Räthen auf dem Keller am Nachmittage Arrest angekündigt hatten, wurde ein Vergleich geschlossen, daß statt der Rationen 1500 Thaler ihnen gezahlt würden. Davon erhielten sie sogleich 400 Thaler, am folgenden Tage 600 und am dritten noch 500. — Um Mitternacht kam die Nachricht, daß die Franzosen anrückten, worauf die von Selchow mit ihren Dragonern vor ihren Quartieren am Kornmarkte sich aufstellten; es war aber ein blinder Lärm. — Das Verfahren der beiden v. Selchow wurde vom Rathe dem Könige von Preußen und dem General von Krusemarck berichtet und am 20. März der Syndicus Seidler deshalb an den Obersten v. Lölhöffel nach Zeitz geschickt. — Am 23. März verlangte der Hauptmann von Selchow noch 2000 Thaler für Rationen. — Am 24. März brachte der Syndicus von Zeitz den Befehl an den Major von Selchow, sofort die Stadt zu räumen und das Geld und sonst Genommene zurückzugeben; dieser sendete aber seinen Bruder ab, um einen Gegenbefehl zu erlangen. Nachdem der Major am 24., 26. und 27. März noch Naturalrationen erpreßt hatte, zog er am 27. März ab nach Frankenhausen, indem er alles Erpreßte mit fort nahm. — Am 28. März wurden die Thore wieder geöffnet. — Am 29. März entstand während des Gottesdienstes ein blinder Lärm von der Ankunft der Franzosen. — Am 31. März ließ der Cornet Clüver die Thore wieder schließen, da wieder ein solcher Lärm entstanden war. Spät am Abend kamen 5 Wagen mit verwundeten und kranken Soldaten der Alliirten von Langensalza, welche zum Theil in den Siechhof gebracht, zum Theil in der Stadt einquartiert wurden. Viele Soldaten und Bürger starben am Lazarethfieber. — Am 1. April kam der preußische Leutnant Lenz mit 32 Husaren. Sie zogen am andern Tage ab. — Am 1. April reis'te der Major Uckermann von hier fort, und Clüver ließ durch Execution Wagen zum Magazintransport bei den Bürgern erpressen. — Am 5. April kamen wieder 5 Wagen mit Kranken und Verwundeten der Alliirten über Bleicherode hieher und wurden wieder im Siechhofe und bei den Bürgern eingelegt. — Am 8. April ging der Cornet Clüver mit seinen Leuten nach Ilfeld, kam aber am 11. April zurück und ließ die Thore schließen. Am 14. April versuchte er nochmals 28 Wagen durch angedrohte Execution bei den Bürgermeistern zu erzwingen, erhielt dieselben aber nicht und zog am 15. April endlich ab.

Am 19. April kam der preußische Oberst Collignon mit 140 Mann, Infanterie, Jägern und Husaren, wie man meinte auf Verlangen des Amtmanns Vogel im Walkenrieder Hofe, um die hier liegenden Magazinvorräthe zu decken. Collignon versprach, nach einigen Tagen abzuziehn; er blieb aber bis zum 21. Juni, den ersten Tag in der Vorstadt, darauf in der Oberstadt einquartiert. — Am 23. April kamen noch mehr Soldaten von diesem Corps mit einer Kanone von Magdeburg an. — Am 28. April forderte der Oberst 162 Rationen und 419 Portionen täglich zu 12 und 1 Groschen, verstand sich aber dazu, täglich 50 Thaler zu empfangen. Als er selbst am 30. April nach Magdeburg ging, hinterließ er dem Leutnant Vetter den Befehl, von jedem fremden Pferde, das aus der Stadt gehe, 8 Groschen zu erheben, wodurch der Handel sehr gestört wurde. Diese Drangsale meldete der Rath am 3. Mai dem Obersten von Lölhöffel in Zeitz. —

Am 4. Mai schickte der Rath einen Abgeordneten an den Herzog Ferdinand von Braunschweig nach Paderborn, die Bezahlung für gelieferten Branntwein, Brot u. s. w. auszuwirken, worauf auch eine günstige Antwort erfolgte, aber kein Geld.

Am 7. Mai kam der Generalmajor Gschray mit dem Oberstleutnant Thürriegel und dem Major Baumgarten, um hier einen Werbeplatz zu haben. Sie wurden in der Töpferstraße einquartiert. — Am 9. Mai kam der Oberst Collignon zurück. — Als am 14. Mai das Gerücht kam, daß die Franzosen anrückten, stellte der Oberst mit seinen Leuten sich vor der Stadt auf und ließ die Thore schließen. Am Nachmittage zog er wieder ein. Solch blinder Lärm war auch an den folgenden drei Tagen. (Der Oberst ließ am 22. Mai die Einquartierungsbillette selbst schreiben durch den Schreiber des Amtmanns Vogel.) — Am 25. Mai starb ein Husar von Collignon, welcher einige Tage vorher, als er auf dem Eichsfelde gewaltsam werben wollte, von Bauern geschossen war. — — Am 26. Mai erhielten die nordhäusischen Geißeln, welche sich seit Anfang des Jahres auf Urlaub hier befunden hatten, von dem Commandanten von Magdeburg Oberstleutnant von Reichhelm Befehl, sich wieder daselbst zu stellen. — Der Rath wendete sich schriftlich an den Prinzen Heinrich von Preußen, den Generaladjutanten von Kalkreuth und den Obersten von Lölhöffel, um den Obersten Collignon und den General Gschray wieder los zu werden. — Am 28. Mai wurden wieder 400 Thaler für Fourage an den Obersten gezahlt. — Die drei Räthe beschlossen, den Geißeln zu Magdeburg 2½ Thaler täglich, den 2 Bürgermeistern aber noch besonders ½ Thaler für Aufwartung zu zahlen. (Das Schlagegeld für Rübsamernten wurde auf 8 Pfennige für den Scheffel erhöht.) — Am 30. Mai wurden den Geißeln 1306 Thaler 15 Groschen ausgezahlt für die Monate Junius und Julius. Der Rath sendete auch ein Schreiben nach Wien an den Kaiser, die Befreiung derselben zu bewirken. — Um Bezahlung für die Lieferung von Hafer, Brot und Branntwein zu erlangen, schrieb der Rath am 1. Juni an den englischen Kriegscommissarius Halton; doch die Zahlung unterblieb (zu des Majors Uckermann Vortheil, wie man meinte). — Am 2. Juni kehrten die Geißeln wirklich nach Magdeburg zurück. — Am 8. Juni kamen wieder 30 Mann von Collignon und der Adjutant verlangte (vergeblich) 40 Wagen zu Magazinfuhren aus der Stadt. — Als am 9. Juni der Oberstleutnant Thürriegel acht Bürger aus der Neustadt zu sich kommen ließ und von ihnen 62½ Thaler täglich für die Offiziere verlangte, ohne die Leistungen für die Gemeinen des Gschrayschen Corps und für Fourage, und als ihm das abgeschlagen wurde, wurden er und die Offiziere äußerst aufgebracht und heftig; doch der General Gschray ertheilte den deshalb an ihn gesendeten Deputirten des Rathes am 10. Juni eine gütige Antwort. — Am 11. Juni drohte Thürriegel, seine Leute in die Vorstadt zu legen und wenn sie davon den Franzosen aufgehoben würden, sollte der Rath dafür einstehn. Der Rath wies diesen Antrag am 13. Juni zurück. — Am 14. Juni musterte der Oberst Collignon sein Corps vor der Stadt. — Am 16. Juni wurde der Pastor primarius Ostermann mit einem Schreiben an den Prinzen Heinrich von Preußen nach Meißen geschickt, demselben Vorstellungen wegen jener Bedrückungen zu machen. — Am 17. Juni ließ Collignon seine Jäger in der Neustadt einquartieren. Derselbe erhielt am 19. Jun. vom Prinzen Heinrich Befehl, sich bei der Armee einzufinden. An demselben Tage ging das Gschraysche Corps von hier nach Stolberg; doch Collignon legte 7 Mann zur Execution bei dem Bürgermeister Riemann d. Ae. ein, um Pferde zu erpressen, und erhob für diese Execution 6 Thaler 16 Groschen. — Am 20. Juni war wieder Lärm, daß die Franzosen anrückten. Nachdem Collignon noch Geld für Fourage erhoben hatte, zog er am 21. Juni wirklich ab zur Armee. Er bezahlte nichts, obgleich er Bezahlung versprochen hatte, und blieb blos für Wein 288 Thaler schuldig. — (Am 23. Juni beschloß der Rath zur Bezahlung der Zinsen eine neue Anlage, und zwar die Hälfte der vorigen Anlagen von den Gewerben.) — Am 23. Juni recognoscirten hier 5 braunschweigische Jäger. — Am 24. Juni kehrte der Pastor primarius Ostermann mit der Antwort des Prinzen Heinrich zurück. — Am 25. Juni wurden von Gschray Pferde erpreßt. — Am 29. Juni wurden durch den Rittmeister Mangold und andre Offiziere von Gschray den Stadtsoldaten auf der Straße die Seitengewehre abgenommen, doch als deshalb ein Auflauf der Bürger entstand, wurden sie zurückgegeben. — Gschray meldete, daß keine Pferde mehr geliefert werden sollten. — Am 1. Juli kehrte dessen Corps von Stolberg hieher zurück. — Am 3. Juli forderte der Oberstleutnant Thürriegel Beköstigung und täglich 3 oder 4 Ordonnanzpferde; diese wurden abgeschlagen, aber 3 Maß Wein täglich bewilligt. — Am 6. Juli öffnete derselbe das Felleisen der Post nach Duderstadt, erbrach das Schreiben des Rathes an dessen Agenten v. Middelburg zu Wien und behielt die darin befindlichen 53 Thaler. Dergleichen Nachsuchen fand darauf noch mehrmals statt. — Am 8. Juli ließ der Oberstleutnant durch den Rittmeister Mangold dem Rathe ansagen, daß noch an demselben Tage alle Häuser der Stadt bezeichnet werden müßten, was darauf auch vom 11. bis 17. Juli geschah. — Am 9. Juli ging ein Schreiben von dem königl. preuß. Generalkriegsdirectorium an den Rath ein, daß man den Soldaten von Gschray kein Geld und keine Beköstigung mehr geben sollte. — Am 11. Juli wurden alle Thore geschlossen, am 13. wieder geöffnet. — Am 18. Juli verlangte Thürriegel, daß des Stadtsecretärs Riemann Haus in der Rautenstraße zum Lazareth eingeräumt werde; aber am 21. Juli wurde das Hospital S. Elisabeth dazu angewiesen. — Am 22. Juli kamen 100 und am 25. noch 100 Remontepferde für das Corps von Gschray hier an, und am 26. Juli ließ der General Gschray seine Soldaten öffentlich schwören. Er verlangte, daß in den Thoren Schränke angebracht und Laternen dahin gesetzt werden sollten; doch das geschah nicht. — Am 28. Juli beschwerte sich der Rath in einem Schreiben an den königl. preuß. Generaladjutanten v. Bilderbeck wegen der Drangsale. — Am 31. Juli forderte Gschray, daß beständig 4 bespannte Wagen und 4 Pferde bereit stehen sollten. Am 10. Aug. ging ein Schreiben des Generaladjutanten von Bilderbeck ein, daß der Major v. Seldow die erpreßten 1800 Thaler zurückgeben sollte; dennoch geschah dieses nicht. — Am

18. Aug. ließ der General Gschray auf Befehl des Prinzen Heinrich den Oberstleutnant Thürriegel arretiren und am 20. Aug. nach Magdeburg bringen.

Am 22. Aug. kamen 22 hessische Husaren hieher, angeblich abgekommen von der Armee und wieder zu ihrem Corps zu gelangen suchend; doch hielten Manche sie gleich für eine französische hier recognoscirende Patrouille. Nachdem sie des Abends wieder abgezogen waren, erschien am Morgen des folgenden Tages (am 23. Aug., 10. Sonnt. n. Trin.) um halb vier Uhr der französische General Grandmaison mit ungefähr 500 Mann Infanterie und Cavallerie und 3 Kanonen. Ein Theil der Infanterie drang durch einen Garten im Grimmel in die Stadt, nahm die Wache im Grimmelthore gefangen und öffnete das Thor, worauf die Cavallerie und die Kanonen nebst der übrigen Infanterie herein kamen. Nun hieben sie das Neuwegsthor mit Aexten auf und überfielen die Oberstadt oder vielmehr das hier stehende neugebildete Corps von Gschray. Sie nahmen diesen General, dessen Schwiegersohn den Major Baumgarten, den Major Wiese, die Rittmeister Mangold und Dupont und die Kapitäne Bretschneider und Bartels, der durch den Oberschenkel geschossen wurde, und andre Offiziere nebst vielen Gemeinen gefangen und führten sie hinweg. Sie erbeuteten das sämmtliche Gepäck, viele Montirungen, etwa 6000 Thlr. werth, die Regimentskasse mit 16000 Thalern und 400 Pferde. Mit dieser Beute zogen sie um 10 Uhr Vormittags ab über Worbis nach Heiligenstadt. Bei diesem Ueberfalle wurden 2 Soldaten des Gschray erschossen und ein Knecht des Amtmanns Vogel, welcher die Pferde nicht hergeben wollte, erstochen. Einige Offiziere und viele Gemeine von Gschray hatten sich versteckt. Diese kamen nach Abzug der Franzosen wieder zum Vorschein und fingen großen Unfug an, nahmen auch den Bürgern die Pferde und begaben sich damit nach Stolberg; doch wurden einige Marodeurs von den Bürgern ergriffen und gefangen gesetzt.

Am 24. Aug. kamen nun einige Offiziere und Mannschaften, darunter der Leutnant Knorr von Stolberg zurück und wollten die verhafteten Kameraden aus der Wache, welche die Bürger besetzt hatten, mit Gewalt befreien; doch als man mit der Marktglocke stürmte und die Bürger bewehrt zusammenliefen, eilten jene bald davon und zum Sundhäuser Thor hinaus. Auf dieser Flucht schoß der Leutnant Knorr im Rumbache eine Bürgersfrau durch den Oberschenkel. Bei diesem Vorfalle zeichnete sich der Chirurgus J. G. Ehrhardt am meisten aus, indem er zuerst die Bürger zum Widerstande aufforderte und an ihre Spitze trat. Er wurde deshalb später (am 25. Novbr.) vom Rathe zum Stadtleutnant ernannt an die Stelle des verabschiedeten v. Mauderode, welcher damals (als geborner Preuße) sich nicht hatte einmischen wollen. —

Am 27. Aug. wurden die noch zurückgebliebenen Montirungsstücke des zersprengten Corps des Gschray auf das Rathhaus gebracht und dem Major von Marschall ausgeliefert und am folgenden Tage wurden die 18 noch gefangenen Deserteurs und Marodeurs auf Ansuchen dieses Majors ebenfalls überantwortet und nach Stolberg geschafft, von wo der Rest des Corps am 29. Aug. nach Wernigerode abzog. —

Am 31. Aug. erstattete der Rath dem Prinzen Heinrich von Preußen, damals zu Schlettau, einen Bericht über jenen französischen Ueberfall. — Am 7. Sept. kam der französische Oberst Monette mit 300 Husaren, Chasseurs und Infanterie. Er verlangte vom Rathe die Schlüssel zu dem vom Amtmanne Vogel für die Alliirten hier errichteten Magazine. Diese hatte der Rath nicht und entschuldigte sich deshalb bei dem Marschall Herzog von Broglio. Am 8. Sept. zogen diese Franzosen wieder ab. Sie nahmen den Pastor Goldhagen in Kl. Werther mit, ließen ihn aber am folgenden Tage wieder los. —

Am 11. Sept. erhielt der Rath eine gnädige Antwort des Prinzen Heinrich von Preußen. — An demselben Tage kamen die französischen Generäle Vaubecourt und Grandmaison mit 2796 Mann und 1083 Pferden, Infanterie, Husaren und Dragonern mit 6 Kanonen hieher. Sie vernichteten das Magazin, welches der Amtmann Vogel angelegt hatte, und verdarben das Mehl durch hineingeschütteten Kalk. Dabei wurden viele Excesse verübt. Am folgenden Tage schrieben die Franzosen Lieferungen aus in die preußischen und hannoverschen Dörfer, woher viel Fourage hereingeschafft werden mußte. Am 13. Sept. forderten sie, daß die Bürger ihnen alle preußischen, hannöverschen und braunschweigischen Effecten ausliefern sollten; doch wurde das noch abgewendet. Der Bürgermeister Riemann erhielt Execution, weil er 40 Wagen anschaffen sollte zur Zerstörung des Magazins. Auch der Oberst Monette rückte mit seinem Corps wieder ein. — Am 14. und 15. April wurde das Vogelsche Magazin von den Franzosen vollends zu Grunde gerichtet, indem das Mehl auf den Straßen herumgestreut, auch in das Wasser gefahren wurde. Die Vorräthe dieses Magazins befanden sich größtentheils in der Spendekirche, doch viel davon auch in dem Broihanhause und in Bürgerhäusern. — Am 14. Sept. mußte die Stadt 20 Wagen stellen und 12000 Portionen Brot liefern, worauf am folgenden Tage die Franzosen bis auf das Corps des Monette abzogen. Sie nahmen den Major Uckermann mit, auch 6 Oxhoft Wein. Die rohen nordhäusischen Gesangbücher, welche auf dem Broihanhause lagen, hatten sie aus den Fenstern auf die Straße geworfen. Die Frau des Handwerksmeisters der Bäcker Andr. Chrn. Rosenthal*) starb vor Schrecken, da die Franzosen drohten, ihren Mann aufzuhängen. — Am 16. Sept. zog auch der Oberst Monette mit seinen Leuten und vielen mit Frucht beladenen Wagen nach Göttingen ab. Am Abend kamen 13 preußische Husaren und Dragoner, zogen aber bald wieder hinweg; dagegen „marodirten" einige solche Reiter vor dem Altenthore. — Am 17. Sept. berichtete der Rath dem Duc de Broglio den von den Franzosen verübten Unfug. — Am 18. Sept. gingen 20 Dragoner von Seldow mit einigen gefangenen Franzosen hier durch. — Am 29. Sept. bestellte ein angeblicher preußischer Leutnant Steinerts Quartier zum 2. Oct. für 4170 Mann Infanterie und Cavallerie unter dem General

*) meine mütterliche Großmutter Soph. Magd. geb. Lange † am 15. Sept. 1761, alt 42 Jahr. — Indessen war der Angriff der Franzosen auf meinen Großvater wohl nicht so ernstlich gemeint; sie wollten ihn als den Vorsteher der Bäckergilde nur schrecken, um bald eine reichliche Lieferung guten Brotes zu bewirken.

Werner, welche aber nicht ankamen. — Am 4. Oct. kam der preußische Leutnant mit einem Husaren und einem Wagen mit Recruten vor das Altenthor, erhielt aber den Einlaß nicht. — (Am 13. Oct. nahmen die Franzosen dem Amtmann Vogel zu Kinderode 48 Stück Rindvieh und 16 Pferde.) — Am 3. Nov. kamen 50 Mann französischer „Blechkappen" unter dem Rittmeister St. Martin und dem Leutnant Schlegelinsky hieher. — Am 6. Nov. ging der französische Major St. Augustin mit 100 Mann hier durch. — Am 19. Nov. verlangte der französische General Graf Chabot 400 Mann zu Schanzarbeiten nach Mühlhausen, doch wurde die Hälfte erlassen, worauf am 17. Nov. 70 und am 23. wieder 50 hiesige Einwohner dahin gingen. — Am 23. Nov. ging der Oberst Monette und der Major St. Augustin mit seinem Corps hier durch nach Gr. Werther. — Am 4. Dec. gingen wieder 51 Mann zum Schanzen nach Mühlhausen und am 12. Dec. wurden statt der hiesigen Bürger Schanzarbeiter gedungen und vom Rathe bezahlt. — Am 13. Dec. erhielt der Rath von dem General Chabot zu Mühlhausen die Aufforderung, 300 Betten, bestehend aus einem Oberbett, einem Unterbett, einem Pfühl und zwei Kissen, auch 2 Bettstellen zu liefern. Diese Lieferung zu betreiben, kamen am 14. Dec. 300 Franzosen unter dem Rittmeister St. Augustin, worauf 150 Betten nach Mühlhausen geschickt wurden. Zwei Senatoren wurden nach Cassel geschickt, um bei dem Duc de Broglio Gegenvorstellungen zu machen. — Am 15. Dec. wurde eine Lieferung von 400 Paar Schuhen, zu 2 Thalern das Paar, nach Mühlhausen gefordert. — Am 20. Dec. sendeten die zwei Abgeordneten zu Cassel ein Schreiben des Herzogs von Broglio an den General Chabot, daß derselbe keine Lieferung mehr von Nordhausen fordern sollte; doch die Schuhe mußten noch geliefert werden. — Am 25. Dec. wurde der regierende Bürgermeister Lerche in seinem Hause von den Franzosen übel behandelt und nach ihm gehauen.

Im Jahre 1762 am 3. Jan. meldete Chabot das Aufhören der Bettlieferung und der Stellung von Schanzgräbern. — Am 20. Jan. wurden der Syndicus und ein Senator an den General Grafen v. Chabot nach Mühlhausen geschickt, damit derselbe die Aufhebung des neulich erlassenen sächsischen Verbotes, Früchte aus Thüringen nach Nordhausen zu bringen, bewirken möchte; es war ohne Erfolg. — [Vogel, vorher Bürger und Bäcker, dann seit 1751 preußischer Amtmann und Pachter des preußischen Collecturhofes (Walkenrieder Hofes) in Nordhausen, hat am 20. Jan. zu Halberstadt bonis cedirt und ist (wahrscheinlich über Holland aus Europa) flüchtig geworden.] — Am 24. Januar verlangte der französische Commandeur St. Mante 40 vierspännige Wagen nach Gr. Wechsungen. Nachdem ein Senator und der Stadtleutnant deshalb zu Hesserode mit jenem vergeblich unterhandelt hatten, gingen Vorstellungen an die Generale Chabot und du Muge zu Mühlhausen, worauf es unterblieb. — Am 17. Febr. veranstalteten die Franzosen eine Fruchtsperre, so daß keine Früchte nach Nordhausen kamen. Dieselbe dauerte bis zum Junius und steigerte die Theuerung. — Am 1. März kamen 16 preußische und hannöversche Husaren und trieben hier viel Unfug, weshalb der Rath eine Beschwerde bei dem preußischen Flügeladjutanten v. Maltitz einreichte. — Am 8. März kamen 20 französische

Dragoner unter dem Adjutanten Schlegelinsky, welche die Fruchtwagen auf dem Kornmarkte wegnehmen wollten. —

Am 11. März wurde in Heringen ein vierspänniger mit Frucht beladener Wagen des Senators Rudolf von den Franzosen angehalten, welchen der Eigenthümer mit 1900 Thalern (in schlechtem Gelde) lösen mußte. — Am 17. und nochmals am 27. März wurde ein Senator nebst dem Stadtleutnant wegen der Fruchtsperre an den General Chabot nach Mühlhausen geschickt, ohne Erfolg. — Am 30. März reis'te der Stadtsecretär mit 3000 Gulden abschläglicher Reluitionsgelder nach Salfeld zu dem kaiserlichen General-Feldmarschall Grafen Serbelloni. — Am 1. April kam der General Graf Chabot selbst hieher und verlangte 150 Mann zum Schanzen und 50 Wagen nach Mühlhausen; doch wurde die Forderung herabgesetzt auf 50 Mann und 21 Wagen. — Derselbe ließ am 4. April zu Mühlhausen einen Senator und den Stadtleutnant verhaften wegen Stellung der Schanzarbeiter und Lieferung von Aexten. Sie kamen los am 8. April, nachdem am 6. April 100 Aexte geliefert waren. — Am 8. April erschienen hier 18 braunschweigische Husaren. — Am 20. April bat der Rath schriftlich den General Chabot um Pässe für die Reisenden zur Leipziger Messe und um Aufhebung der Fruchtsperre. Die letztere wurde abgeschlagen, aber Pässe in deutscher und französischer Sprache kamen an am 22. April — Am 26. April wurden 48 der nordhäusischen Schanzer in Mühlhausen entlassen; 102 sollten bleiben bis zum 15. Mai, doch wurden davon noch 50 am folgenden Tage entlassen. — Am 17. Mai ging eine starke französische Patrouille hier durch.

Am 18. Juni forderten die Franzosen 10 Wagen, nahmen aber, ehe diese zusammengebracht wurden, 7 Wagen der Bürger auf dem Felde und den Straßen weg und führten sie nach Mühlhausen, um darauf Pulver zur Armee nach Cassel zu schaffen. Erst am 1. Juli kamen dieselben zurück und nur 1 Pferd blieb aus. — Am 21. Juni kamen 300 braunschweigische sogenannte Türken unter dem Oberstleutnant Rauch. Sie erhielten 300 Rationen und Portionen, bei der Theuerung für mehr als 500 Thaler, und gingen den Nachmittag wieder ab nach Ellrich. — Am 23. Juni kam der Leutnant Müller mit einer Anzahl braunschweigischer Türken, welche auf dem Rathskeller Unfug trieben. — Am 28. Juni beschlossen die drei Räthe eine Anlage zum Unterhalt der Geißeln in Magdeburg und zur Zahlung von Zinsen für erborgte Summen. — Ein braunschweigischer Wachtmeister mit einigen Husaren, welche am 12. Aug. hieher kamen, trieben viel Unfug. — Am 19. Aug. erschien ein Wachtmeister mit 2 Dragonern von Glasenapp und wollten den verhafteten Schüler Guttermann befreien.

Am 14. Sept. brachte der preußische Leutnant Helbing, welcher mit 4 Unteroffizieren und 26 Husaren ankam, einen am 5. Sept zu Freiberg ausgefertigten Befehl des preußischen Kriegscommissariats, nach welchem von der Stadt Nordhausen geliefert werden sollten 50,000 Thaler Contribution, 50,000 Thaler für Fourage, 300 Wispel Rocken, 300 Gerste, 400 Hafer. Die Husaren wurden in den Gasthöfen einquartiert. Darauf beschlossen am 15. Septbr. die drei Räthe, zum Anfang der Zahlung dieser Contribution von den Bürgern doppelten Schoß zu erheben, und mit dieser Erhebung wurde schon am folgenden Tage der Anfang gemacht. Nun wurde am 17. Sept. der Pastorprimarius und ein Senator nach Schlettau gesendet, um den Prinzen Heinrich um Schonung zu bitten; sie gelangten aber nur bis Leipzig und kamen am 21. Sept. unverrichteter Sache zurück. Das Husarencommando erhielt täglich für die Execution 42 Thaler und Fourage. — Am 18. Sept. wurden auf Verlangen des Leutnants Helbing die drei Räthe versammelt, denen er anzeigte, er habe Befehl, Geißeln auszuheben, welche sie selbst bezeichnen möchten. Zuletzt ließ er einen Gildemeister, einen Branntweinfabrikanten und einen Nadler auf das Rathhaus kommen und erklärte sie für Geißeln. Diese haben sich später unter der Hand mit ihm abgefunden. Die drei Räthe mußten bis um 11 Uhr des Nachts auf dem Rathhause bleiben, und darauf das Versprechen geben, binnen 8 Tagen die Stadt nicht zu verlassen. —

Am 19. Sept. kam von Kelbra der preußische Hauptmann Studnitz und der Secretär Töpfer, die unter vielen Drohungen die schleunige Lieferung der Gelder und Früchte forderten. Am Abend wurden 5000 Thaler nach Leipzig geschickt. — Schreiben des Raths an den Herzog von Braunschweig und an das kurfürstliche Ministerium zu Hannover am 21. Sept. um Verwendung bei dem Könige von Preußen blieben erfolglos. — Am 24. Sept. wurde von den drei Räthen eine Vermögenssteuer beschlossen und eine Commission dazu ernannt. An demselben Tage war auch die schwarzburgische Ritterschaft hier versammelt, um wegen der auch von ihnen verlangten preußischen Contribution einen Beschluß zu fassen. — Am 29. Sept. antwortete der Herzog von Braunschweig mit der Versicherung, sich an den Prinzen Heinrich wenden zu wollen. An demselben Tage schoß ein braunschweigischer Türke Namens Huth von hier aus Versehen seinen Kameraden, welcher am Abend starb. Huth wurde nach Braunschweig gebracht. — Am 3. Oct. wurden wieder 5000 Thaler Contribution nach Leipzig gesendet. — Am 5. Oct. kam eine Antwort von dem Ministerium zu Hannover, und am folgenden Tage wurde der Stadtsecretär an dasselbe abgesendet, um Geld zu negotiiren; doch das wollte nicht gelingen. — Am 7. Oct. kam der preußische Secretär Töpfer wieder von Kelbra hieher und drohte, wenn nicht in 5 Tagen die Contribution geliefert wäre, sollten Geißeln weggeführt und die Stadt geplündert werden; in einigen Tagen werde deshalb der Major von Dohrn von Leipzig hieherkommen. — Am 8. Oct. beschlossen die drei Räthe, sofort 20000 Thaler zu erborgen. Dieses geschah, und am folgenden Tage wurden solche 20000 Thaler durch den Quatuorvir Förstemann*) und den Senator Reppel nach Leipzig gebracht, welche am 17. Oct. zurückkehrten. — Am 18. Oct. erschien wieder der Hauptmann v. Studnitz mit Patenten von dem Kriegsdirectorium zu Leipzig, wonach binnen 4 Wochen die Gelder und Früchte geliefert sein mußten, sonst werde mit der größten Strenge gegen die Stadt verfahren werden. — Am 20. Oct. kam ein englischer Kriegscommissar William Fraser, um mit einigen Bürgern Contracte über Fruchtlieferungen an die Alliirten abzuschließen; doch die Verhandlungen zerschlugen sich, da kein Geldvorschuß zu erlangen war. — Am 25. Oct. wurden vom Rathe schriftliche Vorstellungen gemacht bei dem preußischen Kriegsdirectorium zu Leipzig und zu Freiberg, auch bei dem Prinzen Heinrich und bei dem Könige von Preußen selbst, wieder ohne Erfolg. — Am 29. Oct. kam ein Schreiben des Kriegscommissariats an den Leutnant Helbing, welcher eben abwesend war; da man nun mit Grund vermuthete, daß in diesem Schreiben dem Leutnant befohlen werde, Geißeln auszuheben, so flüchteten am folgenden Morgen der Bürgermeister Riemann d. Ae. (der 10 Wochen wegblieb) und der Secretär Filter nach Braunschweig und der Bürgermeister Riemann d. J. nach Bovenden (und diese beiden blieben 5 bis 6 Wochen weg).

Am 1. Nov. suchte wirklich der Leutnant Helbing den Bürgermeister Riemann d. Ae. und den Secretär Filter in ihren Häusern, um sie nach nach Leipzig zu schicken. — Als Leutnant Helbing am 5. Nov. die Nachricht vom Einrücken der Oesterreicher in Weißensee erhielt, so ging er von hier nach Ustrungen, kam aber am 8. Nov. zurück. Ein Senator, der vom Rathe abgeschickt wurde, um mit dem Landrathe v. Dachröden zu Burg Orner wegen Lieferung der Früchte an Preußen zu unterhandeln, kehrte am 11. Nov. zurück, ohne etwas ausgerichtet zu haben. — Am 10. Nov. erhielt der Leutnant Helbing vom königlich preußischen Kriegsdirectorium zu Leipzig den Auftrag, Geißeln auszuheben. Derselbe bestimmte dazu am 12. Nov. den alten Bürgermeister Lerche, den Syndicus Seidler und den Schuhmacher Burchardi, welche auch am folgenden Tage nach Leipzig gebracht wurden. — Am 18. Nov. wurde der Senator Reppel nach Giebichenstein geschickt, um wegen der Fruchtlieferung zu unterhandeln; doch er richtete nichts aus. — Die Geißeln in Leipzig klagten über üble Behandlung und verlangten wiederholend und dringend Vollmacht, um unterhandeln und abschließen zu können; doch das hieher gesandte Formular fand der Rath nicht annehmlich und sendete am 27. eine Vollmacht, auf nicht mehr als 300 Wispel Getreide abzuschließen. An diesem Tage entstand um 8 Uhr Abends ein Auflauf, als die Husaren Helbings einige aus dem Honsteinischen gebürtige Knechte aus den Häusern ihrer Herrschaft holten. — Am 29. kam ein strenger Befehl des preußischen Obersten v. Lölhöffel zu Langensalza, die rückständigen 20000 Thaler Contribution schleunig zu zahlen. Es wurde ein Rathsherr an ihn abgesendet, um Vorstellungen zu machen, und der Bürgermeister Wilde ging nach Hannover, um bei dem Ministerium daselbst Hülfe zu suchen; er kam aber am 6. Dec. zurück, ohne etwas erlangt zu haben. Der nach Langensalza gesendete Rathsherr brachte am 1. Dec. von dem Obersten dem Leutnant Helbing Befehl, die Stadt zu verlassen. Das that dieser am folgenden Mittage, nachdem er auf sein Verlangen vom Rathe ein „Douceur" von 40 Ducaten und ein Zeugniß erhalten hatte. — Am 8. Dec. kam der preußische Major von Froreich von Langensalza, und kündigte dem Rathe eine neue Contribution von 50000 Thalern für das folgende Jahr an. — An demselben Tage bestellte 80 Mann hessischer Kavallerie Quartier für ein Regiment. Deshalb wurde am 9. Dec. ein Advocat an den Prinzen Ferdinand von Braunschweig nach Neuhaus im Paderbornischen gesendet, diese Einquartierung abzuwenden. — Am 10. Dec. rückten 800 Mann hessischer Kavallerie des Regiments

Prinz Friedrich unter dem Obersten v. Buttlar hier ein, um hier Winterquartier zu erhalten; doch als sie am 14. Dec. vom Prinzen Ferdinand den Befehl erhielten, wieder abzuziehn, gingen sie am 15. Dec. nach dem Eichsfelde. — Am 17. Dec. kamen die Geißeln von Leipzig zurück, und am 14. Dec. wurde nochmals ein Rathsherr an den Obersten von Lölhöffel gesendet. — Am 17. Dec. kam ein Unterofficier mit 7 Mann preußischer Cürassiere vom Regimente Seidlitz als Sauvegarde; sie blieben aber nur bis zum 21. Dec. hier. — Am 18. Dec. kam der Abgeordnete vom Herzog Ferdinand zurück mit einem Schreiben, daß keine Truppen der Alliirten hier eingelegt werden sollten. — Am 30. Dec. fragte der Oberst von Lölhöffel in einem Schreiben, wie viel im Dec. von der Contribution gezahlt sei, und fügte viele Drohungen bei. Der Rath antwortete ihm am 24. Dec. An diesem Tage kam ein Circular vom Obersten: am 15. Jan. sollte die eine und am 30. die andre Hälfte des Rückstandes bei Vermeidung der strengsten Execution abgetragen sein. Derselbe sendete auch am 25. Dec. ein neues Drohschreiben, worauf am folgenden Tage der Stadtleutnant mit Vorstellungen nach Langensalza ging. — Am 27. Dec. kam der preußische Leutnant Sievers mit 4 Dragonern als Schutzwache (Sauvegarde). — Am 31. Dec. erhielt der Rath ein Drohschreiben vom Obersten v. Lölhöffel: wenn nicht die Früchte nach dem Accord mit dem Dechanten Stücke zu Magdeburg alsbald geliefert würden, sollte ein Freiregiment Husaren in die Stadt gelegt werden. Darauf wurden zwei Rathsherrn an den Obersten gesandt mit dem Versprechen, für die gelobten 900 Malter Früchte 25000 Thaler an den Dechanten in einzelnen Terminen zu bezahlen, womit der Oberst ziemlich zufrieden war.

Nachdem am 5. Januar 1763 ein Schreiben des Rathes wegen der Getreidelieferung nach Langensalza geschickt, und am 11. Jan. von den drei Räthen eine Vermögenssteuer von 1 vom 100 beschlossen war, kam am 13. vom Obersten v. Lölhöffel die Anzeige, daß in einigen Tagen ein Husaren-Freiregiment zur Vollziehung der Execution einrücken würde, worauf noch an demselben Abende die drei Räthe berathschlagten, und am 14. Jan. den Stadtleutnant mit dem Vorschlage an den Obersten sendeten, für alles noch 25000 Thaler zu zahlen. Dieser Vorschlag wurde gut aufgenommen, und am 18. Jan. wurden dem Obersten abschläglich 5000 Thaler überbracht; auch erhielt der Major Froreich ein „Douceur" von 50 Pistoletten und 50 Ducaten. — An demselben Tage kam ein preußischer Cornet zur Sauvegarde an, und am 21. Jan. gingen 220 Recruten des Regiments von Kleist hier durch und über Gr. Werther nach dem Eichsfelde. — Am 28. Jan. schrieb der Oberst v. Lölhöffel, er würde eine Escadron zur Execution schicken, und wenn die Deputirten nicht bald ankämen, so sollten zwei Regimenter Freihusaren von Kleist und eins Bosniaken nachkommen. Darauf gingen zwei Rathsherren nach Langensalza, um wegen der 25000 Thaler abzuschließen. Doch schon am 29. Jan. kam ein neues Drohschreiben des Obersten: ein Rittmeister mit einer Escadron habe den Befehl erhalten, nach Nordhausen zu marschiren; noch 2 Regimenter Freihusaren und 1 Escadron Bosniaken sollten dann die Stadt ausplündern und das genommene Gut nach Leipzig schaffen. Schleunig wurde ein Senator als Courier den beiden andern Rathsherren nachgesendet, mit der Versicherung, daß das Geld herbeigeschafft werden sollte; aber noch an demselben Tage zog der Cornet Wittig mit 3 Corporalen und 40 Cürassieren zur Execution ein, von denen täglich der Officier 4 Thaler, jeder Corporal 1 Thaler und jeder Gemeine 16 Groschen (in 3 Tagen 34 Thaler 8 Groschen) erhielt. — Am 30. Jan. rief der Oberst die Execution wieder ab. Die drei Räthe beschlossen darauf, die Deputirten zu ermächtigen, noch 5000 Thaler mehr zu bieten, und dieses wurde durch den Senator Rohr nach Langensalza gemeldet. — Am 1. Febr. kehrten die ersten Deputirten zurück und meldeten, daß sie auf 40000 Thaler abgeschlossen hätten; doch der Senator Rohr habe dort bleiben müssen. Es wurden nun die nöthigen Summen erborgt und am 2. Febr. 10000 Thaler, am 4. Febr. 15000 Thaler nach Langensalza geschickt. — Am 4. Febr. erschien der Cornet Münchow wieder und drohte an diesem und am folgenden Tage mit Plünderung, wenn nicht täglich 10000 Thaler abgeliefert würden. — Am 6. Febr. wurden noch 5000 Thaler gesendet. — Am 9. Febr. kamen die Deputirten zurück mit einer Generalquittung über 30000 Thaler und einer schriftlichen Sauvegarde des Obersten. Die letzten 5000 Thaler wurden „als Douceur" angenommen.

Eine Berechnung der Contributionen an baarem Gelde, welche Nordhausen während des siebenjährigen Krieges gezahlt hat, führt auf: 1758 dem preußischen Major v. Biedersee 14000 Thaler, dem Rittmeister Barbot 5000 Thaler, 1760 dem Leutnant v. Knigge 40000 Thaler, dem Rittmeister Kovats 15000 und 2700 Thaler, zwei Kavallerieregimentern 5115 Thaler, an Conradin und Kovats 2840 Thaler, 1761 dem Obersten von Lölhöffel 50000 Thaler, Major von Schulenburg 5000 Thaler, den Würtembergern 7253 Thaler, 1762 dem preußischen Kriegscommissariat 30000 Thaler, dem Obersten von Lölhöffel 30000 Thaler, zusammen 206,908 Thaler. Von dem durch Kovats genommenen Geschütz wurde die große Feldschlange allein auf 3500 Thaler geschätzt. Dazu kommt, was der Hannoveraner Clüver, die Preußen v. Selchow, Collignon und Gschray erhalten und genommen, und was die Naturallieferungen, Douceurs u. s. w. gekostet haben, auch die Reluitionsgelder (14085 fl. 58 Kr. Gold) statt des Reichscontingents, die Zahlungen in die Reichsoperationskasse (4725 fl. Gold an Römermonaten), der Aufwand für die Franzosen u. s. w. *), so daß man eine runde Summe von 400,000 Thalern annahm, welche dieser Krieg der guten Stadt kostete. Dennoch war derselbe für Nordhausen nicht so verderblich, als der dreißigjährige Krieg es gewesen war. Der Gewerbfleiß hob sich, und nicht wenige Gewerbtreibende bereicherten sich in dieser Zeit (wie später im letzten Jahrzehnt des 18. Jahrhunderts, auch 1806), namentlich die Branntweinbrenner — auch ein Wasserbrenner —, die Getreidehändler und Lieferanten. **) Gut war es auch, daß damals eine, später

*) Die Verwüstungen in den zum Lazareth und Magazin benutzten Kirchen (der Martini- und der Spendekirche) beschleunigten deren Untergang.

**) vor allen der „Baron" von Uckermann, dessen Wittwe sich noch lange eines großen Besitzthums erfreute. Er selbst soll für dessen Erwerb mit dem Leben gebüßt haben (1781); doch ich mag Gerüchte nicht wiederholen, die vielleicht nur von seinen Feinden und Neidern ausgesprengt wurden. —

mehrmals erstrebte, Centralisation der vielen verschiedenen Anstalten und Stiftungen nicht bestand, und daß das Vermögen derselben, größtentheils in Grundstücken und Grundrechten und in einer Menge meistens sehr kleiner Kapitalien bestehend, nicht leicht flüssig gemacht werden konnte. Wäre damals eine allgemeine Stadtkasse mit leicht zu realisirenden Effecten vorhanden gewesen, so würde dieselbe wol bald ganz erschöpft worden sein, und die Stadt möchte die Folgen des Krieges nicht so leicht überwunden haben. Der Hubertsburger Friede machte den Kriegsdrangsalen ein Ende am 15. Febr. 1763.

Als am 13. März die Nachricht von dem abgeschlossenen Frieden von Regensburg hier ankam, bezeugten die Bürger ihre Freude durch Schießen auf den Straßen, und da schon an demselben Tage das Friedensfest in der preußischen Grafschaft Honstein gefeiert und auch da geschossen wurde, verletzte sich dabei ein Einwohner von Salza an der Hand, so daß er daran sterben mußte. In Sachsen wurde das Friedensfest am 20. März begangen. — Am 22. März kam von einem kaiserlichen General von Nürnberg aus die Aufforderung, die rückständigen Reluitionsgelder und Römermonate zu bezahlen. — Am 31. März wurden die von Magdeburg zurückkehrenden Geißeln, der Bürgermeister Rennecke und Lange, der Quatuorvir Feist, die Senatoren Arens und Rosenthal, ehrenvoll eingeholt. — Am 3. April ging von Wien ein Schreiben ein wegen der Reluitionsgelder und am 6. ein solches von Hamburg (von dem kaiserlichen Gesandten bei dem niedersächsischen Kreise). — Am 2. Ostertage (4. April) wurde der Rathsbeschluß über die Feier des auf den 10. April angesetzten Friedensfestes von den Kanzeln verkündigt. — Am 6. April sendete der Rath eine Supplik um Zurückgabe der Feldschlange, der Kanonen und Gewehre an den König von Preußen, worauf aber keine Antwort erfolgte. — Das am 10. April 1763 hier gefeierte Friedensfest war sehr glänzend und wurde unter allgemeiner Theilnahme (auch der Nachbarschaft) begangen. In einer besondern Schrift berichtet darüber der verdiente Conrector Hake: Vollständige Nachricht von den Feierlichkeiten, welche in der kaiserl. freien Reichsstadt Nordhausen wegen des Hubertsburg. Friedens angestellt worden sind (6 Bogen in 4, mit 3 Kupfertafeln). Hier stehe nur Folgendes.

Nachdem am Sonnabend (9. Apr.) um 2 Uhr mit allen Glocken zur Vesper geläutet und in den Kirchen zwei Danklieder gesungen und der 103. Psalm verlesen war, wurde der erste Tag des Festes (Sonntag nach Ostern) kirchlich gefeiert. Am frühen Morgen wurde die Feier eingeleitet durch Musik von den Thürmen S. Blasii, S. Petri und am Frauenberge, von den beiden ersten auch durch frommen Gesang. Darauf versammelten sich die Andächtigen in den geschmückten Kirchen zum Gottesdienste, die Knaben und Mädchen von den Wohnungen ihrer Prediger im Zuge dahin geführt in Festkleidern und mit seidnen Friedensbändern, die mit bildlichen Darstellungen und Versen verziert waren. Zwischen dem feierlichen Vormittags- und Nachmittags-Gottesdienst wurde von den beiden Hauptthürmen das Te Deum gesungen. Am zweiten Tage hielten die Knaben und Mädchen der verschiednen Gemeinden Aufzüge mit Musik und ergötzten sich mit Spielen. Aber auch die Kompagnien der bewaffneten Bürger zu Pferde und zu Fuß versammelten sich vor den Häusern ihrer Anführer, begaben sich alsdann vor die Stadt und hier vereinigt hielten sie unter Führung des Stadtleutnants und eines Adjutanten mit Fahnen, Trommeln und Musik um 1 Uhr Nachmittags einen festlichen Einzug. Es waren zwei Kompagnien zu Pferde, jede mit einem Rittmeister, einem Leutnant und einem Cornet, und sechs Kompagnien zu Fuß, jede mit einem Hauptmann, einem Leutnant und einem Fähndrich. Ein glücklicher Einfall der Knabenschaaren war es, Spalier zu bilden und die hindurchziehenden Väter und Angehörigen mit Fahnenschwenken (denn auch sie führten schöne seidne Fahnen) militärisch zu begrüßen. Auf den Straßen wurde viel geschossen, auch aus den Häusern der Bürger, die zum Theil mit Tannen und sonst aufgeputzt waren, und die endlich vor dem Rathhause sich aufstellenden Bürgerkompagnien gaben hier drei volle Salven 1) dem Kaiser, 2) Deutschlands Fürsten, 3) dem Rathe der Stadt. Ein Unglück kam bei diesem Schießen nicht vor, auch keine Unordnung und keine Ausschweifung in dem Gedränge: man sah überall nur Lust und Leben, doch das verloren gegangene Geschütz der Stadt wurde schmerzlich vermißt. Des Abends fand eine Illumination auf dem Königshofe statt, die so glänzend war, als sie Nordhausen noch nicht gesehn hatte. Einige angesehene und wohlhabende Bürger hatten sie besorgt, und der geschickte Maler Meil mit Hinzuziehung eines nordhäusischen Gelehrten hatte den Entwurf gemacht, der unter dessen (und des Conrectors Hake) Leitung glücklich ausgeführt wurde. Um und über der Wasserkunst auf dem Königshofe war aus Balken und Brettern ein auf 16 ionischen Säulen ruhender Tempel der Künste erbaut. Zwischen je zwei Säulen auf jeder Seite war eine offene Nische: in der mittelsten derselben stand der springende Pegasus auf der Spitze eines Berges (Helikon), aus welchem das Wasser der Kunst sich ergoß (Hippokrene); die andern waren bestimmt die Repräsentanten der sieben freien Künste aufzunehmen. Mitten auf dem Tempel erhob sich 56 Fuß hoch eine korinthische Säule, auf dem Kapitale die kaiserliche Krone tragend. Unten auf einer Gallerie rings um diese Säule, auf dem Dache des Tempels, standen die Musici, welche mit Pauken- und Trompetenschall die sieben freien Künste bei ihrer Ankunft empfingen. Die Balustrade darunter war geschmückt mit dem kaiserlichen Reichswappen und den Wappen der 9 Kurfürsten, welche eine Blumenguirlande verband, woran die Buchstaben der Inschrift sich einzeln zeigten: COEVNT IN FOEDERA. Die Gallerie darunter zeigte 16 erleuchtete Gemälde (Transparents): 1) Die Vorsehung (mit Strahlen um das Haupt, den Scepter nach der unten schwebenden Erdkugel streckend), Umschrift: Ex hoc uno fonte salus. 2) Die wiederhergestellte Ehre der Religion (ein Opfernder): Reverentia sacris restituta. 3) Der Janustempel wird von Irene geschlossen: Clausae Jani portae. 4) Nordhausens Freiheit (die Freiheitsgöttin mit dem Hute auf einem Stabe und mit dem Stadtwappen, auch Fasces): Libertas incolumis. 5) Die Gerechtigkeit (Asträa): Jam redit virgo. 6) Die goldne Zeit (Saturnus mit Plutus): Redeunt Saturnia regna. 7) Ruhe und Sicherheit (eine Frau im offenen Stadtthore auf einem Anker gestützt sitzend): Apertis otia portis. 8) Der Künste Glück (Mnemosyne der Musen Mutter mit den Attributen der Künste): Artes renatae. 9) Des Alters Freude (ein Greis am Stabe die Rechte nach der aufgehenden Sonne und dem Oelzweige streckend): Voti damnata senectus. 10) Der Jugend Freude (drei tanzende Genien Oelzweige erhebend, die das Wort pax bilden). 11) Der Handel (Mercurius gelehnt auf Kaufmannsgut): Instaurat commercia terris. 12) Fromme Dankbarkeit (eine Frau Weihrauch opfernd): pro salute reipublicae. 13) Der Bürger Eintracht (viel vereinigte Herzen auf einem Altare, vorn zwei in einandergeschlungene Füllhörner): Concordia civium. 14) Die alte Redlichkeit (ein Bürger und ein Bauer sich die Hand reichend): En dextra fidesque. 15) Nordhausens Treue gegen das Reich (eine Frau die Rechte auf die Brust legend, mit der Linken eine Säule mit dem Reichsadler *) umfassend, eine Larve unter die Füße tretend): Stabit ad finem longa tenaxque fides. 16) Hoffnung auf gesegnete Zeit (eine Frau mit Kornähren und Mohnköpfen in der Hand neben einer Säule, auf der ein Bienenstock steht): Spes meliorum temporum. — Der Tempel, die Säulen und die Nischen waren mit fast 2000 gläsernen Lampen erleuchtet, die weithin strahlten (indem man vom Holungsbühel aus die hohe Säule über die Häuser emporragen sah). Auch viele Bürgerhäuser waren erleuchtet und mit Transparenten und Inschriften versehn. — Nachdem die Lampen des Tempels angezündet waren, kamen aus dem Gymnasium sieben der größern Schüler in antiken Costümen, welche die sieben freien Künste darstellten, mit ihren Attributen herangezogen empfangen mit Musik und von Irene (der Friedensgöttin, auch einem Gymnasiasten in geeignetem Costüme). Diese lud in einem von dem Cantor Einicke componirten Gesange des Conrectors Hake die (Friedens-) Künste ein, von ihrem verlassenen Tempel wieder Besitz zu nehmen, worauf Apollo, Minerva und Herkules Musagetes, drei Gymnasiasten in antikem Costüme, die in und vor der Hauptnische bei der Hippokrene standen, im Gesange antworteten. Die Repräsentanten der sieben Künste stellten sich in ihren Nischen auf. So war der Kunst- und Friedenstempel vollständig. Noch vor wenig Jahren sprachen Greise mit Rührung und Entzücken von dem schönen Schauspiele. — — Der dritte Tag des Friedensfestes brachte einen feierlichen Actus des Gymnasiums, wozu der Rector Fabricius durch ein lateinisches Programm einlud, und an welchem 5 Primaner, 2 lateinisch, 2 deutsch und einer französisch redend auftraten. Da die Illumination des Tempels auf dem Königshofe bei Einheimischen und Fremden so allgemeinen Beifall gefunden hatte, wurde dieselbe an diesem dritten Abende wiederholt und dabei noch die Verbesserung angebracht, daß die Wache, welche Unordnungen zuvorzukommen, um den Tempel aufgestellt war, nach alter Weise geharnischt und mit Spießen versehn erschien. Auch soll ein Schüler, wie ein Theilnehmer an dem Feste mir erzählt hat, ganz oben auf der Säule stehend gesungen haben (Irene?). — — Die frohen Schwingungen dauerten noch über diese drei Tage hinaus. Nachbarn, Freunde und Standesgenossen vereinigten sich mehrmals zu geselligen Vergnügungen, und am 14. und 15. April fand ein großes Festessen und ein

*) Mit dieser Säule sind durch goldne Ketten 9 kleinere Säulen mit den Wappen der Kurfürsten verbunden

Maskenball statt. — Es war das schönste Friedensfest, das Nordhausen gefeiert hat, und die spätern erscheinen dagegen matt und farblos.

Am 22. Apr. 1763 meldete der preußische Generalmajor v. Rohr aus Erfurt, daß 3500 preußische Kriegsgefangene ihren Weg über Nordhausen nehmen würden, als ihm aber dafür 100 Thaler Gold gezahlt wurden, nahmen sie den Weg durch das Mansfeldische. — Am 4. Juni wurde beschlossen, daß auch jetzt noch wegen des schlechten Geldes alle Abgaben doppelt gezahlt werden sollten, zunächst das Kunstgeld. — Am 12. Sept. kam der kaiserliche Befehl, daß der Rath die angebotenen 4000 Gulden Reluitionsgelder in zwei Terminen zahle, was auch geschah.

Am 14. Mai 1765 kam ein Schreiben des Königs von Preußen und des Herzogs von Braunschweig als der kreisausschreibenden Fürsten von Niedersachsen wegen Durchmarsches kaiserlicher Recruten aus Niedersachsen, und am 12. Apr. ein Schreiben wegen der Römermonate zur Reparatur der Festung Philippsburg, worauf am 2. Juli 120 Gulden gezahlt wurden. — — Nachdem am 27. Oct. 1765 ein Schreiben von Wien wegen der Huldigung angekommen war, wurden am 15. Nov. 6000 Gulden Reluitionsgelder dafür geboten, doch am 22. Dec. kam die Antwort, man wolle kein Geld, sondern Recruten dafür haben; indessen wurden durch ein Schreiben vom 12. Febr. 1766 die 6000 Gulden angenommen.

Lutterot sendete 1767 durch den Postmeister zu Braunschweig 598 Thaler 1 Groschen als eine Forderung der Stadt an das englische Kriegscommissariat aus dem siebenjährigen Kriege.

Auf eine Beschwerde des Rathes gegen den hier auf Werbung stehenden preußischen Major von Grüneberg erhielt derselbe am 25. März 1770 einen Verweis von Berlin. — (Eine wohl nicht sehr sorgfältige Volkszählung ergab 1771 in der Oberstadt 4131 Personen, in der Vorstadt 3676, zusammen also nur 7807.)

Am 23. Juli 1778 kamen 50 und einige preußische Husaren vom Czetteritzschen und Bellingschen Regimente, um zu recognosciren, gingen aber schon nach einer Stunde ab nach Sundhausen und weiter. — Am 12. Oct. wurde ein Patent des Rathes angeschlagen, daß niemand über den jetzigen Krieg räsonniren sollte. — Am 28. Jan. 1779 beschlossen die drei Räthe, die schriftliche Anforderung des preußischen Leutnant von Rheinbaben vom Regimente Möllendorf um Stellung von Recruten höflich abzuschlagen. — Am 27. Juni wurde ein Dankfest wegen des am 13. Mai zu Teschen geschlossenen Friedens gefeiert. (Damals hatte die Stadt noch 58,146 Thaler Kriegsschulden.) —

Auf die Supplik des Raths vom 5. März 1787 an den König Friedrich Wilhelm II. von Preußen um Zurückgabe der 1760 genommenen Feldschlange und der 8 metallnen Kanonen forderte der König in einem Schreiben vom 31. März Auskunft, wo die 9 Kanonen sich befänden, da er keine Kenntniß von der Sache habe. — Darauf sicherte der Minister von Schulenburg, der am 9. Oct. hicherkam und am 10. abreiste, dem Rathe seine Fürsprache in dieser Sache zu. Am 18. Oct. meldete der Rath diesem Minister die Umstände der Abführung dieser Kanonen und beschrieb dieselben. — Nochmals wurde am 11. Oct. 1790 von dem Rathe deshalb bei dem Könige supplicirt; aber am 27. Oct. erfolgte eine abschlägliche Antwort, da alle jene Kanonen eingeschmolzen wären. — Am 25. Oct. 1792 beschloß der Rath, sich dem Reichskriege gegen Frankreich nicht zu entziehen, aber am 14. Nov., französische Emigranten nicht aufzunehmen und solche höchstens nur eine Nacht zu beherbergen. (Doch fanden einige dieser Emigranten Aufnahme und Schutz im Dome: einer derselben nährte sich als Sprachlehrer, zwei, obgleich den höhern Ständen angehörig, mit Handschuhmachen). — Am 26. Nov. 1792 schrieb der kaiserliche Gesandte bei dem niedersächsischen Kreise Freiherr v. Binder zu Hamburg, daß der Rath das Triplum des Reichscontingents in marschfertigen Stand setzen sollte, und am 27. Dec. kam die Aufforderung von den zwei kreisausschreibenden Fürsten dieses Kreises, den Unionsrezeß von 1673 zwischen Ober- und Niedersachsen zu erneuern (zu gegenseitigem Beistande, außer dem Contingente zur Reichsarmee); doch Nordhausen und Mühlhausen trugen Bedenken beizutreten und thaten es nicht, da sie außer dem Triplum zur Reichsarmee noch ein Triplum zu gegenseitigem Beistande bereit halten sollten.

Nachdem man am 5. Jan. 1793 beschlossen hatte, in Hannover anzufragen, ob der Kurfürst (König Georg III. von England) das Contingent für Nordhausen stellen wolle, meldete am 16. Jan. der kaiserliche Gesandte zu Hamburg, daß sich Hessen-Kassel erboten habe, für kleinere Reichsstände die Contingente (für Bezahlung) zu stellen, auch für Nordhausen, wenn das dazu nicht im Stande sei. — Am 20. Jan. zeigte das Ministerium zu Hannover an, daß es erbötig sei zur Uebernahme, aber deshalb erst bei dem königlichen Ministerium in London angefragt habe, und am 18. Febr., daß der König eingewilligt habe, daß Hannover gegen billige Entschädigung die Stellung der Contingente für Nordhausen und Mühlhausen übernehme; aber am 28. Mai schrieb der kaiserliche Gesandte zu Hamburg, Nordhausen müsse unverzüglich seine Contingente stellen, da Hannover noch nicht einmal sein eigenes gestellt habe. — (Am 6. Febr. hatte die öffentliche Anheftung der von den niedersächsischen Kreisdirectoren erlassenen Avocatoria und Inhibitoria statt gefunden.) — Am 17. Juni schrieb der kaiserliche Gesandte zu Hamburg, der Reichsfeldmarschall Prinz von Coburg bestehe darauf, daß Nordhausen das triplum, 75 Mann, stelle. Nachdem der Rath dagegen erinnert hatte, daß diese Stadt beitändig, auch im siebenjährigen Kriege, das Contingent nach der Matrikel gestellt habe, 45 Mann mit einem Officier, und daß man dafür Geld zahlen wolle, kam die Antwort am 21. Juni, der Prinz von Coburg nehme unter Vorbehalt kaiserlicher Genehmigung 40 Mann nach der Reichsmatrikel an und zwar 100 Gulden für 1 Mann, also 4000 Gulden für 1 Jahr. — Am 29. Juli wurde die Hälfte dieser Reluitionssumme mit 2000 Gulden nach Frankfurt gesendet, und am 25. Aug. schrieb der Prinz von Coburg, daß 4000 Gulden jährlich statt 45 Mann angenommen werden sollten. — Am 25. Nov. verlangte der kaiserliche Gesandte v. Binder Beweise, daß Nordhausen nur 45 Mann zu stellen habe, und am 28. Nov. meldete er, daß die Stadt auch zur Artillerie, welche der niedersächsische Kreis zu stellen habe, beitragen müsse.

Am 7. Jan. 1794 wurde vom Rathe eine Collecte bei den Bürgern beschlossen zu einer freiwilligen Beisteuer für die deutsche Armee am Rheine, an Geld, Branntwein, Speck u. s. w., und es wurden am 19. Jan. und an den folgenden Tagen gesammelt 755 Thaler 10 Groschen, 32 Faß Branntwein, 340 Pfund Speck und Würste, und von dem Gelde wurden noch 930 Pfund Speck hinzugekauft. — Am 6. April verlangte der kaiserliche Gesandte, daß das Contingent in natura gestellt werde, und als man am 10. April anfragte, ob ein andrer Reichsstand diese Stellung übernehmen könne, kam am 14. April die Antwort: Ja, doch mit Wissen der kreisausschreibenden Fürsten. Nun wurde am 27. Mai vom Rathe (zunächst unter dem Einflusse des Quatuorvirs Filter, welcher Kriegsmeister der Stadt war) beschlossen, das Contingent selbst zu stellen, und nachdem am 15. Juni der Reichsfeldmarschall Herzog Albrecht von Sachsen-Teschen gefordert hatte, daß das Contingent von 75 Mann nach Heidelberg marschire, wurde sofort am 17. Juni eine Werbung vom Rathe veranstaltet, unter der Bedingung eines Handgeldes von 5 Thalern und einer Belohnung mit dem freien Bürgerrechte oder 10 Thalern nach gutem Betragen bei der Rückkehr. Am 12. Oct. kam ein Schreiben des genannten Reichsfeldmarschalls des Inhalts: da niemand in Niedersachsen (keine Reichsstadt) das Contingent in natura stelle und das von Nordhausen allein zu klein sei, sollte man für 1 Mann 200 Gulden zahlen, oder die Stadt sollte eine Anzahl französischer Kriegsgefangener aufnehmen und dieselben durch die Stadtsoldaten bewachen lassen; doch der Rath antwortete am 24. Oct.: Reluitionsgelder könne man nicht zahlen, da man die Stellung der Mannschaft schon mit großen Kosten angefangen habe; auch könne man Kriegsgefangene nicht aufnehmen, da Nordhausen keine Festungswerke habe. —

Da der Stadthauptmann Ehrhardt am 17. Dec. am Schlagfluß gestorben war, wurde am 7. Jan. 1795 der Hauptmann Gottl. von Meyeren, welcher in hannöverschen Diensten gestanden hatte, vom Rathe an dessen Stelle ernannt. Derselbe leistete am 21. Januar seinen Diensteid, worauf am 3. Februar auch die Kompagnie von 100 Mann öffentlich auf die neue Fahne schwor und gedruckte Kriegsartikel erhielt. Die Soldaten communicirten am 11. Febr., und am 16. Febr. zog das Contingent 74 Mann stark (das triplum) unter dem Hauptmann v. Meyeren ab zur Rheinarmee. Da aber das fünffache Contingent verlangt wurde, so mußte doch noch für das duplum, 50 Mann, jährlich, zu 120 Gulden für 1 Mann, 6000 Gulden gezahlt werden. Eine Collecte zu freiwilligen Gaben für das Contingent brachte 295 Thaler 7 Groschen. — Die nordhäusischen Soldaten standen anfangs bei der österreichischen Besatzung in Mainz*), darauf in der Bergfestung Königstein bei Frankfurt a. M. (s. unten 1796). Die Uniform war die schon vorher gewöhnliche von gutem Tuche (weiß mit rothen Aufschlägen, weiße Beinkleider,

*) Von hier desertirten im Laufe des Sommers 6 oder 7 dieser Krieger und kamen nach Hause; hier erhielt aber jeder 20 Stockschläge und wurde ohne Begleitung wieder zur Armee geschickt.

Gamaschen, schwarzer dreieckiger Filzhut). Nordhausen war die einzige Reichsstadt des niedersächsischen Kreises, welche Mannschaft zum Kriege gegen Frankreich gestellt hatte.

Am 25. März 1795 ging die Feldequipage des Königs von Preußen, welche im Winter in Anspach gelegen hatte, hier vorbei über Ellrich nach Magdeburg. — Am 18. Juli kamen 441 preußische Soldaten mit 6 Offizieren, theils aus dem Lazareth zu Hanau, theils gewesene Kriegsgefangene, hier an und gingen am folgenden Tage wieder ab über Sachswerfen und Alfeld. Ihre Verpflegung kostete der Stadt 1007 Thaler 12 Gr. 8 Pf. Darauf waren hier 28/29. Aug. 105 preußische Reconvalescenten aus Hanau mit 1 Offizier, welche 253 Thaler 1 Gr., und am 4/5. Oct. 200 schwer Verwundete und Kranke von dort, welche 64 Thlr. 8 Gr. kosteten. — — Am 1. Nov. kam ein Bagagewagen und am 13. Dec. der zweite des hiesigen Contingents zurück mit der Fahne, Zelten, Kesseln u. a., welcher noch vor der Belagerung von Mainz nach Heilbronn geschickt worden war.

Am 18. April 1796 verlangten die kreisausschreibenden Fürsten des niedersächsischen Kreises, daß 100 Römermonate zum Reichskriege gezahlt werden sollten, und am 19. Mai schrieben dieselben: der König von Preußen habe in dem Friedensschlusse (am 5. Apr. 1795 zu Basel) mit der Republik Frankreich wegen der Neutralität von Niederdeutschland stipulirt, und es solle jetzt eine Demarcationslinie um den westphälischen und den niedersächsischen Kreis von Preußen, Hannover und Braunschweig besetzt werden, weshalb ein Kreistag zu Hildesheim auf den 20. Juni ausgeschrieben sei, wozu die mit eingeschlossene Stadt Nordhausen einen Abgeordneten senden solle zur Berathung über die Verpflegung und Unterhaltung der Truppen. Darauf wurde am 3. Juni der Syndicus Müller nach Mühlhausen gesendet, um in dieser Sache Nachricht einzuziehn und am 15 Juni kam der Syndicus Hubner von Mühlhausen hieher, welcher berichtete, der mühlhäusische Agent in Wien habe ihnen gemeldet, der kaiserliche Hof werde die Beschickung des Kreistages nicht wohl aufnehmen. Nun beschloß am 16. Juni der Rath, den Kreistag nicht zu beschicken. —

Am 22. Juni schrieben die Gesandten der kreisausschreibenden Fürsten (der preußische Minister v. Dohm und der hannöversche Hofrichter v. Münchhausen), der Rath möge wegen seines Ranges gegen die Stadt Hamburg, die auf dem vorigen Kreistage nicht gewesen sei, berichten, desgleichen ob er Früchte, Stroh und Heu zur Verpflegung der Truppen in natura liefern wolle. Zugleich wurde angezeigt, wie viel die Demarcationslinie täglich etwa kosten würde. — Am 25. Juni wurden dem Rath zwei Schreiben mitgetheilt, welche bei dem mühlhäusischen Rathe eingegangen waren. In dem ersten zeigt das Ministerium zu Hannover an, daß die Beschickung des Kreistages nothwendig sei, und in dem andern meldet der Agent zu Wien, er habe erfahren, daß der Wahlcapitulation nach der Kreistag beschickt werden müsse. Es wurden nun zu Deputirten ernannt der Syndicus Müller und der Senator Seidler, welche am 29. Juni nach Hildesheim reißten. Die Rangordnung der niedersächsischen Reichsstädte auf diesem Kreistage war: Lübeck, Mühlhausen, Nordhausen, Bremen, Hamburg; von Goslar war kein Deputirter erschienen.

Der Syndicus kam am 17. Juli von Hildesheim zurück, doch der Senator S. blieb noch dort. Dieser sendete am 28. Juli eine schriftliche Zusage von dem Minister v. Dohm, daß Nordhausen mit in der Demarcationslinie liege. Diese Ausfertigung kostete 65 Thaler. Ueberhaupt machte der Senator Seidler (welcher am 17. Sept. zurückkehrte, da der Kreistag auf einige Zeit aufgehoben war) eine starke Rechnung für die würdige Repräsentation der Stadt. — Der Kreismilitäransatz für die Demarcationslinie betrug halbjährig an Gelde 400,000 Thaler und an Naturalien 38,310 Wispel Mehl, 146,992 Centner Heu, 15,402 Schock Stroh, 7574 Wispel Hafer, und dazu mußte Nordhausen geben auf 6 Monate 1432 Thaler 15 Gr. 9 Pf., 138 Wispel 10 Scheffel Hafer, 549 Centner 64 Pfund Heu, 56½ Schock Stroh, 25 Wispel 20 Scheffel Mehl.

Am 22. Juli 1796 wurde die Festung Königstein bei Frankfurt durch Kapitulation von den Franzosen eingenommen. Die Besatzung, dabei auch das nordhäusische Contingent, erhielt freien Abzug, doch unter der Bedingung, nach Hause zu gehn und binnen einem Jahre nicht gegen Frankreich zu dienen; aber die kaiserlichen Truppen führten die nordhäusische Miliz mit in die Oberpfalz. Auf eine deshalb vom Rathe gemachte Vorstellung kam am 19. Oct. ein Schreiben des Reichsfeldmarschalls Erzherzog Karl, daß das Contingent von der Reichsarmee entlassen werden und zurückkehren sollte. Darauf kam auch am 27. Oct. ein Schreiben des Kreisdirectorialgesandten v. Dohm zu Hildesheim: Nordhausen solle sein Contingent von der Reichsarmee abrufen, da die Stadt in der Neutralität gegen Frankreich begriffen sei, und wenn der Abzug verweigert werde, dasselbe verabschieden, auch keine Truppenreluitionsgelder und Römermonate bezahlen; widrigenfalls würde die Stadt ausgeschlossen werden vom niedersächsischen Kreise. — Am 1. Dec. kehrte das Contingent wirklich von der Reichsarmee zurück und kam hier an; doch waren viele einzelne Soldaten schon auf dem Marsche vom Königstein nach Amberg davon gegangen und hieher gekommen.

Am 28. April 1797 meldete der nordhäusische Abgeordnete zu Hildesheim Senator Seidler, daß zu Leoben am 18. April die Friedenspräliminarien zwischen dem Kaiser und Frankreich abgeschlossen seien. Derselbe kehrte am 26. Juni von Hildesheim zurück. — Zur fernern Verpflegung der preußischen, hannöverschen und braunschweigischen Truppen der Demarcationslinie betrug die ganze Summe in Golde 48000 Thaler u. s. w. Nordhausen mußte dazu nach dem Protokolle vom 6. und 8. April vierteljährig beitragen (nach dem Reichsmatrikelanschlage von 40 Gulden) 1654 Thaler 8 Gr. 5 Pf. Geld, 63 Wispel 11 Scheffel 14 Metzen Hafer, 250 Centner 6 Pfund Heu, 25 Schock 50 Bund Stroh, 11 Wispel 20 Scheffel 2 Metzen Mehl.

In Folge des Friedens von Lüneville (9. Febr. 1801) und der Verhandlungen und Beschlüsse der außerordentlichen Reichsdeputation 1801/2 (noch vor der Unterzeichnung des Hauptschlusses derselben am 25. Febr. 1803) hörte Nordhausen auf eine freie Reichsstadt zu sein und wurde eine königlich preußische Stadt. Ein königliches Patent vom 6. Juni und ein Schreiben vom 21. Juni verkündigten das bevorstehende Ereigniß. Die Besitznahme erfolgte am 2. Aug. 1802. An diesem Tage zwischen 6 und 7 Uhr früh kam der Quartiermeister vom Generalstabe Major v. Lossow an und meldete, daß der Generalleutnant Graf von Wartensleben mit seinem Corps für den König von Preußen die Stadt besetzen werde, begleitet von einer Civilcommission. Gegen 8 Uhr wurde den versammelten drei Räthen die Besitznahme durch den Kriegsrath von Bassewitz bekannt gemacht und das königliche Patent vom 6. Juni überreicht. Gegen 9 Uhr kam der G. L. Graf von Wartensleben an mit 1553 Mann, nämlich mit 1) dem 2. Bataillon des Regiments Graf v. Wartensleben zu Liegnitz, 2) $^1/_2$ Batterie reitender Artillerie mit 4 Kanonen und 1 Haubitze, 3) dem 3. Bataillon des Regiments Renouard von Halle mit 2 Kanonen, 4) 1 Offizier, 1 Unteroffizier, 1 Trompeter und 24 Cürassiere vom Leibregimente zu Schönebeck, 5) 1 Offizier, 1 Unteroffizier, 1 Trompeter und 30 Husaren von l'Estocq aus Wohlau. — Hauptwache und Thore wurden besetzt, und die Kompagnie der Stadtsoldaten mußte das Gewehr strecken; sie wurden verabschiedet bis auf einige, die in preußische Dienste genommen wurden. Kaiserliche, auch städtische, Wappen wurden abgenommen und preußische Adler angeschlagen, Archiv und Kassen versiegelt; statt des genommenen (silbernen) Stadtsiegels wurde ein preußisches gegeben und das sitzende Rathsregiment als „Interimsmagistrat" bestellt. Auch das Stift S. Crucis wurde occupirt. — Am 3. Aug. ging Graf v. Wartensleben mit dem 2. Bataillon seines Regiments, der $^1/_2$ Batterie und den Husaren ab nach Bleicherode und von da nach Mühlhausen zur Besitznahme dieser Reichsstadt. Das 3. Bataillon v. Renouard, 2 Kanonen und die Cürassiere blieben hier. Die Kassen wurden den Rendanten wieder übergeben. — Am 21. Aug. gingen die Cürassiere ab nach Schönebeck in ihre Garnison. — Am 30. August rückte die 3. Schwadron (142 Mann) Dragoner des Regiments v. Voß hier ein, und am 31. Aug. ging das 3. Bataillon (567 Mann) v. Renouard mit den 2 Kanonen ab und nach Halle zurück. — Am 2. Sept. kam auch die 2. Schwadron (145 Mann) Dragoner v. Voß hieher, am 10. Sept. als Garnison unter Kapitän v. Reckowsky 119 Mann des Infanterieregiments von Wartensleben (aus Erfurt), und am 11. Sept. der Generallieutenant v. Voß. Dieser ging am 15. Sept. mit den 2 Schwadronen Dragoner zurück nach Sagan. — — Ein Schreiben der Organisationscommission zu Heiligenstadt vom 6. Oct. bestimmte, daß der jetzige Magistrat (das am 6. Jan. gewählte Rathsregiment) bis zur Organisation bleiben und der sonst gewöhnliche Rathswechsel am 6. Jan. 1803 nicht statt finden sollte.

(Zur Huldigung zu Hildesheim am 10. Juli 1803 waren von Nordhausen gekommen der Dombechant Ebel im Namen der Collegiatstifter von Nordhausen und des Eichsfeldes, von Seiten des Magistrates der Bürgermeister Weber, von der Bürgerschaft der Gildemeister der Kaufleute Riemann und die protestantische Geistlichkeit war durch den Superintendenten König von Mühlhausen vertreten. — — Am 28. Juli wurde der Kriegsrath Piautaz Stadtdirector, und am 21. Sept. wurde ein Interims-Justizsenat und ein Interims-Polizeisenat gebildet. Der erste bestand aus dem Bürgermeister Weber und den Assessoren Syndicus Müller, Secretär Riemann, Secr. Filter, Consistorialsecr. Kettembeil und Senator Eulhardt, der andre aus dem Bürgermeister Filter († 1804) und den Assessoren Quatuorvir Rennecke, Senator Grünhagen und nebst meinem Vater dem Quatuorvir Förstemann († 1806) die übrigen Rathspersonen des Regiments; Kämmerer war Senator Mehler († 1804) und Kanzleidirector Senator Seiffart.— Erst am 2. Mai 1805 wurde ein neuer Magistrat eingeführt: Stadtdirector Piautaz, Bürgermeister Grünhagen, Syndicus Riemann, erster Rathmann Seidler, zweiter Mohring, dritter Seiffart. Mein Vater behielt die Verwaltung des Armenwesens, des städtischen Fruchtbodens u. s. w.)

Am 3. Decbr. 1805 kam das Infanterieregiment v. Renouard von Halle hieher und am 10. Dec., als dasselbe nach Sondershausen abging, das Regiment Prinz Louis Ferdinand von Preußen, welches im Hannöverschen gestanden hatte und am 12. Decbr. über Sondershausen weiter ging. — (Am 13. Dec. wurden die Thorflügel der innern Stadtthore ausgehoben und nicht wieder eingesetzt.) — Am 18. Decbr. kamen 200 preußische Jäger zu Fuß, die am 19. Decbr. nach Sondershausen gingen und am 31. Decbr., wurde das hier angelegte Militärmagazin abgeführt.

Am 4. Febr. 1806 gingen 200 Grenadiere und eine Abtheilung Reiter hier durch, und am 6. ein Regiment Füselier. — Im Sept. kam das Cürassierregiment v. Ballioz und ging nach 3 Tagen zur preußischen Armee ab nach Erfurt. — Am 19. Sept. wurden 8 Stückknechte ausgehoben, und am 11. Oct. wurde der größte Theil des hiesigen Magazins abgeführt. Auch ging der englische Gesandte Lord Morpeth hier durch in das preußische Lager, kam aber bald zurück am Morgen des 15. Oct., des Tages nach der Schlacht von Jena, nebst den preußischen Ministern v. Lucchesini und v. Haugwitz, welche hier ihre Papiere verbrannten, und nebst einigen Offizieren. Sie gingen über Ellrich nach Magdeburg. Am Abend kam schon ein großer Theil der geschlagenen Armee, wovon etwa 10,000 Mann des Nachts hier lagen, die am Morgen über Ellrich weiter gingen. Am 16. Oct. Vormittags kam der König (nach dessen Ankunft in Sondershausen um 9 Uhr beschlossen worden war, die Reste des Heeres bei Magdeburg zu sammeln) und fuhr von hier (wo er im Hause des Dr. Schröter eine Tasse Kaffee annahm) über Blankenburg und Helmstädt nach Magdeburg. Von den vorgespannten Rathspferden blieben die beiden besten aus. Den ganzen Tag dauerte der Durchzug und Vorüberzug der Truppen fort und (nachdem viele des Nachts hier gerastet hatten) am Morgen des 17. Octbr. bis zum Mittage. Nachmittags gegen 2 Uhr kam ein starkes französisches Armeecorps unter den Marschällen Soult und Ney (bei denen auch Murat und Bernadotte gewesen sein sollen) von Erfurt über Sondershausen auf den Anhöhen jenseit der Helme an. Zum Glück für Nordhausen war der Plan gescheitert, die Trümmern des preußischen Heeres in dieser Stadt zu sammeln, wodurch wohl der Untergang derselben herbeigeführt worden wäre. Doch setzten sich die Preußen unter dem Fürsten Hohenlohe, bei welchem auch Blücher noch war, und die Garden unter Kalkreuth, im Siechen- und Grimmelfelde. Kanonen standen vor dem Bielenthore, namentlich eine sächsische Batterie, auch eine Batterie bei der Sundhäuser Brücke und bei der Rothleimmühle. Gegen 3 Uhr begann das Gefecht und dauerte bis gegen 5 Uhr des Abends und nach einem (übertreibenden) französischen Berichte waren in demselben 400 Mann geblieben. Ein Bajonetangriff fand nicht statt; es war nur ein Beschießen (eine Kanonade) und Plänkeln. — Blücher führte das schwere Geschütz über Sachswerfen, Sachsa und Osterode um den Harz, Kalkreuth die Garden über Ilfeld, Stiege und Hasselfelde, von diesem Eifersüchtigen verlassen Fürst Hohenlohe die Andern über Stolberg nach Quedlinburg und von da nach Magdeburg.

Die Franzosen drangen nun in die Stadt und plünderten viele Häuser in der Vorstadt, auch einige in der Oberstadt. Nordhausen war mit Truppen angefüllt, doch die meisten lagerten im Felde. Das Wetter war an diesen Tagen schön. In das Lager wurden viele Betten und andre Vorräthe aus der Stadt und von den benachbarten Dörfern geschleppt. Viele Pferde wurden weggenommen. Noch in der Nacht mußte Nordhausen 100 fette Ochsen, 100 Faß Branntwein und eine große Menge Brot für die am Morgen über den Harz abziehenden Truppen liefern. Auf dem Rathhause erstach ein französischer Offizier einen Soldaten wegen ungebührlichen Benehmens. Eine Frau (Emmert) am Kornmarkte wurde in ihrem Laden in den Arm geschossen. Es war eine wüste Nacht. — Am 18. Oct. dauerte der Durchmarsch der Franzosen fort. Es wurde wieder hie und da geplündert, Gewalt geübt und geschossen. Ein Gärtnerbursche wurde auf dem Neuenwege von einem französischen Soldaten vom Grimmel aus durch einen Schuß getödtet und ein Glasermeister (Oßner im Grimmel) erhielt einen Schuß in das Gesicht, woran er lebenslang litt. Einem Chasseur, der vor dem Hagen plündern wollte, wurde von einem französischen Offizier der Kopf gespalten. Einzelne Plünderer sollen von Einwohnern erschlagen worden sein. In der Nacht lagen wieder zahlreiche Truppen in und vor der Stadt, welche am Morgen meistens abzogen. So war es auch am dritten Tage, den 19. Oct., und noch am 20. Oct. kamen einzelne Abtheilungen.

Man glaubte, daß vom 17. bis 20. Oct. über 200,000 Mann Preußen und Franzosen hier durchkamen, und daß das französische Lager vor der Stadt am 17., 18. und 19. Octbr. 30,000 Mann stark war. Die Einwohner schlugen ihren Verlust durch die Plünderung auf 200,000 Thaler an, ohne die Requisitionen, welche die Stadt befriedigen mußte. Die Marktkirche wurde gebraucht als Magazin für Heu, Stroh, Hafer und Branntwein, die Blasiikirche als Brotmagazin, die Domkirche als Pferdestall; in der Kirche auf dem Petersberge wurden die gefangenen Preußen untergebracht und das Lazareth war im Siechhofe. — Ein an der Helme durch einen Schuß am Beine verwundeter französischer Offizier (Krems) wurde hier Commandant. — — Am 22. Oct. kamen zwei französische Dragonerregimenter an und blieben hier bis zum 1. Nov., wo sie über Sangerhausen zur Armee abgingen. — Am 29. Oct. machte der kaiserlich französische Gouverneur zu Erfurt Clarke bekannt: Kaiser Napoleon habe nach Beschluß d. d. Wittenberg am 23. Oct. Besitz genommen von Erfurt, Mühlhausen, Nordhausen, Hohnstein und von allen zwischen der Weser und Elbe liegenden preußischen Städten und Ländern, und befohlen, daß einstweilen die Civilbehörden ihre Funktionen fortsetzen sollten. — Am 1. Nov. gingen zwei Regimenter unter General Picard hier durch. — (Am 10. Novbr. unterblieb das sonst gewöhnliche Glockengeläut zum Martinsabend.) — Am 23. Nov. befahl das Gouvernement zu Erfurt die Ablieferung aller Gewehre. — Zu einer Contribution von Erfurt, dem Eichsfelde, Mühlhausen und Nordhausen im Betrage von 460,000 Thalern sollte Nordhausen wegen des erlittenen Schadens nur 16,986 Thaler 16 Gr. 6 Pf. zahlen. Nachdem schon am 7. Nov. 2000 Thaler nach Erfurt gesendet waren, wurde am 24. Nov. der Magistrat aufgefordert, noch jene 16,986 Thaler zu entrichten, und am 25. Nov. eine Lieferung von Heu, Hafer und Weizen zu 3000 Thalern. Um diese Summen zu decken, mußten die Einwohner entrichten ½ pCt. vom Taxwerthe der Häuser, 5 Thaler von jeder Braugerechtigkeit, 5 Thaler von jeder Branntweinblase, 1 Thaler von jedem Acker Länderei. — Am 9. Dec. gingen 7 Wagen mit Gewehren der Bürger, auch 1 Wagen und eine preußische Kanone, welche Bauern hereinbrachten, desgleichen die 17000 Thaler nach Erfurt, und am 10. Decbr. wurden noch 2 Kanonen und 1 Haubitze von Kl. Wechsungen hereingeschafft. —

Am 19. Dec. ging eine Deputation mit dem Minister und Kammerpräsidenten zu Heiligenstadt v. Dohm an den Kaiser Napoleon nach Polen, von Nordhausen der Bürgermeister Grünhagen. An demselben Tage ging der General Clarke über Nordhausen nach Ellrich, um die Militärstraße zu ordnen, und am 21. Dec. ging ein Bataillon des Fürsten Primas durch.

Im Januar 1807*) wurden zu einer Contribution 23000 Thaler erborgt. – Am 15. Mai ging das Molitorsche Corps von 8000 Mann (vier Regimenter) aus Italien kommend hier durch zur Armee, so am 8. Juni das sondershäusische Contingent von 800 Mann, am 2. Juli eine Abtheilung spanischer Soldaten, am 26. Juli 300 Artilleriepferde. Am 28. Juli kamen 360 französische Recruten hieher und wurden hier einexercirt, so auch 100 Westphalen.

Am 20. Sept. kam das sondershäusische und rudolstädtische Contingent von Glogau zurück, und am 6. Oct. gingen preußische Kriegsgefangene aus Frankreich kommend durch. — Am 4. Sept. hatte sich der Stadtdirector Piautaz nach Paris begeben, um den König Hieronymus zu beglückwünschen, und zu demselben Zweck gingen am 29. Dec. der Bürgermeister Grünhagen und der Superintendent Dietrich nach Kassel, der Residenz des Königs von Westphalen.

Am 1. Jan. 1808 wurde dem Könige Hieronymus Napoleon in Kassel gehuldigt. — Der Stadtdirector Piautaz wurde Generalsecretär in Göttingen (später Präfect in Halle, dann in Kassel); dagegen kam v. Steinmetzen als Unterpräfect hieher (Bossche in Heiligenstadt war Präfect) und der Bürgermeister Grünhagen blieb als Maire der Stadt. Nachdem am 24. Febr. die Thronbesteigung des Königs hier gefeiert und die Beamten am 23., 24. und 25. Febr. vereidigt waren, huldigte und schwor auch die ganze Bürgerschaft dem neuen Könige am 27. Febr.

auf dem Markte vor dem Rathhause. — Der Code Napoleon wurde am 1. März eingeführt und ein Tribunalgericht eröffnet. — Am 8. April gingen 250 junge Polen hier durch nach Frankreich, und am 24. Mai war König Hieronymus eine Nacht hier. — Am 26. Juli war hier die erste Conscription, und 40 Nordhäuser zogen Marschloose. — Im Herbst mußte zu der Zwangsleihe des Königreichs Westphalen von 20 Millionen Franken gezahlt werden. — Am 15. Nov. gingen 100 Franzosen durch, am 20. Nov. und an den folgenden Tagen das Molitorsche Corps von 8000 Mann mit 10 Kanonen, 2 Haubitzen und 200 Artilleristen, am 26. Nov. ein Regiment Chasseurs, am 28. Nov. 150 Artilleristen (aus Stralsund nach Frankreich).

Am 26. Jan. 1809 zahlte Nordhausen 28,000 Franken Kriegssteuer, und am 17. Febr. 19,000 Franken. (Am 14. Febr. wurden die Gilden und Zünfte aufgehoben und deren Vermögen eingezogen, von den Kaufleuten ungefähr 5000 Thaler, von den Bäckern 5000, von Schuhmachern und Lohgerbern 3000, von den Tuchmachern 5000, von den Kürschnern und Weißgerbern 1000, von den Schneidern 600 u. s. w., auch 5 Centner Zinngeräthe.) — — Am 20. Jan. gingen 1300 Franzosen durch, am 26. Febr. 90 Franzosen auf 18 Wagen mit 150 Pferden, am 16. März 2 Regimenter (5000 Mann), am 26. März 26 Wagen mit französ. Soldaten (nach Würzburg), am 28. März ein Regiment Chasseurs, am 29. ein Regiment Infanterie und ein solches am 1. Apr., am 2. Apr. 400 Wagen mit Zwieback in Fässern, am 8. Apr. ein Regiment Chasseurs, am 12. Apr. 100 Wagen mit Lazarethbetten für die große Armee, am 3. Mai 70 Wagen mit Matratzen. — Am 30. Apr. wurde ein Te Deum in allen Kirchen gesungen wegen eines großen Sieges über die Oesterreicher (bei Eckmühl). Die Bürgergarde mußte Tag und Nacht patrouilliren, und am 8. Mai kam eine kleine Besatzung hieher, 3 Officiere mit 40 und einigen Mann. — Am 9. Mai gingen 8000 Mann Holländer, Westphalen, Bergische und Franzosen hier durch nach Halberstadt zur Verfolgung Schills. — Am 21. Juni zogen 4000 Westphalen unter d'Albignac durch nach Oesterreich, und am 22. Jun. kamen 4000 Holländer mit Artillerie, das 6. Regiment in Trauer (mit Flor um Fahnen und Degen) wegen des Verlusts von 1 General und 2 Obersten, die bei Stralsund gegen Schill geblieben waren, dessen Kopf der Feldarzt mit sich führte. — Am 27. Sept. Te Deum wegen des Friedens mit Oesterreich.

Am 24. Jan. 1810 wurden zwei Personen durch den zufälligen Schuß eines westphälischen Jägers, welcher Recruten transportirte, auf dem Königshofe verwundet. — Am 23. Oct. rückte ein Bataillon westphälischer Infanterie ein. — Am 17. Nov. wurden englische Colonialwaaren weggenommen. — — Am 17. Febr. 1811 ging das 2. westphälische Infanterieregiment, welches einige Zeit hier gestanden hatte, nach Kassel, und das 7. Regiment rückte dafür ein, welches am 6. März 1812 (über Stolberg) abzog. — Da eine Militärstraße über Nordhausen ging, so gab es im Jun. und Jul. 1812 viel Einquartierung von Franzosen, deren 1500 auch 100 Ochsen (und Ochsenwagen) mit sich zur großen Armee gegen Rußland führten.

In den ersten Monaten des Jahres 1813 kamen 3000 verwundete Franzosen hieher. Die meisten wurden weiter gefahren, nachdem sie im Siechhofe, wo sich das Lazareth befand, verbunden waren. Viele Todte wurden des Nachts auf dem Landgraben beerdigt. Es kamen auch viele Durchmärsche von den Trümmern der großen Armee des Kaisers Napoleon, darunter am 25. Jan. drei Officiere des 7. westphälischen Regiments, am 3. Febr. 30 Mann als Rest des Darmstädter Contingents von 7000 Mann, vom 5. bis 18. Febr. 20 Mann vom 3. und 5. westphälischen Regimente. Am 4. März gingen 32 Kanonen durch nach Frankreich, und am 13. März die Bagage des Vicekönigs von Italien nebst einer Abtheilung Franzosen, unter denen sich incognito der Vicekönig Eugen selbst befunden haben soll. — — Am 14. Apr. erschienen wieder die ersten preußischen Soldaten, 3 Husaren (vom Major Hellwig zum Recognosciren und Alarmiren entsendet), der Wachtmeister Weiß mit 2 Mann, welche um ½ 2 Uhr Mittags zum Sundhäuser Thore hereinkamen. Sie nahmen den Commandanten Baron d' Hallet und einige (5) Gensdarmen gefangen und führten den erstern ab. *) — Am 17. Apr. erschienen die ersten 19 (donischen) Kosaken, und am 18. Apr. eine bedeutendere Zahl derselben 200 unter dem Obersten v. Löwenstern, dann einige 1000 unter General Lanskoy, welche von hier aus bei Pustleben stehende Westphalen (Gardecavallerie rc.) überfielen und zersprengten und am 19. Apr. etwa 100 (103 und 4 Officiere sollen es gewesen sein) Verwundete und Gefangene derselben hieher brachten, die nach Naumburg transportirt wurden. An demselben Tage kamen noch 2 Regimenter Husaren, 2 Reg. Kosaken, eine Abtheilung Jäger, 6 Kanonen und 12 Pulverkarren; die meisten Kosaken gingen nach dem Harze ab. **) — Am 20. April zogen die Russen plötzlich wieder ab, und am 25. Apr. kamen 4000 Mann westphälischer Infanterie und Cavallerie, die sich bei dem Schützenhause lagerten und ihre Stellung durch spanische Reiter zu befestigen suchten, wozu das Holz aus dem kleinen Tannenwalde hinter Salza genommen wurde. Am 28. Apr. zogen dieselben wieder ab. — Am 16. Mai wurde ein Siegesfest wegen der Schlacht bei Lützen gefeiert. — Die Pastoren Plieth zu Salza, Panse zu Hesserode, Böttcher zu Pützlingen, der Oberamtmann Taute zu Wollersleben und der Förster Kleemann zu Salza, die ihren preußischen Patriotismus offen gezeigt hatten, wurden gefangen nach Kassel abgeführt. — Am 3. Juli kam der König Hieronymus mit der Grenadier- und Chasseurgarde hier an, sehr ungnädig wegen der guten Aufnahme, welche die Russen hier gefunden hatten, und wegen des Ueberfalles bei Pustleben. Am folgenden Tage ging er wieder ab. — Nach Magdeburg mußten 200 Faß Branntwein, viel Essig und Charpie, auch Getreide geliefert wer-

*) Einer der Husaren führte denselben nach Naumburg. — Am folgenden Morgen wurden die beiden Zurückgebliebenen von 200 westphälischen Chasseurs überfallen und der Husar wurde gefangen genommen, doch der verwegene Weiß entkam, indem er zum Töpferthore hinaus-, zur Frauenbergspforte wieder herein- und zum Sundhäuser Thore hinausritt, nach Sundhausen.

**) Es war ein unruhiges Osterfest (18. 19. Apr.), für Manche ein schlimmes, da sich namentlich im Altendorfe die russischen Husaren nicht gut betrugen.

den. — Im August zogen die Contingente von Sondershausen und von Rudolstadt durch, auch Würtemberger und Baiern mit 6 Kanonen. Täglich fuhren Verwundete durch, deren viele (im Siechhofe) starben und auf dem Landgraben begraben wurden. — Am 23. Sept. des Abends um 10 Uhr kam ein russisches Corps unter dem General Tschernitscheff hier an. Es ging am folgenden Tage weiter zum Ueberfall nach Kassel. — Im Oct. starben drei Chirurgen und mehrere hiesige Bürger am Lazarethfieber, welches seinen Heerd im Siechhofe hatte. — Am 26. Oct. kam das Corps des preußischen Majors v. Hellwig hier an (580 Mann Husaren und Jäger zu Fuß), und eine ziemliche Anzahl Nordhäuser trat als Freiwillige in dasselbe ein, indem ein Officier und 30 Mann einige Zeit hier blieben zum Einexerciren der (c. 200) Recruten. — An die preußischen und russischen Truppen wurden nach Merseburg 340 Faß Branntwein geliefert. — Schweden, die hieher kamen (ein Intendant mit 100 Husaren am 27. Oct.) requirirten 15000 Pfund Brot, 100 Faß Branntwein, 10000 Paar Stiefeln und Schuhe, auch Geld. — Nach Erfurt wurden an die Preußen geliefert 30 Centner Speck, 150 Faß Branntwein, 10 Centner Reis, auch Hemden und Strümpfe und Brot. — Im November wurde wieder eine Lieferung von 200 Faß Branntwein, 24 Stück Rindvieh und 100 Schafen gemacht. — Am 16. Nov. gingen 10000 Mann russischer Infanterie hier durch. — Nachdem schon am 22. Sept. das westphälische Wappen an der Post abgenommen war, wurden am 18. Nov. die preußischen Adler an der Grenze aufgerichtet. — Am 14. Nov. wurde der große Sieg in der Völkerschlacht bei Leipzig hier gefeiert, kirchlich und durch freiwillige Illumination u. s. w. Ein preußischer Stadtcommandant war angekommen, und die Landwehreinrichtung wurde betrieben. — Im Nov. und December (auch im Januar 1814) gingen viel Preußen und Russen hier durch (am 4. Dec. 600 Wagen); Lieferungen und freiwillige Opfer (besonders für die verwundeten Krieger), Aushebungen (am 13. Dec. 20 Mann zum Kleist'schen Corps bei Erfurt) und Eintritt Freiwilliger fanden statt. — In fünf Wirthschaften war (26. Dec.) die Rindviehpest ausgebrochen, und 69 verdächtige Stück wurden deshalb in Baracken vor dem Töpferthore untergebracht, bis dieselben am 28. Jan. 1814 wieder hereingeführt wurden.

Am 3. Jan. 1814 gingen die hiesigen freiwilligen Jäger zu Pferde ab zur Armee in den Niederlanden. Auch eine Anzahl junger Leute von hier rückten als freiwillige Jäger zu Fuß mit in das Feld, und bei verschiedenen preußischen Regimentern standen Nordhäuser als Freiwillige, ja eine Nordhäuserin (Doroth. Pichelt) diente unerkannt und mit Auszeichnung in einem Dragonerregiment. — Die Landwehr wurde eingeübt, und ein Landsturm gebildet, auch ein Frauenverein (der zunächst für die Familien der im Felde stehenden Landwehrmänner sorgte) und ein thätiger Jungfrauenverein. —

Am 3. Jan. gingen 8 Kanonen und 4 Haubitzen unter Bedeckung sächsischer Reiter hier durch, am 19. Jan. 19 Kanonen und viele preußische Remontepferde, am 22. Jan. eine russische Equipage und 3000 Mann. — Am 5. Febr. lieferten die Branntweinfabrikanten wieder 222 Faß Branntwein nach Magdeburg. — Am 25. Febr. schwor die erste Klasse des hiesigen Landsturms, die Schützenbrüder und die Bürgergarde, in der Marktkirche; es wurden auch neue Bürgercompagnien errichtet. — Der verstorbene Stadtcommandant v. Wulften wurde am 11. März begraben. — Am 17. März zog das hiesige Landwehrbataillon nach Stolberg ab, kehrte aber am folgenden Tage zurück und ging nach Heiligenstadt, darauf das ganze Landwehrregiment (3200 Mann, Erfurter, Mühlhäuser, Nordhäuser, Eichsfelder) nach Kassel und weiter zur Armee. — Als am 9. Apr. die Nachricht von dem Einzuge der Verbündeten in Paris hier ankam, wurde mit Kanonen geschossen, mit allen Glocken geläutet und unter allgemeiner freudiger Theilnahme hielt der Superintendent Förstemann in der Marktkirche eine Dankrede. Derselbe predigte am folgenden Tage unter freiem Himmel im Siechhofe im Kreise der kranken und verwundeten Soldaten und vieler Bürger. Die Soldaten wurden festlich bewirthet. — Am 30. Mai zogen die Thaddeuschen Jäger hier durch. — Am 8. Juli kehrten die meisten nordhäusischen freiwilligen Jäger (v. Hellwig ꝛc.) zurück und mit ihnen eine Abtheilung schwarzer Husaren. Sie wurden militärisch empfangen. — Am Geburtstage des Königs (3. Aug.) paradirte der Landsturm mit voller Musik. — Im Sept. mußten alle Bürger Wachdienste thun. — Am 18. Oct. wurde der Tag der Völkerschlacht bei Leipzig hier festlich begangen. Ein ostpreußisches Bataillon, das hier in Garnison stand, wohnte dem feierlichen Gottesdienste in der Marktkirche bei und empfing darauf die Kriegsmedaille. Die Schüler des Gymnasiums (deren einige schon am ersten, noch mehr am zweiten Feldzuge gegen Napoleon I. Theil genommen haben) zogen mit Fackeln nach der Höhe über der Dorngasse, entzündeten dort einen großen Holzstoß und umstanden denselben singend: Eine feste Burg ꝛc. —

Am 2. Mai 1815 zogen die nordhäusischen freiwilligen Jäger zum zweiten Male ins Feld gegen Napoleon. Auch der Frauenverein und der Jungfrauenverein bildeten sich wieder. — Am 7. und 9. Mai zogen zwei preußische Kürassierregimenter nach dem Rheine hier durch. — Im Junius wurden Kriegsbetstunden in allen Kirchen der Stadt gehalten. — Am 29. Nov. kam das 4. Elblandwehrregiment aus Frankreich zurück. Auch die Freiwilligen kehrten heim. — Das Friedensfest am 18. Jan. 1816 war nicht so glänzend wie das von 1763.

Fünftes Kapitel.

Von Feuersbrünsten.

Die erste Feuersbrunst, welche erwähnt wird, ist die vom Jahre 1181, als Herzog Heinrich der Löwe bei seinem Ueberfalle einen Theil der Stadt durch Feuer zerstörte, namentlich das Nonnenstift (s. Kap. 4). — Am 3. Jan. 1234 brannte der größere Theil der Stadt ab, und dabei wird wieder die Kirche zum heil. Kreuz genannt, aber auch die der Minoriten (Franziscaner, Barfüßer). Dabei kamen ungefähr 20 Menschen um, welche sich in einen Keller geflüchtet hatten, aber bei dem Einsturze des Hauses verschüttet wurden (nach Chron. Erphord. bei Boehmer, Fontes II, 394 u. a.). Das Feuer war in Rolappe's Hause aufgekommen. — Daß im Jahre 1329 der Landgraf Friedrich von Thüringen das Altendorf abgebrannt haben soll, ist sehr zweifelhaft. S. oben Kap. 4. — Am Sonntage nach Martini (13. Nov.) 1429 brannten die Scheunen in der Neustadt ab, auf der Seite nach der Stadt zu.

Am Mittwochen nach Laurentii (11. Aug.) 1540 war hier eine große Feuersbrunst, welche von 4 Uhr des Nachmittags bis 4 Uhr des Morgens (12. Aug.) dauerte und die Häuser des Königshofs, der Ritterstraße und des Holzmarktes verzehrte, nebst dem Dominicanerkloster (der Schule), dem Walkenrieder Hofe und der Apotheke, von der Kuttelpforte bis an das Neuewegsthor und auf der andern Seite bis an das Riesenhaus. Hinter dem Weinkeller ging noch ein besonderes Feuer auf, welches ebenfalls nicht geringen Schaden that. — Man glaubte, das Feuer sei angelegt: denn in diesem Jahre war das ganze protestantische Deutschland durch das Gerücht in Schrecken gesetzt, daß der Papst und die römische Geistlichkeit, auch andre eifrige Katholiken, namentlich Herzog Heinrich d. J. von Braunschweig und dessen Diener, Mordbrenner gedungen und ausgesendet hätten zur Anzündung der protestantischen Städte, Dörfer und einzelner Häuser. Stark soll damals Würtemberg mit Brand heimgesucht sein, und in unsrer nördlichern Gegend außer Nordhausen auch Eimbeck, Bovenden, Sulza, Langensalza, Greußen und andere Orte. Von den ergriffenen Vagabunden, welche gedungene Mordbrenner waren oder die man dafür hielt, erpreßte man durch die Folter Geständnisse. Bei Hortleder (von den Ursachen des teutschen Krieges I, 1240 ff.) finden wir die Zeichen (Marken, Hausmarken), deren sich die organisirten Mordbrenner als Losung bedient haben sollen, darunter ein Zeichen mit der Bemerkung, daß man dasselbe hatte zu Langensalza und Nordhausen; darauf folgt ein Verzeichniß, welches der Rath von Magdeburg dem Landvogte in Sachsen zugesendet hat, mit den Namen und theilweise der nähern Beschreibung (dem Signalement) von 26 Mordbrennern, auch noch zwei jener Marken, ferner ein Verzeichniß und nähere Angaben von 24 Mordbrennern, welches der Stadtrichter Ambrosius Trota zu Merseburg einem andern Richter zu „Neuenburck" (Nauenburg?) übersendet hat, auch mit 7 Marken, und endlich ein Schreiben desselben Merseburger Stadtrichters vom 20. Aug. 1540, das die Aussagen von vier verhafteten Mordbrennern mittheilt. — Bei Herold I, 1592 ff. steht auch eine von den der augsburgischen Confession verwandten Ständen auf dem Reichstage zu Regensburg dem Kaiser übergebene „Supplication" vom 13. Mai 1541, worin durch Auszüge aus den „Urgichten" von dreißig und einigen verhafteten, zum Theil bereits hingerichteten Mordbrennern, nachgewiesen werden soll, daß durch des Herzogs Heinrich von Braunschweig Diener dieselben zu dem bösen Werke erkauft und verleitet wären. Alle Beschuldigungen wegen der Mordbrenner weis't zwar der Herzog in einer ausführlichen Antwort auf diese Klageschrift zurück (S. 1601 ff.), doch die augsburgischen Confessionsverwandten suchen in einer Beantwortung dieser Rechtfertigung des Herzogs (S. 1607 ff.) ihre Anschuldigungen der herzoglichen Diener und Beamten, indirect des

Herzogs selbst, aufrecht zu erhalten. — In jener Supplication wird S. 1599 aus dem Bekenntniß von „Merten Kirch" unter andern mitgetheilt, daß ihm Klaus Schmehling zu Bodeborn jenseit Quedlinburg 10 Gulden zugesagt, Nordhausen zu „brennen", und daß er ihm noch 20 Gulden nach der That zu geben versprochen habe. Die beiden M. Kirch und Stephan von Hildesheim, welche mit Kl. Schmehling im Anfange des Julius (vor Margaretha) 1540 im Braunschweigischen zu Samtleben zwei Tage zusammen gewesen waren, sind zu Nordhausen hingerichtet worden, nachdem sie bekannt hatten, daß sie hier „Feuer eingelegt, dadurch der vierte und beste Theil der Stadt ausgebrannt worden." Kl. Schmehling war entkommen; doch scheint derselbe später auch verhaftet und ihm der Prozeß gemacht worden zu sein, denn ohne Zweifel ist er der in einem Schreiben der Schöppen von Magdeburg an den Rath zu Nordhausen genannte Klaus Meiling, über welchen die Magdeburger Schöppen zu Recht erkennen, daß derselbe, wenn er freiwillig bekannt hat, mit Martin Kirch 30 Gulden empfangen zu haben, Nordhausen und Goslar zu „brennen", als „Meuchelbrenner" vom Leben zum Tode gebracht werden muß, wenn er aber vor Gericht widerruft, so muß er mit der Schärfe peinlich (durch die Folter) angegriffen und verhört werden und darnach erleiden, was recht ist. Vgl. meine kl. Schriften S. 109. — Wie damals (im Aug. 1540) sieben der Mordbrenner hier hingerichtet (mit glühenden Zangen zerrissen und dann „geschmäucht") wurden, werden wir unten im 13. Kap. berichten. — Damals erließ auch der Rath den Abgebrannten auf 8 Jahr den Schoß und gab 50 Gulden Beisteuer zur Erbauung eines Brauhauses und 25 Gulden für ein andres Haus. Auch Reichsabgaben wurden erlassen und andre Erleichterungen bewilligt. So erlaubte Kaiser Karl V. durch die Urkunde vom 12. Juli 1541 ein Wegegeld für die Stadt zu erheben von 12 Pfennigen für einen beladenen Wagen und von 6 Pfennigen für einen Karrn auf 12 Jahr, und 1542 wurde auf dem Reichstage zu Speier beschlossen, den Städten Goslar, Muhlhausen, Nordhausen, Wangen und Zell wegen ihres Schadens und Brändes die Anzahl des zu stellenden Kriegsvolkes nachzulassen. Endlich am 17. Apr. 1543 stellte der römische König Ferdinand I. zu Nürnberg eine Urkunde aus (ungenau abgedruckt bei Lesser S. 578), durch welche er bezeugt, daß sein Bruder der Kaiser Karl V. und die Stände des Reichs auf dem Reichstage zu Regensburg der Stadt Nordhausen wegen ihres Schadens durch Mordbrenner Freiheit von Steuern und Contributionen für das Reich bewilligt habe.

Da zu Nordhausen im Jahre 1546 wieder zehn Personen als Mordbrenner durch Feuer hingerichtet wurden, die, wie man meinte, zu denen gehörten, welche der Papst dazu bestellt und besoldet hatte, „im sächsischen Kreise die Brunnen und die Weide zu vergiften und allenthalben zu mordbrennen (vgl. die Erzählung von Sastrow in meinen kl. Schriften S. 109), so kann man auf einen Brand zu Nordhausen in diesem Jahre schließen; doch finde ich von einem solchen nichts aufgezeichnet. — Von den folgenden Feuersbrünsten sollen nur die bedeutendern erwähnt werden. — Am 8. Mai 1572 brannten 14 Häuser in der Flickengasse ab, — am 14. Jan. 1592 ein Haus und 4 – 5 Scheunen hinter dem Weinkeller. — —

Der bedeutendste Brand im 17. Jahrhundert traf Nordhausen am 21. Aug. 1612. In dem Hause des Bürgers David Speiser in der Bäckerstraße, wie man meinte durch Verwahrlosung des Gesindes bei dem Welken von Aepfeln, aber nach einer spätern Mittheilung durch eine absichtliche Brandstiftung,*) brach um Mitternacht das Feuer aus, und während es auf der einen Seite die Häuser der Gumpertsgasse ergriff und zerstörte, auch mehrere Häuser nach dem Stifte S. Crucis zu, flog dasselbe auf der andern Seite durch die Engelsburg und setzte die ganze Kranichstraße in Flammen sammt dem untern Theile des Pferdemarktes und der Sackgasse und einem ziemlichen Theile des Hagens, die Hagenstraße, die Töpferhagenstraße und die eine Seite der Töpferstraße. Darauf lief das Feuer auch auf der andern Seite der Töpferstraße herab und ergriff die Hundgasse, den Kornmarkt und die Kräme („den Krämern"). Die Zahl der damals abgebrannten Privathäuser belief sich auf 239, und von öffentlichen Gebäuden wurden zerstört 1) zum großen Theile die Marktkirche S. Nicolai, welche die beiden schönen Thürme nebst allen Glocken und der Uhr, das ganze Dach und die innere Ausrüstung, Orgel, Kanzel, Altar u. s. w. verlor, — 2) die Pfarr- und die Diaconatwohnung S. Nicolai, — 3) das alte Rathhaus auf dem Kornmarkte mit vielen Alterthümern (doch wurde dasselbe nach seiner Wiederherstellung noch hundert Jahr als Wagehaus und städtischer Tanzboden benutzt), — 4) die Georgenkirche am Kornmarkte nach der Hundgasse zu, welche damals zum städtischen Zeughause diente, so daß darin auch viel Kriegsgeräth zu Grunde ging, — 5) das Töpferthor mit dem brennbaren Theile des Zwingers. — Man schätzte den Schaden auf 13 Tonnen Goldes. Feuerversicherung gab es noch nicht; man suchte sich nur durch Collecten zu helfen.

Die meisten der andern 11 Brände im 17. Jahrhundert beschränkten sich auf einzelne Häuser; doch 1671 entstand des Nachts im Altendorfe am Wasser in dem Hause der „bösen Else" ein Feuer, welches zwei Häuser verzehrte, nachdem am Tage vorher das letzte „Bischofsfest" (wol eine Art Narrenfest) hier gefeiert war, wobei Jeremias Gottwald, der Stiefsohn des Bürgermeisters Wettensee, den Bischof vorgestellt hatte. — Größer war das Brandunglück, als am 4. Mai 1686 des Nachmittags um 1 Uhr, wie man meinte durch die Unvorsichtigkeit von Tabak rauchenden Dreschern, in der Scheune der Wittwe Reinhard in der Neustadt eine Feuersbrunst entstand, welche bis zum Abend die Häuser der Neustadt, des ganzen Sandes, der Flickengasse, des Lohmarkts, die Kuttelmühle, die Häuser unter den Weiden, einen Theil des Neuenwegs, die Häuser an der Kutteltreppe, im Ganzen 175 Wohnungen zerstörte. Auch das Pfarrhaus S. Jacobi und eine Buchdruckerei gingen dabei zu Grunde sammt 3 Thoren, wobei das Seigerthor mit Uhr und Glocke. — Am 8. Apr. 1695 brannten 7 Häuser auf dem Klosterhofe ab.

*) Der Thäter soll auf dem Todtenbette seinem Beichtvater bekannt haben, daß Neid, Zorn und Rachgier ihn zu dieser That bewogen hätten: so meldet eine Aufzeichnung des Past. Kächenthal im Altendorfe; S. Kindervaters Feuer- und Unglückschronik S. 103.

Zu den größten Feuersbrünsten, die Nordhausen betroffen haben, gehört die vom 23. bis 24. Aug. 1710. Gegen 11 Uhr des Nachts brach das Feuer aus hinter einem Backhause am Steinwege, dem Rathhause gegenüber. Das Feuer fand hier viel Nahrung, besonders durch mehr als 100 Centner Oel, die in der Nähe lagerten. Bald standen alle Hintergebäude nach der kalten Gasse zu in Flammen, dann die Wohnhäuser am Markte und am Steinwege und die anstoßenden Häuser der Bäckerstraße. Schnell verbreitete sich das Feuer über den Königshof, die Predigerstraße und die Schule (das Gymnasium), die Jüdengasse, Rautenstraße und Giekersgasse (Neuestraße). Von der Ritterstraße blieben einige Häuser auf der Seite nach der Stadtmauer stehn, doch die Kirche S. Nicolai nebst den beiden schönen (nach 1612 wiederhergestellten und mit Glocken und Uhr ausgestatteten) Thürmen suchte das Feuer wieder heim, so wie dasselbe auch das neue Rathhaus ergriff, ferner von der Rautenstraße aus einen Theil der Häuser am Petersberge. Die Petrikirche wurde durch zeitiges Abbrechen der nächsten Häuser erhalten. Sechzehn Stunden wütheten die Flammen bis zum Nachmittage des folgenden Tages, eines Sonntags. Die Zahl der abgebrannten Bürgerhäuser betrug 161 Wohnungen und 72 Brauhäuser (nach Kindervater S. 172: 176 Wohnhäuser) nebst vielen Hintergebäuden, Scheunen und Ställen. Von den öffentlichen Gebäuden traf der Brand 1) das Rathhaus am Markt, welches eben vor 100 Jahren erbaut war, nebst dem alten Rolandsbilde, — 2) die Kirche S. Nicolai (doch wie 1612 widerstand auch dieses Mal das Gewölbe der Kirche dem Feuer; das hohe Schieferdach wurde zerstört, die beiden Thürme brannten aus, 5 Glocken schmolzen und die Uhr wurde vernichtet), — 3) der Walkenrieder Hof, — 4) das Gymnasium nebst den Wohnungen des Rectors, Conrectors, Tertius, Quartus und Septimus, — 5) die Apotheke, — 6) der Weinkeller, — 7) die Wohnung des Diaconus S. Petri und zwei Häuser der Kirche, — 8) das Rautenthor und die Kuttelpforte mit den darauf befindlichen Wohnungen, — 9) das Broihanhaus halb, — 10) die Kunstgehäuse am Königshofe, in der Rautengasse und am Markte, — 11) große Theile des bedeckten Weges auf der Stadtmauer.

Das größte Brandunglück betraf die Stadt schon zwei Jahr nach jener großen Feuersbrunst von 1710, am 21. Aug. 1712 von 8 Uhr des Abends an bis 2 Uhr früh (22. Aug.). Das Feuer brach aus in einer Scheune in der Gumpertsgasse nach der Kranichstraße zu und griff alsbald nach allen Seiten mit Heftigkeit um sich. Die Gumpertsgasse, ein Theil der Häuser im Stifte zum heil. Kreuz, die Engelsburg, die Kräme, einige Häuser des Markts (am Steinwege), die Bäckerstraße, die Pfaffengasse, die Ritterstraße, vor dem Neuenwege (die jetzige Waisenhausstraße), ein Theil des Hagens und Pferdemarkts, die Kranichstraße, die Hagen- und die Töpferhagenstraße, die Hundgasse, die halbe Weberstraße, auch einige Häuser vor dem Töpferthore sanken in Schutt und Asche, so daß man vom Blasiikirchhofe bis zum Töpferthore und bis nach dem Neuwegsthore über Trümmern hinwegsah. Nach einem Verzeichnisse des Raths wurden vom Feuer zerstört 281 bürgerliche Wohnhäuser und 106 Brauhäuser. Von öffentlichen Gebäuden wurden betroffen 1) abermals die evangelische Hauptkirche S. Nicolai, (die

Gluth des hohen Dachstuhls schlug auch in die von dem Brande 1710 wüsten Thürme und verzehrte den darauf angebrachten Glockenstuhl und die kleine Glocke), — 2) die Wohnungen des Pastors prim. und des Diaconus S. Nicolai, — 3) das was vom Walkenrieder Hofe nach dem Brande von 1710 noch übrig war, — 4) die Wohnung des Pastors S. Blasii und 2 Kirchenhäuser, — 5) das Wagehaus (alte Rathhaus) auf dem Kornmarkte mit vielen aufgeschütteten Früchten, — 6) das Zeughaus (in welchem auch die Geschütze zum Theil geschmolzen sind), — 7) der Zimmerhof am Töpferthore mit seinen Vorräthen, — 8) die 1710 gerettete Hälfte des Broihanhauses (die neue Hälfte blieb dieses Mal stehn), — 9) die erst 1711 neu erbaute Mädchenschule, — 10) die Wohnung des Marktmeisters, — 11) das Schieferdach des Rathhauses halb*), — 12) das Töpferthor und das Neuwegsthor mit den Wohnungen darauf, auch ein Thurm zwischen den Stadtmauern am Töpferthore und ein niedriger Thurm nicht weit davon, nebst einem großen Theile des bedeckten Ganges auf der Stadtmauer und dem Wachthause zwischen den Töpferthoren, — 13) Kunstgehäuse, Räderwerk und Wasserräder, auch metallene Röhren und kupferne Wasserkasten am Neuenwegsthore, am Kornmarkte und in der Bäckerstraße, nebst vielen Spritzen und Löschapparaten, auch Braupfannen. — Ein empfindlicher Verlust für die Stadt war es auch, daß die ausgezeichnete Bibliothek des Syndicus Harprecht mit dessen Hause verbrannte; dagegen war es ein besondres Glück, daß in dieser großen Feuersbrunst auch nicht ein einziger Mensch umkam. Ein durchdringender Regen, welcher gegen Morgen fiel, that den wüthenden Flammen am meisten Einhalt, wie dasselbe vor 100 Jahren am 21. Aug. 1612 auch der Fall gewesen war.

Von den andern Bränden im 18. Jahrhundert gedenken wir nur folgender: Am 29. Juni 1722 kam Feuer auf in Wolfs Hause in der Neustadt, welches aber bald gelöscht wurde. Dasselbe war angelegt von der Tochter des Bauern von Steinbrücken, welcher am 24. Aug. 1710 bei dem Aufräumen des heißen Brandschuttes eingesunken und umgekommen war. Sie kam mit der gnädigen Strafe der Landesverweisung davon. — In der Osternacht vom 16. zum 17. April 1729 verzehrte ein Feuer in der Hagengasse 3 Scheunen, 2 Ställe und 3 kleine Wohnhäuser. — In der Nacht vom 26/27. Juli 1731 versuchten Bösewichte hinter Scheunen in der Töpferhagengasse Feuer anzulegen; doch eine Frau, die nicht schlafen konnte und zum Fenster hinaussah, bemerkte zwei Männer, welche Feuer anschlugen: sie machte Lärm, worauf jene davon liefen. Die Vorrichtung, welche sie dabei zurückgelassen hatten, bestand aus zusammengelegtem Stroh (wie ein Hühnernest); in diesem lag auf Fließpapier Schießpulver, darauf Werg, nochmals Papier und Pulver und oben darauf einige Schwefelfaden.

---

*) Uebrigens wurde das Rathhaus dieses Mal erhalten; so blieb auch die Kirche S. Blasii verschont, einigermaßen durch die hohen Linden geschützt, wie es schien. Als um Mitternacht hier die Gefahr am größten war und von der Hitze Stücke Kalk vom Thurme sich ablösten, flehten viele Eingepfarrte auf den Knieen um Erhaltung des Gotteshauses, auch der würdige Pfarrer Kindervater vor dem vordern Altare.

Andre Brände im 18. Jahrhundert, so 1726, 30, 31, 35, 39, 40, 60, 63, 67, 68, dann 1793 (2). 94. 95. 96. 99, wurden meistens bald gelöscht und selten brannte ein ganzes Gebäude nieder. Als aber am 14. Jan. 1728 des Abends nach 8 Uhr eine Scheune in der Neustadt abbrannte, wurde dabei als sonderlich merkwürdig beachtet, 1) daß das Feuer gerade da auskam, wo die große Feuersbrunst 1686 aufgehört hatte, 2) daß dadurch die Hochzeitfeier der Besitzerin gestört wurde, welche am Tage vorher mit dem dritten Ehemanne copulirt war und auch an diesem Tage die Hochzeitsgäste wieder bei sich hatte, 3) daß in 5 von den 6 evangelischen Kirchen die Prediger ohne Verabredung in der Betstunde über das Feuergesicht Amos VII, 4 ff. gesprochen hatten („der Herr rief das Feuer, damit zu strafen" rc.). — Erst im 19. Jahrhundert wurde hier durch Versicherungen für die Abgebrannten besser gesorgt. Im Januar 1803 wurde Nordhausen mit einem Taxwerthe der Gebäude von 1,742,825 Thalern in die Magdeburger Landfeuersocietät aufgenommen; doch die Beiträge waren hoch. In der neuesten Zeit hat das Versicherungswesen unter billigeren Bedingungen eine viel größere Ausdehnung gewonnen.

So großes Brandunglück wie 1540, 1612, 1686, 1710 und 1712 hat Nordhausen nicht wieder betroffen; die meisten Brände im 19. Jahrhundert wurden bald gedämpft, doch dauerten einige 2 bis 4 Stunden und verzehrten oder beschädigten stark ein oder einige Gebäude, so 1811 unter den Weiden (bei Bosse), 1812 in der Neustadt (Appenrodt), 1813 auf dem Sande (Ibe), 1815 zur Hoffnung (Eyl), 1819 unter dem Hüterberge (Reinhold), 1825 in der Neustadt (bei Degen, angelegt des Nachts in der Scheune von einem Getreidediebe, der sich dadurch, als er sich überrascht sah, vergeblich zu retten suchte), 1826 auf dem Mühlhofe (Kölling), 1827 am Königshofe nach der Predigerstraße (Hildebrand), 1828 hinter S. Blasii (Barthel), 1833 in der Neustadt an der Brücke (Lange). Am 22. Nov. 1831 brannte die Windmühle auf dem Taschenberge ab. Bedeutender waren die folgenden drei Brände: am 6. Jan. 1842 des Nachts brannte ein Haus vor der Wassertreppe (Krebs Nr. 517) ab, wobei auch ein Bürger umkam und ein Soldat (ein Jäger) schwer verletzt wurde, — am 21. Nov. 1843, wo von 2 Uhr des Nachmittags bis nach Mitternacht Stegemanns Scheune in der Rautenstraße (Nr. 305) und zwei anstoßende Scheunen abbrannten und mehre Hintergebäude und Wohnhäuser stark beschädigt wurden, — am 2. Mai 1844, wo im Altendorfe Nr. 819 gegen Mitternacht ein Feuer ausbrach, welches einen ziemlichen Umfang gewann und mehrere Wohnhäuser und Hintergebäude zerstörte oder sehr beschädigte. — Am 1. Mai 1844 verlor eine Frau (Fischer) in der Neustadt (Nr. 1054) durch brennenden Spiritus das Leben. — Unbedeutendere Brände fanden hier statt 1845, 1847, 1849, 1850 (2), 1854, 1855.

Sechstes Kapitel.

Von Gewittern.

Im Tage von Petri Stuhlfeier (22. Febr.) 1559 schlug das Wetter einen „Knauf" (Knopf) vom Thurme S. Petri. — Am Sonntage nach Trinitatis (21. Mai) 1560 schlug es ein in den Thurm S. Cyriaci. — In der Nacht vom 24. Juni 1561 fuhr ein Blitzstrahl vom Knopfe des Kirchthurms S. Jacobi durch die Orgel in die Erde. — Am 14. Juli 1565 schlug es ein in den Töpferthurm. — Am 3. Mai 1575 tödtete der Blitz den Wächter im Bielenthore. — Am 12. Aug. 1602 schlug es ein in das Gewölbe eines Bürgers und in das Dach des Augustinerklosters in der Neustadt. — Am 25. Juli 1619 traf das Wetter die Nicolaikirche und darauf am 9. Aug. die Spendekirche.*) — Am 24. April 1634 zog ein starkes Gewitter über die Stadt kurz nach Mittage, wobei es dreimal einschlug, in den höhern Thurm S. Blasii, in den Thurm S. Petri und in einen Thurm der Stiftskirche S. Crucis. — Am 4. Mai 1646 traf der Blitz den Thurm S. Petri, welcher in drei Stunden von oben bis auf das oberste Dachloch abbrannte. — Am 5. Aug. 1649 wurde ein Knecht im Felde hinter der Salza vom Blitz erschlagen; zwei Weiber, die mit ihm Gerste sammelten, wurden nicht verletzt. — Am 1. Juli 1658 beschädigte ein Blitzstrahl die Orgel S. Petri. — Am 29. April 1661 entzündete ein Blitz die Spitze des Kirchthurms S. Jacobi, zerschmetterte auch einen kleinen Knopf und beschädigte die Orgel. — Am 31. Mai 1666 zur Mittagszeit kam ein starkes Gewitter mit Hagelschlag und mit so großen Schloßen, daß dieselben an einigen Stellen nach drei Tagen selbst in der Sonne noch nicht geschmolzen waren. Die Wintersaat hinter der Salza**) war dadurch gänzlich zu Grunde gerichtet. — Am 11. Jan. 1682 fuhr bei einem starken Schneegestöber ein Blitzstrahl bei dem obersten Dachloche in den Thurm S. Petri und zerstörte auch einige Pfeifen der Orgel. — Im Jahre 1698 schlug es ein bei Küchenthal in der Töpferstraße und der Blitz verletzte diesen Hauswirth. — Am 4. Juli 1712 um 2 Uhr des Nachmittags zündete der Blitz in einem Hause in der Töpferstraße, doch wurde das Feuer sogleich gelöscht. — Am 28. Juli 1713 war ein lange anhaltendes Gewitter, indem es um 9 Uhr des Morgens heftig blitzte und donnerte, worauf ein starker Regenguß erfolgte, die Donnerschläge aber bis 5 Uhr des Abends fortdauerten. — Am 30. Mai 1714 traf ein Blitz den einen der 1712 abgebrannten Kirchthürme S. Nicolai, worauf auch dahinter bei der Orgel Rauch ausbrach. Man schaffte viel Milch herbei zum Löschen; doch es war nur eine Pfeife verletzt. — Am 29. Juli 1715 schlug es ein in den Barfüßer Thorthurm und zerschmetterte einem Stadtsoldaten das Schloß an der Flinte, ohne ihn selbst zu verletzen.

*) Am 10. Dec. 1631 des Abends zwischen 3 und 4 Uhr blitzte und donnerte es stark.

**) bei dem Gulenberge rc. Derselbe Strich verhagelte am 27. Juni 1698.

Am 1. Juni 1725 um 1 Uhr trafen unmittelbar nach einander drei Blitze die Kirche am Frauenberge, zunächst den Thurm. Lesser, damals Prediger an dieser Kirche, beschreibt S. 588 f. die Wirkung dieser Blitze also: Es war der eine Schlag an der Spindel unter dem Knopfe an der Abendseite eingefahren, von wo er eine Säule 49 Schuh lang bis auf das sogenannte Kreuz zersplittert hatte. Von hier hatte er sich vermuthlich nach der Mittagsseite des Thurms gewendet und am Seiger nur den Drath, welcher den Schlaghammer zieht, entzwei geschlagen und das Fenster gegen Mittag in der Seigerkammer zerschmettert. Darauf war er hinab auf die Spitze des Kirchendaches gegen Mittag gefahren, wo er sich getheilt und das Sparrenstück zur Rechten quer mitten auseinander gebrochen, auch Schiefern und Latten des Daches zerstört hatte. Das andre Sparrenstück zur Linken, wie das erste 20½ Schuh lang, hatte er von oben bis unten mitten von einander gesplittert, wobei der eine Theil desselben an der beschädigten Seite des Daches mit den Nägeln hangen geblieben, der andre aber in einigen Stücken auf das Gewölbe gefallen war. Da nun dieses Sparrenstück eben da auf dem Gewölbe ruhete, wo dieses von einem Pfeiler getragen wird, welcher 89½ Schuh hoch und so breit ist, daß er auf der einen Seite 9 Schuh 2 Zoll, auf der andern aber 5 Schuh mißt, so hat der Blitz diesen Pfeiler dergestalt „geschmettert", daß er nicht nur zur Linken hinter der Orgel durch das Gewölbe gefahren, sondern auch die Länge herab mitten (?) durch diesen Pfeiler hindurchgedrungen ist, bis er an der Abendseite einen Stein gesprengt und in einem Winkel herunter die Steine zermalmt hat, als wenn eine große Büchsenkugel darin herunter geraset wäre, bis er mit großer Gewalt einen Quadratstein gesprengt und ein Stück desselben, ungefähr 60 bis 70 Pfund schwer, in den daran stoßenden Mannsstuhl geworfen hat. Weiter herab, doch mehr nach Mittag, ist er wieder herausgefahren und hat etwas abwärts in einem Winkel eine Bahn gerissen, als wäre eine große Büchsenkugel heruntergefahren, bis er endlich noch weiter in der Sacristei, welche gegen Morgen an diesen Pfeiler stößt, zwei kleine Ausgänge gemacht hat, woraus man schließt, daß der Blitz „diesen Pfeiler, ungeachtet er von lauter Quadratstücken, von oben bis unten aus, recht schlangenweise ergangen." — Der andre Schlag hat auf der Mitternachtseite des Thurms eine große eichene Säule, 1 Schuh breit, oben wo die Vesperglocke hängt, nicht nur in der Mitte quer entzwei gebrochen, sondern auch von oben bis auf das Gewölbe 37¾ Schuh lang in viele Splittern zerspalten. (Wie es gekommen ist, daß das Dach über den Blasebälgen beschädigt war, kann man nicht wissen; doch kann es durch den dritten Schlag geschehen sein.) Von dort hat der Blitz das Fenster über der alten Sacristei gegen Morgen getroffen und an dessen zersplitterten Scheiben, deren eine mit Rauch angelaufen ist, sieht man, daß er heraus an die Ecke der Kirche gefahren ist, auch hat er einige Steine in der Mauer gesprengt. — Die Orgel hat großen Schaden erlitten: in dem Hauptwerke sind zwar nur einige Pfeifen angeschmolzen, aber das Rückpositiv ist ganz zerstört, indem darin viele metallene Pfeifen geschmolzen, das Holz- und Schnitzwerk aber mit solcher Gewalt zertrümmert ist, daß Stücke davon 69 Schuh weit auf die am Ende der Kirche befindliche Emporkirche geschleudert sind. Wunderbar muß der Blitz hin und wieder gefahren sein: denn unter dem Rückpositiv zur Rechten ist ein großer Träger an einer Seite sehr „zerklästert" worden, und ein Männerstuhl unter diesem Träger auf der Erde bei dem Eingange des Chores hat an den Ständen Schaden gelitten, ebenso am Ende dieses Stuhls der Schrank, worin die Begräbnißkronen aufbewahrt wurden, dessen Bretter der Blitz von einander gerissen hatte, worauf er unten durch den gemauerten Tritt mit Zerstörung der Steine wieder herausgefahren war. Vorn an der Emporkirche bei der Orgel zur Linken ist auch eine Säule gesplittert, von welcher herab der Blitz ein hölzernes Epitaphium durchbohrt hat, als ob es mit einer Flintenkugel durchschossen wäre. An der Kanzel und am Altare sind Leisten losgegangen, wahrscheinlich in Folge der starken Erschütterung: denn die Luft in der Kirche muß gewaltig bewegt gewesen sein, da nicht nur ein ganzes Fenster hinausgestoßen war, sondern auch ein andres muldenförmig von innen hinaus gebogen. Ein drittes Fenster war ohne Verletzung einer Scheibe hinausgestoßen und hing noch an einigen Nägeln. — Aus diesen Umständen, meint Lesser, könne man ersehen, daß der Strahl theils ein durchdringender war (fulmen terebrans), weil er die Pfeifen der Orgel geschmelzet, auch in den Pfeifen zum Theil kleine Löcher angeschmelzt, als ob sie mit Schrot angeschossen wären, theils ein zerbrechender (fulmen discutiens), da er viel Holz zersplittert hatte, doch ein brennender Strahl (fulmen urens) sei (Gott sei Dank!) nicht dabei gewesen. — Der Schaden der Kirche, namentlich des Thurms, wurde nach einer Collecte durch die ganze Stadt wieder ausgebessert, auch statt des eisernen Kreuzes ein kupferner Knopf 29½ Pfund schwer auf den Thurm gesetzt, in welchen Knopf, außer einem Verzeichnisse der damaligen weltlichen und geistlichen Beamten der Stadt und lateinischen Distichen, die von Lesser über diesen Einschlag gehaltene und gedruckte Predigt eingeschlossen wurde.

Am 22. Juni 1736 schlug bei einem schweren Gewitter ein heller Blitz in den Kirchthurm S. Blasii. Davon erzählt Lesser S. 590 f.: Der zündende Strahl hatte den Thurm von Abend nach Mitternacht zu einige Ellen unter der Spindel des Knopfes getroffen, die Schiefern herabgeworfen und das Holzwerk angezündet, so daß es aus den obern Schalllöchern wie eine helle Laterne brannte: doch wurde das Feuer von jemand, der sich in die Höhe wagte, bald gelöscht. Der Blitz ist in dem Thurme herabgefahren, hat den starken Drath an der Uhr gänzlich geschmelzt und ist in die Stube und Kammer des Thürmers mitten im Thurme gedrungen, wo er das eine Fenster in die Stube, das andre hinaus und auf den Kirchhof geworfen, auch einige musikalische Instrumente versehrt hat. Die in der Stube hangende Glocke hat einen feinen Riß „eines Gliedes lang" und zwei Löcher bekommen, die zwar nicht durchgegangen sind, doch hat die Glocke ihren Klang verloren und ist unbrauchbar geworden. Der Ofen war ganz zerschmettert, aber zwei Singvögel in ihren Käfichten am Fenster waren unversehrt. Der Frau des Thürmers, welche sich mit ihren Kindern in der Kammer befunden hat, hat der Strahl die Kleider, selbst das Hemd am Leibe zerrissen, ihr auch schlangenweise laufende Brandzeichen an der linken Seite des Leibes gemacht, weshalb sie einige Tage hat zu Bette liegen müssen. Die Kinder sind unverletzt geblieben. An dem Thurme auf der Mittagsseite, auswärts auf dem Kirchendache, sind einige Schiefern herabgeworfen und ein großer Stein in einem Pfeiler ist zermalmt worden. In der Kirche ist der Blitz an dem Kirchenfenster hinabgefahren, hat Kalk und kleine Stücken der Mauer abgeschlagen und ganz unten eine Sitzbank zertrümmert. Nachdem er oben über dem Gewölbe einen großen Balken gänzlich zerschmettert hat, hat er unweit der Orgel das Kirchengewölbe durchbohrt, an einigen Kirchenständen die vergoldeten Rahmen und Leisten dunkel und unscheinbar gemacht und die Kirche ohne weitern Schaden nur mit Dunst und Dampf erfüllt. — Die untern Wolken dieses Gewitters zogen von Abend nach Morgen, aber über denselben war die Wolke, aus welcher der Blitz kam, von Morgen nach Abend gezogen; es müssen also in der obern und untern Region verschiedene Winde geherrscht haben. — Ueber zwei Gewitter 1736 und 1738 spricht das folgende Kapitel. — 1744, 24. Juni Nachmittags 6 Uhr schlug der Blitz in einen kleinen Thurm der Domkirche. — 1748, 15. Dec. Mittags 12 Uhr war ein starkes Gewitter mit Hagelschlag. — 1755, 15. Juni gegen Abend geschah während eines starken Gewitters ein Einschlag in ein Gartenhaus auf dem Hammer. — Am 20. Nov. 1760 zwischen 7 und 8 Uhr früh, während der Betstunde und unter einem heftigen Schneesturme, traf ein Blitzstrahl den Kirchthurm S. Petri. Derselbe fuhr von der Spindel unter dem Knopfe den Thurm herab bis zu den Blasbälgen und durch ein Fenster auf den Kirchhof. Er hatte gezündet. Ein brennender Riegel in der Wohnung des Hausmanns wurde von den Zimmerleuten alsbald ausgehauen, aber an der Spindel und in der Spitze des Thurmes brannte das Feuer fort, ungeachtet aller Versuche und Anstrengungen der Schieferdecker, Dachdecker, Schornsteinfeger, Zimmerleute, Maurer und Spritzenleute, dasselbe zu löschen. Gegen 3 Uhr fiel der kupferne Knopf herab, worauf endlich durch den Regen und Schnee von außen und durch die Spritzen von innen der Brand gedämpft wurde, obgleich des Abends um 7 Uhr und des Nachts um 12 Uhr das Feuer sich noch einmal gezeigt hatte. — Am Abend des 1. Juni 1761 schlug das Wetter in einen Ahornbaum bei der Frauenberger Kirche und am 27. Aug. 1761 halb 3 Uhr früh in den Petersthurm oder sogenannten Weberthurm hinter der Kirche S. Petri an der Stadtmauer, auch in die Kirche zu Salza. — Während eines starken Gewitters am 5. Sept. 1763 Abends nach 6 Uhr traf der Blitz ein unbewohntes Haus in der Hundgasse, ohne zu zünden. — 1772, 13. Juli zwischen 1 und 2 Uhr des Nachts Einschlag in das Hintergebäude eines Töpfers bei der Töpferstiegel, ohne zu zünden (in eine Säule und in einen Baum im Garten dabei). — Am 16. Juni 1774 schlug es in den Wartthurm vor dem Bielenthore. — Am Morgen des 25. Juli 1776 6 Uhr schlug es im Altendorfe ein ohne zu zünden, auch in der Hundgasse. — 1777, 17. Juni Abends ein starkes Gewitter mit Einschlag in den Sumpf bei der Martinsmühle. — 1778, 7. Juni (1. Pfingsttag) Nachmittags starkes Gewitter mit Hagelschlag in der Salzaer und Crimderöder Flur. — 1781, 8. Juli 1 Uhr starkes Gewitter; Einschlag in einen Baum bei der Kl. Torngasse. — Am 9. März 1782 Nachmittags zwischen 3 und 4 Uhr bei einem starken Schneegestöber fuhr ein Blitzstrahl am Kirchthurme S. Petri herab, ohne Schaden zu thun. — 1783, 26. Mai Abends gegen 9 Uhr, starkes Gewitter und Einschlag im Frauenbergskloster, wo aber nur eine Säule zerschmettert wurde. — 1783, 5. Juni Nachmittags 4 Uhr starkes Gewitter, Einschlag in die Stadtmauer vor dem Hagen. — 1783, 19. Juli Abends 6 Uhr Einschlag in einen Weidenbaum bei der Steinmühle. — Am 20. Aug. 1784 des Morgens 2 Uhr schlug es bei einem sehr heftigen Gewitter dreimal in der Stadt ein, in der Neustadt Nr. 1020, am Königshofe Nr. 554, in die Spendekirche, und zündete an zwei Orten*); doch das Feuer wurde alsbald gelöscht. Ein vierter Blitz, ziemlich in derselben Linie von Süden nach Norden, traf einen Baum auf dem Geiersberge. — 1789, 30. April Abends 8 Uhr Einschlag in einen Thurm an der Stadtmauer hinter der Domkirche, welcher Thurm sehr zerschmettert wurde. — 1790, 29. Juli gegen Mitternacht Gewitter mit Sturm und starkem Hagelschlag in den Fluren von Kl. Wechsungen, Hesserode, Herreden, Salza, Crimderode, Nieder-Sachswerfen und zum Theil auch in der Flur von Nordhausen. — Am 24. Juni 1794 tödtete der Blitz einen Hund in der Stube (im Fenster) des Vicarius Jacobi in der Domstraße Nr. 621, und ein andrer Strahl traf einen Nußbaum im Pfarrgarten am Frauenberge. — 1795, 31. Juli Einschlag in einen Baum in dem Rathsgarten im Altendorfe. — 1796, 14. Juni Abends Einschlag in einen Baum im Kirchholze während eines starken Gewitters; auch am 31. Juli war ein schweres Gewitter. — Am 1. Juni 1798 war ein starkes Hagelwetter (in den Fluren von Sundhausen, Bielen und hier am Roßungsbache), darauf am 6. Juli ein Gewitter mit einem gewaltigen Regengusse, so daß der Mühlgraben austrat und das Wasser in die Flickengasse lief; — desgl. großes Gewitter am 8. Aug. — Am 21. Sept. 1799 ein Gewitter mit Sturm, am 24. Aug. 1802 Gewitter mit Hagel in der Nacht. — Am 21. Juni 1803 wurde ein junger Hirt (Schulze) unter einer Pappel unweit des Mühlgrabens, da wo jetzt der Neue Garten ist, vom Blitz erschlagen. Der Strahl war an dem Baume herabgefahren und hatte einen Streifen der Rinde abgerissen, bis auf die Stelle, wo der Hirt sich angelehnt hatte (mit dem Kopfe). — In dem heißen (Kometen-) Jahre 1811 waren im Monate Julius starke Gewitter. — Im Jahre 1821 gab es vom 1. bis 7. Mai viel Regen und Gewitter; am 5. Mai traf der Blitz einen Baum auf dem Schützengraben, und am 13. Mai des Abends zwischen 7 und 8 Uhr zog eine große Feuerkugel von Westen nach Osten über die Stadt. — Am 3. December 1823 des Nachmittags halb 2 Uhr traf während eines Sturms mit Regen und Schnee ein einzelner Blitz den Kirchthurm S. Petri, doch nur mit geringer Beschädigung, indem das Feuer bald gelöscht wurde. — Auch am 12. December blitzte und donnerte es. — Am 19. April 1827 war ein Gewitter mit Hagelschauern, zum Theil mit großen Eisstücken, und am 5. Mai ein Gewitter mit Sturm und drohender Wolkenbildung (Windhosen). — Um Mitternacht am 19. December 1828 traf von drei starken Schlägen der eine

*) In der Neustadt zwischen zwei Häusern und im Forste der Spendekirche.

einen Baum auf dem faulen Rasen. — Am 25. Septbr. 1835 war ein starkes Gewitter mit Hagel. — Am 31. März 1836 des Abends um 8 Uhr unter Sturm und Schneegestöber traf ein Blitz den Thurm S. Petri zündend, doch wurde das Feuer bald gelöscht. — Am 5. Juni desselben Jahres des Morgens schlug das Gewitter in das Haus Nr. 1117 vor dem Vogel, ohne zu zünden. — Am 19. Juli 1838 betäubte ein Blitzstrahl ein Mädchen und zwei Pferde in der kleinen Kuttelmühle an der Salza. — Am 21. Juli 1839 nach 1 Uhr des Mittags war ein Gewitter mit starkem Hagel, der viele Fenster zerschlug. — Am 13. Juni 1840 zwischen 4 und 5 Uhr des Morgens erschlug das Gewitter ein Pferd im Stalle in der Neustadt Nr. 1033. — Am 2. Juni 1843 gegen Abend traf während eines heftigen Gewitters der Blitz das Haus Nr. 470 in der Bäckerstraße und beschädigte dasselbe, ohne daß Feuer ausbrach. — An demselben Tage des folgenden Jahres (2. Juni 1844) schlug der Blitz in das Haus Nr. 826 in der Rautenstraße und beschädigte den Boden und Stall, auch die Stadtmauer. — Am 24. Mai 1851 war ein Gewitter mit starkem Hagelschlag, welcher eine große Menge Fenster auf der Südseite und der Westseite der Häuser zerschlug. — Einige frühere Gewitter mit Sturm und Hagelschlag sind in dem folgenden Kapitel „von Sturmwinden" verzeichnet.

Siebentes Kapitel
Von Sturmwinden.

Großer Sturm war im Anfange des Januar 1613, am 17. Sept. 1615 und im Jahre 1625. — Am 9. Dec. 1680 wurde die andere Thurmspitze mit dem kleinen Knopfe vom Thurme S. Petri herabgeworfen und dadurch das Kirchendach und die Orgel beschädigt. Wegen dieses Sturmes mußte eine Beerdigung auf den folgenden Tag verschoben werden. — Am 9. Dec. 1682 stürmte es gewaltig und am 17. Aug. 1698 war ein Gewitter mit großem Sturme, der dasselbe bald vertrieb, aber viel Schaden that. — Am 17. April und am 28. Nov. 1712 stürmte es sehr, so auch am 5. Febr. 1713. — Am 16. Jan. 1714 und an den folgenden Tagen herrschte ein kalter Wind, welcher der Saat sehr schadete und eine schlechte Ernte an Wintergetreide veranlaßte. — Am 13. Febr. 1715 riß der Sturmwind u. a. 29 Bäume im Kirchhofsholze und einen neuen Stall in der Stadt um. — Am 15. Aug. 1736 gegen 5 Uhr des Abends erhob sich nach großer Hitze ein schweres Gewitter mit Sturm und gewaltigem Brausen in der Luft und großer Dunkelheit. Ein entsetzlicher Hagelschlag betraf die Dörfer vor dem Harze nördlich von Nordhausen, so daß die Schloßen 1/2 bis 1 Elle hoch lagen und die Größe von Hühner- und Gänseeiern hatten. Noch 14 Tage darnach fand man Hagelkörner von der Größe der Taubeneier. — Am 7. Aug. 1738 zwischen 11 und 12 Uhr des Mittags zog ein Gewitter mit Sturm und Hagelschlag über die Stadt und die benachbarten

Fluren. Schlossen wie Wallnüsse und Hühnereier, zum Theil noch größer, zerschmetterten die Feldfrüchte, die Dächer und Fenster, indem nur die gegen Süden verschont blieben; auch Menschen und Vieh wurden beschädigt. — Am 12. Dec. 1747 entstand des Abends ein heftiger Sturm, der viele Dächer und Fenster beschädigte, und auf dem Harze angeblich 72000 Fichten umwarf (so auch 1782). — Am 8. Dec. 1748 und an den folgenden Tagen stürmte es sehr. — Stürme waren außerdem 1750 am 10. Apr., 1751 am 19. Jul. (Nachmittags 3 Uhr mit Gewitter), 1753 am 24. Jun., 1756 in der Nacht vom 18. zum 19. Febr. und am 7. Oct., 1760 am 8. Oct., 1761 21. Febr., 1763 im Sept. und 30./31. Dec., 1764 3. Jan., 1773 15. Jan., 1776 21. Nov., 1777 31. Aug., 1781 13. Febr., 28. Aug., 26. Sept., 1783 12. März und 14. Nov., 1786 30. Aug., 1792 11. Dec., 1794 5. Mai, 1796 10. Oct. und 15. Oct., 1797 28. Juni.

In der Nacht vom 9. zum 10. Nov. 1800 zerriß der Sturm viele Dächer, namentlich das Dach der Kirche S. Blasii, und stürzte auf dem Harze viele Fichten um, im Elbingeröder Revier allein über 265,000, im Hannöverschen Harze über 446,000. — Am 5. Apr. 1808 war Sturm mit Regen und Donnerschlägen (darauf am 6. und 7. Apr. großes Wasser), am 2. Jun. 1811 Gewittersturm, durch welchen Bäume umgeworfen und Häuser abgedeckt wurden. — Stürme waren auch 1821 am 30. Nov. (mit Regen, wodurch Helme und Zorge anschwollen), 1824 am 22. Dec., 1827 am 14. Jan., 1828 am 21. März und am 19. Dec., 1830 am 28. Febr. — Am 18. und 19. Dec. 1833 wurden durch einen Südweststurm viele Bäume umgeworfen und Häuser beschädigt; fast 7 Wochen hindurch war es stürmisch, bis zu Ende des Jahres. — Am 18. Juli 1841 war ein starker Gewittersturm und am 28., 30. und 31. Jan. 1843 Sturm mit Blitz und Donner.

Achtes Kapitel.

Von harten Wintern.

Im Jahre 1567 erfroren Wein, Korn, Hopfen und Obst, — 1569 dauerte der strenge Winter vom November bis in den März und 1571 vom Anfange des Novembers bis zur Mitte des April. — Im Januar 1612 erfroren die Fische in den Teichen und das Wild in den Wäldern; auch litten die Saaten sehr. — Vom 23. bis zum 30. Apr. 1615 war es ungewöhnlich kalt, und am 3. Mai fror es so, daß auch die Blüthen und das Laub der Bäume abfielen. — Der harte Winter 1623—24 dauerte vom 2. Advent bis auf den Gregoriustag (10. Dec. bis 12. März); dabei gab es auch viel Schnee. — Am Andreastage (30. Nov.) 1638 schneite es so stark, daß der Schnee hie und da einige Ellen hoch lag und Bäume unter der Last desselben brachen. — 1654 und 1655 war ein harter Winter von Martini bis Lichtmesse. — In dem strengen Winter 1658 standen die Mühlen lange still, da das Wasser ausgefroren war. — Große Kälte war von Martini 1671 bis Fastnacht 1672 und im December 1691 und Januar 1692. Die Wasserkünste froren ein und die Mühlen standen, so daß Brotmangel eintrat. Am 13. Febr. 1692 thauete es und dem Mangel war abgeholfen. — Der Winter 1709 war ungewöhnlich streng, und viele Menschen, Vieh und Bäume erfroren. — Nach Martini 1739 trat strenger Frost ein, welcher anhielt bis zum 5. März 1740. Am 9. Jan. war die Kälte am höchsten gestiegen und 2 Grad stärker als die von 1709. Es geschah dadurch den Menschen, dem Vieh und den Bäumen viel Schaden, auch die Mühlen standen oft. — Der Winter von 1748 war hart, aber 1755 (besonders am 9. Febr.) war es so kalt, wie seit 1740 nicht. Am 5. Febr. war ein so starker Schneefall, daß der Verkehr auf den Straßen gehemmt wurde. — Am 5., 6. und 7. Jan. 1757 trat heftige Kälte ein, die jedoch bald nachließ. — In dem harten Winter 1761 litten viele Einwohner bei den sehr gestiegenen Holzpreisen. — Am 9. Jan. 1766 war die Kälte sehr empfindlich, doch hielt sie nur 2 Tage an: zu heil. 3 Kön. 1767 war es so kalt wie 1709 und 1740, am kältesten am 20. Jan. Der Mühlgraben fror aus (nach der Dürre von 1766), und die Mühlen standen, bis es am 1. Febr. regnete. — 1774 war ein strenger Winter (von Martini bis Lichtmesse). Vom 19. Jan. bis 1. Febr. 1776 war strenge Kälte (27. Jan — 1. Febr. 21° R.) — Am 25. März 1782 fiel fast 1 Elle hoch Schnee und am 27. März stieg die Kälte auf 15°, so daß die Baumknospen meistens erfroren. Am 30. März trat Thauwetter ein. — Strenge Winter waren 1783 auf 1784 (5. Dec. — 25. Febr., darauf 29. Febr. bis Ostern) und 1784 auf 85 (Dec. — Apr.). 1784 waren die meisten Wasserröhren eingefroren. — Noch härter war der Winter 1788 auf 1789, indem die Kälte schon im October eintrat und anhielt bis zur Mitte des Februar. Viele Menschen erfroren. Wegen der hohen Holzpreise fingen 1789 einige hiesige Branntweinbrenner an, Steinkohlen von Neustadt zu holen (1 Scheffel für 3 ggr. und 1½ ggr. Fuhrlohn), und manche derselben behielten seitdem diese Feuerung bei. — Vom 15. Dec. 1794 bis 9. Febr. 1795, und wieder nach dem 13. Febr. war es sehr kalt, am 31. Dec. 18°. — Der Winter von 1799 auf 1800 war hart. Am 28. Apr. 1800 lag an einer Stelle in der Rautenstraße noch ½ Elle hoch Eis. — Durch Kälte zeichneten sich im 19. Jahrhundert aus die Jahre 1812, 1823 (wo am 23. Jan. das Thermometer 23° zeigte), 1829, 1830, 1845, 1850.

Neuntes Kapitel.

Von Wasserfluthen.

Häufige und durch Hinwegspülung cultivirten Bodens und Hinwegreißung der Brucken und Stege sehr schädliche Anschwellungen erleidet die wilde Zorge vor der Stadt, und bei dem starken Fall und dem lockern breiten Flußbette dieses im Sommer zuweilen völlig versiegenden Gewässers haben schon seit Jahrhunderten unsre Väter mit dieser Hyder ohne besondern Erfolg gekämpft. Nächst den Verwüstungen, welche die Zorge anrichtet, sind auch die meisten gleichzeitigen, doch schneller eintretenden und schneller vorübergehenden Anschwellungen der Helme so entschieden nachtheilig (auch in dem Rinnsale der sogenannten alten Helme), daß eine vollständige Regulirung des Flußbettes derselben sehr zu wünschen ist. Auch ein nicht unbedeutender Raum vor dem Töpferthore, übrigens ohne laufendes Wasser, wird bei plötzlichem Schmelzen des Schnees zuweilen unter Wasser gesetzt.

Die älteste Nachricht von einer gewaltigen Wasserfluth giebt die Sage von der Zerstörung der Kapelle des Siechhofes durch die Zorge (vgl. meine kleinen Schriften S. 174); sicherer sind aber folgende Aufzeichnungen aus späterer Zeit: Im Jahre 1595 drang das Wasser in der Töpferstraße (wol vor dem Thore) in die Fenster. — In dem Winter 1609—10, vom November bis Estomihi (21. Febr.) fiel bei milder Temperatur viel Regen, und es gab großes Wasser, besonders am Concordientage (18. Febr.); — auch 1612 schwoll durch viel Regen auf dem Harze das Feldwasser sehr an und that großen Schaden. — Am 4. und 5. Febr. 1655 entstand durch heftigen Regen, welcher den Schnee und das Eis, die ein Vierteljahr gelegen hatten, schnell auflösete, großes Gewässer. Der Alten- und Grimmelsteg und die Hälfte der Sundhäuser Brücke wurden hinweggerissen, auch der Grimmel-, Siechen-, Pferde- und Sauteich wurden zerrissen, und vor dem Töpferthore stand das Wasser mit den Zäunen in gleicher Höhe. — Im Jahre 1657 trat nach anhaltender Dürre anhaltendes Regenwetter ein, infolge dessen das Wasser anlief und die Feldfrüchte sehr auswuchsen. — Am 15. Jan. 1682 schwoll bei Thauwetter unter gemischtem Regen- und Schneefall die Zorge so sehr an, daß man vorbauen mußte, damit das Wasser nicht zum Siechen- und Sundhäuser Thore hereindränge. Der volle Strom des Feldwassers durchstrich den Sauteich und Pferdeteich und führte die Brücken vor dem Sundhäuser-, Grimmel- und Altenthore hinweg. — Am 21. März 1689 riß der angeschwollene Fluß die steinerne Siechenbrücke hinweg, welche erst 1693 wieder erbaut wurde.

Am 19. Dec. 1740, nachdem es bei Thauwetter den ganzen Tag vorher und die Nacht hindurch geregnet hatte, wuchsen die Gewässer der Zorge so, daß sie viel artbares Land, auch Zäune hinwegschwemmten, die Teiche durchbrachen und die Fische fortführten. Bei der Papiermühle (der Neuen Mühle) wurde der Damm des Mühlgrabens zerrissen und die Mühlen am Bielenrasen wurden unter Wasser gesetzt. Die Helme war so groß, daß sie die Sundhäuser Straße herab bis in das Feldwasser vor dem Sundhäuser Thore lief. Ein großer Damm, durch welchen der Rath erst im vorigen Jahre einen Teich in der Windlücke geschützt hatte, wurde ebenfalls durchbrochen, und das Wasser des Teiches ergoß sich. — Nach Regen am 15., 16. und 17. Dec. 1753 entstand großes Wasser, wol noch größer als 1740. (Im Jahre vorher, am 30. Juli 1752 brach nach starken Regengüssen der Damm des ungefähr 100 Acker großen Teichs bei Schiedungen, und es schwammen für etwa 8000 Thaler Fische fort, aber auch ein Schäfer sammt der Heerde und den Schafen. Das Wasser der Helme führte todte Schafe bis in die Nordhäuser Flur, bis an die Werther- und Rodebrücke, und die Feldfrüchte standen hie und da einige Tage bis an die Aehren im Wasser). — Im Jahre 1760 war am 4. Dec. und diesen ganzen Monat hindurch, besonders am 12. Dec., großes Wasser. Der Altensteg und der Grimmelsteg wurden fortgerissen und die Passage durch das Alten- und Siechenthor war gehemmt. — Großes Wasser war auch 1761 am 22. Febr., 1763 am 31. Dec., 1767 am 9. Dec., 1772 am 27. Febr. — Nach starkem Regen am 25., 26. und 27. Mai 1774 war die Helme außerordentlich angeschwollen und that viel Schaden. — Nach heftigen Regengüssen vom 2. bis zum 5. Febr. 1775 und bei Thauwetter nach starkem Schneefall schwoll die Zorge so an, daß sie am 5. Febr. nicht nur beide Stege, den Alten- und Grimmelsteg, sondern auch die beiden großen Brücken, die 1693 für 1000 Thaler erbaute Siechenbrücke und die schöne, ganz steinerne, 1727 bis 1731 für 3500 Thaler erbaute Sundhäuser Brücke hinwegriß, das Wehr beschädigte und in das Hospital S. Martini eindrang (s. Waisenbuch 101, S. 623). — Auch im folgenden Jahre 1776 vom 8. bis 10 Febr. war großes Wasser. — Am 5. Febr. 1781 war namentlich die Helme groß; auch die Umgebungen des Töpferteiches standen damals unter Wasser. — 1782 war großes Wasser am 6. Jan., zu Anfange des April und am 30. Decbr., darauf 1783 am 6. Jan., auch am 20. Nov., und 1792 im December; im 19. Jahrhundert, besonders am 8. Nov. 1807 und am 7. Febr. 1808, noch mehr aber im April dieses letztern Jahres, denn nach einem Gewittersturm am 5. April schwoll die Zorge außerordentlich an, nachdem in der Nacht vom 6. zum 7. April der Damm des großen Teiches bei Wieda gebrochen war, und die Gewässer dieses Teiches mit solcher Gewalt sich ergossen, daß daselbst einige Häuser fortgeschwemmt wurden und 16 Menschen dabei verunglückten und ertranken. Vor unserer Stadt wurden fortgerissen der Altensteg und der Grimmelsteg, 6 große Pappeln bei dem Wehrhause, die Schießmauer vor den drei Linden, die große Linde vor dem Siechhofe (dessen Seitengebäude an der Ecke unterwaschen wurde) und andre Bäume, auch viel artbares Land. Das Wasser trat auch in die Teiche vor dem Siechenthore. — — Groß war das Wasser auch am 10. März 1810, am 14. Nov. 1824, im Januar 1825, besonders im Febr. 1830, auch am 10. Dec. 1833, noch mehr am 25. Jan. 1834.

Zehntes Kapitel.

Von großer Dürre.

Als trockene Jahre werden bezeichnet 1540 und 1572. — Als im Jahre 1589 nach langer Dürre im December Frost eintrat, fehlte es fast gänzlich an laufendem Wasser, so daß man nicht mahlen konnte. Der darauf folgende Sommer 1590 war ebenfalls trocken, und man mußte die Unterkunft durch 4 Mann ziehen lassen, um Wasser zum Brauen zu bekommen. — 1599 fehlte es an Wasser wie 1589. — In der Dürre des Sommers 1606 kam viel Vieh aus Mangel um. — 1624 fehlte es im Julius sehr an Wasser. — 1657 verdorrte in der großen Hitze das Gras, und das Vieh litt Noth; darauf folgte aber Regen, daß das Getreide auswuchs. — 1684 war der Frühling warm, der Sommer heiß und trocken; vielen Bächen und Flüssen fehlte das Wasser; das Sommergetreide mißrieth, so daß man die Gerste nur ausraufte. — Vom September 1691 bis Fastnacht 1692 war so trocknes Wetter, daß großer Wassermangel eintrat. Die Unterkunft wurde anfangs noch getreten; endlich standen die Mühlen ganz. Es wurden an fünf Sonntagen im Januar und Februar in die Litanei die Worte eingeschaltet: „Du wollest auch die trockene Witterung und großen Mangel des Wassers gnädig abwenden", und auf den Kanzeln wurde um Abhülfe dieser Noth gebetet bis zum Sonntage Invocavit (4. März). — — Im Julius 1757 fehlte es bei großer Hitze sehr an Wasser, und 1758 war Wassermangel, so daß auch sonst wasserreiche Brunnen versiegten. — Vom Ende des August 1766 bis zum December hat es wenig oder fast gar nicht geregnet, so daß die öffentlichen Brunnen schon des Mittags erschöpft waren und kein Wasser gaben, und die Mühlen wenig schroten, fast gar nicht mahlen konnten. Nach Weihnachten fiel ein starker Schnee, und nun trat bis zum 21. Januar 1767 eine heftige Kälte ein (wie 1709, 1740, 1755), so daß der Mühlgraben ausfror und alle Mühlen an demselben still standen; nur die Mühlen an der Salza hatten noch Wasser. Bis zum Anfange des Januar wurde die Unterkunft noch von 14 Menschen getreten, dann fehlte das Wasser hier ganz. Die Oberkunst wurde von 14 Menschen bei Tag und Nacht getreten, doch kam dadurch nicht viel Wasser in die Oberstadt. Die meisten Brunnen hatten ebenfalls wenig oder gar kein Wasser. Man gab 17 ggr. für 1 Scheffel Rocken, aber 22 ggr. für Rockenschrot und 1 Thlr. 6 ggr. oder 1 Thlr. 8 ggr. für Rockenmehl. Der große Wassermangel dauerte bis zum 29. Januar, worauf es thauete und am 31. Jan. und 1. Febr. regnete. — (Durch Dürre 1782—84 und den Borkenkäfer verlor der Harz über 1 Million Fichtenbäume). — Bei anhaltender Wärme versiegten 1797 viele Brunnen. — Vom 5. Juni bis zum 19. Aug. 1800 fiel nur einmal (am 11. Juni) ein Regen, so daß die Bäume das Laub zum Theil verloren, worauf zu Ende des Septembers die Aepfel- und Birnbäume noch einmal blühten. Man beschloß damals eine Windmühle (auf dem Taschenberge) zu bauen, und dieser Beschluß wurde darauf auch ausgeführt. — Im August und Sept. 1810 fehlte das Wasser in dem Stadtgraben und in den Brunnen, so auch 1825, da es von

Johanni bis zum Herbst wenig geregnet hatte. — Durch Hitze und Trockniß zeichneten sich aus die Jahre 1826 (Wassermangel im Sept.) und 1827 (von Johanni bis Oct. ohne durchdringenden Regen), auch 1832 (Hitze ohne Regen im August).

Eilftes Kapitel.

Von theurer Zeit.

Anno 1268 in der Pfingstwoche war ein solches Erdbeben, daß zu Nordhausen und Mühlhausen etliche starke Gewölbe an Kirchen und Häusern aufrissen, auch war eine solche Theuerung, daß „ein Brot wie ein Taubenei 3 Pfennige galt" (wie man derselben zu Erfurt und Mainz zum Gedächtniß noch macht). Diese Worte las Lesser vor dem Brande von 1710 an der Wand der sogenannten Herrenstube auf dem Weinkeller. — — Von dem Ende der siebenjährigen Kälte und Theuerung und darauf folgender Pest im Jahre 1438 sprach eine ältere Steininschrift an der Kirche S. Blasii (s. meine kl. Schriften S. 145).

Als in der Theuerung 1570 und 1571 der Scheffel Rocken 1 Thaler kostete, erhielten Bürger denselben von des Rathes Fruchtboden für 15 gute Groschen. — 1579 galt 1 Scheffel Hopfen zu Laurentii (10. Aug.) 4 Thaler, zu Michael 8 und 14 Tage darauf 9 Thaler. — 1595 stieg der Getreidepreis von Ostern bis zur Ernte, so daß der Weizen 28 ggr. bis 2 Thlr., Rocken 20 bis 30 ggr., Gerste 20 und Hafer 16 ggr. galt. — 1597 stieg der Rocken in der Theuerung von einem Joachimsthaler auf einen Philippsthaler und war nur für ganzes Geld zu haben. — Am 6. Oct. 1619 bezahlte man ein Schock weißen Kohl mit 1 Gulden. — 1620 um Margarethentag (12. Jul.) galt 1 Scheffel Gerste 2½ Thlr., und 1621 stiegen alle Waaren noch mehr, so wie auch 1622 die hohen Preise blieben, indem z. B. am Sonnabende nach Mariä Reinigung (am 5. Febr.) 3¼ Thlr. für 1 Scheffel Gerste gegeben wurden. Kindervater (Feuer- und Unglückschron. S. 127) giebt folgendes Verzeichniß der Preise um diese Zeit: 1 Fuder Holz 8 Thlr., 1 Schock Reißholz 2½ Thlr., 1 Scheffel Rocken 5¼ Thlr., Gerste 3 Thlr., Hafer 2 Thlr., Erbsen 4 Thlr., Rübsamen 6 Thlr., 1 Pfund Muß 4 ggr., Speck 16 ggr., holländ. Käse 16 ggr., Butter 16 ggr., ein gemästetes Rind 100 Thlr., eine Kuh 60 bis 70 Gulden, ein Kalb 10 Gulden, 1 Mandel Eier 18 ggr., 1 Schock Eier 2 Gulden 8 ggr., 1 Faß Bier 26 Thlr.*) Daß aber diese Theuerung eine künstliche und eigentlich nur eine scheinbare war, geht schon aus der Bemerkung hervor, daß 1 Speciesthaler 10 Thaler galt. Die

---

*) Lesser fügt hinzu: 1 Sch. Weizen 6 Thlr., 1 P. Mannsschuh 4 Thlr., 1 Hering 3 ggr., 1 Huhn 9 ggr., 1 Gans 1 fl., 1 Pfd. Brot 4 ggr., Schweinfleisch 16 ggr., Schöpsenfleisch 2 ggr., Rindfleisch 2 ggr., Hecht 8 ggr., Karpfen 6 ggr., Wachs 2 Thlr., Lichte 1 fl.

damaligen hohen Preise hingen ab von dem cursirenden schlechten Gelde von höchst geringem Silbergehalte. Die Schreckenberger (12 Kreuzer) wurden erst zu 4, dann zu 3, zu 2, endlich zu $1\frac{1}{2}$ Loth ausgeprägt und kosteten 4 ggr., da sie endlich kaum 6 oder 4 Pf. werth waren. Als die Regierungen, die das Unwesen zum Theil befördert und an dem Gewinn Theil genommen hatten, endlich demselben steuern mußten, sanken auch die Preise wieder. Das Kipper- und Wippertreiben verstärkte den Druck des dreißigjährigen Krieges. (Die „Kipper" beschnitten das Geld, die „Wipper" wogen die schweren Stücke zum Einschmelzen aus.) — 1624 galt in der Woche nach Johanni 1 Scheffel Rocken $1\frac{1}{2}$ Thlr., Gerste 1 Thlr., Hafer $\frac{2}{3}$ Thlr. — Durch starken Mäusefraß im Jahre 1684 soll 1685 Theurung entstanden und der Rocken mit 1 Thlr. und darüber bezahlt sein.*) Zur Erntezeit sanken die Preise. — Lesser giebt die Jahre 1695 und 1696 als theure an, mit Rockenpreisen von 1, $1\frac{1}{2}$ ja 2 Thlr. Nach Rosenthal waren die Preise in diesen 2 Jahren viel niedriger. Als theure Jahre zu Ende des 17. Jahrhunderts bezeichnet Rosenthal 1693, 1694, 1698, 1699 und 1700, besonders 1699 (mit 29 bis 37 ggr Mittelpreis des Rockens, dem höchsten im Juni und Juli), im 18. Jahrhundert folgende: 1714, 20, 40, 57, 62, 71, 72, besonders das letzte. — — Lesser bemerkt, daß 1714 in der ersten Woche des Junius das Getreide auf einmal so stark im Preise stieg, daß 1 Scheffel Rocken 34 ggr., Weizen 36 ggr., Gerste 21 ggr. galt, und daß dieses eine Folge war der starken Abfuhr und des Aufkaufens schon vor dem Thore, welches daher auch vom Rathe verboten wurde. Nach Rosenthal war der höchste Mittelpreis des Rockens im Julius 30 ggr. — — 1720 galt nach Lesser Rocken 2 Thlr., Weizen 2 fl., Gerste 30 ggr., Hafer 18 ggr.; doch Rosenthal bezeichnet als höchste Mittelpreise in diesem Jahre für Weizen (im August) $37\frac{1}{2}$ ggr., für Rocken (im Juni) $33\frac{3}{4}$ ggr., für Gerste (im Juli) $27\frac{3}{4}$ ggr. Durch ungünstige Umstände (wegen des harten Winters 1739—40, verzögerte Bestellzeit rc.) stieg im Jahre 1740 der Rocken auf $1\frac{2}{3}$, der Weizen auf 2 Thlr. — —

Die schlimmsten Jahre des Mißwachses und großer allgemeiner Noth waren im 18. Jahrhundert 1771 und 1772. Nach Rosenthals sehr schätzbarem Büchlein stieg der Mittelpreis für Weizen im Juli 1772 auf $75\frac{1}{2}$ ggr., für Rocken im Juli 1771 auf $68\frac{1}{4}$ ggr. und für Gerste auf $52\frac{1}{2}$ ggr. Dabei ist der im Vergleich mit unsrer Zeit damals noch viel höhere Geldwerth in Anschlag zu bringen, so sehr derselbe auch seit einigen Jahrhunderten gesunken war. Die Ausfuhr des Getreides aus Sachsen war verboten. Am 8. Nov. 1771 wurden alle Branntweinblasen in Nordhausen versiegelt. — In dem nassen Jahre 1785 gab es viel ausgewachsenes Getreide, doch theuer war dasselbe 1789, indem der Weizen im December 2 Thlr. kostete. —

Seit dem Jahre 1766 findet man in unsern wöchentlichen Intelligenz- und Nachrichts-

---

*) Rosenthal (Geschichte des Getreidepreises in Nordhausen 1676 bis 1775. Dessau 1783. 8. S. 24) giebt an als höchste Mittelpreise dieses Jahres im Januar und März $20\frac{1}{2}$ ggr., im August aber nur $10\frac{1}{2}$ ggr als Mittelpreis des Rockens.

blättern die Getreidepreise, auch Brot- und Fleischpreise verzeichnet. Im Anfange des 19. Jahrhunderts war das Jahr 1805 das theuerste, indem der Nordhäuser Scheffel Rocken auf 5 Thlr. und darüber stieg, dem Weizenpreise fast gleich.

Zwölftes Kapitel.

Von traurigen Begebenheiten (bis 1801).

Man vergleiche mit diesem Kapitel Kap. 4 von Kriegsunruhen und Kap. 5 von Feuersbrünsten rc. — — Im Jahre 1452 erschlug die Lehmgrube den Sohn eines Bürgers Heinrich von Wenden. — 1455 wurde Hans Busseleb im Felde erschlagen. — 1500 ist Jost in dem Klosterhofe im Altendorfe erschlagen worden. — 1502, nachdem Heinrich Meder den Martin Tischmacher ermordet hatte, ist die Sache von dem Rathe so verglichen worden, daß der Thäter eine Wallfahrt thun, ein (Stein-) Kreuz setzen, Brüderschaft in viertehalbhundert Klöstern, Vigilien und Seelmessen beschaffen sollte. (Auf diesen Todtschlag bezieht sich wahrscheinlich das Steinkreuz und der Denkstein unweit des Weges nach Salza mit einem Christusbilde und zwei männlichen Figuren, auch deren Wappenschilden und der Jahrzahl 1504. S. die kl. Schriften S. 158). — 1515 als man Melchior Hesse gefangen genommen hatte, da er in Verdacht war, den Peter Nige ermordet zu haben, schrieb Thilo von Westernhagen an den Rath, daß er denselben loslassen möchte, indem sich Hans Sendrothe zu dem Todtschlage bekenne. Man sollte ihm sicheres Geleit geben, den Todtschlag zu verbüßen. — 1522 am Sonnabend in der Pfingstwoche (14. Jun.) wurde Hans Kopf einen Büchsenschuß von der Stadt in die Brust gestochen, so daß er nach einigen Tagen in der Stadt starb. — 1523 wurde in dem „gemeinen Hause" (Bordel) unter den Weiden ein Mann tödtlich verwundet. — 1525 erstach ein Diener des Herzogs von Braunschweig einen Bürger auf dem Weinkeller. — Am Freitage vor Pfingsten (28. Mai) 1563 erstach Heinrich Stange in Jacob Brauns Hause den Bruder seiner Frau Andreas Thomas. Er wurde am folgenden Morgen mit dem Schwerte hingerichtet und mit dem Ermordeten in Ein Grab gelegt. Mit der Mordbuße von 228 Gulden 12 Groschen, welche die Stangesche Familie zahlen mußte, stiftete die Familie Thomas das Thomas-Stangesche Stipendium für Studirende beider Familien. — In demselben Jahre erstickten Klaus Gärtner und seine Frau und Magd im Keller durch den Dunst von gährendem Biere zur Zeit des Herbstjahrmarkts. — 1568 am Donnerstage nach Lätare (1. Apr.) hatte an der Ecke der Flickengasse ein Nachbar den andern gerufen; als dieser nun kam, schlug das Weib von jenem den Gerufenen mit der Axt vor den Kopf, daß derselbe strauchelte, worauf der Mann ihm das Herz abstach. Die mörderischen Eheleute entkamen zwar von hier, wurden aber zu „Elligerode" (Elbingerode?), der Mann mit dem Rade, die Frau mit dem Schwerte gerichtet.

1565 am Mittwochen vor Himmelfahrt erstach ein Bettler den andern, und am 7. Dec. wurde Andreas Bergmann ermordet. — Am 13. Mai wurde hier Lorenz Gaßmann von Ellrich erstochen von Berlt Koch. (S. A. Schriften S. 158). — Am 29. Aug. 1578 wurde Martin Burchard und sein Sohn von der Lehmgrube erschlagen und am 7. Dec. desselben Jahres (nach einer andern Aufzeichnung 1592) ertrank Glorius Vogel vor dem Altenthore. — 1597 fiel Just Rülcke aus seinem Fenster und starb. — 1587 am 18. April starb ein Delinquent „jämmerlich" im Predigerthurme. — 1588 am 27. Juni starb Nic. Walburg im Gefängniß und wurde unter dem Galgen begraben. — 1592 am 16. Nov. wurde Melchior Baumann bei dem Töpferbrunnen erstochen. — Am 28. Aug. 1593 wurde Franz Bendeleb von der Lehmgrube erschlagen. — Am 3. Febr. 1594 erstach ein Bauer den andern auf dem Kornmarkte. — Am 13. Febr. 1595 erhängte sich eine Frau, weil sie 3 Groschen Abgaben zahlen sollte, bei S. Martini. — 1604 im April wurde Nic. Frost vor dem Altenthore erschlagen. Der Thäter wurde verhaftet und alsbald hingerichtet. — Am 15. Dec. 1604 entleibte ein Kramer im Altendorfe seinen Lehrling. — 1607 im Juni stürzte ein Zimmermann vom Rathhause und starb. — Am 29. Mai 1608 wurde Andreas Müller von einem Barbier erstochen. Dieser entkam. — 1613 wurde ein todtes Kind bei L. Pfeifers Keller gefunden. — Im Febr. 1615 fiel ein Schieferdecker vom Hausmannsthurme todt, und am 13. August aus einem Fenster im Walkenrieder Hofe ein armer Mann; darauf am 3. Sept. wurde Hans Ulrich aus Ober-Gebra von Hans Schatz von Hainchen entleibt. — Im April 1622 stach sich zufällig Andr. Liebesberg auf der Wache in seine Hellebarde, daß er starb. — Am 2. März 1625 ertrank ein junger Bursch von Sülzhain, der in die Ditfurt gefallen und vom Wasser bis an den Altensteg getrieben war, und im April fiel sich ein Schlosser im Judenhause zu Tode. —

In nicht wenigen der folgenden Unglücksfälle erkennt man traurige Wirkungen des dreißigjährigen Krieges. — Im Jan. 1626 wurde ein Mann von Sülzhain von den kaiserlichen Soldaten erschossen, ebenso im Febr. Val. Krug von Bülzingsleben und im April ein Gewandkramer aus Zwickau Michael Rieschel. Darauf wurde am 20. Mai Hans Hoppe von der Lehmgrube erschlagen und am 23. Mai ein Soldat, der ein Pferd wegnehmen wollte, in Stücken gehauen. Im Juni wurde Hans Quehl aus Werna von den Kaiserlichen erschossen. — 1627 wurde ein Knabe von einem andern erschossen und am 22. Oct. Jac. Rebelung vor dem Sundhäuser Thore. Es gingen nämlich Bauern von Windehausen aus der Stadt heimwärts, als bei der Papiermühle (der Neuen Mühle) der Sohn des Schweinschneiders und ein Bürgerssohn aus der Neustadt auf sie schossen und den Jac. Rebelung in den Leib trafen, daß er starb. Alsbald fielen die andern Bauern über jene her und schlugen den Bürgerssohn auf der Stelle todt, den Andern aber richteten sie so übel zu, daß er nur noch in einen Weinberg kriechen konnte, worin er am folgenden Morgen todt gefunden wurde. — Am 9. April 1628 wurde Chrn. Pfaffe von einem Soldaten erschossen, und am 8. Dec. wurde Marg. Haselbach begraben, welche von ihrem Vater aus Ilfeld getödtet war. Dieser wurde später hingerichtet. Ein Edelmann, Dietr. Wilh.

von Bendeleben aus Cannewurf wurde, als er über einen Mühlsteig ging, von einem Soldaten auf einem Acker erschossen. — Am 25. Juni 1629 kam ein Bürger um unter einem einstürzenden Hause. — 1632 wurde ein Studiosus der Theologie Joh. Fleuter, des Quatuorvir Fleuter's Sohn, von seinem Landsmanne, dem Studiosus der Theologie Joh. Thelemann des Nachts aus altem Groll überfallen und tödtlich verwundet, ja der Kopf würde ihm gespalten sein, wenn ihn nicht der starke Hut geschützt hätte. Der Verwundete verzieh dem Mörder vor seinem Tode und dankte Gott, daß derselbe ihn erst zur Erkenntniß seiner Sünden habe kommen lassen. — Am 7. Juni wurde der Schulze von Buchholz auf dem Jahrmarkte so schwer verletzt, daß er daran sterben mußte. — Am 15. März 1633 kam die hochschwangere Gattin des Buchdruckers Joh. Erasm. Hynitsch, Frau Katharina, Tochter des Doctors Joh. Oßwald, auf eine traurige Weise um das Leben. Sie war am 14. März gesund zu Bett gegangen, dann aber von Traurigkeit befallen worden und hatte fast die ganze Nacht geweint. Am Morgen geht sie zur Passionspredigt und nach Hause zurückgekehrt setzt sie sich auf einen niedrigen Stuhl und fängt an mit der Magd kleines Geräth zu stärken. Als nun um zehn Uhr der Hausherr ausgeht, nimmt der Gesell einen Spänner von der Wand, spannet lange an einer Büchse, welche erst an diesem Morgen dahin gesetzt ist, tritt vor die Magd und fragt: Junge Frau, soll ich die Magd erschießen? Die Frau antwortet nicht, aber die Magd spricht: Wenn Ihr mich erschießt, so müßt Ihr wieder sterben. Indem geht das Rohr los und die Kugel dringt durch die rechte Brust der Frau und weil sich dieselbe bückt, hinab in den Leib. So fanden die Mutter und das Kind den Tod. Der Thäter lief davon. — Im April 1633 wurde Jac. Michel erschossen. — 1634 fiel Katharine Schützenmeister beim Brauen in die heiße Meische und starb am andern Tage. — Am 7. Aug. wurde Andr. Apel erschossen. — Durch Unvorsichtigkeit einer Magd erstickte am 24. Oct. ein Kind im Bette. —

Am Sonntage Estomihi (18. Febr.) 1635 stach sich ein Knabe, der zum Vergnügen an einem Glockenstrange fuhr und dabei ein bloßes Messer in der Tasche hatte, dieses in den Unterleib, woran er am folgenden Morgen starb. — Am 15. Juni wurde der Stadtfähnrich aus Kelbra Andreas Wachter von einem schwedischen Soldaten bei der Papiermühle erschossen. — Am 24. Aug. starb Mart. Eiliger durch einen Fall in der Kalkhütte. — 1636 am Walpurgisabende wurde ein Musikant Gr. Willerbach erschossen und im Juni ein Soldat. — Am 27. Jan. 1637 wurde ein Schulmeister von Harzungen erschossen, und am 4. Mai wurde ein Soldat begraben, der bei Tob. Kaiser erstochen war. — Am 20. Oct. wurde Hans Schnellers Söhnlein von der Lehmgrube erschlagen. — Am 20. Oct. 1638 erstach der Fuhrmann Hans Schröter von Lipprechterode einen andern, Andr. Weidemann von Tettenborn, in Fullmann's Hause in der Beckerstraße, worauf der Thäter enthauptet wurde.

Am 9. März 1639 wurde Andr. Wagner begraben, welcher um 5 Uhr über der Rothleimmühle von einem Soldaten entleibt war, und im Juli wurde Nic. Gießeweins Knecht von einem Soldaten erschossen. — Am 19. März 1640 wurde die vor dem Altenthore ertrunkene Frau

Andr. Laubichs begraben, darauf am 26. Mai Hans Bonifacius und am 7. Aug. ein Soldat, welche beide erschossen waren, der Letztere von Bauern. — Im Sept. 1641 wurde Heine Apel von einem Soldaten erschossen, und im Dec. erschoß sich ein Soldat von Bleicherode Ernst Rademacher selbst. — Am 25. Oct. 1642 wurde Andr. Helwig begraben, welcher auf der Reise nach Halle, wohin die Bürger Proviant führen mußten, von Mich. Kreger beschädigt und neun Tage darauf gestorben war. — 1643 wurde ein Mägdlein von einem Hause am Frauenberge erschlagen, und am 28. Dec. ein Gesell des Hausmanns begraben, der von einem Soldaten tödtlich verwundet war. — 1645 ertrank ein Mädchen vor dem Altenthore und ein Knecht fiel von einem Wagen todt. — Am 26. März 1646 stürzte sich die Frau des Aedituus S. Petri in einen Brunnen. — Am 11. Febr. 1647 wurde Georg Franke, der auf dem Sundhäuser Thore die Wache hatte, von Dietrich Schröter geschlagen, daß er niederfiel und starb. — 1648 ertrank ein betrunkener alter Mann unter den Weiden, und die Frau des Stadthauptmanns wurde von einem von dem in Brand gerathenen Schornsteine herabfallenden Ziegelsteine erschlagen. — 1649 wurde ein hiesiger frommer Schüler von seines Vaters Knechte bei Ebeleben aus Muthwillen erschossen. — 1650 ertrank ein Mägdlein in einem Gefäße, und ein Vater erschoß sein eigenes Söhnlein unversehens in der Webergasse. — 1651 im April erschoß ein Cornet einen Leutnant, worauf jener nach eingeholtem Urtheil enthauptet wurde. — Am 20. Jan. 1652 wurde Heinr. Weber aus Leimbach bei dem dritten Steinkreuze auf dem Wege nach dem Himmelgarten von Andr. Tenzer aus Rottleberode erschossen. Der Mörder wurde am 30. Jan. in die Acht erklärt. — Im Februar ist die alte Mutter des Kuttelmüllers und im Dec. ein Mägdlein ertrunken. — Am 11. Jan. 1653 erschoß sich ein Schneider in der Beckerstraße an seiner Tochter Hochzeit. — 1655 brach ein Mann am Neuenwegsthore die Treppe herabfallend den Hals. — 1658 ertrank ein Mann beim Baden im Pferdeteiche. — Drei Jungen erfroren. — Ein Mann schlug am 26. Aug. seine Frau, daß sie starb. Derselbe ergriff die Flucht, erhielt aber freies Geleit und reinigte sich durch einen Eid, worauf er nach eingeholtem Urtheil freigesprochen wurde. Als er nun wieder zum Abendmahle ging, wurden die Anwesenden von der Kanzel ermahnt, sich nicht daran zu stoßen. — 1659 im Dec. erstach ein Stadtsoldat den andern auf dem Kornmarkte. Der Thäter, N. Müller aus Magdeburg, entkam und wurde in die Acht erklärt. Am 1. Mai 1660 fand ein Mann aus Sundhausen bei Langensalza durch einen Fall in einen Keller in der Töpferstraße seinen Tod. — Am 8. Jan. 1661 gerieth ein Rathsherr von Frankenhausen in das Wasser vor dem Altenthore, wurde zwar herausgezogen, starb aber in Folge des Schreckens am andern Tage. — 1665 ertrank ein Knabe bei der Rothleimmühle, 1668 einer bei der Sundhäuser Brücke, 1669 einer im Sumpfe bei der Rothleimmühle und darauf noch einer. — Am 28. März 1670 fiel ein Knabe von dem Thurme an der Stadtmauer hinter S. Crucis todt und 1672 ertrank ein solcher in dem Rosensumpfe, in welchen er, von epileptischen Krämpfen ergriffen, gefallen war. — 1674 ertrank eine Frauensperson und 1675 fiel ein Mann in ein Schnitzermesser und starb nach 12 Stunden; auch ertrank ein Knabe. — 1678 erschoß sich ein Becker in der Neustadt. — Eine Frau aus Brücken fiel vom Wagen und starb in der „Baderei“ bei S. Martini (in der Badstube bei dem Bader am Badergäßchen, wohin man sie gebracht hatte). —

Am 25. Jan. 1680 wurde der Kaufmann Hofmann begraben, dem auf der Rückreise von der Leipziger Messe bei Obhausen beide Arme entzwei gefahren waren, worauf er am 18. Jan. in Allstedt starb. — Am 2. März ertrank ein Knabe vor dem Altenthore. Ein Säugling wurde von der Amme erdrückt. — 1681 fiel ein Knabe auf dem Heimwege von Berga vom Wagen todt und am 22. Nov. kam eine Frauensperson im Wasser um. — 1684 wurde bei der Musterung der Bürgerschaft ein Knabe unversehens erschossen, und am 9. Juni erschoß G. Teichel den Wächter an der Frauenbergsstiegel Hoffmann. — 1686 wurde ein Mädchen von der Lehmgrube erschlagen. — 1687 erhing sich ein Trübsinniger. — 1689 am 3. Jan. ertrank ein Knabe und am 21. März ein Schüler. Der Letztere, der zehnjährige Sohn des Amtsschreibers in Lohra, stand eben auf der Siechenbrücke, um das große Wasser zu sehen, als dieselbe niederschoß und ihn mit Trümmern bedeckte. Erst am 13. Aug. wurde der Körper (noch mit den Schulbüchern unter dem Arme) aufgefunden. — Am 8. Dec. ertrank ein Stadtsoldat. — Am 26. März 1690 wurde ein sächsischer Reiter Hans Lippe vor dem Sundhäuser Thore von einem kaiserlichen Musketier, der bei dem Werbecommando war, geschossen, daß er am andern Tage starb. — Ein trübsinniger Handwerksmeister erhing sich. — 1691 ertrank des Klostermüllers Essiger Sohn. — 1692 brachte die Magd des Calefactors der Schule ihr Kind um und ein Mädchen tödtete sich mit Gift wegen versagten Umgangs mit einem Schüler. — 1693 fiel ein Tischler aus Benneckenstein in einem Hause vor den Barfüßern des Nachts aus einer Fensteröffnung auf die Straße und starb. — Am 17. Mai 1694 wurde der am 14. Mai gestorbene Scherfmüller Essiger auf dem Altendörfer Kirchhofe begraben: „da sich zugetragen, daß nachdem der todte Körper in das Grab gesenket und schon verscharret war, die Erde sich beweget und ein Pochen ist gehöret worden, welches der Todtengräber bekräftiget; da dann viel hundert Menschen selbgen Tages sind an den gedachten Ort gegangen, solches zu vernehmen. — Von einem raschen Aufgraben und von einer Untersuchung der Sache ist nichts aufgezeichnet und „die vielen hundert Menschen“ werden sich wohl beruhigt haben, als sie nichts weiter hörten. — Am 2. Oct. fiel ein zweijähriges Mädchen in eine Heringstonne, worin ein wenig Wasser war, und ertrank. — 1697 am dritten Weihnachtstage fiel ein Knabe, als er mit seinem Stiefvater bei dem Altenstege durch das Wasser ritt, vom Pferde und ertrank, und am 23. Juli ertrank ein Knabe in der Salza. — 1699 starb ein Bauer von Bielen durch einen Sturz vom Pferde.

Am 10. Febr. 1701 ist ein Einwohner von Salza des Nachts im Wasser vor dem Altenthore umgekommen. — Im Jan. 1702 erschoß sich ein Obermeister der Leinweber in seiner Badstube. — Der Jurist J. W. Lesser erstach seinen Schwager Siebold auf offener Straße vor dem Hagen, ohne Absicht. Er entfloh, wurde Regimentsauditeur bei den Hannoveranern und fiel darauf vor Modern in Ungarn. — 1703 wurde ein Knabe von der Lehmgrube erschlagen.

— 1704 starb ein Töchterlein eines Schäfers in der Neustadt an Gift, wovon es geleckt hatte, als es solches auf dem Ofen gefunden hatte. — 1705 ertranken zwei Mägdlein und 1706 ein Knabe. — 1706 wurde ein Knecht erschlagen. — 1707 im Mai starb ein Mädchen und im Juni ein Knecht durch Verbrennung. Ein Knabe ertrank (am 24. Juni) beim Baden und ein Mann fiel von einem Dache herab todt. — Am 5. Jan. 1708 rangen zwei Bürger mit einander und der eine fiel auf den andern, so daß dieser todt blieb. Der Thäter wurde Soldat in Erfurt. — Ein holländischer Soldat, der hier auf Werbung lag, erstach einen preußischen Trommelschläger, wurde darauf verhaftet und an sein Regiment abgeliefert. — 1710 fiel ein Mann von einem Baume todt, und am 24. Aug. kam ein Bauer von Steinbrücken jämmerlich um das Leben, als bei dem Aufräumen des Schuttes des am 23/24. Aug. abgebrannten Rosenthalschen Hauses am Markte die Trabengrube unter ihm eingestürzt und er in den nachsinkenden heißen Schutt eingeklemmt war. — Ein Knecht wurde von der Lehmgrube erschlagen. — 1711 erstach ein Bäcker einen Bürger, den er bei seiner Frau angetroffen hatte. Der Thäter wurde auf der Flucht ergriffen und darauf mit Verweisung bestraft. — 1713 am 14. Mai wurde ein Brauer in der Rautenstraße von einem preußischen Soldaten erstochen. — Als am 15. Juni preußische Soldaten die Arbeiter in der Kalkhütte des Rathes am Konsteine aufheben wollten, flohen diese, aber einer derselben, ein nordhäusischer Bürger, stürzte dabei des Nachts von einer Klippe herab und brach beide Beine und das Genick. — Im Aug. fiel ein Knabe vom Altenstege und wurde bei der Siechenbrücke todt aus dem Wasser gezogen, und ein Bäckermeister fiel von einem Baugerüste an seines Bruders Hause in der Rautenstraße todt. — Am 15. Oct. erfror ein achtzigjähriger Mann, als er nach einem Dorfe ging, um Almosen zu sammeln. — Ein Brennknecht verbrannte sich an glühenden Kohlen, so daß er starb. — Am 29. April 1714 gerieth ein „Billetsherr" (Mitglied der Einquartierungscommission) mit einem preußischen Soldaten, der ihn wegen einer angeblichen kleinen Schuld in Haft führen wollte, in Streit und schoß, als dieser ihn überlaufen wollte, eine geladene Pistole auf denselben ab; doch da seine eigene Frau dazwischen lief, traf er diese in die Brust, worauf sie am 10. Mai starb. Darüber entstand ein Auflauf der Bürger und der Soldaten der damaligen preußischen Besatzung. Diese schlugen Lärm und stellten sich auf dem Kornmarkte auf; doch wurde der Tumult noch gestillt. — Ein berüchtigter Dieb, der Bäckergesell Raue aus Tirungen, sollte am 8. Juni bei dem Himmelgarten verhaftet werden; er schoß aber auf die hannöverschen Soldaten, worauf er von einem derselben erschossen wurde. — Am 24. Juni wurde dem Sohne des Organisten S. Blasii, welchen der Vater zweimal von den Soldaten losgekauft hatte, sein uneheliches Kind von dessen Mutter wegen ausgebliebener Verpflegungsgelder in das Haus gebracht. Da warf er dem Kinde einen spitzigen Stecken an den Kopf, so daß es am zweiten Tage starb. Er wurde nach langer Haft und Untersuchung, da die Absichtlichkeit der That nicht erwiesen war, zu Anfange des folgenden Jahres auf drei Jahr verwiesen, ließ sich von den Preußen anwerben, ging aber zweimal durch, zog darauf mit einer entführten Nonne im Lande umher und wurde, nachdem er mancherlei Unfug gestiftet hatte, 1720 zu Halberstadt gehängt. — Ein Knecht aus Harzungen wurde am 29. Juni von der Lehmgrube erschlagen. — Ein gewesener polnischer Wachtmeister wurde am 16. August des Nachts gehauen, daß er am folgenden Tage starb. — Ein Färbergesell starb von der Zeugrolle am Kopfe gequetscht. — 1716 am 1. Juli stürzte ein Mann in der Trunkenheit vom Boden und brach den Hals. — 1718 am 7. März wurde ein Bäckergesell, welcher am Abend vorher von der Sundhäuser Brücke in das Wasser gefallen war, bei der Papiermühle todt gefunden. — Im Juni wurde ein Knecht von der Lehmgrube erschlagen, und am 7. Oct. kamen auch zwei hiesige Einwohner um, als sie im Hofe eines Hauses am Kornmarkte Lehm gruben und von der stürzenden Erde überschüttet wurden. — 1719 am 27. Nov. fiel sich ein Mädchen zu Tode, so auch 1720 am 18. Febr. eine Magd, welche solches in der Nacht vorher geträumt hatte. — Am 27. Mai 1720 verwundete der Schützenwirth eine Frau am Kopfe, so daß sie nach zwei Tagen starb, und im Sept. ertrank ein Mann aus Sachswerfen bei dem Nonnenteiche. — 1721 am 14. Juli wurde ein Gärtner auf dem Hammer von einem sächsischen Soldaten erschossen. — Am 16. Oct. brach ein Mann den Hals in einem Hause auf dem Kornmarkte, und am 5. Dec. wurden Meister J. H. Hedderwig und seine Frau geb. Schaub in 1 Grab begraben. — 1722 am 5. Oct. ertrank ein Mägblein im Mühlgraben im Altendorfe (des Schusters und Wasserbrenners Drechsler Töchterlein, $3^1/_2$ Jahr alt). — 1724 am 27. April wurde eines Bürgers im Altendorfe Söhnlein von 2 Jahren von einem Knaben von 10 Jahren aus Unvorsichtigkeit erschossen. — Am 15. Juni wurde Doroth. Kath. Kernbach von einem Bürger erschossen, ohne Vorsatz, wie derselbe bei bei der Untersuchung beschwor. — Am 9. Sept. wurde ein Knecht des Ziegelbrenners am Konstein von dem herabfallenden Gesteine erschlagen. — Ein Brennknecht im Altendorfe starb am andern Tage, nachdem er am 4. Oct. des Nachts beim Abspringen des Helms der Branntweinsblase von heißer Maische verbrüht war.

Am 7. Dec. 1725 fand man im Mühlgraben am Sande auf einer Gerberstange hinter Lange's Hause hangend, mehr erkältet als ertrunken, einen todten Mann, aus dessen Briefschaften hervorging, daß er ein geborner Nordhäuser war, Johann Wille, welcher 42 Jahr in der Fremde gewesen war. — Am 21. Sept. 1726 fuhr ein betrunkener Bauer über ein Stück Bauholz, auf welchem ein Kind sich schaukelte: das Kind fiel unter das Holz, welches ihm das Genick abschlug. — Am 17. Nov. fiel ein Mann in einer Scheune am Kornmarkte herab und starb am folgenden Tage. — Am 13. März 1727 wurden Joh. Martin Schwoppe und sein Sohn Joh. Georg zugleich und in 1 Grab begraben. — 1730 am 29. November wurde ein fünfjähriger Knabe, der vor seines Vaters Hause auf dem Sande spielte, von einem Pferde, welches eine Magd vorbeiführte, an den Kopf geschlagen, daß er bald starb. — Am 4. Juli wurde ein Fuhrmann von der Lehmgrube erschlagen. — Am 22. Aug. fiel eine Frau in einer Scheune an der Rautenstraße herab und starb nach 7 Stunden. — Am 27. Aug. ertrank beim Baden im Pferdeteiche der siebenzehnjährige B. F. Bormann. — 1732 am 21. Oct. wurde ein Oelschlager unter dem Rade der Martinsmühle gequetscht, so daß er sogleich todt war, und am 20. Nov. fiel ein Drescher aus Kl. Werther in einer Scheune am Königshofe herab und starb 1 Stunde darauf. — 1734 in der Nacht zwischen dem 9. und 10. Febr. kommen vermummte Diebe in die Stube des bemittelten alten Bürgers und Ackermanns A. Ch. Hinkelthei in der Neustadt, nachdem sie hinten über den Kirchhof in das Haus eingebrochen sind. Sie fassen ihn und seine Frau bei der Kehle und tragen sie auf Betten in den Keller. Hier binden sie dem Manne die Hände kreuzweise auf den Rücken, auch die Füße kreuzweise übereinander und zwar so fest, daß alles mit Blut unterlaufen war. Sie drohen, ihn zu erwürgen, wenn er rufen würde und wenn er nicht sagte, wo sein Geld wäre. Als er vorgiebt, daß er kein Geld habe, sengen sie ihn mit einem Lichte unter dem linken Arme, bis er sagt, es liege etwas oben im Kasten. Hierauf gehn drei der Diebe hinauf und bleiben wol eine Stunde aus, indessen der vierte dem Manne auf dem Leibe liegt, bis jene ihn abrufen. Des Morgens sehn die Nachbarn die Thür offen stehn, gehn hinein und finden endlich den Mann im Keller unter den Betten liegend. Sie heben ihn auf und binden ihn los, und als sie darauf die Betten unter ihm auch aufheben, finden sie die sechs und siebenzigjährige Frau todt darunter. Bei der Section derselben ergab sich sonst keine Spur von Gewaltthätigkeit, so daß die alte Frau vor Schrecken gestorben oder unter den Betten erstickt sein wird. — 1735 am 11. Dec. wurde ein Knecht am Petersberge begraben, welcher in einer Scheune in der Hagenstraße todt gefallen war. — Am 30. Oct. 1737 erschoß sich der Fähndrich Stein. — Am 6. Oct. 1738 fiel ein Mann von einem Heuboden todt (in dem Hause „die rothe Thür"). — Am 15. Oct. 1739 wurde ein junger Mensch im Wasser unter den Weiden mit abgeschnittener Kehle todt gefunden und einige Tage darauf auch das Scheermesser, mit welchem die That geschehen war. — Am 25. Febr. 1740 vergiftete sich ein Bedienter mit Arsenik in einer Kaltenschale. Man verscharrte ihn auswärts. — 1741 am 17. Jan. wurde im Wasser an der Rosengasse ein ertrunkenes Kind gefunden. — 1742 am 11. Aug. fiel ein Kind von 1½ Jahren in heißes Spülich und starb nach 2 Tagen, ebenso am 25. Oct. ein vierjähriger Knabe, der noch an demselben Tage starb. — Am 20. Dec. ertränkte sich eine alte Pfründnerin des Hospitals S. Martini im Mühlgraben. — 1743 am 9. Sept. fiel ein Fuhrmann von einem Karrn herab und starb am Abend. — Am 3. Dec. fiel ein Bürger hinter S. Elisabeth von der Mauer todt. — — 1745 am 6. Jan. fiel ein Läuter vom Kirchengewölbe S. Nicolai und starb am 12., und ein Fleischerbursche, der am 5. Jan. gefallen war, starb am 15. Jan. (Derselbe war am Frauenberge von seinen Karten- und Würfel-Spielgenossen im Zanke von der Mauer gestürzt worden.) — 1746 am 12. Jan. starb ein Mühlbursche beim Eisen vom Wasserrade gequetscht. — Am 22. Juni wurde eine Magd von der Lehmgrube am Lindei erschlagen. — Am 3. Oct. fiel ein Arbeiter in einem Brunnen unter den Weiden todt. — 1747 am 7. Juni wurde ein ausgesetztes neugebornes Kind gefunden. — 1748 am 21. Nov. ertrank, Brunnenkresse suchend, eine Frau in der Helme, so auch am 25. Dec. eine Wittwe im Mühlgraben bei der Klostermühle beim Wasserschöpfen in der Christnacht und am 20. Dec. fiel eine Frau eine Treppe herab todt. — 1749 am 28. Mai starb ein achtjähriges Kind von einem Wagen gequetscht, und am 20. Aug. wurde eine Frau in der Rautenstraße von einem Pferde geschlagen, daß sie starb. — Am 28. Dec. durchschnitt sich ein Selbstmörder die Kehle. — 1750 am 8. Jan. fiel eine Magd von einer Scheune am Petersberge todt, und am 28. Mai wurde in der Windgasse ein achtjähriges Mädchen todtgefahren. — Am 10. Juli ging dem Stadtsoldaten Marold die Flinte beim Laden los und der Ladestock wurde ihm in den Leib getrieben, so daß er sterben mußte. — Am 2. Aug. wurde eine Frau in der Rautenstraße von einem Pferde verletzt (übertritten) und starb nach einigen Tagen. — Ein Bürger, der mit seiner Frau in Unfrieden lebte, entleibte sich durch einen Kehlschnitt am 29. Dec. — 1751 am 21. und 22. Jun. ertranken zwei Kinder vor dem Altenthore, das eine beim Kuchengarten, das andre in der Salza. — Am 19. Aug. wollte eine Frau einige Aehren für ihr Hühnchen von einem Wagen ziehn, aber das Rad erfaßte ihren Arm, verdrehte denselben und riß das Fleisch bis auf den Knochen ab, so daß sie am vierten Tage starb. — Am 5. Nov. fiel eine Frau im Altendorfe in heißes Spülich und starb am 23. — 1752 am 21. Apr. wurde in der Kranichstraße ein ausgesetztes Kind gefunden. — Am 7. Juli löste sich beim Gipsbrechen am Konsteine ein großes Felsenstück auf einmal, wodurch sechs Arbeiter beschädigt wurden und ein Mädchen auf der Wiese, welches Heu machte, überschüttet, daß es starb. — 1753 am 10. Jan. wurde ein ausgesetztes Kind gefunden und am 12. Juli in der Kunst in der Rautenstraße ein todtes Kind. — Am 14. Sept. erhängte sich eine Frau und am 1. Oct. fand man ein neugebornes Kind vor dem Töpferthore. — 1754 am 10. Juni wurde ein achtzehnjähriger Bursch am Barfüßerthore durch einen Wagen beschädigt, daß er starb. — 1755 am 31. Jan. ertränkte sich ein Mann in der Kunst in der Rautenstraße. — Als am 22. März zu Ehren des anwesenden Herzogs von Weimar und seiner Gemahlin 12 Kanonen auf dem breiten Platze abgefeuert wurden, wurde Meister Hartleb tödtlich verwundet und sein Gehülfe Nebelung verlor ein Auge. — Am 6. Mai fand man ein todtes Kind in einem Topfe, am 30. Aug. ein etwa einjähriges lebendes Kind vor dem Sundhäuser Thore und am 15. Nov. ein neugebornes todtes auf der Schlunztreppe. — 1758 am 31. Aug. wurde ein Bauer überfahren und starb, ebenso 1759 am 15. Juli eines Bäckers Sohn. — Am 9. Aug. 1759 fiel der Ausrufer Riechert in heiße Meische und starb am folgenden Tage. Am 3. Nov. vergiftete sich eine Frau. — 1760 am 10. Jan. fiel ein Lehrling vom Dache todt. — Am Sonntage Palmarum (30. März) wurde ein ausgesetztes Kind gefunden und getauft Joh. Friedr. Palm. — Am 7. Juni tödtete sich ein wegen Ehebruch Gefangener durch Abschneiden der Kehle. — 1761 am 8. März wurde ein ausgesetztes Knäblein gefunden. — Am 11. Nov. ertrank eine Frau bei dem Kuchengarten, am 27. Apr. 1762 ein Mann in der Helme, am 7. Juli ein Kind im Mühlgraben unter dem Hammer, am 27. März 1763 ein Mann bei der Rosenmühle. — Am 2. Nov. 1763 starb ein Bergmann, von der Erde eines Grabens bei der Kaisermühle überschüttet, und am 8. Dec. eine Magd, die am Tage vorher in heißes Spülich gefallen war. — 1764 am 6. Febr. fiel eine Frau von einer Treppe und starb am 11. — Am 14. Juli fand ein Bauer aus Stöckei auf dem Holungsbuhel unter seinem Wagen den Tod, und am 8. Aug. ertrank ein achtjähriges Mädchen bei der Papiermühle. *) — Am 17. Sept. erhängte sich ein Mann und am 29. Sept. ein anderer. — Am 1. Jan. 1765 wurde ein ausgesetztes Knäblein bei dem Waisenhause gefunden und am 30. März ein neugebornes todtes im Wasser bei dem Hammer. — Am 17. Sept. verunglückte ein Junge unter dem Kammrad in der Oelmühle an der Salza. — 1766 am 17. Mai wurde ein ausgesetztes Kind vor dem Altenthore gefunden. — Am 27. Juni wurde ein junger Mann von der Lehmgrube in der Gumpe erschlagen. — Am 4. Sept. wurde vor dem Siechenthore ein vom Pferde gefallener Knecht von diesem todt getreten. — 1767 am 17. Jun. wurde ein Bürger bei der Kaisermühle im Wasser todt gefunden, und am 23. Febr. 1768 ein todtes Kind im Rossungsbache, desgleichen am 10. Febr. 1769 ein Mann bei der Kaisermühle im Graben. — 1769 am 15. Jun. wurde ein Knabe von einem Pferde todtgeschleift und am 31. Aug. ertrank ein Bürger im Bleichteiche. — 1771 am 13. März ertrank vor dem Altenthore eine Frau aus Stolberg und am 13. Juni ein siebenjähriger Knabe im Graben unter der Neuen Mühle. — Am 13. Aug. starb eine Selbstmörderin an Gift. — Am 17. Nov. fiel eine Frau von der Treppe auf der Kuttelpforte todt. — 1772 am 7. Febr. wurde ein etwa $1\frac{1}{2}$ Jahr altes Mädchen bei der Geiersbergspforte ausgesetzt gefunden. — Am 9. Juli ertränkte sich eine Frau bei der Klostermühle in der Raserei. — Am 6. Oct. fiel ein Mann von einem Nußbaume todt. — Am 9. Oct. wurde ein todtes neugebornes Kind auf dem Entenpfuhle im Wasser gefunden, und am 13. Dec. im Wasser bei der Neuen Mühle ein neugebornes Mägdlein mit einem Schnitte im Halse. — In diesem Nothjahre 1772 zählte Nordhausen 166 Geborne und 463 Gestorbene. — 1773 am 15. Jun. ertranken zwei Schüler von 17 bis 18 Jahren beim Baden in der Helme. — Am 9. Nov. wurde der Senator Quehl auf der Jagd hinter Petersdorf vom Marktmeister Wedel, dessen Flinte unversehens losging, in das Dickbein geschossen, woran derselbe am 15. Nov. starb. — 1774 am 1. März wurde ein Mann aus Ellrich im Wasser auf dem Pfingstgraben todt gefunden. — Am 16. Mai wurde ein Knecht am Taschenberge todt gefahren und am 29. Oct. eine Frau in der Bäckerstraße umgefahren, daß sie am 31. Oct. starb. — 1775 am 11. Jan. wurde ein ausgesetztes Kind in der Kranichstraße gefunden. — Am 14. März fiel ein Drescher von einer Scheune todt, und am 13. Oct. ein Töpfer von einem Wellhaufen, daß er nach 2 Tagen starb. — 1776 am 24. Dec. wurde wieder ein Kind in der Kranichstraße gefunden am 12. Mai 1777 ein solches bei dem Barfüßerthore. — Am 18. Aug. 1777 fiel ein Tagelöhner in einer Scheune in der Neustadt todt und am 10. Febr. 1778 ebenso eine Frau von einem Holzhaufen im Altendorfe. — Am 15. Mai 1778 wurde ein Knabe durch ein Stück Bauholz erschlagen. — Am 13. Juli erhängte sich ein Jude, der als Dieb $\frac{1}{4}$ Jahr auf dem Töpferthore gesessen hatte. — Am 28. Aug. wurde ein Tagelöhner im Hohlwege bei dem Schützengraben überfah-

*) Im December wurde aus dieser „Neuen Mühle" eine Mahl- und Sägemühle.

ren, daß er starb. — 1779 am 27. März wurde im Dome ein ausgesetztes Kind gefunden, das in der Taufe den Namen „Thorweg" erhielt. — 1780 am 2. Jan. wurde ein neugebornes Kind in einer Kloake gefunden; die Mutter, eine fremde Magd, wurde eingezogen. — Am 6. Apr. wurde ein Bürger auf dem Geiersberge von einem ungeheuren Baume erschlagen. — 1781 am 20. Febr. fand man eine todte Frau in der Helme, welche wahrscheinlich bei dem großen Wasser am 5. Febr. verunglückt war. — Am 4. Nov. erhängte sich ein Mann im Altendorfe.*) — 1782 am 4. Apr. ertranken 2 Pferde in der angeschwollenen Zorge vor dem Altenthore und der Fuhrmann, ein Bauer von Sachswerfen, gerieth in Lebensgefahr. — 1783 am 7. Jan. ertrank eine Frau im Mühlgraben bei dem Hammer, und am 15. Febr. ertränkte sich eine Frau im Graben auf dem Lohmarkte. — 1784 am 11. Oct. verunglückten beim Kalkbrechen am Kohnsteine 2 Menschen (Vater und Sohn, aus Salza). — 1785 am 5. Jan. starb ein elfjähriger Knabe einige Stunden nachdem er in heißes Spülich gefallen war. Ein andrer Knabe, der ein Messer in den Kopf gefallen hatte, starb daran nach mehreren Tagen. — Am 16. Apr. wurde ein Handwerksbursch im Wasser beim Himmelgarten todt gefunden. — Am 25. Mai tödtete sich ein Fremder durch Abschneiden des Halses. — Am 8. Oct. ertrank des Abends ein Mann im Mühlgraben bei der Flickengasse, und am 6. Dec. wurde eine todte Frau im Wasser bei der Kaisermühle gefunden, 1786 am 3. Febr. ein neugebornes Kind im Wasser bei der Kuttelmühle, — am 25. Febr. ein Bürger in der Helme bei der Rodebrücke (seit dem 10. Jan. vermißt), — 1789 am 13. Juni ein todtes Kind vor dem Altenthore, — 1790 am 3. Jan. ein todtes neugebornes Kind in einem Keller. — Ein junger Gärtner wurde 1788 aus Versehn erschossen. — 1790 im April ertränkte sich ein Mann im Seeloch, 1791 am 21. Februar eine Frau im Graben bei dem Kuchengarten. — Am 22. Febr. 1792 ertrank ein Schuhmachermeister bei der Unterkunft, — am 12. Juli ein Kind im Mühlgraben bei dem Klosterhofe und am 23. Nov. wurde ein Bauer von Gr. Werther in der Helme todt gefunden. — Am 21. Mai hatte sich eine Magd vergiftet. — 1793 starb ein Zimmermann von einem Baume gequetscht. — 1794 am 15. Jan. erhängte sich eine Frau und am 11 Jun. ertrank ein Schüler im Bleichteiche. — 1795 am 21. Mai ertrank eine Frau im Graben zwischen dem Kuchengarten und Hohenrode. — Am 14. Juli wurde ein Knabe im Rumbache todt gefahren. — 1796 am 19. März fiel ein sechszehnjähriger Bursche in der Flickengasse in heißes Spülich und starb sogleich. — Am 11. Oct. brach ein Handarbeiter in einer Scheune den Hals (in der rothen Thür). — 1797 am 5. Mai schnitt sich ein Mann die Kehle durch. — — 1800 am 5. Mai ertränkte sich eine Frauensperson im Martiniteiche, und am 19. Juni eine andre im Nonnenteiche. — Am 30. Juli tödtete sich ein Mann durch Stiche in den Unterleib. — Am 2. Sept. wurde Pastor Clemens von Bielen bei der Verfolgung von Dieben am Rossungsbache erschossen. — Am 13. Nov. erschoß

*) Der Abdecker schnitt den Leichnam ab, warf ihn die Treppe hinunter, fuhr ihn fort und verscharrte ihn auf dem Landgraben.

sich ein Mann. — 1801 am 17. Dec. biß ein toller Hund mehrere Menschen und zwei derselben starben darauf.

Dreizehntes Kapitel.

Von Executionen.

Von Hinrichtungen während der innern und äußern Kämpfe in den Jahren 1329 und 1331 wurde oben im 3. und 4. Kapitel gesprochen. — Im Jahre 1349, zur Zeit des schwarzen Todes (s. Kap. 1) wurden auch hier die unglücklichen Juden, welche durch Vergiftung der Brunnen das entsetzliche Weltsterben herbeigeführt haben sollten, grausam verfolgt — wahrscheinlich gefangen genommen, gefoltert und verbrannt oder auf andre Art hingerichtet, gewiß aber ihrer Habe beraubt. — Den Anstoß zur Verfolgung der Juden in Nordhausen scheint folgendes Schreiben des thüringischen Landgrafen, Markgrafen Friedrich von Meißen gegeben zu haben, welches noch im Originale vorhanden ist, und das Lesser S. 613 sehr fehlerhaft geliefert hat (wie v. Heß in seinen Durchflügen rc. II, 62 das gleichlautende Schreiben an den Rath der Stadt Mühlhausen): **Fryd. marchio misnensis. Ir Ratesmeyster vnde rat der stat zcu northuzen wysset, daz wir alle vnze Jvden haben lezen burnen,*) also wyt alse vnze lant sin, vmme dy groze Bosheyt, dy sy an der krystenheit haben getan, wenne sy die kristenheit getot wolden haben mit vor gift, dy sy in alle borne geworfen haben, daz wir genczlich der kunt vnde der varn haben, daz daz wor ist. Dor vmme rote wir vch, daz ir vare Juden lozet toten, gote zcu lobe vnd zcu ern vnde der krystenheit zcu selikeyt, daz dy krystenheit noch icht geschwacht von in werde. Waz vch dor vmme antryt, daz wol wir vch ken vnzeme Heren deme Konige vnde ken allen Heren abe nennen. Ouch wysset daz wyr Hern Heynrich snozen vnsen vogt von Salzca zcu vch senden, der sal vber vwere Juden clagen, vmme die vor genante Bosheyt, dy sy an der krystenheit getan haben. Dor vmme byte wyr vch vlyseclichen, daz ir deme rechtes Helfet vber sy, daz wol wir sunderlich vmme vch der arnen. Gegeben zcu Ysenach an deme svnnobende noch sende walpurge tage under vnseme Heymelichen in gesigele.** — Die Güter der damals hier „verderbten" Juden mag gleich anfangs der Rath zu seinen „Handen" genommen haben: am 22. Juli 1350 überwies König Karl IV. sie als Güter seiner „Kammerknechte" an die Stadt, nachdem er sie kurz vorher dem Grafen Heinrich von Honstein, Herrn zu Sondershausen gegeben, der Rath sich aber mit diesem verglichen hatte. S. oben Buch 1, Kap. 5.

Wie die Hinrichtung durch den Strang, welche der Rath an einem Schüler oder Unterlehrer der Domschule, der schon die geistliche Weihe hatte, Heinrich von Erich, wegen Dieb-

---

*) burnen, bornen, verbrennen.

stahls hatte vollziehen lassen, obgleich die Geistlichkeit dessen Auslieferung an das geistliche Gericht verlangt hatte, den Rath 1367 in einen schlimmen Streit mit der Geistlichkeit verwickelt hatte (s. davon meine Nachrichten von den Schulen zu Nordhausen vor der Reformation, 1829, S. 13), so gab 1430 die Hinrichtung des Hans Kirchhof (der 1428 mit Andern das Rathhaus bestohlen haben sollte) durch zweimalige Aufhängung in Ketten die Veranlassung zu einer mehrjährigen und gefährlichen Fehde gegen die Stadt, dem Berchtenkriege 1432 bis 1443 (s. oben Buch 3, Kap. 4). — Die Theilnahme des Kirchhof an jenem Diebstahle soll offenbar geworden sein, als der desselben verdächtige und verhaftete Domherr Joh. Schultheiß vor dem erzbischöflich mainzischen Commissarius Locker in Gegenwart der hiesigen Domherren Werner Rote und Albrecht Echte und vier andrer Zeugen aussagte, er habe auf der Wacht gestanden, als der Stadtschreiber Hermann Liebenrod und H. Kirchhof das Rathhaus bestohlen hätten. — Der Diebstahl bestand aus Geld und silbernen Gefäßen, denn Kirchhof hatte davon 3 Schock (Groschen) an Geld und drei silberne Schalen bekommen (s. oben III, 4). — — In demselben Jahre 1430 soll es geschehn sein, daß ein gewisser Wedemar, der ergriffen wurde, als er des Nachts das Rad einer Mühle an der Salza zerhieb, und der mit seinen Brüdern bei dem Morde eines Rathsmeisters von Güntherśberge betheiligt war, hingerichtet und auf das Rad gelegt wurde (s. oben a. a. O.).

Wiederholte Executionen veranlaßte im 14. und 15. Jahrhundert das strenge Inquisitionsverfahren gegen die ketzerischen heimlichen Geißler (Krypto-Flagellanten), welche namentlich in Thüringen durch die Schwärmereien der durch Selbstgeißelung büßenden und mit der Kirche zerfallenen fanatischen Kreuzbrüder im Jahre 1349, dem Jahre des schwarzen Todes und der Judenverfolgung, entstanden waren. Da ich in meiner Geschichte der christlichen Geißlergesellschaften (Halle 1828. 8.) den höchst interessanten Gegenstand ausführlich und im Zusammenhange behandelt habe (nach meinem 1816 f. in dem 3. Bande des Archivs für alte und neue Kirchengeschichte von Stäudlein und Tzschirner erschienenen Versuche ꝛc. und dem kleinern Aufsatze 1813 in dem 2. Stück des 1. Bandes jenes Archivs), so darf ich hier mich kurz fassen, indem ich auf mein Buch verweise und auf meinen Aufsatz über die 1453 zu Stolberg verbrannten Ketzer (in den N. Mitth. des thüring. sächs. Vereins VII, 3, 97 ff. — auch besonders abgedruckt —, vgl. das. II. 1, 1 ff.). — Schon im Jahre 1369 wurden in Nordhausen 40 Ketzer (ohne Zweifel Geißler) beiderlei Geschlechts eingezogen und vor ein Inquisitionsgericht gestellt unter dem Ketzerrichter Walther Kerling. Sieben derselben, die in ihren Irrthümern beharrten, wurden verbrannt; denen, die widerriefen, wurden Bußen aufgelegt. — Im Jahre 1446 wurden 13 nordhäusische Flagellanten hier vor einem aus Geistlichen und Laien zusammengesetzten Gericht unter dem Vorsitz des Dominicaners Prof. Friedr. Müller verhört und verurtheilt und 12 derselben darauf verbrannt. Das wichtige lateinische Protokoll über das Verhör dieser unglücklichen Ketzer gab Lesser S. 618 ff. nach einer schlechten Abschrift, darauf 1813 ich in dem genannten Archiv I, 2, 128 ff., aber 1828 besser nach dem von mir im Stadtarchiv aufgefundenen Originale in meinem genannten Buche S. 278 ff. Die 13 Inquisiten hießen Schwanhild Hemelstoß, Adelheid Brüchter, Katharina Diemerod, Gertrud Becke, Christian Weyner (Wagner), Heinrich Schelle, Osanna Trockenbach, Bertold Becke, Heinemann Curdes, Christina Berge, Aula Weyner (Adelh. Wagner), Albert Froß und Kunigunde Weyner. — Von andern Ketzerverfolgungen in Nordhausen, namentlich der heimlichen Geißler, welche ohne Zweifel stattgefunden haben, ist keine besondere Nachricht erhalten.

Im Jahre 1479 gab die Hinrichtung eines stolbergischen Unterthans Veranlassung zu Zwistigkeiten mit den Grafen: s. davon oben Buch 3, Kap. 4.

Ueber Hans Kehner, der am 21. Juli 1526 als eidbrüchiger Bürger und Haupttheilnehmer an den Unruhen des Bauernkrieges enthauptet wurde, und über die Hinrichtung zahlreicher Mordbrenner, die in den Jahren 1540 und 1546 hier einen qualvollen Tod fanden (auf Säulen gesetzt und mit Feuer „geschmäucht"), habe ich bereits gesprochen in meinen kleinen Schriften S. 95. 108 ff.

Am 12. März 1557 wurde Matth. Krämer wegen Bigamie enthauptet. — 1568 am Sonnabende vor Pfingsten (29. Mai) wurde Heinrich Stange, welcher am Tage vorher seinen Schwager erstochen hatte (s. oben Kap. 12), mit dem Schwerte gerichtet und mit dem Ermordeten in dasselbe Grab gelegt. — In demselben Jahre wurden auch zwei Straßenräuber enthauptet.

1572 am 10. Sept. wurde eine Weibsperson gehenkt und 1573 Martin Habenicht enthauptet. — Ueber die Prozesse und Aussagen der beiden vermeinten Hexen, Anna Beringer, genannt Guten Morgen Kuwichen, welche am 27. April, und Katharina Wille, genannt Klötzgen, welche am 7. August 1573 verbrannt wurde, habe ich nach den Originalprotokollen ausführlichere Mittheilungen gemacht in den kl. Schriften S. 108 ff. — In demselben Jahre wurde ein Lehrjunge gehangen wegen eines Diebstahls von 100 Gulden und am Dienstage nach Martini (17. Nov.) wurde ein Bauer von Uthleben enthauptet, der am Sonnabende vor Martini (7. Nov.) zwei Schäfer in eines Bürgers Hause erstochen hatte. — 1574 am Freitage vor Fastnacht (am 26. Febr.) wurde Hans Hamm gerichtet und auf das Rad gelegt. — 1576 am Freitage vor Himmelfahrt (25. Mai) wurde Kersten des alten Walkmüllers Sohn enthauptet, weil er seinen Stief-Schwiegervater einen Maurermeister erstochen hatte, und am Mittwochen vor Martini (8. Nov.) Andr. Hacke, weil er einen Böttchermeister erstochen und Hildebrand Thelemann hart beschädigt hatte. — 1578 am 12. Nov. wurde Chph. Großhans aus Schlotheim gerichtet, — 1580 am 17. Sept. Hans Seidensticker gehängt, — so auch 1581 am 9. Juli Ursula Zimmermann und am 1. Dec. zwei Brüder Hans und Hermann Lange, — ferner 1585 Hans Kürbe aus Holzengel. — 1587 am 3. Apr. wurde Klaus Webler gerädert, auch im Mai ein Verbrecher gehängt und ein andrer gerädert, — 1588 Hans Gerlach aus Oberdorla gehängt.

Im Oct. 1590 entwischte Hans Mändel aus der Haft; doch als er die Stadtmauer am Petersberge überstieg, brach er bei dem Herabspringen beide Beine. Er wurde darauf enthauptet und auf das Rad gelegt. — 1592 am 13. Nov. wurden zwei Personen enthauptet, dabei der Sohn eines Geistlichen. — 1593 am 7. Sept. wurde der alte Marktmeister Lorenz gerichtet und zwei Personen gehängt. — 1594 am 7. Jun. Georg Gerbothe gehängt. — 1596 im Mai wurde „der Galgen fortgebracht", und der junge Suppe nebst einem aus Gatersleben gehängt, 1599 am 13. Juli Drangsfelds Wittwe und ihr Schwiegersohn gerichtet. —

1602 im Mai wurden zwei Weibspersonen unter dem Galgen begraben, — im Juni wurde Christina Samen „gebrannt" (als Hexe verbrannt) und Lorenz aus Schernberg gerichtet. — 1604 wurde derjenige, welcher Klaus Trost vor dem Altenthore erschlagen hatte (im April), gerichtet. — 1612 am 2. Febr. wurden zwei Missethäter gehängt, — 1613 ein Maurer gerichtet, 1618 ein Verbrecher aus Dankerode gehängt. — Als am 5. Oct. 1621 Klaus aus Haßleben hingerichtet wurde, begleitet von dem Pastor und dem Diaconus S. Nicolai, hatte sich ein Streit über diese Begleitung erhoben. Es wurde deshalb durch einen Rathsbeschluß bestimmt: da die Wache, in welche die armen Sünder geführt werden, zur Pfarrei S. Nicolai gehört, so soll der Pastor S. Nic. sie besuchen und unterrichten, der Diaconus S. Nic. aber sie absolviren und ihnen das Abendmahl reichen; darauf bei der Ausführung auf dem Richtplatz wechseln nach der Reihe ab 1) Pastor und Diac. S. Nic., 2) Past. u. Diac. S. Blas., 3) Past. u. Diac. S. Petri, 4) Past. S. Jac. u. am Frauenb., 5) Past. im Altenb. u. S. Cyriaci. — — 1624 am 14. Sept. wurden Hans Franke, Apel Meyer und Karl Franke aus Mansfeld enthauptet und am 24. Sept. der Schaftnecht Hans Peter gehängt, — 1643 im Juni Hermann aus Hainchen auf dem Kornmarkte gehängt. — 1644 am 8. März wurde Krause's Tochter nebst vier Huren und zwei Hexen „ausgeführt" (vom Nachrichter und dessen Leuten, verwiesen?), und um Ostern wurde Valentin Becker, Mitglied einer Diebsbande, auf dem Kornmarkte gerichtet und sein Körper außerhalb der Stadt auf das Rad gelegt. Derselbe hatte geprahlt, er habe so viele Pferde gestohlen, daß, wenn man eines hinter das andre spannte, die Reihe bis nach Erfurt reichen würde. — Am 27. Jun. 1651 wurde der Cornet Daniel Beyer aus Heldrungen enthauptet, welcher am 12. April seinen Schwager den Leutnant Jac. Meißner aus Böhmen im Duell hinter dem Siechhofe erschossen hatte. — Am 26. Aug. 1653 wurde die Frau Striegnitz gerichtet und deren Tochter verwiesen. Diese hatte heimlich ein uneheliches Kind geboren, welches die Mutter derselben genommen hatte, um, wie sie sagte, dasselbe an einen Ort zu bringen, wo es ernährt werden würde. Sie hatte aber dasselbe getödtet und in ein Kästchen gelegt, welches sie von einem Tischler unter dem Vorwande hatte anfertigen lassen, daß sie darin ihrem Sohne Wäsche auf die Universität senden wolle. Sie setzte darauf das Kästchen mit dem Kinde unter die Treppe, nachdem sie ein Brett abgenommen hatte, welches sie dann wieder befestigte. Nach einigen Tagen theilt sie der Tochter die That mit. Diese „hat sich zwar sehr übel", verschweigt aber die Sache aus Liebe zur Mutter. Als darauf die Frau Striegnitz das Haus verkauft hat, giebt einst der neue Besitzer einem Kinde einen Groschen zu einem Einkaufe und das Kind läßt diesen Groschen durch eine Ritze unter die

Treppe fallen, worauf der Mann ein Brett abnimmt und dabei jenes Kästchen findet. Er trägt dasselbe auf das Rathhaus, wohin zufällig der Tischler kommt, der das Kästchen erkennt, das er für die Frau Striegnitz gemacht hat. Diese wird nun mit der Tochter verhaftet und die Letzte legt bald ein Geständniß ab, worauf auch endlich die Frau St. die That nicht mehr leugnet. — Am 8. März 1671 wurde Anna Maria Heise, welche ihr uneheliches Kind bei der Brücke auf dem Klosterhofe in das Wasser geworfen hatte, das darauf beim Abschlage des Wassers aufgefunden worden war, oberhalb der Siechenbrücke enthauptet. Da der Streich des Scharfrichters zu hoch gerathen war, so war die Zunge mit abgehauen, welche am folgenden Morgen auf dem Richtplatze gefunden und auf das Rathhaus getragen wurde. Man sah darin eine göttliche Schickung, da die arme Sünderin die Mitwisser oder Theilnehmer an dem Verbrechen, gegen welche starker Verdacht war, nicht hatte nennen wollen und diese Theilnahme mit Hartnäckigkeit geleugnet hatte.

Am 14. Nov. 1690 wurde ein Müller wegen Falschmünzerei, Ehebruchs und Citirung des Satans bei dem Galgen im Töpferfelde enthauptet und am 12. Dec. wurde die Ehebrecherin mit Staupenschlag verwiesen. — Am 21. Mai 1694 wurden Galgen und Rad neue errichtet, damit Mich. Frankenstein wegen Räubereien, die er besonders in der Grasmühle (im Hohnsteinischen Gebiete) begangen hatte, enthauptet und auf das Rad gelegt würde. Als derselbe aber am 2. Mai vor dem peinlichen Gerichte fast Alles wieder leugnete, wurde er in das Gefängniß zurückgeführt und erst am 25. Mai fand die Hinrichtung wirklich statt. — Am 13. Aug. 1695 wurden zwei Huren, die mit einem Manne Ehebruch getrieben und bei dessen Diebstählen thätig gewesen waren, „ausgestrichen" und verwiesen, und am 16. Aug. wurde jener Mann gehängt. Da er im Kreise fußfällig um Gnade und Beerdigung bat, so wurde der Körper des Abends abgenommen und unter dem Galgen verscharrt. — 1697 zur Erntezeit erhielten zwei Falschmünzer den Staupenschlag und wurden aus dem Weichbilde verwiesen. — Nach Johanni wurde ein Studiosus der Theologie, der Injurien gegen den Rath ausgestoßen hatte, auf das Neuewegsthor gefangen gesetzt. Das eingeholte Urtheil erkannte ihm zehnjährige Verweisung zu; doch der Rath milderte dieses so, daß er Urfehde schwören und sich heimlich entfernen mußte.

1708 zur Fastenzeit wurde ein preußischer Deserteur an den Schnellgalgen auf dem Markte gehängt (vor der damaligen Besatzung). — Am 12. Juni 1716 wurden zwei Verbrecher zwischen dem Siechen- und Grimmelthore enthauptet. Der eine war Joh. Adam Demantin aus Mailand, 18 Jahr alt, der am 6. Jan. Abends um 10 Uhr einen hiesigen Bürger am Pferdemarkte gestochen hatte, daß derselbe am folgenden Tage starb. Damantin trat im Gefängniß freiwillig vom Papstthume ab, wollte auch nicht wieder zum Katholicismus zurückkehren, obgleich einige Domherren ihm Hoffnung machten, sich alsdann seiner anzunehmen. Er war sehr gefaßt bei der Hinrichtung und erlangte die Gnade, in eine Ecke an dem Hospitale S. Cyriaci begraben zu werden. — Der andre war Heinr. Ludw. Gilian aus Stockholm, ein geschickter Schlossergesell. Dieser hatte am 6. Jan. seine Meisterin die Wittwe Langenhagen, als sie nach dem Abendbrote zwischen 7 und 8 Uhr am Tische sitzend das Lied sang: Was Lobes soll man dir, o Vater, singen — dreimal mit einem Beile in den Kopf gehauen, worauf dieselbe am andern Morgen zwischen 10 und 11 Uhr gestorben war. Die Meisterin hatte ihm früher Hoffnung gemacht, ihn zu heirathen, war aber darauf andern Sinnes geworden; deshalb wollte der Gesell sich rächen. — Als er zur Hinrichtung vor dem Vogel vorüber geführt wurde, that er sehr erbärmlich und nahm Abschied von den Nachbarn, die er aufforderte, sich an seinem Beispiele zu spiegeln. Auch erlangte er nach einem Fußfalle vor dem peinlichen Gerichte die Gnade, daß sein Körper in einen Sarg gelegt und unter dem Galgen begraben wurde

Am 27. Mai 1721 wurde Anna Kath. Trost, die ihr uneheliches Kind mit einem Nagel ermordet und in das Wasser geworfen hatte, zwischen dem Sundhäuser und dem Siechenthore jenseit des Wassers enthauptet. Der Streich des Nachrichters geschah sehr unglücklich. — Am 8. Juli 1729 wurde eine Magd Anna Elisabeth Tulbi mit dem Schwerte gerichtet, welche in der Nacht des 15. März ihr uneheliches Kind mit mehreren Stichen umgebracht hatte. Ihre geistige Fähigkeit hatte sie durch ein in der ersten Woche ihrer Gefangenschaft verfertigtes Lied bewiesen, welches bei ihrer Hinrichtung gedruckt erschien. Drei Tage vor Pfingsten hatte sie geträumt und den Wächtern am Morgen den Traum erzählt: am Kilianstage käme ein Mann in einem langen schwarzen Mantel zu ihr und führte sie über drei Zäune in einen wunderschönen Garten, worin sich lauter Personen in weißen Kleidern befänden. Der Kilianstag war darauf der Tag ihrer Hinrichtung. — Als sie am 4. Juli, da ihr das Urtheil publicirt wurde, daß sie gesäckt werden sollte, in das Gefängniß zurückkam, ergriff sie zufällig das Liedermanual des Waisenhauses und sogleich fiel ihr der zweite Vers des Liedes: Mein Gott, wie schrecket mich mein ängstliches Gewissen rc. in die Augen, welcher lautet: Ich weiß das Urtheil schon, das du mir hast gesprochen vor deinem Richterthron, und wie der Stab gebrochen; — ich soll und muß allein des Todes schuldig sein. — Der Rath erwies ihr die Gnade, die Strafe des Säckens in die Strafe des Schwertes zu verwandeln.

Am 20. Aug. 1738 wurde das Hochgericht vor dem Bielenthore neu erbauet, darauf am 22. Aug. auf dem Platze zwischen dem Siechen- und Grimmelthore, wie Lesser sagt, ein Mann aus dem bessern Bürgerstande nebst einer Frau, welche die Hauptrolle bei dem Verbrechen gespielt hatte, wegen zweimaligen Kindesmordes mit dem Schwerte enthauptet. Der Bürger wurde auf dem Kirchhofe St. Elisabeth begraben, aber der Körper der Frau, deren Kopf auf den Pfahl genagelt wurde, unter dem Galgen. Am 27. Aug. wurde die Magd, die Mutter der Kinder, und eine Frau, welche bei dem Verbrechen thätig gewesen war, die auch beide die Folter ausgestanden hatten, mit Staupenschlag und ewiger Landesverweisung bestraft.

Am 17. Juni 1740 wurden zwei sonst unbescholtene Bürger, ein Goldschmied und ein Garkoch, wegen Anfertigung und Verbreitung falscher Münzen vor dem Siechenthore enthauptet.

Am 21. Aug. 1760 wurde der fremde Knecht Joh. Gottfr. Helbemann, der am 19. Nov. 1759 einen Fuhrmann aus dem Vogtlande hier vor dem Sundhäuser Thore mit einem Steine an den Kopf und niedergeschlagen und dessen geringe Baarschaft geraubt hatte, öffentlich enthauptet. Er war seit dem 26. Nov. 1759, wo er von Elingen hieher gebracht war, hier in Haft und Untersuchung gewesen. Ungeachtet seiner Verzweiflung beim Anhören des Todesurtheils starb er, durch die Geistlichen im Gefängniß völlig belehrt, sehr gefaßt, ja beinahe freudig. Noch im Kreise betete er laut; betend ging er zum Stuhle und empfing den Todesstreich.

Am 8. Apr. 1768 wurde die letzte Hinrichtung in Nordhausen an dem Flurschützen Joh. Chrn. Hetzer vollzogen. Derselbe hatte seine Frau vergiftet, die älter war als er, um, wie man glaubte, eine jüngere Person zu heirathen, die nach Hetzers Hinrichtung auch aus der Stadt entfernt wurde. Er starb reuig. Als eine besondere Gnade hatte er es erbeten, in weißer Kleidung hinausgeführt zu werden, wie er selbst als Schulknabe vor 10 Jahren in seiner Geburtsstadt Heringen einen armen Sünder zur Richtstätte begleitet hatte. Und so ging er denn auch von den beiden Predigern S. Nicolai begleitet gefaßt und freudig zum Tode. Der Rath hatte das strengere Urtheil gemildert und ließ den Enthaupteten in einem Sarge unter dem Gerichte begraben.

Von allen spätern Verurtheilungen und Executionen mögen nur noch drei besonders erwähnt werden. 1) Ein gefährlicher Vagabund Joh. Balthas. Fultsch wurde am 20. Apr. 1765 hier verhaftet, dringend verdächtig mit einem Genossen einen Juden von Bleicherode jenseit Gr. Werther erschlagen zu haben. Nach langer Gefangenschaft in einem kellerartigen Raume unter dem Rathhause und nach langer Untersuchung, da er selbst nach gelinder Tortur (durch Daumschrauben) beim Leugnen beharrte, wurde er zum Zuchthause auf Lebenszeit verurtheilt und am 21. März 1768 als Baugefangener auf die hannöversche Festung Nienburg gesendet. Er entwischte 1771, wurde aber in der Nähe von Nordhausen wieder ergriffen und auf die Festung Hameln gebracht. Er starb im hohen Alter, nachdem seine vieljährige Unterhaltung der Stadt eine ziemliche Summe gekostet hatte. — — 2) Am 9. Juni 1780 wurde eine Hure, die ihr einjähriges Kind ausgesetzt hatte, vom Schinder (dem Knechte des Nachrichters und Abdeckers) aus der Stadt gebracht. Derselbe schlug eine Trommel und zerrte von Zeit zu Zeit vermittelst eines Strickes an dem mit Schellen besetzten Strohkranze, welchen die Person auf dem Kopfe trug, daß die Schellen klangen. — — 3) 1792 in der Nacht vom 12. zum 13. März hatte ein hiesiger Einwohner [P., der Bruder eines Raths-Oberdieners] aus dem Depositenkasten auf dem Rathhause über 8500 Thaler gestohlen. Davon wurden am 22. März, nachdem der eingezogene P. den Ort bezeichnet hatte, in der Naskörne 5000 Thaler vergraben gefunden, auch einige Summen bei den Geschwistern des Diebes. Dieser wurde zum Zuchthause auf Lebenszeit verurtheilt und als Baugefangener nach Lüneburg (zur Arbeit an dem Kalkberge) gesendet und kam, als Nordhausen 1802 preußisch geworden war, nach Heiligenstadt, wo er endlich hochbetagt gestorben ist.

Verurtheilungen und Executionen wegen minder schwerer Verbrechen kamen natürlich oft vor. Als eigenthümlich möge hervorgehoben werden, daß Verführer wohl zwangsweise mit den

Verführten copulirt wurden (im Consistorium). Liederliche Frauenspersonen mußten die „Schandsteine“ tragen (wie pflichtvergessene Nachtwächter die Morgensterne); oder wurden am Pranger (dem Halseisen) ausgestellt; Feldddiebe kamen ins „Trillerhäuschen“; öffentliches Ausprügeln und Verweisung aus Stadt und Weichbild waren nicht selten &c.

Vierzehntes Kapitel.

Von verschiedenen Merkwürdigkeiten.

In diesem Kapitel bespricht Lesser eine Anzahl mehr oder minder merkwürdiger Ereignisse meistens aus dem 16. und 17. Jahrhundert; doch manche der größten Merkwürdigkeiten übergeht er mit Stillschweigen und giebt uns dadurch Gelegenheit zu verschiedenen Anhängen, in welche wir vertheilend aufnehmen möchten, was sonst hier rein chronologisch zusammengehäuft in bunter Mannichfaltigkeit erscheinen müßte.

Lesser erwähnt zunächst die (Armbrust-) Schützenbrüderschaft im 15. Jahrhundert, nicht ohne Irrthümer. Man sehe darüber meinen 6. Aufsatz in den kl. Schriften S. 110 ff.

Luther kam nach Nordhausen 1) im Jahre 1516, als er für Staupitz die Augustinerklöster in Thüringen visitirte, 2) im Jahre 1525, als er den gefährlichen Aufstand der Bauern (und Bürger) zu unterdrücken und Th. Münzers und seiner Anhänger Treiben zu hemmen suchte. Man sehe auch darüber meine kl. Schriften II. IV.

Im Jahre 1551 schrie hier ein Kind im Mutterleibe. S. Kindervaters North. ill. 164. Vgl. Ge. Fabricius de infante, qui die ante nativitatem in utero materno ploravit. Witeb. 1551. 4. — — 1572 am 26. Mai sah man drei Sonnen am Himmel. — 1580 am 17. Febr. wurde eine sehr große Lachsforelle im Feldwasser gefangen, welche auf dem Rathhause abgemalt zu sehn ist. — 1581 am 26. Aug. sah man die ganze Nacht viele Feuerflammen am Himmel hin- und herschießen. — 1588 am 17. Juni wurde von den Armbrustschützen die Vogelstange aufgerichtet und am 15. August das erste Schießen gehalten [nach der neuen Einrichtung.] — 1598 im November ging eine Schneidersfrau mit zwei Gesellen durch und nahm 200 Gulden Werth mit. — 1599 am 21. Mai gebar eine Frau zwei Söhne, die an einander gewachsen waren.

1602 im December wurde der erste Broihan zu S. Martini gebraut und auf dem Rathskeller ausgeschenkt. — 1604 wurde zuerst zwei Predigern die Schulinspection aufgetragen. — 1608 nahm das hiesige Ministerium das Corpus Julium an. — 1612 am 6. Sept. wurde die (Vesper-) Glocke auf dem Petrithurme des Mittags um 12 Uhr zum ersten Male geläutet. Die Betglocke zu rühren hatte schon Papst Calixtus III. befohlen. Im Reichsabschiede zu Speier 1544 war befohlen, im ganzen deutschen Reiche alle Mittage um 12 Uhr eine Betglocke zu läuten, damit alle Christenmenschen dann ein andächtiges Gebet verrichteten. Das Läuten des

Abends um 8 Uhr (zu S. Petri) ist die Bierglocke, von welcher die alten nordhäusischen Statuten (B, 2, 39) sprechen. — — 1615 am 2. Mai um Mittag zeigten sich zwei Nebensonnen bei der Sonne, und 1618 am 6. Febr. früh gegen 4 Uhr sah man drei Monde, darauf am 23. März um 9 Uhr wieder drei Sonnen. — 1626 im Juni erschienen am Himmel viele Feuerstrahlen. — 1644 am 6. Febr. wurden Heinrich Hagen und seine Frau, welche 52 Jahr zusammen im Ehestande gelebt hatten, in 1 Grab gelegt. — Am 20. Nov. wurden durch eine Pulverexplosion bei einem Kannengießer des Nachbars Fenster zerschlagen und dieser und seine Frau durch Verbrennung der Kleider beschädigt, doch nicht ein dabei stehendes Kind. — 1648 am 28. Mai erschien bei hellem Sonnenschein auf dem Töpferteiche eine Materie wie Blut. Wenn man es auf die Hand strich, so war es sandig und safranfarbig und wenn die Sonne von Wolken verdeckt wurde, war das Wasser hell.

Am 5. Oct. 1651 wurde im Mühlgraben bei der Papiermühle (Neuen Mühle) ein Lachs gefangen $15^1/_2$ Pfund schwer. — 1658 im August und September gab es viele Feldmäuse, welche der Gerste und dem Hafer sehr schadeten, an vielen Orten sogar Flachs und Grummet abfraßen. — Am 16. Dec. wurde bei dem Abschlagen des Wassers in einem Sumpfe bei der Grimmelbrücke ein Lachs gefangen $17^1/_2$ Pfund schwer, dann auch ein solcher am Wehre von $14^1/_2$ Pfund und einer an den Weiden von $19^1/_2$ Pfund.—1659 am 5. Jan. fing man im Feldwasser eine 16 Pfund schwere Forelle. — 1661 am 12. Oct. schoß H. Ch. Bräuning einen fremden Vogel auf dem Knopfe eines kleinen Thurmes S. Petri, dessen Abbildung auf dem Rathhause zu sehen ist. — 1663 am 16. Jan. wurde bei der Ebersburg ein weiblicher Luchs geschossen 26 Pfund schwer, das Männchen entkam. — 1664 am 30. April schoß der Papiermüller Schafhirt vor dem Frauenberge einen unbekannten Vogel.—In der Nacht des 30. Dec. 1672 erschoß der Bürger Rohrmann mitten in der Stadt bei der Marktkunst einen Wolf, welcher ein geschlachtetes Schwein fortschleppen wollte, indem Rohrmann dem Wolfe, der auf ihn losging, die Flinte in den offenen Rachen stieß. Die Erscheinung eines Wolfes in der Stadt zur Winterzeit hat nichts Auffallendes, da im benachbarten Harzwalde noch in der ersten Hälfte des 18. Jahrhunderts die Wölfe häufig waren und 1702 in einem Wolfsgarten und einer Wolfsgrube gefangen wurden. Eine Wolfsgrube war auch bei Nordhausen am Geiersberge. Die Schlucht, in welcher man daselbst die Bestien mit Aas anlockte („körnte"), hieß daher „die Aaskörne", welchen Namen man in späterer Zeit, wie den Namen des Geiersberges selbst, etwas umgewandelt hat und zwar in eine fast unanständige Form. „An der Wolfsgrube" heißt noch jetzt die Gegend bei dem Berggarten und dem Hause Nr. 1394a.

Am 5. Aug. 1673 wurde ein Frankfurter Rabbiner Salomo Ben Meyer in der Kirche S. Nicolai getauft und Christoph Paul Meier genannt. Er gab heraus einen Lob- und Dankgesang wegen seiner Bekehrung (Wittenberg 1674. 4) und kurze und sehr lächerliche Auslegungen der Rabbiner über das Hohelied Salomonis (1679. 4). — 1673 wurde zum letzten Male das Gregorius- (Schul-) Fest in Nordhausen gefeiert.

Im Herbste 1681 blühten die Rosen nochmals. — Am 22. Febr. 1690 kamen 160 vom Könige Ludwig XIV. aus Frankreich vertriebene Hugenotten, meistens Künstler und geschickte Handwerker, mit einem eigenen Priester unter Leitung eines hannöverschen Commissarius hier an. Nachdem sie hier bis zum 25. Febr. gut bewirthet waren, gingen sie ab nach Hameln zu der ihnen bestimmten Colonie. — Nachdem in diesem Jahre beide regierende Bürgermeister (am 22. Febr. H. J. Offney und am 3. Juli J. Ch. Brückner) gestorben waren, verwalteten die Vierherren mit dem Syndicus einstweilen das Regiment, bis im Collegium der Aeltesten der Dr. Conr. Fromann am 6. Aug. zum worthaltenden Bürgermeister während der Vacanz ernannt und am 10. Aug. von den Bürgermeistern Weber und Arens in das Regiment eingeführt war. — 1691 am 11. Mai wurden vor dem Altenthore am Feldwasser zwei unbekannte Vögel geschossen und noch lebend hereingebracht, deren Stimme war wie die eines bellenden Hundes. — Im Herbste 1692 blühten die Rosen nochmals.

Am 19. Juni 1694 hielten die Abgeordneten der Städte Mühlhausen und Goslar mit den hiesigen Rathsdeputirten eine Conferenz wegen ihrer Angelegenheiten auf dem Reichstage. — Nachdem das vor 70 Jahren abgekommene Schießen der Schützenbrüder 1694 auf dem Bielenrasen wieder angefangen hatte, bestätigte 1695 der Rath die Schützenordnung derselben. Der Rath schenkte auch jährlich einen silbernen Becher zum Hauptgewinn und gewährte sogar längere Zeit dem jedesmaligen Schützenkönige Freiheit von Abgaben (vom Mahl- und Schrotgelde) für das laufende Jahr. — 1698 gebar eines Leinwebers Frau drei Töchter auf einmal. — Im October 1704 fiel an einem Morgen blutrother Regen. — 1705 wurde ein Judenknabe aus Koblenz, den der Rath durch den Aedituus S. Blasii im Christenthume hatte unterrichten lassen, zu S. Nicolai getauft und alle neun rathsfähige Gilden waren Pathen. — 1708 am Sonnabende vor Pfingsten (26. Mai) sah man zwei Nebensonnen am Himmel. — Auf Verordnung des Rathes wurden statt der Vesperpredigten Katechismus-Kinderlehren eingeführt. — In demselben Jahre wurde ein Jude aus Großpolen, David Wolff, der fünf Jahr ein Academicus gewesen war, getauft. — Am 22. Juni 1713 fand man unter dem Brandschutte in der Töpferhagenstraße ein Kindesgerippe in einem Topfe, und am 15. Jan. 1714 des Abends auf der Straße ein in Lappen gewickeltes neugebornes Kind, welches vom Unterdiener aufgehoben und zu S. Elisabeth getauft wurde.

Nachdem der Zwist mit Preußen wegen des Schultheißenamts ꝛc. beigelegt war, ließ am 19. Aug. 1715 der Rath sich aufs neue von der ganzen Bürgerschaft huldigen. — Am 23. Aug. wurde ein sechzigjähriger Dieb aus dem Mansfeldischen zur Staupe gehauen. — Am 8. Oct. wurde die Flur beritten mit 40 und einigen Reitern und mit Vielen zu Fuß, welche auch den Hausmann mit Trompeten und Pauken bei sich hatten. — Am 11. Nov. wurde die Sitzung des Consistoriums zum ersten Male auf dem Rathhause gehalten, da diese Sitzungen in älterer Zeit in einer Stube an der Marktkirche, hernach stets in der Wohnung des Past. primarius

S. Nicolai gehalten worden waren; auch wurden sie bald wieder in das letztre Haus verlegt. — Ein am 15. Nov. an der Kirchthür des Siechhofes in einem Korbe gefundenes Knäblein wurde alsbald getauft und starb am 29. — Die Ruhr hauste übel im September 1719. — 1721 fing man an Gose zu brauen. — In der Nacht des 1. März war ein Nordlicht sichtbar. — In demselben Monat hausten die Pocken übel. — Nachdem die Rinderpest (wahrscheinlich aus Polen) im Herbste 1723 hier erschienen war, griff sie im Winter 1724 auch die Oberstadt an und jeder angesteckte Stall starb aus. — 1725 wurden die Metten von Michael bis Ostern in der Neustadt und am Frauenberge aufgehoben. — Am 18. Nov. (25. Sonnt. n. Tr. 1725) fand man in der Sacristei der Kirche S. Blasii ein an die beiden Prediger adressirtes Päckchen mit einem Alraun oder Heckemännchen. S. darüber N. Mitth. des thüring. sächs. Vereins VI, 4, 167. — 1726 am Sonntage Reminiscere wurde ein Jude Ben Salomo aus Minden getauft zu S. Blasii. — Am 19. Oct. sah man ein Chasma am Himmel. — Am 17. Dec. fiel ein Loch am Markte ein (wahrscheinlich ein einstürzender alter Keller) und ein Esel eines vorübertreibenden Müllers tief hinab, doch ohne Schaden. — Als auf Verordnung des Raths am 22. Dec. um 11 Uhr die Glockenschläge der Uhr auf dem Thurme S. Blasii repetirend gezogen werden sollten, wurde es vorher von der Kanzel verkündigt, um Schrecken zu verhüten.

1727 am 19. Oct. wurde hier eine Glocke zu einer neuen Schlaguhr auf dem Rathhause gegossen, $2\frac{1}{2}$ Centner 12 Pfund schwer. — Am 31. Oct. beschlossen die Herren Aeltesten, daß der Diaconus S. Nicolai statt der Metten alle Sonntage des Nachmittags $\frac{1}{2}$ Stunde predigen und $\frac{1}{2}$ Stunde katechisiren sollte, — ferner am 5. Dec., daß die Dienstagspredigten in der Kirche S. Nicolai aufhören, die Freitagspredigten aber fortgesetzt werden sollten und zwar von den beiden Predigern abwechselnd. In der Kirche S. Blasii geschah darauf dasselbe. — Am 27. des Abends um 4 Uhr fiel ein Schneidergesell in der Pfaffengasse um und blieb todt.

1731 am 29. Jan. wurde von allen drei Rathsregimenten beschlossen, wie künftig in den sechs evangelischen Kirchen der Gottesdienst wechseln sollte, nämlich: 1) Markt und Neustadt Mittagspredigt um 12 Uhr. — Blasii und Frauenberg Mette und Mittagspredigt um 1 Uhr. — Petri und Altendorf Vesper um 2 Uhr. — — 2) Markt und Neustadt Mette und Mittagspredigt um 1 Uhr. — Blasii und Frauenberg Vesper um 2 Uhr. — Petri und Altendorf Mittagspredigt um 12 Uhr. — — 3) Markt und Neustadt Vesper um 2 Uhr. — Blasii und Frauenberg Mittagspredigt um 12 Uhr. — Petri und Altendorf Mette und Mittagspredigt um 1 Uhr. — — Diese Verordnung wurde publicirt am 7. Sonnt. n. Trin. (6. Juli) und am folgenden Sonntage darnach angefangen.

Anhang.

Von Personen mit dem Namen Nordhausen.

Es war zu erwarten, daß verschiedene Familien ihren Namen von dem Orte Nordhausen erhielten, wo sie zu Hause oder begütert oder aus welchem sie gekommen waren. Unter diesen findet man vorzüglich zwei Adels- und Patriciergeschlechter (Rathsbürger), das eine zu Erfurt und das andre zu Halle. Jenes mag abstammen von dem Dorfe Nordhausen bei Erfurt, dieses von unserm Nordhausen oder von dem Dorfe Ried-Nordhausen. Als Wappen führt das Hallesche Geschlecht nach einem handschriftlichen Wappenbuche des Malers Chph. Stolberg zu Eisleben vom Jahre 1608, welches Lesser besaß, einen rothen im Halse abgeschnittenen Bockskopf in weißem Schilde, auf dem Schilde eine goldne Krone, aus welcher ein rother Bock hervorsteigt; die Schildbecke roth und weiß.

Zu den vielen lächerlichen Erfindungen in Rixners Turnierbuche (Bl. 75 b und 119 b) gehört es, daß im Jahre 969 (?!) zu dem Turniere, welches der Markgraf Ribdag von Meißen zu Merseburg hielt (?!), Christoph von Nordhausen zwar erschien, aber nicht zugelassen wurde, weil er sein Geschlecht nicht beweisen konnte, daß aber im Jahre 1119 Reinhard von Nordhausen Theil nahm an dem Turniere des Herzogs Ludolf von Sachsen zu Göttingen (?). — Der Theodericus plebanus de Northusen 1251 ist wohl ein Pfarrer zu Nordhausen, Dietrich genannt; aber 1276 findet man hier (nach Lesser) einen Gottschalk von Nordhausen mit drei Söhnen Johann, Gottschalk und Heinrich. — Am 21. Juni 1289 erscheinen in einer nordhäusischen Urkunde für Walkenried neun Söhne des Ritters Johann von Nordhausen: Johann, Bertold, Heidenreich, Heinrich, Lambert, Alexander, Konrad, Johann und Christian. — Einen Geistlichen Conradus de North (usen?) finden wir in einer Jechaburger Urkunde 1356, einen andern Geistlichen Jacob von Nordhausen 1368. — Heinrich von Nordhausen war (1397 u.) 1401 Abt des Klosters Reifenstein. — Lesser führt an Johann von Nordhausen 1461 als Bürgermeister zu Jena, ferner von dem Halleschen Geschlechte der von Nordhausen: Cord (Kurt, Konrad), der zu Halle am 20. Jan. 1474 starb und in der Morizkirche begraben wurde, — Georg im 16. Jahrhundert und dessen Gattin Anna Marg. von Breitenbach, — seinen Sohn Kurt, dessen Gattin Magd. von Crostowitz war und der am 4. Sept. 1556 als Ober-Bornmeister 77 Jahr alt in Halle starb, — den Sohn desselben Kaspar, Practicus und Pfänner zu Halle, dessen Gattin Kath. von Kannewurf war und der am 2. Oct. 1587 starb 63 Jahr alt, — den Sohn desselben, auch Kaspar genannt, Salzgraf zu Halle und verheirathet mit Elisabeth der Tochter des magdeburgischen Leibarztes Jac. Unruhe, nebst einer Tochter Elisabeth. — Es kommen aber auch noch andre Glieder dieser Familie in Halle vor.

Von Bürgerlichen mit dem Namen Nordhausen führt Lesser an: M. Johann Nordhausen aus Königssee, lutherischen Prediger zu Bonn, welchen die Spanier am 22. oder 27. Jan.

1584 an Händen und Füßen gebunden in den Rhein warfen, woraus er dennoch wunderbar gerettet wurde, — Kaspar Nordhausen, der 1597 zu Lüttich ein Buch herausgab: de vera ecclesia libri III, worin er unter anderem die Unwahrheit der lutherischen Kirche dadurch beweisen will, daß dieselbe keine Missionäre nach Indien sende. — Vor nicht langen Jahren lebte in Nordhausen noch ein Nachtwächter Christian Nordhausen mit Familie.

Rudolf von Nordhausen war Zeuge, als Graf Albrecht von Gleichen 1291 seine Vogtei über 30½ Hufe zu Gispersleben und sein Gericht daselbst für 160 Mark Silber an Bürger von Erfurt verkaufte.*) — Ebenso Helwig von Nordhausen, als 1320 die Grafen Heinrich und Dietrich von Honstein und der Fürst Bernhard von Anhalt den Grafen Heinrich, Friedrich und Gerhard von Beichlingen 200 Mark Silber für die Advocatie des Klosters Oldisleben zahlten. — Rudolf von Nordhausen war Dechant der Marienkirche zu Erfurt 1321. — Götze von Nordhausen zu Erfurt (nicht Cuntze von N. zu Nordhausen) war 1348 Bürgermeister daselbst, und 1443 Fritsche von Nordhausen Bürgermeister zu Mühlhausen. — Günther von Nordhausen war in der zweiten Hälfte des 15. Jahrhunderts ein hochverdienter Abt zu Erfurt (nach Nic. de Siegen Chron.), Johannes de Northusen Abt zu Ilfeld 1262–94 (s. meine Mon. rer. Ilf.)

*) Derselbe erscheint auch 1317 unter den Lehnsleuten des Grafen Bertold von Henneberg.

Zu verbessern ist S. 98 Z. 16 v. u. Insectotheologie statt Insectologie.